MARIA ALICE NUNES COSTA
MARIA JOÃO SANTOS
FERNANDO MIGUEL SEABRA
FÁTIMA JORGE (Orgs.)

Responsabilidade Social

Uma visão Ibero-americana

RESPONSABILIDADE SOCIAL
UMA VISÃO IBERO-AMERICANA

ORGANIZADORES
MARIA ALICE NUNES COSTA, MARIA JOÃO SANTOS
FERNANDO MIGUEL SEABRA, FÁTIMA JORGE

© COPYRIGHT DOS TEXTOS, PERTENCEM AOS RESPECTIVOS AUTORES

EDITOR
EDIÇÕES ALMEDINA. SA
Rua Fernandes Tomás nºs 76, 78, 89
3000-167 Coimbra
Tel.: 239 851 904 . Fax: 239 851 901
www.almedina.net . editora@almedina.net

PRÉ-IMPRESSÃO | IMPRESSÃO | ACABAMENTO
G.C. GRÁFICA DE COIMBRA, LDA.
Palheira – Assafarge
3001-453 Coimbra
producao@graficadecoimbra.pt

Julho, 2011

DEPÓSITO LEGAL
331020/11

Os dados e as opiniões inseridos na presente publicação
são da exclusiva responsabilidade do(s) seu(s) autor(es).

Toda a reprodução desta obra, por fotocópia ou outro qualquer
processo, sem prévia autorização escrita do Editor, é ilícita
e passível de procedimento judicial contra o infractor.

Biblioteca Nacional de Portugal – Catalogação na Publicação

RESPONSABILIDADE SOCIAL

Responsabilidade social: uma visão ibero-americana
Maria Alice Nunes Costa... [et al.]. – (CES)
ISBN 978-972-40-4420-0

I – COSTA, Maria Alice Nunes

CDU 005
      658
      316
      159.9

Patrocinadores:

ÍNDICE

Prefácio   11
Carlos Zorrinho

CAPÍTULO I: **Introdução**   13

Repensar o papel da empresa na sociedade: Nota introdutória   15
Maria Alice Nunes Costa, Maria João Santos,
Fátima Jorge, Fernando Miguel Seabra

CAPÍTULO II: **A Responsabilidade social em perspectiva comparada**   23

Um estudo comparativo sobre os padrões de responsabilidade social
das empresas em Portugal e no Brasil   25
Maria Alice Nunes Costa

Responsabilidade social na Europa – marcos institucionais
– Benchmarking ao caso espanhol   59
Fernando Miguel Seabra

Responsabilidade social e regulada no sector metalomecânico brasileiro
e português: um estudo comparativo e cultural   81
Carla Magalhães

CAPÍTULO III: **Percepções a atitudes perante a responsabilidade social**
e seus impactes   111

Percepções de responsabilidade social, capital psicológico e desempenho   113
Susana Leal, Arménio Rego

A RSO na perspectiva dos trabalhadores:
diferenças nas atitudes e percepções em função da posição hierárquica   137
Ana Patrícia Duarte, José Neves

Da Responsabilidade social das organizações à ética dos indivíduos   151
Cláudia Granada, Eduardo Simões

6 RESPONSABILIDADE SOCIAL: UMA VISÃO IBERO-AMERICANA

Responsabilidade social e implicação dos colaboradores com a empresa:
o papel mediador da confiança organizacional — 171
Cláudia Lopes, José Neves, Ana Patrícia Duarte

CAPÍTULO IV: **Dinâmicas empresariais da responsabilidade social:
estudos de casos ao sector do turismo** — 189

A Responsabilidade Social das Empresas:
Níveis de percepção nos Empreendimentos Turísticos
de três, quatro e cinco estrelas da Região Autónoma da Madeira (RAM) — 191
Marísia Gomes, José Boza Chirino

Igualdade de género e responsabilidade social das empresas de turismo — 211
Carlos Costa, Zélia Breda, Inês Carvalho

Adaptação e aplicação de um scorecard ético a grupos hoteleiros
a operar no Algarve – Metodologia da análise qualitativa
e apresentação de resultados — 235
Joaquim Contreiras, Fátima Jorge

CAPÍTULO V: **Dinâmicas empresariais da RS:
relações laborais, emprego e voluntariado empresarial** — 257

A responsabilidade social das empresas em conselhos de empresa europeus:
missão impossível ou compromisso inevitável? — 259
Hermes Augusto Costa

O voluntariado empresarial na perspectiva dos colaboradores — 295
Catarina Egreja

Prácticas de Responsabilidad Social Corporativa atractivas
para los solicitantes de empleo. Análisis intercultural España, Italia y Portugal — 331
*Raquel Puentes Poyatos, José Miguel Antequera Solis,
Joaquim Pinto Contreiras, Rocco Reina*

CAPÍTULO VI: **Terceiro sector e ensino superior** 353

Responsabilidade organizacional no terceiro sector:
do ideário às práticas na gestão de pessoas 355
Cristina Parente

A responsabilidade social das organizações:
uma abordagem às instituições do ensino superior 383
Paulo Resende da Silva

CAPÍTULO VII: **A questão ambiental e o desenvolvimento sustentável** 413

Responsabilidade social empresarial e sustentabilidade
(dinâmicas na sociedade portuguesa) 415
Elizabeth de Melo Rico

Communication strategies of social responsibility: a portuguese case disclosure 455
Teresa Cristina Pereira Eugénio,
Ana Isabel Morais, Isabel Costa Lourenço

Argumentos publicitários de defesa do ambiente.
Estudo Comparativo de Portugal, França e Itália 493
Sílvia Alexandre, Ana Horta

Interfaces do desenvolvimento na amazónia brasileira:
O caso da floresta nacional de Caxiuaña 513
Mariana Monteiro de Matos

CAPÍTULO VIII: **Repensar a responsabilidade social** 535

Responsabilidade social da empresa,ética e governação:
equívocos, tensões e desafios 537
José Manuel Moreira, André Azevedo Alves

Repensar a responsabilidade social: da lógica individual à lógica de rede 365
Maria João Santos

Gestão Estratégica da responsabilidade social como base para a inovação 581
Maria João Santos, Leila Araújo de Sousa

A Responsabilidade Social das Empresas através do Direito
(e o Direito à luz da Responsabilidade Social das Empresas) 599
Catarina Serra

O papel do direito no controle das políticas públicas de incentivo
às empresas socialmente responsáveis: por uma lei de responsabilidade social 633
Sharon Cristine Ferreira de Sousa

CAPÍTULO IX: **As organizações e os seus stakeholders** 657

Reflexão sobre o Estado 659
José Manuel Moreira

Reflexão sobre as Instituições de Ensino Superior 657
Paulo Resende da Silva

Reflexão sobre Voluntariado e suas comunidades 685
Carlos Silva

Reflexão sobre as empresas 699
Jorge Rodrigues

CAPÍTULO X: **O futuro da responsabilidade social** 703

Responsabilidade Social Empresarial num mundo globalizado 705
Arminda Neves

Moral Pós-convencional e os impasses do Desenvolvimento Sustentável 719
Clodomiro Júnior

The Future for Corporate Social Responsibility 749
David Crowther, Shahla Seifi

La Responsabilidad Social Empresarial (RSE) en España:
Un movimiento insuficiente en la praxis e incompleto en sus bases teóricas 773
José Luís Fernández Fernández

NOTA BIOGRÁFICA DOS ORGANIZADORES

Maria Alice Nunes Costa – Socióloga, Mestre em Ciência Política, Doutora em Planejamento Urbano e Regional (UFRJ, Brasil); Pós-Doutoranda do Centro de Estudos Sociais (CES) da Universidade de Coimbra (Portugal); Pesquisadora Associada do IETS (Brasil); Professora Adjunta da Universidade Federal Fluminense (Rio de Janeiro, Brasil); Coordenadora Geral do Laboratório de Políticas Públicas, Governação e Desenvolvimento Regional (LADER/UFF), Brasil.

Maria João Santos – Doutorada em Sociologia Económica e das Organizações, sendo actualmente Professora no Instituto Superior de Economia e Gestão da Universidade Técnica de Lisboa (ISEG-UTL) e investigadora do Centro de Investigação em Sociologia Económica e das Organizações (SOCIUS). Coordenou vários projectos de investigação no âmbito do desenvolvimento sustentável e da responsabilidade social das organizações e dispõe de várias publicações neste domínio científico.

Fernando Miguel Seabra – Mestre em Ciências Empresariais (ISCTE) e Licenciado em Organização e Gestão de Empresas (ISCTE). Professor Adjunto do Instituto Superior de Contabilidade e Administração de Lisboa – Instituto Politécnico de Lisboa. Doutorando em Gestão de Empresas na Universidade de Évora a desenvolver a tese no âmbito do tema Responsabilidade Social das Organizações.

Fátima Jorge – Doutora em Gestão de Empresas (UÉ); Mestre em Sistemas Sócio-Organizacionais da Actividade Económica – Especialização em Sociologia da Empresa (ISEG-UTL); Licenciada em Gestão de Empresas (UBI); Professora Auxiliar do Departamento de Gestão da Escola de Ciências Sociais da Universidade de Évora; Investigadora no NICPRI-UÉ.

PREFÁCIO

Carlos Zorrinho[1]

Num mundo em mudança disruptiva, atravessado pelas dinâmicas da globalização económica e financeira, a responsabilidade social das organizações assume um papel determinante, como repositório de boas práticas, embebidas do sentido ético necessário para que tenhamos um modelo económico sustentável como referência de desenvolvimento global para o século XXI.

Vivemos um tempo em que não basta pensar global e agir local. Para conseguir mudanças consequentes precisamos de pensar global e agir global, traduzindo essas práticas de acção em modelos de desenvolvimento viáveis à escala de cada organização, comunidade ou território.

A chave da sustentabilidade para o século XXI radica na forma como formos capazes de ligar a inovação às pessoas e às suas comunidades de carácter social ou empresarial.

As bases do desenvolvimento e do crescimento são o conhecimento, a tecnologia e a inovação, mas o que cria valor social e económico não são estes recursos fundamentais mas sim a forma como as pessoas, as organizações e as comunidades os utilizam e combinam.

É por isto que o triângulo chave da nova economia, constituído pelo conhecimento, pela tecnologia e pela inovação, tem que ser complementado com outro triângulo crítico baseado nas pessoas e na sua atitude – o triângulo da identidade, da mobilidade e da criatividade.

Identidade e conhecimento geram padrões de confiança e diferenciação competitiva. Tecnologia e mobilidade constituem as bases da flexibilidade inteligente e sustentável, inovação e criatividade induzem novos padrões de inovação social entendida como um novo paradigma de responsabilidade social adequado aos desafios globais do século XXI.

Inovar é fazer diferente para fazer melhor. Esta ideia simples aplica-se ao mundo dos negócios e à administração, mas também à vida quotidiana dos indivíduos, das famílias e das sociedades.

---

[1] Professor Catedrático da Universidade de Évora. Exerce actualmente as funções de Secretário de Estado da Energia e da Inovação no XVIII Governo Constitucional Português.

O mundo em que vivemos fornece-nos múltiplas ferramentas tecnológicas e até conceptuais para fazer diferente e até para ser diferente na forma de concretizar a diferença.

Um mundo marcado pela percepção de crise e das consequentes ameaças e oportunidades é por isso mesmo um mundo ávido do desenvolvimento de novas dimensões de responsabilidade, empreendedorismo e inovação, em particular no domínio empresarial e social.

A economia e a sociedade do conhecimento são cada vez mais o cenário do presente. Uma sociedade baseada no conhecimento é uma sociedade cuja matriz essencial é caracterizada pelos indivíduos em rede e pelas dinâmicas colaborativas por eles geradas. Redes empresariais, redes de solidariedade, redes de lazer, redes de aprendizagem.

Por outro lado, a erosão progressiva da função agregadora primária outrora reservado ao Estado e às suas instituições, aumenta a importância dos valores e princípios de cada indivíduo e da sua interacção com a responsabilidade social embebida no funcionamento e nas práticas das organizações.

O caminho da inovação social e do contágio das dinâmicas sociais pelo espírito empreendedor dos indivíduos e das organizações conduzirá a economia do século XXI para um novo patamar de responsabilidade social, mais focado no que as organizações permitem que se faça com o seu apoio do que naquilo que fazem para reforçar o seu reconhecimento na sociedade.

Para quebrar as barreiras da inércia e da continuidade vale a pena ousar. Ousar pensar e ousar propor. As organizações têm um desafio crucial de modernização e de conexão às redes emergentes de talento e de criatividade. Vencer esse desafio é também o caminho para cativarem novos mercados e aproveitarem novas cadeias de valor.

São grandes os desafios para a Responsabilidade Social das Organizações na perspectiva de um mundo em mudança, globalizado e em busca dum novo patamar de sustentabilidade económica, social e ambiental.

Este livro, que me honro de prefaciar mostra que o caminho existe e que compete a cada um de nós fazer com que um mundo melhor seja possível.

CAPÍTULO I

Introdução

REPENSAR O PAPEL DA EMPRESA NA SOCIEDADE: NOTA INTRODUTÓRIA

Maria Alice Nunes Costa, Maria João Santos,
Fernando Miguel Seabra, Fátima Jorge

Já nos séculos XVIII e XIX era possível encontrar acções colectivas de carácter caritativo que envolviam o estado e o empresariado e que visavam sobretudo reduzir situações de pobreza e antagonismos dela decorrentes. Nesta época, a intervenção social empresarial expressava-se através da caridade pontual de beneméritos como forma de governar a miséria.

Como observou Bronislaw Geremek (1986), tanto no discurso filantrópico, presente desde o século XIX na Europa, como no discurso da Igreja Católica, o problema da pobreza era encarado como algo degradante, conduzindo a atitudes de piedade e de caridade. Neste período, a filantropia fundamentava-se na beneficência individual e no pressuposto de que a ajuda aos pobres deveria advir da iniciativa particular, inspirada por motivações mais elevadas do que as que movem a assistência estatal. Conforme o autor, tratava-se da *laicização do mandamento do amor ao próximo*. E acrescentou: "a actividade filantrópica, traduzindo o desejo humanitário de socorrer outrem, permite que o benfeitor mostre a sua riqueza e afirme publicamente o seu prestígio social" (Germek, 1986: 16).

Actualmente tem predominado a concepção de que a vocação das empresas é gerar dividendos para investidores e accionistas, contribuir para o desenvolvimento económico, criar empregos e fornecer bens e serviços ao mercado. Nesta fórmula clássica, espera-se que as empresas, na consecução de suas atividades, cumpram com as exigências legais de pagamento de impostos e contribuições aos trabalhadores, evitem práticas de corrupção, suborno e mantenham uma conduta transparente e responsável dos seus lucros.

Contudo, as inúmeras mudanças observadas no actual mundo da empresa têm conduzido a estudos que reequacionam o papel da empresa na contemporaneidade.

Nos últimos quinze anos, alguns cientistas sociais, como Philippe Bernoux (1995) e Sansaulieu (1997), passaram a analisar o tecido empresarial como objecto sociológico, procurando interpretar essas mudanças. Este novo olhar possibilitou a tomada em consideração da empresa como um facto social, com dimensão própria que ultrapassa a idéia de *locus* central do capitalismo e, portanto, de conflito social e de exploração do trabalhador. A nova proposta procura explicar também a empresa como uma micro-comunidade, com autonomia e capaz de influenciar as representações e as estruturas sociais.

Este novo olhar sobre a empresa permite vê-la como entidade que não limita a sua eficiência ao lucro econômico: ela fabrica igualmente emprego, tecnologias, solidariedades, modos de vida, cultura. A empresa entra no palco das instituições e da sociedade, porque ela contribui, como a escola, as famílias e mesmo as igrejas para moldar os grupos sociais, as identidades colectivas e as regulações portadoras de futuros.

Hoje, a empresa não é vista exclusivamente como um sistema económico e técnico, pois ela é um sistema social e como tal, absorve o que outras instâncias lhe oferecem como referenciais. A empresa, na medida em que está em contínua interação com a sociedade, é permeável para absorver, reproduzir, responder e movimentar as representações simbólicas elaboradas pelos actores sociais: os empresários, os trabalhadores, as trabalhadoras, os cidadãos, as organizações sindicais, os governos, os clientes, os fornecedores e demais interessados que a põem em movimento (os seus *stakeholders*). Portanto, a empresa é parte de uma teia social no seu sentido mais amplo.

Segundo a visão do economista Hodgson (1994), a empresa não existe apenas através das suas relações de mercado. Ela faz parte de uma rede vital de laços contratuais criada por ela. Nesse sentido, o autor aponta a confiança e a cooperação como valores importantes na eficiência da empresa. A empresa é, portanto, um *locus* em que as relações humanas estão em constante desenvolvimento, pois ela é uma instituição social. Isto não quer dizer que as empresas capitalistas sejam instituições de beneficência e filantropia. Alguns elementos extracontractuais, como a lealdade e a confiança, são essenciais no funcionamento da empresa, pois propiciam estabilidade interna para conviver em ambiente de incerteza e de riscos inquantificáveis.

A empresa é capaz de fundamentar um modelo de racionalidade em que o importante não é apenas o jogo dos actores sociais, mas sim, a ligação social entre eles: fora do qual não há grupo. Desta forma, importa considerar a empresa como parte constitutiva de um território, como elemento que produz sociabilidade e identidade específicas e que apresenta formas de se representar no mundo. A solidariedade e a coesão social são elementos essenciais na consciência de pertença a um grupo.

Esta perspectiva elimina a dicotomia entre a empresa e a sociedade, pois a empresa passa a ser vista como elemento interconectado com a sociedade. Ao enveredar pelo caminho da responsabilidade social (interna e externa), as empresas/organizações lidam com as questões sociais contemporâneas.

A violência, a miséria, a degradação ambiental não só fazem mal aos indivíduos; mas prejudicam igualmente a sociedade, o mercado e as empresas. Portanto, um efeito perturbador na ordem social e ambiental coloca em risco o próprio equilibrio global.

Neste sentido, as empresas passaram a ter igualmente de enfrentar desafios éticos no que se refere à dimensão económica, ambiental e social dos seus negócios, necessitando de se articular com governos e com comunidades através do discurso normativo da responsabilidade social, como matriz orientadora e estratégica para se posicionarem num mercado altamente competitivo e com uma regulação social estatal em processo de mudança.

Isto significa que, para além das suas actividades naturais de obtenção de lucro, as empresas têm sido impelidas a fazer mais, demonstrando que são socialmente responsáveis e que têm um compromisso para com o desenvolvimento global, assente em padrões internacionais de sustentabilidade social e ambiental.

Nem todas as empresas adoptam a proposta da responsabilidade social empresarial seja no discurso e/ou na prática. Como afirmou Comte-Sponville (2005), a moral tem-se tornado desde os anos 80 um tema da moda. Este facto não significa necessariamente que as pessoas e as empresas se tenham tornado mais virtuosas, mas esse retorno da moral à primeira linha dos discursos e das preocupações já é um fenómeno que merece ser levado em consideração.

O ideário da responsabilidade social tem-se vindo a desenvolver a partir de alguns factores políticos e económicos que convergem de maneira dinâmica: a crise do estado e sua reforma; os processos de globalização; a intensificação da competição empresarial; a redemocratização e a defesa dos direitos humanos; a pressão e a mobilização social; a procura de legitimidade e credibilidade empresarial; e, em alguns casos, uma nova visão e percepção existente entre algumas elites empresariais sobre o desenvolvimento económico e social e o imperativo da preservação do ambiente.

As grandes empresas estão hoje, em constante escrutínio e avaliação de diversos grupos sociais nacionais e transnacionais, sendo maior a pressão para uma acção socialmente responsável. Diversas organizações empresariais, uma vasta rede de ONGs locais e internacionais, agências governamentais, organismos multilaterais, universidades, centros de pesquisa, fundações têm vindo a promover uma vasta agenda de conferências nacionais e internacionais sobre práticas de responsabilidade social corporativa. Nesse sentido, a responsabilidade social das empresas pode representar também uma conquista política dos cidadãos/consumidores. Estamos talvez, saindo da irresponsabilidade ou da responsabilidade egoísta e arrogante para um individualismo mais responsável das empresas.

Apesar da expansão da idéia da responsabilidade social corporativa, ela ainda carece de um enquadramento claro. Ainda que a legislação sócio--ambiental seja um vector na explicação da adopção de práticas de responsabilidade social (implicando essencialmente a internalização de externalidades negativas) e a própria competição global, imposta pelo consumidor exigente, seja outro vector na expansão dos compromissos nessa área, é necessário reflectirmos sobre essas práticas que se generalizam globalmente e que já encontram marcos regulatórios internacionais significativos.

As acções sociais empresariais estão conectadas com as necessidades da sociedade e objectivamente, são uma forma de provisão de bem-estar social. O desafio é influenciar o direcionamento dessa provisão a partir de um enquadramento institucional de responsabilidades partilhadas: da definição pública dos objectivos e do alcance da provisão, em concomitância com as demais fontes de provisão de bem-estar (família, mercado, estado e organizações não governamentais), de regulamentação coerente, bem como do desenho de formas de cooperação e parcerias.

Essas parcerias vêm-se concretizando através da noção de rede social, pressupondo um novo arranjo institucional em formação, que envolve vínculos entre o poder público, empresas e a sociedade civil organizada. Entendemos rede como um arranjo estruturado por vínculos que reúne um determinado número de actores políticos, tanto da esfera pública como da privada. Através das quais se trocam recursos materiais e imateriais.

O modelo de actuação em rede de parcerias pressupõe, sinteticamente, que não se substitua a sociedade nem o mercado, mas que o estado actue em conjunto com ambos, como um elemento de apoio, entendido assim como um estado fomentador de iniciativas de acção coletiva direccionadas ao bem estar.

Em contrapartida, no ponto de vista das empresas esta modalidade de actuação social diferencia-se da filantropia e do mecenato, relacionada com a caridade e assistencialismo, mas pressupõe a participação em enquadramentos de governação onde as empresas formulam e partilham projectos em articulação com as partes interessadas (acionistas, clientes, fornecedores e funcionários) e sociedade (comunidades e governos) no sentido de, e em conjunto, participarem directamente na valorização das sociedades e do ambiente.

É a partir da compreesão da empresa para além da sua dimensão do negócio *per si*, que procuramos neste livro estudar o fenómeno da responsabilidade social das empresas e das organizações e dos seus desafios futuros. O livro, coletânia de artigos especializados, resultou de um debate científico enquadrado no "Fórum Nacional Empresas, Empresários e Responsabilidade Social: Os Percursos em Portugal" o qual, dado o elevado nível de adesão por parte dos inúmeros investigadores, viria a evoluir para a 1ª Conferência Ibero-americana de Responsabilidade Social, realizada nos dias 4 e 5 de Fevereiro de 2010.

O grande objectivo desta iniciativa foi organizar um evento científico que tornasse possível o encontro de investigadores nas áreas da responsabilidade social, lançando a possibilidade de criar uma verdadeira rede de partilha de conhecimento, com a necessária amplitude transdisciplinar inerente à temática, que permitisse fazer a cartografia dos trabalhos de investigação teórica e aplicada sobre a responsabilidade social. Com este propósito e com o apoio institucional de dois Centros de Investigação de referência em Portugal, no domínio das Ciências Sociais, o Centro de Estudos Sociais (CES) – Universidade de Coimbra e o Centro de Investigação em Sociologia Económica e das Organizações (SOCIUS) do Instituto Superior de Economia e Gestão, da Universidade Técnica de Lisboa, criaram-se as condições para o desenvolvimento deste trabalho.

A estrutura do livro traduz globalmente as várias áreas de trabalho que integraram a conferência, sendo que foi incorporado um capitulo de reflexão sobre o futuro da responsabilidade social elaborado por especialistas convidados: David Crowther, Arminda Neves, José Fernández e Clodomiro Júnior.

Numa breve apresentação da estrutura do livro, o capítulo II analisa numa perspectiva comparada, a responsabilidade social em vários países, evidenciando de forma muito relevante a importância que os contextos sociais, económicos, culturais e simbólicos têm na realidade da gestão socialmente responsável (dimensão que tem sido frequentemente descurada nas investigações sobre o tema). Para além da análise das diferenças presentes no plano conceptual, especialmente em torno da noção de responsabilidade social, urge também compreender o contexto que subjaz ao seu exercício e, neste sentido, o presente capítulo apresenta um conjunto de pistas de inegável importância.

A análise dos impactes da responsabilidade social constitui outro tema de inegável relevância, apresentado no capítulo III deste livro. Trata-se de um assunto de difícil tratamento científico dada a dificuldade em se encontrar indicadores que permitam medir esses impactes. No entanto, as investigações realizadas apresentam várias metodologias que permitem interpretar os impactes da responsabilidade social no desempenho individual, na percepção junto dos *stakeholders* e na construção de uma cultura organizacional ética.

A intervenção social das empresas e dos empresários está presente nos capítulos IV e V. Reflecte as dinâmicas da responsabilidade social, em particular no sector do turismo, onde são apresentados vários estudos de caso e se discutem temas relacionados com as relações laborais, o voluntariado empresarial e o emprego.

O capítulo VI incide sobre a temática da gestão da responsabilidade social no terceiro sector e no sector público. A escassez de trabalhos científicos nestas áreas seria já por si um argumento relevante para a leitura dos artigos, no entanto, eles permitem aprofundar conhecimento sobre a gestão de pessoas no terceiro sector e fazem uma análise fundamentada sobre as estratégias e as políticas de responsabilidade social no ensino universitário.

A questão ambiental e o desenvolvimento sustentável, são abordadas no capítulo VII, onde se agregam estudos que reflectem as actuais preocupações sócio-ambientais estabelecidas na agenda nacional e internacional.

Repensar a responsabilidade social, a ética e o direito constituem os grandes objectivos dos artigos incluidos no capítulo VIII. Tratam-se de reflexões teóricas que visam problematizar as prespectivas dominantes e relacionar a responsabilidade social com outras esferas do conhecimento e com as quais se interliga: governação, ética, inovação, redes do conhecimento e direito.

O capítulo IX apresenta reflexões sobre *stakeholders*. Este termo, popularizado por Freeman (1984), coloca em evidencia a necessidade de atender às partes interessadas na vida da organização. O capítulo apresenta quatro observações sobre distintas partes interessadas: estado, instituições de ensino superior, voluntariado e suas comunidades e por último as empresas. A opção sobre estas entidades explica-se pela atenção que actualmente a opinião pública lhes atribui e pelas exigências que sobre elas são exercidas. Sobre o estado, diferentes sensibilidades estão presentes: por um lado, visões liberais que advogam uma intervenção mínima na actividade económica, por outro lado, as opiniões que relembram a crise do sistema financeiro, suas causas e consequências, a crise económica mundial e o papel do estado enquanto garante de regulação e equilíbrio. Sobre o ensino superior, as expectativas de estar à altura dos desafios da sociedade moderna: investigação e ensino propício a um crescimento económico com valores, entre os quais os direitos humanos e a sustentabilidade do planeta; o voluntariado enquanto movimento social com profundas repercussões no bem-estar dos cidadãos e das comunidades; as empresas enquanto agentes de satisfação de necessidades e de criação de valor e sua redistribuição de forma ética e sustentada.

O capítulo X encerra o livro com a apresentação de artigos sobre o futuro da responsabilidade social. A responsabilidade social enquanto tema científico já debatido há mais de cinco décadas apresenta um quadro conceptual rico e desafiante proporcionando novas pistas e desafios para a investigação. Neste amplo contexto de temas de investigação e assumindo a responsabilidade social enquanto encruzilhada de diferentes áreas do conhecimento procura-se com este capítulo promover um contributo para a reflexão sobre as tendências futuras da responsabilidade social. Procurou-se incluir neste capítulo visões de autores de diferentes países dando expressão a uma visão ibero-americana, não estanque, que se tentou traduzir na organização deste livro.

A inclusão ao longo do livro de vários textos de autores brasileiros e portugueses, complementados com textos de autores espanhóis e ingleses, permite, para além da já referida expressão ibero-americana, lançar a ideia de uma reflexão que urge fazer sobre a responsabilidade social, a governação e a ética em contexto luso-brasileiro, realçando os denominadores comuns entre os dois países: a língua portuguesa, a história interligada e circunstâncias em comum dos seus passados políticos e sociais. Esta reflexão em contexto luso-brasileiro poderá dar lugar, numa dinâmica mais ambiciosa, a uma reflexão mais alargada, chamando à partilha de ideias autores de outros países. Fica feito o desafio e a promessa da continuação da investigação e debate da responsabilidade social em contexto luso-brasileiro e em contexto ibero-americano.

CAPÍTULO II

A responsabilidade social em perspectiva comparada

UM ESTUDO COMPARATIVO SOBRE OS PADRÕES DE RESPONSABILIDADE SOCIAL DAS EMPRESAS EM PORTUGAL E NO BRASIL

*Maria Alice Nunes Costa**

Resumo: Este artigo tem por objetivo apresentar parte dos resultados da pesquisa realizada, no período de 2007 a 2009, sobre a atuação empresarial baseada na solidariedade social no Brasil e em Portugal, através da estratégia corporativa denominada por *responsabilidade social das empresas*. O intuito é o de comparar o cenário histórico político e econômico que demonstram os fatores e o modo como foi introduzido a estratégia da responsabilidade social, no final dos anos noventa em ambos os países.

Palavras-chave: Responsabilidade Social das Empresas, Solidariedade, Investimento Social das Empresas, Parcerias, Reforma do Estado.

Introdução

Este artigo tem por objetivo apresentar alguns resultados sobre a atuação de cunho social do empresariado brasileiro e português. As práticas baseadas no discurso da responsabilidade e solidariedade social tiveram uma expansão notável a partir dos anos 1990, através da estratégia corporativa denominada *responsabilidade social das empresas (RSE)*.[1]

---

* A autora é Socióloga, Mestre em Ciência Política (UFF, Brasil), Doutora em Planejamento Urbano e Regional (UFRJ, Brasil) e, investigadora do Centro de Estudos Sociais da Universidade de Coimbra, no âmbito do Pós-Doutoramento, desde 2007. Esta pesquisa de Pós-Doutoramento tem o apoio financeiro da Fundação para a Ciência e Tecnologia/FCT.

[1] Neste estudo iremos utilizar a expressão responsabilidade social das empresas ou responsabilidade social empresarial (RSE). Contudo, diversas são as expressões que estão definindo as condutas éticas e responsáveis das empresas: responsabilidade social corporativa; responsabilidade das organizações; neofilantropia empresarial; cidadania empresarial; terceiro setor empresarial; *welfare* privado; ação social das empresas; marketing social; filantropia estratégica; etc. A listagem de várias expressões sinaliza que está em curso mudanças nas condutas do mundo corporativo. Destacamos que a versão preliminar da ISO 26000, que terá o objetivo de estabelecer orientações internacionais sobre a CSR (*corporate social responsibility*), denomina apenas como Responsabilidade Social, para incluir todos os tipos de organização social.

A despeito das inúmeras diferenças geográficas, culturais e sociais entre Portugal e Brasil, esses países lusófonos partilham parte de suas histórias desde a colonização portuguesa do Brasil, no século XVI. Neste sentido, ambos possuem uma forte similaridade em relação a um legado histórico: a associação institucional intrínseca entre Estado e Igreja Católica. Este fato, provavelmente, contribuiu para a manutenção longa de um Estado corporativista e autoritário, que gerou instituições estatais fracas para gerir a produção do bem-estar social.

Apenas uma década, aproximadamente, distancia o Brasil do processo de redemocratização de Portugal (Portugal em 1974 e Brasil em 1982). A despeito das especificidades desde processo em ambos os países, a crise econômica dos anos 1970 acelerou a imposição de mudanças nos padrões de financiamento local através de medidas receituárias de blocos econômicos diferenciados. Enquanto Portugal passou a adotar nos anos oitenta as diretrizes da União Européia, como país membro, o Brasil seguiu as medidas de austeridade econômica "sugeridas" pelo FMI e, no desenvolvimento de programas sociais, foi influenciado pelo Banco Mundial e pelo Banco Interamericano de Desenvolvimento. Desta forma, apesar da concepção da idéia da RSE ser um paradigma internacional, cada país segue uma *guideline*: Portugal, a União Européia, e o Brasil o modelo norte-americano. Por outro lado, o modelo de abertura econômica, qualificado como neoliberal, estava subjacente à organização social e ao grau de intervenção de cada Estado-Nação, juntamente com o caráter das reformas político-econômicas em andamento em ambos os países.

1. O estado e a responsabilidade social das empresas

Conforme o sociólogo português Boaventura de Sousa Santos (1990), os estudos sobre o Estado e a sociedade devem ser analisados, *a priori*, a partir da posição deste país no sistema mundial, conforme a sua configuração e sua articulação no interior da economia capitalista à escala mundial[2]. Desta forma, ao tomarmos em conta alguns indicadores usualmente utilizados, podemos concluir facilmente que, tanto o Brasil como Portugal não pertencem exclusivamente nem ao Primeiro Mundo, nem tampouco ao Terceiro Mundo, apesar de possuir características de ambos.

Para dar conta desta ambiguidade, esta pesquisa parte do pressuposto que, ambos os países pertencem a esfera da semiperiferia do sistema mundo, na

---

[2] Os estudos deste sociólogo estão embasados na Teoria do Sistema-Mundo do sociólogo americano Imannuel Wallerstein, iniciada nos anos setenta.

medida em que são regiões de desenvolvimento intermédio, que funcionam como um centro para a periferia e, uma periferia para o centro. Ressaltamos ainda que, regiões centrais e perfiféricas podem coexistir em espaços muito próximos e, mesmo dentro de um mesmo espaço e/ou território.

Ao analisarmos o modelo estatal em Portugal e no Brasil, podemos observar que nenhum deles conseguiram atingir a *plenitude* do Estado de Bem--Estar Social (Estado-Providência), desenvolvido em alguns países centrais da Europa e no Canadá, após a II Guerra Mundial, como parte de um pacto social de solidariedade compulsória estatal. Para compensar a deficiência do Estado em promover o bem-estar social, as sociedades portuguesas e brasileiras desenvolveram e fortaleceram outras formas de solidariedade. Esta solidariedade baseada na ajuda mútua concreta foi gerada na comunidade, a partir dos vínculos de afetividade dos laços de proximidade comunal.

Esta solidariedade vinda da família, dos vizinhos, da caridade da Igreja Católica, dos laços de proximidade, de comunidades afetadas pela falta da providência estatal é definida por B. de S. Santos como *sociedade-providência*. Para o autor, o *déficit* do Estado-Providência não gera turbulências de ruptura social e política, exatamente pelo fato de que esta *sociedade* compensa com outros modos de produção de providência. Contudo, ela é apenas um arranjo provisório e compensatório, que não detém a idéia da garantia efetiva dos direitos de cidadania (SANTOS, 1993: 48-49), pois significa:

> redes de relações de interconhecimento, de reconhecimento mútuo e de entreajuda baseadas em laços de parentesco e de vizinhança, através das quais pequenos grupos sociais trocam bens e serviços numa base não mercantil e com uma lógica de reciprocidade semelhante à da relação de dom estudada por Marcel Mauss. (Santos, 1999: 46).

Como afirmou o cientista político Wanderley Guilherme dos Santos (1993), no Brasil, pelo fato do Estado-Providência ser limitado e excludente criou-se um estado de natureza em sentido hobbesiano, em que cada qual administra seus problemas por conta própria. Contudo, B. S. Santos (1995) afirma que esta solidariedade comunitária tornou-se, principalmente a partir depois das crises econômicas dos anos setenta do século XX mais formal e abstrata, ultrapassando a esfera doméstica e se institucionalizando, como por exemplo, através da expansão das organizações não-governamentais ou instituições de solidariedade social.

Nos anos oitenta e noventa, as propostas de reformulação do papel do Estado através de parceria com outros setores da sociedade começaram a recorrer, principalmente nos anos 90, à concepção de governança (*governance*). O termo pretende ampliar o conceito estritamente econômico de gestão pública, para alcançar uma visão mais abrangente que envolva, interdisciplinarmente, as dimensões econômica, política e social, no sentido de aumentar a capacidade do governo, através da co-responsabilidade individual. Para B. S. Santos (2005), esta *governance*[3] é resultado de várias perspectivas quanto à crise do Estado. A compreensão da crise da legitimidade, nos anos 70, pautava-se pela idéia de que a crise era derivada do descontentamento dos grupos excluídos e, portanto, a solução era transfomar o Estado e aumentar a participação popular. Nos anos 80, a crise da legitimidade foi convertida em crise da governabilidade, na medida em que o Estado aparece como sobrecarregado de demandas sociais. Esta visão liberal da crise da democracia gerou o receituário neoliberal, já demasiadamente conhecido: privatização, liberalização e transformação dos serviços/bens públicos em mercadorias.

Para Manuel Castells (2001: 150), a crescente falta de operacionalidade do Estado para resolver os problemas no contexto da globalização (fluxos globais de capital, de comércio, de gestão, de informação, da rede complexa do crime organizado, problemas ambientais, da insegurança cidadã) criou uma crise de confiança e legitimidade em boa parte da população em quase todos os países. A partir da crise da legitimidade do Estado e de suas instituições, surge uma nova forma de Estado que Castells denomina de Estado-rede. Esta fórmula é o sucedâneo do Estado nacional em crise com problemas de administração pública e gestão política. Para que o Estado

---

[3] No Brasil, o termo *governance* foi traduzido por *governança* e, em Portugal por *governação*. O termo *governance* foi introduzido no debate político internacional a partir do Banco Mundial, que o define como "o modo como o poder é exercido na gestão dos recursos econômicos e sociais de um país com vista ao desenvolvimento". A noção de boa governança (*good governance*), do Banco Mundial, vem intrinsecamente associada à capacidade governativa e passa a ser requisito indispensável para um desenvolvimento sustentável, incorporando ao crescimento econômico, a equidade social e os direitos humanos (World Bank, 1992: 1-3; tradução livre da autora). Para Boaventura de Sousa Santos (2005), esta *governance* é um modo de regulação pós-estatal, inserida na matriz neoliberal da globalização hegemônica, que ele denomina de "matriz de governação neoliberal". Este texto citado de Santos foi originalmente escrito em inglês com o termo *governance*; contudo, em outros trabalhos em português, o autor utiliza o termo *governação*.

resgate sua legitimidade, ele precisa então adaptar sua forma de regulação, pois – como afirma Castells – "a pior forma de descontrole é manter vigente o que não se pode aplicar" (2001: 156).

Ao constatar que, na contemporaneidade, nem o mercado, nem o Estado, nem a comunidade têm sido capazes de garantir – cada setor sozinho – a regulação social em situação de tamanha volatilidade, Santos (1999) acredita que estamos num impasse ético: a "microética liberal" não foi ainda substituída por uma "macroética" capaz de conceber a responsabilidade da humanidade pelas conseqüências das ações coletivas ao nível da escala planetária. Se há a percepção de que não há saída para a situação social, há pelo menos a possibilidade realista de imaginar uma situação radicalmente nova. Ou seja, uma nova idéia de solidariedade, simultaneamente concreta e planetária (SANTOS, 1999: 93).

Nesse processo contemporâneo de mudanças na forma de atuar a solidariedade do Estado-providência e da sociedade-providência, encontramos empresários interessados em promover ações de cunho social em comunidades, sob o manto da Responsabilidade Social das Empresas (RSE). Nesse sentido, o conceito de empresa deve ser revisto. Mesmo pertencendo ao espaço da produção e representando interesses do mercado, a empresa *não* é mercado (HODGSON, 1994; Bernoux, 1995; KIRSCHNER, 1998). É uma instituição social que gera valores e regras numa dinâmica interconectada com a realidade social de comunidades, principalmente ao seu entorno, através de um modelo de racionalidade fora do mercado, em que o importante não é o jogo dos atores sociais, mas sim a ligação entre eles. Portanto, este trabalho entende a empresa como uma micro-comunidade, na medida em que faz parte de uma rede de laços contratuais criada por ela mesma. Isto não quer dizer que as empresas capitalistas sejam instituições de beneficência e filantropia. Hodgson (1994: 212) afirma é que alguns elementos extracontratuais, como a lealdade e a confiança (mesmo que pequena), são essenciais ao funcionamento da empresa, pois propiciam estabilidade interna para conviver em ambiente de incerteza e riscos inquantificáveis.

Desta forma, a expansão no discurso e na prática da responsabilidade social empresarial para com comunidades desfavorecidas é um outro pólo da transcodificação da sociedade-providência. Este pólo faz parte das mudanças empreendidas pelo empresariado na forma dele atuar frente aos problemas sociais. A fábrica deixou de ser o catalizador das revoltas urbanas. Até os anos 70, a maioria das práticas sociais empresariais ou estavam ligadas a motivações religiosas ou circunscritas no espaço das relações entre capital e trabalho, a partir da idéia de que ações sociais direcionadas aos operários poderiam gerar relações de fidelidade entre patrão e empregado e harmonia nessas relações sociais conflituosas e inerentemente contraditórias.

Não podemos negar o término dessas motivações. Contudo, hoje, são as condições de vida urbanas (desemprego, pobreza, desigualdade social, inacessibilidade dos equipamentos sociais e a violência), e não mais as *condições* de trabalho, que se tornaram uma das principais arenas de expansão ou contração da cidadania. Desta forma, quando as empresas atuam socialmente, ampliam o foco para comunidades, em especial aquelas ao entorno de sua atividade econômica. Enquanto, no passado, o discurso das empresas incorporava valores de obediência, ordem e disciplina no interior da fábrica, hoje, algumas empresas passaram a valorizar o *discurso* da idéia de responsabilidade para com os trabalhadores, suas famílias e a sociedade.

2. A trajetória da responsabilidade social das Empresas no Brasil e em Portugal

2.1. Brasil

No Brasil, a provisão de bens coletivos esteve associada há aproximadamente quatro séculos à caridade realizada pela Igreja Católica e à filantropia empresarial marcadamente no processo da industrialização.

A institucionalização da caridade da Igreja Católica remonta à chegada da Irmandade da Misericórdia e à instalação das primeiras Santas Casas de Misericórdia que, desde a metade do século XVI, mantêm hospitais para a população. Foram criadas com preocupações caritativas e beneficentes e voltadas especialmente aos órfãos, idosos ou inválidos (MESTRINER, 2001). Mesmo com a instauração da República (1889), o Estado brasileiro deu continuidade à políticas sociais implantadas pela Igreja Católica, através do financiamento por intermédio de repasse de recursos, subsídios, subvenções e isenções de impostos a instituições conotadas com filantropia.[4]

Desta forma, o Estado foi construindo em parceria com a Igreja Católica e alguns empresários beneméritos uma estratégia de intervenção, de controle da pobreza, com o propósito de transformar indigentes, abandonados, invá-

---

[4] Até hoje, no Brasil, as Casas de Misericórdia são consideradas instituiçoes filantrópicas, complementares à rede pública (Sistema Único de Saúde /SUS), recebendo, assim, subsídios do orçamento do Ministério da Saúde.

lidos, doentes e delinquentes na categoria de "assistidos sociais". Para tanto, foram-se erguendo instituições próprias, de promoção, educação e reabilitação com lógicas científicas, técnicas, administrativas, filósoficas e jurídicas, que até hoje vigoram.

Também observamos uma atuação social de alguns empresários nos anos 80 do século XIX, a partir da construção de vilas operárias. Essas vilas operárias eram construídas para os trabalhadores das indústrias com capital privado. A origem das vilas operárias tem relação com inspeções sanitárias impostas às classes operárias durante a epidemia da febre amarela. Embora a motivação refira-se aos fortes interesses capitalistas, sendo muito diferente no que tange ao planejamento específico para a proteção de bem-estar moral e físico dos trabalhadores, as vilas operárias incorporam o valor do isolamento dos trabalhadores qualificados e semi-qualificados, tendo em vista um ambiente urbano crescentemente caótico. Além de expressar um modelo industrial paternalista, buscava criar um ambiente de trabalho controlado, livre da "desordem" causada pelo que muitos empresários acreditavam ser "as deficiências morais" das classes trabalhadoras da cidade (CARVALHO, 1986: 156-161).

O paternalismo também é visto na forma de desenvolvimento das vilas operárias da indústria têxtil no Nordeste do Brasil. A distribuição de privilégios de moradia nessas vilas expressa a arbitrariedade dos patrões nesta concessão. Essas habitações construídas pelos empresários transformaram-se no local onde se processava a reprodução do trabalho, dos princípios e códigos fabris. Desta forma, os trabalhadores assumiam na administração de suas vidas a racionalidade do capital, constituindo uma moral do trabalho. As vilas operárias sugerem um apelo para a atração dos trabalhadores rurais para a fábrica, através do aliciamento, além de significar a criação de um mercado de trabalho cativo e fechado, através de sucessivas gerações nascidas e criadas nas vilas operárias, sob o regime e temporalidade da expansão capitalista (LOPES, 1988).

A partir da década de 30 e 40 do século XX, observamos uma nova articulação entre o empresariado e o governo no Brasil no âmbito social, para atender aos propósitos comuns de modernização e industrialização da economia e de estabilidade social, ambos permeados pelos ideais de nacionalismo e racionalização do capitalismo. O processo de industrialização no Brasil teve seu grande arranque dos anos 1930 aos 1970 e foi marcado por um Estado autoritário e/ou populista como o grande promotor do desenvolvimento, ao lado de empresas nacionais e empréstimos internacionais.

Em conformação com o desenvolvimento capitalista tardio no Brasil, as políticas sociais surgiram como resposta ao processo de industrialização e urbanização e à expansão do trabalho assalariado. As diferenciações institucionais encontradas quanto à promoção dessas políticas sociais referem-se ao resultado da correlação de forças entre trabalhadores, o empresariado e o Estado. Esses fatores associados é que configuram o desenho e as escolhas das políticas sociais no Brasil. Nossos direitos sociais, na maioria das vezes, foram regulamentados por governos ditatoriais, no mesmo momento em que os direitos políticos eram suprimidos, o Legislativo era fechado ou funcionava à mercê do Poder Executivo.

A política social do Estado brasileiro tem sido analisada com ênfase no caráter arbitrário e discricionário das subvenções governamentais, caracterizadas pelo assistencialismo e pela ausência de instrumentos de controle pela sociedade. Ela se desenvolveu tradicionalmente a partir de uma rede burocrática e clientelista, em que a promoção dos serviços sociais era realizada em meio de troca de apoio político, o que estimulava a cooptação, a manipulação, a corrupção e a redistribuição seletiva e discricionária da renda. Nossos bens públicos muitas vezes foram tratados como mercadorias e não como bens coletivos e universais, disponíveis a todos.

Com a reorganização da vida político-partidária no final do Estado Novo[5] e a legalização do Partido Comunista em 1945, a burguesia industrial no Rio de Janeiro e em São Paulo organizou frentes de luta anticomunista, paralelamente ao desenvolvimento de um discurso que enfatizava a "paz social". Leopoldi (1984) cita como exemplo o Serviço Social da Indústria (SESI): ao lado da assistência social prestada aos trabalhadores e suas famílias, o SESI teve a finalidade de desenvolver um trabalho de propaganda de valores "democráticos" e cristãos, temas em voga no período do pós-guerra, através do chamado "educadores sociais". Eles realizavam um trabalho de doutrinação dos operários nos ambulatórios médicos do SESI, localizados em área operária, onde as bases do Partido Comunista eram significativas.

Portanto, novas ações sociais de empresários nascem da trajetória do capitalismo industrial pela via da industrialização por substituição de importação, corroborado pelo padrão institucional do corporativismo estatal que definia os sindicatos patronais e trabalhistas como organizações de direito privado, mas subordinado a um Estado centralizador. Deve-se ressaltar que este corpo-

---

[5] Ditadura implantada pelo Governo Getúlio Vargas em 1937.

rativismo viabilizou a participação das elites industriais nas estruturas decisórias, mas excluiu os trabalhadores como parceiros dos acordos corporativos em torno das políticas econômicas e sociais mais relevantes. Sua participação ficou restrita, e sob o controle do Ministério do Trabalho, às políticas trabalhistas e previdenciária.

Em síntese, a responsabilidade social dos empresários avança no Brasil a partir da construção de vilas operárias, da criação de organizações para o bem-estar dos trabalhadores e seus familiares e está circunscrita no espaço do processo de industrialização do país, em que a mão-de-obra deveria estar vinculada ao espaço territorial da organização do trabalho, através da lealdade ao patrão e da pretensa "harmonia" entre capital e trabalho, frente ao combate da ideologia comunista.

No bojo dos anos 1960, uma emergente mobilização social e contestatória gerou uma reação defensiva dos militares, que levou à imposição de mais um regime ditatorial, em que os direitos civis e políticos foram restringidos pela violência. O golpe militar de 1964 se sustentou a partir de uma coalizão tecnocrática-militar, vinculada a alguns integrantes da elite empresarial que apoiaram o golpe. Essa aliança buscou desde o início implementar um projeto de reestruturação política e econômica comprometido de forma clara com os interesses privados da economia, reorientando o padrão de desenvolvimento capitalista até então vigente. O regime militar não excluiu a influência dos grupos econômicos privados, apenas redefiniu os canais de intermediação de interesses entre o Estado e as elites econômicas.

A consolidação de uma elite tecnocrática civil e militar constituída durante o regime militar assumiu papel de grande relevância que, eliminando a competição eleitoral e a participação política das camadas populares, pôde aprofundar o processo de substituição de importações. Esta elite, associada com o capital estrangeiro e o grande capital nacional, preocupou-se também em promover a industrialização avançada, tentando inserir o país em outro patamar de desenvolvimento econômico.

A sociedade brasileira alcançou nos anos 1960-1970 os mais altos índices de crescimento econômico e industrial de sua história, e estava dirigido por uma política industrial de governos militares fortemente nacionalistas. Ao lado deste crescimento, observamos a queda vertiginosa de sua distribuição de renda. As explicações para esse padrão durante o governo militar se devem a permanente subordinação da política social à política econômica. Essa subordinação apareceu sob três dimensões inter-relacionadas: em primeiro lugar, em razão do programa de estabilização ortodoxa e de ajuste fiscal implementado pela equipe econômica; em segundo lugar, através da forma de financiamento das políticas sociais, via constituição de fundos sociais, um mecanismo compulsório de formação de poupança interna que objetivava principalmente a dinamização da economia como um todo e não somente dos programas sociais; em terceiro lugar, pelo fato desses mesmos mecanismos de financiamento tomarem com base tributária os salários dos próprios trabalhadores, determinando uma distribuição primária da renda (DRAIBE, 1994: 300-302).

Os efeitos do crescimento econômico do país nos anos de 1950 a 1970 não se converteram em melhorias sociais; ao contrário, o país apresentou mais desigualdade, mais pobreza, mais desequilíbrio social. Em 1981, cerca de 19% da população brasileira (22 milhões de habitantes) viviam em famílias com renda inferior à linha da indigência e 43% (50 milhões) em famílias com renda inferior à linha da pobreza.[6]

Depois da primeira alta do petróleo (1973), a economia brasileira continuou crescendo, enquanto que, nos países centrais, desacelerava para absorver o impacto dos preços mais elevados da energia. O modelo desenvolvimentista não previra os demais choques (1975 e 1979), tanto que, para investir na industrialização o Brasil, recorreu a mais empréstimos que, obviamente, fizeram crescer a dívida externa.

A crise do petróleo se traduziu no Brasil pela violenta alta de juros e perda de competitividade da indústria. O setor industrial foi severamente afetado, devido à diminuição da produção, e a pobreza e o desemprego aumentaram profundamente, ao lado da precarização das condições de trabalho.

O aumento do petróleo desequilibrou a balança comercial, os juros faziam a dívida externa disparar e a recessão mundial provocara queda dos preços das matérias primas brasileiras, ou seja, o chamado "milagre econômico" do governo chegava ao fim e o país foi rapidamente caminhando para a recessão, demonstrando a fragilidade do modelo econômico dos militares.

As altas taxas de inflação levaram os empresários brasileiros a privilegiar o investimento financeiro ao produtivo. Conseqüentemente, houve nos anos 80, período de crise econômica e de aguda desaceleração industrial, pouco interesse em relação à adoção de inovações tecnológicas, na medida em que estas exigiam grandes investimentos, ao contrário da aplicação do capital no mercado financeiro, que gerava lucros exorbitantes. Nesse momento, alguns

---

[6] Fonte: Pesquisa Nacional por Amostra de Domicílios (PNAD), 2002.

setores mais dinâmicos do empresariado buscaram alternativas para elevar a produtividade. Não só houve demissões maciças de trabalhadores, mas também buscaram novas formas de reorganização da produção e da flexibilização do trabalho.

Os trabalhadores vitimados por uma inflação exorbitante eram cada vez mais excluídos da riqueza nacional. A elevação das taxas inflacionárias serviu de combustível para uma onda de greves para reivindicar a reposição do poder aquisitivo dos salários. O regime militar não possuía nem recursos nem projetos para a crise econômica. A inflação se mostrava particularmente descontrolada,[7] enquanto manifestações de massa ocupavam as ruas, o que contribuiu para o fim do governo militar e a emergência do processo de redemocratização do país.

A crise econômica do Estado acabou impactando sobre a credibilidade pública do Estado, enfraquecendo a percepção de sua finalidade e legitimidade diante da ineficiente administração dos problemas sociais no Brasil. Em contrapartida, a sociedade civil passou a não mais esperar do Estado a resposta única para a garantia de melhores condições de vida e bem-estar para o conjunto da sociedade. Neste cenário do final dos anos setenta, inicia-se o processo de redemocratização, culminando com a nova Constituição de 1988, considerada como uma Constituição-Cidadã.

No final dos anos 80, as empresas passam a reavaliar seu papel e seus mecanismos de inserção política e econômica, bem como sua intervenção como agente social no novo cenário brasileiro. As mudanças no sistema internacional redefiniram a agenda governamental nos anos 1990 e forçaram o empresariado brasileiro a se adaptar a um novo papel político e social no contexto de redemocratização.

No movimento de mudança na mentalidade empresarial brasileira, encontramos o PNBE (Pensamento Nacional das Bases Empresarias), criado em 1987, por jovens empresários paulistas. Em meio à reordenação ideológica empresarial, essa associação passou a propor iniciativas conectadas com a nova ordem política e econômica que envolvia a redemocratização e a abertura econômica. O PNBE passou a apresentar uma forte inclinação para a ação social e uma nova postura frente ao sistema político. Comba-

---

[7] No ano de 1975, tivemos uma inflação de 29,35%; em 1979, 77, 21%; em 1980, 110,21%; em 1984, 223,90%; e em 1985, 237,72%. Fonte: Fundação Getúlio Vargas, 2002.

teu a oligarquização e o imobilismo das entidades empresariais tradicionais (GOMES e GUIMARÃES, 2000).

Portanto, nos anos 1980 e com a nova Constituição brasileira (1988), a participação cidadã era o referencial para garantir o fortalecimento dos mecanismos democráticos do processo de redemocratização; e, nos anos 1990, com a Reforma do Estado, esta participação tinha como objetivo garantir a execução eficiente de programas governamentais de compensação social, propostos e financiados pelas agências multilaterais de desenvolvimento, face ao contexto de ajuste estrutural, liberalização da economia e privatização do patrimônio do Estado.

Desta forma, ao lado da abertura política e econômica no Brasil, os anos 1990 vão ser marcados por alguns fatores que favoreceram a expansão da estratégia empresarial denominada por responsabilidade social empresarial. A incorporação deste tema no Brasil foi notável e inédita, na medida em que emerge em um contexto de baixo crescimento econômico. Ao contrário, seria fácil imaginar ações sociais empresariais em cenário de crescimento expansivo. Contudo, esse movimento emerge no "calor" do processo de redemocratização no Brasil e da ideologia da co-responsabilidade e solidariedade individual; ou seja, surge a idéia empresarial de que "Fazer o bem compensa".

No que diz respeito à atuação em parceria, o Governo Fernando Henrique Cardoso (1995-2002) criou, em 1995, o Conselho da Comunidade Solidária. Este órgão ligado à Presidência da República concentrou suas atividades na promoção de ações sociais com base no voluntariado empresarial; na realização de projetos de parceria entre Estado e sociedade; na revisão do marco legal que regula as relações entre Estado e sociedade; e no fortalecimento das instituições da sociedade civil organizada, em particular com fundações e associações empresariais. Desta forma, havia a expectativa de que o Estado poderia manter seu caráter social, assegurando-lhe eficiência, na medida em que induziria as entidades públicas não-estatais a competir entre si para prestar serviços à comunidade com financiamento parcial do Estado.

A Comunidade Solidária é exemplo de que, nos anos 90, a energia solidária mobilizada a partir dos anos 70 foi capturada pelo Estado como um novo modo de enfrentar a pobreza, buscando a participação da sociedade.

A Pesquisa "Ação Social das Empresas", realizada pelo IPEA em parceria com o BID (Banco Interamericano de Desenvolvimento) e a Comunidade Solidária de 1998, em 2001, revelou que das cinco regiões pesquisadas pelo IPEA, a que mais possui empresas investindo em projetos sociais é a região mais industrializada do país, a Sudeste. Desta Região, 67% disseram realizar algum tipo de ação junto à comunidade, desde atividades eventuais até projetos de âmbito nacional – extensivos ou não aos empregados das empresas e seus familiares. Em seguida vem o Nordeste (55%), o Centro-Oeste (50%), o Norte (49%) e o Sul (46%)[8].

A mesma pesquisa apontou para o fato de que cresce entre as empresas o entendimento de que uma política de desenvolvimento social exige a sua participação em atividades sociais, seja sob pequenas doações pontuais a pessoas ou instituições até grandes projetos mais estruturados.[9] Essa pesquisa do governo federal mostrou que o setor privado já podia ser considerado o grande interlocutor das políticas públicas do país no tocante às ações sociais. Portanto, este é o caminho percorrido pelos empresários rumo à responsabilidade social.

O aumento da violência no Brasil, em particular no Rio de Janeiro, também foi uma motivação para os empresários investirem em ações sociais nos anos 90. Na cidade do Rio de Janeiro, em 1993, o sociólogo Betinho (Herbert de Souza, fundador da ONG IBASE[10] em 1981) reuniu-se com 20 empresários com a proposta de firmar uma ação mobilizadora para dar resposta emergencial à onda de violência que assolava a cidade, que culminou com a chacina de jovens e adultos na favela de Vigário Geral em agosto de 1993, na periferia da cidade do Rio de Janeiro.

Em 1992/1993, o IBASE organizou com empresas a primeira campanha nacional contra a AIDS/SIDA entre trabalhadores, conhecida como "a solidariedade é uma grande empresa". Também em 1993, criou a campanha "Ação da Cidadania contra a Miséria e pela Vida". Esta campanha contou com a expressiva participação de indivíduos, ONGs, sindicatos e centrais sindicais, artistas, igrejas e grupos religiosos, empresas privadas e estatais, associações comunitárias, escolas e universidades, instituições filantrópicas, entre outras organizações, com o objetivo de distribuir alimentos em todo o país e discutir as relações entre saúde e nutrição, tecnologia e desenvolvimento local através de parceria Estado e sociedade.

---

[8] Fonte: Internet – Boletim da Pesquisa "Ação Social das Empresas" – Instituto de Pesquisas Econômicas Aplicadas – IPEA, set/1999 (www.asocial.calepino.com.br).

[9] Esta Pesquisa foi realizada entre 1999 e 2000, no Nordeste, Sudeste, Sul e Centro-Oeste. O relatório da Pesquisa está disponível no portal eletrônico do IPEA (www.ipea.gov.br ou www.asocial.calepino.com.br).

[10] Ver site do IBASE: www.ibase.br (Instituto Brasileiro de Análise Econômica e Social).

Também em 1993, foi criado o Comitê de Entidades no Combate à Fome e pela Vida (COEP), com o objetivo de promover a adesão de empresas privadas para atuar na área social.[11]

Enfim, na década de 1990, vemos a expansão da idéia da responsabilidade social empresarial, através de inúmeras instituições, tais como:

- GIFE – Criado em 1995, o Grupo de Institutos, Fundações e Empresas tem como objetivo mobilizar empresas e articular parcerias entre organizações da sociedade civil e o Estado para projetos sociais comunitários, com o propósito de solucionar problemas sociais e minimizar as desigualdades sociais.
- Balanço Social – Em 1997, o IBASE criou o Balanço Social como um dos instrumentos mais difundidos no país para as empresas auditarem voluntariamente o seu comportamento socialmente responsável;
- Instituto ETHOS – Criado em 1998 por representantes do movimento empresarial do PNBE, o Instituto Ethos de Responsabilidade Social Empresarial acredita que investir em responsabilidade social é um grande negócio, na medida em que as empresas podem compartilhar custos com o governo em relação ao desenvolvimento sustentável local, através de uma rede de ações capazes de sensibilizar, motivar e facilitar o investimento social dos empresários brasileiros.

Hoje, no Brasil, a idéia da responsabilidade social empresarial tem sido incentivada pelo próprio Estado. Há que ressaltar que existem empresas que ainda resistem em envolver-se com entidades governamentais e preferem elaborar autonomamente seus projetos sociais, através de suas fundações empresariais ou em parcerias com organizações não-governamentais. Contudo, diversos organismos internacionais, como o Banco Mundial e o BID (Banco Interamericano de Desenvolvimento) e agências de fomento econômico brasileiras, como o BNDES (Banco Nacional de Desenvolvimento Econômico e Social) têm buscado sensibilizar as empresas brasileiras para atuarem em parcerias com governos e comunidades na produção de projetos e políticas de bem-estar social, até mesmo como contrapartida para o financiamento das atividades econômicas das empresas. Desta forma, a maioria das empresas quando empreende ações sociais se articula através de redes de parcerias com o poder público e/ou com ONGs, como forma de demonstrarem sua disponibilidade de diálogo com outras instâncias.

---

[11] Ver www.coepbrasil.org.br, acessado em 12/09/2004.

2.2. Portugal

Inicialmente, apresentarei uma breve nota introdutória sobre o modelo de Estado Providência desenvolvido em Portugal, na medida em que encontramos forte similaridade com o modelo desenvolvido pelo Brasil, colocando, assim, ambos no mesmo eixo econômico: países semiperiféricos do sistema mundial.

Conforme o sociólogo português Boaventura de Sousa Santos, Portugal nunca atingiu a plenitude do termo Estado Providência, ou seja, a administração pública nunca "interiorizou" a existência plena dos direitos sociais. Portugal não conseguiu promover a universalização dos direitos sociais com qualidade, ao contrário dos países centrais que, ao intervir em diversos domínios sociais, conseguiram promover respostas institucionais aos problemas sociais com evidentes impactos positivos na qualidade de vida dos cidadãos. Com um Estado fraco (e com uma mão forte do autoritarismo), Portugal gerou impactos sociais de baixo nível, tal como referido pelo autor: "São muitos os indícios que nos levam a concluir que a administração pública em Portugal não interiorizou ainda a existência dos direitos sociais e, como tal, não a transformou numa prática e nem numa ideologia de serviço" (SANTOS, 1992: 242).

Segundo o autor, esse déficit estatal foi compensado, em larga medida, por laços afetivos e de identificação comunitária da Sociedade-Providência. Assim, o modelo de Estado Providência ou de Bem Estar Social foi, em Portugal, praticamente inexistente e na maior parte substituído por uma forte Sociedade-Providência, onde as relações sociais, em especial as criadas pela Igreja, substituíram um Estado omisso nos domínios das políticas públicas e sociais. Assim, podemos alargar o conceito de Sociedade-Providência com a inserção das doações comunitárias realizadas por comerciantes e empresários, o que acabava por compensar este déficit estatal.

Os antecedentes históricos da ação social empresarial em Portugal estão referendados pelo paradigma da Igreja Católica, e são similares aos do Brasil. No século XV, quando foram fundadas as primeiras Santas Casas de Misericórdia, os chamados empresários beneméritos faziam donativos pontuais em ajuda aos enfermos e pobres. Desta forma, a caridade e a comiseração, como no Brasil, faziam parte de suas motivações solidárias orientadas pela Igreja.

Quanto aos movimentos de filantropia em Portugal, Manuel Lisboa (2002: 419) afirma que, salvo algumas exceções, não há no país uma tradição nesse sentido. Em sua investigação sobre as indústrias portuguesas, apenas 4%

dos entrevistados afirmaram participar em obras de natureza social e cultural e 17,9% em atividades de natureza política. Contudo, tradicionalmente, os comerciantes sempre tiveram a prática de realizar doações casuísticas, em especial de alimentos e roupas, para comunidades ao redor de suas atividades econômicas, em especial para idosos e crianças.

Quanto ao papel político da elite empresarial e sua representatividade social, destacamos algumas considerações de Manuel Lisboa (2002: 320--327). Conforme o autor, no início do século XX a burguesia industrial (grandes comerciantes e banqueiros) possuía um grande poder político, enquanto, os pequenos comerciantes, que dependiam totalmente da indústria, tinham um acesso restrito ou mesmo inexistente ao poder político ou redes limitadas de relações sociais no poder. Contudo, existiam algumas organizações regionais importantes: a Associação Comercial de Lisboa; a Associação Industrial Portuguesa; a Associação Industrial Portuense; e a Associação Industrial do Porto.

A Associação Comercial de Lisboa apoiou o golpe militar de Salazar (28/05/1926), mas na década de 1960 criticava o governo pela lentidão com que o país se industrializava. Quanto à Associação Industrial Portuguesa, fundada em 1837, Salazar a considerava rebelde e manifestava a intenção de limitar sua ação. Quanto à dimensão associativa industrial durante o Estado Novo Salazarista, a elite empresarial dispunha de poucos canais organizados para influenciar o poder político. Lisboa (2002) afirma que havia uma grande fragilidade organizacional patronal, resultante, em grande medida, das limitações à participação política deste governo. Somente no fim da ditadura se poderá vislumbrar um ambiente propício para o associativismo de todos os setores das atividades econômicas, que passaram a ter uma maior intervenção política na defesa de seus interesses.[12]

Durante o Estado Novo português salazarista (1928-1974), o caráter paternalista das grandes empresas familiares predominava nas suas ações socais, ancoradas nos princípios nacionalistas, corporativistas e assentes na moral cristã deste governo. Conforme Lima (1999), o modelo ideológico do Estado Novo teve o grande apoio dessas empresas, e muitos de seus dirigentes eram importantes personalidades públicas da época, com enorme prestígio

---

[12] Hoje, em Portugal, existem inúmeras associações, federações e quatro confederações empresariais, tais como a Confederação do Comércio e Serviços de Portugal (CCP); a Confederação da Indústria Portuguesa (CIP); a Confederação dos Agricultores de Portugal (CAP); e a Confederação do Turismo Português (CTP).

social e uma intervenção significativa, ainda que indireta, na política nacional. A empresa familiar era sentida e afirmada como um projeto coletivo, no qual todos os membros da família estavam envolvidos e com um grande investimento pessoal.

Na década de 1970, a expansão industrial estava extremamente vulnerável às mudanças políticas e ao contexto econômico internacional, face às graves crises do petróleo. Assim, nos anos 1970, verificar-se-á a desintegração da antiga aliança da Era Salazar entre os proprietários de terra e os interesses financeiros e industriais em expansão, frente ao novo rumo do governo ditatorial.

Os indicadores econômicos da evolução da indústria portuguesa revelam a expansão industrial e o crescimento econômico na segunda metade do século XX; contudo, este movimento foi modesto e lento, similar aos países semiperiféricos, e não teve avanço significativo em comparação aos outros países mais industrializados na Europa (LISBOA, 2002).

Devido à ausência de democracia econômica, social e política, Portugal estava isolado da internacionalização do paradigma fordista, o que dificultava a interação e o relacionamento entre os diversos agentes econômicos nacionais e internacionais. Durante o Estado Novo, Portugal não participava das grandes conferências internacionais que definiam a nova ordem após a II Guerra Mundial. Neste período, as políticas industriais adotadas pela ação reguladora do Estado desincentivavam práticas de colaboração tanto no campo científico e tecnológico, quanto entre empresas ou no interior delas (TOLDA, 2000: 103).

A política financeira governamental de 1971-72 incentivou a concentração e a consolidação de empresas. Por outro lado, os pequenos empreendedores e firmas familiares passaram a ser considerados "não-rentáveis" pelos ministros da área econômica, e os empresários mais competitivos se voltaram para os ramos de varejo e distribuição.

O incentivo governamental voltou-se, assim, para o investimento em grandes conglomerados financeiros e industriais e os velhos monopólios deixaram de ser tão importantes, o que, conseqüentemente, acabou por gerar a decadência das velhas oligarquias. Para a equipe econômica de Marcello Caetano os conglomerados eram empreendimentos bem administrados, e o governo alocava-lhes uma parcela significativa em investimentos, incentivos fiscais e subsídios. Além disso, o governo apontava algumas "vantagens" portuguesas para atrair empresários estrangeiros no que diz respeito à ausência no país de sindicatos livres e de negociação coletiva e à presença de salários irrisórios. Desta forma, acreditava-se que os lucros estrangeiros seriam atraídos (MAXWELL, 2006).

Esta internacionalização empresarial acabou por gerar um paradoxo econômico e político, que não pôde ser enfrentado. Alguns dos maiores grupos econômicos do país, ou seja, os velhos monopólios, tais como a CUF e o Grupo Champalimaud, associaram-se a empreendimentos com empresas estrangeiras e transferiram seus negócios coloniais e metropolitanos para investimentos mais lucrativos no Brasil, nos EUA e em outros países da Europa (MAXWELL, 2006: 49-50).

Além disso, esta internacionalização impactou em duas frentes no posicionamento empresarial. Por um lado, ocorreu a desintegração da antiga aliança entre os proprietários de terra e os interesses financeiros e industriais. Por outro, as empresas passaram a desaprovar, ainda que não explicitamente, a guerra de Portugal em África, na medida em que desviava divisas necessárias para a expansão industrial portuguesa, o que do ponto de vista empresarial ameaçava a chance de Portugal ingressar na Comunidade Econômica Européia (CEE).

Portanto, a elite empresarial portuguesa estava, nos anos 1970, diante de vários dilemas e impasses. Ao mesmo tempo percebiam que a guerra colonial inibia o capital necessário aos seus interesses expansionistas, temiam também que o seu fim pudesse favorecer a perda do domínio econômico em África, em prol de outros países mais desenvolvidos. E neste cenário, acrescenta-se a crise econômica do petróleo, que impactava sobremaneira as condições de vida da sociedade portuguesa. Conseqüentemente, o caminho estava aberto para a Revolução de 25 de abril de 1975, pondo fim à Era Salazarista.

Com a Revolução militar-democrática de 25 de abril de 1974 (Revolução dos Cravos), ocorreu o período de estatização de bancos, das principais indústrias e dos meios de comunicação. Desta forma, a Empresa Pública passou a ter relevância política e econômica em Portugal.

Entretanto, a pequena burguesia revelou-se muito mais resistente à Revolução do que as grandes empresas familiares e os grandes proprietários de terras do Sul. Parte dos donos de fábricas desapropriadas fugiu de Portugal ou foram expulsos; e os que ficaram se filiaram em massa na Confederação da Indústria Portuguesa (MAXWELL, 2006).

O agravamento da crise econômica portuguesa acabou por gerar outra inflexão em relação ao rumo revolucionário comunista. Para compensar seu déficit na balança dos pagamentos e preparar o país para a concorrência européia, a economia passou a depender das grandes indústrias e do planalto cerealífero do Sul. Desta forma, o governo acabou por desnacionalizar a economia como um todo. Mas, ainda assim, neste período, os empresários, diante das incertezas, preferiam alocar seus investimentos para empresas privadas com matriz no exterior.

Ao analisar a relação entre produção capitalista e o nível de reprodução social das décadas de 1960 e 1970, Boaventura de Sousa Santos aponta uma série de "descoincidências" ou descompassos. O país, durante este período, encontrava-se numa situação de semi-industrialização, com uma indústria assente ainda nos setores tradicionais e com um nível de produtividade aquém dos países centrais. A competitividade empresarial baseava-se no achatamento salarial e nos atrasos de salários. E mesmo com a Revolução, a classe operária, desfragmentada, ainda possuía fortes vínculos com a agricultura familiar e possuía baixo poder de pressão, organização e de negociação (SANTOS, 1992: 116).

A partir da década de 1980, em particular após a integração de Portugal na Comunidade Européia, é que se iniciarão importantes debates sobre a redefinição de uma política científica e de inovação industrial em Portugal; e a ação do Estado, como agente regulador do desenvolvimento tecnológico, se tornou mais significativa.

Contudo, conforme Lisboa (2002), ao longo do processo de expansão industrial, as empresas seguem normalmente um modelo de crescimento de pequenos surtos, seguidos de estagnação e de crise, ao invés de processos de desenvolvimento sustentado.

Segundo este autor, a estrutura industrial que se foi construindo revelou-se desequilibrada, assimétrica e do tipo piramidal, com uma base alargada de pequenas empresas e alguma escassez das de dimensão média: "Esta estrutura é marcada por uma mistura de processos múltiplos – alguns com tecnologia de ponta, pouco acertados com o seu tempo e muito inacabados – que se misturam numa 'floresta desordenada' de ramos e sub-ramos, com tempos e níveis de desenvolvimento tecnológico e organizacional diversos" (LISBOA, 2002: 540).

Apesar da relativa turbulência da Revolução de 25 de Abril de 1974, a abertura política e econômica favoreceu uma grande renovação no modelo industrial em Portugal. Permitiu uma maior mobilidade na estrutura social (vertical e horizontal), que facilitou no surgimento de novos agentes econômicos que, conforme Lisboa, dificilmente surgiriam "face ao poder de meia dúzia de famílias que controlavam a economia nacional anterior" (*idem*). E é a partir do final dos anos 80, com a supremacia internacional do capital financeiro, que há uma significativa alteração na economia portuguesa.

Na segunda década de 1990, Portugal passou por uma mudança substancial na sua balança de capitais, passando rapidamente de importador para exportador líquido de capitais. Os grandes protagonistas foram os grupos financeiros e econômicos, em particular as empresas privatizadas. Contudo, de acordo com o Parecer de 1997 do Conselho Econômico e Social "Globalização – implicações para o desenvolvimento sustentável", Portugal ainda dispunha de uma especialização industrial com debilidades muito patentes, quer ao nível da utilização das tecnologias mais evoluídas, quer ao nível do domínio ou inserção nas redes de comercialização e, com um forte constrangimento para enfrentar a dinâmica da mudança, inclusive a partir de seus recursos humanos (CEE, 1997).

Quanto ao comportamento das elites empresariais em Portugal, Lisboa (2002) aponta uma dualidade contínua, similar à análise realizada por Boaventura de Sousa Santos para as décadas de 60 e 70; ou seja: hoje, ainda, permanece em Portugal a presença de uma "burguesia heterogênea composta por um pequeno setor moderno e modernizante e amplas camadas mais ou menos retrógradas" (SANTOS, 1992).

Ainda são poucos os estudos, em Portugal, sobre o papel político dos agentes econômicos, no novo contexto democrático, sobre a sua capacidade associativa em relação à filantropia e às suas ações políticas de cunho social. Desta forma, encontramos algumas dificuldades para analisar quais são os novos padrões de ação coletiva empresarial através de suas entidades representativas, e qual o comportamento desses empresários como atores políticos face ao novo estádio econômico e social em que se encontra o país.

A despeito desta dificuldade analítica, tentarei apontar alguns episódios que nos levem a pensar sobre a trajetória empresarial portuguesa rumo à estratégia da responsabilidade social empresarial e o envolvimento do Estado português em face a esta nova estratégia de parcerias na produção de políticas sociais.

Temos como, um primeiro exemplo, os empresários portugueses católicos. Na cidade de Fátima, em 07 de março de 1998 foi criada a Associação Cristã de Empresários e Gestores (ACEGE) com princípios da RSE. Esta Associação foi constituída em 1952, sob a denominação UCIDT – União Católica de Industriais e Dirigentes de Trabalho e, depois, denominada UCIDT – Movimento Cristão de Empresários e Gestores. A ACEGE, hoje, é uma associação de homens e mulheres de empresa, que partilham entre si valores cristãos e procuram aplicá-los no desenvolvimento profissional.

Em Portugal, já no final dos anos 1980, a ação social empresarial passou a ser incentivada, a partir de um dispositivo legal datado em 1986 (Lei do Mecenato Cultural), que estava direcionado ao conjunto de benefícios fiscais para as empresas e particulares que contribuíssem para instituições ou atividades de interesse cultural (Decreto-Lei nº 258/86).[13]

Em 1999, esta Lei foi ampliada para outros setores (Decreto-Lei nº 74/99, de 16 de março). Passou a integrar um conjunto de incentivos fiscais no sentido de estimular as empresas e os particulares a efetuarem donativos a favor das entidades privadas ou públicas que desenvolvam a sua atividade no âmbito do sistema social em benefício de iniciativas nas áreas social, cultural, ambiental, científica ou tecnológica, desportiva e educacional (Artigo 2 da Lei do Mecenato). De acordo com o estabelecido para o Mecenato social, o seu donativo é totalmente dedutível nos impostos (totalizando 140%).

Alguns trabalhos têm mostrado que tem havido pouco interesse das empresas em usufruir dos benefícios da Lei do Mecenato e, quando há, são somente as empresas de grande porte que o fazem (Ministra da Cultura, *in* O Círculo – Blog Progressivo, 19/02/2007).[14]

Quanto ao papel do Estado em promover redes de parcerias com entidades e associações empresariais para o desenvolvimento social, observa-se em Portugal uma trajetória neste sentido, desde o final dos anos 1990. Em 18 de novembro de 1997, foi sancionada a Resolução do Conselho de Ministros nº 197/97, que cria o Programa de Apoio à Implementação da Rede Social, com o objetivo de se criar um fórum de articulação livre de autarquias, entidades públicas e privadas sem fins lucrativos na busca de soluções coletivas dos problemas sociais, em especial a erradicação da pobreza (*DIÁRIO DA REPÚBLICA*, 18/11/1997, Resolução do Conselho de Ministros nº 197/97).

Cinco anos mais tarde, em 12 de fevereiro de 2002, foi criado o Despacho Normativo nº 8/2002 para a Regulamentação do Programa de Apoio à Implementação da Rede Social que, dentre seus objetivos estava em desenvolver uma parceria efetiva e dinâmica que articule a intervenção social dos dife-

---

[13] No Brasil, temos uma Lei similar. Concebida em 1991 para incentivar investimentos culturais através de dedução fiscal, a Lei Federal de Incentivo à Cultura (Lei nº 8.313/91), ou Lei Rouanet, como também é conhecida, pode ser usada por empresas e pessoas físicas que desejam financiar projetos culturais.

[14] Fonte: http://ocirculo.wordpress.com/

rentes agentes locais. O funcionamento da Rede Social prevê fóruns no âmbito dos Concelhos ou de Freguesias, respectivamente como Conselhos Locais de Ação Social (CLAS) e Comissões Sociais de Freguesia (CSF) ou Comissões Inter-freguesias (*Diário da República*, 12/02/2002, Despacho Normativo nº 8/2002).

Nove anos após a Resolução da criação da Rede Social, foi sancionado o Decreto-Lei nº 115/2006, em 14 de junho de 2006, que consagra os princípios, finalidades e objetivos da Rede Social, bem como a constituição, o funcionamento e a competência de seus órgãos. Dentre seus objetivos, está o combate à pobreza e à exclusão social e a promoção da inclusão e coesão social, através do desenvolvimento social integrado. Quanto à composição das CSF e dos CLAS, podem integrar, além de órgãos públicos, entidades sem fins lucrativos, tais como associações empresariais (*Diário da República*, 14/06/2006, Decreto-Lei nº 115/2006).

Outro exemplo de incentivo à responsabilidade social das empresas em Portugal é o "Prémio Igualdade é Qualidade", promovido pela Comissão para a Igualdade no Trabalho e no Emprego (CITE).[15] Esta premiação tem como objetivo sensibilizar e fomentar, através do reconhecimento público de empresas e de organizações sociais, boas práticas na área da promoção da igualdade entre homens e mulheres no mundo do trabalho. Desde que teve início em 2000, até o ano de 2004, este prêmio registrou mais de uma centena de empresas candidatas. Em 2000, na edição inaugural, candidatou-se um grupo de 24 entidades e, em 2001, o número de candidaturas teve um pico assinalável.

No que diz respeito à localização territorial nas entidades candidatas ao prêmio, a CITE verificou uma dispersão por diversos distritos e regiões, notando-se, todavia, uma concentração das organizações candidatas na região de Lisboa (onde se concentram 36,5% do total de candidatas ao Prêmio).

A adoção da estratégia corporativa da RSE em Portugal está relacionada ao documento elaborado no âmbito da União Européia sobre os caminhos para

---

[15] A CITE, criada em 1979, é uma entidade tripartite, formada por representantes governamentais e dos parceiros sociais (Confederação do Comércio e Serviços de Portugal – CCP, Confederação Geral dos Trabalhadores Portugueses – Intersindical Nacional – CGTP-IN, Confederação da Indústria Portuguesa – CIP e União Geral dos Trabalhadores – UGT). É tutelada pelo Ministro do Trabalho e da Solidariedade Social, em articulação com o membro do Governo responsável pela área da Igualdade de Gênero.

promover um quadro europeu para a responsabilidade social empresarial, que estão contidos no *Livro Verde* da Comissão Européia de 18 de julho de 2001. Este documento foi elaborado pela Comissão das Comunidades Européias, através da Agenda Social Européia, e sua abordagem tem como objetivo refletir diversas iniciativas internacionais nesta área: UN Global Compact (2000), a Declaração Tripartide sobre as Empresas Multinacionais e a Política Social da Organização Internacional do Trabalho (OIT, 1998) e as Orientações para as Empresas Multinacionais da OCDE (2000).

Quanto ao desenvolvimento da responsabilidade social empresarial na dimensão externa, o Livro Verde a define como aquela que "ultrapassa a esfera da própria empresa e se estende à comunidade local, envolvendo, para além dos trabalhadores e acionistas, parceiros comerciais e fornecedores, clientes, autoridades públicas e ONG que exercem a sua atividade junto das comunidades locais ou no domínio do ambiente" (COMISSÃO DAS COMUNIDADES EUROPÉIAS, 2001).

Sobre a justificativa das empresas realizarem o investimento social em comunidades locais, o Livro Verde afirma que:

> As empresas dão um contributo para a vida das comunidades locais em termos de emprego, remunerações, benefícios e impostos. Por outro lado, as empresas dependem da salubridade, estabilidade e prosperidade das comunidades onde operam. [...] A reputação de uma empresa na sua zona de implantação, a sua imagem não só enquanto empregador e produtor, mas também enquanto agente no plano local, são factores que influenciam a competitividade. (item 2.2.1).

Como exemplo de empreendimento social, o Livro aponta o apoio de ações de promoção ambiental, o recrutamento de pessoas vítimas de exclusão social, a disponibilização de estruturas de cuidados à infância para os filhos dos trabalhadores, parcerias com comunidades, o patrocínio de eventos culturais e desportivos a nível local ou donativos para ações de caridade, a partir do estabelecimento de relações positivas com a comunidade local e a conseqüente acumulação de capital social (*idem*).

Em relação a este documento, Portugal realizou, em 2002, um amplo Seminário Nacional sobre Responsabilidade Social das Empresas, com a presença de empresários, governo e comunidade acadêmica, com o objetivo de refletir sobre uma proposta de responsabilidade social das empresas da seção portuguesa do Centro Europeu das Empresas com Participação Pública e Empresas de Interesse Econômico Geral (CEEP) e do Conselho Econômico e Social da

União Européia (CES, 2003). A grande preocupação de Portugal, neste seminário, concentrava-se em entender as diretrizes da União Européia e de que forma poderiam ser adotadas, tendo em vista a fraca industrialização de Portugal associada com o nível social e de cumprimento das normas, aquém dos países europeus mais ricos. Entenderam que a adoção de responsabilidade social empresarial, apesar das pressões internacionais para a padronização, requer uma interpretação interna das conjunturas de cada país. Conforme frisou o Presidente da Associação Portuguesa de Bancos e vice-presidente do Conselho Econômico e Social:

> As nossas responsabilidades sociais [...] têm que ver com o quadro insatisfatório que estamos a viver [...]. No caso português é mais grave porque, além de uma legislação inadequada, temos o seu incumprimento generalizado. [...] Antes de qualquer acréscimo de exigências sociais – importantes em si mesmas – é necessário que a lei seja cumprida, é necessário que a lei seja correcta, e é necessário que haja resposta em tempo aos desafios incontornáveis que se aproximam, com o alargamento da União Européia, e com a globalização mundial do comércio e dos movimentos de capitais, que verdadeiramente põem em causa a eficácia da nossa actual base económica e do funcionamento das instituições públicas. (Conselho Econômico e Social, 2003).

O governo português, através do IAPMEI, realizou uma pesquisa sobre a responsabilidade social de PMEs do país, intitulado "SER PME Responsável". O primeiro relatório, datado de 2005, resultado de um inquérito com 400 empresas, dentre outras observações, concluiu que o termo "responsabilidade social das empresas" é entendido de forma imprecisa, vaga e parcial. Contudo, as empresas percebem que a RSE, ao nível interno, pode contribuir para o aumento da produtividade dos empregados; e, ao nível externo, pode colaborar para o aumento do capital reputacional da empresa frente à comunidade e ao governo. Ou seja, na globalidade das entrevistas, as empresas vêem a RSE como uma vantagem a ser adotada. Contudo, desconhecem políticas que incentivem estas práticas.

O relatório também aponta que o contexto econômico de recessão em Portugal constitui uma ameaça às empresas evoluírem neste aspecto, por duas razões: fuga de empresas e ausência de investimentos financeiros (IAPMEI, 2005).

Quanto ao associativismo empresarial recente, encontramos um movimento notável e inédito, em 2004: o Compromisso Portugal. Cerca de 550 empresários, gestores e acadêmicos reuniram-se em Lisboa, no dia 10 de fevereiro de 2004, num encontro no qual foi debatido um novo modelo econômico e de desenvolvimento para Portugal, conhecido como a "Convenção do Beato". Nesta reunião, empresários, nitidamente liberais, assumiram a responsabilidade de elaborarem um consenso alargado para as mudanças do desenvolvimento de Portugal, "independentemente de interesses corporativos, associativos ou de qualquer outra natureza". De acordo com o Movimento, Compromisso Portugal se auto-define como:

> [...] uma iniciativa da Sociedade Civil. Sem alinhamentos partidários nem vocação para governar. É um fórum de discussão aberto à participação de todos, onde não cabem os preconceitos ideológicos. É um movimento de cidadãos, um exercício de cidadania, que pretende promover a discussão do modelo econômico-social do nosso País, avançando com propostas concretas de mudança. Mas que tem uma ambição: contribuir para que a nossa sociedade atinja patamares mais elevados de bem-estar, coesão e felicidade de uma forma natural e sustentável. Esse é o nosso sonho (www.compromissoportugal.pt)

Em fevereiro de 2005, o Compromisso Portugal elaborou um novo documento no qual foi feita uma análise e comparação dos programas eleitorais do PS e do PSD. Em dezembro desse mesmo ano, surgiu outro documento – "Um contributo para a mudança da Sociedade Portuguesa" –, no qual se colocavam algumas questões aos principais partidos políticos, na expectativa de que as consagrassem nos seus programas de governo. Nesse âmbito, o Compromisso Portugal realizou reuniões com representantes do PS, PSD E CDS[16].

Em 06 de setembro de 2006, este Movimento elaborou um texto intitulado "Texto Provocatório Geral" que serviu de base ao debate sobre o modelo econômico e social para o País na 2ª Convenção do Compromisso Portugal. Para este Movimento, que hoje pode ser considerado disperso ou chegado ao fim seu, defendia que "Cada cidadão deverá assumir as suas responsabilidades e dar o seu contributo, no espaço de intervenção de que dispuser, ao mesmo tempo em que junta a sua voz à de outros, criando uma nova dinâmica de mudança" (Compromisso Portugal, Texto Provocatório Geral, setembro de 2006).

---

[16] Todos os dados referentes ao movimento Compromisso Portugal se encontram no endereço eletrônico: www.compromissoportugal.pt

A seguir, indicam-se outros exemplos emblemáticos de iniciativas de RSE em Portugal:

1. **RSE Portugal** – É uma instituição ligada à Corporate Social Responsability (CSR Europe), criada em 1995 sob a denominação de European Business Network. A RSE Portugal, criada em 2004, tem como objetivo "impulsionar, coordenar, dinamizar e divulgar boas práticas de responsabilidade social de empresas sediadas em Portugal tendendo ao intercâmbio e à multiplicação dessas práticas no tecido empresarial nacional". Dentre seus membros estão as empresas Portugal Telecom, Metropolitano de Lisboa, Grupo Luís Simões, CTT, IBM, TAP;

2. **O Grupo de Reflexão e Apoio à Cidadania Empresarial (GRACE)** – Criada em 2000, é uma associação portuguesa sem fins lucrativos que pretende promover o conceito de cidadania empresarial através da parceria com outros setores da sociedade;

3. **Conselho Empresarial para o Desenvolvimento Sustentável (BCSD Portugal)** – Criada em 2001, esta associação está vinculada ao *World Business Council for Sustainable Development* e conta com o apoio da Fundação Luso--Americana para o Desenvolvimento, com a missão de atuar em matéria da eco-eficiência, equidade social e responsabilidade social das empresas com estreita cooperação de empresas, governos e outras instituições preocupadas com o desenvolvimento sustentável;

4. **Projeto português "Mão na Mão"** – Trata-se de um movimento empresarial português, criado em 2001, que desenvolve ações de solidariedade social junto a instituições sem fins lucrativos, em particular àquelas que se dedicam a idosos, crianças pobres, deficientes e portadores de doenças graves. A empresa dinamizadora deste projeto é a PT Comunicações, envolvendo outras empresas.

5. **Site Sair da Casca** – Criada em 1995, Sair da Casca é uma empresa de consultoria em Comunicação da Responsabilidade Social das Empresas (www.sairdacasca.pt);

6. **Associação Portuguesa de Ética Empresarial (APEE)** – Criada em 2002, tem como objetivo sensibilizar e promover a ética e a responsabilidade social no tecido empresarial e outras organizações portuguesas;

7. **Norma Internacional de Responsabilidade Social, ISO 26000** – A 3ª reunião do grupo de trabalho que desenvolveu a norma ISO 26000, para padronizar internacionalmente ações de responsabilidade social empresarial, realizou-se em Lisboa em 2006, envolvendo diversas nacionalidades e organizações sobre responsabilidade social empresarial.

Em relação à incorporação do tema da responsabilidade social empresarial em Portugal e no Brasil podemos apontar uma observação preliminar: ambos os países tiveram a indução do tema realizada através de organismos internacionais, ou seja, não foi uma construção unicamente interna, e sim efetivada por constrangimentos internacionais. Contudo, no Brasil, a prática da responsabilidade social empresarial tem tido uma expansão muito mais intensa do que em Portugal.

3. Considerações Finais

Ao partir da premissa de que a RSE tem como objetivo minimizar os problemas sociais, a partir de uma agenda de desenvolvimento compartilhada, em especial no cenário de recuo da centralização do Estado na promoção de políticas sociais, é necessário, como uma avaliação prévia, apontar que não existe consenso nacional em Portugal e no Brasil de qual seja o principal problema social a ser atacado.

Além das incertezas de nosso tempo, ressalto que a percepção destes problemas não se refere apenas aos dados estatísticos informados nacional ou internacionalmente; mas, principalmente, como grupos e setores, em especial o empresariado, vivenciam e interpretam esses problemas. Reconhecer a importância da visão empresarial não significa negar a importância da correlação de forças dos demais atores sociais, principalmente dos trabalhadores, nem tampouco do papel da máquina estatal. Mas há que ressaltar que, a posição empresarial em ambos os países tem maior peso em relação à mobilização da sociedade civil e, portanto, tem sido historicamente estratégica em processos e arranjos decisórios significativos no desenvolvimento das políticas econômicas e sociais. Cada problema assume relevância social para os empresários em distintos contextos, e adquirem subitamente visibilidade, no sentido que alguns desses problemas podem "ameaçar a ordem".

Em relação ao tipo de empresa que se dispõe a investir em ações sociais, estudos realizados no Brasil em 2000, pelo IPEA (Instituto de Pesquisas Econômicas Aplicadas), mostram duas variantes importantes em relação à adoção da idéia da responsabilidade social empresarial: a territorialização das indústrias e o porte das empresas. No Brasil, a região mais industrializada (Sudeste) e as empresas de grande porte (com mais de 500 empregados), portanto, as que possuem capacidade financeira, tecnológica e inovadora, são aquelas que mais adotam a idéia da responsabilidade social empresarial. Por outro lado, são essas empresas que estão mais suscetíveis aos constrangimentos de organismos internacionais, frente à globalização e à competição acirrada. Portanto, serão elas que darão o primeiro passo rumo à responsabilidade social empresarial. Como observado em Portugal, também são as empresas situadas nas regiões industrializadas e as de grande porte que estão mais conectadas com a estratégia da RSE ou do Mecenato.

Outro aspecto a ser comparado diz respeito à similitude em relação ao tom como a concepção da RSE é difundida em ambos os países. A idéia de filantropia, amor ao próximo, caridade e assistência aos necessitados é uma constante no discurso das instituições empresariais em Portugal e no Brasil. Contrário, portanto, à concepção original da visão de que a RSE é uma estratégia empresarial. Ou seja, a nova abordagem da ação empresarial de cunho social tem como objetivo ir além das doações caritativas do passado. Os organismos que difundem a estratégia empresarial da RSE tentam sensibilizar as empresas no sentido de que trabalhar em parceria e co-operação pode criar externalidades positivas à sociedade, através de alguns princípios, tais como: desigualdades sociais inibem o crescimento da empresa; ao melhorar as condições de vida da população, possibilita-se a ampliação do mercado consumidor; uma empresa socialmente responsável gera trabalhadores mais produtivos e comprometidos com a empresa e também ganha a preferência dos consumidores; desenvolver práticas de boa vizinhança pode gerar orgulho da presença da empresa na comunidade. Em suma, a estratégia da RSE consiste na concepção de que o investimento social é vantajoso à empresa, na medida em que gera uma população saudável e produtiva, o que pode ser saudável aos negócios e aos lucros.

Contudo, nem os organismos internacionais nem as empresas encontraram, ainda, uma maneira de medir essas vantagens e pressupostos. Neste sentido, há riscos econômicos que pouco têm sido discutidos. No campo deste debate, existe uma compreensão mais recente de que a RSE assenta numa perspectiva errada e sua adoção generalizada poderá vir a reduzir a prosperidade e prejudicará a economia de mercado. Temos como exemplo desta preocupação o economista David Henderson. Em seu livro *Misguided Virtue: False Notions of Corporate Social Responsibility* (2001), o autor aponta que o mercado de países pobres, ao enveredar no campo da RSE, assume custos adicionais exigidos por padrões internacionais, o que acabará limitando, ainda mais, sua concorrência e piorando o desempenho global da economia como um todo. Ressalto neste sentido que, ao contrário do Brasil, Portugal está atento a esta questão. Através do Seminário Nacional sobre Responsabilidade Social das Empresas demonstrou que sua preocupação se concentrava em entender as diretrizes da União

Européia e de que forma essas diretrizes seriam adotadas, tendo em vista a fraca industrialização de Portugal, associada com o nível social e de cumprimento das normas, aquém dos países europeus mais ricos.

E pelo lado dos interesses imediatos dos cidadãos, há um importante risco político. As ações sociais ao serem promovidas pelo setor privado poderão vir a distorcer o conceito dos direitos universais derivados da cidadania, por privilegiar certas necessidades em detrimento de outras. Além disso, o aumento do poder das empresas no controle dos bens coletivos pode fragilizar, ainda mais, a responsabilidade e a solidariedade compulsória do Estado. Será neste sentido que esta pesquisa comparativa se debruçará.

Tendo em vista que, nos últimos anos, há um incentivo do próprio Estado português e brasileiro ao apoio financeiro das empresas a ações sociais, antes restritas ao poder público, aproveito para fazer uma observação, que diz respeito à avaliação que o poder público (não) vem fazendo em relação a esses investimentos sociais privados. Observa-se que o fomento e incentivo estatal para a cooperação social empresarial não tem sido desenvolvido com o mesmo grau e intensidade em relação à avaliação destes incentivos. Ou seja, o poder público não está na mesma dimensão avaliando a parceria privada como política pública. Não têm sido criados instrumentos para o planejamento, nem tampouco elaboradas análises financeiras da alocação dos incentivos fiscais subsidiados para esses investimentos.

Desta forma, o que observamos é que essas práticas sociais empresariais rumam a um processo de subjetivação de privatização do bem público, sem nenhum controle do Estado. Resta-nos perguntar: o mecenato português ou o investimento social empresarial brasileiro, através de incentivos fiscais, têm por objetivo prover o bem-estar individualmente ou fortalecer o Estado para que ele garanta a universalidade desta provisão?

A concepção da responsabilidade social das empresas está em franca expansão. Contudo, urge um aparato estatal preservado e a necessidade de serem implementados instrumentos de avaliação do poder público sobre a maneira como está sendo realizado o investimento social de empresas em parceria. Ou seja, em que medida as leis de incentivo fiscal e dos subsídios estatais estão contribuindo efetivamente no campo social?

Em suma, em Portugal, alguns fatores impulsionadores da RSE parecem ser similares à conjuntura política e econômica do Brasil: crises econômicas mundiais; redemocratização; globalização; internacionalização da economia;Reforma do Estado. Porém, esses fenômenos contemporâneos se organizam, se combinam e se articulam de maneira específica, com pesos diferentes nos dois países. Portanto, a partir das semelhanças históricas entre Brasil e Portugal, os resultados deste estudo comparativo poderão vir a contribuir para o melhor entendimento e compreensão das particularidades de cada país na formulação de padrões de ação coletiva de solidariedade empresarial nas questões sociais contemporâneas e na sua relação com a governação do Estado, em ambos os países.

REFERÊNCIAS

BERNOUX, Philippe (1995), *A sociologia das empresas*. Paris/Porto: Éditions du Seuil/ RÉS-Editora.

BRASIL, Presidência da República Federativa do Brasil. Secretaria de Comunicação Social (1996), *Comunidade Solidária. Todos por todos*. Programa Comunidade Solidária. Documento disponível no endereço eletrônico <http://www.planalto.gov.br/publi_04/COLECAO/ COMUNI1.HTM>.

CARDOSO, F. Henrique (1975), *Autoritarismo e democratização*. Rio de Janeiro: Paz e Terra.

CARVALHO, Lia de Aquino (1986), *Contribuição ao estudo das habitações populares: Rio de Janeiro, 1886-1906*. Relatório de Pesquisa. Rio de Janeiro: Secretaria Municipal de Cultura, Departamento Geral de Documentação e Informação Cultural.

CASTELLS, Manuel (2001), "Para o estado-rede: globalização econômica e instituições políticas na era da informação", *in* BRESSER PEREIRA; SOLA (orgs.), *Sociedade e estado em transformação*. Brasília: ENAP / São Paulo: Editora UNESP e Imprensa Oficial de São Paulo, 73-185.

CECOA – Centro de Formação Profissional para o Comércio e Afins (2004), Relatório Responsabilidade Social das Empresas – Estado da Arte em Portugal, Projecto "CRS/SME – Promoting Corporate Social Responsibility in Small and Medium Size Enterprises". Lisboa: CECOA. Disponível no endereço eletrônico <http://www.cecoa.pt/glossario/home.asp>.

CITE (Comissão para a Igualdade no Trabalho e no emprego) (2006), "Responsabilidade Social das Empresas, Igualdade e Conciliação Trabalho-Família. Experiências do Prêmio Igualdade é Qualidade", *Estudos n° 5*. Lisboa: Editorial do Ministério da Educação. Disponível no endereço eletrônico http://www.cite.gov.pt.

COMPROMISSO PORTUGAL (2006), "Texto Provocatório Geral: Por um país de oportunidades", setembro.Disponível no endereço eletrônico http://www.compromisso portugal.pt

CONDE, IDALINA (1989), "Mecenato Cultural: arte, política e sociedade", *Revista Sociologia: Problemas e práticas*, 7 (outubro), 107-131.

CONSELHO ECONÔMICO E SOCIAL (Portugal) (1997), Globalização: Documentos de suporte ao parecer "Globalização – implicações para o desenvolvimento sustentável".Texto:"Oprocessodeglobalização:implicaçõesparaPortugal".Texto disponível no endereço eletrônico <http://www.ces.pt/file/doc/136>.

CONSELHO ECONÔMICO E SOCIAL (Portugal) (2003), *Seminário: A Responsabilidade Social das Empresas*. Série Estudos e Documentos. Lisboa: Centro de Documentação e Informação do Conselho Económico e Social.

COMISSÃO DAS COMUNIDADES EUROPÉIAS (2001), *Livro Verde da Comissão Europeia: Promover um Quadro Europeu para a Responsabilidade Social das Empresas*, Bruxelas: CCE. Documento disponível no endereço eletrônico <http://eur-ex.europa.eu/LexUriServ/LexUriServ.do?uri= COM:2001:0366:FIN:PT:PDF>.

COSTA, Maria Alice Nunes (2006), As mudanças empresariais no Brasil Contemporâneo: o investimento social privado é uma nova forma de solidariedade? Tese de Doutorado. Instituto de Planejamento Urbano e Regional (UFRJ/IPPUR).

DELGADO, Ignácio Godinho (1999), "Empresários e política social no Brasil", *in* Ana Kischner; Eduardo GOMES (orgs.), *Empresa, empresários e sociedade*. Rio de Janeiro: Sette Letras.

DRAIBE, Sônia (1994), "As políticas sociais do regime militar brasileiro: 1964-84", *in* Glaucio Soares; Maria Celina D'Araujo, Celina (orgs), *21 anos de regime militar: balanços e perspectivas*. Rio de Janeiro: Fundação Getúlio Vargas.

GOMES, Eduardo R.; GUIMARÃES, Fabricia (2000), "Os empresários entre a tradição e a renovação: o caso do PNBE", *Revista Internacional de Estudos Políticos*. 2(1), 65-153.

HENDERSON, David (2001), *Misguide Virtue: False Notions of Corporate Social Responsibility*. London: The Institute of Economic Affairs.

HODGSON, Geoffrey M. (1994), Economia e Instituições: manifesto por uma economia institucionalista moderna. Oeiras: Celta Editora.

IPEA – Instituto de Pesquisas Econômicas e Aplicadas (2001), "A Iniciativa Privada e o Espírito Público – Um Retrato da Ação Social das Empresas". Relatório de Pesquisa. Brasília: IPEA.

IAPMEI – Instituto de Apoio às Pequenas e Médias Empresas e à Inovação (2005), "Projecto SER PME Responsável: Diagnóstico de Identificação de Práticas de Responsabilidade Social nas Pequenas e Médias Empresas". Relatório/diagnóstico disponível no endereço eletrônico <http://www.serpme.org/docs/diagnostico.pdf>.

KIRSCHNER, Ana Maria (1998), "A Sociologia diante da globalização: possibilidades e perspectivas da Sociologia da empresa", *Antropolítica: Revista Contemporânea de Antropologia e Ciência Política*, 1, 19-30.

LEOPOLDI, Maria Antonieta (1984), Industrial Associations and Politics in Brazil: The Association of Industrialists, Economic Policy-Making and the State (1930--1961). Tese de Doutorado, Universidade de Oxford.

_____ (1992), "Burocracia, empresariado e arenas decisórias estratégicas: trajetórias do neocorporativismo no Brasil (1939 a 1955)", *Revista Ciências Sociais Hoje*, 3, 74-101.

LIMA, Antónia Pedroso de (1999), "Sócios e Parentes: valores familiares e interesses econômicos nas grandes empresas familiares portuguesas", *Revista Etnográfica*, 3(1), 87-112.LISBOA, Manuel (2002), A indústria portuguesa e os seus dirigentes. Crescimento na segunda metade do século XX e potencial de inovação das funções capitalista, empresarial e de gestão. Lisboa: Educa.

LOPES, J. S. (1988), *A tecelagem dos conflitos de classe nas cidades das chaminés*. São Paulo e Brasília: Ed. Marco Zero e CNPq.

MAXWELL, Kenneth (2006), *O Império Derrotado. Revolução e Democracia em Portugal*. São Paulo: Companhia das Letras.

MESTRINER, Maria Luiza (2001), *O estado entre a filantropia e a assistência social*. São Paulo: Cortez.

SANTOS, Boaventura de Sousa (1990 e 1992), *O estado e a sociedade em Portugal (1974--1988)*. Porto: Edições Afrontamento.

_____ (1993), "O estado, as relações salariais e o bem-estar social na semiperiferia: o caso português", *in* B. S. Santos (org.), *Portugal: um retrato singular*. Porto: Edições Afrontamento.

_____ (1995), "Sociedade-providência ou autoritarismo social", *Revista Crítica de Ciências Sociais*, 42, 1-8.

_____ (1999), Pela mão de Alice: o social e o político na pós-modernidade. São Paulo: Cortez.

_____ (2000), *A crítica da razão indolente: contra o desperdício da experiência*. Porto: Edições Afrontamento.

_____ (2005), "Beyond Neoliberal Governance: The World Social Forum as Subaltern Cosmopolitan Politics and Legality", *in* B. S. Santos; César Rodríguez-Garavito (orgs.), *Law and Globalization from Below: Towards a Cosmopolitan Legality*. Cambridge: Cambridge UP.

SANTOS, Maria de Lourdes Lima dos *et al.* (1998), *Dez anos de Mecenato em Portugal*. Lisboa: Observatório das Actividades Culturais.

SANTOS, Wanderley Guilherme (1994), *Cidadania e justiça: a política social na ordem brasileira*. Rio de Janeiro: Campus.

TOLDA, João (2000), "Globalização e espaços locais: Economia do conhecimento e da inovação", *in* José Reis; Maria Ioannis Baganha (orgs.), *A economia em curso: contextos e mobilidades*. Porto: Edições Afrontamento.

WORLD BANK (1992), *Governance and Development*. Washington, D.C.: The World Bank Group.

RESPONSABILIDADE SOCIAL NA EUROPA
– MARCOS INSTITUCIONAIS
BENCHMARKING AO CASO ESPANHOL

Fernando Miguel dos Santos Henriques Seabra*

Resumo: Após 2001 com a publicação do *LIVRO VERDE:* Promover um quadro europeu para a responsabilidade social das empresas da COMISSÃO DAS COMUNIDADES EUROPEIAS (COM, 2001), o tema responsabilidade social das empresas assume importância crescente enquanto tema académico, organizacional/empresarial e institucional. Quase a completar uma década desde a publicação do citado documento pode-se constatar que diferentes países assumiram de diferente forma o desafio proposto pela União Europeia. Na presente comunicação, após uma análise ao processo de difusão do tema por parte da UE, abordar-se-á a forma como em Espanha a responsabilidade social foi institucionalizada em enquadramento legal. Face à significativa evolução do tema em Espanha, o benchmarking ao estudo do caso espanhol proporcionará a definição de propostas para uma actuação mais activa por parte do Estado português. Como conclusão da comunicação será proposta a constituição em Portugal de um "Conselho Português de Responsabilidade Social" e uma definição portuguesa de responsabilidade social das empresas.

Palavras-chave: Responsabilidade Social na UE, Responsabilidade Social em Espanha, Responsabilidade Social em Portugal

1. Introdução
Após quase uma década passada sobre a publicação do *LIVRO VERDE:* Promover um quadro europeu para a responsabilidade social das empresas da

---

* Professor Adjunto do Instituto Superior de Contabilidade e Administração de Lisboa (ISCAL) do Instituto Politécnico de Lisboa, da área científica de Organização e Gestão.

Licenciado em Organização e Gestão de Empresas (1992) e Mestre em Ciências Empresariais (1998), ambos os cursos pelo Instituto Superior de Ciências do Trabalho e da Empresa (ISCTE). É doutorando em Gestão na Universidade de Évora, desenvolvendo tese na área da Responsabilidade Social das Organizações. É membro efectivo da Ordem dos Economistas. fmseabra@iscal.ipl.pt

COMISSÃO DAS COMUNIDADES EUROPEIAS (COM, 2001), importa debruçar a atenção sobre o contributo europeu para o desenvolvimento do tema, nomeadamente os esforços desencadeados para a institucionalização da RSE enquanto novo paradigma de gestão. Dada a profunda difusão do tema em Espanha, quer a nível académico como também a nível empresa-rial/organizacional e estatal, o benchmarking ao estudo do caso espanhol proporcionará a definição de propostas para uma actuação mais activa por parte do Estado português.

Este artigo partindo de uma caracterização da forma como o tema tem sido debatido na sociedade portuguesa e do estudo do processo de difusão do tema pela União Europeia, centrar-se-á no "caso espanhol" e na institucio-nalização legal da RSE em Espanha.

Após a Introdução, no segundo ponto apresentar-se-á a metodologia do trabalho.

No terceiro ponto abordar-se-á a situação portuguesa;

No quarto ponto será analisado o processo de difusão da responsabilidade social por parte da União Europeia e analisar-se-á o "caso espanhol" numa perspectiva de benchmarking às suas práticas institucionais.

No quinto ponto serão efectuadas propostas de intervenção resultantes do trabalho de benchmarking efectuado e no último ponto serão apresentadas as conclusões.

2. Metodologia

O presente trabalho será desenvolvido com base numa revisão de literatura que incluirá os documentos de referência a nível europeu e espanhol. Serão também relatados os resultados de uma entrevista realizada em Espanha no dia 25 de Novembro de 2009 a D. Miguel Angel Martínez de la Riva, *Subdirec-tor General Adjunto R.S.E. da Dirección General de la Economía Social, del Trabajo Autónomo y de la Responsabilidad Social de las Empresas.*

3. Responsabilidade Social em Portugal – carência de institucionalização do tema

Em Portugal, apesar do assinalável desenvolvimento nos últimos anos ao nível da investigação e divulgação sobre o tema responsabilidade social das empresas, continua a faltar uma definição "institucional" do tema: "Para o senso comum a responsabilidade social das organizações confunde-se com os conceitos de ética, filantropia, mecenato, governo das sociedades, entre outros. Também no meio académico a delimitação das fronteiras entre estes conceitos não é pacificamente aceite e os seus contornos variam com a perspectiva teórica por que são analisados (Seabra e Rodrigues, 2008: 13).[1]

Apesar da já vasta produção académica portuguesa sobre a temática, uma definição institucional promovida por um fórum representativo das várias sensibilidades envolvidas, poderia conduzir a acções concertadas aos mais diferentes níveis de decisão para a promoção e consolidação da RSE no nosso país.

Em Portugal, diferentes eventos relevantes para a difusão do tema têm sido promovidos por confederações de empresas ou outras entidades da sociedade civil. Poder-se-ão destacar pela dinâmica que promoveram na sociedade portuguesa ao nível da divulgação da Responsabilidade Social, os Fóruns RSO da Associação Industrial Portuguesa e as Semanas da Ética Empresarial da Associação Portuguesa de Ética Empresarial.

Para além dos eventos acima descritos, que constituíram plataformas de encontro de diferentes partes interessadas, dever-se-á também apontar o contributo de diferentes associações de empresas particularmente interessadas no aprofundamento da análise da responsabilidade social das empresas: GRACE, BCSD Portugal, RSE Portugal. Mais recentemente foi lançada a rede RSO PT procurando agregar os esforços dos seus membros, com base numa estrutura informal baseada no conceito de rede.

Pelo seu contributo para a normalização em matérias de responsabilidade social e ética empresarial, importa também reconhecer o trabalho a este nível da Associação Portuguesa de Ética Empresarial, reconhecida como Organismo de Normalização Sectorial pelo Instituto Português da Qualidade.

Reconhecendo-se o trabalho desenvolvido pelas partes interessadas acima descritas, entre muitas outras que têm abraçado esta área de estudo, importa "chamar à acção" entidades que possam materializar e consolidar um esforço já iniciado, essencialmente após 2001, dando lugar a uma definição portuguesa de responsabilidade social das empresas ou de uma forma mais ampla, responsabilidade social das organizações. Para esta acção, muito contribuirão as entidades públicas que em nome do Estado português poderão diligenciar

---

[1] "Perante a multiplicidade de abordagens (algumas das quais visam interesses próprios, ainda que legítimos), é natural que o decisor organizacional, o trabalhador, o cliente, o fornecedor ou qualquer outro interessado na vida de uma organização, se sinta confuso e por vezes assuma uma posição de desconfiança e desinteresse sobre o tema da Responsabilidade Social das Organizações". (Rodrigues *et al*, 2009)

no sentido da definição de uma visão portuguesa da responsabilidade social das empresas e das organizações.

Não se pretende desmobilizar os esforços de todas as partes interessadas envolvidas nesta dinâmica, antes pelo contrário, pretende-se criar sinergias a partir do diálogo e com base num trabalho importante já desenvolvido que se pôs em destaque nos poucos parágrafos acima redigidos.

A futura definição portuguesa de responsabilidade social poderá também alicerçar-se em definições e quadros conceptuais já desenvolvidos a nível internacional. Se em Portugal ainda está por definir o conceito de responsabilidade social das empresas/organizações, outras instâncias internacionais e países já desenvolveram tal trabalho.

4. Responsabilidade Social na Europa

Neste capítulo procurar-se-á destacar duas definições do tema: a definição europeia e a definição espanhola.

A referência à definição europeia justifica-se, dado o enorme contributo da União Europeia à proliferação da investigação sobre a responsabilidade social das empresas, concretizado com a publicação do correspondente "Livro Verde", que é hoje um marco fundamental a nível internacional sobre o tema.

O estudo do "caso espanhol" justifica-se também por três ordens de razões:

- Significativa produção académica e vasto envolvimento de organizações da sociedade civil espanhola, na investigação e difusão da temática;
- Proximidade geográfica e cultural entre Portugal e Espanha, facto que permitirá reconhecer a pertinência dos avanços espanhóis na área como passíveis de adaptação e posterior implementação em Portugal;
- Significativa interligação das economias dos dois países ibéricos, facto que resulta numa presença significativa de empresas espanholas em Portugal e de empresas portuguesas em Espanha. Esta realidade facilitará o fluxo de informação e a adopção de práticas de gestão por parte da comunidade empresarial.

4.1. A institucionalização da RSO na União Europeia

Com a publicação do *LIVRO VERDE:* Promover um quadro europeu para a responsabilidade social das empresas da COMISSÃO DAS COMUNIDADES EUROPEIAS (COM, 2001) a União Europeia apresenta aquele que viria a ser um marco fundamental para a consolidação do tema na Europa.

Neste documento a Comissão avança com uma definição para RSE:

"Ser socialmente responsável não se restringe ao cumprimento de todas as obrigações legais – implica ir mais além através de um "maior" investimento em capital humano, no ambiente e nas relações com outras partes interessadas e comunidades locais." (COM, 2001: 7)

A expressão "maior investimento" patente nesta definição é também ela significativa: o livro verde será redigido numa perspectiva de associação da RSE a investimentos em "capital relacional" e "capital humano" dos quais será de esperar um retorno económico e financeiro. Neste sentido a RSE é entendida como uma ferramenta de gestão, numa perspectiva instrumental do conceito:
Desta forma assume-se que as empresas:

"Pretendem, assim, dar um sinal às diversas partes interessadas com as quais interagem: trabalhadores, accionistas, consumidores, poderes públicos e ONG. Ao procederem desta forma, as empresas estão a investir no seu futuro e esperam que este compromisso voluntário contribua para um aumento da sua rendibilidade." (COM, 2001: 3)

O investimento no "capital relacional" e "capital humano" acima referido, permitirá reforçar os relacionamentos com as partes interessadas, com o fim último da rendibilidade associada à minimização de riscos incluindo aqueles que resultam da cadeia de abastecimento:

"Dado que a responsabilidade social é um processo pelo qual as empresas gerem as suas relações com uma série de partes interessadas que podem influenciar efectivamente o seu livre funcionamento, a motivação comercial torna-se evidente. Assim, à semelhança da gestão da qualidade, a responsabilidade social de uma empresa deve ser considerada como um investimento, e não como um encargo. Através dela, é possível adoptar uma abordagem inclusiva do ponto de vista financeiro, comercial e social, conducente a uma estratégia a longo prazo que minimize os riscos decorrentes de incógnitas. As empresas deverão assumir uma responsabilidade social tanto na Europa como fora dela, aplicando o princípio ao longo de toda a sua cadeia de produção." (COM, 2001: 5)

Para além do impacto "promocional" do conceito RSE obtido através da associação da responsabilidade social ao aumento esperado da rendibilidade, circunstância que correspondendo a uma expectativa lógica não será absolutamente inevitável, o Livro Verde apresenta ainda dois impactos muito significativos: A delimitação de áreas de abrangência do conceito e a apresentação de uma perspectiva estratégica e integradora da RSE ao nível das operações da empresa.

Ao nível da delimitação de áreas de abrangência, o Livro Verde apresenta duas grandes áreas de actuação: dimensão interna e dimensão externa.

· Na dimensão interna são abertas ao domínio da RSE as seguintes áreas: a Gestão de Recursos Humanos; Saúde e Segurança no Trabalho; Adaptação à Mudança; Gestão do Impacto Ambiental e dos Recursos Naturais;
· Na dimensão externa são apresentadas as seguintes dimensões: Comunidades Locais; Parceiros Comerciais, Fornecedores e Consumidores; Direitos Humanos; Preocupações Ambientais Globais.

Em termos da interligação de boas práticas de RSE à estratégia empresarial, a Comissão voltando a reforçar a dimensão da RSE enquanto "investimento" da empresa, clarifica a necessidade da inclusão da responsabilidade social "no núcleo da sua estratégia empresarial, nos seus instrumentos de gestão e nas suas operações".

> "Confrontadas com os desafios de um meio em mutação no âmbito da globalização e, em particular, do mercado interno, as próprias empresas vão também tomando consciência de que a sua responsabilidade social é passível de se revestir de um valor económico directo. Embora a sua obrigação primeira seja a obtenção de lucros, as empresas podem, ao mesmo tempo, contribuir para o cumprimento de objectivos sociais e ambientais mediante a integração da responsabilidade social, enquanto investimento estratégico, no núcleo da sua estratégia empresarial, nos seus instrumentos de gestão e nas suas operações." (COM, 2001: 4)

O objectivo primordial de "obtenção de lucros" posto em destaque em 2001 é alterado em 2002 pela Comissão das Comunidades Europeias, para uma definição de objectivo empresarial mais condizente com uma visão de criação de valor para todas as partes interessadas:

> "A principal função de uma empresa consiste em criar valor através da produção de bens e serviços que a sociedade exige, gerando assim lucros para os seus proprietários e accionistas e bem-estar para a sociedade, em especial através de um processo contínuo de criação de emprego." (COM, 2002: 5)

Desta forma a Comissão associa em 2002 o sucesso das empresas a um "comportamento orientado pelo mercado, porém coerente e responsável." (COM, 2002: 5)

A importância atribuída à RSE fica patente na associação do conceito à concretização do objectivo estratégico de até 2010, a Europa se tornar "a economia baseada no conhecimento mais dinâmica e competitiva do mundo, capaz de garantir um crescimento económico sustentável, com mais e melhores empregos, e com maior coesão social."[2] (COM, 2002)

Em 2006, retomando o reconhecimento da importância da RSE para o crescimento sustentável e a criação de mais e melhor emprego "(...) a Comissão convida as empresas europeias a passar a uma velocidade superior e a reforçar o seu compromisso com a RSE." (COM, 2006: 4)[3]

Neste sentido a Comissão apela às empresas para que "(...) façam aquilo que sabem fazer melhor: fornecer produtos e prestar serviços de valor acrescentado para a sociedade e utilizar o espírito empresarial e a criatividade na criação de valor e emprego." (COM, 2006:3) [4]

4.2. A institucionalização da RSO em Espanha

Em Espanha a Responsabilidade Social das Empresas é um tema alvo de forte publicação científica e movimenta forte participação cívica.

O recente desenvolvimento da responsabilidade social em Espanha está fortemente marcado pela criação do "Consejo Estatal de Responsabilidad Social de las Empresas" (Real Decreto 221/2008). Seguidamente proceder-

---

[2] Objectivo adoptado na Cimeira de Lisboa em Março de 2000.

[3] Neste documento a Comissão apoia o lançamento da Aliança Europeia para a RSE de forma a concretizar três grandes objectivos: "sensibilizar e melhorar o conhecimento da RSE e comunicar os seus resultados; contribuir para integrar a RSE nas práticas correntes e desenvolver coligações abertas para a cooperação; assegurar a criação de um ambiente favorável à RSE" (COM, 2006). O lançamento desta iniciativa baseou-se em experiências anteriores, entre as quais são comentadas a iniciativa de constituição do Fórum Multilateral Europeu sobre RSE (plataforma de aprendizagem e diálogo aberta a diferentes partes interessadas) e a iniciativa de realização de uma campanha europeia para promover a RSE entre as Pequenas e Médias Empresas (COM, 2006).

[4] O conceito Espírito Empresarial (Responsável) foi referenciado pela Comissão no âmbito da campanha realizada junto das pequenas e médias empresas europeias. Põe em destaque as boas práticas de responsabilidade social nestas empresas, que ainda que desconhecendo o termo RSE praticam uma gestão responsável alicerçada nos valores pessoais do proprietário ou gestor da empresa (Comissão Europeia, 2004).

-se-á à apresentação do curso dos eventos que conduziram à criação deste órgão assessor e consultivo do governo.

4.2.1. O *"Foro de Expertos en Responsabilidad Social de las Empresas"*

O "Foro de Expertos en Responsabilidad Social de las Empresas" foi criado em Março de 2005 no âmbito do "Ministerio de Trabajo y Asuntos Sociales". Este fórum teve como objectivo assessorar o Ministério de forma a contribuir para a configuração de uma política de fomento da RSE em Espanha.

No primeiro documento produzido pelo "Foro de Expertos", é apresentada uma definição para o termo RSE:

> *"La Responsabilidad Social de la Empresa es, además del cumplimiento estricto de las obligaciones legales vigentes, la integración voluntaria en su gobierno y gestión, en su estrategia, políticas y procedimientos, de las preocupaciones sociales, laborales, medio ambientales y de respeto a los derechos humanos que surgen de la relación y del diálogo transparentes con sus grupos de interés, responsabilizándose así de las consecuencias y los impactos que se derivan de sus acciones".*
> (Ministerio de Trabajo y Asuntos Sociales, 2008: 26)

A definição de responsabilidade social acima exposta amplifica o âmbito da RSE a públicos internos e externos:

Âmbito interno:
- Consideração pelo meio ambiente enquanto suporte à actividade da empresa;
- Direito dos trabalhadores à livre negociação colectiva;
- Igualdade de oportunidades entre homens e mulheres;
- Não descriminação em função de idade, origem racial ou étnica, religião ou deficiência;
- Saúde e segurança laboral;
- Conciliação entre vida pessoal/familiar e laboral.

Âmbito Externo:
- Respeito rigoroso dos direitos dos clientes e fornecedores;
- Respeito pelos direitos humanos e a não convivência com a corrupção e com o suborno;
- Acção cultural;
- Acção sobre o meio ambiente;
- Acção social da empresa (afectação de recursos a projectos relacionados com o apoio a pessoas desfavorecidas pertencentes a comunidades onde a empresa está inserida).
(Ministerio de Trabajo y Asuntos Sociales, 2008: 26-27)

Como "actores sociais da RSE" são apresentados por um lado as empresas (qualquer que seja a sua dimensão) bem como todas as organizações e associações económicas e financeiras, públicas ou privadas, lucrativas ou não lucrativas. Por outro lado, são também actores sociais da RSE um vasto conjunto de partes interessadas: trabalhadores, consumidores, organizações representativas de cidadãos tais como sindicatos e organizações de consumidores ou de utentes, outras organizações promotoras do desenvolvimento sustentável e do meio ambiente, organizações de defesa de direitos humanos e das liberdades cívicas, entre outras. (Ministerio de Trabajo y Asuntos Sociales, 2008)

Entre as propostas formuladas pelo fórum para o fomento e o desenvolvimento da RSE em Espanha, foi apresentado o desafio de criação do Conselho Estatal de RSE.

4.2.2. *"Subcomisión Parlamentaria de Responsabilidad Social de las Empresas"*

No âmbito da "Comisión de Trabajo y Asuntos Sociales del Congreso de los Diputados" foi aceite em 23 de Setembro de 2004 a proposta de criação da "Subcomisión Parlamentaria de Responsabilidad Social de las Empresas", com o objectivo de "(...) *estudiar las nuevas tendencias vinculadas a la asunción de los principios de responsabilidad social por parte de las empresas con el fin de proponer un conjunto de medidas al Gobierno al objeto de potenciar y promover la responsabilidad social de las empresas*." (Ministerio de Trabajo y Asuntos Sociales, 2007: 18)

A "Subcomisión Parlamentaria" considerando muito útil a definição de responsabilidade social apresentada pelo Fórum de Especialistas (acima transcrita), conclui que:

> "*La Responsabilidad Social de las Empresas debe ser concebida como una Cultura de exigencia mutua entre las empresas y la sociedad y sus instituciones. Aunque la esencia de la RSE alude a las exigencias de la sociedad a las empresas, éstas no podrán desarrollar una estrategia de competencia sostenible sin el apoyo institucional y el reconocimiento social correspondiente.*" (Ministerio de Trabajo y Asuntos Sociales, 2007: 247)

No mesmo sentido da recomendação do Fórum de Especialista, também a Subcomissão entendeu recomendar ao Governo a criação de um Conselho facilitador da manutenção do diálogo entre os diferentes grupos de interesse.

4.2.3. *"Consejo Estatal de Responsabilidad Social de las Empresas"*

Por Real Decreto de 15 de Fevereiro de 2008 (221/2008) foi criado o "Consejo Estatal de Responsabilidad Social de las Empresas", estabelecendo-se cinco objectivos para este órgão:

a) *"Constituir un foro de debate sobre Responsabilidad Social de las Empresas entre las Organizaciones Empresariales y Sindicales más representativas, Administraciones públicas y otras organizaciones e instituciones de reconocida representatividad en el ámbito de la Responsabilidad Social de las Empresas que sirva como marco de referencia para el desarrollo de la Responsabilidad Social de las Empresas en España.*

b) *Fomentar las iniciativas sobre Responsabilidad Social de las Empresas, proponiendo al Gobierno, en el marco de sus funciones asesoras y consultivas, medidas que vayan en ese sentido, prestando una atención especial a la singularidad de las PYMES.*

c) *Informar, en su caso, sobre las iniciativas y regulaciones públicas que afecten a las actuaciones de empresas, organizaciones e instituciones públicas y privadas, que constituyen un valor añadido al cumplimiento de sus obligaciones legales, contribuyendo a la vez al progreso social y económico en el marco de un desarrollo sostenible.*

d) *Promocionar estándares y/o características de las memorias y/o informes de Responsabilidad Social de las Empresas y de sostenibilidad, así como herramientas más adecuadas para su elaboración y seguimiento.*

e) *Analizar el desarrollo de la Responsabilidad Social de las Empresas en España, la Unión Europea y países terceros, e informar sobre actuaciones en materia de Responsabilidad Social de las Empresas".*

(Ministerio de Trabajo y Asuntos Sociales, 2008: 231)

Com a criação do "Consejo Estatal de Responsabilidad Social de las Empresas", está criado em Espanha uma infra-estrutura institucional de desenvolvimento da responsabilidade social, da qual poderá resultar um forte incremento da dinamização do conceito face a todos os "actores sociais envolvidos". O desenvolvimento da responsabilidade social em Portugal poderá ser intensificado partindo da implementação de uma infra-estrutura de diálogo semelhante.

4.2.4. *A estratégia espanhola para a Responsabilidade Social das Empresas*

Para entender de uma forma mais exaustiva a estratégia espanhola para a difusão da responsabilidade social, procedeu-se à realização de uma entrevista com D. Miguel Angel Martínez de la Riva, *Subdirector General Adjunto R.S.E. da Dirección General de la Economía Social, del Trabajo Autónomo y de la Responsabilidad*

Social de las Empresas. A entrevista teve lugar em Madrid, no dia 25 de Novembro de 2009.

Da entrevista poder-se-á concluir que o Governo Espanhol aposta numa estratégia de diálogo com as "partes interessadas" no sentido de fazer progredir a temática da responsabilidade social. Ao nível da dinamização da RSE o "Consejo Estatal de Responsabilidad Social de las Empresas" assume particular destaque. Actualmente este Conselho encontra-se a debater as seguintes questões:

- Estudo do papel da responsabilidade social em ambiente de crise económica: Contribuição de um novo modelo colaborativo;
- Transparência dos relatórios de responsabilidade social: estudo da obrigatoriedade ou não da sua apresentação; definição dos indicadores a incluir nos relatórios; definição das entidades que deverão auditar e avaliar os relatórios;
- Investimento e consumo socialmente responsável:
Clarificação dos conceitos de investimento e consumo socialmente responsável bem como de conceitos associados – comércio justo, etiquetagem socialmente responsável, informação a prestar ao consumidor;
- Responsabilidade Social e Educação:
Reflectir em como sensibilizar e formar em matérias de responsabilidade social.
- A gestão da diversidade, coesão social e cooperação no desenvolvimento: Compreensão da diversidade enquanto um factor positivo para a organização; Reflexão sobre as atitudes das empresas espanholas nos países em vias de desenvolvimento.

A responsabilidade social será em 2010 alvo de atenção da Presidência espanhola do Conselho da União Europeia, através da realização de uma conferência dedicada a esta temática na qual estarão representados os 27 países da União Europeia, mais representantes de países da América Latina. Com a realização desta conferência Espanha dará um importante contributo ao desenvolvimento da responsabilidade social no espaço europeu afirmando--se como país fundamental no desenvolvimento desta temática na Europa.

5. Propostas de acção

Ao Estado cabe um papel fundamental na criação de condições para a proliferação de bons exemplos de responsabilidade social empresarial. Sendo a responsabilidade social um acto voluntário, não cabe ao Estado a regulamentação de princípios éticos nem o seu controlo. Ao Estado e suas entidades deverá ser exigido o controlo das regras que foram legisladas aos mais diferentes níveis do Direito (consumidor, concorrência, laboral, ambiental, entre outros) e consideradas desta forma pela Sociedade como de indispensável cumprimento. "Tal como no desporto, a auto-regulação das equipas no sentido de se fortalecerem de forma sustentável para competirem de acordo com os interesses de accionistas, sócios e adeptos, não desobriga a entidade reguladora de definir regras de jogo e de controlar a sua aplicabilidade através do exercício de uma arbitragem isenta, coerente e activa". (Seabra, 2008a: 10)

Se o Estado e as suas entidades reguladoras falharem no seu papel de controlo daquilo que foi estabelecido como indispensável, darão lugar a comportamentos "oportunistas" de agentes económicos que explorarão tais falhas de forma a obterem os seus recursos a custos que os tornarão competitivos no curto prazo, "fragilizando" e "destruindo" o mercado em que operam.

5.1. Intervenções de "tipo legislativo"

Assim como no desporto é função dos juízes de partida verificar que todos os atletas partem para uma competição ao mesmo tempo, também ao nível da actividade empresarial caberá ao Estado garantir que ninguém "retirará vantagens" de poluir um rio, de não pagar contribuições para a segurança social ou de desrespeitar os seus clientes "vendendo ilusões" ou produtos cujo desempenho não corresponda ao oferecido.

Para além da sua actividade de controlo e de regulação, o Estado deverá introduzir na actividade legislativa, patamares exigentes que constituam desafios à actividade empresarial. Negar-se-á assim, a aceitar soluções de "compromisso mínimo" que gerem resultados abaixo do socialmente aceitável, para as quais qualquer agente independentemente da sua preocupação ambiental e social estaria em condições de se apresentar "a jogo" na competição do mercado. Ainda na analogia ao caso desportivo, o estado estaria nesta circunstância de maior exigência a "elevar a fasquia" a um nível que colocaria em destaque todos os agentes que melhor se prepararam para enfrentar um desafio exigente a níveis ambientais e sociais.

5.2. Intervenções de "tipo positivo"

Para além de dimensões de "tipo legislativo", expressas nos parágrafos anteriores, em que o Estado estabelece regras e controla o seu cumprimento, afastando os competidores sem escrúpulos que apenas visam tirar partido de falhas legislativas, de controlo ou de supervisão, ao Estado cabe ainda um

papel de intervenção de "tipo positivo", valorizando neste caso dimensões éticas, para o qual algumas ideias poderão ser avançadas:[5]
- Introdução de critérios éticos ao nível das compras públicas;
- Introdução de critérios éticos ao nível do apoio estatal no âmbito de programas sectoriais, ou outros;
- Criação de etiquetas de desempenho ético no âmbito das áreas de actuação de diferentes Ministérios ou outros organismos públicos;

Com as iniciativas que se apresentam ou outras com idêntico objectivo, o Estado daria um forte sinal aos mercados, de valorização dos mais diversos aspectos de gestão ética: igualdade de género na contratação, igualdade de oportunidades na contratação a cidadãos portadores de deficiência ou provenientes de minorias étnicas; prevenção de sinistralidade no trabalho e implementação de medidas de higiene e segurança, entre outras. [6]

Com intervenções de "tipo positivo" o Estado não só seria mais exigente enquanto cliente, como fomentaria também nos diferentes mercados maior grau de exigência por parte dos cidadãos clientes. Usando uma vez mais a analogia ao caso desportivo, o Estado com intervenções deste tipo estaria a "elevar ao pódio" as empresas em destaque de entre as socialmente responsáveis.[7]

5.3. Intervenções de "tipo facilitador"

Considerando o "exemplo espanhol" anteriormente analisado (Conselho Estatal de Responsabilidade Social), o Estado poder-se-á assumir enquanto agente essencial para a criação e manutenção de uma plataforma de discussão alargada da responsabilidade social. Aberta a múltiplas sensibilidades, tal plataforma seria um ponto de encontro de entidades provenientes do meio académico, empresarial, terceiro sector, administração pública, e outras, tendo

---

[5] Cabe aqui lembrar que "apesar do desenvolvimento consolidado da Responsabilidade Social ser um processo associado sobretudo a pressões internas à Organização (...) por via da Ética do empresário, dirigente, gestor ou trabalhador, acredita-se que pressões externas possam ser úteis como forma de ultrapassar obstáculos iniciais" (Seabra, 2008b: 70).

[6] Sendo certo que existem diplomas legais que contemplam estas áreas, com as iniciativas que se propõem neste ponto o Estado premiaria as empresas e demais organizações que manifestamente tivessem um desempenho superior ao legalmente estabelecido.

[7] Entenda-se por socialmente responsável uma empresa que vai além do mero cumprimento legal.

como objectivo quer a apresentação de propostas nos âmbitos "legislativo" e "tipo positivo" anteriormente apresentados como também a reflexão sobre os valores da responsabilidade social considerados como essenciais pela Sociedade portuguesa.

5.3.1. *A criação do "Conselho Português de Responsabilidade Social"*

A criação de um "Conselho Português de Responsabilidade Social" seria um factor importante para a "chamada à acção" dos diferentes agentes económico-sociais envolvidos, que seriam desafiados a contribuir com propostas articuladas, face aos interesses das diferentes partes interessadas representadas.

TABELA I – Possível constituição do Conselho Português de Responsabilidade Social

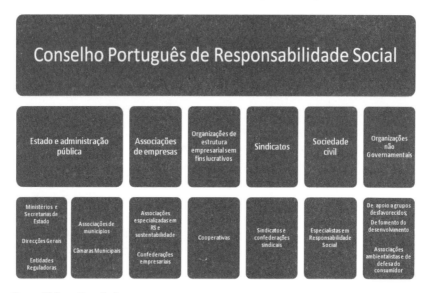

Fonte: Elaboração própria

A figura acima reproduzida ilustra uma possível composição do "Conselho Português de Responsabilidade Social". A prossecução do objectivo de apresentação de propostas nos âmbitos "legislativo" e "tipo positivo" apresentados neste trabalho, conduziria numa primeira instância à publicação de um "Livro Branco" sobre responsabilidade social em Portugal.

5.3.2. O *"Livro Branco da Responsabilidade Social em Portugal"*

No trabalho de investigação que se propõe, o "Conselho Português de Responsabilidade Social" estudaria a forma como a responsabilidade social é assumida pelos diferentes actores socioeconómicos e debruçar-se-ia sobre o estudo da capacidade actual das organizações portuguesas para a dinamização da responsabilidade social. O "Livro Branco" seria um ponto de partida para a elaboração de propostas a apresentar ao Governo nos domínios "legislativo" e "positivo".

Como capítulos propostos poder-se-ão apontar os seguintes:

- Apresentação do estado da situação empresarial/organizacional portuguesa em diferentes áreas da responsabilidade social (nível económico, ambiental e social);
- Apresentação do conjunto de diplomas legais mais relevantes em matérias de responsabilidade social (na sua tripla dimensão); estudo da coerência entre a letra da lei e os resultados esperados e apresentação de um estudo comparativo entre o enquadramento legal português e diferentes realidades internacionais;
- Apresentação das dificuldades sentidas por empresas e organizações nacionais, quer ao nível do cumprimento da lei, quer ao nível resultante do seu incumprimento por concorrentes menos escrupulosos.
- Apresentação de um ponto de situação do desempenho das entidades reguladoras e fiscalizadoras;
- Apresentação de propostas ao Estado de tipo "legislativo" e "positivo" que constituíssem reais desafios às empresas e organizações para a prossecução da elevação do seu nível de compromisso com a responsabilidade social.

5.3.3 *A visão portuguesa da responsabilidade social*

Como objectivo último do "Conselho Português de Responsabilidade Social" poder-se-ia apontar a necessidade de definir uma "visão" portuguesa do tema responsabilidade social das empresas ou das organizações. A especificidade da cultura portuguesa e o relacionamento entre as diferentes "partes interessadas" próprio da Sociedade portuguesa certamente conduz a um entendimento português do conceito. Passada quase uma década após a publicação do Livro Verde (COM; 2001) importará discutir qual a definição portuguesa de responsabilidade social.

Da definição portuguesa do tema responsabilidade social das empresas ou das organizações resultará a clara compreensão daquilo que será entendido como fundamental em matéria de responsabilidade social. Como ponto de partida poder-se-á discutir a importância/urgência de determinados valores ao nível da gestão das organizações portuguesas: Fiabilidade, Eficiência, Solidariedade, Honestidade, Justiça, entre outros. Será então possível passar de um conceito vago de "responsabilidade" para a operacionalização de respostas concretas no sentido de prosseguir um mais elevado nível de responsabilidade social das organizações nacionais. Dos valores que vierem a ser assumidos como fundamentais resultará a reflexão sobre a necessidade de adoptar práticas éticas facilitadoras da potenciação de tais valores: A figura I ilustra como um conjunto de valores, enunciado a título de exemplo, poderá ser decomposto em práticas éticas necessárias à implementação de tais valores.

FIGURA I – Exemplos de valores e práticas éticas

Honestidade	•Rigor na prestação de contas ao Estado e às "partes interessadas"; •Exactidão dos instrumentos de relato; • Amplitude do relato: próprias operações e cadeia de abastecimento da empresa.
Fiabilidade	•Nível de qualidade dos produtos e serviços prestados pela organização;
Solidariedade	•Contratação de indivíduos provenientes de minorias étnicas; •Contratação de indivíduos portadores de deficiência; •Contratação de indivíduos pertencentes a populações desfavorecidas ou marginalizadas;
Eficiência	•Rigor na utilização de matérias-primas, água e energia; •Rigor na operacionalização de medidas de eco-eficiência e na minimização do impacto ambiental das operações;
Justiça	•Igualdade de género ao longo da hierarquia da organização; •Política de mérito na gestão de recursos humanos; •Clara definição de normas universalmente aplicáveis na organização e rigor em procedimentos disciplinares; • Pagamento aos fornecedores e outros credores efectuado dentro de prazos justos e nas condições acordadas;
Diálogo	•Existência de mecanismos de diálogo com os trabalhadores; •Existência de mecanismos de diálogo com outras "partes interessadas" (clientes, fornecedores, comunidade local, etc.);
Bondade	•Participação em projectos filantrópicos;

Fonte. Elaboração própria

A real implementação de práticas éticas subjacentes à operacionalização dos valores tidos como essenciais pela Sociedade portuguesa obrigará à interrogação pela própria organização de quais as suas actuações ao nível de cada prática. A título de exemplo a figura II ilustra um conjunto de interrogações que decorrem da análise à amplitude da prática de relato das operações da empresa. Neste caso, o cumprimento do valor honestidade poderá estar dependente da prática de relato abranger as mais importantes consequências das operações da empresa ou organização, onde quer que tais consequências se façam sentir (ao nível dos fornecedores, ao nível dos fornecedores dos fornecedores e até ao nível de populações dos países e regiões fornecedoras das matérias-primas).

FIGURA II – Valores, práticas éticas e interrogações

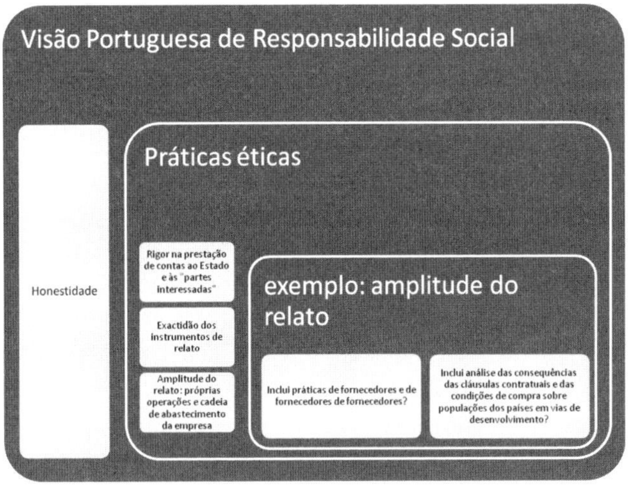

Fonte: Elaboração própria

Apenas com uma clara definição dos valores portugueses implícitos à responsabilidade social será possível assumir o reconhecimento da condição de responsável a uma qualquer empresa ou organização.

6. Conclusões

A criação do "Conselho Português de Responsabilidade Social" que se propõe neste trabalho resultado de um exercício de benchmarking à realidade espanhola, permitiria responder à necessidade de clarificação do conceito de RSE e sua adequação à realidade portuguesa.

Neste trabalho foi proposto um quadro conceptual através do qual o "Conselho Português de Responsabilidade Social" permitiria alcançar dois resultados essenciais: as propostas a apresentar ao Governo em domínio "legislativo" e em domínio "positivo" (tal como definidos neste trabalho) e a definição de valores essenciais para uma actuação ética das empresas e organizações portuguesas (a figura III ilustra o quadro conceptual proposto). Para estes resultados serem alcançados seria essencial a elaboração de um "Livro Branco" sobre a responsabilidade social em Portugal e a concretização da definição da "visão portuguesa sobre da responsabilidade social".

FIGURA III – Conselho Português de Responsabilidade Social: instrumentos e resultados

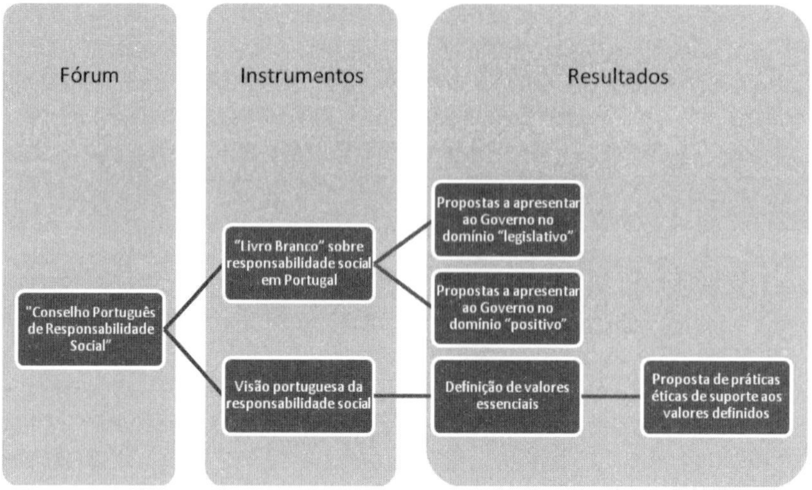

Fonte: Elaboração própria

Sem pôr em causa a natureza voluntária associada à responsabilidade social, a intervenção estatal que se recomenda neste trabalho permitiria criar condições para premiar as boas práticas, incentivando-as (através de intervenções de "tipo positivo"), ao mesmo tempo que se protegeria o mercado das más práticas (intervenções de "tipo legislativo"). A intervenção de "tipo facilitador" permitiria agregar um vasto conjunto de sensibilidades da sociedade civil portuguesa no sentido de apresentar às empresas e organizações nacionais um "mapa conceptual" do conceito de responsabilidade social segundo a visão portuguesa. Crê-se que de tal trabalho poderá resultar a generalização nas empresas e organizações nacionais de práticas éticas de suporte a valores considerados essenciais pela nossa Sociedade.

A eficácia do conjunto da intervenção que se propõe neste trabalho em muito depende da coerência na operacionalização das suas diferentes partes. A triologia de intervenções estatais de natureza legislativa/positiva/facilitadora corresponde a uma aplicação única que uma vez sujeita à eliminação de uma das suas partes inevitavelmente ficará limitada no que concerne à sua eficácia global.

Com o quadro conceptual proposto, crê-se que Portugal ficaria munido dos instrumentos essenciais para acompanhar a dinâmica mais vanguardista da responsabilidade social no espaço europeu. Naturalmente as práticas éticas estarão sempre associadas às pessoas que no quotidiano das organizações correspondem com elevação às expectativas que são colocadas perante si. De qualquer forma, exige-se no actual estado de discussão do tema responsabilidade social das empresas/organizações, uma clarificação de conceitos, definição de regras coerentes e criação de instrumentos facilitadores que permitam impulsionar o desenvolvimento da responsabilidade social. Crê-se que ao Estado cabe um papel fundamental na prossecução deste objectivo.

REFERÊNCIAS

COM (2001), Livro Verde: Promover um quadro europeu para a responsabilidade social das empresas, *Directorate-General for Employment and Social Affairs*, Office for Official Publications of the European Communities, Luxembourg; Comissão das Comunidades Europeias, Bruxelas.

COM (2002), Comunicação da Comissão relativa à Responsabilidade Social das Empresas: Um contributo das empresas para o desenvolvimento sustentável; Comissão das Comunidades Europeias, Bruxelas.

COM (2006), Comunicação da Comissão ao Parlamento Europeu, ao Conselho e ao Comité Económico e Social Europeu – Implementação da parceria para o crescimento e o emprego: Tornar a Europa um pólo de excelência em termos de responsabilidade social das empresas; Comissão das Comunidades Europeias, Bruxelas.

COMISSÃO EUROPEIA (2004), Espírito Empresarial Responsável – Um conjunto de casos de boas práticas de pequenas e médias empresas na Europa; Comissão Europeia, Direcção-Geral da Empresa, Bruxelas.

MINISTERIO DE TRABAJO Y ASUNTOS SOCIALES (2007), Informe del Congreso de los Diputados para potenciar y promover la responsabilidad social de las empresas. Madrid, Subdirección General de Información Administrativa y Publicaciones.

MINISTERIO DE TRABAJO Y ASUNTOS SOCIALES (2008), Responsabilidad Social de las Empresas. Foro de Expertos. Informe sobre aspectos sociales y medioambientales. Madrid, Subdirección General de Información Administrativa y Publicaciones.

RODRIGUES, Jorge; SEABRA, Fernando; RAMALHO, José (2009), Contributos para uma Clarificação do Conceito, *in*, NEVES, António (Coordenação), Cadernos Sociedade e Trabalho, XI, Responsabilidade Social das Organizações, Lisboa: Ministério do Trabalho e da Solidariedade Social, Gabinete de Estratégia e Planeamento, 99-105.

SEABRA, Fernando (2008a), Introdução ao documento Barómetro de Responsabilidade Social das Organizações e Qualidade, *in* SEABRA, Fernando; ALVES, Ana; VIEIRA, Aníbal; JORGE, Fátima; RODRIGUES, Jorge. Barómetro de Responsabilidade Social das Organizações e Qualidade, Investigação 2007/2008. Setúbal: Escola Superior de Ciências Empresariais, 9-13.

SEABRA, Fernando (2008b), Situação actual e tendências da responsabilidade social corporativa em Portugal, *in* VÁZQUEZ, Dolores e HERNÁNDEZ, Mª Isabel (coordenadoras), Responsabilidad social corporativa en España y Portugal. Mérida:

Junta da Extremadura, Gabinete de Iniciativas Transfronterizas, Consejería de Cultura y Turismo, 41-75.

SEABRA, Fernando e RODRIGUES, Jorge (2008), Capítulo de introdução, *in* SEABRA, Miguel; RODRIGUES, Jorge; MATA, Carlos; SIMÕES, José. Responsabilidade Social das Organizações – Perspectivas de Investigação. Mangualde: Edições Pedago, 11-16.

Legislação espanhola

Real Decreto 221/2008, de 15 de febrero (Boletín Oficial del Estado, núm. 52, 29 de febrero de 2008)

Pelo qual se cria e regula o "Consejo Estatal de Responsabilidad Social de las Empresas".

Nota:

O autor do presente artigo integra uma "tertúlia" de investigadores do tema responsabilidade social, na qual têm participado diversos interessados, sendo de destacar pela regularidade das participações, o próprio autor do presente artigo, o Professor Jorge Rodrigues e o Dr. José Ramalho. Nestes encontros tem-se discutido e advogado uma maior participação do Estado português na promoção de políticas públicas para a criação de condições para o desenvolvimento da responsabilidade social das organizações em Portugal, que poderiam passar pela criação de um fórum especializado que em última instância debateria a visão portuguesa de responsabilidade social.

RESPONSABILIDADE SOCIAL E REGULADA NO SECTOR METALOMECÂNICO BRASILEIRO E PORTUGUÊS: UM ESTUDO COMPARATIVO E CULTURAL[1]

Carla Magalhães*

Resumo: Este estudo comparativo entre Portugal e o Brasil, tem por base a relação da Responsabilidade Social com a responsabilidade legal e com a cultura, partindo de quatro empresas do sector metalomecânico. Pretendemos analisar se a responsabilidade legal é confundida com Responsabilidade Social e qual o tipo de cultura que influencia mais as acções sociais – a organizacional ou a nacional? Após a análise dos quatro casos, concluímos que existe a tendência para se confundir responsabilidade legal com Responsabilidade Social e que as práticas de gestão social das empresas nem sempre são mais influenciadas pelo mesmo tipo de cultura, o que varia de acordo com o contexto. Em termos comparativos, verificamos que as empresas brasileiras possuem uma *performance* social superior à das empresas portuguesas e não têm tanta tendência para confundir Responsabilidade Social com responsabilidade legal.

Palavras-chave: Responsabilidade Social, responsabilidade legal, cultura nacional e cultura organizacional e estudo comparativo.

Introdução:

Falar em Responsabilidade Social está longe de ser consensual, pois desde que o tema é objecto de debate as opiniões dividem-se, dando origem a diferentes correntes de pensamento. Não obstante a variedade de classificações existentes, podemos partir de dois tipos de pensamento distintos – temos de

---

[1] Este estudo contou com o apoio financeiro da Fundação para a Ciência e a Tecnologia, no âmbito do Programa de Bolsas Individuais de Doutoramento (SFRH/BD//18856/2004).

* Doutora em Ciências Empresariais (Escola de Economia e Gestão da Universidade do Minho – EEG/UM) – parceria com a Escola Brasileira de Administração Pública e de Empresas da Fundação Getulio Vargas (EBAPE/FGV). Mestre em Administração Pública (EBAPE). Professora Auxiliar e Directora do curso de Gestão de Recursos Humanos (Universidade Lusófona do Porto). Professora Adjunta Convidada (Instituto Português de Administração de Marketing). Membro do Núcleo de Estudos em Gestão (UM).

um lado um pensamento mais instrumental e do outro um pensamento mais substantivo. Na linha da primeira corrente, a base é conservadora, defensora da ideia de que a Responsabilidade Social de uma empresa nada mais é do que a obtenção do lucro, no sentido de satisfazer os accionistas e de gerar eficiência na busca de recursos que muitas vezes são escassos. Para os apologistas desta corrente, o empresário que gere lucro e pague os salários, já é socialmente responsável. Dentro desta perspectiva, transformar a Responsabilidade Social de uma empresa em algo que não gere lucro é negativo para a própria empresa, pois cria um custo que não beneficia os accionistas e, portanto, reduz a eficácia e o objectivo primordial daquela (Levitt, 1958; Friedman, 1962, 1970; Drucker, 1984; Stroup e Neubert, 1987; Swason, 1995; Jones, 1996; McWilliams e Siegel, 2001; Barry, 2002; Zwetsloot, 2003).

Partindo deste ponto de vista, surge a seguinte questão: Será que uma empresa só deve ser responsável perante os seus accionistas? Esta questão tem por detrás a ideia de que a Responsabilidade Social das empresas deve ir para além da geração do lucro e da satisfação dos accionistas, procurando levar em consideração todos os seus *stakeholders* (Dill, 1958; Preston e Post, 1975; Freeman e Reed, 1983; Freeman, 1984; Carroll, 1991; Wood, 1991; Evan e Freeman, 1993; Clarkson *et al.*, 1994; Zadek, 1994, 1997, 1998; Donaldson e Preston, 1995; Athinkson *et al.* 1997; Phillips *et al.*, 2003) e, preferencialmente, de uma forma substantiva, isto é, tendo por base valores éticos e não interesses económicos (Wood, 1991; Enderle e Tavis, 1998; Mintzberg *et al.*, 2002).

Relativamente ao pensamento mais substantivo, que assenta na ética, as acções socialmente responsáveis derivam simplesmente do facto das mesmas serem consideradas correctas, mesmo que isso acarrete custos para as instituições, desde que, é claro, isso não ponha em causa a sobrevivência das mesmas. Contrariamente, os argumentos que se posicionam na linha instrumental, partem da premissa de que existe uma relação de ganho directa entre os comportamentos socialmente responsáveis e o desempenho económico empresarial. Além disso, preocupadas com a própria sustentabilidade, as empresas parecem começar a compreender que a sua existência no futuro depende da existência de uma sociedade desenvolvida no presente, sobretudo em termos económicos, culturais e sociais.

Não podemos, ainda, negligenciar o facto de que os comportamentos que orientam a Responsabilidade Social dependem não só do tipo de motivação da empresa, mas também do seu contexto cultural. Logo, a adopção (ou não) de práticas socialmente responsáveis por parte das empresas está, interna e externamente, relacionada com esse contexto (Trevino, 1986; Jones, 1991; Cohen *et al.*, 1992; Vitell *et al.*, 1993; Payne *et al.*, 1997; Maignan *et al.*, 1999; Balmer *et al.*, 2007; Franke e Nadler, 2008). Contudo, não existe consenso acerca de qual o tipo de cultura que influencia mais os comportamentos de gestão social – será a nacional (McClelland, 1961; Farmer e Richman, 1965; Negandhi, 1975; Hofstede, 1980; Haire *et al.*, 1996) ou a organizacional (Schein, 1985; 2002; Hemingway e Maclagan, 2004; Genest, 2005)?

Uma outra questão que se torna pertinente no âmbito deste estudo, está relacionada com o facto de considerarmos que uma empresa só é socialmente responsável quando vai para além da obrigação de respeitar a lei, sendo que o ideal é que o faça por acreditar que assim será uma empresa melhor e contribuirá para a construção de uma sociedade mais justa, isto é, que tenha por base razões éticas e substantivas. Logo, não podemos negligenciar a importância de se fazer uma distinção clara entre Responsabilidade Social e responsabilidade legal, sobretudo para que não haja tendência para confundir (de forma aparente ou real) ambos os conceitos.

Estas questões tornam-se ainda mais pertinentes no caso de empresas que provocam um impacto (social ou ambiental) significativo na sociedade. Perante este ponto de vista, entendemos que um dos sectores que maior impacto (sobretudo ambiental) provoca na sociedade é o metalomecânico. Além disso, é um sector básico em qualquer economia industrializada. Daí que este trabalho de investigação se baseie nesse sector.

Assim, este estudo parte de dois conceitos-chave: Responsabilidade Social (tema central, que integra o conceito de responsabilidade legal) e cultura (na sua vertente nacional e organizacional). Em à Responsabilidade Social, defendemos que a mesma deve ir para além da lei, pois só assim faz sentido analisarmos esse conceito partindo da responsabilidade legal. Além disso, consideramos que nem sempre a lei é justa, razão pela qual as empresas não se devem centrar apenas nos preceitos legais para agir (Wood, 1991). Deste modo, esta investigação tem como ponto de partida a ideia de que uma empresa para ser socialmente responsável deve actuar para além das suas obrigações legais. Assim sendo, e dado que o actual paradigma se baseia na ideia de que o simples cumprimento da lei não significa Responsabilidade Social (Davis e Blomstrom, 1975; Hay *et al.*, 1976; Evan e Freeman, 1993; Donaldson e Preston, 1995; Enderle e Tavis, 1998; Wood e Lodgson, 2002; Carroll e Schwartz, 2003) consideramos que, existindo empresas que apresentem acções legais como sendo socialmente responsáveis, o fazem, ou por confundirem ambos os conceitos (lei e Responsabilidade Social) ou por pretenderem dar uma ênfase *social* a acções de cariz legal, com objectivos instrumentais. Entendemos, ainda, que a Responsabilidade Social ideal é aquela que se pauta por fins éticos (Wood, 1991; Enderle e Tavis, 1998; Mintzberg *et al.*, 2002), muito embora não consideremos que as empresas que se pautam por fins instrumentais não possam ser socialmente responsáveis.

Quanto ao conceito de responsabilidade legal, este significa o simples cumprimento da lei por parte das empresas, nomeadamente no que diz respeito às questões relacionadas com a Responsabilidade Social. E em relação ao conceito de cultura, não adoptamos aqui nenhuma definição em particular, partindo apenas da distinção entre cultura nacional e organizacional.

1. Revisão da literatura

Em seguida será apresentada uma breve revisão bibliográfica acerca dos principais conceitos aqui analisados – Responsabilidade Social e Cultura Nacional e Organizacional.

1.1. Responsabilidade Social

A Responsabilidade Social, embora não seja um tema recente na literatura, não reúne unanimidade em torno do seu conceito. Com efeito, vários são os autores que lhe atribuem definições diversas, assim como graus de importância distintos. Se, para uns, o termo significa obrigação económica (garantir a sustentabilidade financeira da empresa), para outros assenta no comportamento socialmente responsável em que se observa a ética ou em contribuições que a empresa deve fazer em função do impacto que produz na sociedade. Vemos, assim, que estamos perante um conceito que está sempre em aberto e em constante evolução.

Para podermos descrever as diferentes perspectivas que envolvem a Responsabilidade Social, recorremos ao trabalho de Garriga e Melé que, por intermédio de um artigo intitulado *Corporate social responsibility theories: mapping the territory*, referem que as teorias relativas às práticas socialmente responsáveis podem ser divididas em quatro grandes grupos: instrumentais, políticas, integrativas e éticas. De acordo com as teorias instrumentais, as empresas são um instrumento para criar riqueza e, portanto, a Responsabilidade Social, deve ser utilizada unicamente com esse objectivo. Quanto às teorias políticas, estas advogam que a empresa interage com a sociedade e assume responsabilidades na arena política, tendo como veículo dessa interacção a Responsabilidade Social. As teorias integrativas defendem que a existência e o crescimento das empresas dependem da sociedade, pelo que a Responsabilidade Social assume-se como uma forma daquelas integrarem as necessidades sociais nos seus processos de gestão, com o intuito de legitimarem a sua continuidade. Por fim, em relação às teorias éticas, a ideia subjacente é a de que as empresas devem relacionar-se com a sociedade tendo por base valores éticos, pelo que a Responsabilidade Social é encarada como uma obrigação ética (Garriga e Melé, 2004).

Comecemos, assim, por identificar alguns dos principais autores que se enquadram nas **Teorias Instrumentais**. Aqueles que mais se destacam nesta corrente são Levitt e Friedman. De acordo com Levitt, os esforços para aumentar a Responsabilidade Social das empresas, sem ter como objectivo principal o seu desenvolvimento financeiro, conduzem à destruição do sistema capitalista (Levitt, 1958). Por seu turno, Friedman argumenta que a Responsabilidade Social apenas deve assentar na utilização rentável dos recursos e no envolvimento em actividades conducentes ao aumento do lucro, desde que seguindo as "regras do jogo" (Friedman, 1962). Este autor baseia-se na teoria de Adam Smith, reiterando que a empresa deve procurar apenas o lucro, já que uma "mão-invisível" tratará do resto. Friedman, refere ainda que a Responsabilidade Social, tal como é defendida por muitos autores, é um comportamento anti-maximização de lucros, assumido para beneficiar outros que não os accionistas da empresa, ou seja, tal prática não está de acordo com uma economia de mercado, representando um encargo empresarial, isto é, um custo adicional que reduz a eficácia no que diz respeito aos lucros desejados (Friedman, 1970).

Stroup e Neubert também encaram a Responsabilidade Social como um investimento, o que, segundo os autores, pode amenizar a resistência dos accionistas. Esta nova linha de conduta tem um carácter proactivo, que pressupõe um planeamento capaz de antecipar a aplicação de recursos e fortalecer o futuro da organização (Stroup e Neubert, 1987).

McWilliams e Siegel, por seu turno, advertem que existe um ponto óptimo de aplicação de recursos em acções sociais, a partir do qual a empresa perde dinheiro. Os autores olham para a Responsabilidade Social como sendo uma diferenciação, pelo que os consumidores podem dar valor a tais acções desde que tomem conhecimento delas. Logo, a percepção positiva dessas práticas agrega valor a uma marca, autorizando a empresa a cobrar mais pelos seus produtos e serviços. A questão é identificar até quanto fará sentido aumentar os custos para alcançar essas melhorias e para as comunicar ao mercado. Neste âmbito, segundo os autores, as decisões que envolvem a Responsabilidade Social devem receber o mesmo tratamento que recebe qualquer outra decisão de investimento, o que raramente é feito. Para os autores, existe uma falta de consistência nos estudos empíricos de Responsabilidade Social, a qual está associada à falta de uma teoria que ligue o tema às forças de mercado (McWilliams e Siegel, 2001). Esta ideia também é avançada por Swanson, quando afirma que falta à Responsabilidade Social uma clareza nos seus princípios teóricos (Swanson, 1995).

Como é possível perceber, uma das principais discussões em torno desta problemática tem, sobretudo, a sua base na questão do lucro, já que o que interessa para a empresa é maximizá-lo.

Passando, agora, às **Teorias Políticas**, estas advogam que é através da Responsabilidade Social que as empresas se relacionam com a sociedade e assumem o seu poder e posições políticas.

Nesta perspectiva, podemos situar Bowen, para quem a Responsabilidade Social das empresas se define da seguinte maneira: "obrigações dos homens de negócios de perseguir as políticas, de tomar as decisões ou de seguir as linhas de acção que são desejáveis em termos dos objectivos e valores da nossa sociedade" (*apud* Carroll, 1999: 270). O trabalho deste autor baseia-se na crença de que as grandes empresas são centros de poder e de tomada de decisão, sendo que as suas acções estão na base do seu relacionamento com os cidadãos.

Mcguire reforça as ideias defendidas por Bowen, na medida em que afirma que as empresas devem avançar no sentido de aceitar as obrigações sociais e as responsabilidades decorrentes da sua proeminente e poderosa posição na sociedade (Mcguire, 1963).

De acordo com Davis e Blomstrom, a essência mais básica da Responsabilidade Social está na percepção de que os actos de um indivíduo têm consequências na vida de outros indivíduos. Contudo, esta ideia, existente na maioria das religiões e teorias filosóficas, é frequentemente limitada às relações pessoais. No entanto, a Responsabilidade Social corporativa amplia a visão do indivíduo para todo o sistema social, do qual todos fazemos parte e todos dependemos e influenciamos com as nossas acções. Consequentemente, certas obrigações ou responsabilidades sociais surgem desta constatação, sendo aplicadas também a grupos e instituições e conferindo poder às empresas que assim actuam (Davis e Blomstrom, 1975).

Também segundo a perspectiva de Hay, como a empresa é uma criação da sociedade, ela tem a responsabilidade de a ajudar a alcançar as suas metas. Com efeito, ser socialmente responsável não muda a missão económica básica do negócio, pois a sociedade certamente espera e necessita que a empresa forneça bens e serviços de maneira eficiente e lucrativa. Aliás, a Responsabilidade Social actual apresenta um critério social de desempenho para que as empresas possam responder às necessidades económicas ao mesmo tempo que satisfazem necessidades sociais da comunidade envolvente. E é através do cumprimento dessas necessidades que as organizações se relacionam com a sociedade (Hay *et al.*, 1976).

Por fim, Waddock e Smith, referem-se ao conceito de cidadania como sendo um conceito que vai além da Responsabilidade Social e que está relacionado com o impacto que as empresas provocam com a sua actividade na sociedade e com a forma como gerem esse impacto e se relacionam com o meio onde actuam (Waddock e Smith, 2000).

Passando agora às **Teorias Integrativas**, estas referem que as empresas devem considerar as exigências e necessidades da sociedade nos seus processos decisórios, pois a sua sobrevivência depende da vontade social.

Carroll defende que a "Responsabilidade Social de um negócio envolve as expectativas económicas, legais, éticas e discricionárias que a sociedade tem num determinado período de tempo" (Carroll, 1979: 500). Esta definição apresenta quatro componentes (não mutuamente exclusivos), esperando-se que a empresa produza bens e serviços e os venda com lucro (componente económica), respeite a lei (componente legal), tenha comportamentos éticos e respeite as normas (componente ética) e, de forma voluntária, desempenhe papéis que beneficiem a sociedade (componente discricionária ou filantrópica). Contudo, actualmente, Carroll – após ter realizado um trabalho com Mark Schwartz – admite que a forma vertical do seu modelo antigo não traduz da melhor maneira a inter-relação entre os vários níveis, podendo deixar transparecer uma noção de prioridade do nível económico (que está na base da pirâmide) em relação ao legal, e assim sucessivamente, o que não corresponde à verdade. Além disso, defende que o nível discricionário é, em si, desnecessário, não podendo ser uma responsabilidade do mundo dos negócios. De resto, essa dimensão já está incluída nas orientações éticas. Daí que proponha um outro modelo, o qual em vez de ser piramidal e possuir quatro componentes, é "circular" e inclui apenas três componentes (económica, legal e ética), que se cruzam entre si, não havendo predomínio de nenhuma sobre as outras, mas sim uma sobreposição (Carroll e Schwartz, 2003).

Um outro autor que se preocupa com a questão da Responsabilidade Social sob uma óptica integrativa (ainda que numa perspectiva gradual) é Frederick. A teoria do autor pressupõe uma sequência que aprofunda sistematicamente as preocupações da empresa, baseando-se em quatro níveis. No primeiro nível (CSR1), a Responsabilidade Social implica que as empresas trabalhem para melhorar as questões sociais, através de medidas económicas, sociais e políticas (Frederick, 1986).

No seguimento da evolução daquele conceito, atinge-se o nível de CSR2, o qual se baseia na capacidade de uma empresa responder a pressões sociais. Ou seja, trata-se da maneira como as empresas administram as relações com os seus públicos (Frederick, 1994).

O terceiro nível proposto por Frederick é o CSR3, que implica a incorporação da moral e da ética nas acções e nas políticas formuladas pela empresa. Deste modo, os gestores devem ser treinados para interiorizar e pôr em prática, diariamente, esse conceito, dinamizando uma cultura organizacional que seja favorável ao mesmo (Frederick, 1986).

Por fim, o último nível proposto por Frederick é o CSR4, cujas iniciais significam o Cosmos (C), a Ciência (S) e a Religião (R). Antes de chegar a esse nível, a empresa deve ser socialmente responsável (CSR1), responder às pressões sociais (CSR2) e agir com uma base ética e moral (CSR3). Porém, uma chamada de atenção para o facto de os três níveis anteriormente referidos situarem a empresa como o "cerne da questão" quando, na realidade, devem ser consideradas as três dimensões propostas pelo CSR4, de forma a incluir a natureza e a espiritualidade na dinâmica do quotidiano organizacional (Frederick, 1998).

Foquemos, ainda, uma outra teoria que se enquadra na classificação integrativa: a chamada Teoria dos *Stakeholders*, que defende que devem ser consideradas todas as partes interessadas na actividade da empresa (como os funcionários, os clientes, os fornecedores, o Estado e a comunidade) e não apenas os seus accionistas (Evan e Freeman, 1993). Esta ideia é reforçada por outros autores (Freeman, 1984; Donaldson e Preston, 1995; Harrison e Freeman, 1999; Phillips *et al.*, 2003).

Passemos agora às **Teorias Éticas**, as quais preconizam que as acções das empresas devem ter por base valores éticos e morais, em vez de económicos. Esta é a abordagem que mais se opõe à visão instrumental.

No âmbito desta teoria podemos referir Wood, para quem as empresas devem praticar boas acções e não apenas evitar ou prevenir os danos. Para a autora, apenas o senso moral deve guiar a conduta das organizações, já que a lei não é suficiente para o fazer, pois existem leis boas e leis más (Wood, 1991).

No seguimento destas ideias, Enderle e Tavis apresentam um modelo onde a Responsabilidade Social, na sua tripla dimensão – económica, social e ambiental – deve ser considerada em três níveis éticos: o nível 1 (ao qual correspondem requisitos éticos mínimos), o nível 2 (o qual vai além dos requisitos éticos mínimos) e o nível 3 (no qual se aspiram ideais éticos). Cada empresa deve ser analisada, no âmbito da sua conduta, no que diz respeito ao estágio em que se encontra, de acordo com os três níveis atrás mencionados e tendo por base cada uma das dimensões socialmente responsáveis – económica, social e ambiental (Enderle e Tavis, 1998).

Segundo Kok, a empresa deve ser socialmente responsável para com a sociedade como um todo e deve fazê-lo de forma desinteressada, isto é, sem querer ganhar nada em troca (Kok *et al.*, 2001).

Mintzberg também se posiciona numa vertente ética, pois afirma que as empresas devem centrar-se nos valores éticos da sociedade e não apenas na gestão sustentável dos factores económicos, ambientais e sociais. É, portanto, uma visão que apela à justiça social (Mintzberg *et al.*, 2002).

Vemos, assim, que existe uma grande variedade de conceitos em torno da ideia de Responsabilidade Social. Façamos agora um breve enquadramento teórico do tema Cultura.

1.2. A cultura na literatura – Da cultura nacional à cultura organizacional

A literatura existente sobre cultura desdobra-se em várias teorias que procuram justificar a importância da mesma no seio administrativo, ora sob o ponto de vista nacional, ora sob o ponto de vista organizacional.

Começando com a natureza antropológica do conceito, ou seja, com a **cultura nacional**, partimos de Keesing, para quem o termo cultura significa a totalidade do comportamento adquirido e socialmente transmitido. Ao longo da sua obra *Antropologia Cultural*, o autor refere-se à existência de mais de 160 abordagens diferentes sobre o termo cultura (Keesing, 1958).

Indo ao encontro dessa variedade de posições, a cultura assume-se como um conceito complexo que compreende o saber, a crença, a arte, a moral, o direito, o costume e quaisquer outras qualidades e hábitos adquiridos pelo homem na sociedade (Tylor, 1920). Outra definição aponta para o termo cultura como sendo um conjunto dos padrões de vida historicamente criados, explícitos e implícitos, racionais e não-racionais, que existem em qualquer sociedade, como guias potenciais da conduta dos homens (Kluckhohn e Kelly, 1945). Cultura pode também ser a massa de reacções motoras, hábitos, técnicas, ideias e valores adquiridos e transmitidos e o comportamento daí decorrente (Kroeber, 1948). Temos, ainda, a interpretação que vê o conceito de cultura como a parte do ambiente feita pelo homem (Kroeber, 1948).

Hall, por sua vez, refere que a cultura nacional constitui uma das principais fontes de identidade cultural. Segundo o autor, a lealdade e a identificação que, numa era pré-moderna, eram voltadas para a tribo, para o povo, para a religião ou para a região, foram transferidas, gradualmente, ao longo das sociedades modernas, para a chamada cultura nacional. Hall defende, ainda, que a cultura nacional é composta por símbolos e representações, sendo como um discurso, isto é, um modo de construir sentidos que influencia e organiza as nossas acções e a concepção que temos de nós próprios (Hall, 1990).

A definição utilizada por House assume a cultura como a concordância entre os membros da colectividade a respeito dos seus atributos e a comunhão de práticas observadas em entidades como famílias, escolas, organizações de trabalho, instituições políticas e o sistema legal e económico. Para o autor, a cultura implica identificar como a comunidade aprende os caminhos para a integração entre a adaptação externa e as mudanças internas (House *et al.*, 1999, 2002, 2004).

Trompenaars e Hampden-Turner olham para a cultura como um produto da interacção entre as pessoas e, ao mesmo tempo, como uma componente de determinação dessa interacção. Os autores definem, assim, a cultura como um sistema comum de significados que nos mostra aquilo a que devemos prestar atenção, como devemos agir e o que devemos valorizar. Referem, ainda, que cada um de nós leva dentro de si as formas que aprendeu de organizar as experiências para que estas tenham algum significado (Trompenaars e Hampden-Turner, 1998).

Hofstede, por seu turno, afirma que cada um de nós tem interiorizado padrões de pensamento, de sentimentos e de acção potencial, que resultam de uma aprendizagem contínua que começa na infância. Porém, o autor advoga que o comportamento do ser humano é apenas parcialmente determinado pelo seu *software* mental, dada a sua capacidade de se desviar dos padrões e de reagir de forma criativa, destrutiva ou inesperada. Para o autor, esse *software* mental tem as suas raízes na família e adquire a sua continuidade na vida social e profissional. E é precisamente esse *software* mental que se designa por cultura. Logo, a cultura é adquirida e não herdada, sendo oriunda do ambiente social do indivíduo e distinguindo-se da natureza humana e da personalidade de cada um, as quais são herdadas, pelo menos parcialmente. O estudo da cultura revela, ainda, que os seres humanos pensam, sentem e agem de forma diferente, mas não existem parâmetros científicos que validem a superioridade de um povo em relação a outro, pelo que o estudo das diferenças culturais só é possível mediante uma perspectiva de relativismo cultural (Hofstede, 1997).

Ainda dentro da cultura nacional, mas numa visão mais intermédia com a cultura organizacional, temos um grupo de autores que se interessam pelos *factores contextuais (de âmbito nacional) com incidência na cultura organizacional.* Um desses autores é precisamente Hofstede que demonstra a importância de se adaptarem as práticas de gestão aos contextos específicos, ou seja, à cultura nacional. De acordo com o autor, as culturas organizacionais devem ser o reflexo da cultura nacional na qual aquelas se inserem. O autor refere que as sociedades diferem umas das outras no que diz respeito, principalmente, a quatro dimensões culturais: distância do poder (grau de aceitação das diferenças hierárquicas); individualismo/colectivismo (orientação individual *versus* colectiva); masculinidade/feminilidade (competitividade *versus* sensibilidade); e aversão/tolerância à incerteza (grau de aceitação de contextos instáveis) (Hofstede, 1980). Posteriormente, ele identificou uma quinta dimensão: o dinamismo confuciano (ou orientação a longo prazo/curto prazo), que poderia explicar o sucesso das nações orientais, como a China e o Japão (Hofstede *et al.*, 1991).

As dimensões culturais de Hofstede serviram de apoio ao trabalho de House, mediante o qual as culturas nacionais foram analisadas através de oito dimensões: orientação para a realização ou desempenho, orientação para a afiliação ou humanista, orientação para o futuro, assertividade, distância do poder ou distância hierárquica, controle ou fuga à incerteza, igualdade de género (dimensão da masculinidade ou feminilidade de Hofstede) e colectivismo ou individualismo (no âmbito institucional e grupal).

Em relação à orientação para a realização ou desempenho, esta refere-se ao grau com que a organização incentiva e reconhece os esforços e resultados dos seus colaboradores, nomeadamente aqueles que conduzem à qualidade, desenvolvimento e cumprimento de metas. No que diz respeito à orientação para a afiliação ou orientação humanista, esta diz respeito aos incentivos que as organizações dão aos seus membros para que eles se comportem de maneira justa, gentil e altruísta, potenciando a construção de um ambiente de trabalho agradável para todos. Quanto à orientação para o futuro, esta diz respeito à forma como as organizações se envolvem com planos a longo prazo, preparam os seus colaboradores para o futuro e visam a actualização constante. No que diz respeito à assertividade, esta assenta na capacidade da organização adoptar comportamentos decisivos e abordar os assuntos de forma directa. As restantes quatro dimensões identificadas estão muito associadas àquelas já descritas no âmbito dos estudos de Hofstede. São elas: a distância do poder ou distância hierárquica, o controle ou fuga à incerteza, a igualdade de género e o colectivismo/individualismo (House *et al.*, 1999, 2002, 2004).

Trompenaars e Hampden-Turner foram outros autores que se centraram nos factores contextuais (isto é, nacionais) com incidência na cultura organizacional. Desenvolveram a sua investigação tendo como foco o relacionamento entre as pessoas no âmbito organizacional, em diferentes culturas. Os autores estabeleceram sete dimensões culturais, cinco das quais respeitantes ao relacionamento entre pessoas: universalismo /particularismo, individualismo/comunitarismo, neutralidade/expressividade, especificidade/difusão e realização/predeterminação. As outras duas dimensões dizem respeito à orientação para o passado/presente/futuro e ao controlo interno/externo (Trompenaars e Hampden-Turner, 1998).

Em relação à primeira dimensão – universalismo/particularismo – enquanto em culturas universais existe a crença de que aquilo que está correcto pode ser aplicado universalmente, em culturas particularistas, valorizam-se as excepções. No âmbito do individualismo/comunitarismo, esta dimensão diz respeito à forma como as pessoas planeiam as suas acções, isto é, se o fazem tendo por base elas próprias ou o grupo. Em relação à dimensão neutralidade/expressividade, em culturas neutrais as emoções permanecem ocultas, enquanto em culturas afectivas é natural exprimi-las. No que diz respeito à especificidade/difusão, esta dimensão refere-se ao grau com que os indivíduos estão dispostos a permitir o acesso de outros à sua vida pessoal. Em culturas específicas as pessoas separam a sua vida privada da pública. Em culturas difusas estas esferas sobrepõem-se. Relativamente à dimensão realização/predeterminação, esta espelha a forma como o *status* e o poder são determinados. Numa sociedade com apelo à realização o *status* é adquirido, ou seja, baseado naquilo que a pessoa faz e alcança pelo seu próprio esforço, enquanto numa sociedade onde vigora a predeterminação, o *status* é atribuído, isto é, é baseado em quem a pessoa é, tendo por base a família e a classe social a que pertence, a idade, as relações sociais, etc. Em relação à orientação relativamente ao tempo, esta dimensão diz respeito à importância que é dada ao passado, presente e futuro e à forma como é vista a passagem do tempo, isto é, de um lado temos as sociedades onde o tempo é visto de forma linear e sequencial e do outro lado, temos aquelas que assumem uma postura universal e sincronizada, integrando o passado e o presente com o futuro. Por fim, no que diz respeito ao controlo interno e externo, falamos aqui da atitude face ao mundo envolvente, sendo que em algumas culturas as pessoas olham para si próprias como a principal influência na sua vida e noutras pressupõe-se que a envolvente é algo demasiado poderoso para que possa ou deva ser modificado de acordo com a vontade individual (Trompe-naars e Hampden-Turner, 1998).

Porém, vemos que, se existem autores que centram as suas análises na cultura nacional, existem outros que partem desse tipo de cultura para efectuarem uma ligação com a **cultura organizacional**, o que nos remete para a apresentação da literatura no âmbito desta temática.

Na visão de Schein, o conceito de cultura está amplamente relacionado com o comportamento do líder, o qual pode manipular o factor cultural para criar uma organização mais eficaz. Daí que uma cultura organizacional comece com os líderes, os quais impõem os seus valores, artefactos e pressuposições. Logo, a cultura define a liderança e os líderes têm a capacidade de criar e modificar culturas. Embora o líder não seja o único que influencia a cultura de um grupo (já que os restantes elementos também o fazem), ele é quem proporciona a sobrevivência do grupo sempre que há dificuldade de adaptação à cultura em vigor. Neste sentido, cultura e liderança confundem-se (Schein, 1985). A este propósito, Cohen afirma que a eficiência da liderança é altamente dependente do estabelecimento de relações cooperativas com os subordinados e caracterizada pela confiança mútua e lealdade (Cohen, 1972). Além disso, o sentido de visão desenvolvido pelo líder e percebido pelo subordinado dá poder àquele para implementar os objectivos pretendidos. Profissionalmente, as pessoas preferem um líder carismático, que transmita um bom desempenho e satisfação (House, 1996).

Segundo O'Reilly a cultura organizacional é um conjunto de valores centrais consensualmente partilhados pelos membros de uma organização (O'Reilly *et al.*, 1991). No seguimento da mesma ideia, Sathe define a cultura organizacional como um conjunto de crenças e valores que os membros de uma organização partilham e que moldam os comportamentos práticos e outros artefactos organizacionais, sendo facilmente observáveis (Sathe, 1985).

Pettigrew, por sua vez, incorpora o termo cultura à literatura organizacional através de expressões como "cultura corporativa" que desde então vem sendo objecto de abordagens teóricas e metodológicas. Para este autor, a cultura organizacional consiste num sistema de significados pública e colectivamente aceites por um dado grupo, num certo período de tempo. Esse sistema de termos, formas, categorias e imagens interpretam para as pessoas as suas próprias situações. O autor, ao analisar a cultura, leva em conta a importância dos empreendedores na definição dos primeiros estágios da organização e assume que tanto o homem cria a cultura como é criado por ela (Pettigrew, 1979).

Ranson refere que para se compreender a complexidade da cultura organizacional, deve considerar-se a realidade como socialmente construída, tendo por base padrões emergentes de interacção, com origem na interpretação das normas e acções, envolvendo também a realidade subjectiva inerente às organizações. O autor diferencia, ainda, dois tipos de estrutura: o arcaboiço estrutural prescrito – relacionado com as normas da organização – e os padrões emergentes de interacção – originários da interpretação contínua dessas normas e acções. O autor considera que, embora distintos, os padrões normativos e os padrões emergentes de interacção são interdependentes (Ranson *et al.*, 1980).

Grande parte dos autores que investigam a cultura organizacional remete-nos, ainda, à discussão sobre valores e crenças vigentes na organização e sobre os comportamentos daí decorrentes. Bennis e Nannus tratam da arquitectura social, enquanto sinónimo de cultura, como normas e valores que moldam o comportamento num ambiente organizacional (Bennis e Nannus, 1985). Barney, por sua vez, considera a cultura como uma rede de valores, crenças e suposições que definem o modo pelo qual a empresa conduz os seus negócios (Barney, 1986).

Assim, quer em termos organizacionais, quer na sua vertente mais ampla (nacional), a cultura tem sido objecto de estudo por parte de variados investigadores da área. A sua reconhecida importância tem servido de base à resolução de muitos problemas organizacionais, na medida em que a cultura de uma empresa é, inegavelmente, um dos factores decisivos para o sucesso ou fracasso da sua actividade. Vejamos, agora, o quadro teórico desenvolvido no âmbito deste estudo.

2. Quadro teórico – entre o modelo piramidal de Carroll e a grelha de Neto e Froes

Como ponto de partida para a construção do nosso modelo, baseamo-nos no modelo piramidal de Carroll e na grelha de Responsabilidade Social de Neto e Froes.

Carroll defende que a "Responsabilidade Social de um negócio envolve as expectativas económicas, legais, éticas e discricionárias que a sociedade tem em determinado período de tempo" (Carroll, 1979: 500). Esta definição apresenta um contexto composto por quatro componentes, onde se requer que a empresa produza bens e serviços e os venda com lucro, maximizando o valor para os accionistas e assegurando a competitividade e a eficiência operacional (componente económica); onde se requer que a empresa respeite a lei, produzindo bens e serviços que satisfaçam as obrigações legais (componente legal); onde se espera que a empresa tenha comportamentos éticos e respeite as normas, fazendo o que é correcto e justo e reconhecendo que deve actuar para além daquilo que a lei determina (componente ética); e onde se deseja que a empresa, de forma voluntária, desempenhe papéis que beneficiem a sociedade, melhorando a qualidade de vida e incentivando a prática do voluntariado (componente discricionária ou filantrópica).

Relativamente a Neto e Froes, os autores defendem que o exercício da Responsabilidade Social pressupõe uma actuação eficaz da empresa em duas dimensões: interna e externa. Neste âmbito, a Responsabilidade Social interna está voltada para o público interno, tendo por base indicadores com ênfase nas áreas da educação, salários e benefícios de assistência médica e social. Apesar do objectivo principal ser obter o maior aumento possível de produtividade para os accionistas, esse aumento é conseguido à custa da dedicação, empenho e lealdade dos funcionários, derivado do bem-estar dos mesmos (Neto e Froes, 2001). A Responsabilidade Social externa, por seu turno, estando virada para a comunidade externa, centra-se na transferência de recursos em regime de parceria para órgãos públicos e Organizações Não Governamentais, na prestação de serviços voluntários à comunidade por parte dos funcionários da empresa, em aplicações de recursos na preservação do meio ambiente, na criação de empregos e em investimentos directos em projectos sociais criados pela própria empresa, entre outras actividades (Neto e Froes, 2001).

Assim, entendemos aqui que o conceito de Responsabilidade Social deve implicar uma forma de actuação empresarial ética, no sentido de se basear em práticas sociais voluntárias e espontâneas (Carroll, 1991), devendo ainda incorporar uma vertente interna e externa (Neto e Froes, 2001). Logo, dada a ausência de modelos na literatura que reúnam os conceitos aqui em questão – Responsabilidade Social e Legal e Cultura Nacional e Organizacional – partindo de ambas as contribuições atrás descritas, chegamos ao seguinte modelo:

FIGURA I: Cultura e comportamentos de responsabilidade organizacional
– um modelo relacional

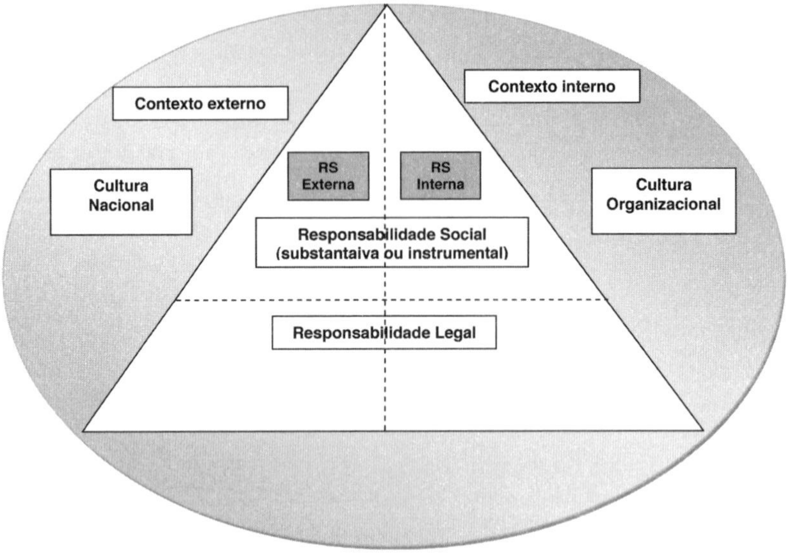

Fonte: Autoria própria

Assim, de acordo com o nosso modelo, as empresas podem possuir responsabilidades legais ou sociais. No âmbito das Responsabilidades Legais, apenas se preocupam com o cumprimento da lei, não desenvolvendo qualquer tipo de acção social voluntária. Logo, esta situação encontra-se na base da pirâmide, não só porque consideramos que deve ser a primeira a ser satisfeita (pois sem lei não pode existir Responsabilidade Social), mas também porque achamos que, em temos de abrangência, fica abaixo da Responsabilidade Social, a qual é a forma de responsabilidade empresarial esperada, após os requisitos legais terem sido cumpridos. Deste modo, é no âmbito da Responsabilidade Social que a empresa desenvolve acções socialmente responsáveis internas e externas, sendo que as primeiras se desenvolvem ao nível do contexto interno (no que diz respeito ao corpo funcional) e as segundas ao nível do contexto externo (no que diz respeito ao meio ambiente e à comunidade).

Refira-se, também, que a Responsabilidade Social compreende as empresas que a praticam de forma substantiva/ética (Wood, 1991; Enderle e Tavis,

1998; Mintzberg *et al.*, 2002) e instrumental (Levitt, 1958; Friedman, 1962, 1970; Drucker, 1984; Stroup e Neubert, 1987; Swanson, 1995; Jones, 1996; McWilliams e Siegel, 2001; Barry, 2002; Zwetsloot; 2003). Com efeito, consideramos ser importante verificar as razões que motivam as empresas a posicionarem-se no nível superior da pirâmide, isto é, verificar até que ponto esse posicionamento é autêntico ou se tem por base uma mera obtenção do lucro. No entanto, entendemos que a motivação não interfere com o nível da responsabilidade organizacional da empresa, isto é, com o facto de esta ser legal ou social, pois não é por uma empresa praticar acções de Responsabilidade Social tendo por base uma lógica instrumental que não pode ser considerada socialmente responsável.

Façamos, ainda, referência ao facto do nosso modelo se centrar em apenas dois níveis de responsabilidade – legal e social. Entendemos que, além desses dois tipos de responsabilidade empresarial serem aqueles que interessam particularmente a este estudo, partimos do princípio que as empresas, para existirem, já têm que cumprir com as suas responsabilidades económicas (ainda que possam "sobreviver" no mercado, durante algum tempo, de forma insolvente), ou seja, o "nível" económico de uma empresa não é propriamente uma responsabilidade mas uma necessidade, isto é, uma questão efectiva de sobrevivência. Além disso, algumas das responsabilidades das empresas que são apontadas por Carroll como sendo de natureza económica (tais como pagar salários, pagar aos fornecedores ou pagar os impostos) são, na nossa opinião, de natureza legal. Quanto à responsabilidade filantrópica, consideramos que esta está englobada na responsabilidade ética, o que, aliás, também já foi defendido por Carrroll (Carroll e Schwartz, 2003). E quanto à razão pela qual designamos o segundo nível da pirâmide de nível de Responsabilidade Social (em vez de responsabilidade ética) deve-se ao facto de considerarmos que aí também podem estar incluídas situações de natureza instrumental, as quais não pertencem a um âmbito ético, pois nestas apenas se enquadram as situações de natureza substantiva.

A ideia de que a separação entre responsabilidade legal e social é bastante ténue está representada pela linha horizontal a tracejado. Com efeito, uma empresa pode mudar rapidamente de uma realidade social para legal e vice-versa. Além disso, pode ainda fazer transparecer a ideia de que se encontra no segundo nível da pirâmide, quando na verdade está no primeiro. Esta situação pode ocorrer devido a uma eventual confusão entre os conceitos de Responsabilidade Social e de responsabilidade legal ou devido a uma estratégia de fabricação de uma imagem deturpada da realidade por parte da própria empresa, por esta entender que a divulgação de uma imagem socialmente responsável pode tornar-se lucrativa (Hay *et al.*, 1976).

No que diz respeito às influências que o contexto naturalmente provoca neste sistema, vemos que existem influências do nível interno – que assumimos como sendo a cultura organizacional – e influências do nível externo – que assumimos como sendo a cultura nacional. Interessa-nos ainda destacar a influência da cultura nas práticas socialmente responsáveis e verificar se essa influência é maior ao nível organizacional ou nacional. No entanto, não rejeitamos a possibilidade de outro(s) factor(es) interferir(em) com a Responsabilidade Social das empresas.

Apresentaremos, em seguida, a metodologia utilizada neste estudo.

3. Metodologia

Este estudo desenvolveu-se em momentos distintos, sendo que cada um desses momentos recorreu a métodos específicos de recolha dos dados. Começamos, assim, por efectuar um estudo bibliográfico (Vergara, 2000), ao longo do qual foram levantadas as principais referências relativas ao estado da arte dos temas aqui analisados. Foi, ainda, feito um levantamento da legislação relacionada com o tema da Responsabilidade Social (ou seja, com a responsabilidade legal), com o intuito de distinguirmos as acções sociais das legais. Paralelamente, efectuamos uma investigação documental (Vergara, 2000), no âmbito do estudo de campo propriamente dito, tendo sido recolhidos documentos relativos à actividade social das empresas em questão. Com estes levantamentos pretendemos obter uma base teórica que nos permitisse alcançar os objectivos deste trabalho. Seguidamente, foi realizado um estudo de campo (entre 2004 e 2008), isto é, uma investigação empírica nos locais onde ocorrem os fenómenos aqui analisados ou que possuem elementos para explicar esses fenómenos. Além disso, procuramos obter os dados a partir de uma maior interacção com os sujeitos investigados, objectivando captar empiricamente parte da estrutura onde estão inseridos (Vergara, 2000). Em relação a este estudo, a investigação decorreu em cinco momentos: num primeiro momento, foi feita uma investigação nos *sites* das empresas, no sentido de se identificar o seu discurso social, isto é, de se verificar até que ponto a Responsabilidade Social é ou não destacada nesses portais. Num segundo momento, foi solicitado às empresas o envio de documentos relativos à sua acção social (o que já foi referido no âmbito da investigação documental), com o objectivo de se identificarem eventuais acções de Responsabilidade Social. Num terceiro momento, foi requerido às empresas o preenchimento de uma grelha, previamente elaborada, no sentido de procurar identificar as acções de Responsabilidade Social e de responsabilidade legal. Num quarto momento foram aplicados questionários aos funcionários das quatro empresas analisadas. Por fim, num quinto momento, foi feita uma visita às empresas, no sentido de se efectuar a realização de entrevistas a alguns dirigentes de departamentos-chave no âmbito deste estudo. Tanto as entrevistas como os questionários procuraram determinar, sobretudo, se as empresas actuam para além da lei e qual dos tipos de cultura é que mais influencia as suas acções sociais – a nacional ou a organizacional? Com este levantamento em campo pretendemos assim construir uma base prática que, após o confronto com os dados teóricos obtidos através dos dois tipos de investigação anteriormente identificadas (bibliográfica e documental), nos permitisse alcançar os objectivos deste trabalho.

Como já foi aqui referido, o universo deste estudo assentou em quatro empresas do sector metalomecânico: duas portuguesas e duas brasileiras. Em relação à população foram realizadas 28 entrevistas semi-estruturadas, tendo sido seguido o critério de selecção não probabilístico e por tipicidade (Vergara, 2000), uma vez que os sujeitos foram escolhidos por serem representativos do universo-alvo, isto é, por serem dirigentes dos departamentos considerados fundamentais para este estudo. A opção por dirigentes recaiu no facto de entendermos que quanto maior for a hierarquia mais abrangente é o conhecimento que a pessoa possui acerca da empresa. No que diz respeito aos questionários, estes seguiram uma estrutura mista, com questões de resposta aberta e fechada, tendo sido analisados 513, com base numa amostra estratificada (seleccionada a partir de estratos organizados de acordo com o departamento) e não proporcional (Vergara, 2000). O objectivo foi envolver todos os departamentos de cada uma das empresas, no sentido de obtermos uma visão global acerca dos fenómenos estudados, tornando a nossa amostra o mais representativa possível.

Relativamente ao tratamento dos dados, os resultados quantitativos (relativos às questões fechadas dos questionários) foram analisados com base no *software* SPSS® – *Statistical Packet for Social Sciences* – (SPSS 16.0). No caso dos resultados qualitativos (relativos às questões abertas dos questionários e às entrevistas), foi adoptado o método da Análise do Conteúdo.

Por fim, importa referir que este estudo partiu das seguintes hipóteses:

H1 – As práticas de gestão das empresas – nomeadamente no âmbito da Responsabilidade Social – são mais influenciadas pela cultura organizacional do que pela cultura nacional.

H1B – A maior influência da cultura organizacional pode ser explicada pela importância dos valores e acções da gestão de topo no desenvolvimento das práticas de gestão de uma empresa.

H2 – Existem acções que as empresas assumem como sendo de Responsabilidade Social que não passam de acções de responsabilidade legal.

H2B1 – Alguns actores organizacionais têm dificuldade em distinguir as acções de responsabilidade legal das acções de responsabilidade social, confundindo os dois conceitos.

H2B2 – A ênfase nas acções de responsabilidade social deve-se à percepção de que estas acções contribuem para uma imagem positiva da empresa aos olhos da sociedade.

Vejamos, em seguida, os resultados obtidos no âmbito das nossas hipóteses.

4. Apresentação e análise dos resultados

Relativamente aos resultados alcançados por este estudo, podemos chegar a algumas conclusões no que diz respeito às nossas hipóteses.

Em relação a **H1** – As práticas de gestão das empresas – nomeadamente no âmbito da Responsabilidade Social – são mais influenciadas pela cultura organizacional do que pela cultura nacional – verificamos que não existe uma unanimidade em torno dessa questão que nos permita validar a hipótese. Assim, apenas no caso de uma das empresas portuguesas é que a maioria dos sujeitos defendeu a maior influência da cultura organizacional, o que parece estar relacionado com a realidade existente nessa empresa, pois os funcionários aparentam ser a sua força mais influente, nomeadamente no âmbito da Responsabilidade Social.

No caso das empresas brasileiras obtivemos resultados que nos levam a crer que a cultura organizacional nem sempre é mais influente no âmbito da Responsabilidade Social. No que diz respeito a estas empresas não foi tanto a cultura organizacional que influenciou a introdução das práticas de Responsabilidade Social, mas sim o contexto socioeconómico e ambiental, ou seja, as empresas tiveram necessidade de desenvolver acções socialmente responsáveis para poder assegurar a sua própria sobrevivência e garantir o seu futuro, o que nos remete para uma óptica instrumental com base num princípio de pura sobrevivência (Carroll, 1980). Assim, uma das empresas foi fundada numa região onde não existia nada, tendo surgido primeiro a empresa e só depois a cidade, o que a "obrigou" a investir em Responsabilidade Social. No caso da outra empresa, esta desenvolveu-se num local altamente poluído (circunstância também proporcionada pela sua própria actuação), necessitando de reverter essa situação, não só para "limpar" a sua imagem perante a sociedade, mas também para assegurar a sua própria sobrevivência (na medida em que necessita de recursos naturais e por isso necessita de um ambiente sustentável). Assim, no caso das empresas brasileiras, o facto de as mesmas terem baseado a sua acção socialmente responsável no contexto externo, levou os sujeitos a afirmarem que a cultura nacional foi mais influente do que a organizacional nessa acção. No entanto, partindo de uma análise do conteúdo do discurso dos sujeitos, verificamos que, neste caso, não foi tanto a cultura em si que provocou essa influência, mas sim o contexto socioeconómico e ambiental, embora também tenham sido evidenciados traços na cultura nacional brasileira que podem potenciar esses comportamentos (ainda que de forma negativa), como o paternalismo, o qual gera assistencialismo (Tanure e Duarte, 2005).

No caso da outra empresa portuguesa, que no decurso desta investigação foi alvo de um processo de aquisição por parte de uma das empresas brasileiras envolvidas neste estudo, a cultura organizacional não se mostrou mais influente, na medida em que os resultados do questionário (instrumento mais representativo do estudo), no âmbito das correlações entre as questões-chave para esta hipótese, evidenciaram um nível de significância que não nos permite afirmar que a cultura organizacional é mais influente do que a nacional. No caso concreto desta empresa, partindo da análise de conteúdo aqui efectuada, depreendemos que o seu contexto de fusão com outra empresa influenciou as respostas a este nível, pois foram sentidas diferenças na forma de gerir daquela empresa que sobressaíram quando confrontadas com determinados traços da cultura portuguesa.

Assim, **não confirmamos H1**, pois não podemos afirmar que a cultura organizacional seja sempre mais influente do que a cultura nacional, já que, dependendo, das circunstâncias, a cultura nacional pode ganhar mais força.

Relativamente a **H1B** – A maior influência da cultura organizacional pode ser explicada pela importância dos valores e acções da gestão de topo no desenvolvimento das práticas de gestão de uma empresa – dado que esta deriva da hipótese anterior, automaticamente **também não se confirma**.

No que diz respeito a **H2** – Existem acções que as empresas assumem como sendo de Responsabilidade Social que não passam de acções de responsabilidade legal – verificamos que em todos os casos esta hipótese se verificou, o que foi confirmado pelos três instrumentos de investigação (grelha, entrevistas e questionários). Com efeito, várias foram as acções citadas que, apesar de estarem ao abrigo da lei, foram consideradas acções de Responsabilidade

Social por parte de vários sujeitos. O destaque vai para o meio ambiente, pois o facto de uma empresa cumprir a legislação ambiental foi, inúmeras vezes, citado como sendo uma acção socialmente responsável. Além dessas, outras foram aqui referidas, pelos sujeitos dos quatro casos: higiene e segurança no trabalho, pagamento dos salários, segurança social e pagamento de impostos, entre outras. Deste modo, **confirmamos H2.**

Em relação a **H2B1** – Alguns actores organizacionais têm dificuldade em distinguir as acções de responsabilidade legal das acções de responsabilidade social, confundindo os dois conceitos – verificamos que existem sujeitos onde essa confusão está presente, em virtude de afirmarem que uma empresa que apenas cumpre as suas obrigações legais é socialmente responsável. E isso ocorreu nos quatro casos, embora com intensidades diferentes, já que no âmbito das empresas portuguesas essa situação se verificou de forma mais proeminente.

Por fim, em relação a **H2B2** – A ênfase nas acções de responsabilidade social deve-se à percepção de que estas acções contribuem para uma imagem positiva da empresa aos olhos da sociedade – verificamos que, nos quatro casos, a grande maioria dos sujeitos encara a motivação das acções socialmente responsáveis sob uma óptica instrumental, fazendo referência aos ganhos de imagem que essas acções proporcionam (Hay *et al.*, 1976). Do mesmo modo, verificamos que está presente em todas as empresas o conceito instrumental de Responsabilidade Social (Levitt, 1958; Friedman, 1962, 1970; Drucker, 1984; Stroup e Neubert, 1987; Swanson, 1995; Jones, 1996; McWilliams e Siegel, 2001; Barry, 2002). E mesmo tendo sido verificado que o conceito de Responsabilidade Social ao qual é feita maior referência é o integrativo (Carroll, 1979; Freeman, 1984; Frederick, 1986, 1994, 1998; Frederick *et al.*, 1988; Evan e Freeman, 1993; Donaldson e Preston, 1995; Harrison e Freeman, 1999; Carroll e Schwartz, 2003; Phillips *et al.*, 2003), podemos concluir que essa visão decorre do reconhecimento de que a sobrevivência das empresas depende das relações que estas mantêm com as suas partes interessadas, pelo que estas devem ser consideradas no âmbito das decisões organizacionais. Esta posição enquadra-se na Teoria dos *Stakeholders* (Dill, 1958; Preston e Post, 1975; Freeman e Reed, 1983; Freeman, 1984; Carroll, 1991; Wood, 1991; Evan e Freeman, 1993; Clarkson *et al.*, 1994; Zadek, 1994, 1997, 1998; Donaldson e Preston, 1995; Phillips *et al.*, 2003). No seguimento desta ideia, a Responsabilidade Social é vista como uma consequência das pressões impostas pelos *stakeholders* às empresas, as quais, para evitarem um maior controlo por parte do governo ou conseguirem concessões, são forçadas a tomar decisões administrativas que não necessariamente contribuam para o seu lucro, mas que de certa forma as possam ajudar no futuro. No entanto, vimos que na prática, as empresas não consideram a Teoria dos *Stakeholders*, pois direccionam as suas acções socialmente responsáveis para grupos particulares, de acordo com a sua conveniência. Além disso, dentro da perspectiva aqui adoptada, as empresas em questão são consideradas socialmente responsáveis essencialmente num dos níveis (externo, no caso das empresas brasileiras e de uma das empresas portuguesas e interno, no caso da outra empresa portuguesa), o que reforça ainda mais a constatação anterior. Não obstante, as empresas fazem prevalecer a ideia de que actuam de igual forma aos dois níveis, pois têm interesse em projectar uma imagem positiva no seu público interno e externo, por uma questão instrumental. Logo, perante todas estas considerações, **confirmamos H2B2**.

Assim, podemos observar que, ao nível das nossas hipóteses centrais (H1 e H2), apenas H2 se confirma nos quatro casos, ou seja, os resultados apontam para o facto de existirem acções de responsabilidade legal que são assumidas como sendo acções socialmente responsáveis, o que se deve a uma confusão entre os conceitos e à instrumentalização da Responsabilidade Social.

Conclusões finais

Concluímos, assim, que existe uma tendência efectiva para se assumir responsabilidade legal como sendo Responsabilidade Social, o que tem na sua origem, por um lado, numa confusão entre ambos os conceitos e, por outro, na ênfase instrumental que é dada à Responsabilidade Social, pressupondo que esta gera ganhos resultantes de uma boa imagem perante os vários *stakeholders*. Concluímos, ainda, que as práticas de gestão das empresas, nomeadamente no âmbito da Responsabilidade Social, nem sempre são mais influenciadas pela cultura organizacional, na medida em que, quando as empresas se encontram perante factores contextuais particulares (como a envolvência socioeconómica ou ambiental ou um processo de fusão/aquisição), esses factores podem exercer mais influência sobre as práticas de gestão (nomeadamente sociais) e/ou até mesmo sugerir uma maior influência por parte da cultura nacional.

Em termos mais globais, isto é, no que diz respeito ao Brasil e a Portugal, concluímos também que alguns aspectos determinam diferenças consideráveis ao nível da Responsabilidade Social. Falamos aqui da contextualização socio-económica dos países, o que, no caso brasileiro, influencia a cultura no sentido de, por um lado, a tornar mais assistencialista e paternalista e, por outro lado, haver uma necessidade constante de sobreviver num clima ditado pelas carências sociais e pela instabilidade económica. Daí que as empresas brasileiras se tenham apresentado mais avançadas ao nível da prática da Responsabilidade Social. No entanto, quer num caso quer no outro, constatamos que o termo Responsabilidade Social é muitas vezes utilizado de forma abusiva (embora isso tenha ocorrido com maior incidência em Portugal), na medida em que, na realidade, reflecte acções de índole meramente legal e o discurso instrumental está amplamente presente.

REFERÊNCIAS

ATHINKSON, Anthony *et al.* (1997), "A stakeholder approach to strategic performance measurement", *Sloan Measurement Review*, 38 (2), 25-37.

BALMER, John *et al.*, (2007), "The Nature and Management of Ethical Corporate Identity: A Commentary on Corporate Identity, Corporate Social Responsibility and Ethics", *Journal of Business Ethics*, 76 (1), 7-15.

BARNEY, Jay (1986), "Organizational culture: can it be a source of sustained competitive advantage?", *Academy of Management Review*, 11 (3), 656-665.

BARRY, Norman (2002), "The stakeholder concept of corporate control is illogical and impractical", *The Independent Review*, 6 (4), 541-554.

BENNIS, Warren e Nanus, Bennis (1985), *Leaders*. New York: Harper & Row.

CARROLL, Archie (1979), "A three-dimensional conceptual model of corporate performance", *Academy of Management Review,* 4 (4), 497-505.

CARROLL, Archie (1980), "Social Responsibility as an Objective of Business: Evolving Toward a Model of Corporate Social Performance", *in*: William Glueck (org.), *Business Policy and Strategic Management*. New York: McGraw-Hill, 62-70, [3.ª ed.].

Carroll, Archie (1991), "The Pyramid of Corporate Social Responsibility: Toward the Moral Management of Corporate Stakeholders", *Business Horizons*, 34 (4), 39-48.

CARROLL, Archie (1999), "Corporate social responsibility: evolution of a definitional construct", *Business and Society*, 38 (3), 268-295.

CARROLL, Archie e Schwartz, Mark (2003), "Corporate Social Responsibility: A Three--Domain Approach", *Business Ethics Quarterly,* 13 (4), 503-530.

CLARKSON, Max *et al.* (1994), "The Toronto conference: reflections on a stakeholder theory", *Business and Society*, 33 (1), 82-131.

COHEN, Daniel (1972), "The concept of charisma and the analysis of leadership", *Political Studies,* 20 (3), 299-305.

COHEN, Jeffrey *et al.* (1992), "Cultural and Socio-economic Constraints on International Codes of Ethics: Lessons from Accounting", *Journal of Business Ethics,* 11, 687-700.

DAVIS, Keith e Blomstrom, Robert (1975), *Business and Society: Environment and Responsibility*. New York: McGRaw-Hill.

DILL, William (1958), "Environment as an influence on managerial autonomy", *Administrative Science Quarterly*, 2 (4), 409-443.

DONALDSON, Thomas e Preston, Lee (1995). "The Stakeholder theory of the corporation: concepts, evidence and implications", *Academy of Management Review*, 20 (1), 65-91.

DRUCKER, Peter (1984), "The new meaning of corporate social responsibility", *California Management Review*, 26 (2), 53-63.

ENDERLE, Georges e Tavis, Lee (1998), "A balanced concept of the firm and the measurement of its long-term planning and performance", *Journal of Business Ethics*, 17 (11), 1129-1144.

EVAN, William e Freeman, Edward (1993), "A stakeholder theory of the modern corporation: Kantian capitalism", *in* Tom Beauchamp e Norman Bowie (org.), *Ethical theory and business*. Englewood Cliffs, NJ: Prentice-Hall, 75-84.

FARMER, Richard e Richman, Barry (1965), *Comparative Management and Economic Progress*. Illinois: R.D. Irwin Inc.

FRANKE, George e Nadler, Scott (2008), "Culture, economic development and national ethical attitudes", *Journal of Business Research*, 61, 254-264.

FREDERICK, William (1986), "Toward CSR3 – Why Ethical Analysis Is Indispensable and Unavoidable in Corporate Affairs", *California Management Review*, 28 (2), 126–141.

FREDERICK, William, (1994), "From CSR1 to CSR2", *Business and Society*, 33 (2), 150-164.

FREDERICK, William (1998), "Moving to CSR4: What to pack for the trip", *Business and Society*, 37 (1), 40-59.

FREDERICK, William *et al.* (1988), *Business and Society: Corporate Strategy, Public Policy, Ethics*. New York: McGraw-Hill.

FREEMAN, Edward (1984), *Strategic Management: A Stakeholder Approach*. Boston: Pitman Publishing.

FREEMAN, Edward e Reed, David (1983), "Stockholders and stakeholders: a new perspective on corporate governance", *California Management Review*, 25 (3), 88-106.

FRIEDMAN, Milton (1962), *Capitalism and Freedom*. Chicago: The University Chicago Press.

FRIEDMAN, Milton (1970), "The Social Responsibility of Business is to Increase its Profits", *New York Times Magazine*, 13, 122-126.

GARRIGA, Elisabet e Melé, Domenec (2004), "Corporate social responsibility theories: mapping the territory", *Journal of Business Ethics*, 53 (12), 51-71.

GENEST, Christina (2005), "Cultures, organizations and philanthropy", *Corporate communications: an international journal*, 10 (4), 315-327.

HAIRE, Mason *et al.* (1996), *Managerial Thinking: An International Study*. New York: Wiley.

HALL, Stuart (1990), Cultural Identity and Diaspora, *in* Jonathan Rutherford (org.), *Identity: Community, Culture, Difference*. London: Lawrence e Wishart, 222-237.

HARRISON, Jeffrey e Freeman, Edward (1999), "Stakeholders, Social Responsibility, and Performance: Empirical Evidence and Theoretical Perspectives", *Academy of Management Journal*, 42 (5), 479-485.

HAY, Robert *et al.* (1976), *Business and Society*. Cincinnati, OH: Southwestern Publishing.

HEMINGWAY, Christine e Maclagan, Patrick (2004), "Managers' personal values as drivers of corporate social responsibility", *Journal of Business Ethics,* 50 (1), 33-44.

HOFESTEDE, Geert, (1980), *Culture`s consequences: international differences in work-related values.* Beverly-Hills: Sage.

HOFESTEDE, Geert (1997), *Cultures and Organizations: Software of the minds.* New York: MacGraw-Hill.

HOFSTEDE, Geert *et al.* (1991), "Cultural Routes of Economic Performance: A Research Note", *Strategic Management Journal*, 12, 165-173.

HOUSE, Robert (1996), "Path-goal theory of leadership: Lessons, legacy, and a reformulated theory", *Leadership Quarterly*, 7 (3), 323-352.

HOUSE, Robert *et al.* (1999), "Cultural influences on Leadership and Organizations: Project Globe", *in* William Mobley (org.), *Advances in Global Leadership*. Stamford, CT: JAI Press, 171-233.

HOUSE, Robert *et al.* (2002), "Understanding cultures and implicit leadership theories across the globe: an introduction to project Globe", *Journal of World Business*, 37, 3-10.

HOUSE, Robert *et al.* (2004), *Culture, leadership and organizations*: the Globe study of 62 societies. Thousand Oaks: Sage.

JONES, Marc (1996), "Missing the forest for the trees: A critique of the social Responsibility concept and discourse", *Business e Society*, 35 (1), 7-41.

JONES, Thomas (1991), "Ethical Decision-Making by Individuals in Organization: An Issue-contingent Model", *Academy of Management Review,* 16 (2), 366-395.

KEESING, Felix (1958), *Cultural Anthropology: The science of custom*. New York: Holt, Rinehart and Winston.

KLUCKHOHN, Clyde e Kelly, William (1945), "The concept of culture", *in* Ralph Linton (org.), *The Science of Man in the World Crisis*. New York: Columbia University Press, 78-106.

KOK, Peter *et al.* (2001); "A corporate social responsibility audit within a quality management framework", *Journal of Business Ethics*, 31 (4), 285-97.

KROEBER, Alfred (1948), *Anthropology: Race, Language, Culture, Psychology, Prehistory*. New York: Harcourt, Brace e World, Inc.

LEVITT, Theodore (1958), "The dangers of social responsibility", *Harvard Business Review,* 36 (5), 41-50.

MAIGNAN, Isabelle *et al.* (1999), "Corporate citizenship: cultural antecedents and business benefits", *Journal of the Academy of Marketing Science*, 27 (4), 455-469.

MCCLELLAND, David (1961), *The achieving society*. New York: Van Nostrand.

MCGUIRE, Joseph (1963), *Business and Society*. New York: McGraw Hill.

MCWILLIAMS, Abagail e Siegel, Donald (2001), "Corporate Social Responsibility: A Theory of the Firm Perspective", *Academy of Management Review*, 26 (1), 117-127.

MINTZBERG, Henry (2002), "Beyond Selfishness", *MIT Sloan Management Review*, 44 (1), 67-74.

NEGANDHI, Anant (1975), "Comparative management and organization theory: a marriage needed", *Academy of Management Journal*, 18, 334-344.

NETO, Francisco e Froes, Cesar (2001), *Gestão da Responsabilidade Social corporativa: o caso brasileiro*. Rio de Janeiro: Qualitymark.

O'REILLY, Charles *et al.* (1991), "People and organizational culture: a profile of comparison approach to assessing person-organization fit", *Academy of Management Journal*, 34, 487-516.

PAYNE, Dinah *et al.* (1997), "A global code of business ethics", *Journal of Business* Ethics, 16 (16), 1727-35.

PETTIGREW, Andrew (1979), "On studying organizational cultures", *Administrative Science Quarterly*, 24 (3), 570-581.

PHILLIPS, Robert *et al.* (2003), "What stakeholder theory is not", *Business Ethics Quarterly*, 13 (4), 479-502.

PRESTON, Lee e Post, James (1975), *Private management and public policy: The principle of public responsibility*. Englewood Cliffs, NJ: Prentice Hall.

RANSON, Stewart *et al.* (1980), "The Structuring of Organizational Structures", *Administrative Science Quarterly*, 25 (1), 1-17.

SATHE, Vijay (1985), *Culture and Related Corporate Realities*. Illinois: Richard D. Irwin.

SCHEIN, Edgar (1985), *Organizational culture and leadership*. San Francisco: Jessey Bess.

STROUP, Margaret e Neubert, Ralph (1987), "The Evolution of Social Responsibility", *Business Horizons*, 30, 22- 24.

SWANSON, Diane (1995), "Addressing a Theoretical Problem by Reorienting the Corporate Social Performance Model", *Academy of Management Review*, 20 (1), 43-64.

TANURE, Betania e Duarte, Roberto (2005), "Leveraging competitiveness upon national cultural traits: the management of people in Brazilian companies", *Human Resource Management*, 16, 2201-2217.

TREVINO, Linda (1986), "Ethical Decision Making in Organizations: A Person-situation Interactionist Model", *Academy of Management Review*, 11, 601-617.

TROMPENAARS, Fons e Hampden-Turner, Charles (1998), *Riding the Waves of Culture: Understanding Cultural Diversity in Global Business*. New York: McGraw-Hill, [2.ª ed.].

TYLOR, Edward (1920), *Primitive Culture*. New York: J.P. Putnam's Sons.

VERGARA, Sylvia (2000), *Projetos e relatórios de pesquisa em administração*. São Paulo: Atlas, 2000, [3.ª ed.].

VITELL, Scott (1993), "The influence of culture on ethical decision-making: an application of Hofstede's Typology", *Journal of Business Ethics*, 12 (10), 753-760.

WADDOCK, Sandra e Smith, Neil (2000), "Relationships: the real challenge of corporate global citizenship", *Business and Society Review*, 105 (1), 47-62.

WOOD, Donna (1991), "Corporate Social Performance Revised", *Academy of Management Review*, 16 (4), 691-718.

WOOD, Donna e Logsdon, Jeanne (2002), "Business citizenship: from domestic to global level of analysis", *Business Ethics Quarterly*, 12 (2), 155-87.

ZADEK, Simon (1994), "Trading ethics: Auditing the market", *Journal of Economic Issues*, 28 (2), 631-645.

ZADEK, Simon (1997), "Human values come to market", *New Statesman*, 10 (444), 18-19.

ZADEK, Simon (1998), "Balancing performance, ethics, and accountability", *Journal of Business Ethics*, 17 (13), 1421-1441.

ZWETSLOOT, Gerard (2003), "From management systems to corporate social responsibility", *Journal of Business Ethics*, 44 (2/3), 201-207.

CAPÍTULO III

Percepções e atitudes perante a responsabilidade social e seus impactes

PERCEPÇÕES DE RESPONSABILIDADE SOCIAL, CAPITAL PSICOLÓGICO E DESEMPENHO[1]

Susana Leal* e Arménio Rego**

Resumo: Este trabalho insere-se no domínio dos estudos organizacionais positivos. Propõe um modelo conceptual no qual as percepções dos colaboradores acerca da responsabilidade social das suas empresas influenciam o desempenho individual tanto directamente quanto através da mediação do capital psicológico e do empenhamento afectivo.

Palavras-chave: responsabilidade social das empresas, capital psicológico positivo, empenhamento afectivo, desempenho individual

Introdução

Segundo uma das abordagens mais reconhecidas na literatura, a responsabilidade social de uma empresa (RSE) envolve quatro tipos de responsabilidades

---

[1] Este trabalho tem sido realizado com apoio parcial da Fundação para a Ciência e Tecnologia, financiada pelo POPH – QREN (referências nº SFRH/BD/46266/2008 e nº SFRH/PROTEC/49930/2009).

* É estudante de doutoramento em Gestão de Empresas (especialidade em Gestão e Pessoas) na Universidade de Coimbra, mestre em Estatística e Gestão de Informação, e licenciada em Gestão. Lecciona Comportamento Organizacional, Teorias das Organizações, Jogo de Empresa, e Gestão Ética e Responsabilidade Social das Organizações na Escola Superior de Gestão e Tecnologia do Instituto Politécnico de Santarém. Publicou artigos no *Creativity Research Journal* e no *Journal of Business Ethics*, e tem apresentado diversos trabalhos em conferências nacionais e internacionais. E-mail: susana.leal@esg.ipsantarem.pt

** É doutorado e agregado em gestão. Ensina na Universidade de Aveiro. É autor ou co-autor de três dezenas de livros, incluindo *Liderança Positiva* (Sílabo, 2010), *Manual de Gestão de Pessoas e do Capital Humano* (Sílabo, 2009) e *Gestão Transcultural de Recursos Humanos* (Editora RH, 2009). Publicou igual número de artigos em revistas internacionais como Applied Psychology: An International Review, *Creativity and Innovation Management, Creativity Research Journal, European Management Journal, Journal of Business Ethics, Journal of Business Research, Journal of Happiness Studies, Journal of Occupational Health Psychology, Journal of Organizational Change Management e Thunderbird International Business Review*. Tem desenvolvido projectos de consultoria em liderança e gestão de recursos humanos, e realizado várias dezenas de conferências, seminários, *workshops* e eventos de formação de executivos. Foi agraciado com diversos prémios, em Portugal e no estrangeiro.E-mail: armenio.rego@ua.pt

(Carroll, 1979): (i) a *económica* – produzir bens e serviços e obter lucros; (ii) a *legal* – respeitar a lei; (iii) a *ética* – adoptar comportamentos éticos, fazer o que é certo e justo e evitar causar danos e (iv) a *discricionária* – beneficiar, de forma voluntária/filantrópica, a sociedade. Maignan *et al.* (Maignan e Ferrell, 2000, 2001a, 2001b, 2003; Maignan *et al.*, 1999) redefiniram o conceito integrando as responsabilidades identificadas pelos *stakeholders*: "o quanto as empresas satisfazem as responsabilidades económicas, legais, éticas e discricionárias identificadas pelos seus diversos *stakeholders*" (Maignan *et al.*, 1999, p. 457).[2] Estas quatro dimensões integram a cidadania corporativa, um constructo que, numa das perspectivas discutidas por Matten e Crane (2005), é equivalente à noção de RSE.

O tema tem sido estudado, sobretudo, ao nível organizacional. São poucos os estudos que consideram os colaboradores como unidade de análise (Aguilera *et al.*, 2007; Evans e Davis, 2008) e que investigam o efeito do desempenho social das empresas nas atitudes e comportamentos dos colaboradores (Daily *et al.*, 2009). Entre as poucas excepções encontram-se os trabalhos de Aguilera *et al.* (2007), Brammer *et al.* (2007), Collier e Esteban (2007), Gavin e Maynard (1975), Lee *et al.* (2009), Maignan e Ferrell (2001b), Peterson (2004), Rego *et al.* (2008, 2009a, 2009b) e Turker (2009).

É precisamente o nível de análise individual que consideramos neste trabalho. Nele apresentamos um modelo conceptual propondo que as percepções de RSE influenciam o desempenho dos indivíduos, quer directamente, quer através do efeito mediador do capital psicológico (PsyCap, de *psychological capital*) e do empenhamento afectivo. Esta é a primeira parte do trabalho, que terá sequência no teste empírico do mesmo. O capítulo está estruturado do seguinte modo: (a) começamos com uma breve explanação dos constructos e das suas possíveis relações; (b) expomos o modelo conceptual resultante e as proposições do estudo; (c) apresentamos conclusões e sugerimos pesquisas futuras.

---

[2] Maignan *et al.* (Maignan e Ferrell, 2000, 2001a, 2001b, 2003; Maignan *et al.*, 1999) utilizam a expressão "cidadania corporativa". Neste trabalho, os conceitos de RSE e cidadania corporativa são considerados equivalentes (Matten e Crane, 2005).

Os constructos do modelo

Percepções de RSE

O estudo das percepções de RSE inscreve-se na abordagem dos climas psicológicos (Baltes *et al.* 2009; Burke *et al.*, 2002; Glick, 1985) – definidos como "as representações psicológicas significativas de um indivíduo relativamente às estruturas, aos processos e aos eventos organizacionais" (Parker *et al.*, 2003, p. 390). Os climas psicológicos são uma forma adequada de estudar os antecedentes do empenhamento organizacional, do PsyCap e do desempenho porque é a percepção e a avaliação subjectiva das pessoas (não tanto a situação objectiva em si) que lhes permite "ver" o que a organização faz e, perante isso, responder reciprocamente (Eisenberger *et al.*, 2001). A percepção é o processo através do qual as pessoas seleccionam, organizam e interpretam o que recebem através dos seus sentidos, assim conferindo sentido e ordem ao mundo em redor (George e Jones, 2002; Schiffman, 1990).

As pesquisas têm revelado que as percepções dos colaboradores, relativas ao ambiente de trabalho, predizem atitudes e comportamentos como a satisfação no trabalho (Parker *et al.*, 2003), o *burnout* (Parker *et al.*, 2003), o envolvimento na função (Parker *et al.*, 2003), o empenhamento organizacional (Peterson, 2004), a motivação (Parker *et al.*, 2003), o bem-estar psicológico (Carr *et al.*, 2003), os comportamentos de retracção (Carr *et al.*, 2003), os comportamentos de cidadania organizacional (Biswas e Varma, 2007; Parker *et al.*, 2003) e o desempenho individual (Biswas e Varma, 2007; Carr *et al.*, 2003; Parker *et al.*, 2003).

No que concerne especificamente às percepções de RSE, a evidência também sugere que as mesmas moldam as atitudes e comportamentos dos colaboradores, nomeadamente: a motivação e as expectativas no trabalho (Gavin e Maynard, 1975), a satisfação com o trabalho (Gavin e Maynard, 1975), os comportamentos de cidadania organizacional (Swaen e Maignan, 2001), o espírito de equipa (Maignan e Ferrell, 2001b), o empenhamento organizacional (Brammer *et al.*, 2007; Maignan e Ferrell, 2001b; Peterson, 2004; Rego *et al.*, 2009a, 2009b; Turker, 2009) e o desempenho no trabalho congruente com os princípios da RSE (Evans e Davis, 2008).

O nosso trabalho insere-se nesta linha de investigação e sugere que as percepções de RSE podem influenciar o PsyCap, o empenhamento afectivo e o desempenho dos colaboradores.

Capital psicológico

O capital psicológico positivo, ou simplesmente PsyCap, é um constructo com origem na psicologia positiva (*e.g.*, Seligman e Csikszentmihalyi, 2000) e, mais especificamente, no comportamento organizacional positivo (*e.g.*, Luthans, 2002a). Poder ser definido como o

> processo positivo de desen-volvimento psicológico de um indivíduo que se caracteriza por: (i) ter confiança (auto-eficácia) para empregar e dedicar o esforço necessário para ser bem-sucedido em tarefas exigentes; (ii) fazer uma atribuição positiva (optimismo) relativamente ao que acontece no presente e no futuro; (iii) ser perseverante perante os objectivos, e quando necessário, redireccionar o caminho para os alcançar (esperança) de forma a ser bem-sucedido; e (iv), quando confrontados com problemas e adversidades, ter a capacidade de aguentar, recuperar e mesmo superá-los (resiliência) para alcançar o sucesso (Luthans *et al.*, 2007b, p. 3).

O constructo abarca, pois, quatro dimensões: auto-eficácia, esperança, optimismo e resiliência. Estas capacidades, quando presentes na generalidade dos membros organizacionais, podem ser uma fonte de vantagem competitiva (Luthans e Youssef, 2007). Baseando-se na teoria sócio-cognitiva de Bandura (1986, 2001) e em diversos estudos empíricos, Stajkovic e Luthans (1998) definiram a auto-eficácia no trabalho como "a convicção (ou confiança) de uma pessoa quanto às suas capacidades para obter a motivação, os recursos cognitivos e desenvolver as acções necessárias para executar com sucesso uma tarefa específica, num dado contexto" (p. 66). A principal base da auto--eficácia reside na crença do indivíduo de que consegue produzir resultados.

Snyder e seus colaboradores (*e.g.*, Snyder *et al.*, 1991) definiram esperança como o "estado motivacional positivo, que se baseia num sentimento de sucesso, derivado da interacção entre (i) a agência (energia orientada para objectivos) e (ii) os caminhos (planos para alcançar os objectivos)" (p. 287). Ou seja, a esperança integra a "força de vontade" para alcançar objectivos e a capacidade para definir planos que tornem esse objectivo realizável (Cunha *et al.*, 2007).

Seligman (1998) definiu optimismo como o processo de atribuir (a) os acontecimentos positivos (*e.g.*, alcançar objectivos) a causas internas/pessoais, permanentes e globais/universais e (b) os eventos negativos (*e.g.*, não atingir objectivos). a causas externas, temporárias/instáveis e específicas. Os optimistas interpretam os eventos negativos como externos ("a culpa não é minha"), temporários/instáveis ("isto aconteceu apenas desta vez") e especíﬁcos ("apenas fracassei neste evento/acontecimento"), enquanto os pessimistas fazem as atribuições inversas (internas/pessoais, permanentes/estáveis e globais) (Luthans, 2002b; Seligman, 1998).

A resiliência é a capacidade psicológica que permite recuperar da adversidade, da incerteza, do conﬂito, de fracassos, ou até de mudanças positivas, progressos e aumentos de responsabilidade (Luthans, 2002a). As pessoas resilientes aceitam a realidade tal como é, denotam uma crença profunda de que a vida pode ser vivida com signiﬁcado, e relevam uma grande capacidade para improvisarem e adaptarem-se às mudanças. São, pois, menos atreitas ao stresse e atravessam com vigor, energia e conﬁança as diﬁculdades e obstáculos.

Empenhamento afectivo

O empenhamento afectivo "respeita à ligação emocional do colaborador, à sua identiﬁcação e ao seu envolvimento com a organização" (Meyer e Allen, 1991, p. 67). Os colaboradores afectivamente empenhados estão mais motivados para actuarem de forma signiﬁcativa em prol da organização do que aqueles que denotam um fraco laço afectivo (Meyer e Allen, 1997). A literatura sugere que os colaboradores afectivamente mais empenhados na sua organização denotam menores intenções de abandoná-la (Vandenberghe e Tremblay, 2008), mais baixo *turnover* (Meyer *et al.*, 2002), menores índices de absentismo (Meyer *et al.*, 2002), mais comportamentos orientados para o cliente (Chang e Lin, 2008) e níveis mais elevados de desempenho (Meyer *et al.*, 2002).

Desempenho individual

O desempenho individual não é um constructo unidimensional (Van Scotter, 2000), antes sendo composto por duas componentes: desempenho próprio do papel e desempenho extra papel. Os antecedentes e consequências destas duas componentes são distintos (MacKenzie *et al.*, 1998). O desempenho próprio do papel incorpora os "comportamentos reconhecidos pelo sistema formal de recompensas e que fazem parte dos requisitos descritos na função" (Williams e Anderson, 1991, p. 606). Abarca os comportamentos requeridos ou esperados de alguém, como parte da execução das suas obrigações e responsabilidades inerentes ao papel que lhe está atribuído na organização (Van Dyne *et al.*, 1995). Se um colaborador revela fraco desempenho nestes comportamentos requeridos, pode vir a ser repreendido, sofrer consequências financeiras negativas, não receber recompensas organizacionais (*e.g.*, promoções por mérito) ou, até, perder o seu emprego (Van Dyne e LePine, 1998).

O desempenho extra papel incorpora os comportamentos discricionários que ultrapassam as expectativas de papel existentes, e que beneficiam a organização e/ou são levados a cabo com essa intenção (Rego, 2002). Segundo Van Dyne e LePine (1998), estes comportamentos não são especificados antecipadamente na descrição de funções, não são reconhecidos pelo sistema formal de recompensas, nem são utilizados como fonte de punição se o colaborador os não levar a cabo. São diversos os comportamentos extra papel identificados na literatura, de que se exemplificam os comportamentos pró-sociais (*e.g.*, Brief e Motowidlo, 1986), a espontaneidade organizacional (*e.g.*, George e Jones, 1997), o *whistleblowing* (*e.g.*, Mathews, 1987), a dissensão baseada em princípios (*e.g.*, Graham, 1986) e os comportamentos de cidadania organizacional (*e.g.*, Organ *et al.*, 2006). Os mais pesquisados são estes últimos (MacKenzie *et al.*, 1998; Rego, 2002).

Os comportamentos de cidadania organizacional (CCO) são "os comportamentos individuais discricionários, não directa ou explicitamente reconhecidos pelo sistema de recompensa formal, e que, no agregado, promovem o funcionamento eficiente e eficaz da organização" (Organ *et al.*, 2006, p. 3). A definição não é consensual, tendo sido questionada por alguns investigadores (MacKenzie *et al.*, 1991, 1993; Morrison, 1994). A evidência empírica acumulada, alguns criticismos e alguma imprensa de negócios levaram Organ (1997) a repensar a sua definição. Os dois denominadores comuns que surgem dos diferentes quadros conceptuais onde o tema é tratado permitem afirmar que os CCO (Organ *et al.*, 2006): (i) dizem respeito a algo distinto dos papéis rotineiros de uma função ou das medidas objectivas de produtividade individual, e (ii) contribuem, directa ou indirectamente, para o funcionamento eficaz da organização.

As relações entre as variáveis do modelo

Neste trabalho propõe-se um modelo conceptual (ver Figura I) no qual as percepções de RSE influenciam o desempenho individual, tanto directamente quanto através da mediação do PsyCap e do empenhamento afectivo. Explicaremos, seguidamente, as presumíveis relações entre estas variáveis, em função das quais apresentaremos as respectivas proposições.

FIGURA I – Modelo conceptual

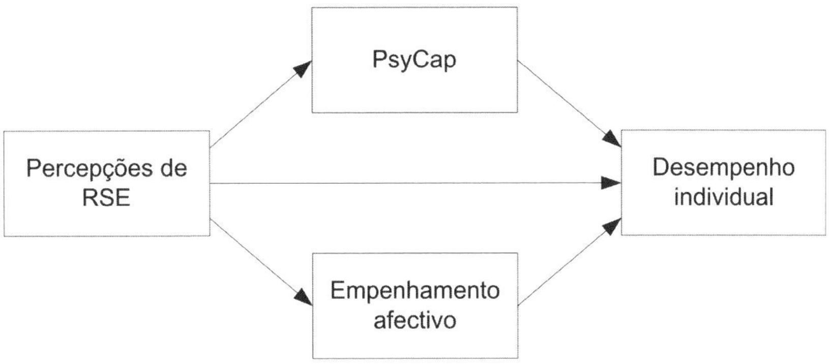

```
                  ┌─────────────┐
                  │   PsyCap    │
                  └─────────────┘
┌──────────────┐              ┌──────────────┐
│ Percepções de│──────────────│  Desempenho  │
│     RSE      │              │  individual  │
└──────────────┘              └──────────────┘
                  ┌─────────────┐
                  │ Empenhamento│
                  │  afectivo   │
                  └─────────────┘
```

As percepções de RSE e o desempenho individual

Uma das razões que permite aduzir a relação entre percepções de RSE e desempenho individual é a identificação organizacional. Esta é "uma forma de vinculação psicológica que ocorre quando os membros da organização adoptam as características definidoras desta como características definidoras de si próprios" (Dutton *et al.*, 1994, p. 242). Para Dutton *et al.* (1994), a identificação organizacional inclui dois tipos de imagem: a identidade organizacional percebida e a imagem externa construída. A identidade organizacional percebida ("o que é a minha organização") incorpora o que, do ponto de vista do colaborador, é central, distintivo e duradouro na organização (Albert e Whetten, 1985; Dutton *et al.*, 1994). A imagem externa construída ("como entidades externas vêem a minha organização") abarca as percepções que os membros de uma organização têm sobre as crenças de membros externos (Dutton *et al.*, 1994; Herrbach e Mignonac, 2004; Mael e Ashforth, 1992). As percepções positivas de RSE podem contribuir para a identificação dos colaboradores porque aumentam os seus sentimentos de auto-estima e tornam a identidade organizacional percebida e a imagem externa construída mais atractivas e mais distintivas (quando comparadas com as organizações com pior desempenho na RSE).

Uma forte identificação dos indivíduos com a organização pode traduzir-se em resultados desejáveis tais como cooperação, esforço e participação, empenhamento organizacional, satisfação com o trabalho, motivação intrínseca, orientação para o cliente, defesa da organização, avaliação positiva da organização, comportamentos extra papel e de cidadania organizacional, e desempenho próprio do papel (Ashforth *et al.*, 2008; Carmeli *et al.*, 2007; Dutton *et al.*, 1994; Riketta, 2005; Van Knippenberg, 2000).

Argumentamos que quando o colaborador percepciona a identidade organizacional e a reputação externa da sua organização como atraentes, é provável que actue para reforçar tal reputação (*e.g.*, pronunciando-se favoravelmente acerca da organização na presença de pessoas exteriores à mesma, e convidando pessoas competentes a apresentarem uma candidatura à empresa), denote melhor desempenho e beneficie toda a organização (cuja sobrevivência entende ligada à sua própria sobrevivência) (Dutton *et al.*, 1994; Maignan e Ferrell, 2001a; Rego *et al.*, 2008). Se o colaborador percepciona que a organização tem má reputação, é provável que o sentido de lealdade diminua, os comportamentos de cidadania organizacional diminuam e o desejo de deixar a organização se intensifique (Ashforth e Mael, 1989; Dutton *et al.*, 1994; Maignan e Ferrell, 2001b; Peterson, 2004; Rego *et al.*, 2008).

Segundo Carmeli *et al.* (2007), os colaboradores que trabalham em organizações que são percebidas como tendo um elevado desempenho social, quando comparados com os que trabalham em organizações percebidas como tendo baixo desempenho social, têm maior probabilidade de desenvolver elevados níveis de identificação organizacional. Por sua vez, a identificação organizacional e o ajustamento dos membros organizacionais medeiam a relação entre as percepções de RSE e o desempenho próprio do papel (Carmeli *et al.*, 2007).

Outro argumento que permite aduzir que as percepções de RSE influenciam o desempenho é a norma da reciprocidade (Gouldner, 1960). Esta norma impele os colaboradores a retribuírem o tratamento vantajoso que recebem da organização, actuando de uma forma que seja valorizada por essa mesma organização (Eisenberger *et al.*, 2001). Diversos estudos também demonstraram empiricamente que os colaboradores actuam de forma recíproca perante percepções de quebra do contrato psicológico, reduzindo o empenhamento para com a organização, diminuindo a confiança no empregador, e baixando os níveis de desempenho (Coyle-Shapiro e Kessler, 2000, 2002).

Também o apoio organizacional percebido desencadeia nos colaboradores a obrigação de se preocuparem com a saúde da organização, e aumenta-lhes a necessidade de a ajudarem a alcançar os seus objectivos (Eisenberger *et al.*, 2001). Eisenberger *et al.* (2001) sugeriu que o apoio organizacional percebido contribui para o empenhamento afectivo e desempenho (próprio do papel e extra papel), criando no colaborador um sentido de obrigação para preocupar-se com a organização e alcançar os seus objectivos.

Swaen e Maignan (2001) sugerem que os colaboradores podem reagir à RSE evidenciando mais CCO porque existe uma espécie de contrato psicológico e acordos implícitos entre a empresa e os seus colaboradores levando-os a exibir CCO devido à confiança mútua e valores partilhados entre as partes. Os colaboradores "a quem a organização garante maiores benefícios socio-económicos são os que, mais provavelmente, retribuem o favor e adoptam comportamentos que protegem a organização, aumentam a sua reputação e beneficiam o todo" (Graham, 1991, p. 260), nomeadamente mediante a adopção de CCO (Swaen e Maignan, 2001).

Outro argumento plausível para a relação entre as percepções de RSE e o desempenho dos colaboradores é o sentido de propósito e de significado do trabalho. Quando os colaboradores sentem que a organização se preocupa e apoia a comunidade (*e.g.*, fazendo contribuições caritativas; desenvolvendo parcerias com escolas locais; apoiando desportos e actividades culturais; encorajando os colaboradores a juntarem-se a organizações cívicas), é provável que desenvolvam o sentido de propósito e a sensação de que desempenham trabalho com significado (Ashmos e Duchon, 2000; Kets de Vries, 2001; Rego e Cunha, 2008). As consequências podem ser o aumento da auto-estima, da esperança, dos níveis de saúde, da alegria e do sentido de crescimento individual (Kets de Vries, 2001). Como resultado, os colaboradores trazem todo o seu "eu" (físico, mental, emocional e espiritual) para a organização, assumem o trabalho mais como uma vocação do que um "emprego", tornando-os mais empenhados no desempenho individual e organizacional (Rego e Cunha, 2008; Wright e Cropanzano, 2004). Diferentemente, quando os colaboradores sentem que a organização dificulta a satisfação das suas necessidades sociais, não se preocupa com o seu bem--estar e não contribui para a realização de trabalho com significado, é provável que permaneçam na organização apenas porque necessitam, fazendo apenas o que é necessário para manter o emprego (*i.e.*, evitando comportamentos extra papel).

Tendo em atenção o antes exposto, apresentamos a seguinte proposição:

P1: As percepções de RSE relacionam-se positivamente com o desempenho individual.

As percepções de RSE e o PsyCap

Youssef e Luthans (2010) sugeriram que o desempenho social das organizações pode influenciar o PsyCap dos colaboradores. Sugerimos, pois, que as percepções de RSE, quando positivas, podem reforçar os processos psicológicos que conduzem a maiores níveis de auto-eficácia, esperança, optimismo e resiliência. Os argumentos são seguidamente apresentados.

Auto-eficácia. A auto-eficácia pode ser estimulada através de experiências de sucesso, aprendizagem vicariante, persuasão social e *feedback* positivo, estados emocionais positivos, e bem-estar psicológico e fisiológico (Bandura, 2000). As práticas de RSE (nomeadamente na dimensão discricionária/filantrópica, como ocorre com programas promotores do equilíbrio entre a vida familiar e profissional, ou programas de bem-estar) podem promover a auto-eficácia dos colaboradores porque ajudam a melhorar os seus estados emocionais positivos e o bem-estar psicológico e fisiológico. Os estados psicológicos positivos podem estimular os processos cognitivos de simbolização, antecipação, observação, auto-regulação e auto-reflexão (Bandura, 1986, 2001), os quais contribuem para o desenvolvimento da auto-eficácia (Luthans *et al.*, 2007b). Um ambiente de trabalho vibrante e marcado pela existência de energia positiva – o qual pode ser uma consequência das percepções de bom desempenho social da empresa – também pode promover a autoconfiança (Cunha *et al.*, 2007, p. 165). Luthans *et al.* (2007b, p. 49) argumentam que "as melhores empresas para trabalhar" (seleccionadas à luz do modelo do *Great Place to Work Institute*, um domínio específico de aplicação da RSE; Rego *et al.*, 2003) são uma prova de que as empresas podem gerir o equilíbrio entre a mente, o corpo e o espírito dos colaboradores, daí advindo melhores resultados, maiores taxas de retenção dos colaboradores e "níveis superiores de [...] confiança e eficácia conduzindo a elevados [níveis de] desempenho" (p. 49).

Esperança. A esperança pode ser desenvolvida através da fixação de objectivos, da definição de objectivos que exijam esforço, da definição de pequenos passos, do envolvimento das pessoas, dos sistemas de recompensas, dos recursos disponíveis, do alinhamento estratégico e da formação (Luthans *et al.*, 2007b). Algumas práticas de RSE (*e.g.*, a definição de estratégias de longo prazo para o negócio da empresa; a monitorização da produtividade dos trabalhadores; o empenho na redução de custos de operação; Maignan *et al.*, 1999) podem fomentar esta força psicológica. A razão é a seguinte: se os objectivos inerentes a tais práticas de responsabilidade económica forem específicos, mensuráveis e exigentes, é provável que os colaboradores aumentem a motivação, o esforço e a persistência (*i.e.* a força de vontade) na sua prossecução. É igualmente provável que deslindem modos criativos (*i.e.* caminhos) de alcançá-los (Latham, 2000; Luthans *et al.*, 2007b).

Também percepções positivas na dimensão discricionária da RSE, relacionadas com o apoio à formação (*e.g.*, Maignan *et al.*, 1999), podem contribuir para o desenvolvimento da esperança se essa formação for orientada para melhorar as competências gerais dos colaboradores e transformar os talentos em forças, que podem, subsequentemente, ser aplicadas a várias situações (Luthans *et al.*, 2007b).

A cultura organizacional é determinante no desenvolvimento e manutenção da esperança (Luthans *et al.*, 2007b). As pessoas "presas" em más organizações tendem a não possuir ou a perder a esperança (Schwartz e Post, 2002). Naturalmente, pode igualmente presumir-se que as pessoas integradas em "boas" organizações (*i.e.*, que promovam actividades a favor dos colaboradores e que fomentem o desenvolvimento de competências) desenvolvem a esperança. Entre as práticas potencialmente mais relevantes estão as promotoras da aprendizagem ao longo da vida e da responsabilização dos colaboradores – ajudando estes a desenvolver competências que lhes permitem definir caminhos alternativos e/ou planos contingenciais para alcançar objectivos e a superar dificuldades. Shorey *et al.* (2005) sugerem que atitudes favoráveis para com os colaboradores e um ambiente organizacional que encoraje o desenvolvimento de competências (dois exemplos de práticas socialmente responsáveis) tendem a aumentar a esperança dos colaboradores.

Optimismo. O optimismo realista pode ser desenvolvido de três modos (Luthans *et al.*, 2007b; Schneider, 2001): (i) encarar os erros e insucessos do passado de forma "suave", (ii) valorizar e reconhecer as oportunidades e benefícios do presente e (iii) procurar oportunidades para o futuro. Percepções positivas relativas às diferentes dimensões de RSE, nomeadamente em situações de mudança e incerteza organizacional, podem ajudar os colaboradores e gestores a valorizarem e reconhecerem o presente. Isso pode suceder porque os colaboradores desenvolvem gratidão e reconhecimento pela positividade responsável da organização, encarando esta como uma entidade que actuará em conformidade com as leis vigentes e honrará os princípios éticos definidos. Percepções positivas de RSE podem também despertar nos colaboradores a identificação de oportunidades para o futuro. Por exemplo, numa organização com bom desempenho na dimensão económica da RSE, é mais fácil encontrar oportunidades de crescimento e desenvolvimento – mesmo perante situações difíceis (que, em condições de fraco desempenho económico, poderiam induzir espirais de pessimismo).

Resiliência. Para desenvolver a resiliência, as organizações podem adoptar estratégias focadas (i) nos activos, (ii) no risco ou (iii) nos processos (Masten, 2001). As percepções positivas de RSE na dimensão discricionária, nomeadamente no que concerne a práticas orientadas para os colaboradores, (*e.g.*, benefícios de saúde e programas de bem-estar) podem contribuir para a redução do stresse e do *burnout*, e minimizar riscos psicológicos e fisiológicos. Tais práticas (e.g., apoio organizacional para a aquisição de formação adicional) podem também aumentar o capital humano, fomentando a resiliência. Já as percepções positivas na dimensão discricionária orientada para a comunidade (*e.g.*, os trabalhadores integram, com o apoio da empresa, entidades da sociedade civil que apoiam a comunidade) podem contribuir para o desenvolvimento do capital social dos membros organizacionais, dotando-os de mais recursos para lidar com as adversidades e mitigar o impacto das mesmas.

Num tempo em que o emprego seguro deixou de ser apanágio das organizações, os riscos de perda de resiliência são maiores (Luthans *et al.*, 2007b). A sensação de insegurança no emprego pode dar azo a pensamentos e emoções negativas, gerando condescendência, distanciamento e relutância em adoptar comportamentos de cidadania organizacional (Luthans *et al.*, 2007b). Todavia, nas empresas socialmente responsáveis, estes riscos são menores. Actuando de modo mais justo, comunicando abertamente com os colaboradores e procurando soluções alternativas para os que perdem o posto de trabalho, tais empresas promovem a respectiva confiança e diminuem os seus receios quanto ao futuro. Por conseguinte, colaboradores com percepções positivas *versus* negativas de RSE tenderão a desenvolver maior resiliência perante situações adversas.

Tendo em atenção o antes exposto, propomos:

P2: As percepções de RSE relacionam-se positivamente com o PsyCap.

As percepções de RSE e o empenhamento afectivo

São diversos os estudos que exploram a relação entre as percepções de RSE e o empenhamento afectivo (Brammer *et al.*, 2007; Maignan e Ferrell, 2001a; Maignan *et al.*, 1999; Peterson, 2004; Rego *et al.*, 2009b; Turker, 2009). Quando o colaborador sente que a organização se comporta de forma responsável e percepciona a identidade organizacional e a reputação externa da mesma como atraentes, é provável que se sinta orgulhoso por se identificar com tal organização, melhore a sua auto-estima (Dutton *et al.*, 1994), actue de forma recíproca (Gouldner, 1960) e desenvolva laços afectivos com a organização. Pelo contrário, se o colaborador percepciona que a organização tem má reputação no seu desempenho social, é provável que a identificação seja afectada, a auto-estima diminua e os laços afectivos com a organização desapareçam (Ashforth e Mael, 1989; Dutton *et al.*, 1994; Maignan e Ferrell, 2001a, 2001b; Peterson, 2004; Rego *et al.*, 2008).

Por outro lado, os seres humanos interessam-se por outras coisas para além de "fazer dinheiro", procuram no trabalho a obtenção de significado para a vida, investem em relações de cooperação que satisfaçam as suas necessidades de pertença/comunidade (Rego *et al.*, 2005). Os colaboradores fazem juízos diversos quanto às práticas socialmente responsáveis das suas entidades empregadoras, as quais providenciam sinais no que respeita à satisfação das suas necessidades psicológicas. Consequentemente, actos de responsabilidade ou irresponsabilidade social da parte da empresa podem beneficiar ou prejudicar o afecto dos colaboradores e as suas subsequentes atitudes e comportamentos (Rupp *et al.*, 2006). Quando percepcionam que a organização se preocupa com o seu bem-estar, os colaboradores desenvolvem um sentido de comunidade mais forte, percepcionam que podem satisfazer as suas necessidades sociais, de amizade e de segurança, e demonstram níveis mais elevados de bem-estar psicológico (Burroughs e Eby, 1998). Estas emoções positivas podem gerar atitudes mais positivas perante o trabalho, incluindo maior empenhamento afectivo (Burroughs e Eby, 1998).

As pesquisas sugerem relações positivas entre RSE e empenhamento afectivo. Tanto os estudos de Maignan e colaboradores (Maignan e Ferrell, 2001a; Maignan *et al.*, 1999) quanto os de Rettab *et al.* (2009) e de Lo *et al.* (2008), num nível de análise organizacional, mostram que quanto mais proactiva for a RSE maior o empenhamento organizacional. Ao nível de análise individual, os resultados de Peterson (2004) indicam que percepções favoráveis de RSE estão associadas a mais vigoroso empenhamento organizacional. Também as pesquisas de Brammer *et al.*(2007) e de Rego *et al.* (2008; 2009a, 2009b) indicam que as percepções de RSE são preditoras do empenhamento organizacional, em particular do afectivo. Face ao exposto, propõe-se:

P3: As percepções de RSE relacionam-se positivamente com o empenhamento afectivo.

O PsyCap e o desempenho individual
Os trabalhos de Luthans e colaboradores são atravessados pela tese de que o PsyCap prediz o desempenho. A argumentação subjacente baseia-se, pelo menos em parte, na teoria dos recursos psicológicos (Hobfoll, 2002) e na teoria das emoções positivas (*e.g.*, Fredrickson, 2001). As emoções positivas contribuem para alargar os reportórios de pensamento-acção das pessoas e edificar os seus recursos pessoais duradouros (Fredrickson, 2001). O PsyCap inclui recursos psicológicos dos indivíduos que recorrem a cognições positivas relacionadas com o trabalho (*e.g.*, ter esperança quanto aos objectivos do trabalho; ter habilidade para superar obstáculos; fazer uma avaliação positiva

do futuro e ter confiança nas suas aptidões e capacidades) (Gooty *et al.*, 2009). Quando os indivíduos possuem recursos psicológicos (Gooty *et al.*, 2009; Hobfoll, 2002): (i) têm maior probabilidade de se manterem motivados nas actividades que permitem alcançar os objectivos; (ii) não desistem facilmente perante desafios; (iii) têm maior probabilidade de possuir e desenvolver os recursos necessários para responder às solicitações. Por conseguinte, um mais alto nível de PsyCap representa maiores níveis de recursos psicológicos, os quais podem ajudar os indivíduos a alcançar maiores níveis de desempenho próprio do papel.

Avey *et al.* (2010) sugerem que o PsyCap pode contribuir não só para o aumento do desempenho próprio do papel como também para atitudes positivas e comportamentos extra papel. Em geral, os colaboradores que denotam recursos psicológicos positivos parecem adoptar mais CCO quando comparados com os desprovidos de tais recursos (Avey *et al.*, 2010). Isso sucede porque as pessoas, ao vivenciarem emoções positivas, aumentam as suas competências para adoptarem comportamentos extra papel, tais como a partilha de ideias criativas ou as sugestões de melhoria (Avey *et al.*, 2010). Por outro lado, os indivíduos com mais alto PsyCap recorrem às suas forças psicológicas positivas para ultrapassar obstáculos, recuperar das adversidades e participar em mais comportamentos discricionários (Gooty *et al.*, 2009). Um colaborador que avalia o seu futuro na organização de modo mais favorável tenderá a dedicar maior esforço para tornar esse futuro efectivamente vantajoso, levando-o a adoptar CCO, sejam dirigidos aos indivíduos ou à organização (Gooty *et al.*, 2009).

A evidência sugere que o PsyCap prediz o desempenho próprio do papel (Gooty *et al.*, 2009; Luthans *et al.*, 2007a; Luthans *et al.*, 2008), os CCO dirigidos à organização (Avey *et al.*, 2010; Gooty *et al.*, 2009) e os CCO dirigidos aos indivíduos (Gooty *et al.*, 2009). Estas evidências providenciam apoio suficiente para se propor que:

P4: O PsyCap relaciona-se positivamente com o desempenho individual.

Sugerimos, anteriormente, que as percepções positivas de RSE podem conduzir a mais elevados níveis de desempenho. Contudo, "se o indivíduo não possui a aptidão ou a capacidade individual para desenvolver a tarefa" (Luthans *et al.*, 2008, p. 225), as suas percepções de RSE, mesmo quando positivas, podem não conduzir, necessariamente, a um elevado nível de sucesso. A relação entre as percepções de RSE e o desempenho individual pode ser mediada pelo PsyCap. Por conseguinte, propomos que os indivíduos com percepções positivas de RSE desenvolvam mais elevado PsyCap, o qual contribui para mais elevados desempenhos. Consideramos que essa mediação é parcial por várias razões: (a) tal como proposto posteriormente, o empenhamento afectivo é outro mediador da relação; (b) outros mediadores que não o PsyCap e o empenhamento afectivo (*e.g.*, confiança; sentido de significado no trabalho) podem mediar a relação. Daí que proponhamos:

P5: O PsyCap medeia parcialmente a relação entre as percepções de RSE e o desempenho individual.

O empenhamento afectivo e o desempenho individual

Como o empenhamento afectivo se baseia numa ligação emocional à organização, os colaboradores com fortes laços afectivos tendem a ausentar-se menos vezes do trabalho, estar mais motivados para obter elevados níveis de desempenho e adoptar mais CCO (Meyer e Allen, 1997). Os estudos sugerem que o empenhamento afectivo correlaciona-se de forma positiva e consistente com o desempenho próprio do papel e com os comportamentos extra papel e CCO (*e.g.*, Allen e Meyer, 1996; Meyer e Allen, 1997; Meyer *et al.*, 2002). Assim:

P6: O empenhamento afectivo relaciona-se positivamente com o desempenho individual.

Atendendo a que as percepções de RSE podem fomentar o empenhamento afectivo e que daqui podem resultar níveis superiores de desempenho, propomos que o empenhamento afectivo medeia a relação entre as percepções de RSE e o desempenho. Consideramos que essa mediação é parcial: (a) tal como proposto anteriormente, o PsyCap é outro mediador da relação; (b) outros mediadores que não o PsyCap e o empenhamento afectivo podem mediar a relação. Daí que proponhamos:

P7: O empenhamento afectivo medeia parcialmente a relação entre as percepções de RSE e o desempenho individual.

Conclusão e desenvolvimentos futuros

Este trabalho procura contribuir para superar algumas lacunas relacionadas com o estudo da RSE. O tema tem sido tratado, sobretudo, ao nível organizacional – não individual. Aqui, relacionamos as percepções de RSE com o empenhamento afectivo, o PsyCap e o desempenho individual, propondo um modelo conceptual que associa essas variáveis. Embora a literatura já tenha tratado as relações entre alguns constructos do modelo, não se conhecem estudos que integrem todas. Note-se, porém, que outras variáveis podem também explicar as relações propostas (*e.g.*, identificação organizacional e ajustamento dos membros organizacionais, Carmeli *et al.*, 2007; apoio organizacional percebido, Eisenberger *et al.*, 2001; bem-estar psicológico, Wright e Hobfoll, 2004; confiança, Colquitt *et al.*, 2007; sentido de significado no trabalho, Ashmos e Duchon, 2000).

Naturalmente, estudos posteriores devem ser desenvolvidos: (a) testando empiricamente a validade do modelo; (b) incluindo outras variáveis mediadoras; (c) abarcando variáveis moderadoras (*e.g.*, características personalidade que induzam as pessoas a responder de modos diferentes às percepções de RSE); (d) considerando as diferentes dimensões de RSE e avaliando se as relações entre estas e as variáveis dependentes são similares ou diferenciadas; (e) pesquisando em que medida as discrepâncias entre as percepções nas várias dimensões de RSE influenciam as variáveis dependentes (Rego *et al.*, 2009b).

Espera-se que o texto contribua para estimular o desenvolvimento dos estudos organizacionais positivos, integrando literaturas (e.g., responsabilidade social das empresas; PsyCap) até agora tratadas separadamente.

REFERÊNCIAS

AGUILERA, Ruth *et al.* (2007), "Putting the S back in corporate social responsibility: A multilevel theory of social change in organizations", *Academy of Management Review, 32*(3), 836-863.

ALBERT, Stuart e Whetten, David (1985), "Organizational identity", *Research in Organizational Behavior, 7,* 263-295.

ALLEN, Natalie e Meyer, John (1996), "Affective, continuance, and normative commitment to the organization: An examination of construct validity", *Journal of Vocational Behavior, 49,* 252-276.

ASHFORTH, Blake e Mael, Fred (1989), "Social identity theory and the organization", *Academy of Management Review, 14*(1), 20-39.

ASHFORTH, Blake *et al.* (2008), "Identification in organizations: An examination of four fundamental questions", *Journal of Management, 34*(3), 325-374.

ASHMOS, Donde e Duchon, Dennis (2000), "Spirituality at work", *Journal of Management Inquiry, 9*(2), 134-145.

AVEY, James *et al.* (2010), "The additive value of positive psychological capital in predicting work attitudes and behaviors", *Journal of Management, 36*(2), 430-452.

BALTES, Boris *et al.* (2009), "Psychological climate: A comparison of organizational and individual level referents", *Human Relations, 62*(5), 669-700.

BANDURA, Albert (1986), *Social foundations of thought and action: A social cognitive theory.* Englewood Cliffs, NJ: Prentice Hall.

BANDURA, Albert (2000), "Cultivate self-efficacy for personal and organizational effectiveness", *in* Edwin A. Locke (Ed.), *The blackwell handbook of principles of organizational behavior* (pp. 120-136). Oxford: Blackwell.

BANDURA, Albert (2001), "Social cognitive theory: An agentic perspective", *Annual Review of Psychology, 52,* 1-26.

BISWAS, Soumendu e Varma Arup (2007), "Psychological climate and individual performance in India: Test of a mediated model", *Employee Relations, 29*(6), 664-676.

BRAMMER, Stephen *et al.* (2007), "The contribution of corporate social responsibility to organizational commitment", *International Journal of Human Resource Management, 18*(10), 1701-1719.

BRIEF, Arthur e Motowidlo, Stephan (1986), "Prosocial organizational behaviors", *Academy of Management Review, 11*(4), 710-725.

BURKE, Michael *et al.* (2002), "Contemporary perspectives on the study of psychological climate: A commentary", *European Journal of Work and Organizational Psychology, 11*(3), 325-340.

BURROUGHS, Susan e Eby, Lillian (1998), "Psychological sense of community at work: A measurement system and explanatory framework", *Journal of Community Psychology, 26*(6), 509-532.

CARMELI, Abraham *et al.* (2007), "The role of perceived organizational performance in organizational identification, adjustment and job performance", *Journal of Management Studies, 44*(6), 972-992.

CARR, Jennifer et al. (2003), "Climate perceptions matter: A meta-analytic path analysis relating molar climate, cognitive and affective states, and individual level work outcomes", *Journal of Applied Psychology, 88*(4), 605-619.

CARROLL, Archie (1979), "A three-dimensional conceptual model of corporate performance", *Academy of Management Review, 4*(4), 497-505.

CHANG, Ting-Yueh e Lin, Hung-Yuan (2008), "A study on service employees' customer-oriented behaviors", *The Journal of American Academy of Business, 13*(1), 92-97.

COLLIER, Jane e Esteban, Rafael (2007), "Corporate social responsibility and employee commitment", *Business Ethics: A European Review, 16*(1), 19-33.

COLQUITT, Jason *et al.* (2007), "Trust, trustworthiness, and trust propensity: A meta-analytic test of their unique relationships with risk taking and job performance", *Journal of Applied Psychology, 92*(4), 909-927.

COYLE-SHAPIRO, Jacqueline e Kessler, Ian (2000), "Consequences of the psychological contract for the employment relationship: A large scale survey", *Journal of Management Studies, 37*, 904-930.

COYLE-SHAPIRO, Jacqueline e Kessler, Ian (2002), "Exploring reciprocity through the lens of the psychological contract: Employee and employer perspectives", *European Journal of Work & Organizational Psychology, 11*(1), 69-86.

CUNHA, Miguel Pina *et al.* (2007), *Organizações positivas*. Lisboa: Dom Quixote.

DAILY, Bonnie *et al.* (2009), "Conceptual model for organizational citizenship behavior directed toward the environment", *Business & Society, 48*(2), 243-256.

DUTTON, Jane *et al.* (1994), "Organizational images and member identification", *Administrative Science Quarterly, 39*(2), 239-263.

EISENBERGER, Robert *et al.* (2001), "Reciprocation of perceived organizational support", *Journal of Applied Psychology, 86*(1), 42-51.

EVANS, W. Randy e Davis, Walter (2008), "An examination of perceived corporate citizenship, job applicant attraction, and CSR work role definition", *Business & Society*, Advance online publication. doi: 10.1177/0007650308323517.

FREDRICKSON, Barbara (2001), "The role of positive emotions in positive psychology", *American Psychologist, 56*(3), 218-226.

GAVIN, James e Maynard, William (1975), "Perceptions of corporate social responsibility", *Personnel Psychology, 28*(3), 377-387.

GEORGE, Jennifer e Jones, Gareth (1997), "Organizational spontaneity in context", *Human Performance, 10*(2), 153-170.

GEORGE, Jennifer e Jones, Gareth (2002), *Organizational behavior.* Upper Saddle River: NJ: Pearson Education [3rd ed.].

GLICK, William (1985), "Conceptualizing and measuring organizational and psychological climate: Pitfalls in multilevel research", *Academy of Management Review, 10*(3), 601-616.

GOOTY, Janaki *et al.* (2009), "In the eyes of the beholder: Transformational leadership, positive psychological capital, and performance", *Journal of Leadership & Organizational Studies, 15*(4), 353-367.

GOULDNER, Alvin (1960), "The norm of reciprocity: A preliminary statement", *American Sociological Review, 25*(2), 161-178.

GRAHAM, Jill (1986), "Principled organizational dissent: A theoretical essay", *in* Barry M. Staw e L. L. Cummings (Eds.), *Research in Organizational Behavior* (Vol. 8, pp. 1-52). Greenwich, CT: JAI Press.

GRAHAM, Jill (1991), "An essay on organizational citizenship behavior", *Employee Responsibilities & Rights Journal, 4*(4), 249-270.

HERRBACH, Olivier e Mignonac, Karim (2004), "How organisational image affects employee attitudes", *Human Resource Management Journal, 14*(4), 76-88.

HOBFOLL, Stevan (2002), "Social and psychological resources and adaptation", *Review of General Psychology, 6*(4), 307-324.

KETS DE VRIES, Manfred (2001), "Creating authentizotic organizations: Well-functioning individuals in vibrant companies", *Human Relations, 54*(1), 101-111.

LATHAM, Gary (2000), "Motivate employee performance through goal-setting", *in* Edwin Locke (Ed.), *The blackwell handbook of principles of organizational behavior.* Oxford, UK: Blackwell.

LEE, Tzai-Zang *et al.* (2009), "Relationships between employees' perception of corporate social responsibility, personality, job satisfaction, and organizational commitment", *BAI 2009 International Conference on Business and Information*, Kuala Lumpur, Malaysia. Acedido a 1 de Dezembro de 2009 em http://bai2009.org/file/Papers/1224.doc

LO, Carlos *et al.* (2008), "Commitment to corporate, social, and environmental responsibilities: An insight into contrasting perspectives in China and the US", *Organization Management Journal, 5*(2), 83-98.

LUTHANS, Fred (2002a), "The need for and meaning of positive organizational behavior", *Journal of Organizational Behavior, 23*(6), 695-706.

LUTHANS, Fred (2002b), "Positive organizational behavior: Developing and managing psychological strengths", *Academy of Management Executive, 16*(1), 57-72.

LUTHANS, Fred e Youssef, Carolyn (2007), "Emerging positive organizational behavior", *Journal of Management, 33*(3), 321-349.

LUTHANS, Fred *et al.* (2007a), "Positive psychological capital: Measurement and relationship with performance and satisfaction", *Personnel Psychology, 60*(3), 541-572.

LUTHANS, Fred *et al.* (2007b), *Psychological capital: Developing the human competitive edge.* Oxford: Oxford University Press.

LUTHANS, Fred *et al.* (2008), "The mediating role of psychological capital in the supportive organizational climate – employee performance relationship", *Journal of Organizational Behavior, 29*(2), 219-238.

MACKENZIE, Scott *et al.* (1991), "Organizational citizenship behavior and objective productivity as determinants of managerial evalutions of salespersons' performance", *Organizational Behavior & Human Decision Processes,* 50(1), 123.

MACKENZIE, Scott *et al.* (1993), "The impact of organizational citizenship behavior on evaluations of salesperson performance", *Journal of Marketing,* 57(1), 70-80.

MACKENZIE, Scott *et al.* (1998), "Some possible antecedents and consequences of in-role and extra-role salesperson performance", *Journal of Marketing,* 62(3), 87-98.

MAEL, Fred e Ashforth, Blake (1992), "Alumni and their alma mater: A partial test of the reformulated model of organizational identification", *Journal of Organizational Behavior, 13*(2), 103-123.

MAIGNAN, Isabelle e Ferrell, O. C. (2000), "Measuring corporate citizenship in two countries: The case of the United States and France", *Journal of Business Ethics, 23*(3), 283-297.

MAIGNAN, Isabelle e Ferrell, O. C. (2001a), "Antecedents and benefits of corporate citizenship: An investigation of French businesses", *Journal of Business Research, 51*(1), 37-51.

MAIGNAN, Isabelle e Ferrell, O. C. (2001b), "Corporate citizenship as a marketing instrument: Concepts, evidence and research directions", *European Journal of Marketing, 35*(3/4), 457-484.

MAIGNAN, Isabelle e Ferrell, O. C. (2003), "Nature of corporate responsibilities: Perspectives from American, French, and German consumers", *Journal of Business Research, 56*(1), 55-67.

Maignan, Isabelle *et al.* (1999), "Corporate citizenship: Cultural antecedents and business benefits", *Journal of the Academy of Marketing Science, 27*(4), 455-469.

MASTEN, Ann (2001), "Ordinary magic: Resilience processes in development", *American Psychologist, 56*(3), 227-239.

MATHEWS, M. Cash (1987), "Whistleblowing: Acts of courage are often discouraged", *Business & Society Review, 63,* 40-44.

MATTEN, Dirk e Crane, Andrew (2005), "Corporate citizenship: Toward an extended theoretical conceptualization", *Academy of Management Review, 30*(1), 166-179.

MEYER, John e Allen, Natalie (1991), "A three-component conceptualization of organizational commitment", *Human Resource Management Review, 1*(1), 61-89.

MEYER, John e Allen, Natalie (1997), *Commitment in the workplace: Theory, research and application*. Thousand Oaks, California: Sage Publications.

MEYER, John *et al.* (2002), "Affective, continuance, and normative commitment to the organization: A meta-analysis of antecedents, correlates, and consequences", *Journal of Vocational Behavior, 61*, 20-52.

MORRISON, Elizabeth (1994), "Role definitions and organizational citizenship behavior: The importance of the employee's perspective", *Academy of Management Journal, 37*(6), 1543-1567.

ORGAN, Dennis (1997), "Organizational citizenship behavior: It's construct clean-up time", *Human Performance, 10*(2), 85-97.

ORGAN, Dennis *et al.* (2006), *Organizational citizenship behavior: Its nature, antecedents, and consequences*. Thousand Oaks, CA: Sage publications.

PARKER, Christopher *et al.* (2003), "Relationships between psychological climate perceptions and work outcomes: A meta-analytic review", *Journal of Organizational Behavior, 24*(4), 389-416.

PETERSON, Dane (2004), "The relationship between perceptions of corporate citizenship and organizational commitment", *Business & Society, 43*(3), 296-319.

REGO, Arménio (2002), *Comportamentos de cidadania nas organizações*. Lisboa: McGraw-Hill.

REGO, Arménio e Cunha, Miguel Pina (2008), "Workplace spirituality and organizational commitment: An empirical study", *Journal of Organizational Change Management, 21*(1), 53-75.

REGO, Arménio *et al.* (2003), "As melhores organizações para trabalhar: Um domínio específico de aplicação da responsabilidade social das empresas", *Papeles de Ética, Economía y Dirección, 8*, 1-9.

REGO, Arménio *et al.* (2005), "Espiritualidade nas organizações e empenhamento organizacional: Um estudo empírico", *Working Papers in Management – Universidade de Aveiro, G/nº 6/2005*. Acedido a 1 de Outubro de 2009 em http://www.ua.pt/egi/ReadObject.aspx?obj=7982.

REGO, Arménio *et al.* (2008), "How the employees' perceptions of corporate citizenship predict their organizational commitment", *BAI 2008 International Conference on Business and Information*, Seul, Coreia do Sul. Acedido a 2 de Janeiro de 2009 em http://academic-papers.org/ocs2/session/Papers/A8/355-460-1-RV.doc

REGO, Arménio *et al.* (2009a), "Corporate citizenship and organizational commitment in a high in-group and low societal collectivistic context", *6th International Meeting of the Iberoamerican Academy of Management*, Buenos Aires, Argentina.

REGO, Arménio *et al.* (2009b), "How the perceptions of five dimensions of corporate citizenship and their inter-inconsistencies predict affective commitment", *Journal of Business Ethics*, Advance online publication. doi: 10.1007/s10551-009-0252-4

RETTAB, Belaid *et al.* (2009), "A study of management perceptions of the impact of corporate social responsibility on organizational performance in emerging economies: The case of Dubai", *Journal of Business Ethics, 89*, 371-390.

RIKETTA, Michael (2005), "Organizational identification: A meta-analysis", *Journal of Vocational Behavior, 66*(2), 358-384.

RUPP, Deborah *et al.* (2006), "Employee reactions to corporate social responsibility: An organizational justice framework", *Journal of Organizational Behavior, 27*(4), 537-543.

SCHIFFMAN, Harvey Richard (1990), *Sensation and Perception: An Integrated Approach.* New York: Wiley [3rd ed.].

SCHNEIDER, Sandra (2001), "In search of realistic optimism: Meaning, knowledge, and warm fuzziness", *American Psychologist, 56*, 250-263.

SCHWARTZ, Robert e Post, Frederick (2002), "The unexplored potential of hope to level the playing field: A multilevel perspective", *Journal of Business Ethics, 37*(2), 135-143.

SELIGMAN, Martin (1998), *Learned optimism.* New York: Pocket Books.

SELIGMAN, Martin e Csikszentmihalyi, Mihaly (2000), "Positive psychology: An introduction", *American Psychologist, 55*(1), 5-14.

SHOREY, Hal *et al.* (2005), "The ethics of hope: A guide for social responsibility in contemporary business", *in* Robert A. Giacalone, Carole L. Jurkiewicz, Craig Dunn (Eds.), *Positive psychology in business ethics and corporate responsibility* (pp. 249-264). Greenwich, CT: Information Age Publishing.

SNYDER, C. R. *et al.* (1991), "The will and ways: Development and validation of an individual-differences measures of hope", *Journal of Personality and Social Psychology, 60*, 570-585.

STAJKOVIC, Alexander e Luthans, Fred (1998), "Social cognitive theory and self-efficacy: Going beyond traditional motivational and behavioral approaches", *Organizational Dynamics, 26*, 62-74.

SWAEN, Valérie e Maignan, Isabelle (2001), "Organizational citizenship and corporate citizenship: Two constructs, one research theme?", *Document de Travail WP22/01 – ESPO/IAG – Departement d'administration et de gestion.* Acedido a 1 de Setembro de 2009 em http://edoc.bib.ucl.ac.be:83/archieve/00000262/01/.

TURKER, Duygu (2009), "How corporate social responsibility influences organizational commitment", *Journal of Business Ethics*, 89(2), 189-204.

VAN DYNE, Linn e LePine, Jeffrey (1998), "Helping and voice extra-role behaviors: Evidence of construct and predictive validity", *Academy of Management Journal*, 41(1), 108-119.

VAN DYNE, Linn *et al.* (1995), "Extra-role behaviors: In pursuit of construct and definitional clarity (a bridge over muddied waters)", *in* L. L. Cummings e Barry M. Staw (Eds.), *Research in organizational behavior* (Vol. 17, pp. 215-285). Greenwich, Connecticut: JAI Press.

VAN KNIPPENBERG, Dann (2000), "Work motivation and performance: A social identity perspective", *Applied Psychology: An International Review*, 49(3), 357-371.

VAN SCOTTER, James (2000), "Relationships of task performance and contextual performance with turnover, job satisfaction, and affective commitment", *Human Resource Management Review*, 10(1), 79-95.

VANDENBERGHE, Christian e Tremblay, Michel (2008), "The role of pay satisfaction and organizational commitment in turnover intentions: A two-sample study", *Journal of Business & Psychology*, 22(3), 275-286.

WILLIAMS, Larry e Anderson, Stella (1991), "Job satisfaction and organizational commitment as predictors of organizational citizenship and in-role behaviors", *Journal of Management*, 17(3), 601-617.

WRIGHT, Thomas e Cropanzano, Russell (2004), "The role of psychological well-being in job performance: A fresh look at an age-old quest", *Organizational Dynamics*, 33(4), 338-351.

WRIGHT, Thomas e Hobfoll, Stevan (2004), "Commitment, psychological well-being and job performance: An examination of conservation of resources (COR) theory and job burnout", *Journal of Business and Management*, 9(4), 389-406.

YOUSSEF, Carolyn e Luthans, Fred (2010), "An integrated model of psychological capital in the workplace", *in* P. Alex Linley, Susan Harrington e Nicola Garcea (Eds.), *Oxford handbook of positive psychology and work* (pp. 277-288). New York: Oxford University Press.

A RSO NA PERSPECTIVA DOS TRABALHADORES: DIFERENÇAS NAS ATITUDES E PERCEPÇÕES EM FUNÇÃO DA POSIÇÃO HIERÁRQUICA

Ana Patrícia Duarte[1] *e José Gonçalves das Neves*[2]

Resumo: Analisou-se a influência da posição hierárquica na atitude face ao envolvimento das organizações em práticas de responsabilidade social (RS), bem como na percepção do desempenho social da entidade empregadora. O inquérito a 674 trabalhadores permitiu constatar que não existem diferenças na atitude face à RS, mostrando-se os trabalhadores com e sem cargos de chefia igualmente favoráveis à RS. Já no que respeita à percepção do envolvimento em práticas de RS verificou-se que a posição hierárquica introduz diferenças significativas, nomeadamente a nível da percepção do investimento em práticas de RS económica e em práticas sustentáveis de GRH, com as chefias a reportarem maior investimento da sua organização nestas dimensões do que as não-chefias. Conclui-se, portanto, que a posição hierárquica não altera a atitude geral face à RS, mas influencia a visão que os trabalhadores têm da RS da entidade empregadora.

Palavras-chave: Atitudes, percepções, responsabilidade social das organizações, stakeholders, trabalhadores.

1. Introdução

Este trabalho centra-se nas percepções e atitudes dos indivíduos face à responsabilidade social das organizações (RS), procurando analisar se a sua posição hierárquica na estrutura organizacional infl uencia a forma como vêem o envolvimento das empresas em actividades de responsabilidade social.

A análise das percepções e atitudes dos stakeholders internos face à integração de preocupações sociais e ambientais pelas organizações nas suas

---

[1] Mestre em Psicologia Social e das Organizações (Instituto Universitário de Lisboa/ ISCTE-IUL). Doutoranda em Psicologia Social e Organizacional. Bolseira da Fundação Para a Ciência e a Tecnologia (BD30241/2006). Membro do CIS – Centro de Investigação e Intervenção Social. patricia.duarte@iscte.pt

[2] Doutor em Psicologia Social e Organizacional (ISCTE-IUL). Professor Associado com Agregação no Departamento de Psicologia Social e das Organizações do ISCTE-IUL. Membro do CIS – Centro de Investigação e Intervenção Social.

actividades quotidianas constitui uma linha de investigação relativamente recente. Uma revisão crítica da literatura permite verificar que a maioria dos estudos realizados neste domínio visa compreender o posicionamento geral dos indivíduos que ocupam cargos de gestão na estrutura organizacional. O nível de adesão deste grupo de actores organizacionais a esta filosofia de gestão tem reflexos óbvios nas decisões acerca do modo como a organização desenvolve as suas operações e gere a sua relação com os diferentes stakeholders. O interesse em compreender a sua posição em matéria de RS é evidente, justificando a maior ênfase da literatura na análise das suas atitudes face à RS comparativamente com a análise do posicionamento dos indivíduos sem cargos de gestão. Um conjunto expressivo destes estudos tem procurado determinar a maior ou menor orientação dos gestores para a RS, explorando as crenças sobre os obstáculos e benefícios do desempenho social, assim como a importância relativa de diferentes práticas de RS com o intuito de identificar as mais valorizadas (ex: Ostlund, 1977; Orpen, 1987; Quazi, 2003). Os resultados sugerem uma abertura crescente dos gestores à incorporação de preocupações sociais e ambientais na estratégia das organizações, sendo diverso o conjunto de práticas valorizadas. Outro conjunto de pesquisas tem vindo a explorar a influência que características individuais destes profissionais, como a área de formação e de experiência anterior (ex: Petrick e Scherer, 1993), o sexo (ex: Ibrahim e Angelidis, 1994) e o nível hierárquico (ex: Marz e Powers, 2003) exercem sobre a atitude e percepção do desempenho social das organizações. Estes estudos têm o mérito de chamar a atenção para a existência de diferenças entre gestores em função de características pessoais. Todavia, face à inconsistência nos resultados reportados, a influência destas variáveis permanece pouco clara, sendo necessária mais investigação nesta área (Angelidis *et al.*, 2008).

As atitudes e percepções dos actores organizacionais sem cargos de gestão só mais recentemente começaram a ser estudadas de forma sistemática, sendo actualmente reconhecida a importância crítica que estes indivíduos têm para a implementação das práticas de RS definidas pela organização. De facto, a disponibilidade e adesão dos trabalhadores às práticas de RS são cruciais para que sejam alcançados os resultados definidos em matéria de RS (Collier e Esteban, 2007). Os estudos existentes, embora escassos, têm vindo a demonstrar que o desempenho social das organizações pode influenciar positivamente as atitudes e comportamentos dos trabalhadores no contexto laboral. Nesse sentido, existem evidências de que a percepção dos trabalhadores acerca do desempenho social e ético das organizações se encontra associada ao fortalecimento da sua implicação (Brammer *et al.*, 2007; Duarte e Neves, 2009a; Peterson,

2004) e identificação com a organização (Jacinto e Carvalho, 2009), assim como a maiores níveis de satisfação geral no trabalho (Duarte e Neves, 2009b; Koh e Boh, 2001) e de percepção de suporte organizacional (Gomes, *et al.*, 2009).

Nesta pesquisa pretende-se avaliar se as atitudes e as percepções dos indivíduos pertencentes a estes dois importantes grupos de actores organizacionais diferem em função da sua posição hierárquica. A presente pesquisa constitui uma extensão do trabalho pioneiro realizado por Angelidis e colaboradores (2008), na medida em que incorpora na análise a percepção dos indivíduos acerca do desempenho social das organizações em que laboram. Estes investigadores centraram a sua análise apenas nas orientações para a responsabilidade social das organizações, utilizando como base o modelo piramidal de Carroll (1991). Compararam as atitudes dos inquiridos face a cada uma das quatro dimensões de responsabilidade social em função da posição hierárquica ocupada (não-chefias, chefias de base, chefias intermédias, chefias de topo). Os resultados alcançados apontaram para a existência de diferenças significativas apenas no que concerne à importância da dimensão económica, entre as chefias intermédias e as não-chefias, com as primeiras a atribuir maior apoio e importância a esta dimensão do que as segundas. Nas restantes dimensões avaliadas (legal, ética e discricionária) não foram identificadas diferenças significativas no posicionamento dos indivíduos em função do seu estatuto hierárquico.

Como referido anteriormente o grande esforço da pesquisa sobre a influência das características individuais tem sido direccionado para a compreensão das atitudes dos gestores, pelo que as questões de se a) gestores e não-gestores possuem uma atitude semelhante face à responsabilidade social das organizações em geral e b) gestores e não-gestores percepcionam o envolvimento da organização de pertença em actividades de responsabilidade social de igual forma, carecem ainda de resposta cabal. Assumindo um carácter exploratório, esta pesquisa procurará contribuir para a resposta a estas questões. De referir que na sequência de um estudo anteriormente desenvolvido (Duarte e Neves, 2009a,b), a percepção do envolvimento da organização em práticas de RSO será avaliado em três dimensões: a) responsabilidade perante os colaboradores (inclui um conjunto de práticas de gestão de recursos humanos sustentáveis, promotoras de qualidade de vida dos trabalhadores); b) responsabilidade perante a comunidade e o ambiente (agrega um conjunto de práticas destinadas a apoiar a comunidade e proteger o ambiente); e c) responsabilidade económica (integra um conjunto de práticas de governança e eficácia organizacional). Para responder às questões de investigação procedeu-se à realização de uma pesquisa cuja metodologia se passa a descrever.

2. Método

2.1. Participantes

Participaram nesta pesquisa 674 trabalhadores, dos quais 126 (18.7%) com responsabilidades hierárquicas, adiante designados por chefias.

Em termos globais, os participantes são na sua grande maioria homens (70.9%) com idades compreendidas entre os 19 e os 65 anos (M=44.4; DP=10.4). Ao nível das habilitações escolares verifica-se que 33.5% dos participantes possui habilitações até ao 9º ano, 41.8% concluiu o ensino secundário e 24.6% possui habilitações a nível do ensino superior ou equiparado. Todos os participantes são efectivos e trabalham a tempo inteiro na organização de pertença há pelo menos um ano, sendo a antiguidade média de 20.0 anos (DP=11.2; máx. 48 anos).

Não existem diferenças entre os grupos de trabalhadores com e sem cargos de chefia no que respeita à distribuição por sexo (χ2 (1)=2.087, p>.05), idade (t=.568, p>.05) ou antiguidade (t=1.696, p>.05). Já no que se refere ao nível de habilitações literárias, o grupo de trabalhadores que exerce cargos de chefia apresenta níveis mais elevados de habilitações escolares, destacando-se do grupo de não-chefias pela menor proporção de indivíduos com escolaridade até ao 9º ano e maior proporção de indivíduos com formação superior ou equiparada (χ2 (2)=32.016, p.000).

De referir que os participantes são oriundos de três organizações portuguesas (empresa A – indústria, n=326; empresa B – serviços, n= 254; empresa C – serviços – n=94), as quais possuem um histórico de envolvimento em actividades de responsabilidade social. No âmbito das suas estratégias de sustentabilidade têm vindo há alguns anos a esta parte a apresentar publicamente os seus relatórios de sustentabilidade e são associadas de pelo menos uma associação nacional de promoção e disseminação da responsabilidade social empresarial.

2.2. Instrumento e procedimento

A recolha de dados foi realizada através de um questionário estruturado preparado para o efeito. O questionário foi distribuído aos participantes e devolvido aos investigadores através de correio interno. O questionário era constituído, entre outras, pelas seguintes medidas:

Atitude face à responsabilidade social: Para avaliar o posicionamento dos participantes face ao envolvimento das organizações em geral em actividades de RS construímos uma escala de crenças sobre a responsabilidade social a partir dos trabalhos de Ostlund (1977), Orpen (1987) e Maignan e Ferrell (2000). A escala é composta por 10 items que espelham diferentes crenças sobre o desempenho social das organizações, umas mais clássicas (ex: "Gastar dinheiro e tempo na resolução de problemas da comunidade só prejudica os negócios", "As empresas devem se preocupar apenas em agradar aos seus accionistas"), outras mais contemporâneas (ex: "As empresas devem doar parte dos seus recursos para o apoio a causas sociais, culturais ou ambientais", "As empresas devem ajudar a comunidade onde estão incluídas"). Os participantes foram instruídos no sentido de responderem aos items pensando nas organizações em geral. Os items apresentaram uma boa consistência interna (α=.81), o que permitiu a sua agregação num indicador da atitude dos participantes face à RS. Este foi construído a partir da média das respostas dadas após inversão dos items apresentados pela negativa).

Percepção de responsabilidade social: Para medir a percepção dos participantes relativamente ao envolvimento da organização onde trabalham em práticas de responsabilidade social recorreu-se à escala de responsabilidade social percebida desenvolvida por Duarte e Neves (2009c). A escala é composta por 16 items que permitem avaliar a percepção do envolvimento da organização em três dimensões: a) Responsabilidade social perante os colaboradores (sete items, ex: "A minha empresa preocupa-se em promover a igualdade entre homens e mulheres"; "...promover o equilíbrio entre a vida familiar e a vida profissional"; α=.87); b) Responsabilidade social perante a comunidade e o ambiente (seis items, ex: "...desenvolver projectos de conservação da natureza"; "...apoiar causas sociais"; α=.84); e, c) Responsabilidade social económica (três items, ex: "...esforçar-se por ser lucrativa"; "...esforçar-se por ser uma das melhores no seu sector de actividade"; α=.63). Os participantes foram instruídos no sentido de responderem aos items pensando especificamente nas actividades e preocupações da organização em que trabalham. Construíram-se igualmente indicadores da percepção do envolvimento da organização de pertença em cada uma das três dimensões de responsabilidade avaliadas com base na média das respostas dadas.

De referir que a escala de resposta fornecida para ambas as medidas anteriormente descritas é de tipo Likert e possui 5 pontos (1–Discordo totalmente a 5-Concordo totalmente).

O instrumento utilizado integrava ainda um conjunto de questões que permitiram a caracterização sócio-demográfica dos participantes e a identificação da sua posição na estrutura hierárquica da organização de pertença.

3. Resultados

3.1. Atitude face à responsabilidade social das organizações

Os participantes apresentam um posicionamento médio positivo face ao envolvimento da generalidade das organizações em actividades de responsabilidade social (M=4.02, DP=.45). Mostram-se favoráveis à ideia de que as organizações têm uma responsabilidade que vai para além da obtenção de lucros, e que devem atender às necessidades de outros grupos de interesse para além dos accionistas. Mostram apoio ao envolvimento e participação activa das organizações na comunidade, e à doação de parte dos recursos organizacionais para a ajuda à projectos de índole social, cultural ou ambiental, discordando que tal investimento prejudique os negócios. No seu conjunto, este posicionamento reflecte uma atitude favorável face à responsabilidade social (Tabela I). De salientar que esta variável apresenta baixa variabilidade (DP=.45), não existindo nesta amostra indivíduos que se afirmem manifestamente contra o envolvimento das organizações em questões sociais, isto, é que tenham uma visão marcadamente mais clássica sobre o papel das organizações na sociedade.

3.1.1. *Atitude face à responsabilidade social em função da posição hierárquica*

De acordo com a primeira questão de pesquisa procurou-se averiguar se a atitude face à RS diferia em função da posição hierárquica dos indivíduos na estrutura da organização. Nesse sentido, calculou-se um teste t para amostras independentes, cujos resultados se apresentam na Tabela I. Os resultados revelam não existirem diferenças estatisticamente significativas no posicionamento médio dos indivíduos face à RS em função da sua posição hierárquica (p>.05), mostrando-se os inquiridos com e sem cargos de chefias igualmente favoráveis ao desempenho social da generalidade das organizações.

TABELA I – Atitude face ao envolvimento da generalidade das organizações em actividades de responsabilidade social em função da posição hierárquica do inquirido

Atitude face à RS[1]	Grupo	Média	DP	t	Sig.
	Chefia	4.05	.40	1.024	n.s.
Posição hierárquica	Não chefia	4.01	.46		
	Total	4.02	.45		

Nota:

[1] Escala de resposta de 5 pontos (1-Discordo totalmente a 5-Concordo totalmente).

3.2. Percepção do desempenho social da organização de pertença

No que respeita à percepção de responsabilidade social, e conforme se pode observar na Tabela II, os participantes percepcionam níveis elevados de envolvimento das organizações em trabalham em práticas de responsabilidade social, sejam estas práticas que pretendam aumentar a eficiência económica da organização (M=4.27), valorizar os seus recursos humanos (M=3.82) ou apoiar a comunidade e o ambiente (M=3.70).

Embora o desempenho social percebido nas três dimensões seja elevado, a realização de testes t para amostras emparelhadas permitiu verificar que os trabalhadores percepcionam um maior envolvimento em actividades de cariz económico, seguido de práticas dirigidas aos trabalhadores e, por último, de práticas de responsabilidade social dirigidas à comunidade e ao ambiente, sendo as médias apresentadas estatisticamente diferentes entre si (todos os p.<000). Esta diferença é significativa quer no que se refere a chefias quer a não chefias (todos os p.<000).

De referir que as percepções do envolvimento em práticas das três dimensões de RS avaliadas nesta pesquisa se encontra positiva e significativamente associadas (Tabela II). Níveis mais elevados de responsabilidade social económica encontram-se associados a níveis mais elevados de percepção de práticas dirigidas aos colaboradores (r=.59) e também à comunidade e ambiente (r=.51), estando estas dimensões igualmente associadas entre si (r=.64).

TABELA II – Percepção do desempenho social da organização de pertença

Dimensão[1,2]	Média	DP	1	2
1. RS Económicas	4.27a	.50	-	
2. RS Trabalhadores	3.82b	.70	.59**	
3. RS Comunidade e Ambiente	3.70c	.56	.51**	.64**

Nota:

[1] Escala de resposta de 5 pontos (1-Discordo totalmente a 5-Concordo totalmente).

[2] A atribuição de letras diferentes assinala a existência de diferenças significativas entre as dimensões.

3.2.1. *Percepção do desempenho social da organização de pertença em função da posição hierárquica*

Com o intuído de perceber se a posição hierárquica do inquirido influencia a percepção do desempenho social da organização de pertença, e tendo presente a associação significativa entre as três dimensões de RS, recorreu-se ao cálculo de uma análise de variância multivariada (Manova). De acordo com Maroco (2003), em situações em que as variáveis dependentes se encontram significativamente associadas, esta aproximação é mais potente do que a realização de comparações univariadas via análise de variância (Anova) permitindo detectar diferenças que não seriam detectadas à partida por múltiplas Anovas.

Para a realização da Manova indicou-se como factor fixo a posição hierárquica e como variáveis dependentes as três dimensões de RS em análise. As variáveis sexo, idade, antiguidade, escolaridade e organização entraram na análise como co-variáveis para controlar os seus possíveis efeitos.

De mencionar que duas das três co-variáveis, mais especificamente, as variáveis *empresa* e *habilitações literárias* apresentaram efeitos estatisticamente significativos sobre a percepção do desempenho social da organização de pertença. No que respeita à variável *empresa*, verificou-se que os inquiridos da empresa A percepcionam maior envolvimento da sua empresa em práticas de responsabilidade dirigidas aos colaboradores (F=11.675, p.000), à comunidade e ambiente (F=42.697, p.000) e a nível económico (F=14.170, p.000) do que os inquiridos das empresas B e C. Quanto às *habilitações literárias*, constatou-se que os participantes com um nível de escolaridade até ao 9º ano atribuem maior responsabilidade social à organização de pertença nas três dimensões avaliadas do que os restantes (RS trabalhadores: F=20,264, p.000; RS: comunidade e ambiente: F=11.795, p.000; RS económicas: F=5.635, p.01).

Os resultados da Manova mostram que os trabalhadores que exercem cargos de chefia diferem significativamente dos restantes na percepção do desempenho da sua organização em duas das três dimensões de RS avaliadas, mais concretamente no envolvimento em actividades de RS económica e em práticas dirigidas aos trabalhadores (Tabela III). Em ambas as dimensões, os inquiridos que exercem cargos de chefia apresentam níveis comparativamente mais elevados de envolvimento percebido do que aqueles que exercem cargos sem responsabilidade hierárquica. Como tal, e apesar de todos os inquiridos considerarem que as suas organizações se envolvem bastante em práticas de responsabilidade social económica e dirigidas aos trabalhadores, as chefias consideram que estas se envolvem ainda mais do que os trabalhadores sem responsabilidade hierárquica. O nível de desempenho social percebido no que toca à dimensão comunidade e ambiente é semelhante nos dois grupos, sendo a diferença de médias registada estatisticamente não significativa (p>.05).

TABELA III – Percepção do desempenho social da organização de pertença
em função da posição hierárquica

Dimensão[1]	Grupo	Média	DP	F	Sig.
RS Trabalhadores	Chefia	3.92a	.49	5.742	.05
	Não chefia	3.80b	.74		
RS Comunidade e Ambiente	Chefia	3.76	.48	1.103	n.s.
	Não chefia	3.69	.58		
RS Económicas	Chefia	4.42a	.41	14.467	.000
	Não chefia	4.24b	.52		

Nota:

[1] Escala de resposta de 5 pontos (1-Discordo totalmente a 5-Concordo totalmente).

[2] A atribuição de letras diferentes assinala a existência de diferenças significativas entre os grupos.

4. Discussão e Conclusões

Com o presente estudo procurou-se perceber se a posição hierárquica dos indivíduos na estrutura da organização influencia, por um lado, a sua atitude geral face à responsabilidade social e, por outro, a percepção do envolvimento da organização em que laboram em actividades socialmente responsáveis.

Os resultados relativos à atitude dos trabalhadores face à RS revelam que os participantes são bastante favoráveis ao envolvimento da generalidade das organizações em práticas desta natureza. Não se verificaram diferenças significativas nas atitudes de chefias e não-chefias, o que sugere que a atitude dos indivíduos face ao envolvimento das organizações em geral neste tipo de práticas não é influenciado pela sua posição hierárquica. Este resultado é bastante interessante no sentido em que evidencia que, em geral, os trabalhadores concordam bastante com o desempenho social das organizações, reconhecendo que as mesmas devem alargar o âmbito das suas preocupações e integrar questões sociais e ambientais nas suas actividades e estratégias de negócio. A baixa variabilidade das respostas leva, todavia, a que se questione se o apoio reportado pelos participantes ao desempenho social das organizações não poderá ter sido inflacionado, pelo menos em parte, pela ocorrência de efeitos de desejabilidade social nas respostas. Em estudos futuros será importante controlar a ocorrência destes efeitos, integrando, por exemplo, uma medida de desejabilidade social no instrumento de recolha de dados.

Os resultados reportados na literatura relativamente à atitude ou orientação dos indivíduos face a dimensões específicas da RS mostram que a valoração das várias dimensões de RS pode diferir em função de características individuais dos trabalhadores (ex: Ibrahim e Angelidis, 1994; Peterson, 2004). Assim, em termos práticos, será importante perceber se os membros da organização valorizam de igual forma diferentes actividades de RS, na medida em que daqui poderá decorrer o maior ou menor envolvimento e apoio pessoal à implementação das mesmas. Além disso, como demonstrado por Peterson (2004) a relação entre percepção de RS e atitudes de trabalho difere em função do apoio do indivíduo à dimensão de RS em causa. Para maximizar os benefícios decorrentes do investimento em matéria de RS as organizações devem assegurar, em certa medida, que as práticas desenvolvidas são vistas como relevantes pelos seus membros, particularmente quando estes não são o grupo directamente beneficiado pelas mesmas.

No que respeita à percepção do desempenho social da organização de pertença, os resultados desta pesquisa mostram que esta é também elevada, o que não é de estranhar atendendo ao histórico de envolvimento das organizações contempladas no estudo em actividades desta natureza. Ainda assim, os trabalhadores diferenciam o envolvimento da organização de pertença nas três dimensões de RS analisadas, reconhecendo um maior investimento em práticas de cariz económico, relativas à governança e eficiência da organização. Segue-se depois a percepção do investimento em práticas de RS dirigidas aos trabalhadores, práticas essas que acentuam a percepção de existência de investimento numa gestão de recursos humanos sustentável e promotora de bem-estar. Por fim, a percepção de que a organização investe também amplamente em práticas de apoio à comunidade e ao ambiente. Esta ordenação não difere em função da posição hierárquica dos trabalhadores e mostra que os indivíduos se encontram atentos ao desempenho das organizações em diferentes área de intervenção, tendo presente uma concepção multidimensional daquilo que são as responsabilidades sociais das mesmas.

Quanto à influência da posição hierárquica na percepção do desempenho social das organizações, verifica-se que a mesma introduz algumas diferenças significativas a este nível. Mais especificamente a nível do investimento em práticas de responsabilidade social económica e em práticas que beneficiam directamente os trabalhadores, com as chefias a reportarem maior investimento percebido do que as não-chefias nestas dimensões. O resultado relativo à maior percepção de responsabilidade económica vai ao encontro dos encontrados por Angelidis e colaboradores (2008) e poderá relacionar-se com o acesso facilitado a informação financeira que deriva do próprio estatuto profissional e do conteúdo funcional inerente ao cargo de chefia. Apenas a percepção do investimento em práticas de responsabilidade social externa dirigidas à comunidade e ao ambiente não difere em função da posição hierárquica. Será importante em estudos futuros analisar a(s) causa(s) das discrepâncias existentes na percepção de RS, assim como as suas consequentes, pois é possível que o não alinhamento das visões dos membros da organização relativamente ao seu desempenho social possa interferir na sua performance e contributo diário para o alcance dos objectivos de responsabilidade social.

Não obstante as suas limitações, a presente pesquisa oferece alguns contributos importantes para a literatura quer a nível teórico quer prático. A nível teórico alargou-se o conhecimento existente sobre a influência da posição hierárquica na percepção do desempenho social. Mostrou-se que os membros organizacionais são afectados pela sua posição na organização quando avaliam o desempenho social desta. Do ponto de vista prático, a presente pesquisa reforça a importância do investimento das organizações em diversos domínios da RS. Sendo este investimento apoiado largamente pelos seus membros, existe a expectativa de um adequado desempenho social, cujo incumprimento poderá condicionar a relação indivíduo-organização (Collier e Esteban, 2007), induzindo, por exemplo, a percepção de um menor ajustamento entre os valores da organização e do trabalhador com potenciais consequências negativas para a implicação afectiva deste último. À luz dos resultados apresentados, torna-se também importante divulgar internamente junto de todos os membros organizacionais as políticas e práticas de RS desenvolvidas e implementadas pela organização. Desta forma, a organização poderá estimular o desenvolvimento de uma visão partilhada, mais realista e homogénea do seu desempenho social. Como referido anteriormente, a percepção dos indivíduos acerca do desempenho social das suas empresas tem vindo a revelar-se uma importante preditora da relação estabelecida entre indivíduo-organização, ajudando a compreender não só algumas atitudes como também comportamentos que os indivíduos exibem no contexto de trabalho (Brammer *et al.*, 2007; Duarte e Neves, 2009a,b; Gomes *et al.*, 2009; Peterson, 2004; Jacinto e Carvalho, 2009; Koh e Boh, 2001).

Para investigação futura, sugere-se a replicação deste estudo junto de organizações de outros sectores de actividade de modo a ultrapassar as limitações de validade externa inerentes à amostra utilizada, assim como compreender a estabilidade dos resultados obtidos quer a nível da atitude face à RS quer da percepção do desempenho social. Como anteriormente referido, será importante em estudos futuros implementar uma estratégia que permita controlar potenciais efeitos de desejabilidade social (Podsakoff *et al.*, 2003), para além dos já implementados nesta pesquisa (garantia de anonimato da resposta, privacidade no preenchimento do inquérito). Como última sugestão, sugerimos que se explore em trabalhos futuros o impacto que a posição hierárquica dos indivíduos exerce na relação entre percepção de RSO e outras variáveis como, por exemplo, a satisfação no trabalho, a identidade ou a implicação organizacional. Mais concretamente, face à discrepância que a posição hierárquica introduz na percepção de RS, poderá esta desempenhar um papel moderador nessa relação? Espera-se que estas sugestões estimulem a realização de trabalhos adicionais sobre as atitudes e as percepções dos indivíduos sobre o desempenho social das organizações.

REFERÊNCIAS

ANGELIDIS, John, Massetti, Brenda e Magee-Egan, Pauline (2008), "Does corporate social responsibility orientation vary by position in the organizational hierarchy?", *Review of Business,* 28, 23-32.

BRAMMER, Stephen, Millington, Andrew e Rayton, Bruce (2007), "The contribution of corporate social responsibility to organisational commitment", *International Journal of Human Resource Management*, 18, 1701-1719.

CARROLL, Archie. (1991), "The pyramid of corporate social responsibility: Towardsthe moral management of organizational stakeholders", *Business Horizons*, 34, 39-48.

COLLIER, Jane e Esteban, Rafael (2007), "Corporate social responsibility and employee commitment", *Business Ethics: A European Review*, 1, 19-33.

DUARTE, Ana Patrícia e Neves, José Gonçalves (2009a), "Relação entre responsabilidade social percebida e implicação dos colaboradores: O papel mediador da imagem organizacional", *in* José Santos (org.), *Turismo e Gestão: Inovação e empreendorismo no contexto da economia empresarial.* Faro: FDUALG, 275-281.

DUARTE, Ana Patrícia e Neves, José Gonçalves (2009b), "*Relação entre responsabilidade social percebida e satisfação no trabalho: O papel mediador da imagem organizacional*", Comunicação apresentada no 5º PhD Meeting in Social and Organizational Psychology, Lisboa, Portugal.

DUARTE, Ana Patricia e Neves, José Gonçalves (2009c), "*Corporate social responsibility: Contributes for workers' perceptions assessment scale development*", Poster apresentado no 14º Congresso Europeu de Psicologia Organizacional e do Trabalho, Santiago de Compostela, Espanha.

GOMES, Daniel, Duarte, Ana Patrícia e Neves, José Gonçalves (2009), "As orientações internas de responsabilidade social reduzem as intenções de turnover?" *In* José Santos (org.), *Turismo e Gestão: Inovação e empreendorismo no contexto da economia empresarial.* Faro: FDUALG, 282-288.

IBRAHIM, Nabil e Angelidis, John (1994), "Effect of board member's gender on corporate social responsiveness orientation", *Journal of Applied Business Research*, 10, 35–41.

JACINTO, Ana e Carvalho, Isabel (2009), "CSR: The influence of organizational practices perceptions for employee's performance and organizational identification", *in* Estelle Morin, Nelson Ramalho, José Neves e Andre Savoie (Eds.), *New research trends in organizational effectiveness, health and work.* Quebec: Criteos.

KOH, Hian e Boo, El'fred (2001), "The link between organizational ethics and job satisfaction: A study of managers in Singapore", *Journal of Business Ethics*, 29, 309-324.

MAIGNAN, Isabelle e O. C. Ferrell (2001), "Measuring corporate citizenship in two countries: The case of United States and France", *Journal of Business Ethics*, 23, 283-297.

MAROCO, João (2003), *Análise estatística com utilização do SPSS*. Lisboa: Edições Sílabo.

MARZ, Joachim e Powers, Thomas (2003), "Corporate and individual differences on managers' social orientation", *Journal of Business Ethics*, 46 (1), 1-10.

ORPEN, Christopher (1987), "The attitudes of US and South African Managers to CSR", *Journal of Business Ethics*, 6, 2, 89-96.

OSTLUND, Lyman (1977), "Attitudes of managers toward CSR", *California Management Review*, 19, 35-49.

PETERSON, Dane (2004), "The relationship between perceptions of corporate citizenship and organisational commitment", *Business & Society*, 43, 296-319.

PETRICK, Joseph e Scherer, Robert (1993), "Competing social responsibility values and the functional roles of managers: Implications for career and employment professionals", *Journal of Managerial Psychology*, 8, 14-21.

PODSAKOFF, Philip, MacKenzie, Scott, Lee, Jeong-yeon e Podsakoff, Nathan (2003), "Common Method Biases in Behavioral Research: A Critical Review of the Literature and Recommended Remedies", *Journal of Applied Psychology*, 88 (5), 879-903.

QUAZI, Ali (2003), "Identifying the determinants of corporate managers' perceived social obligations", *Management Decision*, 41 (9,) 822-831.

DA RESPONSABILIDADE SOCIAL DAS ORGANIZAÇÕES
À ÉTICA DOS INDIVÍDUOS

*Cláudia Granada*e Eduardo Simões**

Resumo: Neste trabalho, *Da Responsabilidade Social das Organizações à Ética dos Indivíduos*, pretende-se analisar a natureza multidimensional da responsabilidade social das organizações e compreender de que forma a forma como esta é percebida está associada ao julgamento ético individual numa organização. Os resultados de um estudo exploratório realizado em contexto organizacional, indicam que quanto mais elevada é a responsabilidade social percebida, menor a disponibilidade dos actores organizacionais para aceitarem práticas eticamente reprováveis. Os resultados parecem indicar que o modo como são percebidos os valores organizacionais e as práticas que envolvem a responsabilidade social pode ser considerado como uma variável contextual determinante da ética dos actores organizacionais, com impacto positivo ao nível individual.

Palavras Chave: Responsabilidade Social das Organizações (RSO), ética individual, *stakeholders*, aceitabilidade ética.

Introdução

Os recentes escândalos financeiros e relatos de conduta pouco ética por parte de líderes de prestigiadas empresas a nível mundial são hoje em dia noticiados com preocupante regularidade, Nestes casos, as organizações protagonizaram situações em que a conduta dos seus responsáveis se regeu pela amoralidade ou mesmo pela imoralidade. Escândalos financeiros paradigmáticos, como os que envolveram a Enron, a WorldCom, a Société Générale e a Gap, podem ter consequências não apenas na imagem e no desempenho da organização no mercado, incluindo danos na reputação de produtos e marcas, mas também no ambiente interno, afectando os seus colaboradores.

Em contraste com estes exemplos negativos, cada vez mais organizações demonstram a preocupação de implementar práticas éticas, assumindo

---

* Instituto Superior de Ciências do Trabalho e da Empresa – Instituto Universitário de Lisboa.

proactivamente as suas responsabilidades para com a sociedade. Devido a pressões legais e à influência da envolvente externa, muitas organizações têm desenvolvido e implementado programas e políticas especificamente orientados para fomentar o comportamento ético dos actores organizacionais (Weaver *et al.*, 1999). Estas "infra-estruturas éticas" (Tenbrunsel *et al.*, 2003) actuam como reguladores da conduta ética, através dos quais é possível comunicar valores, estabelecer princípios, monitorizar procedimentos e sancionar comportamentos com base em quadros normativos pré-definidos.

Exemplos destes enquadramentos estruturais são os códigos de ética, os quais designam conjuntos organizados de indicações explícitas sobre o tipo de conduta ética desejada e esperada dos colaboradores de uma determinada organização, classe profissional ou sector (Crane e Matten, 2007). Apesar dos códigos de conduta ética visarem efeitos a nível individual, a literatura sobre a efectiva influência destes quadros normativos nas atitudes e comportamentos dos colaboradores é escassa e controversa (Cassell *et al.*, 1997). Num estudo que constitui uma notável excepção, Somers, (2001) centra-se na relação entre os códigos de ética organizacionais e a ética individual, comparando a prevalência de comportamentos pouco éticos em empresas com e sem códigos de ética. Os resultados indicam que os colaboradores de organizações com códigos formais de ética, comparativamente com os que se inserem em organizações sem códigos de ética formais ou explícitos, reconhecem menos actividades internas de ética duvidosa.

Se parece existir um efeito moderado de influência das normas formas sobre os comportamentos individuais, uma questão em aberto é a dos eventuais efeitos da percepção das práticas organizacionais, em domínios que envolvem escolhas éticas, sobre a conduta dos seus membros. De facto, se, em questões de ética as acções falam mais alto do que as palavras (Treviño e Brown, 2004), afigura-se como provável que escolhas e decisões dos actores organizacionais sejam, de alguma forma, afectadas pelo modo como constroem cognitivamente as normas informais da organização no tocante à qualidade ética das práticas organizacionais, mormente quando estas integram ligações com a envolvente social.

Responsabilidade Social das Organizações

A Responsabilidade Social das Organizações (RSO) pode ser definida como "o grau e o modo como uma organização assume e justifica conscientemente a responsabilidade pelas suas acções e inacções, avaliando o seu impacto nos seus legítimos constituintes" (Habisch e Jonker, 2005: 7). Esta formulação realça o papel da RSO no compromisso da organização para com os seus vários *stakeholders* (Harrison e Freeman, 1999).

Reflectindo as múltiplas incidências de objecto, as definições de RSO multiplicam-se, salientando diferentes dimensões e estabelecendo ligação com outros conceitos mais ou menos próximos, tais como os que se associam à teoria do *stakeholder* (Freeman, 1984), à cidadania organizacional (Matten *et al.*, 2003), ao desempenho social (*corporate social performance*) da organização (Swanson, 1995) e aos quadros de actuação ética (para uma revisão, ver Fischer, 2004).

É provável que a atenção crescente dada à RSO pelos gestores se deva à consciencialização de que esta pode trazer vários benefícios às organizações. Numa altura de crise de valores e desconfiança generalizada nas organizações, a RSO parece uma boa estratégia para manter ou recuperar a reputação e a imagem pública, já que estas parecem fortemente associadas à avaliação externa dos níveis de RSO (Waddock e *Graves, 1997*).

Prestando-se a RSO facilmente a uma abordagem multi-disciplinar, têm-se somado os estudos correlacionais que estabelecem a ponte com as áreas da gestão e do marketing (e.g., Crouch, 2006). A maior parte dos investigadores tem testado a associação entre a RSO e o desempenho financeiro da empresa (Garriga e Melé, 2004). Embora sem o estabelecimento de nexos causais claros, têm surgido, mais recentemente, outras abordagens centradas na influência da RSO sobre alguns *stakeholders* organizacionais como os consumidores (Maignan, 2001; Brown e Dacin, 1997), os investidores (Orlitzky *et al.*, 2003) e os candidatos a emprego (Montgomery e Ramus, 2007; Backhaus *et al.*, 2002).

A relação entre a ética e a RSO aparece como difusa, o que tem retardado o desenvolvimento de estudos que assumam perspectiva intra-organizacional. Procurando clarificar esta relação, Fischer (2004) resume as quatro posições defendidas na literatura. A primeira considera que a RSO *se* refere ao conjunto de pressupostos equivalentes à ética individual, mas em contexto organizacional, já que as empresas não têm ética, somente responsabilidade social (Schermerhorn, 2002). Assim, a RSO seria um atributo organizacional e a ética exclusivamente individual. Numa segunda interpretação, Boatright (2000) estabelece um paralelismo semelhante entre os dois termos, mas apenas ao nível dos seus impactos. Para este autor, a ética dever-se-ia ocupar da conduta dos indivíduos nas organizações, ao passo que a RSO se referiria à relação entre actividade organizacional e a sociedade em geral. As duas últimas posições resumem os argumentos clássicos da RSO. Por um lado, integram a visão reducionista da responsabilidade económica (Friedman, 1970), para a qual RSO e ética não estariam relacionadas entre si, pois a organização tem a única responsabilidade de maximizar o seu lucro e apenas os indivíduos podem assumir responsabilidades de natureza moral e de conduta ética. Por outro, incluem a perspectiva socioeconómica da RSO (Carroll, 1991), que está sintetizada no modelo teórico denominado Pirâmide da Responsabilidade Social nas organizações.

Segundo este último modelo, a organização assume progressivamente responsabilidades de teor económico, legal, ético e filantrópico/discricionário. As duas primeiras são *exigidas* pela sociedade, pois, mesmo considerando a organização como uma unidade económica básica da nossa sociedade orientada para o lucro, deve respeitar as leis que regulam o seu funcionamento na prossecução dessa missão. Relativamente às suas responsabilidades éticas, a sociedade *espera* que a organização cumpra uma série de normas socialmente estabelecidas, sem que estas estejam previstas na lei. Para além disso, a empresa ainda poderá vir a assumir outras responsabilidades voluntárias (filantrópicas), que não fazem parte das expectativas da sociedade mas que são *socialmente desejáveis*, dependendo estas unicamente do julgamento do gestor ou do empresário.

Apesar da divergência patente nestas perspectivas, parece poder-se extrair a conclusão de que, ao contrário do que defendia Friedman (1970), a relação entre a RSO e a ética não pode ser ignorada, podendo a RSO não só trazer benefícios para a sociedade em geral, mas permitindo também antever o seu impacto na própria organização que a adopta, nomeadamente nos seus membros internos. Por exemplo, Rupp *et al.* (2006) consideram que os colaboradores, enquanto parte funcional de uma organização, contribuem para a envolvente de RSO da sua empresa.

Em suma, não só a definição de RSO é ainda objecto de debate, como também o seu estudo apresenta ainda claras limitações, sobretudo no que respeita aos seus efeitos sobre os actores organizacionais.

Responsabilidade social e ética individual

Num estudo de referência Somers, (2001) identificou uma dupla associação da existência de códigos de ética, por um lado, com uma maior implicação organizacional e, por outro, com três dimensões da responsabilidade social as responsabilidades económicas, éticas e filantrópicas Esta associação entre os códigos de ética e a responsabilidade social sugere que esta poderá constituir outro incentivo/facilitador organizacional com consequências ao nível da ética individual. Isto é, a percepção de que a organização orienta as suas actividades de uma forma socialmente responsável, e valorizando as regras de conduta éticas, pode constituir um reforço da vinculação organizacional dos indivíduos e, eventualmente, um suporte à conduta ética individual.

Estudos anteriores mostraram que certas variáveis sociodemográficas estão correlacionadas com os julgamentos e/ou comportamentos éticos. As variáveis mais estudadas são o género e a orientação religiosa (incluindo aqui as crenças e práticas religiosas).

Relativamente ao género, Ford e Richardson (1994) concluíram, a partir da análise de sete estudos sobre ética organizacional, que as mulheres tinham uma maior tendência para agir de forma ética do que os homens. No mesmo sentido seguem as conclusões de um estudo com estudantes universitários (Ameen *et al.*, 1996), o qual mostrou que as mulheres eram menos tolerantes do que os homens à conduta desonesta em meio académico. Apesar desta tendência se confirmar na maior parte dos estudos sobre esta questão, estes padecem de falta de validade ecológica no que toca às organizações. De facto, como refere Deshpande (1997), sendo as amostras compostas maioritariamente por estudantes, estas diferenças de género poderão não se reproduzir no meio empresarial. Quanto à orientação religiosa, dados esparsos e pouco actuais (Tsalikis e Fritzsche, 1989,) relativos a cidadãos americanos, indicam que a população que frequenta igreja ou que expressa uma crença religiosa eram ligeiramente mais éticos do que os restantes. Face a resultados pouco conclusivos, este estudo poderá contribuir para clarificar o efeito destas variáveis em contexto organizacional.

Finalmente,

Objectivos e Hipótese

Uma das preocupações deste estudo é a de contemplar uma perspectiva interna sobre a RSO, a qual se encontra algo negligenciada em detrimento da perspectiva externa, face a outros stakeholders tais como o consumidor, a opinião pública ou os potenciais futuros colaboradores. Se a RSO está hoje fortemente associada à gestão e ao marketing organizacionais, já a ética individual nas organizações tem sido tradicionalmente abordada algures na confluência entre os domínios da filosofia e da psicologia aplicada, tornando necessário estudar o ponto de interacção entre estes dois constructos. Assim, o primeiro objectivo deste estudo é criar um instrumento que permita abordar a multi-dimensionalidade da RSO enquanto representação dos actores organizacionais. Por outro lado, procuramos compreender a relação entre RSO percebida e a ética individual. Finalmente, explorar a associação entre a ética e as variáveis socio-demográficas referidas.

Em suma, propomos, como hipótese principal do presente estudo, que a responsabilidade social percebida poderá estar inversamente associada à aceitabilidade de práticas organizacionais eticamente questionáveis. Ou seja, quanto mais a organização for percebida como socialmente responsável, menor será a tendência dos colaboradores a aceitarem práticas organizacionais pouco éticas. Complementarmente, indagamos da possibilidade de esta relação ser moderada pela vinculação do indivíduo à organização, isto é, o grau de implicação organizacional, e por variáveis sociodemográficas como as crenças e práticas religiosas, o género, a antiguidade na organização.

Método

Amostra e Procedimento

Nesta área, os estudos tendem a recorrer sobretudo à perspectiva da direcção (Maignan e Ferrel, 2000), inquirindo apenas os administradores ou gestores de topo, ou à perspectiva dos futuros profissionais, recorrendo aos estudantes universitários (Berens *et al.*, 2007). Assumindo que um dos objectivos deste estudo é aprofundar as representações de responsabilidade social construídas pelos actores organizacionais que menos interferem nas decisões da organização no que toca à orientação de responsabilidade social, optámos por nos dirigir ao colaborador comum.

A amostra de conveniência é composta por 116 colaboradores (56, 5% homens) de quinze empresas da área da Grande Lisboa contactadas durante o mês de Maio de 2008. A idade média dos inquiridos é de 34 anos (DP= 8, 9), desempenhando funções de chefia (15, 4%) ou técnicas (84, 6%) na mesma empresa há cerca de 8 anos em média (DP = 9, 4).

O pré-teste, que envolveu cerca de dez pessoas com perfis etários e académicos diversos, pretendeu medir a validade facial do questionário, pedindo aos participantes que preenchessem o questionário e fizessem comentários em relação à construção frásica e interpretação das questões sempre que esta não lhes fosse perfeitamente clara, apelando ainda a sugestões adicionais. Deste pré-teste, resultou a reformulação dos instrumentos utilizados, incluindo a introdução novos itens.

Variáveis e Medidas

RSO Percebida

Apesar de existir um instrumento desenvolvido por Aupperle e colegas em 1983, que operacionaliza o modelo piramidal de Carroll (1991), previamente utilizado em contextos empresariais (Pinkston e Carroll, 1996), diversas razões motivaram-nos a desenvolver um novo instrumento mais adequado aos propósitos deste estudo. Primeiro, o modelo de Carroll baseia-se exclusivamente no contexto organizacional norte-americano, havendo cada vez mais evidências de que a realidade europeia apresenta especificidades nesta área que não permitem a sua generalização (Matten e Moon, 2008). Segundo, porque este modelo está ancorado numa perspectiva avaliativa da RSO, definindo patamares ou diferentes graus de contribuição social das empresas, sem identificar concretamente as diferentes facetas de que a RSO se reveste, bem como as diferentes áreas e actores organizacionais que abrange. De facto, após revisão da esparsa literatura desenvolvida na área, constatámos que escasseiam estudos descritivos de RSO que permitam explorar este constructo em toda a sua multidimensionalidade.

Portanto, para medir a responsabilidade social percebida, construímos duas escalas que exploram este constructo por meio de duas abordagens distintas. Pretendemos, por um lado, conhecer melhor as bases normativas de uma organização através dos seus valores (escala de 15 itens) e, por outro, caracterizar as práticas organizacionais (26 itens). Teremos assim, uma abordagem centrada nos valores e outra na reação com os *stakeholders*, numa perspectiva que se aproxima da distinção entre os valores declarados e os valores em uso, propostos por Argyris e Schön (1974).

Valores Organizacionais

À apresentação dos valores, seguia-se uma breve descrição, para garantir que a interpretação dos participantes coincidia com a dos investigadores. A selecção dos valores e respectivas definições baseou-se nas cartas de valores de algumas empresas conotadas com práticas de responsabilidade social através da consulta dos seus *websites*. Além disso, consultaram-se diferentes instrumentos mais ou menos exaustivos sobre o tema, nomeadamente os Indicadores de Responsabilidade Social Empresarial do Instituto Ethos (Custódio e Moya, 2008), o questionário de auto-diagnóstico da Inspecção-Geral do Trabalho (IGT, 2008), exclusivamente para a dimensão interna de RSO, o Barómetro de Responsabilidade Social e Qualidade desenvolvido pelo CICE (ESCE-IPS, 2008), e o estudo conduzido por Moura e colegas (Moura *et al.*, 2004). Mais do que obter indicadores previamente utilizados, tivemos a preocupação de abordar o maior número possível de aspectos relacionados com a responsabilidade social, pelo que nenhum dos instrumentos já existentes nos pareceu suficientemente abrangente e adequado aos nossos propósitos.

Os inquiridos deveriam avaliar a importância de cada um destes quinze valores na sua empresa numa escala de Likert de sete pontos, em que 1 correspondia a um "Valor Pouco Importante" e 7 a um "Valor Muito Importante".

Práticas Organizacionais

Para a identificação das práticas organizacionais a abordar, elaborou-se inicialmente uma lista dos principais *stakeholders* de uma organização portuguesa: os accionistas, os clientes/consumidores, os fornecedores e outros parceiros comerciais, a comunidade envolvente, o meio ambiente, a concorrência, o Estado e, finalmente, os colaboradores. A partir daí, consultámos diversos instrumentos de RSO, entre os quais os indicadores Ethos (Custódio e Moya, 2008) e o instrumento de Auto-Diagnóstico para avaliar a responsabilidade social interna da RS (IGT, 2008). Os colaboradores deveriam avaliar as vinte e seis práticas enumeradas numa escala Likert de semelhança/ /dissemelhança com a realidade da sua empresa, dc 1 ("Muito diferente") a 7 ("Muito semelhante).

Aceitabilidade Ética

Foi elaborada uma lista de quarenta itens referentes a práticas organizacionais eticamente ambíguas, de forma a avaliar a aceitabilidade ética dos inquiridos em questões onde se apela ao julgamento ético individual. Recorreu-se novamente aos estudos anteriores de RSO, mas desta vez no sentido de inverter as boas práticas apresentadas, especialmente aos questionários já referidos. As respostas eram dadas numa escala de sete pontos, de 1 "Totalmente Inaceitável" a 7 "Totalmente Aceitável".

Implicação Organizacional

Com vista a avaliar uma possível moderação da relação entre a RSO percebida e o julgamento ético incluímos ainda uma medida de implicação organizacional. A escala de implicação organizacional utilizada neste questionário é constituída pelos quatro itens da subescala de implicação afectiva de Allen e Meyer (1990), anteriormente traduzida para português e validada (Tavares, 2001b). Optou-se por não utilizar a escala completa, pois a implicação afectiva está fortemente correlacionada com outras medidas de implicação e identificação organizacional (Tavares, 2001a). Os inquiridos deviam assinalar o seu grau de concordância com as quatro afirmações apresentadas, numa escala tipo Likert de cinco pontos, em que 1 correspondia a "Discordo

Totalmente" e 5 a "Concordo Totalmente". Depois de analisada a consistência interna dos quatro itens ($\alpha = 0.68$), foi calculado um indicador global de implicação organizacional.

Resultados e discussão

Uma vez que três das escalas do questionário estavam a ser utilizadas pela primeira vez e o constructo de Responsabilidade Social é, como vimos, multidimensional, realizámos uma análise de componentes principais com rotação cada uma das medidas de responsabilidade social percebida (valores e práticas) para melhor interpretarmos a sua estrutura interna.

Uma vez que a Responsabilidade Social era um dos quinze valores enumerados e o item mais saturado na segunda componente, foi criado um indicador de "Valores de RSO" ($\alpha = 0.92$), constituído por esse e mais três valores: Desenvolvimento Social, Solidariedade e Sustentabilidade. Este resultado foi por si só surpreendente, pois revela que a valorização da responsabilidade social está bastante associada à comunidade envolvente e ao ambiente, distinguindo-se do *core business* das organizações, e de valores como a qualidade ou o desenvolvimento profissional.

Já quanto às práticas organizacionais, a análise factorial devolveu sete componentes principais. Desta análise resultaram três indicadores de práticas relacionadas com a responsabilidade social: a RSO Interna, composta por nove itens ($\alpha = 0.87$); a RSO Externa, com seis itens ($\alpha = 0.83$) e a RSO Informações, igualmente com seis itens e uma consistência interna comparativamente mais baixa ($\alpha = 0.67$). As duas primeiras remetem para práticas internas e externas da organização, enquanto que a última agrega práticas de gestão da informação interna, sendo constituída pela maior parte dos itens invertidos.

Relativamente à escala de aceitabilidade ética, os quatro indicadores de aceitabilidade ética utilizados são: 1) Relações com o Exterior, composto por quatro itens ($\alpha = 0.73$); 2) Repercussões na Comunidade, com cinco itens ($\alpha = 0.6$); 3) Direitos dos Colaboradores, com quatro itens ($\alpha = 0.63$); 4) Práticas de Reciclagem, com dois itens ($\alpha = 058; r = 0, 41$ p<.01). A razão pela qual optámos sempre por realizar rotações ortogonais prende-se com os nossos objectivos de conduzir posteriores regressões lineares com os indicadores criados, pelo que estas novas variáveis não poderiam estar correlacionadas entre si.

Através de uma análise genérica dos dados (Quadro 1), verifica-se que das sub-escalas de práticas de RSO percebida a mais próxima da realidade organizacional dos inquiridos é a RSO interna (M = 4, 3; DP = 1, 1) sendo a gestão da Informação em RSO a menos próxima (M = 3, 5; DP = 1, 3). Em média, a implicação organizacional dos colaboradores inquiridos é elevada (M= 3, 4; DP = .8) e tendo em conta os quatro indicadores de aceitabilidade ética, o mais aceitável é o relativo à Reciclagem (M =5, 3; DP = 1, 6) e o menos aceitável, portanto eticamente mais susceptível, é o que se refere às práticas que envolvem os Direitos dos Colaboradores (M = 2; DP = .8).

QUADRO 1 – RSO Percebida (Valores e Práticas Organizacionais),
Implicação Organizacional e Aceitabilidade Ética – estatísticas descritivas

Medidas	Variáveis	Min	Max	Média	Desvio Padrão
RSO Percebida (Valores e Práticas Organizacionais)	Valores RSO	1	7	4.17	1.47
	RSO Interna	1.56	6.56	4.31	1.10
	RSO Externa	1.50	7.00	3.93	1.29
	RSO Informações	1.00	7.00	3.54	1.26
Implicação Organizacional	Implicação Organizacional	1.50	5.00	3.43	.77
Aceitabilidade Ética	Relações com o Exterior	1.00	5.67	2.47	.94
	Comunidade	1.75	7.00	4.46	1.08
	Direitos dos Colaboradores	1.00	4.00	1.95	.79
	Reciclagem	1.00	7.00	5.29	1.56

RSO Percebida e Aceitabilidade Ética

Na nossa hipótese de partida, sugerimos que a responsabilidade social percebida poderá estar inversamente associada à aceitação de práticas organizacionais eticamente questionáveis. A adequação dos resultados a essa hipótese é analisada em seguida, apresentando os resultados para cada um dos quatro indicadores de aceitabilidade ética.

Relações Externas

Apoiando a nossa hipótese de uma associação negativa, verifica-se que quanto maior é a percepção de valores e de práticas de RSO nas relações externas e gestão de informação organizacional, menor é a aceitabilidade de práticas eticamente dúbias respeitantes à relação com entidades externas à organização. Os valores resultantes das regressões lineares figuram no Quadro 2.

QUADRO 2 – RSO Percebida e Aceitabilidade Ética – Relações externas

	Valores RSO	$B = -0.29, p<.005$
Aceitabilidade Ética Relações Externas	RSO Externa	$B = -0.30, p<.005$
	RSO Informações	$B = 0.18, p<.05$

Comunidade

Porém, e contrariamente ao esperado, encontrou-se uma associação *positiva* entre as percepções de práticas internas e externas de RSO e a aceitabilidade ética no que se refere às acções organizacionais relativas à Comunidade envolvente. O que significa que quanto maior a percepção de práticas internas e externas congruentes com a RSO, maior também a aceitabilidade duma conduta organizacional eticamente dúbia para com a comunidade. Estes resultados, visíveis no Quadro 3, serão mais aprofundados adiante.

QUADRO 3 – RSO Percebida e Aceitabilidade Ética – Comunidade

Aceitabilidade Ética Comunidade	RSO Interna	$B = 0.36, p<.001$
	RSO Externa	$B = 0.18, p<.05$

Direitos dos Colaboradores e Reciclagem

Ainda que marginalmente significativos, as associações encontradas no respeitante aos restantes indicadores de aceitabilidade ética apresentam igualmente associações negativas como previsto (Quadro 4).

QUADRO 4 – RSO Percebida e Aceitabilidade Ética – Direitos dos colaboradores e reciclagem

Aceitabilidade Ética Direitos dos colaboradores	RSO Externa	$B = -0.17, p<.1$
Aceitabilidade Ética Reciclagem	RSO Informação	$B = 0.17, p<.01$

Como se pode concluir, a principal hipótese deste estudo é parcialmente apoiada, na medida em que cada uma das medidas de RSO percebida está inversamente correlacionada com a aceitabilidade de práticas eticamente duvidosas no que toca às relações com o exterior e/ou com a comunidade. Isto indica que quanto mais os colaboradores percepcionam as suas empresas como socialmente responsáveis (valores e práticas tidos em consideração), menos aceitáveis se tornam as práticas organizacionais eticamente dúbias.

A única excepção a esta tendência é a associação entre o indicador de aceitabilidade ética relativo à comunidade envolvente e as práticas de RSO percebida internas e externas. Isto pode querer indicar que este tipo de práticas organizacionais é simplesmente percebido diferentemente pelos colaboradores.

Implicação Organizacional, RSO Percebida e Aceitabilidade Ética

Como seria de esperar, os resultados demonstram uma forte correlação da implicação organizacional com todas as variáveis de RSO percebida: os valores e as três práticas organizacionais. Assim, quanto maior a implicação organizacional, maior a tendência para percepcionar os valores e práticas organizacionais associados à RSO. Parece assim que a implicação organizacional acentua de certa forma ou dá maior visibilidade à RSO em geral, pois todas as associações foram significativas.

QUADRO 5 – Implicação Organizacional e RSO Percebida

	Valores RSO	B = 0.33, p<.001
Implicação Organizacional	RSO Interna	B = 0.41, p<.001
	RSO Externa	B = 0.36, p<.001
	RSO Informação	B = 0.23, p<.05

No entanto, não há qualquer associação entre a implicação organizacional e os indicadores de aceitabilidade ética, não se confirmando a hipótese de moderação da associação inversa entre a RSO percebida e a Aceitabilidade Ética.

A implicação organizacional está altamente correlacionada com a RSO percebida, tanto ao nível dos valores) como das práticas de RSO interna.

Apesar de termos testado a hipótese de moderação, não existe nenhuma relação entre a implicação organizacional e qualquer dos indicadores de aceitabilidade ética, sugerindo que o impacto que um contexto organizacional de

RSO percebida tem na ética individual não depende do grau de implicação do colaborador com a respectiva organização.

Variáveis Demográficas

As principais variáveis demográficas relevantes neste trabalho são: a antiguidade do colaborador na empresa, o género do inquirido e as suas crenças e práticas religiosas.

Quanto à senioridade do colaborador, há uma associação positiva com a aceitabilidade ética de determinadas práticas referentes à comunidade envolvente. Isto significa que a idade parece tornar os colaboradores mais benevolentes (ou coniventes) com este tipo de práticas eticamente dúbias, talvez por terem mais justificações em relação a estas ocorrências.

Relativamente ao género, parece haver um efeito de género na aceitabilidade ética quando tomada em conjunto. De facto, detectou-se um efeito multivariado dos quatro indicadores em conjunto e também um efeito directo em dois dos indicadores: relações com o exterior e direitos dos colaboradores (Quadro 6).

QUADRO 6 – Antiguidade, género e aceitabilidade ética
(efeitos multivariados e univariados)

Antiguidade Empresa	Aceitabilidade ética – Comunidade	$B = 0.29$, p<.005
Género	Aceitabilidade ética (efeito multivariado)	Pillai = 3.582, p<.01
	Aceitabilidade ética – Relações Externas	F = 12.30, p<.005
	Aceitabilidade ética – Direitos dos Colaboradores	Welch/B-Forsythe = 3.97, p<.049

Em ambos os casos, as mulheres parecem ser em média menos eticamente tolerantes, isto é, apresentam menor grau médio de aceitação ética das práticas organizacionais dúbias, o que de facto corrobora a tendência verificada na literatura pertinente. (Quadro 7).

QUADRO 7 – Efeito de género na aceitabilidade ética
de dois tipos de práticas organizacionais

	Homens	Mulheres
Relações Externas	2.73*	2.09
Direitos dos Colaboradores	2.10*	1.80

* p<.05

Quanto às crenças e práticas religiosas (conjunto das duas aqui denominado de orientação religiosa), há uma diferença significativa entre o valor
médio de aceitabilidade ética das práticas organizacionais externa por parte
dos católicos activos e dos não-crentes, sendo os católicos activos (pratican-
tes) significativamente menos tolerantes do que os não-crentes. A média de
aceitabilidade ética dos católicos inactivos (não-praticantes) não é significativamente diferente de qualquer dos outros grupos.

QUADRO 8 – Efeito da orientação religiosas sobre a aceitabilidade ética
das práticas organizacionais (comparações múltiplas)

Orientação Religiosa	N	Média
Católicos Activos	22	2.07a
Católicos Inactivos	33	2.42
Não-Crentes	33	2.89b

Médias com diferentes letras são diferentes entre si
(Testes post hoc de Tukey para amostras desiguais, p<.05)

Deste modo, estes resultados parecem reforçar a ideia de que algumas
variáveis demográficas podem constituir determinantes éticos em contexto
organizacional.

Apesar de se tratar de um resultado inesperado, a antiguidade na organização parece estar inversamente relacionada com a aceitabilidade de práticas
organizacionais dúbias relativas à comunidade envolvente.

Relativamente ao género, o presente estudo corrobora, em ambiente organizacional resultados de estudos anteriores em contexto académico. Assim, também em contexto organizacional as mulheres tendem a ser eticamente mais intolerantes para com práticas eticamente dúbias.

Finalmente, quanto à religião, os resultados parecem indicar que é sobretudo a combinação das crenças com os hábitos religiosos, como ir à igreja regularmente, e não apenas as crenças, que gera algumas diferenças de orientação ética. Ou seja, aparentemente, a congruência entre crenças e práticas religiosas conduz a maior severidade ética.

Conclusões

Tomados na globalidade, os principais resultados deste trabalho parecem indicar a existência de um alinhamento entre as políticas de RSO, sejam elas internas, externas ou de carácter informativo, e o julgamento ético individual no contexto organizacional. Dada a sua natureza correlacional, porém, deixam em aberto a orientação dos nexos causais desta associação. De facto, é possível, por um lado, que esse alinhamento seja procurado pelos indivíduos, como sugerem algumas teorias da congruência indivíduo-organização (*person--organization fit*) através da congruência percebida entre os seus valores e os valores organizacionais (Cable e Judge, 1994; Judge e Bretz, 1992; Judge e Cable, 1997; Schneider, 1987; Scott, 2000). Na perspectiva mais radical desta perspectiva, o modelo do atrito-atracção-selecção (Schneider, 1987) sugere que os indivíduos são atraídos e seleccionados para dentro das organizações com base no ajustamento entre as suas preferências e características pessoais e os atributos da organização, o que poderia justificar igualmente a relação encontrada entre os valores organizacionais de responsabilidade social e os valores individuais de julgamento ético.

Em contraste, ou talvez complementarmente, outras perspectivas teóricas sugerem que os valores adquirem importância apenas na medida em que podem ser ensinados e efectivamente aprendidos, quer através de um sistema de recompensas e punições explicitas, quer através do exemplo de outras pessoas (Bandura 1991). Neste sentido, os valores seriam uma construção social que governa o modo como as pessoas interagem. Este determinismo social implica pois que as organizações e os líderes organizacionais têm a responsabilidade de criar as circunstâncias morais e incorporar os valores éticos em que os indivíduos vão trabalhar e desenvolver-se (Gini e Sullivan, 1987, *apud* Watson, 2007). Assim, a orientação da liderança organizacional no que toca à ética poderá condicionar a adesão dos colaboradores às normas de RSO. De facto, a interacção diária com os superiores, nomeadamente os estabelecem a ponte entre o topo da organização e os restantes colaboradores, pode ter mais influência do que os códigos de ética formal (Treviño, *et al.*, 2006). Na impossibilidade dessa interacção, os colaboradores farão atribuições com base noutro tipo de informação disponível (Brown e Treviño, 2003), como, por exemplo, a comunicação externa e os projectos da empresa, nomeadamente os que possuem incidências sociais claras. No mesmo sentido parece concorrer a constatação de que a liderança ética está negativamente correlacionada com o comportamento desviante e positivamente correlacionada com a cidadania organizacional.

O que os resultados deste estudo exploratório, ainda que modestos, parecem evidenciar é que a RSO pode ser um elo de ligação de todos os *stakeholders* organizacionais em torno de valores comuns. Portanto, faz sentido considerar que a RSO pode ter impacto não só no ambiente externo da organização, mas também ser um determinante contextual da ética individual dos actores organizacionais. Se assim for, mais atenção deve ser dada às práticas internas de RSO nas organizações, tal como já se observa nas suas manifestações na envolvente externa.

As principais recomendações para futuras investigações decorrem do facto de se tratar aqui de um estudo correlacional e, portanto, ser necessária pesquisa adicional para estabelecer relações de causalidade firmes e melhor compreender os resultados encontrados. Parece igualmente necessária mais investigação sobre outras variáveis com possível efeito moderador na relação entre as práticas de RSO da organização e o domínio da ética individual.

REFERÊNCIAS

ALLEN, Natalie e Meyer, John (1990), "The measurement and antecedents of affective, continuance, and normative commitment to the organization. *Journal of Occupational psychology*, 91, 1-18.

AMEEN, Elsie *et al.*, (1996), "Accounting students perceptions of questionable academic practices and factors affecting their propensity to cheat", *Accounting Education* 5 (3), 191-205.

ARGYRIS, Chris e Schön, Donald (1974), *Theory in Practice. Increasing professional effectiveness*. San Francisco: Jossey-Bass.

AUPPERLE, Kenneth *et al.* (1983), "Instrument development and application in corporate social responsibility", *Academy of Management Proceedings*, 369-373.

BACKHAUS, Kristin *et al.* (2002), "Exploring the relationship between corporate social performance and employer attractiveness", *Business & Society*, 41, 292-319.

BANDURA, Albert (1991), "Social cognitive theory of moral thought and action", *in* William Kurtines e Jacob Gewirtz (orgs.), *Handbook of moral behavior and development* (Vol. 1). Hillsdale, NJ: Lawrence Erlbaum, 45-103.

BERENS, Guido *et al.* (2007), "The CSR-quality trade-off: when can corporate social responsibility and corporate ability compensate each other?", *Journal of Business Ethics*, 74, 233-252.

BOATRIGHT, John (2000), *Ethics and the Conduct of Business* (3rd Ed.) New Jersey: Prentice-Hall.

BROWN, M. E. Treviño, Linda. (2003), "The influence of leadership styles on unethical conduct in work groups", *Academy of Management Proceedings, Social Issues in Management*, B1-B6.

BROWN, Tom e Dacin, Peter (1997), "The company and the product: corporate associations and consumer product responses", *Journal of Marketing, 61(1)*, 68-84.

CABLE, Daniel e Judge, Timothy (1996), "Person-organization fit, job choice decisions, and organizational entry", *Organizational Behavior and Human Decision Processes*, 67, 294–311.

CARROLL, Archie (1991), "The pyramid of corporate social responsibility: toward the moral management of organizational stakeholders", *Business Horizons, July-August*, 39-48.

CASSELL, Cathy *et al.* (1997), "Opening the black box: corporate codes of ethics in their organizational context", *Journal of Business Ethics*, 16, 1077-1093.

CRANE, Andy e Matten, Dirk (2007), *Business ethics* (2nd. Ed.).Oxford: Oxford University Press.

CROUCH, Colin (2006), "Modelling the firm in its market and organizational environment: Methodologies for studying corporate social responsibility", *Organization Studies, 27(10)*, 1533-1551.

CUSTODIO, Ana e Moya, Renato (coord.) (2008), *Indicadores Ethos de responsabilidade Social empresarial 2007*. São Paulo: Instituto Ethos.

DESHPANDE, Satish (1997)." Managers' perception of proper ethical conduct: The effect of sex, age, and Level of Education", *Journal of Business Ethics*, 16, 79-85.

ESCOLA SUPERIOR CIÊNCIAS EMPRESARIAIS – INSTITUTO POLITÉCNICO DE SETUBAL (2000), "Barometro de Responsabilidade Social das Organizações e Qualidade". Retirado em 20 de Abril de 2008 de http://www.esce.ips.pt/projectos/barometro/.

FISCHER, Josie (2004), Social responsibility and ethics: clarifying the concepts. *Journal of Business Ethics*, 52, 391-400.

FORD, Robert e. Richardson, Woodrow (1994), "Ethical decision making: A review of the empirical literature", *Journal of Business Ethics*, 13, 205-221.

FREEMAN, Edward (1984), *Strategic Management: A stakeholder approach*. Boston: Pitman.

FRIEDMAN, Milton (1970), "The social responsibility of business is to increase its profits", *New York Times Magazine, 122*, 32-33.

GARRIGA, Elisabet e Melé, Domènec (2004), "Corporate social responsibility theories: mapping the territory", *Journal of Business Ethics, 53*, 51-71.

HABISCH, André e Jonker, Jan (2005), "CSR: A subject with substance?", *in* André Habisch *et al* (orgs.), *Corporate social responsibility across Europe*. Berlin: Springer, 2-7.

HARRISON, Jeffrey e Freeman, Edward (1999), "Stakeholders, social responsibility and performance: empirical evidence and theoretical perspectives", *Academy of Management Journal, 42*(5), 479-485.

JUDGE, Timothy e Bretz, Robert (1992), "Effect of work values on job choice decisions", *Journal of Applied Psychology, 77*, 261-271.

JUDGE, Timothy e Cable, Daniel. (1997), "Applicant personality, organizational culture, and organization attraction", *Personnel Psychology, 50*, 359-394.

MAIGNAN, Isabelle (2001), "Consumers' perceptions of corporate social responsibilities: A cross-cultural comparison", *Journal of Business Ethics, 30*, 57-72.

MAIGNAN, Isabelle e Ferrell, OC. (2000), Measuring corporate citizenship in two countries: The case of the United States and France. *Journal of Business Ethics, 23*, 283-297.

MATTEN, Dirk e Moon, Jeremy (2008), "'Implicit' and 'Explicit' CSR: a conceptual framework for a comparative understanding of corporate social responsibility", *Academy of Management Review, 33 (2)*, 404-424.

MATTEN, Dirk *et al.* (2003), "Behind the mask: Revealing the true face of Corporate Citizenship", *Journal of Business Ethics*, 45, 109-120.

MONTGOMERY, David e Ramus, Catherine (2007), "Including corporate social responsibility, environmental sustainaibility, and ethics in calibrating MBA job preferences". Research Paper No. 1981, Stanford University Graduate School of Business.

MOURA, Rui *et al.* (2004), *Responsabilidade Social das Empresas: Emprego e Formação Profissional.* Lisboa: Mundiserviços, Lda.

ORLITZKY, Marc *et al.* (2003), "Corporate social and financial performance: a meta-analysis", *Organization Studies 24(3)*, 403-441.

PINKSTON, Tammie e Carroll, Archie (1996)."A retrospective examination of CSR orientations: Have they changed?", *Journal of Business Ethics*, 15, 199-206.

RUPP, Deborah *et al.* (2006), "Employee reaction to corporate social responsibility: an organizational justice framework", *Journal of Organizational Behaviour*, 27, 537-543.

SCHERMERHORN, John (2002), *Management* (7th Ed.) New York: Wiley.

SCHNEIDER, Benjamin (1987), "The people make the place", *Personnel Psychology*, 40, 437-453.

SCOTT, Elizabeth (2000), "Moral values fit: Do applicants really care?", *Teaching Business Ethics*, 4, 405-435.

SOMERS, Mark (2001), "Ethical codes of conduct and organizational context: a study of the relationship between codes of conduct, employee behavior and organizational values", Journal of Business Ethics, 30, 185-195.

TAVARES, Susana (2001a), "Determinantes da implicação organizacional afectiva – um estudo transcultural", Tese de mestrado em Psicologia Social e Organizacional. Lisboa: ISCTE.

TAVARES, Susana (2001b). "Vinculação dos indivíduos às organizações", in José Maria Carvalho Ferreira *et al.* (orgs.), *Manual de psicossociologia das organizações.* Lisboa: McGraw-Hill, 307-333.

TENBRUNSEL, Ann *et al.* (2007), "Why we aren't as ethical as we think we are: a temporal explanation", Working paper. 08-012, Harvard Business School.

TREVIÑO, L.inda & *Brown*, Michael (2004), "Managing to be ethical: Debunking five business ethics *myths*", *Academy of Management Executive, 18*: 69-8

TREVIÑO, Linda *et al.* (2006), "Behavioral ethics in organizations: A review", *Journal of Management*, 32, 951-990.

TSALIKIS, John e Fritzsche, David (1989), "Business ethics: A literature review with a focus on marketing ethics", *Journal of Business Ethics, 8*, 695-743.

WADDOCK, Sandra e Graves, Samuel (1997), "The corporate social performance-financial performance link", *Strategic Management Journal*, .18(.4), 303-19.

WATSON, George *et al.* (2007), "Connected moral agency in organizational ethics", *Journal of Business Ethics, 81*, 323-341.

WEAVER, Gary *et al.*, (1999), "Corporate ethics practices in the mid-1990s", *Journal of Business Ethics, 18*, 282-294.

RESPONSABILIDADE SOCIAL E IMPLICAÇÃO DOS COLABORADORES COM A EMPRESA: O PAPEL MEDIADOR DA CONFIANÇA ORGANIZACIONAL

Cláudia Sofia Rico Lopes*, José Gonçalves das Neves** e Ana Patrícia Duarte***

Resumo: Com base num modelo multidimensional, o objectivo desta investigação consistiu na análise da relação entre responsabilidade social da organização (RS) (económica, trabalhadores e comunidade/ambiente) e implicação dos trabalhadores com a mesma (afectiva, normativa e de continuidade). Analisou-se ainda se a relação anterior seria explicada pela confiança dos indivíduos na organização. Inquiriu-se uma amostra de 145 trabalhadores de uma companhia de transporte aéreo sobre as variáveis em estudo. Dos resultados obtidos, destaque para a existência de uma associação positiva entre a percepção de responsabilidade social perante os trabalhadores e as três dimensões da implicação. Destaque também para o facto da confiança na organização mediar a relação anterior no que respeita às dimensões normativa e afectiva, apenas não tendo efeito significativo no que respeita à implicação de continuidade.

Palavras-chave: Comportamento organizacional, confiança organizacional, desenvolvimento sustentável, implicação organizacional, responsabilidade social das organizações.

1. Introdução
Tem-se verificado uma preocupação crescente relativamente à necessidade das empresas apresentarem um papel activo em questões sociais e ambientais, para além do seu necessário desenvolvimento económico (Santos, 2006).

---

* Mestre em Psicologia Social e das Organizações (ISCTE-IUL – Instituto Universitário de Lisboa). Técnica de Recursos Humanos no sector privado.

** Doutor em Psicologia Social e Organizacional (ISCTE-IUL). Professor Associado com Agregação no Departamento de Psicologia Social e das Organizações do ISCTE-IUL. Membro do CIS – Centro de Investigação e Intervenção Social.

*** Mestre em Psicologia Social e das Organizações (ISCTE-IUL). Doutoranda em Psicologia Social e Organizacional. Membro do CIS.

Dada a influência que as organizações apresentam actualmente na sociedade, é bastante importante o seu envolvimento em matéria de Responsabilidade Social (RS), e sobretudo a adopção de uma atitude organizacional proactiva que contribua para o desenvolvimento económico, social e ambiental (Santos, 2006).

Apesar do tema da RS estar já presente em diversas empresas, a verdade é que há uma diversidade de perspectivas acerca deste conceito. Desta forma, existem várias formas de intervenção, dependentes do tipo de organização, do meio envolvente e de todos aqueles, que directa ou indirectamente, beneficiam das práticas de cada organização (Neves, 2004).

Os primeiros artigos acerca deste tema surgiram apenas no século XX numa tentativa de redefinir o construto (Carroll, 1979). Carroll (1979) define o conceito de RS como um conjunto de práticas e preocupações da organização, que vão para além das obrigações legais e económicas e incorporam também questões éticas e filantrópicas, que traduzem um interesse pelo bem--estar dos *stakeholders* e da sociedade. Através da responsabilidade social, as empresas demonstram uma preocupação social com o objectivo de um desenvolvimento sustentável, procurando produzir bens e serviços que a sociedade necessita, visando o bem-estar dos seus stakeholders (Neves, 2004).

A RS é tida na sociedade como um valor positivo e tem sido associada positivamente a atitudes e comportamentos individuais no trabalho, nomeadamente a nível da implicação dos trabalhadores com a organização (Duarte e Neves, 2009; Peterson, 2004). Por exemplo, Peterson (2004), através de uma investigação que procurava verificar de que forma as atitudes de um grupo de *stakeholders* são influenciadas pelas práticas de responsabilidade social da empresa, constatou que a implicação com a organização varia consoante a responsabilidade social percebida pelos trabalhadores. Após a realização de alguns estudos, Dentchev (2004) sublinha a importância de se continuar a estudar o valor prático da RS, procurando testar empiricamente os seus efeitos.

Neste sentido, primeiro objectivo deste estudo centra-se na verificação de uma relação positiva entre a percepção de RS da organização e a implicação dos seus colaboradores. Neste estudo, a operacionalização da RS baseia-se nos trabalhos de Duarte e Neves (2008, 2009), desenvolvidos com base no modelo de Neves e Bento (2005). Propõe-se que a RS apresenta três dimensões, em que a dimensão económica diz respeito ao desempenho da organização na sua área de actividade; a dimensão social reflecte essencialmente uma preocupação com os beneficiários directos das práticas da organização, ou seja, os trabalhadores; enquanto que, por último, a dimensão sócio-ambiental engloba as preocupações com o ambiente e com a comunidade e sociedade em geral.

No que respeita à implicação organizacional, esta consiste na força relativa da identificação e envolvimento do colaborador com dada organização (Porter *et al.*, 1974), sendo caracterizada pela forte crença e aceitação dos objectivos e valores da organização, vontade de permanecer e se esforçar em prol da mesma. O modelo base utilizado no presente estudo respeita a abordagem comportamental e consiste no modelo multidimensional de Allen e Meyer (1990), o qual postula que existem três tipos de implicação, mais precisamente, a implicação afectiva, normativa, e de continuidade. A implicação afectiva assenta no pressuposto de que há uma ligação afectiva ou emocional do indivíduo à organização. Relativamente à implicação de continuidade, o que liga a pessoa à organização é a sua percepção acerca dos custos/benefícios associados à sua saída/permanência na organização. Por último, ao facto do indivíduo crer na sua responsabilidade de ser leal à organização, dá-se o nome de implicação normativa (Meyer e Allen, 1991; Allen e Meyer, 1996).

Com excepção do estudo de Duarte e Neves (2009) em que os autores analisaram o efeito mediador da imagem organizacional na relação entre RS e a implicação dos colaboradores, poucos são os estudos que procuram explicar a relação entre a percepção de RS e a implicação dos trabalhadores às suas organizações. Na pesquisa supra mencionada, os autores constataram que a percepção do envolvimento da organização em práticas de RS promove o desenvolvimento de uma imagem positiva da organização, o que por sua vez fortalece a implicação dos trabalhadores com a organização.

Para além da imagem organizacional, uma das variáveis que poderá ajudar a explicar essa relação é a confiança dos colaboradores na organização. Trata-se de uma variável que tem vindo a ganhar uma importância crescente na literatura, sendo considerado como a base do desenvolvimento e manutenção de relações de qualidade, assim como, uma forma de vantagem competitiva por parte das empresas (Tan e Lim, 2009). Um dos aspectos fulcrais para o desenvolvimento de relações de confiança, assenta no comportamento dos gestores. Através da confiança na gestão, os indivíduos crêem na competência da organização para alcançar os objectivos e desta forma aumentar os seus benefícios (Whitener, 1998). Deste modo, pretende-se ainda com esta investigação, explorar o papel mediador da confiança na organização na relação entre a responsabilidade social percebida e a implicação dos colaboradores à organização.

Em suma, propõe-se que as práticas de recursos humanos que promovem o tratamento justo dos empregados, tal como é o objectivo das práticas de RS, não só conduzem a uma maior confiança na organização, como produzem determinados resultados a nível de atitudes e comportamentos dos indivíduos, como um nível mais elevado de implicação dos trabalhadores com a organização.

1.1. Síntese dos objectivos

Este estudo, para além de procurar verificar se existe uma relação positiva entre a responsabilidade social percebida e a implicação afectiva, normativa e de continuidade pretende apurar se a confiança organizacional ajuda a explicar essa relação. Com base na literatura, propõe-se que:

Hipótese 1: A responsabilidade social da organização encontra-se positivamente associada à implicação dos trabalhadores com a mesma. Quanto maior a percepção de RS maior a implicação dos colaboradores com a mesma.

Hipótese 2: A relação entre responsabilidade social da organização e a implicação dos trabalhadores é mediada pelo nível de confiança dos trabalhadores na organização. Quanto maior a percepção de RS, maior a confiança na organização, e, consequentemente, maior a implicação dos colaboradores com a mesma.

2. Método

2.1. Contexto do estudo e procedimento

A recolha de dados foi realizada numa empresa com actividade no sector de transporte aéreo, empresa esta que, no âmbito da sua estratégia de sustentabilidade, se preocupa com a melhoria do seu desempenho numa perspectiva de compromisso com a sociedade e desenvolvimento sustentável, e por isso tem alguma experiência no que diz respeito à implementação de projectos e práticas de responsabilidade social.

Os questionários foram distribuídos aos participantes pelas chefias de um conjunto de departamentos previamente identificados, sendo, depois de preenchidos, depositados pelos participantes num local previamente acordado com o responsável pela recolha de dados.

2.2. Participantes

A amostra é composta por 145 colaboradores. Tendo sido distribuídos 400 questionários, a taxa de resposta corresponde a 36%. Os participantes são maioritariamente de nacionalidade portuguesa (93,1%), têm idades compreendidas entre os 19 e os 65 anos (M = 36; DP = 11), sendo que 42,8% são do sexo masculino e 54,5% do sexo feminino. Relativamente às habilitações,

49,7% concluíram o ensino superior, 42,1% têm entre o 10º e 12º ano, 5,5% apresentam o 9º ano, e por fim 2,1% concluíram apenas a 4ª classe. A antiguidade na empresa varia entre os 6 meses e 38 anos (M = 8; DP = 9). A maior parte das pessoas não exerce cargos de chefia (88%). Quanto à sua situação na empresa, 74,5% têm contrato de efectividade.

2.3. Instrumento

O questionário utilizado nesta investigação foi adaptado de Duarte e Neves (2008) e inclui as seguintes medidas:

Responsabilidade Social Percebida (Duarte e Neves, 2008). Esta medida é composta por 32 itens que operacionalizam as três dimensões do modelo de responsabilidade social utilizado. A dimensão responsabilidade social perante a comunidade e ambiente incluí itens tais como "Apoiar eventos sociais" e "Apoiar eventos desportivos"; a dimensão responsabilidade social perante os trabalhadores é avaliada por itens como "Promover o equilíbrio entre a vida familiar e a vida profissional" ou "Incentivar a formação profissional dos seus trabalhadores"; e por último, a dimensão responsabilidade social económica mede a percepção do trabalhador relativamente à preocupação da empresa com questões, como por exemplo, " Esforçar-se por ser lucrativa" e "Praticar preços justos".

Implicação organizacional (Allen e Meyer, 1996): Esta medida apresenta 19 itens, distribuídos por três sub-escalas. Permite assim avaliar a implicação afectiva (ex. "Não sinto um forte sentimento de pertença a esta empresa"; "Não me sinto emocionalmente ligado a esta empresa"), a implicação normativa (ex. "Sentir-me-ía culpado se deixasse esta empresa neste momento"; "Mesmo que fosse vantajoso para mim, sinto que não seria correcto sair desta empresa neste momento"), e por fim a implicação de continuidade dos trabalhadores (ex. "Acredito que tenho poucas alternativas profissionais para poder considerar a hipótese de sair desta empresa"; "Uma das consequências negativas de deixar esta empresa seria a escassez de alternativas de trabalho").

Confiança organizacional (Mayer, Davis e Schoorman, 1999, adaptada por Lima, 2003). Esta medida é composta por cinco itens que pretendem medir a relação de confiança entre os colaboradores e a empresa, tais como "Os colaboradores aqui sentem que podem confiar nesta empresa" e "Há confiança total nesta empresa".

Os participantes responderam a estas medidas através de uma escala de resposta do tipo Likert de cinco pontos (1-discordo totalmente; 5-concordo totalmente). O questionário utilizado integrou, naturalmente, algumas questões relativas a variáveis sócio-demográficas, tais como, a idade, o sexo, a antiguidade e o tipo de contrato.

3. Resultados

3.1. Dimensionalidade das medidas
Iniciou-se a análise dos dados pela análise da dimensionalidade das várias medidas utilizadas, através da realização de análises de componentes principais.

No que concerne às medidas de RS e de implicação organizacional, o resultado das análises de componentes principais realizadas não permitiu replicar a estrutura inicial das mesmas. Deste modo, procedeu-se à eliminação de itens, cujos pesos factoriais se mostraram inferiores a .40. Foram igualmente eliminados os itens com pesos superiores a .40 em mais que um factor (excepto quando a diferença entre esses pesos era superior a .20, Tabachnick e Fidell, 1996). Foram também eliminados os itens que figuravam em componentes distintas do que era previsto de acordo com os modelos teóricos.

Na sequência destas análises, a medida final de responsabilidade social é inclui 17 itens divididos pelos três factores inicialmente previstos. A percepção de responsabilidade social económica foi avaliada por meio de cinco itens (α = .90). Por sua vez, a percepção de responsabilidade social perante os trabalhadores foi medida através de um conjunto de 5 itens, também com um α = .90. Por último, apresentando uma consistência interna de .89, a percepção de responsabilidade social perante a comunidade e ambiente foi representada por cinco itens.

Relativamente à implicação organizacional, as análises factoriais exploratórias deram origem a um novo indicador constituído por oito itens, divididos da seguinte forma: a) Implicação afectiva, três itens (α = .83); b) Implicação normativa, três itens (α = .85) e c) Implicação de continuidade, apenas dois itens (r = .63).

Apenas os itens da medida de confiança figuraram, como previsto, num factor único sendo esta variável composta pelos 5 itens iniciais com uma boa consistência interna (α = .83).

3.2. Associação entre as variáveis
De forma a avaliar a associação entre as variáveis em estudo, procedeu-se à realização de correlações (Tabela I). Foram analisados os índices de correla-

ção de Spearman, que revelaram que todas as variáveis em estudo se encontram significativamente associadas entre si, excepto a implicação de continuidade com a implicação normativa ($p>.05$).

TABELA I – Médias, desvios-padrão, correlações e consistência interna das variáveis

	Média	DP	1	2	3	4	5	6	7	8
1. RS económica	4.00	.54	(.90)							
2. RS perante a comunidade e ambiente	3.50	.75	.54**	(.89)						
3. RS perante os trabalhadores	3.41	.89	.60**	.59**	(.90)					
4. Confiança	3.50	.69	.49**	.46**	.66**	(.83)				
5. Implicação de continuidade	3.39	.98	.33**	.19*	.28**	.17*	(.63)			
6. Implicação afectiva	3.78	.83	.48**	.42**	.41**	.49**	.17*	(.83)		
7. Implicação normativa	2.91	.96	.30**	.39**	.51**	.48**	.14	.37**	(.85)	
8. Habilitações académicas			-.11	-.18*	-.17*	-.06	-.17*	-.16	-.10	-
9. Antiguidade	8.0	9.0	-.04	-.04	-.23**	-.33**	.02	.13	-.04	-.30**

Notas: Escalas de resposta de cinco pontos (1-Discordo totalmente a 5-Concordo totalmente); Os valores entre parêntesis referem-se ao alfa de Cronbach;

A variável que mais se correlaciona com a implicação de continuidade é a responsabilidade económica ($r = .33$). No caso da implicação afectiva, esta encontra-se mais associada com a confiança na organização ($r = .49$) e menos com a implicação de continuidade ($r = .17$). A responsabilidade perante os trabalhadores é a que mais se encontra associada à implicação normativa ($r = .51$), ao contrário da responsabilidade social económica que apresenta a correlação mais fraca ($r = .30$). Podemos verificar também, que as três dimensões da responsabilidade social se encontram relacionadas entre si, tal como se encontram relacionadas com as dimensões da implicação e com a confiança, o que serve de apoio às hipóteses em estudo.

Nesta análise foram também incluídas variáveis sócio-demográficas. Apenas as habilitações literárias e a antiguidade se revelaram associadas à percepção de responsabilidade social, confiança e implicação dos inquiridos na organização. Tratam-se de associações fracas e negativas. Uma vez que se revelaram significativamente associadas às variáveis focais, a antiguidade e habilitações literárias foram controladas nas análises posteriores.

3.3. Teste das hipóteses

Com o objectivo de avaliar o papel mediador da confiança organizacional na relação entre a percepção de responsabilidade social e implicação afectiva, normativa e de continuidade, seguiu-se o procedimento de análise de mediações proposto por Baron e Kenny (1986). Deste modo, prosseguiu-se a análise, testando as hipóteses por via de regressões lineares múltiplas. Realizaram-se três passos para cada variável dependente: 1) regrediu-se a variável mediadora confiança organizacional nas três variáveis independentes; 2) regrediu-se a variável dependente em análise nas três variáveis independentes; 3) regrediu--se a variável dependente em análise três variáveis independentes e na variável mediadora. Em todos os passos controlou-se as habilitações literárias e a antiguidade dos participantes. O passo 1 foi comum às três variáveis dependentes, pelo que se realizou apenas uma vez. Apresenta-se seguidamente os resultados destas análises.

3.3.1. *Responsabilidade social e confiança na organização*

Passo 1: De acordo com o primeiro passo do procedimento de análise de mediação, regrediu-se a confiança nas três dimensões de responsabilidade social. Tal como se pode verificar na Tabela II apenas a percepção de responsabilidade social económica e perante os trabalhadores prediz a confiança na organização ($\beta = .33$, p<.05; $\beta = .37$, p<.01). A percepção de responsabilidade social perante a comunidade e o ambiente não ajuda a explicar a confiança dos participantes na organização ($\beta = .05$, p>.05). Em conjunto as variáveis explicam 47% da variância da confiança dos inquiridos na organização.

TABELA II – Efeito da responsabilidade social na confiança organizacional

	R² Adj	R² ch	B	t	β
Modelo 1	.47**	.50**			
RS Económica			.38	3.656	.33**
RS Trabalhadores			.28	4.061	.37**
RS Comunidade e Ambiente			.05	.597	.05
Habilitações Académicas			.01	1.183	.08
Antiguidade			-.01	-1.949	-.13*

Nota: *p< .05; **p< .01;

3.3.2. *Responsabilidade social, confiança e implicação organizacional afectiva*
Passo 2: De acordo com o segundo passo do procedimento de análise de mediação, regrediu-se cada um dos tipos de implicação organizacional nas três dimensões de responsabilidade social.

No que se refere à implicação afectiva, constatou-se que apenas a percepção dos inquiridos sobre a responsabilidade perante os trabalhadores está significativamente associada mesma (β = .30, p<.01). Este modelo explica 25% da variância desta variável (modelo 2, Tabela III).

Passo três: No terceiro passo, regrediu-se portanto a implicação afectiva nas três dimensões de responsabilidade social e na confiança organizacional. Constatou-se que a influência da responsabilidade social perante os trabalhadores na implicação afectiva deixa de ter efeito significativo quando se introduz a confiança na organização, pelo que se está assim, perante uma mediação total. Este modelo (modelo 3, Tabela III) passa a explicar 38% da variância da implicação afectiva, sendo que se verificou um aumento de cerca de 12% de explicação em relação ao modelo anterior. Isto significa, que a percepção que os trabalhadores têm acerca das práticas de responsabilidade social que a empresa tem para com os mesmos, promove a confiança na organização, e é desta forma que influencia o vínculo afectivo dos trabalhadores com a empresa.

TABELA III – Efeito de mediação da confiança organizacional
na relação entre a percepção de RS e implicação afectiva

	R^2 Adj	R^2 ch	B	t	β
Modelo 2	.25**	.28**			
RS Económica			.11	.653	.07
RS Trabalhadores			.30	2.757	.30**
RS Comunidade e Ambiente			.22	1.741	.18
Habilitações Académicas			.07	1.186	.09
Antiguidade			.20	2.904	.22**
Modelo 3	.38**	.12**			
RS Económica			-.12	-.731	-.08
RS Trabalhadores			.10	.926	.10
RS Comunidade e Ambiente			.17	1.511	.14
Antiguidade			.01	.133	.01
Habilitações Académicas			.26	4.030	.29**
Confiança organizacional			.66	5.134	.50***

Nota: *p<.05; **p<.01; ***p<.000;

3.3.3. *Responsabilidade social, confiança e implicação organizacional normativa*

Passo 2: Verificou-se uma vez mais que apenas a percepção de responsabilidade perante os trabalhadores prediz a implicação normativa à empresa (β = .49, p<.000). Pode-se afirmar que o modelo de implicação normativa explica 21% da sua variação (modelo 2, Tabela IV).

Passo 3: Constatou-se a existência de uma mediação parcial, ou seja, a relação entre a implicação normativa e a percepção de responsabilidade social perante os trabalhadores diminui com a introdução da confiança na organização no modelo (β = .36), mantendo-se contudo significativa (p<.01). Isto demonstra que a responsabilidade social da organização perante os trabalhadores, prediz o sentimento de obrigação que os trabalhadores têm em permanecer na organização, em parte porque aumenta a confiança que os trabalhadores depositam na mesma. Com a introdução variável mediadora no modelo, houve um aumento de 5% no que diz respeito à capacidade explicativa, que passa a ser de 27% de variância explicada (Modelo 3, Tabela IV).

TABELA IV – Efeito de mediação da confiança organizacional
na relação entre a percepção de RS e implicação normativa

	R^2 Adj	R^2 ch	B	t	β
Modelo 2	.21**	.24**			
RS Económica			-.14	-.715	-.08
RS Trabalhadores			.56	4.479	.49***
RS Comunidade e Ambiente			.10	.656	.07
Antiguidade			.01	.683	.05
Habilitações			.02	1.103	.09
Modelo 3	.27**	.05**			
RS Económica			-.33	-1.730	-.19
RS Trabalhadores			.42	.323	.36**
RS Comunidade e Ambiente			.08	.550	.06
Antiguidade			.01	1.337	.01
Habilitações			.02	.758	.06
Confiança na organização			.51	3.245	.34**

Nota: *p<.05; **p<.01; ***p<.000;

3.3.4. *Responsabilidade social, confiança e implicação organizacional de continuidade*
Passo 2: À semelhança do que ocorreu nas análises anteriores, também no caso da implicação de continuidade se verificou que apenas a dimensão responsabilidade perante os trabalhadores prediz esta forma de ligação dos inquiridos à sua organização (β = .35, p<.000). Todavia, constata-se que o modelo apresenta bastante menor capacidade explicativa comparativamente com o que acontece para as outras dimensões de implicação, ou seja, a percepção de responsabilidade perante os trabalhadores explica neste caso apenas 8% da variância das respostas obtidas (modelo 2, Tabela V).

TABELA V – Efeito de mediação da confiança organizacional
na relação entre a percepção de RS e implicação de continuidade

	R^2 Adj	R^2 ch	B	t	β
Modelo 2	.08**	.12**			
RS Económica			.11	.505	.06
RS Trabalhadores			.41	2.928	.35**
RS Comunidade e Ambiente			-.11	-.703	-.08
Antiguidade			.00	.051	.01
Habilitações Académicas			-.01	-.090	-.01
Modelo 3	.08**	.00			
RS Económica			.08	.355	.04
RS Trabalhadores			.39	2.603	.33*
RS Comunidade e Ambiente			-.12	-.715	-.08
Antiguidade			.01	.127	.01
Habilitações			-.01	-.134	-.01
Confiança na organização			.07	.386	.05

Nota: *p<.05; **p<.01;

Passo 3: Finalmente, os resultados revelam que a influência da percepção de responsabilidade social perante os trabalhadores na implicação de continuidade diminui ligeiramente, embora se mantendo significativa, com a introdução da confiança no terceiro modelo (β = .33, p<.05; Tabela V). Todavia, não existe qualquer mediação, uma vez que o efeito confiança na organização não é significativo (β = .05, p>.05). Com este resultado, podemos assumir, que a confiança na organização não ajuda a explicar a relação entre a percepção de responsabilidade perante os trabalhadores e a sua permanência na organização decorrente da avaliação dos custos/benefícios associados à saída/manutenção na mesma.

Em síntese, após análise dos resultados, podemos concluir que apenas um tipo de responsabilidade social – a perante os trabalhadores – mostrou ter influência em cada uma das dimensões da implicação dos inquiridos à organização. Quanto à variável mediadora, a confiança parece ajudar a explicar a relação entre esta dimensão de responsabilidade social e apenas dois tipo de implicação, especificamente a implicação afectiva e normativa. Em oposição, a confiança não teve efeito significativo na relação entre a RS perante os trabalhadores e a implicação de continuidade. Como tal, será importante identificar futuramente outras variáveis que expliquem essa relação.

4. Conclusão e Discussão

O presente estudo pretendeu investigar a relação entre a percepção que os trabalhadores têm acerca do envolvimento da organização em práticas de três dimensões de responsabilidade social (a económica, a perante os trabalhadores e a perante a comunidade e ambiente) e três formas de implicação dos mesmos com a organização (a afectiva, a normativa e a de continuidade). Para além disto, investigou-se ainda, o papel mediador da confiança na organização na relação entre a percepção de responsabilidade social e implicação organizacional.

Quanto à verificação da primeira hipótese, que previa a existência de uma associação positiva entre as diferentes dimensões de responsabilidade social e a implicação organizacional, esta foi confirmada apenas em parte. Tal deveu-se à obtenção de um efeito significativo de apenas uma dimensão de responsabilidade social nas diferentes dimensões da implicação, a responsabilidade perante os trabalhadores. O que quer dizer que, apesar de as três dimensões da RS estarem associadas à implicação, quando analisadas em conjunto, apenas a percepção de responsabilidade social da empresa perante os trabalhadores se mostra capaz de explicar significativamente a implicação afectiva, normativa e de continuidade dos inquiridos à organização. A percepção de responsabilidade social económica e de responsabilidade social perante a comunidade e o ambiente não se mostram neste contexto preditora da implicação organizacional dos inquiridos nas suas diferentes formas. Resultado semelhante foi obtido anteriormente por Duarte e Neves (2009a).

Em relação ao papel mediador da confiança na organização, a hipótese foi também parcialmente apoiada. A partir das análises efectuadas obteve-se uma mediação total e uma mediação parcial significativa no que toca a relação entre a percepção de responsabilidade social perante os trabalhadores e a implicação afectiva e normativa, respectivamente. A confiança na organização apresentou-se como mediando por completo a relação entre a percepção de práticas sociais em relação aos trabalhadores e a implicação afectiva, o que demonstra que, as práticas de responsabilidade social em relação aos colaboradores conduzem a uma vontade de permanecer na empresa devido a um vínculo afectivo e de lealdade, porque fortalecem a confiança na empresa. A confiança organizacional junta-se assim a variáveis como a imagem organizacional (Duarte & Neves, 2009a) na explicação da relação estabelecida entre o investimento em práticas de responsabilidade interna e a ligação afectiva e de lealdade dos trabalhadores à organização. A confiança dos inquiridos na organização não se mostrou mediadora da relação entre a percepção de práticas de responsabilidade social perante os trabalhadores e a implicação de continuidade. Isso significa, que a permanência na organização na sequência da avaliação das vantagens/desvantagens associadas à saída/permanência na mesma, é influenciada mais pelas práticas positivas que a empresa tem para com os trabalhadores do que pela confiança que se tem na organização. Uma provável explicação para este resultado prende-se com a natureza deste tipo de implicação. Assim, os colaboradores que permanecem na organização devido às desvantagens que associam à saída, talvez estejam mais interessados nos benefícios que a organização proporciona, do que em criarem uma relação de confiança.

Esta investigação realça algumas relações positivas e estende os resultados de estudos anteriores que evidenciam a existência de uma relação directa entre a percepção de responsabilidade social e a implicação dos trabalhadores (Peterson, 2004; Duarte e Neves, 2009a). Podemos afirmar que ao conceito de responsabilidade social está, de alguma forma, associado o conceito de confiança na organização. Mais especificamente, percebemos que a percepção de responsabilidade social não está apenas relacionada com a satisfação (Duarte e Neves, 2009b) ou com a intenção de saída (Gomes *et al.*, 2009), tal como já revelam alguns estudos, mas está também relacionada com a percepção dos trabalhadores sobre a medida em como podem confiar na organização.

A evidência de que apenas a responsabilidade social perante os trabalhadores teve efeito significativo nos três tipos de implicação, pode explicar-se, pelo menos em parte, pelo tipo de organização em que os dados foram recolhidos. Isto porque, é reconhecido que a maioria das práticas desenvolvidas por esta organização assentam em preocupações e benefícios para os seus trabalhadores. Nesse sentido, o investimento de práticas neste domínio de responsabilidade social poderá estar mais saliente para os inquiridos.

Como sugestões para estudos futuros seria importante examinar a relação entre o investimento em responsabilidade social e a relação dos trabalhadores com a mesma, procurando identificar e compreender o efeito de outras variáveis mediadoras nessa relação. De facto, uma vez que a confiança não explica a relação entre responsabilidade perante os trabalhadores e a implicação de continuidade, e no caso da implicação normativa apenas ajuda a explicar parcialmente, outras variáveis poderão intervir nessa relação. Sabe-se que a imagem organizacional é uma das variáveis (Duarte e Neves, 2009) mas faz sentido pensar na intervenção de outras variáveis. Atendendo à multidimensionalidade do constructo de confiança, uma outra sugestão para estudos futuros, assenta no facto de se estudar a intervenção de tipos de confiança específicos nesta relação, tais como a confiança dos trabalhadores nos pares ou no supervisor, o que permitirá compreender com maior detalhe o processo pelo qual a confiança intervém na relação em causa. Em estudos futuros procuraremos avaliar esta situação.

No que se refere a limitações do estudo, para além das inerentes a qualquer estudo correlacional, é de referir que uma limitação deste estudo consiste no facto da amostra ser de conveniência e, portanto, poder não ser representativa da população da organização. Apesar dos esforços desenvolvidos nesse sentido não foi possível recolher de forma equitativa dados em todos os departamentos que compõem a organização. Além disso, poderá não ser representativa de organizações de outros sectores, pelo que será importante replicar o estudo noutras empresas para aferir a estabilidade dos resultados.

Analisando os resultados em conjunto, estes realçam a importância das organizações apostarem em práticas socialmente responsáveis. A nível dos trabalhadores, as práticas de responsabilidade social conduzem a atitudes positivas perante a organização, como é o caso da implicação normativa e afectiva. Demonstrando que se preocupam e que desenvolvem práticas positivas perante os trabalhadores, as empresas conseguem obter um vínculo afectivo e de lealdade por parte destes, através de uma gestão de confiança. A literatura da implicação organizacional tem demonstrado a importância que estes vínculos têm para o alcance de objectivos individuais e organizacionais positivos.

Com este trabalho procurou-se contribuir para o alargamento do conhecimento existente no que diz respeito à influência da responsabilidade social das organizações sobre as atitudes de um dos *stakeholders* mais críticos, os trabalhadores, demonstrando a importância que o conceito de confiança organizacional assume nesta matéria. Mais investigação é ainda necessária para que se tenha uma visão aprofundada das consequências da adopção de práticas socialmente pelas organizações sobre as atitudes e comportamentos dos trabalhadores. Espera-se que o presente estudo possa servir de estímulo ao desenvolvimento de pesquisas futuras.

REFERÊNCIAS

ALLEN, Natalie e Meyer, John (1990), "The measurement and antecedents of affective, continuance and normative commitment to the organization", *Journal of Occupational Psychology*, 63, 1-3.

ALLEN, Natalie e Meyer, John (1996), "Affective, continuance and normative commitment to the organization: An examination of construct validity", *Journal of Vocational Behavior*, 49, 252-276.

BARON, Reuben e Kenny, David (1986), "The moderator-mediator variable distinction in social psychological research: Conceptual, strategic and statistical considerations", *Journal of Personality and Social Psychology*, 51, 1173-1182.

CARROLL, Archie (1979), "A three-dimensional conceptual model of corporate performance", *Academy of Management Review, 4(4)*, 497-506.

CARROLL, Archie (1999), "Corporate social responsibility: Evolution of a definitional construct", *Business & Society*, 38 (3), 268-295.

DENTCHEV, Nicolai (2004), "Corporate social performance: Business rationale, competitiveness threats and management challenges", *Business & Society, 46* (1), 104-116.

DUARTE, Ana Patrícia e Neves, José Gonçalves (2008), *"Development de l'échelle de responsabilité sociale des enterprises"*, Comunicação apresentada no 15º Congresso da AIPTLF, Québec, Canada.

DUARTE, Ana Patrícia e Neves, José Gonçalves (2009a), "Relação entre responsabilidade social percebida e implicação dos colaboradores: O papel mediador da imagem organizacional", *in* José Santos (org.), *Turismo e Gestão: Inovação e empreendorismo no contexto da economia empresarial*. Faro: FDUALG, 275-281.

DUARTE, Ana Patrícia e Neves, José Gonçalves (2009b), *"Relação entre responsabilidade social percebida e satisfação no trabalho: O papel mediador da imagem organizacional"*, Comunicação apresentada no 5.º PhD Meeting in Social and Organizational Psychology, Lisboa, Portugal.

GOMES, Daniel, Duarte, Ana Patrícia e Neves, José Gonçalves (2009), "As orientações internas de responsabilidade social reduzem as intenções de turnover?" *In* José Santos (org.), *Turismo e Gestão: Inovação e empreendorismo no contexto da economia empresarial*. Faro: FDUALG, 282-288.

LIMA, Maria Sousa (2003), *"Processos de troca social no desenvolvimento dos recursos humanos: O papel mediador da confiança organizacional"*, Dissertação de Mestrado não publicada, Lisboa: ISCTE-IUL.

MEYER, John e Allen, Natalie (1991), "A three-component conceptualisation of organizational commitment", *Human Resource Management Review*, 1, 61-89.

NEVES, José Gonçalves (2004),"Responsabilidade social das organizações: Conceito e aplicabilidade", *Recursos Humanos Magazine*, 30, 52-63.

NEVES, José Gonçalves e Bento, Luís (2005), "Traditional values and the pressures of transformation", *in* Andre Habish, Jan Jonker, Martina Wegner e René Schimdpeter (orgs), *Corporate social responsibility across Europe*. Hiedelberg: Springer Berlin, 303-3014.

PETERSON, Dane (2004), "The relationship between perceptions of corporate citizenship and organizational commitment", *Business & Society,* 43 (3), 216-319.

PORTER, Lyman, Steers, Richard, Mowday, Richard e Bouilan, Paul (1974), "Organizational commitment, job satisfaction and turnover among psychiatric technicians", *Journal of Applied Psychology*, 59, 603-609.

SANTOS, Maria João, Santos, Margarida, Pereira, Elisabete, e Almeida, José (2006), *Responsabilidade Social nas PME: casos em Portugal*. Lisboa: RH Editora.

TABACHNICK, Barbara e Fidell, Linda (1996), *Using multivariate statistics*. New York: Harper Collins.

TAN, Hwee e Lim, Augustine (2009), "Trust is coworkers and trust in organizations", *The Journal of Psychology*, 143 (1), 45-66.

WHITENER, Ellen, Brodt, Susan, Korsgaard, Audrey e Werner, Jon (1998), "Managers as initiators of trust: An exchange relationship framework for understanding managerial trustworthy behaviour", *Academy of Management Review*, 23 (3), 513-530.

CAPÍTULO IV

Dinâmicas empresariais da responsabilidade social: estudos de casos ao sector do turismo

A RESPONSABILIDADE SOCIAL DAS EMPRESAS: NÍVEIS DE PERCEPÇÃO NOS EMPREENDIMENTOS TURÍSTICOS DE TRÊS, QUATRO E CINCO ESTRELAS DA REGIÃO AUTÓNOMA DA MADEIRA (RAM)

Marísia Cabral Brito Gomes* e José Boza Chirino**

Resumo: O presente estudo visou medir os níveis de percepção da Responsabilidade Social (RS) dos empreendimentos turísticos de três, quatro e cinco estrelas existentes e em funcionamento na Região Autónoma da Madeira (RAM), em Portugal. Numa primeira fase fez-se uma contextualização teórica da importância da RS para as empresas turísticas e, particularmente, para os empreendimentos turísticos. Numa segunda fase, foi feita uma análise empírica tendo por base as respostas aos inquéritos dirigidos aos directores dos 22 empreendimentos turísticos pertencentes às três categorias e que fizeram parte da amostra do estudo. O tratamento dos dados foi feito através de uma análise de clusters, cujos resultados mostram que a categoria dos empreendimentos turísticos (dada em número de estrelas), a pertença ou não a uma cadeia hoteleira, a localização (rural ou urbano), e a dimensão (em número de quartos), tendem a influenciar os níveis de percepção da RS destes empreendimentos turísticos.

Palavras-chave: Empreendimentos Turísticos; Região Autónoma da Madeira; Responsabilidade Social; Responsabilidade Social das Empresas; Turismo.

1. Introdução

A Responsabilidade Social das Empresas (RSE) tem vindo a assumir-se nos últimos anos como um dos elementos-chave para a mudança do paradigma de desenvolvimento, tendo-se tornado num dos temas dominantes dos

---

* (Universidade da Madeira) –marisiacb@gmail.com
** (Universidad de Las Palmas de Gran Canária - Espanha) – jchirino@dmc.ulpgc.es

debates académicos e empresariais. Tido por muitos como uma filosofia e política que quando bem aplicada beneficia a economia, a sociedade e o meio ambiente (Henderson, 2007), a ideia por detrás deste conceito é de que a responsabilidade das empresas ou organizações vai para além da responsabilidade económica. Às empresas é atribuído o papel de impulsionadoras do desenvolvimento social e de conservação e recuperação do meio ambiente, culminando isto numa projecção positiva das suas imagens e, consequentemente, no aumento da sua competitividade e sustentabilidade. Enquanto "[...] integração voluntária de preocupações sociais e ambientais por parte das empresas nas suas operações e na sua interacção com as outras partes interessadas." (Comissão das Comunidades Europeias, 2006), a RSE aparece como uma atitude voluntária que pode e deve ser assumida por todas as empresas e organizações de todos os sectores de actividade. A estas é exigido que assumem comportamentos socialmente responsáveis de modo a não pôr em risco: o desenvolvimento sustentado; os direitos do Homem, nomeadamente no trabalho; o meio ambiente e os recursos naturais. Por outro lado, é destacada a sua responsabilidade no melhoramento da qualidade de vida dos seus colaboradores e das comunidades nas quais estão inseridas.

Todo este debate em torno da importância da Responsabilidade Social (RS) ganha maior relevância quando aplicado ao sector do turismo, devido à relação bidireccional existente entre o produto turístico oferecido e os ambientes natural, económico, social e cultural envolventes (Rodríguez e Cruz, 2007). González e León chamam à atenção para a importância destes elementos que formam o ambiente envolvente da actividade turística uma vez que, para além de serem o suporte físico da actividade, também constituem parte do produto turístico em si ao determinarem a qualidade e a satisfação da experiência do turista (González e León, apud Rodríguez e Cruz, 2007).

Tendo por base todo este debate em torno da RS, definiu-se como objectivo geral deste trabalho **medir os níveis de percepção da Responsabilidade Social dos empreendimentos turísticos de três, quatro e cinco estrelas existentes e em funcionamento na Região Autónoma da Madeira.**

De modo a atingir este objectivo geral, tornou-se necessário definir alguns objectivos específicos, que consistiu em identificar:
– os valores dos empreendimentos turísticos da RAM;
– as práticas de direitos humanos levadas a cabo nestes empreendimentos turísticos;
– as políticas de actuação no local de trabalho (práticas laborais) neles existentes;

– as políticas sociais levadas a cabo por estes empreendimentos turísticos;
– as práticas operacionais por eles adoptadas;
– as políticas ambientais levadas a cabo pelos empreendimentos turísticos;
– os níveis de envolvimento dos empreendimentos turísticos com a comunidade e a sua participação para o desenvolvimento da sociedade.

A revisão da literatura, da legislação e das normas existentes em torno da temática da RSE levaram à formulação de quatro hipóteses de pesquisa. Estas foram formuladas com base nas principais características diferenciadoras entre os empreendimentos turísticos da amostra. Assim, e hipoteticamente:

Hipótese 1: A categoria dos empreendimentos turísticos (em número de estrelas) condiciona os seus níveis de percepção da RS;

Hipótese 2: A pertença ou não a uma cadeia hoteleira influencia os níveis de percepção da RS;

Hipótese 3: A localização dos empreendimentos turísticos (mais rural ou mais urbano) influencia os níveis de percepção da RS;

Hipótese 4: A dimensão dos empreendimentos turísticos (em número de quartos) influencia a forma como encaram a RS.

2. A Responsabilidade Social das Empresas (RSE)

A questão do envolvimento das empresas com as questões sociais não é tão recente como possa parecer. De facto, esta questão não é característica das sociedades modernas. A diferença está na dimensão e no envolvimento de diversos actores sociais neste debate que tem evoluído ao longo dos anos e assumido diferentes proporções.

As concepções institucionais da RSE mudaram substancialmente desde o seu aparecimento até à actualidade. O conceito tem sido explorado e debatido por estudiosos, académicos, empresários, políticos e cidadãos comuns por todo o mundo, o que culminou num significativo conjunto de contribuições teóricas que têm promovido o seu desenvolvimento e facilitado a sua compreensão. Apesar dos constantes debates e do crescente reconhecimento da sua importância para as sociedades modernas, a RSE continua sendo um tema não consensual, devido às múltiplas definições e interpretações que tem suscitado e devido à complexidade das suas motivações e implicações.

Na sua definição da RSE, Archie Carroll (1979), cuja abordagem representa uma tentativa de reconciliação entre as orientações económica e social das empresas, deixa subjacente o facto das obrigações das empresas irem para além das obrigações económicas e legais. Para este autor, qualquer definição deste conceito deve abranger quatro dimensões básicas: responsabilidades económicas; responsabilidades legais; responsabilidades éticas; e responsabilidades discricionárias ou filantrópicas (Carroll, 1979).

Outra grande contribuição neste campo foi a de Donna Wood (1991) que chama à atenção para o carácter ambíguo e insatisfatório da definição, o que vê como constituindo o principal obstáculo ao desempenho socialmente responsável das empresas. Melhorar o desempenho social duma empresa significa alterar o seu comportamento para reduzir os danos causados e produzir resultados benéficos para a sociedade. Ao acrescentar aos princípios, aos processos e às políticas promovidas pelas empresas, os resultados observáveis e os impactos sociais da sua acção, Wood (1991) defende que a RSE deverá ter por detrás a ideia de que as empresas e a sociedade são duas realidades entrelaçadas, e não duas entidades distintas.

A RSE deixou de ser concebida como uma responsabilidade moral dos gestores para aumentarem o bem social, ou os gastos discricionários ou filantrópicos dos executivos que podem comprometer os lucros de uma empresa, para passar a ser vista como um recurso estratégico usado para melhorar o desempenho económico, social e ambiental das empresas.

3. A RSE em Portugal

A RSE tem vindo ao longo dos anos a ser praticada de modo informal por um grande número de empresas portuguesas. Constitui um marco importante nesta matéria a realização da Cimeira Europeia de Lisboa em Março de 2000, onde foi formulado um apelo no sentido de haver uma maior RS no meio empresarial e foi aprovada a Estratégia de Lisboa para a Europa na década 2000-2010, que impulsionou o emergir da RSE como disciplina de gestão autónoma em Portugal. O objectivo principal desta Cimeira foi de tornar a economia da União Europeia "[...] numa economia baseada no conhecimento, mais dinâmica e competitiva no mundo, capaz de garantir um crescimento económico sustentável, com mais e melhores empregos e com maior coesão social"[1]. Contudo, a RSE só agora começa a dar passos significativos em Portugal e a afirmar-se como uma possível alternativa aos modelos de regulação e de gestão empresarial, pelo facto de colocar as pessoas (consumidores/clientes e empregados) e o ambiente, no centro e no mesmo patamar que os resultados estritamente económicos.

---

[1] UE(2006)http://europa.eu/legislation_summaries/education_training_youth/general_framework/c10241_pt.htm. Acedido a 29 de Maio de 2008.

De acordo com o estudo desenvolvido e apresentado pela empresa de consultoria em Responsabilidade Social "Sair da Casca – A percepção da responsabilidade social em Portugal, embora se percepcione que "[...] a questão da responsabilidade social está a ganhar relevância na organização das políticas e estratégias das grandes empresas" (Sair da Casca, 2004), as questões relacionadas com esta temática ainda não são assumidas nem abordadas de forma integrada e continuada pelas empresas portuguesas. Ainda segundo dados do mesmo estudo, as medidas tomadas no âmbito da RS pelo tecido empresarial português têm um carácter pontual e não são partilhadas com os cidadãos, donde se denota uma certa reserva em comunicar as acções de RS. Mesmo as empresas que se mostram interessadas em obter uma certificação em RS manifestam a necessidade de um período de clarificação e familiarização com os conceitos e critérios de avaliação. Todos estes aspectos apresentados no estudo espelham a fase embrionária em que se encontra a RS em Portugal e a forma como as empresas a encaram.

Convém no entanto realçar os dados de 31 de Março de 2008 da Social Accountability Accreditation Services (SAAS)[2] segundo os quais são 11 as empresas portuguesas que à data obtiveram certificações relativas à Norma SA8000 (norma especificadora dos requisitos da RS).

4. A RSE na RAM

A RAM não foge à tendência nacional em termos de RS que se encontra, ainda, numa fase embrionária. É notória a escassez, ou mesmo inexistência de estudos e trabalhos ou qualquer outro tipo de referencial sobre a RSE na Região. Contudo, são de destacar os dados da Associação Portuguesa de Certificação (APCER) e da Tüv Rheiland Portugal que espelham as bases para as futuras práticas de RS das empresas da RAM. Segundo os dados da APCER, o número de entidades da RAM certificadas entre Março de 2007 e Março de 2008 cresceu 33%[3], sendo os certificados mais procurados pelas instituições da RAM a ISO 9001:2000 (Certificação de Sistemas de Gestão da Qualidade), a ISO 14001:2004 (Certificação de Sistemas de Gestão Ambiental) e a ERS 3002 (Qualidade e Segurança Alimentar na Restauração). De acordo com os dados apresentados pela Tüv Rheiland Portugal, a RAM encontra-se no topo

---

[2] Dados obtidos a 23 de Maio de 2008 em http://www.saasaccreditation.org/docs/CertifiedFacilities033108.pdf

[3] Dados obtidos a 29 de Maio de 2008 em http://www.apcer.pt/index.php?cat=33&item=1292&hrq.

das regiões do país com mais hotéis certificados no âmbito do Eco-hotel, com um total de nove unidades[4]. A RAM destaca-se ainda como sendo, e segundo o inquérito do Turismo de Portugal de 2006 sobre Boas Práticas Ambientais nos Estabelecimentos Hoteleiros, a região do país com mais empreendimentos turísticos com boas práticas ambientais.

No entanto, e como ficou definida na Feira do Emprego e do Empreendedorismo realizado na Madeira no ano de 2006, a RSE, enquanto "[...] adopção voluntária e sistemática de um modelo de gestão e de criação de valor, através do qual, para além da sua dimensão económica tradicional e das suas obrigações legais, se garanta a coesão social, a protecção do meio ambiente e o respeito pela cultura em todas as situações e actos da sua missão, procurando atingir a competitividade integrada e assegurar uma sustentabilidade integrada." (Boza Chirino e Déniz, 2007), ensaia os primeiros passos na RAM.

5. A RSE: relação com o turismo e com os empreendimentos turísticos

Embora as suas origens remontem aos finais da Primeira Guerra Mundial com o advento da aviação comercial (Sarmento, 2003), só muito recentemente a indústria do turismo vê reconhecida a sua importância no desenvolvimento económico dos países. O crescimento acelerado do fluxo turístico devido principalmente aos avanços nos meios de transportes, fez surgir preocupações concernentes aos possíveis impactos desta actividade nas sociedades e no meio ambiente natural.

O turismo é um sector que não conhece fronteiras, não só por ter como elemento base as viagens, mas também pelo facto das ramificações da sua actividade estenderem-se por quase todos os sectores da sociedade. Nas últimas décadas tem sido notório o crescimento acelerado dos fluxos do turismo. Constitui-se como um dos sectores que mais tem contribuído para a geração de receitas e a criação de postos de trabalho. Tudo isto, aliado ao facto de ter serviços feitos por pessoas (no qual há fornecimento de experiências, o transporte, alojamento e entretenimento de pessoas/turistas), pôs a descoberto a necessidade de avaliar os riscos subjacentes à aposta no turismo como motor de desenvolvimento e de determinar em que medida é possível combinar o impulso desta actividade económica com a sustentabilidade social e ambiental. Neste contexto, as crescentes discussões em torno da RSE acabaram por

---

[4] Dados obtidos a 29 de Maio de 2008 em http://www.tuv.pt/noticias/artigos/artigo_26.htm.

se fazer sentir também no sector do turismo, numa altura em que se começa a analisar em que condições o turismo pode contribuir para a luta contra problemas como a injustiça social, a pobreza e a exclusão social, e a degradação ambiental. A RSE tem vindo então a ganhar notoriedade e a afirmar-se como um dos garantes da competitividade e sobrevivência deste sector de actividade.

Se tempos houve em que foi exigido às empresas turísticas a adopção de práticas visando um turismo ambientalmente sustentável, onde era dado destaque à preservação do meio ambiente natural, actualmente é-lhes exigido um comportamento mais abrangente, um comportamento socialmente responsável. Esta visão pressupõe um turismo que para além da viabilidade económica, constitua uma aposta na prosperidade local, na qualidade de emprego, na equidade social, que se preocupe com a satisfação do visitante, com o bem-estar da comunidade, a preservação da riqueza cultural, com a integridade física, a diversidade biológica, a eficiência de recursos e com a preservação e pureza do meio ambiente (Henderson, 2007). Para Kasim e Scarlat, é estreita a relação entre o turismo e o ambiente físico em que a sobrevivência do turismo depende da sua capacidade de minimizar os impactos negativos das suas actividades quotidianas no meio ambiente e nas sociedades (Kasim e Scarlat, 2007). Em termos práticos, isto significa que a qualidade de interacção dos turistas tende a diminuir significativamente se o ambiente natural no qual se desenrolam as actividades turísticas estiver poluído, degradado e carente das suas qualidades estéticas como resultado de um fraco planeamento turístico. Por outro lado, um destino deixará de ser atractivo para os turistas se nele forem notórios graves problemas sociais como, por exemplo, o aumento da criminalidade e antagonismos sociais (Kasim e Scarlat, 2007).

O facto de ter uma relação estreita com o meio ambiente e com as sociedades que são a "cara" dos seus produtos (Henderson, 2007), à indústria turística é atribuída deveres que vão para além da área dos negócios. Trata-se de uma actividade que tem impactos significativos na economia dos destinos, nas sociedades, culturas e no meio ambiente, o que justifica os crescentes debates sobre a actuação das empresas turísticas.

Das empresas turísticas espera-se um comportamento socialmente mais responsável. Para além das acções visando o lucro, deverão desenvolver acções com vista a reduzir os danos ambientais decorrentes das suas actividades, participar mais directamente em acções comunitárias nas sociedades onde estão inseridas, investir no bem-estar dos seus funcionários num ambiente de trabalho saudável, garantir a satisfação dos seus clientes, promover comunicações transparentes e deverão dar retorno aos accionistas.

A adopção de comportamentos socialmente responsáveis por parte das empresas turísticas pode ser encarada como uma variável estratégica essencial à sua sobrevivência no ambiente competitivo no qual estão inseridas. Para além da sua capacidade de pôr em contacto diferentes culturas, de operar pela ruptura do isolamento, o turismo tem ainda a particularidade de absorver um leque variado de pessoas com diferentes qualificações e de possuir o poder de criação e aumento de oportunidades de emprego e, consequentemente, de geração de salários. Este carácter "inclusivo" e democratizante do turismo torna este sector um campo privilegiado para a promoção da RS (Vieira, 2008).

Não é possível estruturar destinos turísticos sem os empreendimentos turísticos (Cunha, 2003). Os estabelecimentos hoteleiros, enquanto estruturas "[...] cuja utilização é feita de forma temporária por alguém que se desloca como visitante." (Cunha, 2003), constituem a principal infra-estrutura de apoio aos turistas sendo, portanto, a base essencial dos destinos turísticos e sem as quais estes não existem. No entanto, há quem chame a atenção para outras consequências desta actividade turística. A esta é associada a responsabilidade pela introdução de novos elementos de oferta turística e de atractivos turísticos para além dos naturais, aumentando o potencial de atracção dos visitantes. É também apontada como a responsável pelo problema de degradação dos recursos naturais e do meio ambiente (Furió Blasco, apud Jiménez e Céspedes Lorente, 1999). O debate em torno da protecção ambiental ganha mais relevância na indústria hoteleira devido à relação bilateral existente entre o produto turístico oferecido e os ambientes natural, económico, social, cultural e ambiental nos quais está inserido (Gonzaléz e León, apud Rodríguez e Cruz, 2007). Para estes autores, este ambiente não constitui apenas o suporte físico da actividade, como também forma parte do produto turístico em si, pois determina a qualidade e a satisfação da experiência do turista.

O crescente aumento do número de empreendimentos turísticos, o agravamento dos problemas ambientais e a transformação destes em problemas económicos globais, levaram ao reequacionamento da forma de actuação destes na sociedade. À prossecução do lucro e à preservação do meio ambiente (derivado dos movimentos de consciencialização ambiental no turismo, das regulações governamentais, das mudanças na mentalidade e na procura dos turistas e das iniciativas de ONG), veio juntar-se a necessidade de bem-estar social, com o objectivo de se atingir níveis de desempenho socialmente responsáveis.

A sobrevivência dos empreendimentos turísticos passa forçosamente pelo contexto socioambiental no qual estão inseridos. Passa pela qualidade que deve estar ligada à qualidade ambiental, convertendo todos em parceiros da actividade turística, e transformando isto numa tendência global (Felipe, apud Rodríguez e Cruz, 2007). Dito de outro modo, nesta época de forte competitividade, o futuro e a sobrevivência dos empreendimentos turísticos passam pela conjugação das dimensões económica, social e ambiental nas suas actividades, sendo contudo de realçar a importância particular da dimensão meio ambiente. A importância da dimensão ambiental deve-se não só às pressões institucionais, mas também porque a variável meio ambiente é vista como um instrumento necessário e relevante, cuja gestão está estritamente ligada à qualidade do produto turístico oferecido (Rodríguez e Cruz, 2007).

Aos empreendimentos turísticos, enquanto componentes importantes da indústria do turismo e dos serviços, que muitos vêem como "os destruidores silenciosos do meio ambiente" (Hutchinson, apud Gil, Jiménez e Lorente; 2001), é requerido um desempenho capaz de conjugar e garantir o equilíbrio entre as esferas económica, social e ambiental.

6. Análise Empírica

A escassez de estudos nesta área em Portugal e na RAM levou à realização de um estudo empírico com a finalidade de chegar ao objectivo pretendido, confirmar as hipóteses formuladas e de descortinar os factores que mais influenciam os níveis de percepção da RS. Assim sendo, procurou-se: (a) analisar a existência ou não de acções de RS desenvolvidas pelos empreendimentos turísticos; (b) medir os seus níveis de percepção da RS; e (c) identificar os factores que podem influenciar os níveis de percepção da RS.

O universo e a amostra

Fizeram parte do universo da análise deste estudo os empreendimentos turísticos de três, quatro e cinco estrelas existentes e em funcionamento na RAM, ou seja, nas ilhas da Madeira e do Porto Santo. Tal delimitação deveu-se ao facto dos empreendimentos turísticos pertencentes a estas três categorias serem os que apresentam maiores taxas de ocupação, maior capacidade de alojamento e maior número de pessoal ao serviço na RAM (Inserir Tabela I – Empreendimentos, Quartos, Camas, Capacidade de Alojamento e Pessoal ao Serviço, por categoria dos Empreendimentos (2007)). Este universo foi obtido a partir de uma consulta às estatísticas da Direcção Regional de Estatística da Madeira (DRE da Madeira) das quais, e dum total de 193 empreendimentos, se obteve um universo final de 128 empreendimentos turísticos pertencentes a estas três categorias. Estes encontram-se classificados como hotéis, hotéis apartamentos, apartamentos turísticos, pousadas, estalagens e pensões, e albergarias. As pensões e as albergarias, cujas classificações variam entre 1.ª, 2.ª e 3.ª categoria, não foram consideradas neste estudo. A Pousada, cuja categoria não é definida, também não foi considerada neste estudo. Apenas foram considerados os hotéis, os hotéis apartamentos, os apartamentos turísticos e as estalagens.

TABELA I – Empreendimentos, Quartos, Camas, Capacidade de Alojamento e Pessoal ao Serviço, por categoria dos Empreendimentos (2007)

CATEGORIA DOS ESTABELECIMENTOS	EMPREENDIMENTOS	QUARTOS	CAMAS	CAPACIDADE DE ALOJAMENTO	PESSOAL AO SERVIÇO
TOTAL	193	13 311	25 579	27 307	6 570
HOTÉIS	52	7 040	13 200	14 225	3 708
☆☆☆☆☆	9	2 111	3 755	4 233	1 487
☆☆☆☆	30	3 952	7 577	7 992	1 830
☆☆☆	12	940	1 803	1 921	380
☆☆	1	38	65	79	11
HOTÉIS APARTAMENTOS	36	3 784	7 756	7 980	1 701
☆☆☆☆☆	2	384	830	879	256
☆☆☆☆	21	2 426	4 957	5 087	1 134
☆☆☆	12	935	1 897	1 933	303
☆☆	1	40	72	80	9
APARTAMENTOS TURÍSTICOS	30	355	684	747	...
☆☆☆☆☆	1	15	21	32	7
☆☆☆☆	7	193	403	421	49
☆☆☆	10	104	195	209	26
☆☆	12	43	65	85	...
ESTALAGENS	24	929	1 723	1 883	594
☆☆☆☆☆	11	504	908	1 017	421
☆☆☆☆	13	425	815	867	173

Fonte: Direcção Regional de Estatísticas da Madeira (DRE da Madeira); Indicadores da actividade económica: estatísticas do turismo – resultados definitivos ano 2007; http://estatistica.gov-madeira.pt; consultado em de 18 Julho de 2008.

Qualquer estudo de investigação pressupõe, e na impossibilidade de analisar todo o universo de estudo, a definição de uma amostra. No presente estudo, e na falta de respostas por parte dos inquiridos, a amostra foi definida em função das respostas obtidas. Sendo assim, e mesmo correndo o risco de ter uma amostra enviesada em que a generalização não é legítima (Ghiglione e Matalon; 1997), a amostra obtida neste estudo é composta por 22 empreendimentos turísticos de três, quatro e cinco estrelas distribuídos entre as ilhas da Madeira e do Porto Santo (Inserir Tabela II – Distribuição geográfica e categoria dos empreendimentos turísticos da amostra).

TABELA II – Distribuição geográfica
e categoria dos empreendimentos turísticos da amostra

	Categoria (estrelas)			
	3	4	5	Total
Ilha Madeira	1	4	0	5
Porto Santo	2	15	5	22
Total	2	15	5	22

A Metodologia

Todo o trabalho de investigação pressupõe o recurso a uma metodologia cuja finalidade é de proporcionar ao investigador meios para empreender a investigação e aperfeiçoar os conhecimentos. Deste modo, e com o objectivo de conhecer os níveis de percepção da RS dos empreendimentos turísticos de três, quatro e cinco estrelas da RAM, recorreu-se aos seguintes meios:

- Pesquisa bibliográfica, que possibilitou uma melhor compreensão do tema de RSE, as suas dimensões, indicadores, e a sua importância e aplicabilidade ao turismo e aos empreendimentos turísticos;
- Recolha de dados estatísticos referentes ao número e categorias dos empreendimentos turísticos existentes e em funcionamento na RAM;
- Elaboração e aplicação de um inquérito por questionário dirigido aos Directores/Responsáveis dos empreendimentos turísticos do universo em estudo;
- Recolha da informação que, posteriormente, foi tratada no Statistical Package for Social Science (SPSS 16.0) com a finalidade de isolar os padrões mais relevantes, estáveis e evidenciados nas respostas dos inquiridos;
- Análise dos dados obtidos e apresentação das principais conclusões.

O método de análise usado para se alcançar os objectivos pretendidos foi a análise de clusters com recurso ao programa SPSS 16.0. Esta análise de clusters foi feita com o objectivo de agrupar os empreendimentos turísticos da amostra que tiveram respostas semelhantes no inquérito por questionário aplicado. O método utilizado foi o K-means cluster, baseado na distância Euclidiana, tendo como critério de agregação das respostas, o critério centróide ou centros.

A realização desta análise de clusters compreendeu quatro etapas:

1. Começou-se por seleccionar a amostra de objectos a serem agrupados, neste caso, os 22 empreendimentos turísticos da amostra; o agrupamento foi feito em função da informação existente, de tal modo que os objectos pertencentes a um mesmo grupo fossem tão semelhantes quanto possível, e sempre mais semelhantes aos elementos do mesmo grupo do que a elementos dos restantes grupos (Maroco, 2003);

2. Foi definido um conjunto de variáveis que melhor caracterizam os objectos da amostra. Do conjunto de variáveis existentes no estudo só foram utilizadas aquelas cujas respostas dos directores foram distintas e permitiram a diferenciação dos grupos, ou seja, as variáveis estatisticamente significativas (Inserir Tabela III – ANOVA para selecção das variáveis estatisticamente significativas);

3. Num terceiro momento procedeu-se à escolha de uma medida de semelhança ou dissemelhança entre os grupos. O mais conhecido e utilizado é o método CPCP (Center Points Clustering Problem), uma variante para a análise espacial do método k-means (Cerejeira, 2000). Este método consiste no agrupamento das observações espaciais baseado na minimização da sua distância Euclidiana a pontos centrais criados artificialmente. Tem por objectivo minimizar a diferença total entre as coordenadas de cada observação e as coordenadas dos pontos centrais A distância Euclidiana é uma medida de dissemelhança que "[...] mede o comprimento da recta que une duas observações num espaço p-dimensional." (Maroco, 2003). Para p-variáveis, a distância Euclidiana entre os sujeitos i e j é dada por (Jonhson e Wichern, apud Maroco, 2003):

$$D_{ij} = \sqrt{\sum_{k=1}^{p} \left(x_{ik} - x_{jk} \right)^2} = \sqrt{\left(x_{j1} - x_{j1} \right)^2 + \left(x_{i2} - x_{j2} \right)^2 + \ldots + \left(x_{ip} - x_{jp} \right)^2}$$

onde X_{ik} é o valor da variável k no sujeito i e X_{jk} é o valor da variável k para o sujeito j. De igual modo, de forma matricial

$$D_{ij} = \sqrt{\left(x_i - x_j\right)\left(x_i - x_j\right)}$$

onde X_i e X_j representam os vectores p-dimensionais das observações correspondentes aos indivíduos i e j;

4. Escolheu-se um algoritmo de classificação, que neste caso foi um agrupamento hierárquico com recurso ao método do centróide, em que cada "[...] novo cluster formado é representado por um ponto cujas coordenadas são a média dos sujeitos que fazem parte do cluster para cada uma das variáveis (i.e. pelo centróide)". (Maroco, 2003).

A partir desta análise de clusters foi possível formar e distinguir três clusters (Inserir Tabela IV – Número de casos em cada cluster).

TABELA III – ANOVA para selecção das variáveis estatisticamente significativas

	ANOVA					
	CLUSTER		ERRO		f	SIG.
	MÉDIA QUADRÁTICA	df	MÉDIA QUADRÁTICA	df		
Reciclagem	5,27	2	0,33	19	16,06	0,00
Energia	0,12	2	0,16	19	0,75	0,49
Contaminação	13,93	2	1,38	19	10,13	0,00
Protecção	10,88	2	0,74	19	14,66	0,00
Transporte	14,59	2	2,53	19	5,76	0,01
Novos produtos	7,84	2	1,16	19	6,73	0,01
Informação	3,73	2	1,42	19	2,64	0,10
Colaborar	16,58	2	0,60	19	27,55	0,00
Formação	11,93	2	2,08	19	5,72	0,01
Motiva	14,78	2	1,20	19	12,32	0,00
Apoia	8,12	2	0,69	19	11,84	0,00
Valores	2,01	2	0,58	19	3,49	0,05
Clientes cientes	4,50	2	0,82	19	5,48	0,01

TABELA IV – Número de casos em cada cluster

NÚMERO DE CASOS EM CADA CLUSTER		
CLUSTER	1	15,000
	2	5,000
	3	2,000
Válidos		22,000
Perdidos		,000

7. Os Resultados

O tratamento dos dados obtidos com a aplicação do inquérito, tornou possível tirar as conclusões seguidamente apresentadas:

- Nenhum dos empreendimentos turísticos inquiridos enquadra-se na "condição ideal" em termos de RSE, uma vez que esta situação só se verificaria se os empreendimentos aplicassem de forma integral e eficiente todas as componentes da RS (económica, social e ambiental), facto que não acontece;

- Todos os empreendimentos turísticos percebem a RSE como algo importante, mas o nível de percepção difere dependendo do cluster no qual estão inseridos. A análise de clusters permitiu a formação de três clusters com as seguintes características:

  - O Cluster 1 (com um total de 15 empreendimentos) é o agrupamento de empreendimentos turísticos que se encontra mais próximo do "ideal". Este cluster é formado por empreendimentos que se preocupam com o meio ambiente, colaboram com outras instituições em matéria de RSE, que motivam os seus empregados a participarem nas actividades locais, apoiam economicamente actividades da comunidade, que transmitem, embora em parte, os valores da empresa e que, em certa medida, dão a conhecer aos seus clientes os valores da empresa;

  - O Cluster 2 (com um total de 5 empreendimentos) é constituído pelos empreendimentos que mais se afastam do "ideal", ao se descurarem das questões relacionadas com a protecção ambiental ao não promovem acções em benefício de transportes menos contaminantes e não apostarem em novos produtos que contaminem menos. Estas empresas não participam em acções que beneficiam a população local e não motivam os seus colaboradores a participar em actividades da comunidade. Também são as que não apoiam economicamente projectos e actividades da comunidade e que não se preocupam em melhorar e transmitir os valores da empresa;

– O Cluster 3 (com um total de 2 empreendimentos) é formado pelos empreendimentos que menos se preocupam com as questões ambientais, tanto a nível da reciclagem, como a nível da adopção de medidas de protecção do meio ambiente, da contaminação e adopção de opções sustentáveis de transporte. É também deficiente a relação que mantêm com as comunidades nas quais estão inseridos, sobretudo em termos de formação.

A verificação das hipóteses formuladas, e dada a pequena dimensão da amostra, foi feita com recurso aos testes T de Student e F de Fisher. Esta verificação permitiu identificar um conjunto de variáveis que influencia os níveis de percepção da RS dos empreendimentos turísticos da amostra.

Para a verificação da hipótese 1, foi realizado um teste F de Fisher com vista à comparação dos desvios padrão. A categoria dos empreendimentos turísticos dada em número de estrelas funciona como um elemento diferenciador ao nível da consulta aos colaboradores sobre questões importantes. Assim, os que mais a concretizam são os empreendimentos de quatro estrelas, seguidos dos de três estrelas. Os de cinco estrelas são os que tendem a não incluir os seus colaboradores nas suas tomadas de decisões. Deste modo, rejeitou-se a hipótese nula, o que é o mesmo que dizer, com 90% de confiança, que a categoria dos empreendimentos turísticos (três, quatro e cinco estrelas) condiciona os níveis de percepção da RS;

A verificação da hipótese 2 foi feita através de uma comparação entre as médias das respostas, ou seja, através de um teste T de Student. A conclusão a que se chegou foi de que a pertença a uma cadeia hoteleira tende a influenciar positivamente algumas variáveis de RS, tais como a consulta aos colaboradores, a poupança energética, os cuidados com a contaminação ambiental, o diálogo com os clientes, o tratamento das reclamações de clientes, a poupança de dinheiro ao investir na melhoria das acções relativamente ao ambiente, o apoio económico a projectos da comunidade e a transmissão das normas e dos valores da empresa tanto aos clientes como aos colaboradores. Assim, rejeitou-se a hipótese nula para a qual não existem diferenças nos níveis de percepção da RS independentemente de pertencer a uma cadeia hoteleira ou não. Pode-se afirmar, com 90% de confiança, de que pertença ou não a uma cadeia hoteleira influencia os níveis de percepção da RS;

RESPONSABILIDADE SOCIAL: UMA VISÃO IBERO-AMERICANA

Para a verificação da hipótese 3, recorreu-se ao teste T de Student cujos resultados permitiram-nos concluir que a localização dos empreendimentos turísticos, mais rural ou mais urbano, tende a influenciar a sua sensibilidade relativamente à RS. Uma das conclusões a que se chegou foi de que os empreendimentos localizados no meio rural são os que se mostram mais preocupados com a questão da protecção do meio ambiente. Também são os que dão maior importância aos aspectos internos da empresa como por exemplo as questões de segurança dos colaboradores, colaboradores estes que são consultados sobre questões importantes da empresa e aos quais é sempre transmitido as normas e valores da empresa. Os empreendimentos localizados no meio urbano apenas dão importância ao incentivo à formação dos seus colaboradores, ao cumprimento com honestidade dos seus contratos e são da opinião de que a empresa pouparia dinheiro melhorando o impacto ambiental das suas actividades. Isto levou à rejeição da hipótese nula segundo a qual a localização dos empreendimentos turísticos não exerce qualquer influência nos níveis de percepção da RS. A conclusão a que se chegou, com 90% de confiança, é de que o facto de se localizarem no meio rural torna os empreendimentos turísticos mais sensíveis as questões da RS, ou seja, a localização dos empreendimentos turísticos influencia os seus níveis de percepção da RS;

Na hipótese 4, relativa à dimensão (dada em número de quartos), o teste F de Fisher permitiu identificar diferenças significativas entre os empreendimentos. Os que têm uma capacidade de alojamento entre as 40-60 quartos são os que mais proporcionam aos colaboradores um equilíbrio entre as vidas privada e profissional, e os que mais apoiam economicamente as actividades das comunidades nas quais estão inseridos. Contrariamente, são os empreendimentos com mais de 80 quartos que têm os piores resultados nestes aspectos, principalmente ao não proporcionarem um equilíbrio entre a vida privada e a vida profissional dos seus colaboradores. Isto significou, com um nível de confiança de 90%, a rejeição da hipótese nula e aceitação da hipótese alternativa para a qual a capacidade de alojamento dos empreendimentos turísticos influencia a forma como encaram a RS.

8. Conclusão

Neste trabalho procurou-se medir os níveis de percepção da RS dos empreendimentos turísticos de três, quatro e cinco estrelas da Região Autónoma da Madeira. A aplicação do instrumento de pesquisa (inquérito por questionário) revelou que os empreendimentos turísticos da amostra apresentam ainda um "tímido" índice de comprometimento com a RS. Uma das grandes conclusões deste estudo é de que os empreendimentos turísticos inquiridos apresentam uma visão limitada da RS. Embora todos percebam a RS como algo importante, na prática dão importância a determinadas vertentes da RS, descurando-se das restantes.

Considerando os resultados obtidos, pode-se sugerir que os empreendimentos turísticos da amostra precisam assumir uma nova postura empresarial, onde haja um maior comprometimento com a RS. Só assim poderão evitar, a médio e a longo prazo, prejuízos na sua estratégia em aspectos como a falta de integração com a comunidade, a mão-de-obra desqualificada, colaboradores desmotivados, descomprometimento com os stakeholders e baixas margens de lucro.

9. Limitações do estudo

Uma das grandes limitações deste estudo encontra-se na sua reduzida amostra: 22 empreendimentos turísticos. Desta forma, as conclusões dele retiradas aplicam-se apenas a esta mesma população, o que lhe pode conferir um carácter de estudo exploratório limitado. Tal limitação deveu-se, essencialmente, às dificuldades encontradas na obtenção das respostas ao questionário. Num total de 120 inquéritos enviados (alguns empreendimentos entretanto entraram em obras, outros fecharam), só foram obtidas 22 respostas, o que acabou por limitar o estudo.

Como se pode constatar, neste trabalho procurou-se conhecer apenas a opinião dos directores dos empreendimentos turísticos. Consideramos que a opinião dos colaboradores, dos hóspedes destes empreendimentos e dos restantes stakeholders, constituiriam importantes complementos a este trabalho e seriam mais-valias para uma melhor exploração, compreensão e distinção dos níveis de percepção de RS destes empreendimentos turísticos.

10. Recomendações

Tendo como base este estudo, poderão ser realizadas outras investigações abarcando outros aspectos, como por exemplo:
- Investigações com amostras mais representativas, ou seja, que abarquem um maior número de empreendimentos turísticos;
- Investigações que incluam a opinião de colaboradores dos empreendimentos turísticos e dos hóspedes como forma de enriquecer as investigações e de chegar a outras conclusões;
- Investigações que abordem a relação entre a RS e o desempenho económico dos empreendimentos turísticos.

Estes são alguns exemplos do que pode ser feito na ainda pouco explorada área do turismo socialmente responsável.

REFERÊNCIAS

BOZA CHIRINO, José e DÉNIZ, M. (2007). Foro formativo sobre responsabilidad social corporativa – la responsabilidad social corporativa a debate: acercamiento de las aportaciones de la academia y de los foros nacionales e internacionales. Fórum "Apresentação e reflexão sobre os Cinco Conceitos do Projecto Scala". Março de 2007. Lisboa.

CARROLL, Archie B. (1979); "A Three-dimensional conceptual model of corporate social performance". Academy of Management Review, 4, 497-505.

CEREJEIRA, João Carlos S. (2000). Identificação dos Distritos Industriais em Portugal. Actas do IV Congresso Português de Sociologia. 17-19 de Abril. Universidade de Coimbra.

COMISSÃO DAS COMUNIDADES EUROPEIAS (2006); "Comunicação da Comissão ao Parlamento Europeu, ao Concelho e ao Comité Económico e Social Europeu – Implementação da parceria para o crescimento e o emprego: tornar a Europa um pólo de excelência em termos de responsabilidade social das empresas". Bruxelas, 22.3.2006. Acedido a 10 de Outubro se 2007 em http://eur-lex.europa.eu/LexUriServ/LexUriServ.do?uri=COM:2006:0136:FIN:PT:PDF.

CUNHA, Licínio. (2003). Introdução ao Turismo. Lisboa: Editoral Verbo. [2.ª ed.]

GHIGLIONE, Rodolphe e MATALON, Benjamin (1997). O inquérito: teoria e prática. Oeiras: Celta Editora. [3.ª ed.].

GIL, M. J. Alvarez et al. (2001);"An analysis of environmental management, organizational context and performance of Spanish hotels". Omega – The International Journal of Management Science, 29, 457-471.

HENDERSON, Joan C. (2007). "Corporate social responsibility and tourism: hotel companies in Phuket, Thailand, after the Indian Ocean tsunami". Hospitality Management, 26, 228-239.

JIMÉNEZ, Jerónimo Burgos e LORENTE, José Céspedes (1999). Un análisis del contenido de la gestión ambiental de los establecimientos hoteleros; Universidad de Almería – Facultad de Ciencias Económicas y Empresariales. Espanha.

KASIM, Azilah e SCARLAT, Cezar (2007). "Business environmental responsibility in the hospitality industry". Management, 2, 5-23.

MAROCO, João (2003), Análise estatística com utilização do SPSS. Lisboa: Edições Sílabo. [2.ª ed. – Revista e corrigida].

RODRÍGUEZ, Francisco J. G. e CRUZ, Yaiza M. A. (2007). "Relation between social--environmental responsibility and performance in hotel firms". International Journal of Hospitality Management, 26, 824-839.

SAIR DA CASCA / MULTIVÁRIA, (2004); A percepção da responsabilidade social em Portugal; Portugal.

SARMENTO, Manuela (2003), Gestão pela qualidade total na indústria do alojamento turismo – casos práticos sobre a avaliação da qualidade da gestão e da satisfação do cliente. Portugal: Escolar Editora.

TURISMO DE PORTUGAL (2006); Boas práticas ambientais nos estabelecimentos hoteleiros; Portugal.

VIEIRA, Pollianna (2008). A Responsabilidade Social como estratégia inovadora para a actividade turística. Tese de Mestrado em Turismo. Centro Universitário de Belo Horizonte, Brasil. 250 pp.

WOOD, Donna (1991). "Corporate social performance revisited". Academy of Management Review, 16 (4), 691-718.

Endereços Electrónicos

http://www.apcer.pt/index.php?cat=33&item=1292&hrq. Acedido a 29 de Maio de 2008.

http://estatistica.gov-madeira.pt (Direcção Regional de Estatísticas da Madeira). Acedido a 18 de Julho de 2008.

UE, (2006) Conselho Europeu extraordinário de Lisboa (Março de 2000): para uma Europa da inovação e do conhecimento. Acedido a 29 de Maio de 2008 em http://europa.eu/legislation_summaries/education_training_youth/general_framework/c10241_pt.htm.

http://www.tuv.pt/noticias/artigos/artigo_26.htm (Tüv Rheiland Portugal). Acedido a 29 de Maio de 2008.

http://www.saasaccreditation.org/docs/CertifiedFacilities033108.pdf. Acedido a 23 de Maio de 2008.

www.sairdacasca.pt. Acedido a 23 de Maio de 2008.

IGUALDADE DE GÉNERO E RESPONSABILIDADE SOCIAL DAS EMPRESAS DE TURISMO

Carlos Costa*, Zélia Breda** e Inês Carvalho***

Resumo: Este artigo, "Igualdade de Género e Responsabilidade Social das Empresas de Turismo", procura abordar a questão da igualdade de género como uma das dimensões da responsabilidade social das empresas, nomeadamente no sector do Turismo, cujo emprego é maioritariamente feminino, mas revela, contudo, desigualdades entre mulheres e homens. Pretende-se reflectir sobre as vantagens éticas e económicas da responsabilidade social na área da igualdade de género, bem como sobre as diversas dimensões que esta engloba. Salienta-se a importância da formalização dos processos de recrutamento e promoção dos recursos humanos, bem como o papel da formação de redes com outros *stakeholders* para que as medidas sugeridas possam ser postas em prática por empresas, especialmente no sector do Turismo As redes poderão ter um papel crucial pois, por facilitarem a troca de conhecimentos e a partilha de recursos, permitem ultrapassar situações de escassez de recursos ou de *know-how* e promover a igualdade de género através da implementação de medidas eficazes.

Palavras-chave: responsabilidade social; igualdade de género; turismo; redes; PMEs.

1. Introdução

No âmbito da igualdade de género têm-se verificado grandes progressos ao nível da igualdade *de jure*, nomeadamente no âmbito das medidas legais de prevenção de desigualdades, das políticas públicas para a igualdade, bem como da delineação de medidas de acção positiva para atenuar as diferenças nas áreas mais críticas. No entanto, ao nível da igualdade *de facto*, os progressos estão ainda muito aquém do desejável (Rato *et al.*, s.d.). A questão da igualdade de género trava-se, nos países desenvolvidos, sobretudo ao nível do emprego e da participação na tomada de decisão.

---

* Doutorado em Turismo pela Universidade de Surrey. ccosta@ua.pt

** Doutorada em Turismo pela Universidade de Aveiro. zelia@ua.pt

*** Mestre em Gestão e Planeamento em Turismo pela Universidade de Aveiro. ines-claudiarc@ua.pt

No entanto, a implementação de medidas tendo em vista a igualdade de género ao nível empresarial é um processo que se depara com várias barreiras. Por um lado, a preocupação com a igualdade de género é raramente uma prioridade para as empresas ou para os seus representantes; por outro lado, os sindicatos concentram os seus esforços em questões relacionadas com os aumentos salariais ou as condições de trabalho, não estando muitas vezes sensibilizados para a problemática da igualdade de género nem tendo formação adequada para actuar nesta área. Da mesma forma, os especialistas na área do género raramente estão familiarizados com o sector privado, podendo sentir-se pouco qualificados para trabalhar neste sector (Donlevy e Silvera, 2007).

Este estudo pretende, por um lado, sensibilizar para esta questão e, por outro lado, sugerir diversas medidas e estratégias que poderão ser implementadas por empresas que aspirem a ser socialmente responsáveis no âmbito da igualdade de género. Através de revisão bibliográfica e pesquisa na Internet foram identificadas diversas boas práticas bastante heterogéneas entre si, tanto no que concerne o seu objectivo específico, como a alocação de recursos exigida.

Tendo em conta as características específicas do sector do turismo, procura avaliar-se a utilidade das medidas apontadas, identificar os entraves à sua implementação e sugerir modos de adaptação destas práticas ao sector.

É dada especial ênfase à importância da criação de redes entre organizações de diversa natureza para a difusão de informação, partilha de custos e de infra-estruturas que favoreçam uma optimização do esforço de promoção da igualdade de género.

2. Mulheres, emprego e turismo

Desde os anos 80 que se tem verificado na União Europeia uma enorme entrada de mulheres no mercado de trabalho (Comissão Europeia, 2004). Apesar disso e do crescente número de mulheres inscritas e diplomadas no Ensino Superior, o qual supera o número de homens (Figura 1), verifica-se que, ainda hoje, a taxa de emprego feminina é mais reduzida do que a masculina (Figura 2). Contudo, Portugal ultrapassou já a meta de 60% estabelecida pela Estratégia de Lisboa para a taxa de emprego feminina, sendo um dos países europeus que se destaca de forma mais positiva em relação a este indicador.

FIGURA 1 – Número de alunos matriculados no Ensino Superior, por género (1995/96 – 2008/09) (GPEARI – MCTES, 2009)

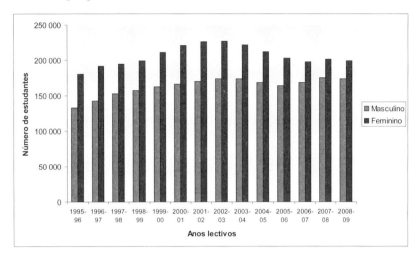

FIGURA 2 – Taxa de Emprego masculina e feminina (2007 – 2009) (GEP, 2009)

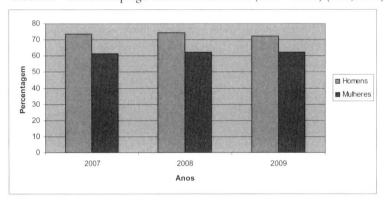

Apesar disso, em 2009, a taxa de desemprego feminina (9,9%) continuou a ser superior à masculina (8,1%) (Figura 3).

FIGURA 3 – Taxa de desemprego masculina e feminina (2007 – 2009) (GEP, 2009)

A discrepância ao nível das taxas de desemprego é particularmente acentuada para os trabalhadores e trabalhadoras com habilitações ao nível do Ensino Superior, sendo que o número de mulheres desempregadas com habilitações a este nível excede em mais do dobro o número de homens (Figura 4).

FIGURA 4 – Percentagem de desempregados por nível de escolaridade e género (2007) (INE, 2007)

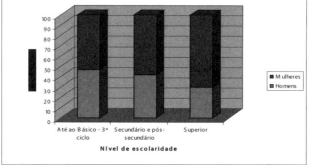

Para além disso, as mulheres são maioritárias no trabalho a tempo parcial, o que tem como consequências a sua exclusão de cargos elevados, maior vulnerabilidade no emprego e a obtenção de remunerações mais baixas (Comissão Europeia, 2004) (Figura 5).

Figura 5 – Percentagem de trabalhadores a tempo completo e a tempo parcial, por género (2009) (GEP, 2009)

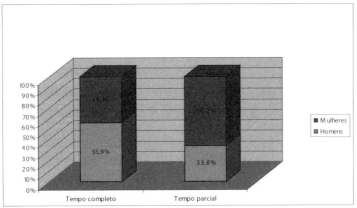

Nos sectores do alojamento e restauração, os mais significativos da indústria do turismo, a mão-de-obra é predominantemente feminina (62,1% em 2007) (GEP, 2007). Também ao nível do Ensino Superior em Turismo as mulheres obtêm a maior parte dos diplomas nesta área (Figura 6).

FIGURA 6 – Número de recém-diplomados na área do Turismo, por género e ano lectivo (2004/05 – 2007/08) (GPEARI – MCTES, 2009)

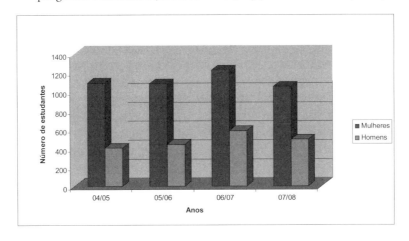

No entanto, ao nível do emprego nos sectores do alojamento e restauração, verifica-se que são os homens que ocupam os cargos que exigem maior nível de qualificação (Figura 7) e que são melhor remunerados (Figura 8).

FIGURA 7 – Distribuição (%) de trabalhadores por conta de outrem no sector do alojamento de restauração por nível de qualificação e género (2007) (GEP, 2007)

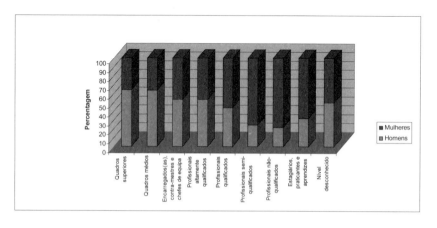

FIGURA 8 – Ganho médio mensal no sector do alojamento e restauração, por género (2005 – 2008) (GEP, 2008)

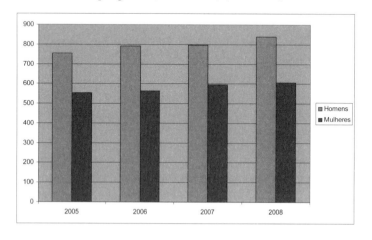

Esta desigualdade ao nível salarial é reforçada por diferenças ao nível de prémios e regalias adicionais, tais como carros da empresa, refeições gratuitas ou subsidiadas, seguros de saúde privados, entre outros (Purcell, 1997).

Para além da existência de uma forte segregação vertical no sector, que leva a que os homens ocupem as posições de gestão de topo e as mulheres as posições que oferecem menores possibilidades de progressão na carreira (Hemmati, 2000), verifica-se uma segregação horizontal muito significativa, estando as mulheres empregadas em áreas supostamente associadas às suas "características intrinsecamente femininas", designadamente, à sua "vocação natural" para cuidar dos outros (Jordan, 1997). Deste modo, as mulheres tendem a ser empregadas domésticas, vendedoras em agências de viagens, hospedeiras de bordo ou empregadas de mesa, enquanto os homens são jardineiros, *barmen*, trabalhadores da construção, condutores ou pilotos (Hemmati, 2000).

Para que se possa lidar com toda esta problemática de forma adequada e proceder à implementação de medidas que tenham impactes reais, é necessário que esta seja abordada não apenas ao nível governamental, mas também pela sociedade civil, nos *media*, em organizações não lucrativas, pelos próprios indivíduos e pelas empresas.

3. Importância da Responsabilidade Social das Empresas no âmbito da Igualdade de Género

A igualdade de direitos entre mulheres e homens está presente na legislação nacional e comunitária, sendo também discutida em organismos como as Nações Unidas, a Organização Internacional do Trabalho e a União Europeia em diversas conferências e ao nível de diversas instâncias (Rato *et al.*, 2005a; Rato *et al.*, 2005b).

No entanto, não é possível falar de igualdade entre mulheres e homens, particularmente ao nível do emprego, se este princípio não estiver implantado no seio das empresas, não for uma das prioridades da sua política de responsabilidade social e/ou não houver um esforço para alcançar a igualdade *de facto*.

A responsabilidade social deve ser um contributo fundamental para o cumprimento do direito e para abolir práticas que reforcem "a associação das mulheres à maternidade e ao cuidado e a associação dos homens à produção e à representação" (Rêgo, 2008). Para tal, é essencial que os diversos agentes económicos, políticos e sociais assumam que tanto as mulheres como os homens têm igual importância para a produção e para a reprodução, bem como direitos e responsabilidades tanto na esfera pública como na esfera privada (Rêgo, 2008).

Neste contexto, as medidas de acção positiva são essenciais, uma vez que permitem complementar a legislação sobre a igualdade de tratamento, contribuindo para a eliminação das desigualdades. O Conselho da Europa define "acção positiva" como uma estratégia destinada a estabelecer a igualdade de oportunidades por meio de medidas que permitem neutralizar, corrigir ou compensar por discriminações com origem em características como a etnia, o sexo ou a idade, que colocam alguns indivíduos numa situação mais desvantajosa (Conselho da Europa, 2010). Desta forma, são medidas que vão para além do que está estabelecido na lei e que visam pôr em prática programas concretos. Estas medidas pretendem compensar as mulheres pelo facto de existirem atitudes e comportamentos que derivam da ideia tradicional de repartição dos papéis dos homens e das mulheres na sociedade e que prejudicam as mulheres no campo do emprego. Por outro lado, estas medidas procuram fomentar a participação das mulheres nas profissões em que estejam sub-representadas e nos cargos de direcção e chefia, de modo a permitir uma optimização da utilização dos recursos humanos (Programa Óptima, 2009).

No que concerne o papel das empresas neste âmbito, estas devem promover a igualdade de género a diversos níveis, nomeadamente, na delineação da missão e dos valores da empresa, na selecção e no recrutamento de pessoal, na formação dos trabalhadores, na possibilidade de promoção na carreira, na remuneração, na facilitação da conciliação entre vida profissional e vida familiar, entre outros. Tal implica um esforço na planificação, implementação e avaliação de um conjunto de medidas, variáveis em função das características e recursos de cada empresa (CITE, 2008; Guerreiro *et al.*, 2006; Guerreiro e Pereira, 2006).

Importa acrescentar que a promoção da igualdade de género nas empresas, para além de ser uma questão de ética, central numa sociedade que se considera democrática, é também uma questão económica, uma vez que:

– Favorece a imagem da empresa na comunidade, permitindo alargar o leque de potenciais colaboradores e atrair os melhores profissionais, interessados em trabalhar numa empresa que promove a harmonia entre vida profissional e vida familiar;

– Contribui para a fixação dos recursos humanos, permitindo assim a redução dos custos com os processos de recrutamento e formação de pessoal;

– Incentiva a criatividade e a motivação dos trabalhadores;

– Permite melhorar a comunicação entre as chefias e os restantes trabalhadores;

– Aumenta a produtividade, pois permite um ajustamento dos horários de trabalho em função das necessidades dos trabalhadores, evitando assim faltas imprevistas;
– Reduz os conflitos laborais;
– Valoriza a imagem da empresa na comunidade, o que contribui para a promoção dos seus produtos e para o aumento do volume de negócios;
– Permite que a empresa se candidate a prémios (como o prémio 'Igualdade é Qualidade', promovido pela Comissão para a Igualdade no Trabalho e no Emprego), o que aumenta o seu reconhecimento e visibilidade no mercado (Guerreiro e Pereira, 2006; Guerreiro *et al.*, 2006; Jordan, 1997).

Pode-se concluir, portanto, que as políticas de promoção da igualdade podem ser uma eficaz estratégia de marketing, uma vantagem competitiva, bem como um poderoso instrumento de captação e motivação de recursos humanos (Guerreiro e Pereira, 2006).

4. Medidas para a implementação da igualdade de género nas empresas

Nesta secção pretende-se sugerir medidas que as empresas poderão adoptar. Jordan (1997) sublinha a necessidade de publicitar as iniciativas eficazes e inovadoras que algumas empresas têm tomado neste domínio, de modo a estimular as restantes a seguirem-lhes o exemplo.

Muitas das medidas que de seguida se apresentam foram postas em prática por instituições com um desempenho de excelência ao nível da promoção da igualdade de género, reconhecido por vários autores que se dedicaram à recolha de boas práticas neste domínio (Guerreiro e Pereira, 2006; Guerreiro *et al.*, 2006; Donlevy e Silvera, 2007). Para além disso, algumas dessas empresas foram galardoadas em concursos nestas áreas, tais como o 'Prémio Igualdade é Qualidade' (Portugal), ou o prémio 'Total E-Quality' (Alemanha). Neste estudo, no entanto, procura-se dar maior relevância às medidas que podem ser implementadas do que às empresas que as têm posto em prática.

Apresentam-se de seguida diversas medidas para promover a igualdade de género nas empresas, justificando-se a importância de cada uma delas. Estas estão agrupadas em oito categorias que apresentam alguma correspondência com as dimensões para a promoção da igualdade de género definidas pela Comissão para a Igualdade no Trabalho e no Emprego (CITE, 2008).

QUADRO 1 – Medidas para a promoção da Igualdade de Género em Empresas

1. Definição da política de igualdade da empresa

a) Formalização de políticas relativas à promoção da igualdade de género (documentos escritos, verbas, relatórios anuais, regulamentos internos, códigos deontológicos, acordos colectivos de trabalho). Estas políticas devem definir:
   – Objectivos
   – Metas mensuráveis
   – Orçamento
   – Organismo responsável pela implementação destas políticas
   – Diferentes actores a envolver
   – Formas de avaliação das políticas definidas
   (Comissão Europeia, 2007; Donlevy e Silvera, 2007; Guerreiro e Pereira, 2006).

b) Elaboração de um Manual de Boas Práticas para a igualdade ou de um manual de acolhimento a ser distribuído pelos trabalhadores (Guerreiro e Pereira, 2006).

c) Redacção da documentação da empresa nos géneros masculino e feminino[1] (Guerreiro e Pereira, 2006; Rêgo, 2008).

d) Recurso a especialistas externos à empresa que auxiliem na concepção de um plano para a igualdade (Donlevy e Silvera, 2007).

2. Processos de recrutamento e selecção de recursos humanos

a) Inclusão de mulheres em tarefas tradicionalmente masculinas e de homens em tarefas tipicamente femininas (Guerreiro e Pereira, 2006; Donlevy e Silvera, 2007).

b) Recurso a meios formais durante o processo de recrutamento e selecção de recursos humanos (ex. anúncios no jornal, centros de emprego, internet, protocolos e parcerias pré-estabelecidas com universidades, recolha de candidaturas espontâneas ou recurso a empresas de recrutamento). Tal aumenta o leque de potenciais colaboradores de ambos os sexos (Guerreiro e Pereira, 2006).

c) Existência de um sistema de descrição formal de funções que estabeleça critérios de selecção, de modo a diminuir a influência de factores como o sexo, a nacionalidade e a etnia no processo de selecção (Guerreiro e Pereira, 2006).

d) *Curriculum vitae* anónimo para impedir que determinadas variáveis como o sexo, a nacionalidade ou a etnia influenciem o processo de recrutamento (Donlevy e Silvera, 2007; HALDE, s.d.).

e) Aplicação de testes (ex.: envio de dois CV para a mesma oferta de emprego que apenas variam na variável a testar: idade, sexo, nacionalidade...) para verificar a existência de discriminação no processo de recrutamento (HALDE, s.d.).

f) Promoção da paridade no número de trabalhadores, particularmente, ao nível de cargos dirigentes ou estabelecimento de metas para a proporcionalidade no recrutamento (Guerreiro e Pereira, 2006).

3. Planificação da carreira e avaliação do desempenho

a) Planos de carreira para progressão interna: o estabelecimento de critérios pre-definidos é uma forma de impedir a segregação vertical (Guerreiro e Pereira, 2006).

b) Estabelecimento de trajectórias de mobilidade interna entre sectores para evitar a segregação horizontal (Guerreiro e Pereira, 2006).

c) Avaliação do desempenho com base no cumprimento de objectivos e em factores comportamentais, em vez da utilização do critério "assiduidade", de forma a não prejudicar os trabalhadores que tenham necessidade de faltar, nomeadamente para dar assistência à família (Guerreiro e Pereira, 2006).

d) Progressão na carreira, mesmo em anos em que a trabalhadora tenha tido licença por maternidade, permitindo que as mulheres não sejam prejudicadas na sua carreira em relação aos homens devido à maternidade (Donlevy e Silvera, 2007).

4. Formação dos recursos humanos

a) Elaboração de planos de formação e avaliação do seu impacto na progressão dos trabalhadores (Guerreiro e Pereira, 2006).

b) Acções de formação perto do local de trabalho e no horário de trabalho, para que os trabalhadores e trabalhadoras com filhos e/ou familiares dependentes não deixem de as poder frequentar por motivos familiares (Guerreiro e Pereira, 2006).

c) Inclusão de módulos de igualdade de oportunidades na oferta formativa para sensibilizar os trabalhadores e trabalhadoras relativamente a estas temáticas, particularmente as chefias e o pessoal do departamento de recursos humanos (Guerreiro e Pereira, 2006).

d) Integração de formação certificada no plano de formação dos trabalhadores e trabalhadoras, de modo a facilitar a sua mobilidade horizontal e vertical dentro da empresa (Guerreiro e Pereira, 2006).

e) Aumento da formação de homens e de mulheres em áreas não-típicas ao seu género, de modo a combater a segregação horizontal (Hemmati, 2000).

f) Concessão de oportunidades de voluntariado e estágio para aumentar a experiência e as capacidades dos jovens (Parrett, s.d.).

g) Cooperação entre várias empresas para, conjuntamente, darem formação aos seus recursos humanos a custos mais reduzidos e sem perda de qualidade (Parrett, s.d.).

h) Programas de tutoria (*mentoring*) dirigidos a jovens estagiárias, jovens no início da sua vida activa em áreas tipicamente masculinas ou a mulheres com experiência que queiram progredir nas suas carreiras. Tal permite que estas tenham contacto com outras mulheres que lhes sirvam de *role-models*. Para as empresas, esta pode ser uma forma eficaz de captar mulheres qualificadas (Donlevy e Silvera, 2007; Gender and Technology EQUAL Development Partnership, 2005).

i) Formação de mulheres em cargos de gestão intermédia em áreas como o desenvolvimento da capacidade de liderança ou a coordenação de pessoal, de modo a facilitar o seu acesso a posições de gestão de topo (Guerreiro e Pereira, 2006).

5. Igualdade salarial entre homens e mulheres

a) Definição de critérios rigorosos para a determinação de salários para evitar situações em que indivíduos que ocupem posições semelhantes aufiram remunerações diferentes (Guerreiro e Pereira, 2006).

b) Reavaliação do valor de cada profissão (*job evaluation*) com base nos conhecimentos, responsabilidade e condições de trabalho exigidas, para combater a tendência de remunerar pior as ocupações tipicamente femininas do que as tipicamente masculinas, pelo facto de estas se basearem em capacidades socialmente menos reconhecidas e valorizadas (Donlevy e Silvera, 2007; Ranftl, 2006).

c) Não haver perda de remuneração (fixa ou variável, ex. prémios) por ausências por motivos familiares (ex. licença por maternidade ou paternidade) (Guerreiro e Pereira, 2006).

d) Atribuição de subsídio de alimentação, mesmo durante o período de licença de maternidade (Guerreiro e Pereira, 2006).

6. Medidas de Conciliação Trabalho – Família

6.1. Flexibilização do horário e local de trabalho
a) Trabalho a tempo parcial.
b) Partilha de emprego (Job sharing).
c) Flexibilidade de horários.
d) Flexibilização do horário de almoço.
e) Compactação da semana de trabalho e capitalização de horas de trabalho, de modo a permitir o aumento dos dias livres para descanso e para a vida familiar.
f) Tele-trabalho, sendo o trabalho orientado para resultados e não para o cumprimento de um horário semanal de trabalho rígido.
g) Acumulação de horas de trabalho ao longo do tempo de vida do trabalhador, podendo este utilizá-las em períodos em que necessite de prestar assistência a familiares dependentes.
h) Acertar os horários dos turnos de trabalho com as necessidades dos trabalhadores com filhos pequenos.
i) Trocas informais de horários entre colegas.
j) Flexibilização informal (ex. em situações pontuais).
   (Guerreiro e Pereira, 2006)

6.2. Licenças para assistência à família
a) Concessão de licenças prolongadas para além do que está definido na lei.
b) Concessão de licenças para pausas de curta duração em caso de necessidade de assistência à família.
c) Concessão de horas de licença remuneradas aos empregados do sexo masculino, permitindo aumentar a participação dos pais nas tarefas relacionadas com os filhos
   (Guerreiro e Pereira, 2006).

6.3. Equipamentos e serviços de apoio à conciliação
a) Refeitório na empresa, sendo disponibilizadas refeições a preços baixos, extensíveis a membros da família dos funcionários (Guerreiro e Pereira, 2006).

b) Infantário na empresa (ex.: a TAP tem uma creche e um jardim infantil que funcionam 24 horas por dia). Os encargos com a criação e manutenção destas infra-estruturas poderão ser partilhados por empresas fisicamente próximas (Guerreiro e Pereira, 2006; Guerreiro *et al.*, 2006; Parrett, s.d.).

c) Protocolos com infantários e/ou ATL (Guerreiro e Pereira, 2006).

d) Provisão de serviços de *baby-sitting/* de guarda de crianças ou reembolso de custos com a guarda de crianças para os pais poderem assistir a acções de formação (Donlevy e Silvera, 2007).

e) Criação de sala onde filhos dos trabalhadores possam permanecer fora do seu horário escolar e brincar ou estudar (Guerreiro e Pereira, 2006).

f) Fomento de redes entre trabalhadores que tenham filhos e respectivas amas, de modo a possibilitar a troca de amas ou apoio mútuo em caso de necessidade (Donlevy e Silvera, 2007).

g) Criação de redes de serviços no domicílio para apoio a familiares idosos de trabalhadoras e trabalhadores (Guerreiro e Pereira, 2006).

h) Disponibilização de vários tipos de serviços aos trabalhadores da empresa (gratuitos ou pagos, mas próximos do local de trabalho): passagem a ferro, costura, refeições, escolha de empregadas domésticas de confiança (Donlevy e Silvera, 2007; Guerreiro e Pereira, 2006).

i) Criação de bases de dados com informação útil para os trabalhadores que tenham filhos ou outros familiares dependentes (ex.: informação sobre creches, infantários, centros de dia, serviços de assistência a idosos, serviços de proximidade, tais como lavandarias, engomadorias, restaurantes com serviço *take-away*...).

6.4. Actividades lúdicas e outros benefícios para os filhos dos trabalhadores

a) Colónias de férias, de modo a simplificar o problema da guarda das crianças fora do período escolar.

b) Visitas dos filhos(as) dos trabalhadores e trabalhadoras à empresa.

c) Festas de distribuição de presentes em determinados dias do calendário.

d) Atribuição de um subsídio (ou de oferta) para material escolar para os filhos dos trabalhadores.

(Guerreiro e Pereira, 2006)

6.5. Cuidados de saúde

a) Médico presente na organização.

b) Seguro de saúde (frequentemente extensível aos familiares).

(Guerreiro e Pereira, 2006)

7. Comunicação e clima organizacionais

a) Implementar procedimentos para obtenção de sugestões dos trabalhadores relativas ao funcionamento da organização através de, ex.: caixas de correio interno ou canais internos de comunicação virtual (Guerreiro e Pereira, 2006).

b) Difusão de comunicações da entidade empregadora para os trabalhadores(as) através de:
   - Boletins de empresa
   - Placards afixados em locais estratégicos
   - Redes de intranet (Guerreiro e Pereira, 2006).

c) Dinamização de actividades por parte do Departamento de Recursos Humanos da empresa, por exemplo:
   - Actividades recreativas para fomentar o sentimento de pertença à organização e promover um melhor ambiente de trabalho
   - Eventos e festas em ocasiões simbólicas
   - Actividades *outdoor*, podendo algumas incluir os filhos dos trabalhadores (Guerreiro e Pereira, 2006).

d) Inquéritos para diagnosticar o clima organizacional e a satisfação dos trabalhadores com a empresa (Guerreiro e Pereira, 2006).

e) Criação de plataforma ou de medidas que permitam que uma trabalhadora que esteja ausente por licença de maternidade se mantenha em contacto com a empresa e se sinta integrada (Donlevy e Silvera, 2007).

8. Desconstrução de estereótipos de género

a) Utilização de campanhas de marketing que não usem imagens estereotipadas de mulheres (Hemmati, 2000).

b) Realização, em parceria, de campanhas de sensibilização relativamente aos estereótipos de género e aos papéis tradicionais de homens e mulheres, junto das empresas e da comunidade. Por exemplo, o evento *Girls' Day*, realizado em diversos países europeus, pretende familiarizar as jovens com oportunidades de carreira em ocupações tradicionalmente masculinas (engenharia, aviação...). No Luxemburgo realiza-se também o evento "Boys' Day" (Girls' Day, 2010; Hemmati, 2000).

Constata-se que, a diversos níveis (definição de remunerações, recrutamento, selecção e promoção de pessoal), a formalização de procedimentos é muito importante, pois permite evitar a discriminação e as desigualdades. A insistência na informalização destes procedimentos e na crença de que a igualdade deve ser promovida de modo informal, leva à manutenção de práticas discriminatórias, como alguns estudos comprovam (Guerreiro e Pereira, 2006; Jordan, 1997).

De facto, os gestores de várias das empresas da área do turismo estudadas por Jordan (1997) acreditavam que os princípios da igualdade estavam já incorporados na empresa e, como tal, consideravam desnecessário implementar este tipo de planos ou medidas. Uma directora afirmou, inclusivamente: "Nós temos uma cultura organizacional muito feminina, por isso não necessitamos de políticas para a igualdade de género" (Jordan, 1997: 531ss.).

Segundo Jordan (1997), era nas empresas que demonstravam este tipo de atitude que os homens predominavam nos cargos de gestão e, mesmo nos casos em que havia uma maior equidade a este nível, as mulheres gestoras estavam concentradas em departamentos menos prestigiados e em áreas tradicionalmente femininas (vendas, reservas, marketing...). A informalidade pode permitir que práticas discriminatórias sejam perpetuadas, mesmo que de forma subconsciente e indirecta, dentro das empresas, pelo que deverá ser combatida.

Contudo, a formalização não é em si mesma suficiente para gerar um clima de igualdade de oportunidades. No entanto, pode ser um instrumento importante, na medida em que promove a consciencialização dentro das organizações em relação a esta temática, incentiva a mudança de mentalidades, fomentando um "clima de confiança" e estimulando a integração de iniciativas e acções (Jordan, 1997).

Para além da formalização de procedimentos-chave, é necessário garantir a igualdade no acesso às oportunidades de formação para que haja equidade nos processos de recrutamento, selecção e progressão na carreira.

É importante assegurar a igualdade salarial não só para trabalhadores que ocupem as mesmas funções, mas também que ocupem postos de trabalho que exijam responsabilidades, conhecimentos/capacidades ou condições de trabalho equivalentes. Para tal, é importante que se proceda a uma revalorização das profissões dentro de cada empresa ou ao nível das associações industriais, as quais podem estabelecer metas e linhas de orientação para a remuneração das diferentes ocupações do sector.

Vários estudos demonstram que a flexibilidade do horário de trabalho, bem como a orientação para resultados e não para o cumprimento de horários, aumentam o entusiasmo dos trabalhadores pelo desempenho das suas funções, diminuem o seu absentismo e favorecem a criatividade no trabalho, o que se reflecte num aumento da produtividade (Guerreiro e Pereira, 2006). Donlevy e Silvera (2007) referem um incremento da produtividade em 30% com o tele-trabalho. No entanto, alertam para o perigo de o tele-trabalho, no caso de não ser bem gerido, poder levar ao isolamento e falta de motivação do trabalhador. Importa ter em conta que a flexibilidade de horários deve ser concedida de igual forma a pais e a mães, e também a trabalhadores e trabalhadoras sem filhos, caso contrário estar-se-ia a reforçar a discriminação (Donlevy e Silvera, 2007; Parrett, s.d.).

O investimento em determinadas infra-estruturas de apoio pode ter também consequências positivas. Guerreiro e Pereira (2006) referem que a Caixa Económica Montepio Geral quadruplicou a sua produtividade, apesar de ter assumido elevadas despesas com jardim-de-infância e piscina, de acesso gratuito para os empregados.

Reconhece-se que a implementação de grande parte destas medidas pode ser difícil de suportar, devido à escassez quer de recursos humanos e financeiros, quer de *know-how*. Deste modo, considera-se que a criação de redes entre *stakeholders* da mesma natureza ou de natureza diversa pode ser central para que haja uma disseminação destas práticas e estas possam ser implementadas de forma mais eficaz e eficiente.

O potencial das redes para a igualdade de género foi reconhecido pela iniciativa comunitária EQUAL, co-financiada pelo Fundo Social Europeu. Esta iniciativa teve como objectivo a promoção da igualdade em diversas entidades, tendo como base a criação de Parcerias de Desenvolvimento, i.e. as organizações formaram parcerias entre si para implementar um projecto comum, cooperando com, pelo menos, mais um Estado-membro, de forma a potenciar recursos e *know-how* (Gabinete de Gestão EQUAL, 2001). Actualmente, existe uma rede nacional, a Rede de Responsabilidade Social das Organizações (RSOPT), que envolve dezenas de entidades-membro em torno da temática da responsabilidade social.

Conclui-se que a criação de redes entre empresas, eventualmente envolvendo também organizações não-empresariais, pode trazer-lhes diversos benefícios e facilitar a implementação de medidas para a promoção da igualdade de género. Para além disso, a cooperação envolvida na formação destas redes com o intuito de promover a igualdade de género pode estender-se a outras áreas importantes para as empresas, aumentando a sua competitividade e tornando-as mais inovadoras e dinâmicas, devido à troca de conhecimentos e de informação noutras áreas (Scott, Baggio e Cooper, 2008).

5. As especificidades das empresas do sector do turismo: algumas sugestões para o combate à segregação horizontal e vertical

As medidas apresentadas podem ser aplicadas a empresas de vários sectores. No entanto, destaca-se a relevância de algumas destas medidas para o sector do turismo, o qual, apesar de ter uma mão-de-obra maioritariamente feminina, não concentra uma proporção de mulheres equivalente nos cargos que requerem maior qualificação e oferecem melhores remunerações.

A implementação deste tipo de medidas, que favorece a imagem da empresa na comunidade e demonstra a sua responsabilidade social, permite atrair o capital humano mais qualificado, nomeadamente captar mulheres, o que é essencial, dado que os recursos humanos com qualificações mais elevadas na área do turismo são do sexo feminino. Para além disso, num sector em que 80% das decisões de compra são tomadas por mulheres, torna-se importante fomentar a participação feminina na estratégia das empresas (Jordan, 1997).

Reconhece-se, contudo, que o tecido empresarial do sector do turismo é marcado por empresas de pequena dimensão e de carácter familiar e que, como tal, poderão ter maiores dificuldades no acesso a informação e a recursos financeiros que lhes permitam apostar na implementação das medidas apresentadas. Uma vez mais, destaca-se o papel central da formação de redes, que permitirão que as empresas criem sinergias entre si, com outras organizações e com a população local. Estas parceiras poderão ter um papel crucial, por facilitarem a transmissão de informação entre os seus membros, e a optimização do uso dos recursos existentes.

Por outro lado, a formalização dos processos de recrutamento e de selecção de pessoal é fundamental, uma vez que se trata de uma indústria que, por procurar transmitir uma imagem de *glamour* (Jordan, 1997), se basear na prestação de serviços tradicionalmente associados a mulheres, tais como limpeza e prestação de cuidados a terceiros, e também por oferecer baixas remunerações, trabalho a tempo parcial, temporário e com poucas regalias sociais (Hemmati, 2000; Jordan, 1997; Parrett, s.d.), tende a captar mulheres, quer porque estas tendem a aceitar situações mais desfavoráveis, quer porque o seu contributo para a economia familiar é em muitos casos apenas tido como um complemento. Deste modo, há uma grande precariedade ao nível do emprego feminino no sector.

Para além disso, é exigido com frequência aos trabalhadores e trabalhadoras do sector que trabalhem em determinados horários (nocturnos, aos fins-de-semana, feriados e férias lectivas) que dificultam a harmonização do trabalho com a vida familiar. Logo, é importante zelar pelo direito destes a concilia-rem a sua vida profissional com a sua vida familiar. Deste modo, as medidas de flexibilização do tempo e local de trabalho são particularmente relevantes. Todavia, nos postos de trabalho que impliquem o atendimento ao público, estas medidas poderão ser difíceis de pôr em prática. Para além disso, a sazo-nalidade ao nível do emprego pode, na perspectiva dos empregadores, não justificar a realização de investimentos em determinadas medidas e serviços.

Pode ser particularmente relevante para estes trabalhadores acertar os horários dos turnos de trabalho de acordo com as necessidades dos trabalha-dores com filhos pequenos, permitir as trocas informais entre colegas ou a flexibilidade de horários nas horas de menor afluxo de clientes. Poder-se-á também atender às situações destes trabalhadores em situações pontuais.

Especialmente em *resorts* e complexos turísticos de maior dimensão e que empregam um maior número de pessoas, poderia planear-se infra-estruturas para o cuidado dos filhos dos trabalhadores, tais como infantários (Hemmati, 2000). Contudo, reconhece-se que a criação de, por exemplo, um infantário no espaço da empresa poderá ser incomportável em função da sua dimensão e recursos disponíveis, mas a criação de um pequeno espaço com as condições necessárias para receber os filhos dos trabalhadores em situações pontuais poderá ser uma medida exequível para muitas empresas.

Uma vez mais, a formação de redes com outras empresas e organizações fisicamente próximas pode permitir a criação de serviços de apoio aos tra-balhadores e trabalhadoras e respectivos filhos. Poderá ainda ser possível estabelecer protocolos com jardins-de-infância ou ATL, para que aceitem os filhos dos trabalhadores a preços mais reduzidos ou para que estendam os seus horários de modo a que estes cubram os horários dos trabalhadores, por exemplo, funcionando em feriados ou fins-de-semana.

Do mesmo modo, podem ser estabelecidos protocolos com empresas que prestem serviços a idosos no domicílio. A criação de bases de dados com informação útil para funcionárias ou funcionários que tenham filhos ou dependentes é uma medida de fácil implementação, por não envolver a criação de qualquer infra-estrutura e envolver poucos custos. Estas medidas poderão contribuir para a fixação e atracção de recursos humanos na empresa, evitando-se, deste modo, gastos com o processo de recrutamento, selecção e formação de pessoal.

As medidas com o intuito de melhorar a comunicação interna poderão permitir uma comunicação mais eficaz entre os trabalhadores e as chefias, bem como um conhecimento mais detalhado das necessidades específicas e das sugestões dos funcionários e funcionárias.

Em relação à formação de redes para a criação de campanhas de sensibilização relativamente aos estereótipos de género, tal poderá ser particularmente relevante na área do turismo, pois trata-se de um sector que tende a explorar os papéis tradicionais de homens e mulheres no recrutamento de trabalhadores para determinadas funções e veicula, por vezes, imagens estereotipadas de mulheres com o intuito de atrair turistas.

O facto de a dimensão das empresas do turismo tender a ser reduzida (Buhalis e Peters, 2006) pode ainda dificultar a atribuição de prémios pelo reconhecimento de boas práticas que existam, uma vez que são as empresas de maior dimensão que podem investir mais em equipamentos e infra-estruturas de maior visibilidade. Deste modo, a disseminação de medidas importantes, mas mais modestas, por parte de empresas de menor dimensão é dificultada. Porém, a formação de parcerias e redes pode ter um papel importante para a captação de prémios e incentivos.

Por esta razão, as peculiaridades do emprego no sector do turismo (empresas pequenas, de carácter familiar, horários de trabalho aos fins-de-semana e feriados, acentuada sazonalidade...) requerem que as boas práticas implementadas no sector sejam amplamente divulgadas para que as empresas congéneres possam conhecê-las e aplicá-las. Para tal, as empresas deveriam partilhar e promover estas boas práticas através de organismos nacionais e internacionais, como a Organização Mundial do Turismo (WTO) e em associações industriais como a World Travel & Tourism Council (WTTC), a Associação Internacional de Turismo e Restauração (IH&RA), a Iniciativa Ambiental de Cadeias Hoteleiras Internacionais (IHEI) ou a Associação dos Operadores Turísticos Independentes (AITO), que teriam o papel de as disseminar e dar a conhecer (Hemmati, 2000).

6. Conclusão

Conclui-se que, apesar da consagração da igualdade de género na legislação nacional e comunitária e em organismo internacionais, continua a assistir-se a assimetrias entre mulheres e homens também ao nível do emprego, particularmente do emprego em turismo.

Para ultrapassar esta situação é necessário aumentar a participação de vários *stakeholders,* em particular consciencializar as empresas da sua responsabilidade social neste âmbito, o que, para além de ser uma questão de ética, pode trazer vantagens económicas para as empresas. Para tal, foram sugeridas várias medidas implementáveis em empresas que procurem integrar a promoção da igualdade de género na sua cultura e política empresariais. Diversos estudos referem os efeitos positivos destas medidas tanto na melhoria da imagem da empresa, como na motivação, fixação e captação de recursos humanos qualificados.

Foram sugeridas diversas medidas para a promoção da igualdade de género nas empresas. Do conjunto das medidas propostas, destaca-se a necessidade da formalização dos procedimentos relacionados com os processos de recrutamento, formação e remuneração dos trabalhadores, na medida em que a formalização é um instrumento de combate à perpetuação de práticas directa e indirectamente discriminatórias. Salienta-se também a importância da igualdade salarial não só para trabalho igual, mas também para trabalho de valor igual. Para tal, é necessário revalorizar as ocupações tipicamente femininas, que tendem a ser socialmente menos valorizadas. Por outro lado, a flexibilização do tempo e do local de trabalho, para além de ser uma boa prática no que concerne a conciliação entre vida familiar e profissional, pode ter como consequência o aumento da produtividade da empresa devido a uma maior satisfação por parte dos trabalhadores.

No entanto, poderá haver diversos obstáculos à implementação destas medidas por parte de empresas, nomeadamente por empresas do sector do turismo, devido à sua pequena dimensão e carácter familiar. Muitas empresas poderão não dispor quer de recursos financeiros quer de *know-how* que lhes permitam actuar nesta área. Por esta razão, sugere-se a criação de redes que permitam que estas empresas ultrapassem as suas limitações. O turismo é um sector que pode beneficiar particularmente da criação de redes desta natureza pois, para além de ter um tecido empresarial fragmentado, é um sector fortemente feminizado, horizontal e verticalmente segregado, que oferece muitos postos de trabalho precários, que tende a colocar entraves específicos aos trabalhadores no que respeita a harmonização entre as esferas profissional, pessoal e familiar e que baseia muitas das suas campanhas de marketing em imagens estereotipadas de mulheres.

Crê-se que as dificuldades e constrangimentos inerentes à promoção da igualdade de género poderão ser, pelo menos em parte, ultrapassados através da criação de redes, as quais, para além de darem um contributo significativo para a igualdade *de facto* entre mulheres e homens, poderão aumentar a competitividade das empresas e reforçar o seu posicionamento no mercado a médio e longo prazo.

Agradecimentos:

Este trabalho insere-se no âmbito do projecto "Aproveitamento do quadro de formação das mulheres para o sector do turismo, estudando a mobilidade vertical por razões de natureza ética e económica", financiado ao abrigo do protocolo entre a Fundação para a Ciência e a Tecnologia e a Comissão para a Cidadania e a Igualdade de Género, e co-financiado pela União Europeia através do Programa COMPETE, do QREN e do FEDER.

REFERÊNCIAS

BUHALIS, Dimitrios e Peters, Mike (2006), "SMEs in Tourism", *in* Carlos Costa e Dimitrios Buhalis (org.) *Tourism management dynamics: trends, management and tools.* Amesterdão: Elsevier, 116-129. [1.ª ed.].

COMISSÃO EUROPEIA (2004), *Guia EQUAL sobre a integração da perspectiva de género.* Comissão Europeia. Acedido a 17 de Maio de 2005, em: http://europa.eu.int/comm/equal

COMISSÃO EUROPEIA (2007), *Gender mainstreaming of employment policies – A comparative review of thirty European countries.* s.l.:Comissão Europeia [1.ª ed.].

CITE (org.) (2008), *Guia de auto-avaliação da Igualdade de Género nas Empresas.* Lisboa: Comissão para Igualdade no Trabalho e no Emprego. [2.ª ed.].

CONSELHO DA EUROPA (2010), Glossary. *For Diversity, Against Discrimination.* Acedido a 18 de Janeiro de 2010, em: http://ec.europa.eu/employment_social/fdad/cms/stopdiscrimination/resources/glossary/?langid=en#P

DONLEVY, Vicky e SILVERA, Rachel (2007), *Implementing Gender Equality in Enterprises. Report on Best Practices and Tools in Europe.* União Europeia. Acedido a 18 de Dezembro, em: http://ec.europa.eu/employment_social/equal/data/document/0801_gender_twinning_en.pdf

GABINETE DE GESTÃO EQUAL (2001), *Guia de Apoio ao Utilizador.* Lisboa: Gabinete de Gestão EQUAL. [1.ª ed.].

GABINETE DE ESTRATÉGIA E PLANEAMENTO [GEP] (2007). *Quadros de Pessoal 2007.* Lisboa: GEP – MTSS. [1.ª ed.].

GPEARI-MCTES (2009), *Estatísticas.* Acedido a 18 de Janeiro de 2010, em: http://www.gpeari.mctes.pt/?idc=103

GENDER AND TECHNOLOGY EQUAL DEVELOPMENT PARTNERSHIP (2005), *Good Practice in Mentoring: European Guidelines, Gender and Technology EQUAL Development Partnership.* União Europeia. Acedido a 30 de Dezembro de 2010, em: http://ec.europa.eu/employment_social/equal/products/sup/pro-029.pdf

GEP (2008), *Inquérito aos Ganhos e Duração do Trabalho. Estatísticas em síntese.* Lisboa: Gabinete de Estratégia e Planeamento.

GEP (2009), *Relatório de Conjuntura nº 116.* Lisboa: Gabinete de Estratégia e Planeamento. [1.ª ed.].

GIRLS' DAY (2010). *Girls' Day – Mädchenzukunftstag.* Acedido a 30 de Dezembro, em: http://www.girls-day.de/

GUERREIRO, Maria das Dores e PEREIRA, Inês (2006), *Responsabilidade Social das Empredas, Igualdade e Conciliação Trabalho-Família: Experiências do Prémio*

Igualdade é Qualidade. Lisboa: Comissão para a Igualdade no Trabalho e no Emprego. [1.'ed.].

GUERREIRO, Maria das Dores *et al*. (2006), *Boas Práticas de Conciliação entre Vida Profissional e Vida Familiar – Manual para as Empresas*. Lisboa: MTSS – CITE. [4.'ed.].

HALDE – Haute Autorité de Lutte contre les Discriminations et pour l'Egalité (s.d.), *Prévention des discriminations, promotion de l'égalité: Que répondent les entreprises à la HALDE?*. Paris: HALDE. [1.'ed].

HEMMATI, Minu (2000), "Women's Employment and Participation in Tourism", *Sustainable Travel & Tourism*, 17-20.

JORDAN, Fiona (1997), "An occupational hazard? Sex segregation in tourism employment", *Tourism Management*, 18(8), 525-534.

PARRETT, Lianne (s.d.), *Women in Tourism Employment – A Guided Tour of the Greenwich Experience – Research Report. London*. Londres: London Thames Gateway Forum Equality, Access & Participation. [1.'ed].

PROGRAMA ÓPTIMA (2009), "Actualizar los conocimientos. La acción positiva", *Programa Óptima*. Acedido a 30 de Dezembro de 2009, em http://www.tt.mtas.es/optima/contenido/accpositiva.html

PURCELL, Kate (1997), "Women's Employment in UK Tourism: Gender roles and labour markets", *in* M. Thea Sinclair (org.), *Gender, Work and Tourism*. Londres: Routledge, 35-59. [1.'ed].

RANFTL, Edeltraud (2006), *Equal pay for equal work and work of equal value. Guide to Legal Provisions Governing Equal Pay and Non-Discriminatory Job Evaluation*. Viena: Federal Ministry of Health and Womzzen. [1.'ed].

RATO, Helena *et al*. (2005a), *Promoção da Igualdade de Género no Portugal Democrático. Quadro Constitucional e Legislativo, Programas de Governo e Planos para a Igualdade*. Oeiras: INA. [1.'ed].

RATO, Helena *et al*. (2005b), *Promoção da Igualdade de Género pelas Organizações Internacionais: Organização das Nações Unidas, Organização Internacional do Trabalho e União Europeia. Documentos e instrumentos fundamentais para a integração e promoção da igualdade de género*. Oeiras: INA. [1.'ed].

RÊGO, Maria do Céu Cunha (2008), "Responsabilidade Social e Igualdade de Género – um caminho a percorrer" Painel "Intervir na realidade". [apresentação em PowerPoint]. Lisboa.

SCOTT, Noel. *et al*. (2008), "The Network Concept and Tourism", *in* Noel Scott, Rodolfo Baggio e Chris Cooper (org.), *Network analysis and tourism: from theory to practice*. Clevedon: Channel View Publications, 15-23. [1.'ed].

ADAPTAÇÃO E APLICAÇÃO DE UM *SCORECARD* ÉTICO A GRUPOS HOTELEIROS A OPERAR NO ALGARVE – METODOLOGIA DA ANÁLISE QUALITATIVA E APRESENTAÇÃO DE RESULTADOS

Joaquim Pinto Contreiras* e Fátima Jorge**

Resumo: O conceito de Responsabilidade Social Empresarial (RSE) encontra-se, inegavelmente, na ordem do dia. Várias disciplinas têm procurado investigar pormenorizadamente em diversos campos de estudo os potenciais benefícios que a adopção de práticas de gestão socialmente responsáveis pode acarretar para o sucesso e sustentabilidade das mais diversas organizações. Estudos recentes sugerem que a percepção do envolvimento da organização em práticas de Responsabilidade Social influencia positivamente a adesão das pessoas, não só daquelas que já trabalham nas organizações, mas também de futuros trabalhadores. Neste estudo centramos as nossas atenções nos Candidatos de Elevado Potencial (CEP) que identificamos junto dos finalistas de cursos na área da hotelaria e do turismo e de activos em formação contínua em Escolas Técnicas e de Ensino Superior. Procuramos através da realização de entrevistas semi-estruturadas com base num guião, recolher informação junto de administradores e outros responsáveis por grupos Hoteleiros a operar no Algarve que nos permitam preencher um *Scorecard* Ético (SE), previamente construído e por nós adaptado, em que foram incluídas questões sobre a cultura ética organizacional, missão/finalidade organizacional; código de ética/conduta organizacional; relatório social/de sustentabilidade, que irá classificar cada um dos Grupos Hoteleiros (GH) participantes neste estudo. Neste artigo, para além de uma breve abordagem teórica, são apresentados os primeiros resultados da análise de conteúdo efectuada a 8 entrevistas semi-estruturadas a 8 GH a operar no Algarve com o respectivo preenchimento do SE de cada GH.

Palavras-Chave: Responsabilidade Social Empresarial (RSE); Candidatos de Elevado Potencial (CEP); *Scorecard* Ético (SE); Grupos de Interesse (GI); Grupos Hoteleiros (GH).

---

* Docente na Escola Superior de Gestão, Hotelaria e Turismo da Universidade do Algarve. Doutorando em Gestão na Universidade de Évora. jcontrei@ualg.pt

** Professora Auxiliar no Departamento de Gestão da Universidade de Évora, NICPRI--UÉ. mfj@uevora.pt

Introdução

Segundo Jorge (2005:77), citando Jiménez (1995:53) "a ética no contexto das organizações económicas e sociais, no âmbito da realização das suas actividades e dos processos em que estão envolvidas, significa o estabelecimento de normas de referência que permitam avaliar se as decisões que adoptam são coerentes com: a organização em que se actua; o contexto da sociedade envolvente; o próprio indivíduo".

A Cultura Ética nas organizações é, assim, muito mais do que a aplicação de conceitos paternalistas ou de caridade social, é antes de mais um conceito diferenciador e mobilizador de uma prática sustentável e mais competitiva das organizações, no espaço económico e social que directamente ocupam, mas também dentro de uma lógica global, impulsionada pelo "mundo plano" (Friedman, 2005).

O tema da Responsabilidade Social Empresarial (RSE) surge, tal como acontece com a ética nas organizações, associado, desde o início, a grandes filósofos e pensadores como Aristóteles, em que este associa, de uma forma muito estreita, a moralidade e a virtude com o conceito de prazer e gosto por viver, que atinge o nível mais elevado quando a moralidade e a virtude são empregues no dia-a-dia de cada um, ao ser-se prudente e sensato nos actos e intenções. Esta situação torna-se realidade para Aristóteles, em primeiro lugar na liderança das organizações e, em segundo lugar, na busca filosófica da verdade (Bragues, 2006).

O *Scorecard* Ético (SE) apresenta-se como um modelo de medida da performance ética de cada empresa com base na construção de um SE (Spiller, 2000). Os dados do SE serão, segundo o autor, um instrumento decisivo para os investidores poderem tomar decisões para os seus investimentos, considerando as potencialidades éticas de cada empresa.

O Livro Verde "visa lançar um amplo debate quanto às formas de promoção pela União Europeia da responsabilidade social das empresas tanto a nível europeu como internacional e, mais especificamente, quanto às possibilidades de explorar ao máximo as experiências existentes, incentivar o desenvolvimento de práticas inovadoras, aumentar a transparência, bem como a fiabilidade da avaliação e da validação" (Comissão Europeia, 2001: 3).

Segundo Freeman (1984) qualquer negócio tem que satisfazer os múltiplos "stakeholders". Na visão europeia, expressa no Livro Verde, a RSE corresponde a um conjunto de acções voluntárias por partes das empresas, em que a sua função extravasa a produção de bens e a prestação de serviços, pois para uma empresa ser socialmente responsável, não se pode restringir apenas "ao cumprimento de todas as obrigações legais, implicando ir mais além através de um maior investimento em capital humano, no ambiente e nas relações com as outras partes interessadas e comunidades locais" (Comissão Europeia, 2001: 7). Neste artigo, optámos por referirmo-nos a Grupos de interesse (GI), e particularmente a 6 identificados por Spiller (2000): comunidade, ambiente, trabalhadores, clientes, fornecedores, accionistas.

Segundo Martel (2003), Candidatos de Elevado Potencial (CEP) são aqueles que, à partida, são mais requisitados pelas organizações com maior peso no mercado e, às quais, podem dar um contributo qualitativo, diferenciador e, mais duradouro.

1. Breve revisão de literatura

A liderança das organizações e busca da verdade estão hoje muito associadas a uma postura positiva em relação à participação individual nas organizações e investimento contínuo na inovação e aperfeiçoamento dos processos produtivos e de gestão, tarefa sempre inacabada, mas em que a valorização da participação individual assenta nas competências, capacidade criadora e empreendedora, formação contínua e valorização da participação na tomada de decisão e resolução de problemas nas organizações. Como Kant sublinhava, as pessoas devem ser tratadas como fins em si próprias e não como objectos para atingir um determinado fim.

Mas nada disto se consegue de uma forma descoordenada dos restantes objectivos das organizações (Neves, 2005), exigindo-se às organizações políticas objectivas em termos de RSE, que permitam resultados bastante visíveis e com repercussões positivas e efeitos a médio e longo prazo, assentes em estratégias claras e com objectivos definidos, em comparação com os resultados de medidas avulsas, incoerentes e sem ligação a uma política de RSE contínua.

Rosenthal e Masarech (2003) ao estudarem culturas organizacionais de elevada performance chamam a atenção para a importância de valores como: Focagem no cliente; respeito pelas pessoas (trabalhadores, clientes, parceiros); integridade; comunicação séria e transparente; valorização do trabalho em equipa; iniciativa e amor ao trabalho, para o sucesso de inúmeras empresas líderes de mercado, assim como para a importância da interpretação e aplicação pelos gestores desses valores e, para a forma como a cultura organizacional os assimila.

Seguimos, portanto, a ideia de que a CE e a RSE não devem surgir dissociadas das estratégias de desenvolvimento organizacional a médio e longo prazo mas, para tal, será importante clarificar até que ponto a CE e a adopção de estratégias de RSE são uma mais-valia na imagem e reputação destas organizações e, principalmente, na capacidade de atraírem CEP.

Ou, se por outro lado, a reputação associada à CE e políticas e práticas de RSE conhecidas não influenciam as suas escolhas, mas antes questões como a proximidade do possível local de trabalho com o seu local de residência, a localização geográfica das organizações hoteleiras em regiões com tradição na actividade hoteleira e com acesso a equipamentos sociais, culturais, educativos e de saúde com qualidade, a possibilidade de rápida progressão na carreira, a estabilidade profissional, o salário inicial oferecido e outras regalias de ordem financeira a auferir.

Faye (1998) define CEP como aqueles que, num determinado momento, são reconhecidos numa organização como tendo capacidades para serem futuros líderes, ou transmitirem garantias de poderem vir a contribuir, a um nível elevado, nas organizações que tenham capacidades para os recrutarem, na resolução de problemas e tomada de decisões, sacrifício pessoal em prol do colectivo, criatividade e identificação de oportunidades.

Estas definições estão também associadas ao capital intelectual das organizações, algo que Campero e Garcia (2007) definem como um conjunto de qualidades humanas intangíveis, de carácter estratégico, que apesar de contribuírem para a geração de valor não são passíveis de quantificação financeira. Os mesmos autores referem que a administração do capital intelectual, pela sua importância estratégica, tem sido considerada determinante para o sucesso organizacional, assim como a capacidade das organizações em o recrutar do exterior, numa perspectiva de renovação e melhoria do potencial organizacional. Holland *et al.* (2007) referem-se, na perspectiva da "Resource Based View", a 3 recursos que identificam como sendo fundamentais para a vantagem competitiva das organizações: o capital físico; o capital organizacional; o capital humano. No seu estudo defendem ser o capital humano o mais determinante para a formação de vantagens competitivas sustentáveis e diferenciadoras, ligadas a uma economia baseada no conhecimento, na inovação e na diferenciação, desde que as organizações consigam atrair e reter os melhores trabalhadores, assim como estabelecer estratégias de desenvolvimento contínuo do seu potencial.

No mesmo sentido escreveu Gardner (2002) ao indicar o capital humano como o recurso diferenciador para as organizações que competem na nova economia e que necessitam de responder à competição global e ao "boom" tecnológico.

Os CEP surgem assim associados à importância das organizações garantirem um crescimento sustentado a médio e longo prazo, com base na aquisição de recursos valiosos (Martel, 2003), que possam trazer para as organizações uma mais-valia significativa para o seu esforço competitivo em relação ao ambiente em que estão inseridas e aos seus mais directos concorrentes.

Surge nesta óptica a noção de que a sustentabilidade a médio e longo prazo das organizações está muito ligada a estratégias claras de obtenção e rentabilização de recursos com qualidade reconhecida e, que pelas suas características distintivas, tendem a ser escassos (Critchley, 2004, Gardner, 2002).

A esta realidade somam-se os dados alarmantes sobre o progressivo envelhecimento da população europeia, e a estabilização da força de trabalho, contabilizando-se as reformas e as entradas de novos trabalhadores, pelo menos até 2025 (Michaels, 2001). Para se adaptarem a esta realidade as organizações vão ter de competir pelos melhores, importando CEP de mercados onde são mais numerosos e competindo, numa luta pelo talento, no mercado interno pelos melhores, formados em escolas técnicas, politécnicos e universidades.

Para além disso, conforme refere Friedman (2005), as organizações estão inseridas num ambiente em que a competição pela obtenção desses recursos é elevada e globalizada, influenciada pelas tecnologias de informação e comunicação e, pelo acesso cada vez mais massivo a meios de transporte rápidos e eficazes, que colocam os CEP em regiões progressivamente menos distantes, mais competitivas e atractivas em termos de salários oferecidos, aquisição e melhoria de qualificações profissionais e perspectivas de carreira.

1.1. Breve abordagem ao sector do turismo e da hotelaria na perspectiva da cultura ética e da responsabilidade social das organizações

O sector turístico e hoteleiro possui características próprias que o distingue da maioria das outras actividades. Segundo a Direcção Geral do Turismo (DGT) a intensidade turística (dormidas estab. hoteleiros / n.º habitantes * n.º dias) * 100) em Portugal de 2002 a 2006 mostra uma concentração de dormidas entre os meses de Junho e Setembro, o mesmo acontecendo com a densidade turística (turistas / km2). Estes dados indicam, em Portugal, uma das características da actividade hoteleira a nível mundial, ou seja, a sazonalidade.

A esta característica devemos ainda adicionar a importância crescente que a hotelaria e o turismo têm na economia mundial. Segundo o Turismo de Portugal (2008,) "o sector turístico é um dos mais importantes da economia portuguesa, o *Consumo Turístico Interior* representa cerca de 9,7% do Produto Interno Bruto e o emprego nas *Actividades Características do Turismo*, cerca de 8%

do total de empregados na economia, segundo os últimos dados disponíveis". Ainda segundo a mesma fonte "Portugal posicionou-se no ranking mundial na 19ª posição das chegadas (quota 1,34%) e em 23ª das receitas (quota 2,22%). Em relação à Europa, Portugal manteve o 12º lugar (quota 2,47%) das chegadas e 13º das receitas (quota 2,22%). "... Durante o ano de 2006 as chegadas de turistas a nível mundial ascenderam a 842 milhões, apresentando um crescimento de 4,9% relativamente ao ano de 2005. Em relação às receitas internacionais do turismo, a Organização Mundial de Turismo apurou para 2006, 586 mil milhões de euros, o que se traduziu num acréscimo de 7,5% relativamente a 2005".

Apesar de entre os 10 países líderes em termos de acolhimento, emissão e receitas não existirem alterações importantes, nota-se uma maior competitividade de novos países no continente asiático e africano, que exercem pressão sobre os países líderes a nível mundial. Ou seja, estamos perante uma actividade rentável, importante para as actividades económicas e, por isso mesmo, extremamente competitiva, em que continuamente surgem novos países e organizações com capacidade de competir pela recepção de turistas. A facilidade de movimentação de pessoas e o aligeirar dos controlos alfandegários sobre os turistas tem também contribuído para o crescimento desta actividade.

Este crescimento e importância económica devem, no entanto, ser acompanhados e suportados por uma menor precariedade laboral, por políticas que privilegiem salários justos, qualificação e valorização contínua dos trabalhadores, valorização da qualidade da oferta sem excessos urbanísticos e consumo em grande escala de recursos naturais como a água e, produção de resíduos em grandes quantidades. Desta forma, poderemos ter países e organizações com maior capacidade de competirem neste mercado global do turismo e da hotelaria.

1.1.1. *As questões éticas e de responsabilidade social empresarial*

Beck *et al.* (2007), num estudo feito a 220 responsáveis comerciais e de marketing de hotéis, entre 100 e 500 quartos, em que pretenderam estudar as decisões destes responsáveis do ponto de vista ético, partiram de 5 categorias de comportamentos éticos:

– coerção e controlo
– conflito de interesses
– integridade pessoal
– paternalismo
– ambiente físico

Nestas categorias apresentaram 10 exemplos de comportamentos a partir dos quais pediram aos inquiridos para os qualificarem do ponto de vista ético e da sua disponibilidade para agirem. Os 10 comportamentos apresentados foram:

– os directores gerais guardam para si prendas superiores a 25$ (coerção e controlo);
– pagar despesas pessoais de clientes e outros indivíduos influentes como forma de garantir futuros contratos (coerção e controlo);
– manter os directores gerais com as mais valias provenientes de antigos hotéis que geriram (conflito de interesses);
– realizar reservas a um preço mais baixo do que o acordado com outros operadores e unidades hoteleiras (conflito de interesses);
– aprovar campanhas promocionais para suites que, na verdade, são quartos comuns (integridade pessoal);
– promover promoções que incluem condições especiais a letras minúsculas que podem provocar danos para o cliente (integridade pessoal);
– tomar decisões a nível operacional para assegurar realização de eventos e outras actividades, mas que colocam em risco a segurança (paternalismo);
– vender quartos inacabados ou ainda em renovação (ambiente físico);
– cobrar contas esquecidas ou não cobradas em clientes novos na expectativa que estes não confirmem as suas facturas (integridade pessoal);
– vender vinho e outros produtos de qualidade inferior como sendo de boa qualidade (paternalismo).

Também se procurou saber que influência sobre o sistema de valores dos inquiridos era exercida pela: família; supervisores; formação académica; instituições religiosas; professores e outros educadores; amigos; formação ética. Dos resultados obtidos o estudo retirou 4 conclusões, salientando que estas não podem ser consideradas como representativas da Hotelaria e do Turismo (Beck *et al.*, 2007):

1 – Falta de acordo entre os inquiridos sobre o que é ético e não ético;
2 – Necessidade de valorizar os comportamentos éticos e penalizar os comportamentos não éticos;
3 – As respostas obtidas sugerem que os inquiridos tendem a agir centrados nos resultados;
4 – A família e os supervisores exercem uma forte influência sobre o sistema de valores dos inquiridos.

A partir destas conclusões podemos ser levados a inferir que faltam a estes profissionais indicações claras sobre os comportamentos que devem assumir e rejeitar no desempenho das suas tarefas, realmente suportadas em códigos de conduta divulgados e aceites por todos, no entanto, os autores preferem salientar o apoio dos superiores hierárquicos como um factor que tenderá a ser mais bem sucedido no estabelecimento de práticas éticas entre estes profissionais da Hotelaria e do Turismo.

Rodrigues & Cruz (2007), num estudo realizado em Espanha, assente no peso da hotelaria na economia espanhola (3-5 estrelas) e da orientação para o cliente que tem demonstrado ter, assim como da sua estreita ligação com o ambiente natural, contexto social e características históricas e naturais, pretenderam saber, até que ponto, os diferentes níveis de responsabilidade social e ambiental na hotelaria espanhola implicam diferenças nos resultados económicos destas organizações.

Os resultados alcançados permitiram indicar que quanto maior foi o investimento na responsabilidade social e ambiental das empresas estudadas, maiores foram, também, os resultados alcançados a nível económico, dependendo estes resultados, segundo os autores, de uma gestão e planeamento estratégico das suas actividades a nível ambiental e da RSO, tanto a médio e longo prazo, como nas suas actividades diárias.

Perera et al (2009), num estudo apresentado nas XIX Jornadas Luso Espanholas de Gestão Científica, referiu o caso dos Hotéis NH em Espanha e os progressos realizados por este importante GH Espanhol, que estabeleceu a sua estratégia com base na identificação dos seus GI, (accionistas, trabalhadores, fornecedores, sociedade, meio ambiente, clientes) e na criação de um conjunto de compromissos com cada um deles, previamente divulgados e assumidos, com objectivos a serem realizados e sua avaliação anual vertida em relatórios de sustentabilidade igualmente divulgados. Desta forma a sua estratégia corporativa assume totalmente uma política ética e de responsabilidade social comprometida, credível e transparente.

1.1.2. *As questões ambientais e de sustentabilidade*

No que se refere às questões ambientais Kasim (2006 e 2007) chama a atenção para as diferenças existentes entre os hotéis de 5 estrelas ou de luxo, em que a pressão da imagem e a sua dimensão exercem efeito sobre a adopção de práticas amigas do ambiente, e as unidades mais pequenas e geralmente mais modestas. O autor considera que as práticas ambientalmente responsáveis e de preservação do meio ambiente e do seu património ambiental por parte das unidades hoteleiras, independentemente da sua dimensão, são uma mais-valia do ponto de vista dos destinos, principalmente se tivermos em conta a sua imagem nos mercados internacionais.

O desenvolvimento de actividades turísticas e hoteleiras relacionadas com a ecologia, a conservação da natureza e a preservação de actividades rurais tem também sentido, nos últimos anos, um forte impulso, principalmente em zonas do globo onde a conservação de espaços naturais surge como uma mais-valia para a atracção de turistas e a manutenção das populações locais sem agressão ambiental.

Desta forma, políticas que contribuam para minorar as consequências ambientais da actividade turística e hoteleira, independentemente do país em que se situam, podem actuar sobre a gestão no sentido do cumprimento de normas ambientais para a redução dos consumos de água e reaproveitamento das águas residuais, redução do consumo energético através do levantamento das necessidades das luminárias e potências a colocar de modo a que se obtenha o máximo de luminosidade com o mínimo de consumo energético, cumprindo regulamentos energéticos e de climatização, de forma a serem energeticamente eficientes, controlando a produção de detritos e incentivando a sua separação, reciclagem e reutilização, como é o caso dos óleos alimentares.

Inúmeros documentos internacionais têm procurado sensibilizar e orientar as organizações turísticas e hoteleiras para as questões ambientais, entre as quais salientamos os princípios da Agenda 21 para as viagens e turismo, desenvolvido durante a Cimeira do Rio de Janeiro, adaptados posteriormente em 1995 e reeditados em 2002 pela *World Tourism Organization* (WTO), *World Travel and Tourism Council* GG21 (WTTC) e o *Earth Council* (EC). Kasim (2006 e 2007) citando Brown (1994) e Meade & del Monaco (1999) refere a importância da integração de políticas ambientalmente responsáveis, que acompanhem as medidas relacionadas com a obtenção de lucro e crescimento da actividade, assim como a adopção de sistemas de gestão ambiental de largo espectro, com influência sobre as operações, sobre os clientes, sobre os fornecedores e o meio em que está implantado. Instrumentos importantes para implantação destas medidas são as certificações ISO 14000 e a WTTC GG21. Além da imagem, estas medidas podem ter influências muito positivas na diminuição dos custos de operação, tanto ao nível do turismo como da hotelaria.

Na mesma linha e, ainda segundo Kasim (2006 e 2007), a *International Hotel & Restaurant Association's (IH&RA)* publicou em 1999 a "Environmental Good Practice in Hotels", na qual, entre outras práticas, era referida a utilização de papel reciclado, a separação e reciclagem de resíduos, poupança de energia e utilização de produtos biodegradáveis nas actividades de limpeza e manutenção. Estas práticas necessitam, no entanto, que toda a estrutura destas organizações esteja envolvida e comprometida, desempenhando para esse efeito um papel importante a educação e formação, a distribuição de prémios e outros incentivos individuais e colectivos pela realização de objectivos do ponto de vista da sustentabilidade ambiental.

2. Metodologia do Estudo

Pretende-se estudar de forma sistemática a atractividade de GH a trabalhar no Algarve sobre os CEP, através da aplicação de um estudo qualitativo, que concretiza a primeira parte prática deste estudo, a um número representativo de grupos hoteleiros que operam na região e, cujas conclusões deverão permitir o preenchimento de um SE (Spiller, 2000). Este SE irá qualificar as práticas de cada uma destas organizações, em termos dos interesses dos seis grandes GI identificados por Spiller (comunidade, ambiente, trabalhadores, clientes, fornecedores, accionistas).

Seguidamente, na segunda parte prática deste estudo, será realizado um estudo quantitativo a potenciais candidatos a trabalhadores identificados como sendo de CEP, na condição de alunos finalistas ou activos em formação contínua, em escolas do ensino superior e em escolas de formação técnica e profissionalizante, em cursos na área da Hotelaria e do Turismo e, que consideramos poderem vir a desempenhar um papel importante no sucesso e sustentabilidade dos GH de 4 e 5 estrelas a operar no Algarve.

No estudo quantitativo não serão identificados no questionário a apresentar aos CEP inquiridos os grupos hoteleiros analisados no âmbito do estudo qualitativo já realizado. Procurar-se-á perceber, através de questões abertas, se aqueles Grupos Hoteleiros que melhor foram classificados no SE são igualmente aqueles que são escolhidos para trabalhar e, quais as razões que os levam a fazer essa escolha.

2.1. Objectivos do estudo:
– Caracterizar as estratégias de RSE dos GH em estudo, em oposição a políticas paternalistas e de efeito imediato.
    – Caracterizar e contextualizar o que são, para os GH em estudo, CEP, e a importância que lhes dão na tomada de decisões referentes à sua captação e manutenção na organização.

- Saber do ponto de vista da sua imagem, se os GH em estudo estão identificados, por potenciais candidatos, como possuidores de estratégias e políticas eficazes de RSE.
- Saber se esta identificação resulta numa intenção de candidatura a colaborador das organizações em estudo.

2.1.1. *Perguntas de partida*
- Será que os GH de 4 e 5 estrelas do Algarve que detêm uma CE e definiram estratégias de RSE conseguem atrair CEP?
    - É possível estabelecer uma relação entre a Performance Social destes GH e a sua maior ou menor capacidade para atraírem CEP?
    - A reputação associada à CE e políticas e práticas de RSE conhecidas não influenciam as escolhas dos CEP, mas antes questões como a proximidade do possível local de trabalho com o seu local de residência, a localização geográfica das organizações hoteleiras em regiões com tradição na actividade hoteleira e com acesso a equipamentos sociais, culturais, educativos e de saúde com qualidade, a possibilidade de rápida progressão na carreira, a estabilidade profissional, o salário inicial oferecido e outras regalias de ordem financeira?

2.1.2. *Modelo de Suporte ao Estudo*
No nosso estudo pretendemos dividir, de uma forma clara, duas metodologias de análise: a qualitativa e a quantitativa, de forma a conseguir chegar a resultados que nos permitam responder às três perguntas de partida.

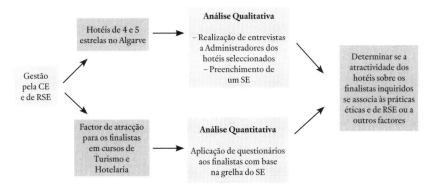

3. Análise de conteúdo às entrevistas semi-estruturadas

A população alvo deste estudo qualitativo é constituída por: grupos hoteleiros (GH) que pela sua distribuição, dimensão e qualidade de serviço representam a mais conhecida e representativa oferta hoteleira do Algarve em hotéis de 4 e 5 estrelas. Apresentam-se actualmente, na sua maioria, integrados em grandes grupos empresariais, ou como grandes grupos empresariais, nacionais e internacionais, com interesses no turismo e noutros sectores económicos, como por exemplo a banca, a indústria transformadora, o sector retalhista ou da construção civil e imobiliário. Possuem na região, na sua maioria, alguns empreendimentos hoteleiros de 4 e 5 estrelas, sendo o número destes grupos hoteleiros de aproximadamente catorze. Estão distribuídos pelo barlavento e sotavento, mas com maior incidência nos concelhos de Lagos, Portimão, Silves, Albufeira e Loulé.

Dos catorze GH contactados e convidados a participar, foi possível realizar oito entrevistas semi-estruturadas.

3.1. Questões a serem apresentadas aos Grupos Hoteleiros (GH)

No nosso entender, a entrevista realizada aos GH previamente identificados, para além de procurar realizar os objectivos do estudo, vai nos dados obtidos, providenciar informação para a pontuação do SE adaptado de Spiller (2000) e aplicado às organizações estudadas. Desta forma, as questões apresentadas no guião da entrevista semi-estruturada (quadro 1), são orientadas no sentido de conseguirmos preencher o SE, que no final nos irá fornecer as bases para a construção do questionário, instrumento de recolha de dados do estudo quantitativo a aplicar aos CEP. Ao SE original com os GI: comunidade; ambiente; trabalhadores; clientes; fornecedores e accionistas, foram acrescentadas questões relativas à cultura ética organizacional, missão/finalidade organizacional; código de ética/conduta organizacional; relatório social/de sustentabilidade.

Spiller (2000) no seu estudo "Ethical Business and Invesment: A Model for Business and Society" partia de duas questões essenciais: Será possível para os investidores e homens de negócio praticarem o bem enquanto tiram proveito económico da sua actividade? E se assim é, como o conseguem?

Para tentar responder a estas duas questões o autor desenvolve nesse artigo um novo modelo integrado de negócio ético, que inclui um modelo de medida da performance ética de cada empresa com base na construção de um SE. Os dados do SE serão, segundo o autor, um instrumento decisivo para os investidores poderem tomar decisões para os seus investimentos considerando as potencialidades éticas de cada empresa. Nesse sentido, o autor citando estudos internacionais, refuta a ideia que as empresas éticas e socialmente responsáveis não são tão competitivas como as restantes. Salienta que muitos investidores acreditam que o negócio ético providencia resultados financeiros superiores, dado que assegura para estas empresas benefícios bastante atractivos, tais como: aumento da produtividade e lealdade dos empregados, aumento das vendas e da lealdade dos consumidores; maior compromisso por parte dos fornecedores; melhoria da qualidade ambiental; maior capacidade de cumprimento das exigências legais relacionadas com a sua actividade. Desta forma, as empresas conseguem corresponder com maior eficácia a três dimensões decisivas de criação de riqueza: a social, a ambiental e a financeira.

A actividade de um negócio ético assenta sobre quatro pilares que o autor identifica como: propósito; princípios; práticas; medição da performance.

De forma a qualificar cada organização relativamente às suas práticas anteriormente referidas, o autor segue a metodologia referida por ele de Kinder, Lydenberg & Bomini (1992 e 1996), através da qualificação desde forças importantes a preocupações importantes. Uma força importante é qualificada com 2, uma força com 1, neutro ou sem informação com 0, uma preocupação com -1, uma preocupação importante com -2. O autor chama a atenção que não é realista esperar pela perfeição, ou seja, que uma organização tenha 2 em todos os pontos. O que um investidor espera ver é uma pontuação positiva com possibilidade de melhoria em todos os aspectos a avaliar. O autor refere ainda que os itens em avaliação não podem ser vistos como definitivos, mas antes como uma recolha de informação possível e acessível num determinado período de tempo.

3.2. Análise de conteúdo das entrevistas semi-estruturadas e preenchimento do SE

Citando Jorge Vala (1986:104) "...a finalidade da análise de conteúdo será pois efectuar inferências, com base numa lógica explicitada, sobre as mensagens cujas características foram inventariadas e sistematizadas". Desta forma, os parâmetros de análise referidos no SE serviram de referência para a construção do guião da entrevista semi-estruturada (quadro 1). Para uma maior credibilidade da pontuação atribuída, resolveu-se juntar à análise feita os parâmetros referidos no Livro Verde – Promover um quadro europeu para a responsabilidade social das empresas, apresentado pela Comissão Europeia, em Julho de 2001. Construiu-se, portanto, um quadro com os parâmetros do Livro Verde, do SE e as respostas dadas pelos entrevistados com a respectiva pontuação (quadro 1). Conseguiu-se um "...levantamento completo do material susceptível de ser utilizado..." com documentos que pretendem ser "...um reflexo fiel de um universo maior..." em termos de exigências quanto à CE e à RSE de forma geral, mas neste caso na indústria hoteleira do Algarve. Estes documentos escolhidos (Livro Verde e SE) "...referem-se ao mesmo tema e estão "...adequados aos objectivos da pesquisa..." (Amado, 2000: 55).

Tendo em conta os dois documentos utilizados, Livro Verde e SE, em que somente o SE serviu de base para a construção do guião da entrevista semi--estruturada, optou-se por realizar uma leitura interpretativa com identificação de incidentes críticos nas respostas dadas pelos entrevistados (Amado, 2000), e que coincidissem ou com o Livro Verde ou com o SE, ou com os dois simul-taneamente. Um exemplo desse trabalho apresenta-se no quadro 1, referente à análise das respostas sobre o GI *comunidade* do Grupo Hoteleiro 8 (GH8).

3.2.1. *Análise de conteúdo das entrevistas aos oito GH*
Da análise realizada até ao momento, seleccionou-se no âmbito deste artigo o GH 8, e mais concretamente o GI *comunidade* como demonstração da forma descrita acima e escolhida para realizar a análise de conteúdo (Quadro 1).

No GI *comunidade* aprecia-se o esforço do GH 8 em seleccionar de forma criteriosa os projectos sociais que possam ter um impacto significativo nas comunidades em que está inserido, sem com isso limitar o acesso de pessoas ou organizações responsáveis, com projectos com qualidade, a usufruírem do seu apoio, quer seja financeiro, material ou humano. Valoriza-se, ainda, o esforço por captar novos talentos através da parceria com escolas e centros de formação na realização de estágios e posteriores oportunidades que podem surgir com benefícios para a empresa e para a comunidade.

Como pontos para melhorar em relação ao GI comunidade salientamos a implementação e desenvolvimento de campanhas a favor de mudanças na protecção do ambiente, em melhorias da performance ambiental e, no desen-volvimento da sociedade, assim como apoiar os empregados em actividades filantrópicas e, principalmente, a divulgação da sua performance social e ambiental, algo que associamos à não existência de um Relatório social/de sustentabilidade, que classificámos com -2 (preocupação importante).

3.2.2. *Pontuação do SE dos 8 Grupos Hoteleiros (GH)*
Conforme se pode verificar no quadro 2 a esmagadora maioria dos entrevis-tados referiu que não realizavam, não pretendiam realizar, ou desconheciam a existência de um relatório de responsabilidade social. O único grupo que realizava este relatório utilizava-o unicamente como documento interno de trabalho, ao qual a maioria dos trabalhadores não tinha acesso. Conforme

QUADRO 1 – Análise de conteúdo entrevistas (GI Comunidade)

GI	LIVRO VERDE	SCORECARD ÉTICO	Questionário (registo de termos, sinónimos, frases curtas) GH A	P
C O M U N I D A D E	"...integração adequada da empresa na respectiva envolvente local, seja na Europa ou a nível internacional. "...contributo para a vida das comunidades locais em termos de emprego, remunerações, benefícios e impostos. ... têm um interesse directo na disponibilidade local das competências que requerem. ... as PME angariam também a maior parte dos seus clientes na área envolvente. A reputação de uma empresa na sua zona de implantação, a sua imagem não só enquanto empregador e produtor, mas também enquanto agente no plano local, são factores que influenciam a competitividade". "...apostam num ambiente limpo para a sua produção ou prestação de serviços - ar ou água limpos ou ainda redes rodo-viárias descongestionadas. Pode também existir uma relação entre o meio físico local e a capacidade de uma empresa para atrair trabalhadores para a sua zona de implantação. "...as empresas mais sensíveis às questões ambientais encontram-se duplamente envolvidas na educação ambiental da comunidade". "...oferta de espaços adicionais de formação, o apoio de acções de promoção ambiental, o recrutamento de pessoas vítimas de exclusão social, a disponibilização de estruturas de cuidados à infância para os filhos dos trabalhadores, parce-rias com comunidades, o patrocínio de eventos culturais e des-portivos a nível local ou donativos para acções de caridade". "...estabelecimento de relações positivas com a comunidade local e a consequente acumulação de capital social é de par-ticular importância para as empresas que vêm do exterior..."	A- Distribuir e aplicar genero-sos donativos financeiros; B- Inovar em termos de con-tribuições; C- Apoio à educação e a pro-gramas de formação profis-sional; D- Envolvimento directo em projectos e empreendimen-tos comunitários, quer sejam locais ou de âmbito nacional e internacional; E- Implementar e desenvolver programas de voluntariado em favor da comunidade; F- Implementar e desenvolver campanhas a favor de mudan-ças na protecção do ambiente, em melhorias da performance ambiental e, no desenvolvi-mento da sociedade; G- Apoiar os empregados em actividades filantrópicas; H- Divulgação da sua perfor-mance social e ambiental.	A- Tendo em conta a comunidade em que o Vosso Hotel está inserido, de que forma têm conhecimento e avaliam as suas necessidades? Como já referi anteriormente somos bastante selectivos com os projectos que apoiamos, mas também estamos sempre de portas abertas, e as pessoas vêm ter connosco. Além dos projectos que já referi, colaboramos muito com escolas, através de estágios, visitas aos nossos hotéis... Além disso, sempre que renovamos um hotel, o mobili-ário e outros bens que já não interessam mas que estão ainda em condições é oferecido a instituições que o re-aproveitam. B- De acordo com esse conhecimento e avaliação, como tem sido a Vossa resposta? Consideramo-la muito positiva. Dou o exemplo dos esta-giários. Uma boa parte dos nossos novos colaboradores são recrutados via estágio. C- Indique por favor alguns projectos em que já partici-param. Creio que este exemplo da Madeira é muito interessante. Pedimos aos nossos clientes que deixem algum dinheiro para projectos com crianças pobres. O projecto é total-mente nosso, e tem o nome de "Criar". Pretende desen-volver nestas crianças o gosto pela arte, assim como as suas aptidões artísticas. Mais uma vez a questão da apren-dizagem é para nós fundamental. Também em Lagoa, no Algarve disponibilizamos um professor de Golfe para que gratuitamente, e uma vez por semana ensine este desporto a crianças do conselho.	1

ADAPTAÇÃO E APLICAÇÃO DE UM SCORECARD ÉTICO A GRUPOS HOTELEIROS A OPERAR...

249

refere Spiller (2000), as pontuações negativas representam uma preocupação ou preocupação importante, que como acontece nestes casos representam um conjunto de situações que devem ser corrigidas num futuro próximo.

Quadro 2 – Pontuação SE Grupos Hoteleiros

CE e GI	GH 1	GH 2	GH 3	GH 4	GH 5	GH 6	GH 7	GH 8
Cultura ética organizacional Missão/ Finalidade organizacional	1	1	2	1	1	2	1	2
Código de ética / Conduta organizacional	-1	1	2	-1	1	2	1	1
Relatório social / de sustentabilidade	-2	-2	-2	-2	-2	1	1	-1
Comunidade	-1	1	-1	1	1	2	1	1
Ambiente	1	1	1	0	2	2	1	1
Trabalhadores	1	1	1	1	1	1	1	1
Clientes	1	1	1	1	1	1	1	2
Fornecedores	1	1	1	1	1	1	1	1
Accionistas	1	1	1	0	0	1	1	1
Total	2	6	6	2	6	13	9	9

Da mesma forma alguns dos entrevistados referiram não existir formalizado um *código de ética ou de conduta*, baseando-se na tradição oral, nos exemplos de fundadores, administradores ou outros funcionários, assim como no senso comum daquilo que devem ser os comportamentos numa unidade hoteleira. Surgem, no entanto, grupos (GH3, GH6, GH7, GH8) que dão uma grande importância ao facto de terem escritas de uma forma estruturada e muito trabalhada, divulgada constantemente e constituindo base da formação de todos os trabalhadores, um conjunto de regras escritas ou código de conduta do grupo. No entanto, esta não é a realidade da maioria dos grupos entrevistados.

Também, por não possuírem os conhecimentos necessários, 2 dos entrevistados não reponderam às questões referentes ao GI *accionistas*. Na maioria dos GH, o capital está ou centralizado num único proprietário, num número restrito de sócios, ou pertence a grupos multinacionais, com capital disperso por vários accionistas desconhecidos, e cuja dinâmica de investimento e distribuição de proveitos é desconhecida dos entrevistados.

Em relação ao grupo de interesse *comunidade*, todos eles desenvolvem uma ou outra actividade com impacto nas comunidades em que estão inseridos. Destacam-se os GH8 e GH6, o primeiro por serem criteriosos nos projectos que escolhem para financiarem e o segundo pela política já sistemática de envolvimento dos trabalhadores, com análise e avaliação dos resultados obtidos. De resto, na maioria dos GH entrevistados deparamo-nos com acções junto da comunidade desgarradas de uma política da organização pensada para ter impacto junto das comunidades onde estão inseridos, sem objectivos definidos nem avaliação de resultados, e com nenhum ou com um simples e ocasional envolvimento dos trabalhadores. Não existe, igualmente, uma definição de áreas onde intervir, se a nível social, ambiental, económico, cultural, ou outros.

Quanto ao GI *ambiente* o GH5 e GH6 sobressaem por terem uma certificação ambiental, no entanto, pecam por não divulgarem mais as suas acções em prol do ambiente nem terem uma monitorização externa e independente da sua performance ambiental. De resto, a maioria dos Grupos Hoteleiros (GH) entrevistados põem em prática acções em favor do ambiente e procuram minorar os efeitos negativos da sua actividade, principalmente em relação ao consumo de energia e água, à produção de resíduos, ao impacto na paisagem, tentando, mesmo, envolver os clientes neste esforço.

No GI *trabalhadores* a maioria dos GH entrevistados referem dar importância a questões como: o recrutamento de profissionais qualificados; carreiras internas em que o mérito é o factor determinante para a progressão dos trabalhadores; formação contínua e comunicação interna com publicações periódicas e reuniões diárias entre chefias e trabalhadores e análise periódica do clima organizacional são características que facilmente encontramos nos discursos dos entrevistados. No entanto os GH como o 4, 5, 6 e 8 ligam com maior sublinhado a performance dos seus trabalhadores à distribuição de benefícios ligados à produtividade e aos resultados económicos, à formação contínua e a relações estreitas com entidades locais de formação, onde recrutam, preferencialmente, os seus trabalhadores. No entanto, são todos classificados com 1 atendendo às seguintes fragilidades: na sua maioria não têm uma entidade externa que realmente acompanhe as práticas e as políticas de Recursos Humanos ao nível da igualdade de oportunidades, certificação da saúde e segurança no trabalho, práticas de subcontratação e utilização de estagiários para substituir trabalhadores dispensados ou que tenham entrado na reforma, assim como implementar e desenvolver internamente um espírito de comunidade e de missão social, com objectivos e actividades programadas anualmente com a participação directa de todos os trabalhadores.

Em relação ao GI *clientes*, a esmagadora maioria dos pontos referidos no LV e no SE encontram-se realizados. No entanto, ainda poucos GH têm alguma certificação. Apesar disso, a esmagadora maioria atribui grande importância à satisfação dos interesses dos seus clientes, socorrendo-se de questionários escritos, na sua maioria já enviados electronicamente, que permitem a auscultação contínua e a intervenção imediata, e onde é visível a importância de terem uma atitude proactiva no desempenho das suas funções. Estes questionários são desenvolvidos internamente ou por entidades externas, para conseguirem perceber rapidamente e, de uma forma contínua, a opinião dos seus clientes sobre o Grupo e serviços prestados, tentando intervir, sempre que necessário, de forma rápida e efectiva. O GH8 referiu "a importância de terem clientes que voltem ao hotel, assim como salientaram a importância de terem produtos inovadores, como o caso do *time-sharing* de que foram pioneiros".

Quanto ao GI *fornecedores* todos os GH entrevistados obtiveram como pontuação 1, uma vez que, na sua esmagadora maioria, referiram a importância de manterem relações estáveis com estes parceiros, e de colaborarem com eles na obtenção de melhores serviços e produtos, para que, desta forma, consigam manter clientes satisfeitos, no entanto também afirmam desenvolverem um trabalho de prospecção contínua do mercado ou abrirem periodicamente concursos para fornecimento de produtos e serviços. O GH6, tendo em conta o conjunto de certificações que possui, desenvolve um trabalho contínuo e sistemático de selecção de fornecedores certificados e de divulgação das boas práticas a que os fornecedores têm de corresponder. O GH4 dá preferência a fornecedores indicados pela sede, que tenham capacidade de fornecer este grupo multinacional, de forma a terem os mesmos padrões de qualidade em qualquer hotel do grupo espalhado pelo mundo. Todos eles, excepto o GH4 afirmaram não descriminar os fornecedores locais, desde que tenham um serviço ou produto de qualidade e a preço competitivo, mas não mostraram terem contratos de preferência ou exclusividade com algum fornecedor algarvio.

3.3. Primeiras conclusões à análise de conteúdo e ao preenchimento do *Scorecard Ético* da cada GH

Conforme se pode verificar pelo quadro 2 a pontuação que ocorreu com maior preponderância em todos os GI avaliados nos GH entrevistados foi de 1, indo ao encontro do que sugeria o próprio Spiller (2000), de que se esperava uma pontuação positiva com possibilidade de melhoria em todos os aspectos a avaliar. Em dois grupos, ao existirem pontos negativos, de -1 e -2 obrigou a que a sua nota final, apesar de não ser negativa, estivesse muito próxima de 0.

Só um dos grupos entrevistado esteve próximo da nota máxima, que seria de 18. Este grupo destacou-se por ser o único que tem implementado, de forma sistemática, um sistema de qualidade que abarca a Qualidade, o Ambiente, a Segurança, Higiene e Saúde no Trabalho e a Segurança e Higiene Alimentar. Têm claramente definida e escrita uma política de sustentabilidade, abrangendo todos os GI num documento escrito e, esperam, brevemente, certificarem-se ao nível da RSE. No entanto, não elaboram nem possuem um Relatório Social/ de Sustentabilidade, o que realizam é um documento de trabalho interno, que analisa os resultados ao nível da qualidade, que não é divulgado a todos os GI mas debatido unicamente pelas chefias. No entanto, ao iniciarem o processo de certificação ao nível da RSE, esta limitação será, certamente, ultrapassada.

Os restantes, apesar de possuírem algumas boas práticas, ainda não conseguiram dar este salto qualitativo, pelos que muitas das medidas e políticas que apresentam aparecem de uma forma avulsa e sem uma base estratégica clara onde os resultados alcançados possam ser claramente medidos e conhecidos por todos os GI.

Como estamos a analisar grupos hoteleiros com dimensões consideráveis, tanto do ponto de vista nacional, como internacional, e que representam, pela sua diversidade, alguns dos melhores exemplos de estruturas hoteleiras, contamos que estas conclusões e as que ainda serão retiradas e, que posteriormente serão disponibilizadas a cada um dos grupos participantes, possam ser motivo de reflexão e melhoria das suas práticas ao nível da CE e da RSE, assim como os possam fazer reflectir sobre a sua possível importância na captação de CEP.

Conclusão

Apesar da atenção que, nos últimos anos, tem sido dada às questões éticas relacionadas com o comportamento dos gestores e com as práticas empresariais, as origens desta actual crise económica internacional, levam-nos a pensar que muito tem ainda que ser feito. É reconhecido que as empresas, os gestores e profissionais na área da Hotelaria e do Turismo enfrentam, por parte dos accionistas, uma pressão constante para os resultados, provocando uma enorme tensão, num mercado instável sob características conjunturais ligadas à política, a fenómenos naturais e sociais.

O sector turístico e hoteleiro possuem características próprias que os distinguem da maioria das outras actividades, entre elas destacam-se a precariedade da maioria dos contratos celebrados, determinados, na sua maioria, por políticas que privilegiam os baixos salários e os trabalhadores precários e pouco qualificados, a influência da sazonalidade, a necessidade de redução de custos nas épocas baixas e de lucros na época alta, pressão sobre a quantidade em detrimento da qualidade, imagem associada a excessos urbanísticos, consumo em grande escala de recursos naturais como a água e produção de resíduos em grandes quantidades.

Esta realidade pode originar políticas e comportamentos questionáveis do ponto de vista ético e da RSE, que podem não ajudar à construção de uma imagem positiva deste sector de actividade com crescente importância nas nossas sociedades.

Ao apresentarmos unicamente a visão de uma parte interveniente no dia-a-dia de grupos hoteleiros a operarem no Algarve, neste caso dos administradores, temos consciência de correr o risco de parecermos parciais e de não conseguirmos traduzir todas as opiniões sobre esta importante matéria da Cultura Ética (CE) e da RSO. No entanto, entendemos que os seus testemunhos conseguem demonstrar, de uma forma clara, as principais opções e o estado actual da CE e da RS nas organizações que administram.

Optou-se por colocar um exemplo do quadro total que foi construído para a análise de conteúdo da entrevista semi-estrutrada do GH8. A esmagadora maioria dos GI avaliados nos GH que aceitaram participar neste estudo obteve como pontuação 1, o que significa que estes GH conseguem realizar uma parte interessante dos requisitos apresentados tanto no SE como no LV, apesar de ainda terem trabalho a desenvolver, principalmente no que se refere à definição de uma estratégia para integrar e desenvolver as actividades inerentes a uma gestão ética e socialmente responsável.

É o caso do GI ambiente, no GH8 em que o grupo assume algumas medidas que à primeira vista são interessantes, como a utilização de águas de estações de tratamento de aguas residuais para a rega de campos de golfe, e a construção e utilização de uma central dessalinizadora em Alvor, única em Portugal continental, e que contribui para uma redução da pressão sobre um recurso importante e raro, principalmente no Algarve, como é a água potável, mas que peca por estas práticas se apresentarem, à primeira vista, desgarradas de uma política ambiental com objectivos claros para o conjunto dos hotéis do GH8, monitorizada quer internamente, quer por entidades externas.

REFERÊNCIAS

ABEISEKERA, I. (2006). *Managing Human Capital in a Privately Owned Public Hotel Chain.* Hospitality Management, 25, 586-601.

AMADO, João da Silva (2000). "A Técnica de Análise de Conteúdo". *Revista Referência, nº 5.*

BECK, J.A., Lazer, W. e Raymond, S. (2007). "Hotel Marketing Managers' Responses to Ethical Dilemas". *International Journal of Hospitality & Tourism Administration*, Vol. 8 (3), 35-48.

BRAGUES, G. (2006). "Seek the Good Life, not Money: The Aristotelian Approach to Business Ethics". *Journal of Business Ethics, 67: 341-357*

BROWN, M. (1994). *Environmental Auditing and the Hotel Industry: An Auccountant's perspective,* in A.V. Seaton, C.L. Jenkins, R.C. Wood, P.U.C. Deike, M.M. Bennet, L.R. Maclellan et al. (Eds.), Tourism: The State of the Art (pp. 755-764), Chichester: John Willey and Sons.

CAMPERO, De L., Garcia, S. (2007). "El Capital Intelectual e la Competitividad Organizacional". *Hospitalidad ESDAI, ene-jul, Issue 11, p. 7-24.*

CHO, S. Woods, R.H. e Sciarini, M. (2006). "How Hospitality Students Develop Perceptions of Potential Employers". *Cornell Hotel and Restaurant Adminstration Quarterly*, Vol 47, Issue 2, 135-145.

COMISSÃO DAS COMUNIDADES EUROPEIAS (2001). *Livro Verde. Promover um quadro europeu para a responsabilidade social das empresas.* Bruxelas.

CRITCHLEY, R. (2004) *Doing Nothing is Not an Option: Facing the Emminent Labor Crisis.* Thomson, Melbourne.

FREEMAN, R. E. (1984), *Strategic management: A stakeholder approach*, Marshfield: Pitman Publishing, Inc.

FRIEDMAN, T. L. (2005). *O Mundo é Plano. Uma História Breve do Século XXI.* Actual Editora, Lisboa.

FAYE, C. (1998). "Current Issues in Selecting High Potentials". *Human Resource Planning, vol. 21, Issue 3, p. 15-17.*

GARDNER, T. M. (2002). "In the Trenches at the Talent Wars: Competitive Interaction for Scarce Human Resources". *Human Resource Management, Vol. 41, nº 2: 225-237.*

HOLLAND, P., Sheehan, C. e De Cieri, H. (2007). "Attracting and Retaining Talent: Exploring Human Resources Development Trends in Australia". *Human Resources Development International, 10:3, 247-262.*

JIMENEZ, Enrique M. Gómez (1995). "Ética Empresarial y Códigos de Conduta". *ESIC MARKET*, nº 88, Abr-Jun.

JORGE, F. (2005). "Um Modelo de Gestão pela Cultura Ética – Contributos para a Construção da Sustentabilidade Organizacional". *VII Encontro Hispano-Luso de Economia Empresarial*, 76-84.

KASIM, A. (2006). "The Need for Business Environmental and Social Responsibility in the Tourism Industry". *International Journal of Hospitality & Tourism Administration*, Vol. 7 (1), 1-22.

KINDER, P., S. D. Lydenberg and A.L. Domini (eds) (1992) *The Social Investment Almanac*. Henry Holt and Company, New York.

KINDER, P., S. D. Lydenberg and A.L. Domini (1996) "Companies with a Social Vision. *Business and Society Review*, 97, 75-76.

MARTEL, L. (2003). "Finding and Keeping High Performers: Best Practices From 25 Best Companies". *Willey Periodicals, Inc. 27-43.*

MEADE, B. del Monaco, A. (1999) "Environmental Management: The Key to Successful Operation". Hotel-Online, USA.

MICHAELS, E., Handfield-Jones, H. e Axelrod, E. (2001). *The War for Talent*. Harvard Business School Press. Boston, Ma.

NEVES, J. G. (2005). "Responsabilidade Social das Organizações (RSO): Conceito e Aplicabilidade". *Recursos Humanos Magazine*, 9: 52-63.

PERERA, A. G. Jiménez, A. R. Jiménez, Mª del A. J, Dionisio, Mª del P. S (2009) "Nuevos Enfoques de Gestión Hotelera. La Responsabilidad Social Corporatva en NH Hoteles. *XIX Jornadas Luso Espanholas de Gestión Científica.*

RODRIGUEZ, F.J.G e Cruz Y. del M. A. (2007). "Relation Between Social-Environmental Responsability and Performance in Hotel Firms". *Hospitality Management*, 26, 824-839.

ROSENTHAL, J. e Masarech M. A., (2003). "High-Performance Cultures: How Values Can Drive Business Results". *Journal of Organizational Excellence*, 3-18.

SPILLER, R. (2000). "Ethical Business and Investment: A Model for Business and Society". *Journal of Business Ethics, 27, 149-160.*

WALSH, K. e Taylor S. M. (2007). "Developing In-House Careers and Retaining Management Talent. What Hospitality Professionals Want From Their Jobs Cornell". *Hotel and Restaurant Adminstration Quarterly*, Vol 48, Issue 2, 163-182.

VALA, Jorge (1986). *A Analise de Conteúdo*. In Silva, A. S. e Pinto, M., "Metodologia das Ciências Sociais". Ed. Afrontamento.

CAPÍTULO V

Dinâmicas empresariais da RS:
relações loborais, emprego e voluntariado
empresarial

A RESPONSABILIDADE SOCIAL DAS EMPRESAS EM CONSELHOS DE EMPRESA EUROPEUS: MISSÃO IMPOSSÍVEL OU COMPROMISSO INEVITÁVEL?[1]

Hermes Augusto Costa *

1. Introdução

Este texto procura analisar algumas das possíveis condições para o exercício da Responsabilidade Social da Empresa (RSE) no seio das multinacionais, em especial no contexto da formação de Conselhos de Empresas Europeus (CEEs), órgãos de informação e consulta de trabalhadores em empresas ou grupos de empresas de dimensão comunitária, i.e., empresas que empreguem pelo menos 1000 trabalhadores no Espaço Económico Europeu (EEE) – Estados membros da UE, Islândia, Noruega e Liechtenstein – e pelo menos 150 trabalhadores em dois Estados situados nesse espaço[2].

Num primeiro momento, procede-se a uma breve contextualização sobre o papel histórico e recentemente crescente da RSE, procurando realçar os desafios que emanam da RSE para as empresas multinacionais. Em segundo lugar, dá-se conta de alguns instrumentos que podem potenciar e dignificar a participação laboral global no quadro das multinacionais – como sejam os códigos de conduta e os acordos-quadro globais (A-QG) –, de modo a evidenciar as "janelas de oportunidade" para a RSE que os mesmos podem ajudar a propiciar. Em simultâneo, é trazido à discussão o dilema recorrente entre auto-regulação *versus* RSE obrigatória. Por fim, situa-se a discussão sobretudo no âmbito das multinacionais a operar no espaço europeu – em especial no

---

* Centro de Estudos Sociais, Faculdade de Economia, Universidade de Coimbra

[1] Este trabalho insere-se no âmbito de um projecto de investigação em curso, coordenado pelo autor, intitulado "Informação e consulta de trabalhadores nas multinacionais: análise do impacto dos Conselhos de Empresa Europeus em Portugal nos sectores metalúrgico, químico e financeiro" (Ref. III/7/2008), e financiado pelo Instituto de Investigação Interdisciplinar da Universidade de Coimbra. Recuperam-se, no entanto, também alguns contributos de uma investigação desenvolvida por Costa e Araújo (2007b; 2009).

[2] Para uma análise dos objectivos e alcance dos CEEs, consulte-se o texto da Directiva 94/45/CEE de 22.09.1994 e, entretanto, a Directiva 2009/38/CE, de 6.05.2009, que veio substituí-la. Sobre os impactos dos CEEs em Portugal, cf. Costa (2006; 2009), Costa e Araújo (2007a; 2007b; 2007c; 2008; 2009).

âmbito dos CEEs e do EEE[3] – para se salientarem os aspectos que estão a dificultar quer a abertura dos CEEs ao tema da RSE (a linha pessimista, e por sinal dominante, que sustenta a ideia de *missão impossível*), quer os aspectos que podem potenciar uma relação virtuosa para empresas e trabalhadores em resultado de uma maximização de uma relação entre os CEEs e a RSE (a linha optimista defensora de um *compromisso inevitável*). Para uma melhor fundamentação de ambas as facetas (pessimista e optimista, ou um misto de ambas) são passados em revista alguns estudos (apresentados por vezes mesmo de forma complementar), dando conta, entre outros pontos: das matérias que recorrentemente são objecto de informação e consulta no âmbito dos acordos de CEEs para ver em que medida há sinais de aproximação ao tema da RSE; das posições de alguns actores sindicais e de administrações das empresas a respeito dessas potenciais sinergias entre CEEs e RSE; dos factores que limitam a criação de CEEs "socialmente responsáveis"; dos desafios necessários para que os CEEs abracem efectivamente a RSE (a sua internacionalização, o reforço da vertente da negociação ou a regularidade das suas acções, por exemplo); etc.

2. Desafios da responsabilidade social empresarial nas multinacionais

Como é sabido, o fenómeno da RSE não é novo. Mesmo nas primeiras sociedades industriais do século XVIII, ainda antes da emergência do Estado-Providência, algumas empresas privadas de cariz paternalista interiorizaram responsabilidades para com os seus empregados, a maior parte das vezes com base em contratos sociais não escritos (segurança social em troca de lealdade). Por detrás destas primeiras formas de RSE estavam motivos religiosos e éticos ou o medo do radicalismo e da contestação operária (Bredgaard, 2004: 373). Ao longo de todo o século XX, a ideia básica que deu forma ao conceito de RSE foi enunciada através da frase "as empresas têm a obrigação de trabalhar em prol do bem-estar social". Esta ideia esteve quase sempre presente no mundo empresarial, embora nas últimas décadas tenha ganho novo fôlego com o interesse do Estado e da sociedade, em geral, em contribuir para a realização plena daquele princípio.

Progressivamente, a RSE foi deixando de ser apenas um acto filantrópico, isto é, uma acção de natureza assistencialista, caridosa e predominantemente temporária, de carácter pessoal, representada por doações de empresários ou

---

[3] Note-se, porém, que as multinacionais que se encontram fora do EEE estão também elas abrangidas pela Directiva desde que possuam operações no EEE.

pelo patrocínio de outros actos beneméritos e passou a ser também o reflexo de uma nova cultura empresarial orientada para a busca da melhoria da imagem e para a obtenção de capital reputacional por parte das empresas. Sobretudo ao longo da década passada, as acções de responsabilidade social empresarial multiplicaram-se e diversificaram-se ao ritmo da expansão do mercado global. A aposta na chamada "empresa-cidadã" resultou, em parte, do aumento da capacidade financeira e de mobilização de recursos de muitas empresas, onde a RSE passou a assumir uma envergadura crescente e directamente proporcional à intensidade dos seus impactos sobre o tecido social em que se inserem.

A nível europeu, o tema da RSE passou a estar no topo da lista de prioridades da UE desde a Cimeira de Lisboa, realizada em Março de 2000, e a ser uma parte importante da Estratégia Europeia de Desenvolvimento Sustentável[4]. Para além disso, a RSE aparece também como uma forma privilegiada de promoção dos direitos laborais e sociais fundamentais no contexto da globalização. Na sequência do Conselho Europeu de Lisboa, a Comissão Europeia (2001: 3) "formulou um apelo especial ao sentido de responsabilidade social do meio empresarial no que toca às melhores práticas em matéria de aprendizagem ao longo da vida, organização do trabalho, igualdade de oportunidades, inclusão social e desenvolvimento sustentável". O assunto culminou com o lançamento do *Livro Verde* para *Promover um Quadro Europeu para a Responsabilidade Social das Empresas*, da Comissão das Comunidades Europeias, de 18 de Julho de 2001.

Esta preocupação crescente da Comissão Europeia com a questão da RSE visou sobretudo alargar a contribuição positiva das empresas, mostrando que também os impactos negativos que estas produzem devem ser por elas assumidos. Segundo esta perspectiva, as empresas devem assumir a responsabilidade pelo impacto tridimensional das suas actividades na sociedade, sendo a RSE a "obrigação" inerente a cada empresa de se responsabilizar pela forma como a sua actividade produz impactos económicos, sociais e ambientais no meio envolvente e de garantir que estes impactos gerem benefícios equitativos e sustentáveis para todas as partes envolvidas. Por esta razão, defendem alguns, a RSE deve ser retirada da esfera privada de cada empresa e assumida enquanto quadro orientador legal pelo próprio Estado (Schömann, 2004: 138).

A actual RSE assenta em investimentos feitos em iniciativas sociais para beneficiários externos às empresas. A ideia de investimento social privado

---

[4] Sobre a estratégia europeia para o desenvolvimento sustentável, cf. Santos *et al.* (2005: 15-27).

refere-se à reconversão de uma percentagem de facturamento bruto da empresa em investimento e em iniciativas sociais dirigidas a terceiros. Estas novas formas de contribuição social das empresas têm-se dado, de maneira geral, em três áreas distintas: a) apoio a programas governamentais; b) difusão de boas práticas; e c) provisão de serviços. O investimento social privado aparece, assim, como uma diferente face da capacidade organizativa das empresas (muitas de dimensão global e capacidade financeira maior do que a de alguns Estados) e surge como uma alternativa à crise do sistema de solidariedade universal compulsória, desenvolvido e financiado pelo Estado. Mesmo reconhecendo que as acções de responsabilidade social empresarial ainda são incipientes e realizadas através de iniciativas pontuais, elas têm-se mostrado determinantes no processo de mobilização da responsabilidade das empresas para com a sociedade (Costa: 2005: 68).

Por um conjunto de razões, a RSE é hoje uma das temáticas mais em voga na comunidade empresarial das economias pós-industriais. De facto, alguns governos estão a fazer pressão para aliviar o sector público de algumas das suas obrigações em relação à protecção social, incentivando a constituição de parcerias entre o sector público e o privado. Na Europa, como se disse, a UE começou a apelar à comunidade empresarial para assumir comportamentos socialmente responsáveis e para que a RSE coloque ênfase no diálogo entre *stakeholders* (Comissão Europeia, 2001; Commission of the European Communities, 2006). Os consumidores e cidadãos em geral tornaram-se mais exigentes e mais conscientes da responsabilidade de todos na provisão de direitos sociais e apresentam novas preocupações e expectativas face ao papel em evolução das empresas na sociedade (Bredgaard, 2004: 373).

De facto, com a expansão da economia global a importância da RSE aumentou consideravelmente. Para R. Shamir (2005: 92), o desenvolvimento da RSE é um reflexo da expansão da economia neoliberal global, contexto no qual algumas empresas privadas adquiriram um poder económico e político tão grande que chega a ultrapassar o de muitos Estados. Além de responsáveis por cerca de dois terços do total do comércio global de bens e serviços, 51 das 100 maiores economias mundiais são empresas multinacionais (ICTU, 2006: 4). Como resultado do seu vasto poder económico, as empresas multinacionais acumularam em paralelo amplos poderes políticos e culturais. Esta expansão do poder das empresas multinacionais vai de par com o enfraquecimento do poder dos Estados nacionais para fazerem aplicar ou mesmo para produzirem legislação que enquadre de uma forma social e ambientalmente mais justa o seu funcionamento. Nos últimos anos assiste-se a um crescimento de importantes acordos e directrizes internacionais a que as multinacionais supostamente deveriam aderir – alguns sob a chancela da ONU ou de outras organizações internacionais igualmente representativas. Contudo, essa adesão é quase sempre voluntária, sem qualquer tipo de obrigatoriedade inerente.

Enquanto principais agentes da globalização económica e face visível da criação de inúmeros problemas sociais e/ou ambientais, as multinacionais passam a ser os alvos privilegiados do descontentamento popular: através das suas práticas laborais, muitas empresas multinacionais não salvaguardam minimamente as formas de "trabalho decente" propostas pela OIT. As empresas têm vindo a reduzir os seus custos laborais através das deslocalizações da produção de países onde as leis laborais e as relações laborais se encontram consolidadas para países com ténues leis laborais, sindicatos inexistentes ou fragilizados, onde a protecção aos direitos do trabalho quase não existe. Os contratos permanentes foram dando lugar a contratos temporários, evitando, deste modo o pagamento de pensões, direitos de maternidade e todo o tipo de benefícios da força de trabalho. Desenvolveram novas formas de organização empresarial, em particular o *outsourcing* e a sub-contratação, mais uma vez com o objectivo de reduzir as suas responsabilidades. Além disso, muitas multinacionais estão também na berlinda por causa dos efeitos das suas actividades no ambiente. De país para país chegam notícias de empresas que se recusam a pagar pela poluição e/ou degradação ambiental que produzem (ICTU, 2006: 4).

Estes e outros motivos contribuíram para o surgimento de novas iniciativas políticas cujo foco é o papel dos actores de mercado e a inadequada contabilidade dos efeitos que as suas acções têm no conjunto da população. Como refere Shamir (2005: 93), "as multinacionais são vistas cada vez mais como entidades que comparativamente com os benefícios e os lucros que conseguem alcançar assumem uma parte muito diminuta na distribuição de bens sociais e no remediar de riscos e desigualdades que tantas vezes ajudam a criar". Em consequência, muitas multinacionais passaram a experimentar a fúria dos protestos populares, boicotes de consumidores, acções legais e uma variedade de campanhas de *public shaming* dirigidas à sua conduta pouco ética ou à falta de respostas adequadas a uma variedade de males sociais que directa ou indirectamente lhe estão associados. Estas formas de activismo "anti-empresa" (Klein, 2002), em rápida expansão nas duas últimas décadas, tiveram um grande impacto em muitas multinacionais e o movimento crescente em torno da RSE pode ser visto como uma das suas consequências. Assim, algumas multinacionais vão começando a falar das suas responsabilidades para com uma multiplicidade de *stakeholders*, i.e., todos aqueles que de uma maneira ou de outra estão relacionados com as suas actividades, entre os quais se incluem os trabalhadores, os clientes, os fornecedores e até a comunidade local em que essas empresas se inserem. Ainda assim, para D. Vogel (2005), o caminho da "boa cidadania empresarial" pode configurar-se também como negócio lucrativo. A propensão para a adopção de comportamentos mais virtuosos por parte das empresas é maior naquelas que utilizaram a RSE como parte das suas estratégias para atrair e/ou conservar clientes, empregados e investidores e naquelas empresas que têm maior visibilidade global e que mais facilmente podem ser alvo de protestos e boicotes por parte de activistas e da sociedade civil em geral. A reputação e a imagem de marca são factores extremamente importantes no mundo globalizado dos negócios. Empresas como a *Nike*, a *GAP*, a *Reebok* ou a *Adidas*, só para citar alguns exemplos, foram num passado recente atingidas por boicotes internacionais aos seus produtos e actividades, de tal forma que hoje são empresas que não desprezam o papel da RSE de todo.

Para D. Vogel (2005), apesar da RSE surgir como uma panaceia aplicável a todo o tipo de empresas com a garantia de melhoria da sua "performance" económica, nenhum estudo provou ainda a existência de uma relação entre a RSE e a rentabilidade dessas empresas, o que significa afirmar que a RSE é irrelevante para o desempenho económico das empresas. Contudo, na sua opinião, existem duas categorias principais de empresas para quem efectivamente a RSE parece fazer sentido, em termos empresariais. Para algumas empresas a RSE é encarada como uma parte importante da sua estratégia e identidade empresarial: é uma forma de se diferenciarem das empresas concorrentes e está geralmente ligada a estratégias de atracção e manutenção de consumidores e/ou trabalhadores. As designadas empresas com consciência social, como por exemplo, a *Levi Strauss*, a *C&A*, a *GAP*, a *Marks&Spencer*, a *Timberland* ou a *IKEA*, pertencem a esta categoria, na qual a adopção de políticas de responsabilidade social reflecte, regra geral, os valores dos seus proprietários ou principais accionistas ou o legado dos seus fundadores. Por sua vez, uma segunda categoria de empresas para quem a RSE faz sentido são aquelas que foram alvo de activistas, ou que estão preocupadas em vir a sê-lo, em parte por causa da visibilidade que as suas marcas têm no mercado global. Para empresas como a *Shell*, a *Nike*, a *McDonald´s*, a *Carrefour*, entre muitas outras, as estratégias de RSE que adoptam têm sido essencialmente defensivas. Estas empresas consideram ser do seu interesse agir mais responsavelmente não tanto para se distinguirem das suas concorrentes mas, precisamente, para evitarem ser distinguidas. Pelo menos inicialmente, o seu objetivo principal não era utilizar a RSE como fonte de vantagem competitiva, mas precisamente para evitar que essa se assumisse como uma fonte de desvantagem competitiva (Vogel: 2005: 73).[5]

3. Códigos de Conduta e Acordos-Quadro Globais: veículos de RSE

Não obstante o número significativo de vozes (sobretudo sindicais) que têm vindo a reclamar por uma regulamentação internacional de cariz impositivo, as acções de responsabilidade social por parte das empresas têm ocorrido ao ritmo do interesse próprio das empresas. Ou seja, em especial as multinacionais tendem a impor a sua visão sobre o que é e o que deve ser a RSE, visão essa que assenta em dois pilares fundamentais: a ideia de que a RSE deve partir de iniciativas voluntárias e a ideia de integração dos processos de RSE como simples extensões das lógicas de investimento financeiro. Como corolário disto, assiste-se hoje a uma espécie de naturalização da RSE praticada pelas empresas multinacionais (Syndex, 2004: 4). Segundo Shamir (2005: 101), o mais específico e distintivo denominador comum de quase todas as noções de "responsabilidade social" inspiradas ou baseadas nas empresas multinacionais é a sua natureza voluntária, não imposta e de auto-regulação. O princípio da auto-regulação tornou-se a principal palavra de ordem das empresas na sua luta pelo significado do termo e um *locus* ideológico essencial para a disseminação da lógica neoliberal de participação social altruística que apenas deve ser ditada pela boa vontade de cada empresário ou grupo empresarial.

Ao nível dos poderes públicos nacionais e internacionais, este entendimento da RSE como iniciativas de carácter voluntário parece ser dominante. Veja-se o caso específico da UE. A Comissão Europeia, através do *Livro Verde* sobre RSE de 2001, enfatiza a "natureza voluntária da responsabilidade social das empresas" e sublinha a intenção de não impor às empresas comportamentos responsáveis através de medidas obrigatórias. Esta posição da UE enquadra-se no contexto de resistência a regulamentação compulsiva que organismos como a *International Chamber of Commerce* ou mesmo a UNICE (União das Indústrias da Comunidade Europeia) defendem. Estes advogam que as práticas das empresas multinacionais se espalham mais facilmente

---

[5] Para uma análise crítica da RSE que parece ajustar-se melhor a este segundo conjunto de empresas de que fala Vogel, cf. a posição de Banerjee (2009), para quem são os negócios, e não propriamente a sociedade, quem estabelece os parâmetros dos projectos socialmente responsáveis e sustentáveis.

através do exemplo do que através de códigos impostos, e que a RSE deve permanecer um campo desregulado de modo a salvaguardar a flexibilidade necessária e "a perpetuar a cultura empresarial europeia" (Shamir, 2005: 97).

Apesar de recusar a criação de um quadro legal de cariz obrigatório para a RSE, a UE insiste na sua pertinência "para todos os tipos de empresas em todos os sectores de actividade, desde as PME às multinacionais" (Comissão Europeia, 2001: 7) e identifica quais devem ser as áreas prioritárias de actuação por parte das empresas, sendo que aquelas devem partir da assumpção de "preocupações sociais e ambientais por parte das empresas nas suas operações e na sua interacção com outras partes interessadas".

Mas se a UE continua a mostrar-se reticente em relação à possibilidade de a RSE passar a ter um carácter obrigatório, muitas multinacionais, numa espécie de jogada de antecipação, começaram já há vários a adoptar os chamados códigos de conduta ou códigos de ética, também como resposta à pressão da opinião pública. Alguns destes códigos têm a particularidade de serem propostos por organismos internacionais como a ONU, a OIT ou a OCDE, outros são normas privadas das próprias empresas, mas todos têm em comum o facto de não serem legalmente vinculativos e de terem essencialmente um papel de persuasão (Costa, 2008: 48-49).

Tendo presente o princípio da auto-regulação, centenas de multinacionais têm vindo a aderir ao *Global Compact* das Nações Unidas, uma carta de princípios de responsabilidade social de adesão voluntária. Tendo partido de uma iniciativa do ex-Secretário-Geral das Nações Unidas, Kofi Annan, no Fórum Económico Mundial de Davos (em Janeiro de 1999), o *Global Compact* veio estabelecer um conjunto de princípios que gravitam, essencialmente, em torno do respeito pelos direitos humanos, pelos direitos laborais e pelo meio ambiente, que as empresas são aconselhadas a seguir, embora seja de adesão voluntária.[6]

---

[6] Os dez princípios do *Global Compact* que as empresas devem cumprir são: no domínio dos *direitos humanos* 1) apoiar e respeitar a protecção dos direitos humanos internacionalmente proclamados; 2) assegurar que não são cúmplices na violação dos direitos humanos; no domínio dos *direitos laborais* 3) promover a liberdade de associação e reconhecer o direito à negociação colectiva; 4) promover a eliminação de todas as formas de trabalho forçado e obrigatório; 5) promover a efectiva abolição do trabalho infantil; 6) promover a eliminação da discriminação em matéria de emprego; no *domínio do ambiente* 7) apoiar o princípio da adopção de medidas preventivas relativas aos problemas ambientais; 8) adoptar iniciativas que promovam uma maior responsabilização ambiental; 9) encorajar o desenvolvimento e difusão de tecnologias amigas do ambiente; no domínio do *combate à corrupção* 10) lutar contra a corrupção em todas as suas formas. A este propósito

A OIT, por sua vez, adoptou a *Declaração Tripartida de Princípios Respeitantes às Empresas Multinacionais e Política Social*, pronta para ser subscrita voluntariamente pelas empresas, para além da já existente carta de normas fundamentais que é a *Declaration on Fundamental Rights and Principles at Work*, de 1998. Também a OCDE estabeleceu as Directrizes para as Empresas Multinacionais, revista em 2000, que cobre áreas como os direitos humanos, a corrupção, os impostos, as relações laborais, o ambiente, os direitos do consumidor, entre outras. Estas orientações, a par da carta de princípios da OIT, são as únicas que beneficiam do compromisso por parte dos governos que as subscreveram de promoção da sua efectiva observância por parte das empresas. No entanto, em caso de violação das orientações da OCDE não estão previstas sanções formais às empresas.

Em relação aos códigos de conduta ou códigos de ética propostos e adoptados individualmente pelas empresas, estima-se que o seu número actual já ultrapasse os 10.000. O seu conteúdo pode variar de empresa para empresa: "Alguns não passam de vagas dissertações de boas intenções, outros têm cláusulas detalhadas sobre o respeito pelos direitos humanos e condições de trabalho, padrões ambientais, entre outros, e especificam a forma de cumprimento dos princípios por parte da empresa através das suas actividades globais" (ICTU, 2006: 19). Trata-se, em geral, de iniciativas unilaterais desencadeadas pelas administrações das empresas onde, por regra, os sindicatos não estiveram presentes e, como tal, têm na sua opinião uma eficácia duvidosa. A tendência actual é para as empresas aderirem a estes códigos de conduta ou de boas práticas, produtos da *soft law* laboral, que não cria obrigações legais a quem os subscreve. A proliferação destas "normas privadas" nas empresas insere-se na tendência de desregulação e de flexibilização das leis do trabalho, defendida hoje como a melhor forma de responder ao imperativo da competitividade empresarial (Costa, 2008: 48-49).

Independentemente de a auto-regulação ser preponderante, um misto de aspectos positivos e negativos, do ponto de vista da RSE, podem alinhar-se. Quanto aos aspectos positivos, destaca-se: a diminuição do trabalho infantil; a melhoria das condições de trabalho; o aumento do número de trabalhadores que podem exercer o seu direito de associação; os aumentos nos salários e pagamentos de alguns trabalhadores, nomeadamente do sector agrícola.

---

consulte-se www.unglobalcompact.org ou ainda www.business-humanrigths.org e Teles e Albuquerque (2008).

Quanto aos aspectos negativos, destaca-se: o facto de a maioria dos códigos de conduta assinados pertencerem ao sector industrial, quando são os trabalhadores agrícolas que enfrentam as condições de trabalho mais difíceis e onde há maiores atropelos aos direitos humanos, em especial nos países em desenvolvimento; a monitorização da aplicação dos códigos é ainda muito ineficaz e os seus resultados, em geral, não são validados por entidades independentes; a obrigatoriedade é pouco consistente e as violações persistentes; os custos decorrentes da manutenção de um sistema de auditoria e inspecções regulares são muito elevados; o alcance dos princípios voluntários é limitado e afecta um número muito reduzido de multinacionais, "enclaves" da economia global. Muito raramente afectam sectores económicos informais ou trabalhadores que exercem a sua actividade em casa, onde a maioria dos trabalhadores nos países em desenvolvimento estão empregados.[7]

A participação dos representantes dos trabalhadores no desenvolvimento de códigos de conduta é considerada essencial por vários motivos (Schomann, 2004: 147): para além do facto de 1) terem um interesse legítimo e específico no emprego e nas questões económicas da empresa, 2) a sua participação irá, em parte, ultrapassar qualquer hiato de legitimidade ainda existente, uma vez que as empresas não podem dizer que defendem o interesse geral mas tão só interesses específicos, e irá potenciar o diálogo e ajudar à melhor implementação dos códigos. A sua participação irá, ainda, 3) tornar os códigos de conduta mais efectivos, uma vez que estes poderão assumir a forma de contratos privados ou, na melhor das hipóteses, de um acordo colectivo, permitindo aos sindicatos exercer pressão sobre a empresa na eventualidade de não cumprimento do código. É neste contexto que existem já CEEs e Conselhos de Empresa Mundiais a negociar acordos de RSE com multinacionais. Por último, a participação dos trabalhadores e dos seus representantes na elaboração dos códigos de conduta irá 4) corroborar um elemento central da agenda governativa da UE: o envolvimento dos parceiros sociais na criação de leis e políticas com penetração de todos os níveis da cadeia, desde o nível da UE até ao da empresa (Barnard e Deakin, *apud* Schomann, 2004). A selecção de temas abrangidos pelos códigos de conduta não deve, assim, ser deixada por inteiro nas mãos das administrações das empresas, pois muitas destas comprometem--se com padrões sociais que têm um maior impacto junto dos *media*, tais como

---

[7] Para uma análise das críticas aos códigos de conduta, ver ainda Bourque (2008: 28-30).

os que dizem respeito ao trabalho infantil, por exemplo, negligenciando direitos sociais fundamentais como a liberdade de associação ou outros.

Enquanto instrumento à disposição do movimento sindical para intervir ao nível da RSE, os A-QG são talvez os que apresentam as melhores potencialidades, quando comparados com os códigos de conduta. Ainda que ambos os instrumentos voluntários apresentem algumas semelhanças[8], Schömann *et al.* (2008) apontam também algumas diferenças quer do ponto de vista dos seus conteúdos, quer do ponto de vista dos seus impactos. O quadro I, inspirado nesses autores, procede a uma síntese dessas diferenças[9]:

QUADRO I

Conteúdos	
Códigos de conduta	**A-QG**
Por regra não incluem compromissos com direitos sindicais, direitos de negociação colectiva, informação e consulta da força de trabalho	Incluem esses aspectos
Foco mais amplo, incluindo outras questões de RSE ou de ética nos negócios	Foco em questões relacionadas com direitos laborais e relações laborais nas ETNs, reportando-se à OIT
Sugerem directrizes de comportamento	Forma emergente de diálogo social internacional
labour standards: uma entre outras questões	Principal foco nos *labour standards*
Impactos	
A sua implementação fica apenas nas mãos das administrações, havendo por vezes controlo a cargo de auditores externos [*ex: algumas ETNs assinaram A-QGs como forma de disseminarem e monitorizarem o código de conduta existente*]	A implementação e monitorização envolve os parceiros sociais

---

[8] Tais como, a contribuição para a reafirmação de padrões laborais mínimos e para uma maior efectividade na aplicação das leis laborais; a introdução de novos direitos para os trabalhadores, representantes de trabalhadores e sindicatos; a inclusão de recomendações sobre igualdade de oportunidades, saúde e segurança, salários dignos, abolição do trabalho forçado e do trabalho infantil; a definição de regras aplicáveis aos fornecedores e às filiais, alertando para a necessidade de uma regulação social mais efectiva nas cadeias de oferta globais.

[9] A este respeito, cf. também Bourque (2008: 42-46).

Prevêem muitas vezes sanções civis ou disciplinares para os trabalhadores cujo comportamento não é conforme ao que fora estipulado; por vezes, os trabalhadores são também instigados a relatar anonimamente quaisquer violações ao código	Não contêm esses mecanismos de sanção. Servem é para as partes subscritoras identificarem possíveis violações de direitos sociais fundamentais nas filiais ou mesmo entre os fornecedores; mas a ideia é resolver os problemas internamente, pelo diálogo social, em vez de ir a tribunal e chamando a atenção do público em geral
Representam uma abordagem que procura reforçar as boas práticas corporativas e ilustrar a excelência de cada empresa nos domínios da integridade da gestão e do compromisso com os direitos humanos (laborais) e as leis nacionais	Traduzem-se numa abordagem pragmática às relações laborais e ao diálogo social, realçando a importância de "exportar" um certo modelo social europeu (ou doméstico) de relações empregador/empregado

Em parte estas diferenças ajudarão certamente a explicar por que motivo os A-QG – regra geral subscritos pelas Federações Sindicais Globais (e em certos casos por sindicatos nacionais ou pelos secretariados dos CEEs) – são um fenómeno em expansão nos últimos anos. Duplicaram em número entre 2001 (11) e 2002 (22), ultrapassando a trintena em 2005 (Riisgaard, 2005: 709), 42 em Janeiro de 2006, 50 em Janeiro de 2007 (Bourque, 2008: 32-35), 66 em Junho de 2008 (Telljohann *et al.*, 2009: 511).

Como foi referido acima, nalguns casos, os CEEs estão associados à assinatura de A-QG, através do seu secretário ou de um núcleo restrito de elementos. O CEE para além de poder ser uma parte integrante do acordo pode também tornar-se o lugar onde são feitas as trocas de informação ou onde são primeiro levantados os problemas. Por exemplo, todos os acordos que foram, até à data, assinados no sector metalúrgico implicaram os CEEs ou os Conselhos de Empresa Mundiais, como foi o caso da *Volskswagen*[10] e da *DaimlerChysler*[11]. A par das Federações Sindicais Globais, muitas ONGs de âmbito global assinaram também acordos com as multinacionais (*WWF, Amnistia Internacional, Greenpeace*, etc.).

Em qualquer caso é de realçar que esta forma de RSE que são os A-QG não pode ser encarada como um substituto da legislação laboral existente. Fazendo eco desta posição, a Confederação Europeia de Sindicatos (CES)

---

[10] http://www.imfmetal.org/files/Sozialcharta_eng3l.pdf.

[11] http://www.imfmetal.org/files/DC%20code%20in%20English.pdf.

mostra alguma prudência em relação à matéria da RSE. Para a CES, a RSE não pode deixar de ser um tema importante para os sindicatos uma vez que permite confrontar as empresas com as suas responsabilidades que se situam muito para além dos muros das fábricas e dos gabinetes. No entanto, esta organização considera que o respeito pelas leis e pelas convenções colectivas assim como a promoção dos direitos sociais nos países em desenvolvimento devem representar a primeira responsabilidade social das empresas. Na questão da RSE e perante a multiplicidade de parceiros e interesses envolvidos, as organizações sindicais devem, antes de mais, procurar posicionar-se como um actor incontornável da empresa e não apenas como mais uma das partes envolvidas nos e pelos processos (Syndex, 2004).

Um dos pontos que mais tende a polarizar as opiniões em torno do conceito de RSE é, como vimos, a dicotomia entre instrumentos compulsivos e voluntários para promover e colocar em andamento actividades de RSE. Do lado dos empregadores europeus, a UNICE reafirma que a RSE deve ser um processo voluntário de orientação empresarial, que se situa acima e para além das contingências legais. O principal argumento desta posição é o de que as políticas de RSE devem ser desenvolvidas a partir da empresa e adaptadas ao seu carácter e circunstâncias específicas. Do outro lado da mesa, a posição geral da CES sobre a RSE pode ser caracterizada de céptica, desconfiando do carácter voluntário das medidas propostas que pode, por um lado, colocar em perigo o futuro dos acordos colectivos enquanto instrumentos reguladores das condições e práticas de trabalho e, por outro lado, potenciar o estreitamento do papel das autoridades públicas em todos os níveis da regulação social (Nordestgaard e Kirton-Darling, 2004: 436-437).[12]

Esta desconfiança dos sindicatos em relação às políticas de RSE não pode, contudo, motivar o seu alheamento de um processo que, segundo Gérard Fonteneau, consultor da CES para a questão da RSE (em 2003), exige acção e tomada de posição aos sindicatos, uma vez que se trata de um comboio em andamento controlado hoje na sua quase totalidade pelas administrações das empresas. No entanto, não defende a estratégia de "se não podes vencê-los junta-te a eles", sugerindo antes que os sindicatos devem tomar parte, apoiar e comprometer-se com o desenvolvimento de uma abordagem social e ambientalmente sustentável à RSE (Nordestgaard e Kirton-Darling,

---

[12] Para uma análise das posições da CES, cf. Beaujolin (2004), Béthoux (2008: 90-92) ou a informação e documento disponíveis em http://www.etuc.org/a/139?var_recherche=CSR.

2004: 437). De que forma? Essencialmente procurando que os sindicatos e os seus representantes tenham um envolvimento activo na elaboração das normas laborais privadas (códigos de conduta ou acordos sobre RSE) e na negociação de um quadro para monitorizar as ferramentas de RSE.

4. Obstáculos e oportunidades à criação de CEEs "socialmente responsáveis"

Se os códigos de conduta e os A-QG "abrem a porta" (mesmo que com diferenças entre si) à RSE, cabe agora então questionar em que medida outras instâncias que funcionam no quadro das empresas multinacionais, e por sinal enquadradas por uma lei comunitária, como os CEEs, se mostram receptivas a discursos e práticas de RSE, escapando, assim, desses imperativos normativos. Mas aqui impõe-se, na verdade, um ponto de ordem prévio, pois a letra de lei comunitária é bem clara quanto ao papel dos CEEs: estamos diante de órgãos de informação e consulta dos trabalhadores sobre "questões transnacionais susceptíveis de afectar consideravelmente os interesses dos trabalhadores" (art. 6º, nº 3, 3º§ da Directiva 2009/38/CE). Nesse sentido, a questão da importância dos CEEs para a RSE poderia logo aqui ficar "fechada", pois não sendo os CEEs instâncias de negociação sobre questões laborais, também dificilmente abririam a porta, para além da letra de lei comunitária, a uma "RSE negociada" entre "patrões globais" (i.e. as administrações centrais ou mesmo locais das empresas) e os CEEs ou outras organizações representativas de trabalhadores, quer de âmbito nacional ou local, quer de âmbito transnacional, como é o caso do papel de interlocução que regra geral (no quadro dos A-QG mencionados acima) é reservado às Federações Sindicais Globais (FSGs).

Uma forma de, porventura, "fintar" esta lei comunitária em matéria de informação e consulta dos trabalhadores de modo a ver em que medida ela poderia ser equacionada como um exercício de responsabilidade social empresarial passaria por perscrutar os acordos de CEEs *ante tempus*, isto é, anteriores à data limite para a entrada em vigor da então Directiva 94/45/CE (isto é, 22.09.1996) e, por isso, não sujeita aos requisitos legais dessa Directiva. Os acordos celebrados antes dessa data permitiram que os trabalhadores das empresas multinacionais se fossem consciencializando de que faziam parte de um conjunto de empresas mais vasto e mais complexo, facto que potenciava uma participação mais profunda na vida da empresa (Savoini, 1995: 247). Afinal, em consonância com o que viria a ser o *Livro Verde* da Comissão Europeia (2001) – visando a promoção de um quadro europeu para a responsabilidade social das empresas –, o exercício da responsabilidade social por parte das empresas requer o empenhamento dos quadros superiores da administração, assim como uma maior participação dos trabalhadores e dos seus representantes num diálogo bilateral que permita uma resposta e ajustamento permanentes. O diálogo social com os representantes dos trabalhadores desempenha um papel crucial na adopção mais ampla de práticas socialmente responsáveis, devendo para o efeito os representantes dos trabalhadores ser amplamente consultados sobre políticas, planos e medidas a empreender pelas empresas.

Curiosamente, a expressão "voluntarismo forçado" (Krieger e Bonneton, 1995) foi mesmo utilizada, desde logo porque os acordos voluntários suscitavam efectivamente a questão de saber se os mesmos seriam "forçados" – pois desse modo escapariam às obrigações da Directiva dos CEEs – ou se, ao contrário, "genuínos", isto é, orientados para a celebração de múltiplas formas de diálogo entre capital e trabalho ao nível da empresa e entre as quais, claro está, as questões de informação e consulta fossem contempladas. No entanto, para Krieger e Bonneton (1995: 190) do "voluntarismo forçado" acabava por decorrer a combinação de diferentes tradições de relações laborais na Europa e, em certa medida, de harmonização de interesses dos parceiros sociais, do qual resultariam, em termos práticos, as seguintes vantagens: um melhor ajustamento do acordo às estruturas existentes na empresa, ao seu sistema interno de r<elações de trabalho, ou à cultura da empresa; uma articulação das relações laborais dos países em que as empresas transnacionais operavam; a construção de uma "propriedade comum" a ambos os lados, através da negociação de um acordo.

Seguidamente, passam-se em revista 3 investigações e reflexões onde a temática dos CEEs é articulada com a problemática da RSE.

1. Numa investigação de fundo realizada sobre o impacto dos CEEs em Portugal, Costa e Araújo (2007b; 2009) prestaram atenção, entre outros eixos de análise, ao conteúdo formal dos textos dos acordos de CEEs[13], às percepções sobre os CEEs manifestadas (por meio de entrevista) por mais de quatro dezenas de representantes de trabalhadores portugueses em CEEs e ainda à opinião das entidades empregadoras locais (expressa por meio de inquérito)[14]

---

[13] Em concreto, na análise de 155 acordos de CEEs envolvendo representantes portugueses foram tidos em atenção os seguintes pontos: as questões objecto de informação e consulta, a oportunidade de informação e consulta, as questões expressamente excluídas da agenda, as recomendações relativamente aos CEEs e a questão da confidencialidade.

[14] As percepções dos representantes das entidades empregadoras tiveram por base a aplicação de um inquérito junto das 155 multinacionais nas quais foram identificados

sobre o papel dos CEEs. Através destes procedimentos (análise da letra de lei dos acordos, das entrevistas e dos inquéritos) foi possível também indagar o espaço para a RSE.

No que diz respeito à análise de conteúdo dos acordos de CEEs, constatou-se o seguinte relativamente às questões objecto de informação e consulta e relativamente às as questões expressamente excluídas da agenda:

Quanto às *questões objecto de informação e consulta*, nos acordos analisados essas questões, respeitando o espírito da Directiva, incidem exclusivamente sobre questões transnacionais susceptíveis de afectar os interesses dos trabalhadores (o referido art. 6º, nº 3, 3º§). De maneira geral, o que se verifica é que as questões objecto de informação e consulta tendem a concentrar-se em torno da situação económica e financeira da multinacional, que aparece em todos os acordos. Questões relativamente *passivas*, uma vez que incidem sobre resultados e não sobre a definição de estratégias e acções pelas multinacionais. A ausência de questões de carácter mais abrangente nas agendas dos CEEs revela uma incapacidade dos representantes dos trabalhadores para, no processo de negociação dos acordos, ir além dos requisitos da Directiva e poderá ter impactos distintos na forma como se irá desenvolver a prática ou dinâmica dos CEEs. Em termos percentuais, o número de acordos restritos (circunscritos à letra da Directiva) é de 88 (57%). Por sua vez, olhando mais atentamente para os acordos abrangentes (67 acordos ou 43%), o que se verifica é que esta abrangência se limita, para uma parte significativa dos acordos, a duas questões (29 acordos ou 43%) e a apenas uma questão (17 acordos ou 25%). As questões mais recorrentes dizem respeito à segurança, higiene e saúde no trabalho; ao ambiente; e à formação profissional. Questões como as condições de trabalho e a igualdade de oportunidades são ainda uma raridade no leque dos temas a serem debatidos em sede dos CEEs.

Por outro lado, no que diz respeito às *questões expressamente excluídas da agenda*, constata-se que 70 acordos (45%) fazem referência explícita a questões que

---

representantes dos trabalhadores portugueses, embora tenha sido impossível contactar 16 destas multinacionais. Assim sendo, o inquérito foi aplicado em 139 multinacionais, 30 das quais responderam ao inquérito, o que equivale a uma taxa de resposta de 21,6%. Na sua configuração geral, o inquérito confrontou as administrações locais das empresas com os seguintes temas: o processo de constituição do CEE; a participação da administração nas actividades do CEE e a avaliação do papel do CEE; os impactos dos CEEs; e as principais vantagens e limitações associadas aos CEEs.

não podem ser objecto de informação e consulta em sede dos CEEs. As matérias mais recorrentes dizem respeito: aos problemas relacionados com unidades nacionais isoladamente; às questões potencialmente prejudicais para a multinacional; à negociação colectiva; e às remunerações, compensações, benefícios e condições de trabalho em geral. Sendo objectivo da Directiva melhorar o direito dos trabalhadores à informação e consulta transnacionais, é compreensível que sejam mais frequentemente excluídas das agendas dos CEEs – e portanto das suas competências – as questões respeitantes às unidades nacionais (23 acordos ou 33%). Isoladamente ou associadas a outras questões, as matérias relativas às unidades nacionais são, pois, as mais referidas nos acordos.

Esta síntese de dois dos itens relativos ao tratamento dos acordos de CEEs parece ser ilustrativa do distanciamento (pelo menos formal) face ao tema da RSE, não obstante se poderem, a meu ver, vislumbrar algumas preocupações de responsabilidade social sempre que um acordo é mais abrangente (mesmo que de modo limitado, como se viu), isto é, vai para além dos termos definidos pela transposição da Directiva enquanto guia norteador da celebração de acordos. Ainda que as práticas dos CEEs devam, em princípio, ser coerentes com as prescrições estabelecidas por acordo, não terá de haver necessariamente uma coincidência entre e letra dos acordos e a *vida* dos CEEs, sobretudo porque a diversidade de experiências é uma das marcas mais salientes do funcionamento dos CEEs.

Por sua vez, nas 42 entrevistas realizadas com representantes de trabalhadores portugueses em CEEs, Costa e Araújo (2007b; 2009), concluíram que tais trabalhadores revelam uma escassa propensão para associar o papel dos CEEs com qualquer prática de responsabilidade social. Inclusive no que diz respeito aos acordos voluntários (celebrados antes de 22.09.1996), a percepção generalizada entre os representantes é a de que tais acordos foram mais a expressão de "fugas para a frente", sobretudo por parte das administrações das empresas, do que de estratégias genuínas, voluntárias, de responsabilidade social empresarial por elas gizadas. Na verdade, os próprios representantes portugueses de trabalhadores em CEEs acabam por sustentar uma posição defensiva face aos CEEs, pois consideram que os CEEs não detêm poder suficiente para equilibrar as relações de poder no seio das multinacionais e apresentam um notório défice de resultados práticos. Por exemplo, muitas filiais de multinacionais enfrentam reestruturações, deslocalizações, encerramentos, etc., sem que os colectivos de trabalhadores consigam inverter o sentido das decisões tomadas pelas administrações.[15] Assinale-se, inclusive, que o contacto realizado com representantes de ambas as centrais sindicais (Confederação Geral de Trabalhadores Portugueses, CGTP, União Geral de Trabalhadores, UGT) responsáveis pelos assuntos europeus/internacionais revelou igualmente uma visão muito temerária da relação RSE/CEEs quando questionados directamente sobre esta matéria:

Não tenho conhecimento de casos onde tenha acontecido uma intervenção do CEE no domínio da responsabilidade social da empresa. Mas se me pergunta se o CEE poderia também gerir isso, eu acho que pode e deve, pois embora haja compromissos na lei, compromissos que podem ir para além da lei, como as questões ambientais, da higiene e segurança ou mesmo da formação profissional dos trabalhadores (Dirigente da CGTP, entrevista, 25.10.2005).

Só no aspecto potencial há RSE nos CEEs, porque estas estruturas são muito parecidas com as comissões de trabalhadores e para que efectivamente se consiga obrigar a empresa a cumprir algumas disposições de carácter social, portanto, e que seja uma coisa normal na empresa, é preciso alguma força e fundamentalmente autonomia (...). Agora que poderia ser uma alavanca que levasse as empresas a pensarem também na sua responsabilidade social, e portanto a terem acções e práticas nesse capítulo, isso era óptimo, no aspecto teórico. Agora no aspecto prático (...). A responsabilidade social tem sido quase que uma mera política de marketing social por parte das empresas. É imposta unilateralmente e quem quer, quer, quem não quer não quer. É assim, desde

---

[15] No CEE da Hilton, onde em 2005 estava a ser preparada pelos membros do CEE um projecto de RSE financiado pela Comissão Europeia com o intuito de trazer a RSE para o trabalho quotidiano, o trabalho do CEE viu-se ultrapassado, em 2007, por um processo de aquisição por parte do império Blakstone (www.eb<r.news.de/en032007.html#2). Ainda assim, e voltando aos representantes portugueses em CEEs, a relativa desvalorização dos efeitos práticos destes não impede a identificação de aspectos positivos: dinamizar campanhas de solidariedade (ex: como foi o caso do CEE da GM-Europa face ao anúncio de encerramento da fábrica portuguesa da Azambuja); conferir aos representantes de trabalhadores maiores possibilidades de interlocução e poder face às administrações locais; permitir às administrações centrais a aquisição de um maior conhecimento da amplitude dos problemas dos trabalhadores das diferentes filiais; estandardizar os sistemas de comparação entre filiais, tornando assim mais realistas as distinções e mais sustentadas as reivindicações; aceder a um patamar de decisão superior, exercendo assim *formas de pressão secundárias* e complementares aos mecanismos nacionais. Assim sendo, parece ser nestas dinâmicas que os trabalhadores poderão apoiar-se no futuro pois é dessas possibilidades que dependerá a eficácia futura dos CEEs e, consequentemente, também a abertura às questões de RSE.

os trabalhadores aos representantes dos trabalhadores, gostarem ou não gostarem, concordarem ou não concordarem, tem sido mais ou menos irrelevante. Se a nível europeu, os conselhos de empresa europeus poderiam constituir uma mais valia para haver uma mais efectiva participação dos stakeholders trabalhadores na elaboração e acompanhamento das políticas de responsabilidade social, ultrapassando até aquilo que são as competências que estão legalmente previstas na Directiva, e nas várias legislações nacionais que depois transpuseram a Directiva, é assim, eu acho que sim. Se isso está a acontecer, de facto, eu por mim tenho algumas dúvidas. Aquilo que se tem verificado em muitos casos é o que eu dizia há pouco, é assim, tem havido em muitos casos deslocalizações de empresas e tudo isso com uma consulta meramente formal dos conselhos (Dirigente da UGT, entrevista, 15.03.2006).

Finalmente, no que concerne ao inquérito aplicado às entidades empregadoras locais sobre o modo como os representantes das administrações avaliam as principais vantagens e limitações dos CEEs, Costa e Araújo (2007b: 241-242; 2009: 182-183) concluíram que os representantes das administrações inquiridos reconhecem importância aos CEEs enquanto: importantes parceiros na gestão da empresa; na articulação entre administração local e sede da multinacional; na comunicação entre administração local e trabalhadores; e enquanto instrumentos de Responsabilidade Social das Empresas. Os CEEs perdem, porém, importância enquanto mecanismos de redução dos conflitos. Mas face ao possível papel dos CEEs enquanto instrumentos de RSE (vertente em realce neste texto), constata-se que ela colhe opiniões mais favoráveis (66,7%) do que desfavoráveis (23,3%), pois na verdade, no lado positivo, 16,7% consideram "muito importante" e 50% consideram "importante" o papel dos CEEs enquanto instrumentos de RSE, ao passo que, no lado negativo, 20% consideram esse papel "pouco importante" e 3,3% "muito pouco importante".

Apesar de estes dados deverem ser relativizados (como se disse acima, a taxa de resposta ao inquérito foi de 21,6%), não deixam de surpreender, pois em certo sentido parecem expressar uma opinião menos temerária das administrações das empresas face ao papel dos CEEs enquanto veículos de RSE do que aquela que é manifestada pelos representantes dos trabalhadores[16]. No entanto, e não obstante os representantes das administrações locais portu-

---

[16] Ainda que, claro está, se tenham utilizado "instrumentos de medida" diferenciados, i.e., entrevistas no caso dos representantes de trabalhadores e dirigentes sindicais, e inquéritos no caso das administrações.

RESPONSABILIDADE SOCIAL: UMA VISÃO IBERO-AMERICANA

guesas expressarem uma opinião geral favorável aos CEEs, deve dizer-se também, em abono da verdade, a participação das administrações nas actividades dos CEEs é diminuta e a atitude das administrações é relativamente neutra (ou mesmo indiferente) na avaliação que faz do papel desempenhado pelos CEEs na vida das empresas, na avaliação das vantagens e limitações dos CEEs e na avaliação dos impactos efectivos dos CEEs.

2. Um dos estudos que mais avançou no sentido de perceber a relação CEEs/RSE foi o realizado em 2004 no âmbito do Projecto MARSCEE: "la maitrise de la RSE par les élus des comités d'enterprise européens" (Syndex, 2004)[17]. No âmbito deste projecto foi possível aplicar um inquérito a CEEs de 13 empresas multinacionais[18], visando precisamente apurar quais as práticas de RSE desenvolvidas no quadro dos CEEs, dando especial atenção aos tipos de actores envolvidos, às modalidades concretas de RSE, à especificidade de cada contexto nacional, assim como aos impactos em termos de diálogo social (Syndex, 2004). O pressuposto de partida para este estudo foi o de que não existe verdadeira responsabilidade social das empresas sem diálogo social substancial, o que coloca de parte todas as iniciativas unilaterais das empresas, apesar de tudo ainda a maioria das acções de RSE. Um olhar sobre as principais conclusões desse estudo afigura-se pertinente, de modo a ter-se uma ideia do que falta fazer para cumprir os objectivos acima associados ao *Livro Verde* sobre RSE.

Em geral, nas empresas estudadas, os representantes dos trabalhadores nos CEEs apresentam uma visão vaga do que representa o conceito de RSE. Esta percepção não se afigura, contudo, homogénea, tornando-se cada vez mais ténue à medida que nos afastamos do nível europeu. Aquilo que mais comummente os representantes dos trabalhadores associam à RSE é o carácter de *marketing* das acções de RSE propostas pelas direcções das empresas

---

[17] O projecto resultou de um pedido feito pela CFDT, *Confédération Francaise Démocratique du Travail* (Confederação Francesa Democrática do Trabalho) ao Syndex no sentido desta organização (presta serviços de consultoria, aconselhamento e assistência técnica aos parceiros sociais europeus, a instituições públicas e de diálogo social sectorial/Ver www.syndex.fr/anglais/planangl.htm) monitorizar um inquérito junto de CEEs de quatro países, a saber, Bélgica, Espanha, França e Itália.

[18] A saber: a *Total* (Petróleo), o Grupo *Suez* (Distribuição de água, electricidade, gás natural), o *Club Med* (Turismo), a *Merloni* (Metalurgia), a IKEA (Móveis), a *Etex* (Materiais de construção), a *Owens Corning* (Materiais de construção), a *Arcelor* (Siderurgia), a *Repsol* (Petróleo), a *Roca* (Radiadores e casas de banho), a *ENI* (Petróleo), *Barilla* (Alimentar), *Altadis* (Tabacos).

onde trabalham. Pelo contrário, os representantes das direcções das empresas que compõem os CEEs[19], com uma ou outra excepção, dizem conhecer bem o tema RSE e afirmam que as suas empresas desenvolvem acções nesta área. Esta constatação significa, pois, que a RSE preenche pelo menos os discursos das multinacionais, ao mesmo tempo que sublinha também a dificuldade que os representantes dos trabalhadores têm para desenvolver estratégias autónomas sobre este tema. Os casos estudados põem também em relevo que as direcções dos grupos empresariais e os sindicatos têm objectivos próprios de RSE: as questões ambientais e económicas são destacadas pelas direcções enquanto que os representantes dos trabalhadores nos CEEs colocam a ênfase nas questões sociais (Syndex, 2004: 9).

A dimensão e o carácter transnacional da empresa em questão também têm influência sobre a concepção de RSE detectada. Quanto maior a dimensão do grupo empresarial e mais espalhadas geograficamente estiverem as suas actividades, e quanto maior implantação a empresa tiver em países pobres mais o tema dos direitos humanos e dos direitos sociais estrutura a política de RSE desse grupo. A natureza e a dimensão do envolvimento nas políticas de RSE estão frequentemente relacionadas com a natureza da actividade exercida pela empresa e com o tipo de riscos que lhe estão associados. No actual contexto de globalização, assumir uma maior quota-parte de responsabilidade em termos de riscos sociais e ambientais é uma questão vital para o próprio desenvolvimento dos negócios. Os temas de RSE que foram alvo de análise e de desenvolvimento pelos CEEs dos grupos empresariais analisados são quase todos na sua essência "sociais", com um forte predomínio da questão da saúde/segurança e formação.

O quadro II ilustra o tipo de riscos e acções de RSE para lhes fazer face:

---

[19] Note-se que os CEEs podem ser *mistos* (ou ditos de "modelo francês"), i.e., compostos por representantes dos trabalhadores e por representantes da entidade empregadora (normalmente esta representação é asseguradas pelo presidente da direcção da multinacional ou por representantes por si designados, como gestores de recursos humanos, relações públicas, etc.., mas igualmente podem ser *unilaterais* (ou ditos de "modelo germânico"), compostos apenas por representantes dos trabalhadores.

Quadro II

Multinacional	Actividade	Riscos	RSE
Total	Extracção, transporte, refinaria, distribuição de petróleo	Presença em países não democráticos; poluição dos oceanos	Acções humanitárias; ambiente; saúde e segurança
Suez	Distribuição de água, electricidade, gás natural	Défice de gestão privada de bens públicos; redução de gases com efeito de estufa; população assalariada composta por 80% de operários;	Bens públicos; higiene; saúde e segurança; formação
Club Med	Turismo	Implantação nos países pobres; contribuir para o "desenvolvimento social e económico durável das regiões de implantação	Direitos fundamentais; mobilidade; gestão de ambiente
Ikea	Fabrico e venda de mobiliário	Exploração das florestas; implantação nos países pobres	Projectos de gestão florestal; prevenção do trabalho infantil; escolarização

Fonte: Syndex (2004: 10)

Porém, em termos gerais, as prerrogativas dos CEEs para despoletar acções de RSE permanecem reduzidas. Alguns factores concorrem para tal:

Đ As reuniões dos CEEs são pouco frequentes. A maior parte dos CEEs do painel estudado pela Syndex reúne-se apenas uma vez por ano (uma reunião ordinária precedida, normalmente, por uma reunião preparatória). Como igualmente demonstraram Costa e Araújo (2009: 95), a grande maioria dos acordos de CEEs que analisaram (126 ou 81,2%) prevê a realização de uma única reunião anual, nalguns casos coincidente com a apresentação do balanço anual da multinacional, cuja duração só excepcionalmente excede um dia e que nunca se estende por mais de dois dias.[20]

Ð As informações de que dispõem facultadas pelas direcções são escassas. Na verdade, face à quantidade, qualidade e importância da informação, se é certo que se regista uma avaliação posição dos representantes portugueses – na medida em que faculta uma visão global das actividades e dos problemas da multinacional até aí inacessível –, por outro lado, lamenta-se o carácter excessivamente técnico da informação e na sua fraca relevância prática. Um défice qualitativo de informação ao qual se adiciona, portanto, um excesso quantitativo de informação técnica (Costa e Araújo, 2007c: 13).

Ð A articulação com as instâncias nacionais está pouco desenvolvida. Entre os representantes portugueses em CEEs, por exemplo, a principal crítica prende-se com o défice de informação relativa às filiais nacionais. Orientados que estão por objectivos locais, os representantes portugueses avaliam a informação divulgada nos CEEs como insuficiente (Costa e Araújo, 2007c: 14).

Ð Os resultados apurados mostram que o funcionamento dos CEEs está ainda muito marcado pela cultura nacional da "casa-mãe"[21], sendo que as diferentes percepções/concepções nacionais sobre RSE e/ou sobre diálogo social determinam também o comportamento dos representantes dos trabalhadores nos CEEs.

Ð A "inversão de marcha"/"travão" na política de RSE das multinacionais ou a sua secundarização no quadro dos CEEs. Embora o quadro acima não se reporte à *Repsol*, no estudo da Syndex (2004) esta era uma das multinacionais mencionada como sendo daquelas onde o tema da RSE era mais urgente, sobretudo em resultado da suas actividades estarem em grande medida disseminadas por países pobres (em desenvolvimento), onde as questões da saúde, segurança, formação deveriam merecer, na óptica das administrações

---

[20] O Conselho Restrito, existente na maioria dos CEEs, reúne-se mais frequentemente e como tal apresenta-se como uma estrutura mais dinâmica e mais eficaz do que o CEE como um todo.

[21] Regra geral, a iniciativa para a constituição dos CEEs parte dos representantes dos trabalhadores das sedes das multinacionais. Esta situação explica-se não só por ser aí que está concentrada a maior parte da força de trabalho, como também pelo dinamismo (pressão) imprimido pelas organizações de trabalhadores (sobretudo sindicais) presentes nessas multinacionais, frequentemente na sua maioria alemãs, francesas e inglesas. Esse «factor casa» revela-se, assim, fundamental para fomentar protagonismos distintos no seio dos CEEs (Costa e Araújo, 2009: 117).

da *Repsol*, uma prioridade. Por sua vez, os responsáveis do CEE consideravam como assuntos de RSE prioritários no seio da *Repsol* a participação dos trabalhadores nas iniciativas unilaterais da empresa, a convergência de condições de trabalho no seio de um mesmo país e entre países e o reconhecimento dos sindicatos (Syndex, 2004: 8). Porém, como já podia ler-se numa 1ª versão do relatório de síntese da Syndex, a *Repsol* não trata assuntos de RSE no quadro do CEE e isso talvez explique também a inversão de uma tendência, pelo menos mais favorável ou socialmente responsável, seguida pela sua antecessora, a *Borealis*.[22]

Em face destes e de outros obstáculos, e sobretudo por vezes em resultado da necessidade de promover um equilíbrio entre aspectos positivos e negativos na vida dos CEEs[23], só de modo ténue os CEEs se afirmam como instâncias onde se discute a RSE. A maior parte das vezes, a definição de uma prática de RSE exige maturações paralelas, tempos de diálogo paralelos e validações recíprocas entre actores. Por isso são, em geral, processos lentos, com efeitos que quase nunca são imediatos. A "lentidão" dos processos apela também a novas formas de aprendizagem para os dois actores principais envolvidos: sindicatos e direcções das empresas. Por um lado, aprendizagem de novas formas de compromisso que podem ultrapassar os quadros contratuais clássicos; por outro lado, a aprendizagem de um trabalho comum ao nível europeu sobre as matérias que integram a RSE.

---

[22] Numa entrevista realizada em Janeiro de 2007 ao representante do CEE da Repsol (disponível em Costa e Araújo, 2007b: 420-426), foi possível realçar muito claramente as diferenças entre as "boas práticas" da Borealis (antecessora da Repsol) e as práticas da Repsol. Enquanto que na Borealis reuniam de 2 em dois meses (reuniões com a própria administração e com o administrador), num espírito nórdico, havia uma política de fiscalização dos acidentes, sobressaía o papel dos contactos informais e a segurança era uma prioridade; na Repsol, há apenas uma reunião formal anual, a questão da segurança não é prioritária. Onde na Borealis se via um risco elevado na Repsol vêem-se primeiros socorros.

[23] Como referem Costa e Araújo (2007c: 14), esse misto de sinais *mais* e sinais *menos* na actividade dos CEEs pode ser sistematizado do seguinte modo: do ponto de vista dos representantes portugueses, os CEEs são efectivamente portadores de mais-valias: o acesso à informação, uma melhor percepção das actividades da multinacional, um conhecimento mais aprofundado dos problemas que afectam as multinacionais, a possibilidade de antecipar problemas através do conhecimento e partilha de experiências de outras sucursais, etc. Estas mais-valias encontram-se, porém, fortemente limitadas pelo défice de informação de nível local, pela qualidade da informação e, mais importante, pela incapacidade para influenciar ou alterar decisões tomadas pelas multinacionais, o que esvazia de conteúdo prático o princípio da consulta.

Nalguns casos estudados pelo projecto MARSCEE, o diálogo entre CEE e direcção deu lugar à celebração de A-QG, ainda que subsista um hiato entre o momento da adesão a um acordo e a sua aplicação, o que comprova, por um lado, o carácter recente das práticas de RSE ao nível dos CEEs e, por outro lado, a longa duração dos tempos de gestação evocados anteriormente. Das treze empresas constitutivas do painel entrevistado, quatro assinaram A-QG: a *ENI*[24], a *Merloni*[25], o *Club Med*[26] e a *IKEA*[27]. As três primeiras incluem o CEE na implementação do acordo. No caso da *IKEA*, é a federação sindical internacional do sector (a *International Federation of Building and Woodworkers*) que tem essa função. Nos outros três acordos, as disposições não são muito precisas e são raras as modalidades concretas. Ficam, pois, no ar questões como: Quem verifica o cumprimento do acordo? Com que meios e com que ferramentas? Com que independência? Assim, afigura-se que os CEEs se assumem sobretudo como lugares de interpelação para os seus membros.

A participação dos CEEs na dinamização dos acordos assinados seria, pois, um ponto particularmente importante por revelar em que medida os CEEs estão implicados na *vida* dos acordos e quais as disposições sobre as quais são consultados. A análise dos acordos assinados permite perceber o tipo de implicação dos CEEs, que vai desde a simples informação até um papel activo na execução/controle/avaliação, passando pela prática de interpelação da direcção pelo CEE.

Mas a partir do referido estudo do projecto MARSCEE, conclui-se, em linhas gerais, o seguinte:

• a RSE implicando os representantes dos trabalhadores é ainda um fenómeno emergente;

• a RSE negociada nos CEEs representa apenas uma pequena parte do que é a RSE numa acepção mais ampla;

• as multinacionais contratualizam relativamente pouco com os CEEs e/ou as organizações sindicais e os CEEs são apenas uma das partes envolvidas com a qual as administrações negoceiam;

---

[24] http://www.icem.org/index.php?id=102&la=EN&doc=1222

[25] http://www.newunionism.net/library/agreements/IMF%20Metal%20and%20Merloni%20Global%20Framework%20Agreement%20-%202001.pdf

[26] *http://www.iuf.org/cgibin/dbman/db.cgi?db=default&ww=1&uid=default&ID=2516&view_records=1&en=1*; cf. também Béthoux (2008: 97).

[27] http://www.bwint.org/default.asp?index=46&Language=EN

• os próprios CEEs são também um fenómeno recente e alguns estão só agora a dar os primeiros passos;

• a RSE nos CEEs é mais uma ideia em construção do que uma realidade;

• para que a RSE se torne um movimento de fundo é necessário um alargamento massivo das negociações e de acordos no seio das multinacionais;

• o horizonte da RSE dialogada é ainda bastante incipiente.

Claro está que é reconhecido um potencial de participação laboral adicional nos CEEs, sobretudo se a vertente da RSE for considerada. Com efeito, os acordos de RSE podem constituir uma oportunidade para alargar a presença sindical ao nível internacional. Podem também constituir uma ocasião para encetar o diálogo e fazer parcerias com outras partes envolvidas como são as ONGs ou outras associações. Os acordos de RSE representam para as organizações sindicais uma possibilidade de reforçar o seu poder de negociação face às direcções das empresas, constituindo deste modo uma oportunidade de afirmação nos locais de trabalho. Apesar do seu carácter parcial, as experiências estudadas pelo painel de empresas do estudo da Syndex mostraram que os CEEs contribuíram para uma evolução dos comportamentos e das mentalidades dos actores, nomeadamente dos responsáveis e, entre estes, dos responsáveis nos locais de trabalho, aqueles por onde passa a operacionalização dos projectos contratualizados ao nível dos CEEs.

3. Por fim, uma reflexão mais recente realizada por E.Béthoux (2008) parece corroborar uma ideia de hesitação associada ao cruzamento entre CEEs e RSE, afinal na linha da interrogação que titula o presente texto. Na verdade, ao questionar se o CEE é um actor de RSE, a autora começa por identificar 3 níveis de cruzamento entre as práticas de RSE e as práticas dos CEEs: o nível dos debates relativos à política comunitária em matéria de RSE; o nível dos conteúdos das acções ditas "socialmente responsáveis"; e o nível do ponto de vista dos actores que, na empresa, são os veículos dessas acções.

Mas parece claro que uma questão importante para a criação de bases para uma relação futura durável entre CEEs e RSE poderia passar por fazer da decisão da constituição de um CEE um acto de RSE em si mesmo. Alguns grupos empresariais publicitam a criação da instância representativa europeia (CEE) como um dos aspectos mais relevantes da sua política de RSE. Neste caso, os efeitos em termos de imagem ligados pela direcção desses grupos empresariais à criação de um CEE, por um lado, e a adopção de práticas de RSE, por outro, conjugam-se. O acordo que permitiu a criação do CEE do grupo Elior (*catering*) inscreve-se na política de responsabilidade social deste grupo conduzida pelo departamento de recursos humanos e que se caracteriza sobretudo pela adesão ao Pacto Mundial de 1 de Novembro de 2004 (Béthoux, 2008: 93). A criação de um CEE pode, assim, ser reclamada pelos representantes dos trabalhadores e pelos actores sindicais em nome da política de responsabilidade social que a empresa diz professar noutros domínios (em particular nos aspectos externos ligados aos seus impactos sociais e ambientais); paralelamente, a direcção da empresa pode integrar a criação de um CEE nas suas iniciativas de RSE e depois fazer passar a imagem de uma empresa socialmente responsável.

Para E. Béthoux, investir no campo da RSE representa para os CEEs e para os seus membros um triplo desafio, decorrente da própria natureza destas instâncias representativas. Um primeiro desafio prende-se com o envolvimento internacional de uma instância representativa europeia. As iniciativas de RSE estão frequentemente associadas a operações internacionais da empresa em questão, e não apenas europeias, e muito particularmente ligadas à sua implantação em países emergentes e em vias de desenvolvimento. Envolver o CEE nessas iniciativas significa abordar questões que vão muito para além das fronteiras europeias nas quais eles foram criados e pelas quais estão teoricamente limitados. Para que os problemas ligados à RSE sejam trazidos para a ordem do dia das reuniões dos CEEs, direcções ou sindicatos e representantes dos trabalhadores devem, num primeiro momento, provar que se trata do local e momento mais apropriado para os discutir. As primeiras iniciativas de RSE negociadas por empresas transnacionais envolveram as federações sindicais internacionais, com a assinatura de A-QG entre as direcções das empresas e as federações sindicais internacionais. Algumas empresas onde decorreram estas negociações transnacionais tinham não só CEEs mas também conselhos de empresa mundiais (Volkswagen, SKF, Daimler-Chrysler, Danone).

Um segundo desafio é o de equacionar a possibilidade de uma superação dos pilares da informação e consulta que dão vida aos CEEs. Isto significaria, na óptica de Béthoux (2008: 98-100), que o envolvimento dos CEEs nas iniciativas de RSE pode levá-los a ultrapassar as funções de informação e consulta para os quais foram inicialmente criados, conferindo-lhes uma função de negociação de textos sobre os princípios da responsabilidade social da empresa. As iniciativas de RSE negociadas e, em particular, a negociação dos A-QG, representam também para os CEEs, instâncias de informação e de consulta, um trabalho de monta. Mesmo que muitos vejam o desenvolvimento de uma actividade de negociação no seio dos CEEs como um aspecto positivo – quer iniciem o processo de negociação, o conduzam, participem activamente na sua concretização – outros actores sociais encontram-se divididos. Dois argumentos são aqui invocados: a) a capacidade do CEEs para conduzir com sucesso uma negociação. Muitos dizem que, primeiro, o CEE deverá cimentar o bom e pleno exercício das suas funções principais de informação e consulta antes de partir para uma função de negociação; b) a legitimidade dos CEEs para negociarem. A defesa da prerrogativa sindical em matéria de negociação, em países onde domina o modelo dual como a Alemanha e a França, representa o argumento mais frequentemente invocado pelos actores sindicais que negam aos CEEs qualquer faculdade de negociação, e por extensão, qualquer envolvimento destas instâncias na assinatura de acordos de RSE.

Por fim, um terceiro desafio que os CEEs enfrentam quando se envolvem no terreno da RSE é o que aponta para o carácter relativamente descontínuo e instável da sua existência e do seu modo de funcionamento. Há duas razões principais: os CEEs reúnem-se poucas vezes, apenas uma ou duas vezes por ano, e funcionam com meios materiais e recursos financeiros escassos. Por um lado, a descontinuidade complica ainda mais o seu eventual investimento nas questões da RSE, que requerem um envolvimento de longo termo. Por outro lado, a instabilidade dos CEEs tem que ver com a instabilidade inerente aos próprios grupos económicos sujeitos a reestruturações frequentes e de grande amplitude.

No início de 2010, e segundo a *European Works Councils Database* (disponível em www.ewcdb.eu), existiam 896 multinacionais com CEEs, 938 CEEs activos e 1541 acordos de CEEs celebrados[28]. Estes números espelham bem o peso dos CEEs (confirmando uma tendência de crescimento) e a diversidade de situações e de práticas que, consequentemente, lhes está associada. Certamente que os CEEs que melhor têm conseguido responder favoravelmente aos desafios acima mencionados por Béthoux – "internacionalização", a conversão em instância de negociação, e a multiplicação de actividades – acolherão melhor a RSE. Nalguns casos, a predisposição para acolher a RSE estará mesmo a ser pensada conjuntamente em vários CEEs de um determinado sector de actividade. Em 14 de Dezembro de 2009, por exemplo, representantes de um largo número de CEEs do sector da energia reuniram-se em

---

[28] Esta descoincidência entre o número de multinacionais que constituíram CEEs e o número de CEE efectivamente existentes resulta do facto de algumas multinacionais poderem constituir mais do que um CEE na base de mais do que um acordo. A diferença entre o número de CEEs e o número de acordos justifica-se, ainda, pelo facto de novos acordos serem firmados depois de fusões ou dissoluções de empresas ou devido à renegociação de alguns acordos.

Bruxelas com o intuito de discutir o papel dos CEEs nas políticas corporativas, na RSE e nos acordos transnacionais. A propósito da RSE, foram apresentados os resultados de um inquérito realizado junto das empresas daquele sector e onde se concluía, entre outros pontos: que o tema da RSE é ainda relativamente novo nessas empresas; que nem todas as empresas discutem a RSE no seio do CEE; que são escassos os recursos a canalizar para esse tipo de políticas; que falta estimular processos de monitorização; e que muitos CEEs consideram a RSE uma mera fachada[29].

Por outro lado, como foi assinalado anteriormente, por vezes a prática dos CEEs vai além da letra do acordo e isso pode constituir uma sinal de oportunidade para a partilha de comportamentos socialmente responsáveis. Voltando de novo aos trabalhos de Costa e Araújo (2007a; 2007b; 2008; 2009), podia dar-se o exemplo do caso do CEE do Grupo BES, por sinal o único de uma empresa com sede em Portugal que constituiu um CEE. Ainda que um ex-representante do CEE do Grupo BES entrevistado tenha referido como secundária a aproximação do CEE ao tema da RSE[30], não podem deixar de se enunciar vários factores (destacados por esse mesmo representante) que se revelaram decisivos quer para a constituição do CEE do BES – o bom relacionamento inicial entre a Comissão de Trabalhadores do Grupo BES (em exercício aquando do início das negociações) e os sindicatos portugueses e espanhóis; o bom relacionamento com a administração –, quer para o dinamismo do CEE – uma acção do CEE para além das «fronteiras rígidas» do acordo; uma acção do CEE pró-activa, ao invés de meramente reactiva (traduzida, por exemplo, na inclusão na agenda das reuniões entre representantes dos trabalhadores e representante da administração de tópicos relevantes para ambas as partes); uma maximização das redes e contactos informais como forma de garantir um maior acesso a informação credível, na base da qual se pode sustentar a acção do CEE, etc. –, quer ainda para os resultados alcançados – como a aquisição de uma perspectiva macro das actividades do Grupo, ou seja, das "grandes questões" com impacto, de facto, nos interesses dos

---

[29] http://www.epsu.org/a/6018.

[30] "Nós entendemos que os CEE, à semelhança dos sindicatos e das comissões de trabalhadores, estão dependentes de um determinado tipo de representação. Representam os trabalhadores. Não chegam às questões sociais, embora não fiquem impedidos de poder assumir determinado tipo de protagonismo relativamente a exigências que tenham directamente a ver com a RSE. Até hoje nunca fizemos nada nesse sentido" (entrevista realizada em 12.10.2006 e disponível em Costa e Araújo, 2007b: 446-458).

trabalhadores deve igualmente ser considerada ou ainda a confirmação do papel de mediação que o CEE do BES passou a exercer entre a administração e as organizações de trabalhadores portuguesas e estrangeiras, em especial nas operações susceptíveis de afectar os interesses dos trabalhadores (fusões, aquisições, etc.), etc.

De igual modo, também por intermédio do CEE da Volkswagen (VW) se logrou contribuir para um CEE socialmente mais responsável. Segundo o representante do CEE da VW entrevistado e pertencente à Autoeuropa [31], desde que foi criado o CEE nunca encerrou nenhuma fábrica da VW, ainda que o funcionamento do conselho fiscal desta multinacional seja determinante também nesse sentido (ex: nos termos da conhecida "lei da co-gestão", para encerrar uma fábrica do grupo são precisos 75% dos votos, mas como o conselho fiscal é composto por 20 elementos, 10 representantes de trabalhadores e 10 accionistas....). Além disso, o CEE permite uma maior facilidade de contactos (nomeadamente de contactos informais, que muitas vezes permitem "resolver coisas ao jantar que depois já não regressam à mesa de negociações"), permite o acesso directo ao presidente da marca, do grupo, assim como resolver problemas que por vezes não se conseguem resolver na arena nacional, "em casa", como foi por exemplo, a possibilidade de realização de um estudo ergonómico para evitar doenças profissionais. Além disso, a solidariedade funciona como sinónimo de reciprocidade.

Nestes exemplos (do BES e da VW), é discutível que estejamos a falar de RSE no sentido estrito do termo, i.e., de uma integração voluntária por parte das administrações das empresas de preocupações de índole social ou ambiental nas suas operações comerciais e relações com os seus interlocutores (Guerrero, s/d: 13). Aliás, os próprios representantes de trabalhadores entrevistados não estabeleceram essa articulação dos CEEs como a RSE. No entanto, sempre que um CEE possa ser veículo de uma melhoria das relações laborais, traduzida numa política de "boa vizinhança" entre as administrações e trabalhadores, certamente se criam condições favoráveis para seguir a rota da RSE.[32]

---

[31] Entrevista realizada em 17.11.2006 e disponível em Costa e Araújo (2007b: 343-353). Sobre o exemplo da VW como referência de "boas práticas", cf. ainda Eurofound (2008: 5-6).

[32] Para uma análise de casos de "boas práticas" em redor dos CEEs (a partir dos quais se possam eventualmente extrair exemplos de diálogo social responsável), cf. CCOO *et al.* (2002), Beirnaert (2006), ou Eurofound (2008).

5. Conclusão

Pelo que ficou dito, parece concluir-se que a consistência dos compromissos assumidos em matéria de RSE (seja envolvendo CEEs ou não) está dependente não só da criação de condições para tomar a iniciativa, como sobretudo depois de uma monitorização, nomeadamente por parte das organizações representativas de trabalhadores (sindicatos à cabeça). Sem essa monitorização corre-se certamente o risco de as acções de RSE não passarem de meras operações de comunicação e de *marketing* das multinacionais. Para produzir efeitos práticos, a RSE não pode apenas assentar na boa vontade das partes envolvidas. É preciso que os representantes dos trabalhadores das empresas em causa sejam implicados e tenham o direito de participar efectivamente na concepção da política da empresa em matéria social e ambiental.

Porventura mais do que os códigos de conduta e os A-QG, o papel da RSE no âmbito dos CEEs tem balançado entre a missão impossível e o compromisso inevitável. No âmbito da maior parte dos CEEs os sinais de pessimismo quanto à RSE parecem claramente levar a melhor sobre concretização de iniciativas socialmente responsáveis. Ao que parece (tendo em conta as investigações aqui analisadas), a RSE tem sido, pois, uma "não prioridade" no seio dos CEEs, não estranhando por isso que muitas vezes essa relação RSE/CEEs soe a algo forçado. Na verdade, não foi para instigarem a RSE, como se disse anteriormente, que os CEEs foram criados. No entanto, têm-se multiplicado nos últimos anos as declarações de intenção que visam ligar os CEEs à RSE e esse constitui sem dúvida o assinalar de um registo de compromisso futuro neste matéria.

Afinal, parafraseando Béthoux (2008), para avançarem para o terreno da RSE, os membros dos CEEs devem provar que os CEEs são instâncias pertinentes e adequadas para discutir essas questões. Trata-se de mostrar que a sua dimensão europeia (e não mundial), que as suas funções oficiais de informação e consulta (não de negociação) ou que a sua actividade descontínua (e instável, por vezes) não constituem um obstáculo intransponível à assumpção das questões da RSE. O número crescente de CEEs signatários de acordos de RSE mostra que esses obstáculos podem ser ultrapassados e que os CEE tendem a assumir-se como actores plenos para o desenvolvimento de tais práticas.

Siglas

AQ-G, Acordos-Quadro Globais
BES, Banco Espírito Santo
CEEs, Conselhos de Empresa Europeus
CEMs, Conselhos de Empresa Mundiais
CGTP, Confederação Geral dos Trabalhadores Portugueses
EEE, Espaço Económico Europeu
FSGs, Federações Sindicais Globais
OCDE, Organização para a Cooperação e Desenvolvimento Económico
OIT, Organização Internacional do Trabalho
RSE, Responsabilidade Social da Empresas
UE, União Europeia
UGT, União Geral de Trabalhadores

REFERÊNCIAS

BANERJEE, S.B. (2009), "Corporate social responsibility: the good, the bad and the ugly", *Critical Sociology*, 34(1), 51-79

BEAUJOLIN, François (2004), *European trade unions and corporate social responsibility. Final report by the European Trade Union Confederation.* (http://www.etuc.org/a/1500). Brussels: ETUC.

BEIRNAERT, Jeroen (2006), *Case study on best practices in EWC functioning.* (http://www.sda-asbl.org/testiPdf/Casestudy-UK.Pdf). Brussels: SDA/infopoint project.

BETHOUX, Elodie (2008), "Le comité d'entreprise européen: un acteur de la responsabilité social de l'entreprise?", *Revue de L'IRES*, 57 (2), 87-110.

BOURQUE, Reynald (2008), "Contribution des codes de conduite et des accords cadres internationaux à la responsabilité social des entreprises" *Revue de L'IRES*, 57 (2), 23-53.

BREDGAARD, Thomas (2004), "Corporate social responsibility between public policy and enterprise policy", *Transfer – European Review of Labour and Research*, 10 (3), 372-392.

CCOO *et al.* (2002), *European Works Councils – cases of good practice.* Brussels: European Comission (http://www.conc.es/internacional/documents/cee_english.pdf)

COMISSÃO EUROPEIA (2001), *Livro Verde: Promover um quadro europeu para a responsabilidade social das empresas.* Bruxelas: Comissão das Comunidades Europeias.

COMMISSION OF THE EUROPEAN COMMUNITIES (2006), *Implementing the partnership for growth and jobs: making Europe a pole of excellence on corporate social responsibility.* Brussels (COM 2006/186 final): Commission of the European Communities.

COSTA, Hermes Augusto (2006), "Portuguese trade unionism vis-à-vis the European Works Councils", *in* B. S Santos e J. A. Nunes (orgs.), *Reinventing democracy: grassroots movements in Portugal*, Londres: Routledge, 218-252.

COSTA, Hermes Augusto (2008), *Sindicalismo global ou metáfora adiada? Discursos e práticas transnacionais da CGTP e da CUT.* Porto: Afrontamento, 347 pp.

COSTA, Hermes Augusto (2009), "The impacts of European Works Councils in Portugal", Research Network 17 Industrial Relations, Labour Market Institutions and Employment. 9th Conference of the European Sociological Association: "European Society or European Societies?", Lisboa: ICSTE, 1-20.

COSTA, Hermes Augusto; Araújo, Pedro (2007a), "Diálogo social transnacional em multinacionais com sede em Portugal: Conselhos de Empresa Europeus, obstáculos e realizações", *Sociedade e Trabalho*, nº 31, 17-32.

COSTA, Hermes Augusto; Araújo, Pedro (2007b), *Os Conselhos de Empresa Europeus: entre a responsabilidade social da empresa e a participação laboral.* Relatório Final de Projecto de Investigação Financiado pela Fundação para a Ciência a Tecnologia (POCI/ /SOC/59689/2004). Coimbra: Centro de Estudos Sociais, 587 pp.

COSTA, Hermes Augusto; Araújo, Pedro (2007c), "Informação e consulta nas multina-cionais: a experiência de representantes portugueses em Conselhos de Empresa Europeus", *Revista Crítica de Ciências Sociais*, nº 79, 3-33.

COSTA, Hermes Augusto; Araújo, Pedro (2008), "European Companies without Euro-pean Works Councils: Evidence from Portugal", *European Journal of Industrial Relations*, vol. 14 (3), 309-325.

COSTA, Hermes Augusto; Araújo, Pedro (2009), *As vozes do trabalho nas multinacionais: o impacto dos Conselhos de Empresa Europeus em Portugal*. Coimbra: Almedina/CES, 223 pp.

COSTA, Maria Alice Nunes (2005), "Fazer o bem compensa? Uma reflexão sobre a soli-dariedade empresarial", *Revista Crítica de Ciências Sociais*, 73, 67-89.

DIRECTIVA 94/45/CE (1994), *Jornal Oficial das Comunidades Europeias nº L 254 de* 30/09/1994 p. 0064-0072.

DIRECTIVA 2009/38/CE (2009), *Jornal Oficial da União Europeia nº L 122/128*, de 16/05/2009, p. 122-128.

EUROFOUND (2008), *European Works Councils in practice: key research findings* (http:// www.eurofound.europa.eu/pubdocs/2008/28/en/1/ef0828en.pdf). Dublin: European Foundation for the Improvement of Living and Working Conditions.

GUERRERO, M.L. (s.n.t.), "Los Acuerdos sobre Responsabilidad Social de las Empresas ¿nueva fuente del Derecho del Trabajo?" (policopiado), 1-21.

ICTU (Irish Congress of Trade Unions) (2006), *Corporate social responsibility. A guide for trade unionists*, Dublin, 1-48.

KLEIN, Naomi (2002), *No logo: o poder das marcas*. Lisboa: Relógio D'Àgua.

KRIEGER, Hubert; Bonneton, Pascale (1995), "Analysis of existing voluntary agree-ments on information and consultation in European multinationals", *Transfer – European Review of Labour and Research*, 1 (2), 188-206.

NORDESTGAARD, Malene e Kirton-Darling, Judith (2004), "Corporate social responsi-bility within the European sectoral social dialogue", *Tranfer – European Review of Labour and Research*, 10(3), 433-451.

RIISGAARD, Lone (2005), "International Framework Agreements: a New Model for Securing Workers Rights?", *Industrial Relations*, 44 (4), 707-737.

SANTOS, Maria João Nicolau *et al.* (2005), *Desenvolvimento sustentável e responsabilidade empresarial*. Oeiras: Celta.

SAVOINI, Carlo (1995), "The Prospects of the enactment of directive 94/45/EC in the Member States of the European Union", *Transfer – European Review of Labour and Research*, 1 (2), 245-251.

SCHÖMANN, Isabelle (2004), *Corporate Social Responsibility, Threat or opportunity for the social dialogue?, in European Trade Union Yearbook, 2003/2004*. Bruxelas: European Trade Union Institute, 137-155.

SCHÖMANN, Isabelle *et al.* (2008), "International framework agreements: new paths to workers' participation in multinationals' governance?", *Transfer – European Review of Labour and Research*, 14 (1), 111-126.

SHAMIR, Ronen (2005), "Corporate social responsibility: a case of hegemony and counter-hegemony", *in* B. S. Santos e C. A. Rodríguez-Garavito (orgs.), *Law and globalization from below: towards a cosmopolitan legality*. Cambridge: Cambridge University Press, 92-117.

SYNDEX (2004), *Enquête auprès de comités d'entreprise européens. Rapport de synthèse*. Paris (policopiado), 1-22.

TELES, Patrícia Galvão; Albuquerque, Catarina (2008), "Multinacionais e direitos humanos na era da globalização", *Janus*, 11, 206-207.

TELLJOHANN et al (2009), "European and international framework agreements: new tools of transnational industrial relations", *Transfer – European Review of Labour and Research*, 15 (3-4), 505-525.

VOGEL, David (2005), *The Market for Virtue, The Potential and Limits of Corporate Social Responsibility*, Washington: Brookings Institutional Press.

O VOLUNTARIADO EMPRESARIAL NA PERSPECTIVA DOS COLABORADORES

Catarina Egreja

1. Introdução

Actualmente, a empresa surge como um actor social que, sem deixar de prosseguir o seu objectivo central (a criação de riqueza), começa a ter em consideração a influência que exerce e os efeitos que produz na envolvente. Como qualquer cidadão, possui direitos mas igualmente responsabilidades, nomeadamente no sentido de responder pelos impactes negativos que o prosseguimento da sua actividade pode ou não representar para o desenvolvimento equilibrado da comunidade onde se insere, contribuindo para uma cultura de responsabilidade nos diferentes níveis de intervenção, tais como o respeito pelas liberdades dos parceiros sociais e a preservação dos recursos comuns.

A crescente importância do investimento socialmente responsável, o aumento das preocupações consumistas e ambientais e um ambiente político-legislativo encorajador, entre outros, foram aspectos que contribuíram de modo significativo para incentivarem o sector empresarial a aderir à responsabilidade social. É neste contexto que algumas empresas, cada vez em maior número, adoptam práticas socialmente responsáveis, entre as quais se encontra o voluntariado empresarial (VE). As empresas têm vindo a reconhecer os seus colaboradores enquanto recursos valiosos e extensões naturais das suas contribuições para melhorar as condições existentes nas comunidades.

De acordo com o Livro Verde para a promoção de um quadro europeu para a responsabilidade social das empresas (CCE: 2001), a RSO integra três categorias de objectivos (económicos, sociais e ambientais – o chamado "*triple bottom line*") e presume que eles se reforçam mutuamente, abarcando matérias de natureza interna e externa. Na dimensão interna, as áreas mais frequentemente equacionadas são a gestão dos recursos humanos, a saúde e segurança no trabalho, a adaptação à mudança, a gestão do impacte ambiental e dos recursos naturais. Na dimensão externa, o foco centra-se nas comunidades locais, nas autoridades públicas e ONGs, nos parceiros comerciais, fornecedores e consumidores (os denominados *stakeholders*), assim como nas questões respeitantes aos direitos humanos e ao ambiente.

Uma das riquezas do voluntariado empresarial encontra-se precisamente na oportunidade de interligar estas dimensões, através da mobilização dos actores internos em acções que beneficiam a comunidade e, não menos importante, através dos efeitos positivos que estas acções eventualmente trazem para o local de trabalho e para o voluntário que nelas colabora, enquanto indivíduo.

De forma geral, todos os estudos analisados sobre esta temática reconhecem benefícios ao voluntariado empresarial nas empresas, na comunidade e nos colaboradores – daí a crescente expansão destes programas.

O principal objectivo que alicerçou a dissertação de mestrado que serve de base ao presente artigo foi o estudo das práticas de voluntariado empresarial na perspectiva dos colaboradores. Partindo de uma revisão da literatura sobre o tema do VE, a investigação pretendeu levantar algumas pistas sobre esta realidade em Portugal mas, sobretudo, colocar o foco nos participantes e tentar perceber que razões os motivam, que benefícios daí retiram, e que avaliação geral fazem da utilidade e da eficácia das acções de voluntariado levadas a cabo pelas suas organizações. Mais concretamente, pretendeu-se compreender se o contexto organizacional influencia os indivíduos no sentido de se tornarem eles próprios cidadãos mais responsáveis nas suas práticas quotidianas (e não estritamente profissionais), nomeadamente ao nível de uma maior sensibilização para o voluntariado. Nesse sentido, a questão de partida pode ser assim formulada: de que modo(s) é que as práticas de voluntariado empresarial influenciam os colaboradores que nelas participam?

Porém, segundo Gilder *et al.* (2005: 149), a maioria do tempo despendido no VE pode ser considerado voluntariado que não teria ocorrido a nível individual, isto é, sem o apoio da empresa. Geralmente, os colaboradores envolvem-se neste tipo de acções pela primeira vez na vida após as instituições lhes oferecem essa oportunidade. Esta ideia encontra ainda eco no estudo de Peloza *et al.* (2009: 374):

> Dado que a falta de tempo originada pelas exigências de outras prioridades tais como o trabalho e a família tem sido largamente reconhecida como a razão principal para não se fazer voluntariado (e.g., Yavas and Riecken, 1985), [...] alguns colaboradores podem usar a sua participação no voluntariado organizacional como um substituto para, e não um complemento de, outras formas de voluntariado. Logo, é expectável que a participação dos colaboradores no VO canibalize a participação noutras formas de voluntariado.

2. O voluntariado empresarial: definição do conceito e caracterização de práticas

O voluntariado é uma actividade que tipicamente se concretiza fora do âmbito profissional, como consequência de uma escolha individual de dedicação de tempo a actividades não lucrativas. Contudo, algumas empresas permitem e incentivam o voluntariado aos seus colaboradores, a contribuição para objectivos sociais fora da empresa, mas às custas da empresa: os colaboradores são autorizados a fazer voluntariado durante o horário de trabalho, em vez das suas tarefas habituais.

A nível de evolução histórica, Santos *et al.* (2008) referem que o VE teve origem nos EUA, na década de 70 e princípio de 80, difundindo-se e popularizando-se nos anos 90, sobretudo nos países anglo-saxónicos.

Praticamente todos os autores consultados apresentam a sua definição do conceito, mas uma vez que são bastante convergentes, seleccionaram-se a título de exemplo as definições dadas pelo Instituto Ethos e pela RSE Portugal:

> Voluntariado empresarial é um conjunto de ações realizadas por empresas para incentivar e apoiar o envolvimento dos seus funcionários em atividades voluntárias na comunidade.
>
> A expressão é também utilizada para designar a prática do voluntariado em si, desde que se trate de um grupo de voluntários ligado diretamente a uma empresa (funcionários efetivos e terceirizados), ou indiretamente (familiares dos funcionários, ex-funcionários e aposentados) (Goldberg, 2001: 24).

> O voluntariado empresarial traduz o desejo das empresas colaborarem activamente a favor de causas sociais num exercício de participação activa e de co-responsabilidade cidadã em prol de interesses comuns no contexto social. Constitui uma das expressões mais firme da ligação das empresas à sociedade e da vontade de participarem directa e activamente na resolução e/ou minimização de problemas existentes. Esta estreita colaboração é efectuada através da cedência e partilha do seu activo mais importante: o elemento humano e o seu capital social (Santos *et al.*, 2008: 15).

Os programas de voluntariado com origem no local de trabalho parecem ser motivados por factores diferentes daqueles que movem outras formas de voluntariado e de apoio social. Nomeadamente, as motivações altruístas – o desejo de ajudar os outros – são menos prevalecentes nos programas de voluntariado empresarial, apesar de serem largamente referidos como críticos em tipos privados de voluntariado. Além disso, o potencial para a existência de recompensas "egoístas" em troca da participação em acções de voluntariado é mais visível no âmbito empresarial (Peloza *et al.*, 2009).

Também os benefícios associados são diferentes. O voluntariado empresarial propicia às organizações beneficiárias, aos empregados e às empresas envolvidas, um número de benefícios superior e indisponível através de outras formas de voluntariado ou apoio social (Peloza e Hassay, 2006).

A título individual, obtêm-se benefícios ao nível das redes pessoais que se estabelecem, existe uma oportunidade acrescida para o reconhecimento e recompensa do seu comportamento no âmbito profissional e mais facilmente se ultrapassa a inércia associada à participação em acções de cariz solidário, uma vez que a maior parte das acções são realizadas em grupo. Do ponto de vista da comunidade, o voluntariado empresarial rapidamente ajuda a legitimar uma associação ou causa e a alargar as suas bases de recursos humanos e de reconhecimento. Por fim, as empresas beneficiam do bom ambiente organizacional gerado, de uma maior eficácia resultante de um espírito de equipa aperfeiçoado e de uma oportunidade estratégica de promoção na comunidade.

Outra especificidade, não menos importante, é o facto de o VE permitir a mobilização das competências profissionais dos colaboradores nas acções de voluntariado, traduzindo-se num tipo de voluntariado mais qualificado e que pode dar um contributo significativo às associações comunitárias, cujas equipas são constituídas em grande parte por voluntários. A BCSD Portugal designa-o mesmo como voluntariado de competências:

> Por Voluntariado de Competências entende-se a transferência de *know-how* através de voluntários com competências próprias, dirigidas às necessidades organizacionais e de funcionamento de organizações reconhecidas para integrar esses voluntários, de forma a fortalecer e melhorar a *performance* destas. [...] Exemplos disso são a disponibilização gratuita, para ONGs, de serviços de transporte pelas empresas de logística, a cedência de nutricionistas por parte de empresas agro-alimentares para elaborar ementas equilibradas e acessíveis para os lares, as formações em informática proporcionadas por empresas de TI, as auditorias financeiras ou de RH desenvolvidas por gabinetes de consultoria, etc. (BCSD Portugal, 2008).

Ao nível do planeamento, é importante para o sucesso de um programa de VE que os empregados sejam ouvidos no processo de decisão sobre a melhor forma de se envolverem com a comunidade enquanto voluntários. É ainda fundamental acautelar que o envolvimento dos colaboradores não aconteça como resultado de uma directiva da organização, pois "voluntariado obrigatório" é um paradoxo. Corre-se o risco de o voluntariado poder ser entendido como um requisito das funções profissionais, e que os empregados se sintam pressionados a participar (Peterson, 2004; Murphy e Thomas, s.d.; Houghton *et al.*, 2009).

Ao nível da implementação, o VE reveste-se de várias formas. Santos *et al.* (2008) dão como exemplos o banco de tempo, o apoio a iniciativas particulares ou *matching* individual, os projectos grupais, a permissão para fazer serviço social, a acessoria profissional, as contribuições e donativos económicos ou materiais, o *outdoor* solidário, a concessão de dias de voluntariado, as acções pontuais e as estruturas paralelas.

Cada modalidade de voluntariado pressupõe um grau distinto de envolvimento da empresa e dos seus colaboradores, pelo que se torna necessário conhecer que tipos de actividades e estratégias as organizações adoptam. A duração das acções, por exemplo, é um aspecto determinante para avaliar o tipo de efeitos produzidos e pode ser um indicador importante do grau de envolvimento das empresas com as causas que pretendem apoiar.

O modelo de VE escolhido por uma empresa é geralmente influenciado pelo número de funcionários interessados em participar, pelo conhecimento e competências que se podem oferecer ou se pretendem adquirir, pelo tempo que a empresa pode disponibilizar, pelas necessidades de voluntariado existentes na comunidade e pela preferência de apoio a uma determinada causa por parte das empresas e dos seus funcionários (Murphy e Thomas, s.d.: 4). A maioria das organizações prefere o apoio social, sobretudo na área da educação. Pelo contrário, as áreas mais frequentemente excluídas referem-se à defesa dos animais e a causas políticas e religiosas.

3. O VE nas suas três dimensões: colaboradores, organização e comunidade

De forma a explorar melhor a realidade do VE, procurou-se conhecer a perspectiva dos colaboradores, das empresas e da comunidade, nomeadamente o que os motiva e que benefícios obtêm devido à sua participação.

Os colaboradores podem levar a cabo actividades de voluntariado empresarial regular ou ocasionalmente, através de acordos formais ou informais, embora um sistema formal geralmente tenha melhores resultados para a empresa e para os beneficiários.

Relativamente às motivações subjacentes à participação dos colaboradores em acções deste tipo de voluntariado, Peloza e Hassay (2006) consideram que podem dever-se a razões altruístas, egoístas, e/ou ao desejo de agradar ao empregador.

Os motivos altruístas são facilmente identificáveis: trata-se de querer ajudar os outros – em primeiro lugar, ou única e exclusivamente. Mas verifica-se também que os empregados sentem orgulho por representarem a empresa na comunidade, enquanto voluntários. Para muitos, é importante procurar mudar a má impressão que as comunidades podem ter das organizações onde trabalham e vêem este tipo de acções como uma parte muito importante da actividade da empresa. Para alguns trabalhadores a participação em acções de voluntariado parece estar, em grande parte, associada às redes sociais: porque o grupo de colegas participa também ou porque uma determinada pessoa (com quem tenham uma relação próxima ou porque é directamente afectada pelo problema que move a causa) pede a sua colaboração. Muitas vezes, a motivação para participar neste tipo de actividades prende-se com razões "egoístas", no sentido de os trabalhadores esperarem receber algo em troca, nomeadamente novas competências ou um melhor estatuto dentro da empresa.

No mesmo sentido, para Muthuri *et al.* (2009: 81) os colaboradores são motivados por um sentido de reciprocidade ("retribuir com algo à comunidade"). Alguns participam no VE para "socializar e conhecer outras pessoas" dentro e fora da empresa, vêem nele "uma oportunidade de desenvolver as redes profissionais" e "alargar os círculos sociais", aumentando as suas redes com o objectivo de ter um ganho futuro ("desenvolvimento pessoal ou profissional").

Os benefícios que se esperam obter ajudam a ultrapassar obstáculos à participação em actividades desta natureza, aumentando a probabilidade e a quantidade do esforço voluntário. A nível pessoal, o VE permite desenvolver as capacidades existentes e adquirir competências adicionais, partilhar conhecimento, conhecer pessoas novas, explorar novas situações e desafios e introduzir variedade no trabalho, dando-lhe maior significado no seu conjunto. Entre as várias competências melhoradas através de programas de VE, encontram-se a comunicação escrita e formal, a negociação, o trabalho em equipa, os orçamentos e planeamento e a gestão de pessoal e do tempo (Peterson, 2004: 372).

Para Gilder *et al.* (2005: 149), parece existir um padrão alargado de resultados que sugerem que quanto mais positivos os respondentes sejam acerca do trabalho voluntário, e quanto mais as pessoas trabalharem com colegas e estejam rodeados por familiares e amigos que apoiem o trabalho voluntário, mais positivas serão as suas atitudes e comportamentos perante a organização. No mesmo sentido, a pesquisa de Walker e Dharmalingam (2008: 8) evidencia que qualquer tipo de voluntariado melhora a opinião que os colaboradores têm sobre o local de trabalho, os seus colegas e o empenho que estão dispostos a colocar no desempenho das suas funções.

Concluindo com a observação de Santos *et al.* (2008: 28):

> As vantagens da construção social da pessoa voluntária são inúmeras. As pesquisas existentes demonstram que a satisfação pessoal, a elevação da auto-estima, o desenvolvimento pessoal e profissional estão no ápice dos ganhos. Entretanto, ainda há a conquista de novas amizades, aprendizagem de novos desafios, boa utilização do tempo livre, sentimento de apoio a uma causa e aquisição de mais estabilidade emocional, entre alguns dos ganhos mais citados.

Incidindo agora o foco de análise nas empresas, o aspecto mais referido nos estudos (Basil, 2009; Booth *et al.*, 2009; Goldberg, 2001; Murphy e Thomas, s.d.; Muthuri *et al.*, 2009; NCV: 2001; Peloza e Hassay, 2006; Peloza *et al.*, 2009; Peterson, 2004; Santos *et al.*, 2008) como motivação para o envolvimento em acções de voluntariado é a melhoria da sua imagem pública. Significa que, quando as relações públicas e o marketing são os motivos principais de envolvimento, a organização deseja fomentar a sua reputação enquanto empresa socialmente responsável com o objectivo de atrair mais clientes e assim aumentar os seus lucros. Algumas empresas procuram ganhar ou recuperar uma boa reputação após a sua imagem ter sido prejudicada através de uma má conduta.

No entanto, também são avançadas motivações de outra natureza: por um lado, o desejo genuíno de contribuir para ajudar causas sociais e de retribuir algo à comunidade; por outro, o interesse em melhorar o desempenho dos colaboradores, nomeadamente através da aquisição de novas competências ou do desenvolvimento da capacidade de trabalhar em equipa. A este nível, os vários estudos (cf. *supra*) mostram que o VE permite desenvolver o conhecimento e competências das equipas em situações da vida real; melhorar a capacidade da equipa para iniciar e lidar com a mudança; desenvolver o trabalho em equipa e a cooperação interdepartamental; aumentar o moral da equipa e o orgulho na empresa; aumentar a produtividade e desempenho dos empregados; melhorar os níveis de recrutamento e manutenção do pessoal; ajudar a criar comunidades mais saudáveis onde fazer negócio; melhorar as relações com a comunidade; melhorar a imagem pública da organização; e fortalecer a reputação da companhia como uma boa cidadã e a sua capacidade consequente de ser mais competitiva.

Uma vez que os empregados preferem trabalhar em empresas que têm envolvimento comunitário, os programas de voluntariado ajudam a recrutar e a manter empregados altamente qualificados. As empresas também obtêm benefícios através do capital social gerado no VE. As redes sociais melhoram o entendimento dos problemas da comunidade o que, por seu lado, ajuda a apoiar os programas comunitários seguintes de forma mais sustentada.

Dado o grande conjunto de benefícios obtidos através dos programas de VE, não é surpreendente que muitas empresas estejam a dedicar tempo e recursos significativos para apoiar acções deste tipo.

Por fim, ao nível da comunidade, o VE permite que as associações alarguem os seus recursos, adquiram novas competências, obtenham novos conhecimentos e energia para resolver problemas, criem laços produtivos com as empresas, atinjam o seu potencial e aumentem a sua visibilidade – a exposição ao "mundo empresarial" aumenta a sua capacidade de atrair apoios empresariais futuros e amplia a sua esfera de influência (Peloza *et al.*, 2009; Muthuri *et al.*, 2009)

No fundo, as associações comunitárias são motivadas pela sua necessidade de obter recursos, que a ligação às empresas pode ajudar a minorar. Os grupos de pequena dimensão geralmente não possuem os recursos financeiros que lhes permitam empregar especialistas que os assistam em tarefas essenciais ao seu desenvolvimento. A este respeito, Booth *et al.* (2009: 245) sugerem que as associações publicitem às empresas os ganhos que estas obtêm ao envolverem-se com a comunidade, nomeadamente as competências que os seus empregados poderão adquirir. Adicionalmente, a comunidade beneficia ao receber trabalhadores especializados sem um processo de recrutamento e selecção significativo (processo esse já executado nas empresas) e sem despesas com a contratação das pessoas.

4. O voluntariado empresarial em Portugal

Os estudos sobre VE em Portugal só agora começam a ganhar alguma visibilidade e, ainda assim, são em pequeno número e muito direccionados para aspectos gerais do conceito e da sua aplicação nas empresas. Não foi encontrado qualquer estudo específico sobre os seus efeitos quer nos colaboradores, quer nos beneficiários.

Um dos estudos mais relevantes sobre este tema conduzido no nosso país – e também o mais recente – foi levado a cabo por Santos *et al.* (2008), realizado em parceria com várias associações, incluindo a RSE Portugal. Os autores referem que, a nível nacional, o VE começa a verificar-se de forma mais organizada em finais da década de 90, tendo como importante avanço a instituição da Lei nº 71/98, que rege o serviço voluntário.

> Embora em Portugal o voluntariado empresarial ainda esteja numa fase embrionária, em termos da sua amplitude e estruturação, já é possível encontrar programas de voluntariado empresarial, nomeadamente em empresas de maior dimensão e com políticas organizadas de responsabilidade social. O estabelecimento de parcerias no exercício do voluntariado empresarial constitui um dos aspectos mais relevantes a destacar (Santos *et al.*, 2008: 16).

Porém, o estudo reconhece uma evolução positiva nas práticas de VE, nomeadamente ao nível da passagem de um enfoque algo assistencialista para uma abordagem mais estruturada, onde se destaca o voluntariado qualificado e os programas articulados com as políticas de RSE e com a estratégia de sustentabilidade global das organizações.

Foram analisados vários aspectos que ajudam a formar uma ideia geral do panorama do VE em Portugal. Nomeadamente, embora prevaleçam acções de voluntariado não relacionadas com a actividade da empresa, a Ajuda Humanitária e a Saúde representam 48% das áreas de actuação. Os públicos-alvo mais procurados pelas acções de VE (49,3%) foram as crianças e jovens portadores de deficiência.

Relativamente às modalidades das acções, as campanhas de recolha de fundos, alimentos e roupa, juntamente com o apoio a situações de vulnerabilidade social, representam 51% das actividades de VE. O enquadramento é feito através de parcerias (os principais parceiros são as IPSS, ONG e Misericórdias e as Fundações – 68%).

Na regulamentação do tempo predomina a cedência de um dia por ano. O planeamento do VE resulta mais da solicitação das organizações externas do que do levantamento das necessidades da comunidade ou expectativas dos trabalhadores.

De forma consistente com os estudos internacionais já apresentados, os benefícios identificados são o aumento da reputação, a melhoria do ambiente de trabalho e ajuda no desenvolvimento dos trabalhadores (Santos *et al.*, 2008: 40).

Outro estudo relevante foi realizado pelo GRACE (Grupo de Reflexão e Apoio à Cidadania Empresarial). Baseando-se nos dados do Conselho Nacional para a Promoção do Voluntariado, o GRACE (2006: 10) afirma que em Portugal, tal como noutros países, se verifica um crescendo de projectos e iniciativas de voluntariado empresarial, acompanhado por uma valorização pública também acrescida do contributo destas acções para o bem-estar da comunidade e das próprias pessoas e organizações nela envolvidas.

Estudos anteriores, realizados no âmbito da investigação da RSE em Portugal, também focaram fugazmente o tema do voluntariado empresarial. Santos *et al.* (2005), por exemplo, estudaram as práticas de responsabilidade social de um conjunto de 10 empresas entre as 15 maiores em Portugal e um dos aspectos analisados foi precisamente a existência de programas de VE ou de acções internas de solidariedade. Este estudo conclui que, ao nível das acções direccionadas para a comunidade, as empresas analisadas desenvolvem múltiplas práticas de responsabilidade empresarial, donde se destacam os donativos e patrocínios orientados sobretudo para o apoio a grupos desfavorecidos e para o desenvolvimento de actividades culturais e desportivas. O envolvimento dos colaboradores nestas acções através da concessão de horas de trabalho, doação monetária ou cedência de bens também foi registado.

Um ano antes, em 2004, a Sair da Casca / Multivária conduziu um estudo sobre a percepção da responsabilidade social em Portugal, através de entrevistas a um grupo alargado de *stakeholders*. Para a presente investigação, o principal aspecto a salientar é que um dos grupos, o mundo associativo, se mostrou aberto a colaborar com as empresas em diferentes actividades, embora favorecesse mais as colaborações que se traduzem em bens específicos – fundos, equipamentos, suporte logístico – e menos as colaborações pouco sistemáticas, como, por exemplo, a do voluntariado. Esta conclusão permite pelo menos perceber que, em 2004, as associações comunitárias olhavam para o VE como uma prática de RSE esporádica e menos benéfica para os seus objectivos do que a doação de bens específicos.

5. Hipóteses, quadro conceptual e metodologia

Tendo por base o quadro teórico (do qual aqui se apresentou uma síntese) e atendendo aos objectivos da investigação, as hipóteses de pesquisa avançadas foram as seguintes:

- H1: A participação dos colaboradores em acções de VE potencia a participação em acções de voluntariado extra-organizacional.
- H2: A participação em programas de VE traz benefícios profissionais e pessoais aos voluntários.
- H3: Os indivíduos que já participavam em acções de voluntariado no seu tempo livre indicam sobretudo motivos altruístas para a participação no VE.

• H4: Os indivíduos que não participam em acções de voluntariado no seu tempo livre indicam sobretudo motivos egoístas / desejo de agradar ao empregador para a participação no VE.

A metodologia de investigação adoptada foi de natureza extensiva / quantitativa. A técnica mais comummente utilizada numa investigação de natureza quantitativa é o inquérito por questionário, e foi esse o instrumento empregado. A sua construção teve por base o quadro conceptual que se apresenta em seguida, o qual procurou esquematizar os principais eixos de análise do conceito de voluntariado empresarial – individual, organizacional e comunitário (sempre na óptica dos colaboradores que participam em programas de VE) – e, dentro de cada um, os respectivos componentes e indicadores, a partir dos quais se formularam as questões apresentadas aos inquiridos.

Quadro 1 – Modelo de análise do voluntariado empresarial

Nível individual	Participação (voluntariado individual e empresarial)	Grau de envolvimento (frequência, duração, número de acções...)
		Tipo de participação (função desempenhada, área de actuação...)
		Avaliação
	Motivação	Desejo de ajudar o empregador
		Motivos "egoístas"
		Motivos altruístas
	Efeitos / Benefícios	Nível profissional
		Nível pessoal
Nível organizacional	Organização / gestão das acções de VE	
	Motivação	Obter benefícios internos
		Melhorar a imagem na comunidade
		Ajudar a comunidade
	Efeitos / Benefícios	
Nível comunitário	Efeitos / Benefícios	

Quanto ao trabalho de campo, o estudo foi conduzido em instituições bancárias, uma vez que a sua dimensão permite obter uma quantidade de respostas razoável e por ser um sector onde as práticas de voluntariado, integradas em políticas de RSE, têm vindo a ser dinamizadas. Foram contactadas cinco instituições, por via electrónica e / ou telefónica, mas apenas duas foram objecto de estudo: serão denominadas por Banco A e Banco B.

Responsáveis destas instituições enviaram uma mensagem de correio electrónico aos colaboradores que tivessem já participado em acções de voluntariado empresarial, apelando ao preenchimento do questionário, que foi disponibilizado via *online*. De um total de 370 potenciais inquiridos, obtiveram-se 80 respostas (67 no Banco A e 13 no Banco B). Apesar de este número não permitir fazer inferências com segurança para a população, permite avançar com algumas pistas para as hipóteses levantadas.

Por fim, foi recolhida informação sobre as práticas de VE nas instituições – mediante o contacto directo dos responsáveis por estas áreas e a pesquisa nos *sites* – de forma a permitir contextualizar melhor os dados recolhidos.

6. Apresentação dos resultados empíricos

Este capítulo vai ser dedicado à apresentação da análise das respostas ao questionário. Para uma melhor compreensão do mesmo, o capítulo divide-se de acordo com os blocos temáticos existentes no instrumento de recolha dos dados: Caracterização socioprofissional, Participação em acções de voluntariado no tempo livre e no âmbito empresarial, Avaliação das acções de voluntariado empresarial, Motivação para a participação em acções de voluntariado empresarial e Benefícios e efeitos da participação em acções de VE (indivíduo, organização e comunidade).

6.1. Caracterização socioprofissional

A distribuição dos inquiridos por género é muito semelhante. A amostra conta com 38 homens e 42 mulheres. Quanto à distribuição etária, três quartos dos indivíduos têm entre 26 e 45 anos e os restantes mais de 45 anos.

A grande maioria concluiu uma licenciatura ou uma pós-graduação / mestrado, o que representa um nível de escolaridade bastante elevado (o que não é surpreendente, tendo em conta o público-alvo do estudo).

Na amostra, a maioria dos inquiridos começou a trabalhar na instituição no período "entre 11 e 15 anos". A duração do vínculo às instituições é, no geral, bastante antiga, com apenas cerca de 10% dos indivíduos a trabalharem no Banco "há 5 anos ou menos". Por fim, o vínculo contratual de todos os inquiridos é o contrato permanente (efectivo).

6.2. Participação em acções de voluntariado no tempo livre e no âmbito empresarial

Sabendo à partida que os inquiridos já tinham participado em acções de VE pelo menos uma vez, pretendeu-se conhecer também as suas práticas de voluntariado individuais, realizadas fora do âmbito profissional. Concluiu-se que praticamente metade dos indivíduos participa em acções de voluntariado nos seus tempos livres. Desses, metade iniciaram o seu envolvimento há mais de 10 anos (sendo que o registo mais antigo data de 1968).

O VE é um aspecto recente nas instituições. Em ambos os Bancos, a participação dos inquiridos neste âmbito teve início em 2003, mas a grande expansão ocorreu em 2007 e, desde esse ano, a participação tem vindo sempre a aumentar. Apenas 15,6% dos inquiridos afirmam ter integrado acções de VE antes desta data.

Questionados acerca da primeira vez que participaram em acções organizadas pelo Banco, 52,5% dos inquiridos referem que foi a sua primeira experiência ao nível do voluntariado, enquanto que os restantes afirmam que foi uma oportunidade para continuar a desenvolver voluntariado.

O cruzamento com a variável "participação em acções de voluntariado no tempo livre" mostra uma sobreposição quase total entre as pessoas que não participam em acções de voluntariado no tempo livre e as que dizem que a sua primeira experiência foi através do Banco (ver gráfico 1). No mesmo sentido, as pessoas que participam em acções de voluntariado no tempo livre são as mesmas que afirmam que o VE foi uma oportunidade de dar continuidade às suas práticas.

A frequência da participação em acções de voluntariado pelo Banco não é, em média, muito elevada, com os inquiridos a reportarem sobretudo "um dia fixo por ano" ou "algumas horas anuais". A grande maioria afirma ter participado em apenas uma acção de VE durante o último ano (ver gráfico 2).

GRÁFICO 1 – Relação entre o início da participação em acções de VE
e a prática individual de voluntariado

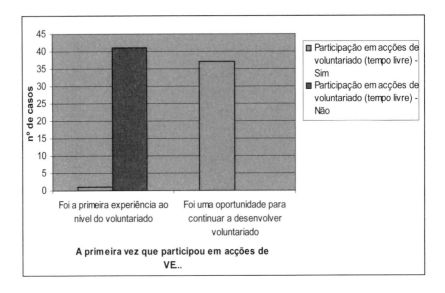

GRÁFICO 2 – Número de acções de voluntariado empresarial
em que se envolveu no último ano

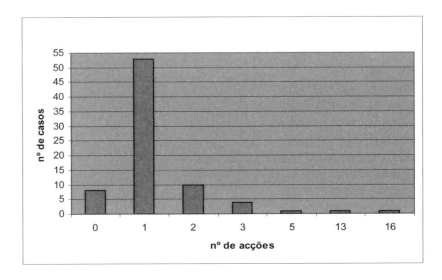

No que se refere às modalidades de VE (ver gráfico 3), os inquiridos puderam assinalar todas as opções que, segundo eles, correspondessem à realidade na sua instituição. As situações mais comuns são a organização de acções em grupo e a recolha de donativos e / ou bens materiais, embora em menor número. Os inquiridos entendem que o Banco dispensa algumas horas para fazerem voluntariado numa organização escolhida pela instituição, o que já não parece acontecer se a escolha for dos voluntários.

GRÁFICO 3 – Modalidades de voluntariado empresarial

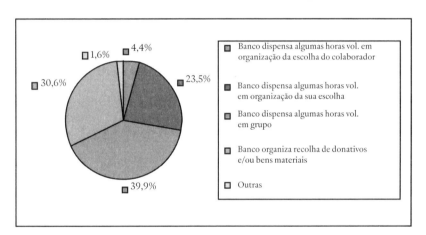

As áreas de intervenção mais comuns, citadas pelos inquiridos, são os jovens e o ambiente. Em menor número, surgem acções de apoio a instituições que lidam com pessoas com deficiência. Neste sentido, as funções desempenhadas pelos voluntários consistem, na sua maioria, na reabilitação ou construção de espaços orientados para crianças desfavorecidas e em acções de protecção ambiental. Outro tipo de acções / áreas são pontuais, mas é pertinente destacar a colaboração com a Associação Aprender a Empreender, que tem como objectivo ensinar alguns conceitos financeiros básicos a jovens, em ambiente de sala de aula, durante várias sessões, recorrendo para isso a voluntários de várias instituições.

Questionados sobre que acções gostariam de desenvolver no âmbito do VE e / ou em que área(s) de intervenção gostariam de participar como voluntários e que não são disponibilizadas actualmente pelo Banco, as sugestões dos inquiridos centram-se no apoio social indiferenciado (a pessoas carenciadas ou instituições de apoio a estas populações) ou, mais concretamente, em acções tendo como alvo crianças ou idosos. O Ambiente surge também como uma área de grande interesse para a actuação dos Bancos, assim como as acções de formação no âmbito da literacia financeira, embora em menor número. Porém, várias respostas foram no sentido de sublinhar que os Bancos já actuam nas suas áreas particulares de interesse, pelo que alguns inquiridos não sentem necessidade de sugerir qualquer alternativa.

Relativamente à possibilidade de continuarem a fazer voluntariado, as respostas são extremamente positivas, pois a grande maioria dos inquiridos deseja prossegui-lo tanto a nível individual como organizacional, como se pode constatar no gráfico 4. As razões apontadas são, basicamente, duas: a importância do seu contributo para a sociedade e o desejo de crescimento pessoal. Os restantes também respondem afirmativamente, mas apenas se o voluntariado for proporcionado pela organização – a justificação adiantada é, na maioria dos casos, a falta de tempo / disponibilidade para o fazer no tempo livre. Dois inquiridos afirmam mesmo que a oportunidade de fazer voluntariado através da instituição onde trabalham é a situação ideal, *"porque quando é organizado pela minha organização, tenho a harmonia perfeita em relação ao voluntariado e à minha componente laboral"*.

Verifica-se ainda que os indivíduos que pensam continuar a ser voluntários apenas no âmbito organizacional são, quase na totalidade, pessoas que não participam em acções de voluntariado no seu tempo livre (ver gráfico 4). A relação entre participação em acções de voluntariado no tempo livre e a modalidade prevista para o prosseguimento do voluntariado é, aliás, estatisticamente significativa, ainda que não muito forte (Eta=0,318).

GRÁFICO 4 – Concordância com a continuação da participação
em acções de voluntariado, segundo o tipo de prática individual

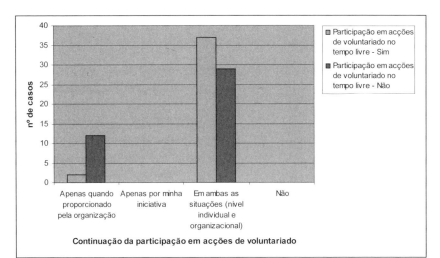

6.3. Avaliação das acções de voluntariado empresarial

A avaliação dos inquiridos face a diversos aspectos das acções de voluntariado[1] é, na generalidade, positiva. Praticamente na sua totalidade, os inquiridos concordam que a última acção em que participaram foi bem organizada e que os objectivos propostos foram cumpridos.

Questionados sobre a sua utilidade, os inquiridos têm opiniões positivas face às afirmações apresentadas (ver gráfico 5). Neste sentido, manifestam concordância com o impacte positivo da última acção de VE para ajudar a comunidade, para contribuir para a satisfação pessoal dos colaboradores, para promover as práticas individuais de voluntariado entre os participantes e para reforçar os laços entre os colegas. A única situação que não reúne tanto consenso é a sua utilidade para proporcionar novas competências profissionais aos colaboradores.

---

[1] Face ao conjunto de perguntas que compõem este tema, seria particularmente interessante proceder a uma análise comparativa das respostas em ambos os Bancos. No entanto, devido ao reduzido número de respostas obtido no Banco B, não foi realizada qualquer análise comparativa deste tipo.

GRÁFICO 5 – Utilidade da última acção de voluntariado empresarial
face a diferentes situações

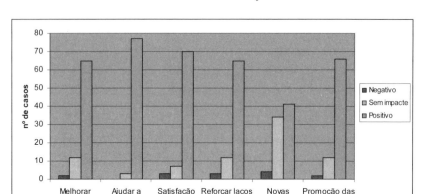

Por fim, avaliando o grau de envolvimento do Banco, a maior parte dos inquiridos considera que o mesmo é suficiente (45%) ou ideal (35%). Algumas pessoas consideram que é insuficiente (20%), mas ninguém pensa que é excessivo. Quantos aos motivos apontados, os indivíduos que consideram que o envolvimento é insuficiente indicam, sobretudo, o facto de acreditarem que a instituição tem capacidade para fazer ainda mais e melhor, nomeadamente ao nível do número de acções e da sua descentralização geográfica. Aqueles que responderam mais positivamente avançam com justificações muito semelhantes, acreditando que o Banco desempenha já um papel importante ao nível do VE no país.

6.4. Motivação para a participação em acções de voluntariado empresarial
Os motivos com que os inquiridos concordam mais fortemente para terem participado em acções de VE[2] são, em média (ver gráfico 6): contribuir para causas sociais, ajudar quem mais necessita (4,69); acreditar que a filantropia é uma parte muito importante da actividade da organização (4,11); e partilhar conhecimento e experiência profissionais com organizações comunitárias (3,88). Pelo contrário, os motivos que parecem ser menos relevantes para os

---

[2] Foi-lhes pedido que se posicionassem numa escala de 1 (discorda em absoluto) a 5 (concorda totalmente) face a uma série de motivos possíveis.

inquiridos são: adquirir um melhor estatuto dentro da organização (1,76); o pedido de colaboração ter partido de uma pessoa próxima e/ou directamente afectada pela causa (2,06); e desejar adquirir novas competências profissionais (2,66). Os inquiridos mostram ainda que participam nas acções mais por opção própria (4,28) do que pelo incentivo do Banco (3,00).

GRÁFICO 6 – Grau médio de concordância com motivos para ter participado em acções de VE

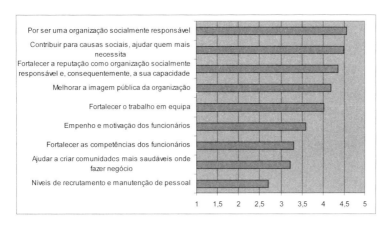

Apesar de a dimensão da amostra não ser a mais adequada, foi realizada uma Análise de Componentes Principais[3], a partir da qual foram criados três índices de motivação individual para participar em acções de VE: o índice "Apoiar a organização"[4], o índice "Adquirir conhecimento e competências"[5] e o índice "Contribuir para causas"[6]. É à componente relacionada com a comu-

---

[3] Adequabilidade boa (KMO=0,813). As três componentes extraídas explicam 65,55% da variância global.

[4] Composto pelas variáveis "Melhorar imagem que a comunidade tem da organização", "Representar organização na comunidade", "Envolvimento dos colegas" e "Porque o Banco incentiva" (alpha de 0,801).

[5] Composto pelas variáveis "Novas competências profissionais", "Novas competências interpessoais", "Obter conhecimentos e competências que permitam participar como voluntário na comunidade" e "Melhor estatuto" (alpha de 0,749).

[6] Composto pelas variáveis "Partilhar conhecimento e experiência profissionais com organizações comunitárias", "Contribuir para causas sociais, ajudar quem mais necessita"

nidade que os inquiridos atribuem maior importância como motivação para se envolverem em acções de VE (média de 4,23), seguida da componente relacionada com o alinhamento com o Banco (média de 3,60). Os inquiridos tendem mesmo a discordar com a componente de aquisição de conhecimento e competências como motivo de participação em acções de VE (2,97).

A participação em acções de voluntariado no tempo livre parece produzir resultados distintos face à concordância com dois dos índices (ver gráfico 7). Quem não participa tende a concordar mais com todas as componentes e essa diferença é estatisticamente significativa no caso do índice "Apoiar a organização" – que regista uma média de 3,80 face a 3,38 entre quem participa em acções de voluntariado no seu tempo livre.

GRÁFICO 7 – Concordância média com os índices de motivação para participar em acções de VE, segundo a participação em acções de voluntariado no tempo livre

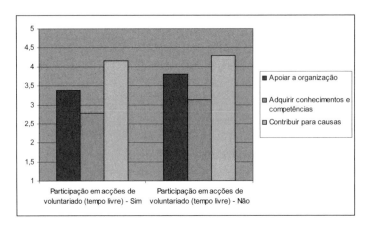

e "Acreditar que a filantropia é uma parte muito importante da actividade da organização" (alpha de 0,630).

Em seguida, analisa-se a motivação do Banco para se envolver em acções de VE, na opinião dos inquiridos (ver gráfico 8). As razões que apresentam uma média de concordância mais elevada são, sobretudo, o Banco ser uma organização socialmente responsável (4,56) e querer contribuir para causas sociais, ajudar quem mais necessita (4,48), mas também querer fortalecer a reputação como organização socialmente responsável e, consequentemente, a sua capacidade competitiva (4,35) e querer melhorar a sua imagem pública (4,19). Apesar de as médias apontarem para uma concordância forte com a maioria dos motivos apresentados, há um com o qual os inquiridos tendem a discordar: aumentar os níveis de recrutamento e manutenção de pessoal (2,70).

GRÁFICO 8 – Grau médio de concordância
com motivos para o Banco se envolver em acções de VE

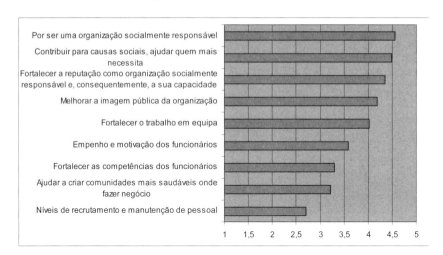

Foi ainda realizada uma Análise de Componentes Principais[7] tendo por base os motivos que os inquiridos atribuem às suas instituições para participarem em acções de voluntariado empresarial. Foram criados três índices de

---

[7] Adequabilidade razoável (KMO=0,686). As três componentes extraídas explicam 73,42% da variância global.

motivação para participar em acções de VE: "Beneficiar os Colaboradores"[8], "Beneficiar a Comunidade"[9] e "Beneficiar o Banco"[10].

É à componente "Beneficiar a Comunidade" que os inquiridos atribuem maior importância na motivação das instituições para se envolverem em acções de VE (média de 4,52), seguida de "Beneficiar o Banco" (média de 4,27). Os inquiridos tendem a concordar menos com a componente "Beneficiar os Colaboradores" como motivo de participação das instituições em acções de VE (3,40).

6.5. Benefícios e efeitos da participação em acções de VE (indivíduo, organização e comunidade)

Relativamente aos benefícios individuais decorrentes da participação em acções de VE (ver gráfico 9), praticamente todos os inquiridos assinalaram a satisfação por contribuir para causas importantes (91,2%), o crescimento pessoal (75%) e a exploração de novas situações ou desafios (63,8%). Mais moderadamente, os inquiridos também indicaram benefícios ao nível de poderem ter uma experiência fora da cultura organizacional (60%), conhecerem novas pessoas (58,8%) e desenvolverem novas competências interpessoais (56,2%).

Por outro lado, os inquiridos parecem discordar de muitos dos hipotéticos benefícios que lhes foram apresentados, sobretudo relacionados com o impacte no seu local de trabalho (ver gráfico 9). Mais concretamente, a grande maioria não assinalou que tenha desenvolvido novas competências técnicas (apenas 16,25%), que o interesse e significado do trabalho tenha aumentado (12,5%), que tenha sido introduzida variedade no trabalho (21,25%), que a relação com os colegas ou com a organização tenha mudado (16,25% e 8,75%, respectivamente), ou que a percepção que tinham da organização se tenha alterado (12,5%).

---

[8] Composto pelas variáveis "Fortalecer as competências dos funcionários", "Fortalecer o trabalho em equipa", "Aumentar os níveis de recrutamento e manutenção de pessoal" e "Aumentar o empenho e motivação dos funcionários" (alpha de 0,807).

[9] Composto pelas variáveis "Por ser uma organização socialmente responsável" e "Contribuir para causas sociais, ajudar quem mais necessita" (alpha de 0,766).

[10] Composto pelas variáveis "Melhorar a imagem pública da organização" e "Fortalecer a reputação como organização socialmente responsável e, consequentemente, a sua capacidade competitiva" (alpha de 0,686).

GRÁFICO 9 – Benefícios individuais da participação em acções
de voluntariado empresarial

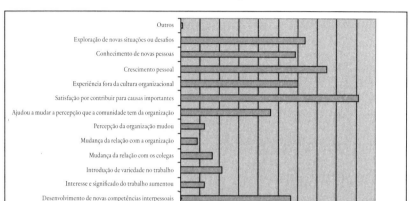

Para melhor aferir os efeitos que a participação em acções de VE teve sobre os indivíduos, apresentou-se uma lista de situações, das quais os inquiridos poderiam assinalar todas as que correspondessem ao seu caso. Assim, após terem participado em acções de VE, as situações mais claramente assinaladas foram terem começado a sensibilizar as pessoas que lhes são próximas para a importância de contribuir para certas causas sociais e terem ficado alertados para causas sociais de que não tinham conhecimento anteriormente (ver gráfico 10).

Por outro lado, foram comparativamente poucos os que assinalaram ter começado a fazer mais donativos para causas sociais ou começado a fazer voluntariado no seu tempo livre (mais precisamente, 9 indivíduos). Alguns inquiridos afirmam não ter disponibilidade para fazer voluntariado no seu tempo livre, mas ninguém afirmou não ter interesse.

GRÁFICO 10 – Efeitos da participação em acções de voluntariado empresarial
(indivíduo)

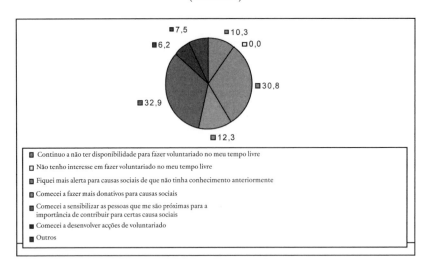

Para melhor aferir os efeitos que a participação em acções de VE tem sobre as organizações, os inquiridos poderiam assinalar, de uma lista de situações, todas as que lhes parecessem adequadas. Segundo os inquiridos, a melhoria da reputação na comunidade, a melhoria das relações com a comunidade e a satisfação por contribuir para uma boa causa são os principais benefícios que o Banco retira do envolvimento em acções de voluntariado (ver gráfico 11). A melhoria do moral entre os funcionários e a melhoria da comunicação interna e do trabalho de equipa são um pouco menos expressivas, enquanto que a melhoria das competências dos empregados, proporcionalmente, quase não foi assinalada.

GRÁFICO 11 – Benefícios da participação em acções de voluntariado empresarial
(Banco)

Por fim, a respeito dos efeitos que a participação em acções de VE tem na comunidade, as respostas são muito equilibradas. Ainda assim, os inquiridos assinalam sobretudo o aumento da visibilidade das causas, o maior alcance dos benefícios para os destinatários das acções e o acesso a equipas de voluntários que podem planear e executar tarefas de grande dimensão (ver gráfico 12). O benefício que os inquiridos parecem considerar menos relevante é a aquisição de novas competências, conhecimento e energia.

GRÁFICO 12 – Benefícios da participação em acções de voluntariado empresarial
(comunidade)

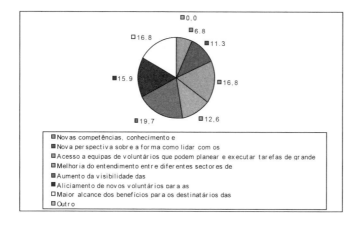

7. Discussão dos resultados

Os resultados levam à rejeição da Hipótese 1, segundo a qual a participação dos colaboradores em acções de VE potencia a participação em acções de voluntariado extra-organizacional. Em primeiro lugar, metade dos inquiridos participam também em acções de voluntariado nos seus tempos livres e, desses, metade iniciaram o voluntariado há mais de 10 anos, o que ajuda a excluir uma relação evidente de causalidade entre o VE e o envolvimento no voluntariado individual nestes casos, uma vez que as acções de VE são mais recentes.

Em segundo lugar, para metade dos inquiridos a participação em acções de VE foi a sua primeira experiência ao nível do voluntariado – o que corrobora os dados agora apresentados. O cruzamento desta variável com a participação em acções no tempo livre mostra uma sobreposição quase total entre as pessoas que não participam em acções de voluntariado no tempo livre e as que dizem que a sua primeira experiência foi através do Banco, assim como entre as pessoas que participam em acções de voluntariado no tempo livre e as que afirmam que o VE foi uma continuação das suas práticas.

Por fim, e no mesmo sentido, apenas 9 indivíduos (11,25% do total) assinalaram ter começado a fazer voluntariado no seu tempo livre após a participação em acções de VE.

Assim sendo, não só a Hipótese 1 não se confirma, como os resultados parecem apontar no sentido oposto: quem participa em actividades de voluntariado a nível pessoal estará mais sensibilizado para dar o seu contributo também nas acções organizadas pelo Banco, logo, o voluntariado extra-organizacional potencia a adesão ao VE. De certa forma, estes resultados vão ao encontro de Gilder *et al.* (2005) e de Peloza *et al.* (2009), que consideram que a maioria do tempo despendido no VE não teria ocorrido a nível individual, isto é, sem o apoio da empresa, devido à falta de tempo livre e à dificuldade de conciliação das actividades de voluntariado com a vida pessoal e familiar.

No entanto, à margem daquilo que os inquiridos praticam no presente, chama-se a atenção para aquilo que ponderam para o futuro; a este respeito, é importante sublinhar que mais de metade dos indivíduos que não são agora voluntários fora do âmbito organizacional planeiam conjugar ambas as formas de voluntariado um dia, o que deixa em aberto o facto de o VE poder, de facto, influenciar as práticas de voluntariado a nível individual, mesmo que no presente estudo esta hipótese não se tenha verificado.

A maioria das funções desempenhadas pelos colaboradores nas acções de VE consistem ou na reabilitação / construção de espaços orientados para crianças desfavorecidas, ou em acções de protecção ambiental, o que leva à conclusão de que as competências profissionais dos inquiridos raramente estão a ser postas em prática. Parece predominar uma concepção de VE muito próxima do voluntariado individual, em que o objectivo é contribuir para causas e não tanto ajudar as associações na sua gestão através da mobilização das competências profissionais dos voluntários.

No mesmo sentido, os voluntários consideram que a última acção de VE foi bastante útil a vários níveis, com apenas uma excepção: para proporcionar novas competências profissionais aos colaboradores, o que se compreende face ao tipo de funções desempenhadas. No entanto, esta conclusão contraria vários dos autores que conduziram estudos sobre o tema.

Relativamente aos motivos com que os inquiridos concordam mais fortemente para terem participado em acções de voluntariado empresarial, sobressaem as motivações altruístas de que falam Peloza *et al.* (2009) e o sentido de reciprocidade referido por Muthuri *et al.* (2009). As razões "egoístas" são quase inexistentes, assim como a participação em acções de voluntariado associada às redes sociais (porque o grupo de colegas participa ou porque uma determinada pessoa pede a sua colaboração).

A participação em acções de voluntariado no tempo livre produz algumas diferenças de opinião. Quem não participa tende a concordar mais com todas as componentes e essa diferença é estatisticamente significativa face ao índice "Apoiar a organização". Verificamos, portanto, que a hipótese 3[11] se confirma. De facto, quem participa em acções de voluntariado no seu tempo livre indica sobretudo motivos altruístas para a participação em acções de VE. No entanto, esses também são os principais motivos avançados por quem não é voluntário a título pessoal, o que leva à rejeição da hipótese 4[12]. Ainda assim, são estes indivíduos que atribuem maior importância quer aos motivos "egoístas", quer à ordem de motivos que se relaciona com o desejo de agradar ao empregador. Isto pode indicar que as pessoas que também fazem voluntariado no seu tempo livre são motivadas quase exclusivamente por motivos altruístas, enquanto que quem não participa mobiliza motivações mais complexas, tais como a vontade de participar em acções que a instituição organiza.

---

[11] H3: Os indivíduos que já participavam em acções de voluntariado no seu tempo livre indicam sobretudo motivos altruístas para a participação no voluntariado empresarial.

[12] H4: Os indivíduos que não participam em acções de voluntariado no seu tempo livre indicam sobretudo motivos egoístas / desejo de agradar ao empregador para a participação no voluntariado empresarial.

Na opinião dos inquiridos, as razões para o Banco se envolver em acções de VE relacionam-se, sobretudo, com a oportunidade de beneficiar a comunidade, seguida da oportunidade de beneficiar a própria instituição e, por último, beneficiar os colaboradores. Ou seja, os inquiridos concordam com os motivos avançados em estudos anteriores, embora dêem mais ênfase à boa vontade dos Bancos do que à melhoria da sua imagem pública, ao contrário de Basil (2009), por exemplo.

Relativamente aos benefícios individuais decorrentes da participação em acções de VE, praticamente todos os inquiridos assinalaram a satisfação por contribuir para causas importantes e o crescimento pessoal. Por outro lado, os inquiridos parecem discordar de muitos dos hipotéticos benefícios que lhes foram apresentados, sobretudo relacionados com o impacte no seu local de trabalho. Mais concretamente, a grande maioria não assinalou que tenha desenvolvido novas competências técnicas, que o interesse e significado do trabalho tenha aumentado, que tenha sido introduzida variedade no trabalho, que a relação com os colegas ou com a organização tenha mudado, ou que a percepção que tinham da organização se tenha alterado. Estes resultados ficam um pouco aquém das conclusões da generalidade dos estudos que abordam os benefícios do VE para os colaboradores (por exemplo, Peterson [2004] e Houghton *et al.* [2009]), que tendem a apontar um conjunto mais vasto de efeitos positivos, nomeadamente ao nível profissional – em contexto de trabalho ou relativamente às novas competências adquiridas pelos indivíduos.

Assim sendo, a hipótese 2[13] apenas se verifica parcialmente, uma vez que os inquiridos tendem a assinalar a obtenção de benefícios que se relacionam com a sua dimensão pessoal, mas o mesmo não acontece com os benefícios a nível profissional, com que muito poucos inquiridos parecem concordar.

Um dos aspectos que se quis estudar foi a perspectiva de continuidade do voluntariado. As respostas são extremamente positivas, pois a grande maioria dos inquiridos deseja prosseguir as suas práticas quer a nível individual, quer organizacional. As razões apontadas são, basicamente, a importância do seu contributo para a sociedade e o crescimento pessoal. Os restantes também respondem afirmativamente, mas apenas ponderam participar em acções se o voluntariado for proporcionado pela organização – a justificação adiantada é, na maioria dos casos, a falta de tempo / disponibilidade para o fazer no tempo

---

[13] H2: A participação frequente em programas de VE traz benefícios profissionais e pessoais aos voluntários.

livre. Como seria de esperar, os indivíduos que querem continuar a ser voluntários apenas no âmbito organizacional são, quase na totalidade, pessoas que não participam em acções de voluntariado a título pessoal.

Na opinião dos colaboradores, a melhoria da reputação na comunidade, a melhoria das relações com a comunidade e a satisfação por contribuir para uma boa causa são os principais benefícios que o Banco retira do envolvimento em acções de voluntariado. A melhoria do moral entre os funcionários e a melhoria da comunicação interna e do trabalho de equipa são um pouco menos expressivas, enquanto que a melhoria das competências dos empregados, proporcionalmente, quase não foi assinalada – mais uma vez, os benefícios listados na literatura são mais abrangentes a este nível (Peloza *et al.* [2009]; Muthuri *et al.* [2009]).

Quanto aos benefícios para a comunidade, as respostas são muito equilibradas e consistentes com os benefícios avançados em estudos anteriores (por exemplo, Peloza *et al.* [2009]; Muthuri *et al.* [2009]; Booth *et al.* [2009]).

8. Conclusões

O voluntariado empresarial (VE) surge actualmente como uma componente cada vez mais importante da responsabilidade social das organizações, e é particularmente interessante no sentido em serve de ligação entre as dimensões interna e externa da RSO, através da mobilização dos actores em acções que beneficiam a comunidade e, não menos importante, através dos efeitos positivos que estas acções eventualmente trazem para o local de trabalho e para o voluntário que nelas colabora, enquanto indivíduo.

O VE ainda é uma realidade recente e pouco estudada em Portugal, por comparação com o que acontece nos países anglo-saxónicos, por exemplo. No entanto, os estudos existentes reconhecem uma evolução positiva nas práticas de VE, nomeadamente ao nível da passagem de um enfoque algo assistencialista para uma abordagem mais estruturada, onde se destaca o voluntariado qualificado e os programas articulados com as políticas de RSE e com a estratégia de sustentabilidade global das organizações.

Verifica-se ainda um crescendo de projectos e iniciativas de VE, acompanhado por uma valorização pública também acrescida do contributo destas acções para o bem-estar da comunidade e das próprias pessoas e organizações nela envolvidas.

Um programa de voluntariado empresarial é composto por um conjunto de acções estruturadas e organizadas que a empresa empreende para envolver os colaboradores em actividades de voluntariado, que poderão ser individuais ou colectivas e ter lugar em locais como escolas, hospitais, institutos de apoio a crianças, centros de dia, entre outros, procurando contribuir para uma determinada causa que, sem o apoio prestado pelos voluntários, mais dificilmente consegue atingir os resultados esperados.

Esta investigação pretendeu dar um pequeno contributo para a compreensão da realidade do voluntariado empresarial em Portugal, ao estudar duas instituições bancárias com práticas a este nível. O VE é uma actividade recente nestes Bancos e a adesão dos colaboradores deu-se, sobretudo, a partir de 2007.

As áreas de envolvimento são semelhantes em ambas as instituições e situam-se ao nível da solidariedade social junto de populações carenciadas (sobretudo crianças) e da protecção do ambiente, o que é consistente com o que se encontra na literatura. Outras áreas são menos comuns, mas entre elas também se verificam algumas acções no âmbito da educação financeira, com destaque para colaboração de ambos os Bancos com a Associação Aprender a Empreender.

A maioria das funções desempenhadas pelos colaboradores nas acções de VE consistem ou na reabilitação / construção de espaços orientados para crianças desfavorecidas, ou em acções de protecção ambiental, o que leva à conclusão de que as competências profissionais dos inquiridos raramente estão a ser postas em prática.

Porém, questionados sobre que acções gostariam de desenvolver no âmbito do voluntariado empresarial e/ ou em que área(s) de intervenção gostariam de participar como voluntários, que não sejam disponibilizadas actualmente pelo Banco, poucas pessoas sugerem acções no âmbito da sua área de competências profissionais. Parece predominar uma concepção de voluntariado empresarial muito próxima do voluntariado individual, em que o objectivo é contribuir para causas e não tanto ajudar as associações na sua gestão através da mobilização das competências profissionais dos voluntários.

No mesmo sentido, os voluntários consideram que a última acção de VE implementada pelo Banco foi bastante útil a vários níveis, com apenas uma excepção: para proporcionar novas competências profissionais aos colaboradores, o que se compreende face ao tipo de funções desempenhadas. De resto, a avaliação dos inquiridos face a diversos aspectos das acções de voluntariado é, na generalidade, positiva.

Relativamente ao envolvimento do Banco em acções de voluntariado, a maior parte dos inquiridos considera que o mesmo é suficiente ou ideal, pois acreditam que a instituição desempenha já um papel importante a esse nível, no país. Algumas pessoas consideram que é insuficiente – pois acreditam que o Banco tem capacidade para fazer ainda mais e melhor – mas ninguém pensa que é excessivo.

Um dos aspectos focados no presente estudo, a nível teórico, foi a distinção entre voluntariado e voluntariado empresarial, nomeadamente ao nível das motivações para participar. Segundo Peloza *et al.* (2009), as motivações altruístas – o desejo de ajudar os outros – são menos prevalecentes nos programas de VE. No entanto, os dados empíricos não vão ao encontro desta afirmação. Apesar de se verificarem vários tipos de motivações associadas à participação em acções de VE, sobretudo entre quem não é voluntário no seu tempo livre, as razões altruístas são sempre prevalecentes.

Assim, os inquiridos identificam-se com as motivações altruístas de que falam Peloza *et al.* (2009) e com o sentido de reciprocidade referido por Muthuri *et al.* (2009). As razões "egoístas" são quase inexistentes, assim como a participação associada às redes sociais (porque o grupo de colegas participa ou porque uma determinada pessoa pede a sua colaboração) que Peloza *et al.* (2009) também mencionam.

Na opinião dos inquiridos, as razões para o Banco se envolver em acções de VE coincidem com as suas e relacionam-se, sobretudo, com a oportunidade de beneficiar a comunidade, seguida da oportunidade de beneficiar a própria instituição e, só em último lugar, beneficiar os colaboradores. Ou seja, os inquiridos concordam com os motivos avançados em estudos anteriores, embora dêem maior ênfase à boa vontade dos Bancos do que à melhoria da sua imagem pública, ao contrário de Basil (2009), por exemplo.

Também os benefícios associados ao VE são diferentes dos benefícios resultantes de acções de voluntariado de outra natureza. O VE propicia às organizações beneficiárias, aos empregados e às empresas envolvidas, um número de benefícios superior e indisponível através de outras formas de voluntariado ou apoio social (Peloza e Hassay, 2006).

Segundo estes autores, a título individual, obtêm-se benefícios ao nível das redes pessoais que se estabelecem, existe uma oportunidade acrescida para o reconhecimento e recompensa do seu comportamento no âmbito profissional e mais facilmente se ultrapassa a inércia associada à participação em acções de cariz solidário, uma vez que a maior parte das acções são realizadas em grupo. Porém, os dados empíricos apenas sustentam esta última vantagem, uma vez que para cerca de metade dos inquiridos a participação em acções de VE foi a sua primeira experiência ao nível do voluntariado. Os restantes benefícios identificados por Peloza e Hassay (2006) não foram referidos nas respostas ao inquérito.

Por seu lado, as empresas beneficiam do bom ambiente organizacional gerado, de uma maior eficácia resultante de um espírito de equipa aperfeiçoado e de uma oportunidade estratégica de promoção na comunidade. Os inquiridos, porém, concordam sobretudo com a última vantagem.

Do ponto de vista da comunidade, o voluntariado empresarial rapidamente ajuda a legitimar uma organização ou causa e a alargar as suas bases de recursos humanos e de reconhecimento. Não foi possível aferir estes benefícios directamente, uma vez que não se inquiriram as instituições beneficiárias; no entanto, os colaboradores parecem concordar com estas vantagens, avançadas por Peloza e Hassay (2006).

Outra especificidade, talvez a mais importante, é o facto de o VE permitir a mobilização das competências profissionais dos colaboradores que podem ser úteis às associações, cujas equipas são constituídas em grande parte por voluntários: conhecimentos em recursos humanos, em informática, em *marketing*, que são essenciais para uma sua maior profissionalização e desenvolvimento (BCSD Portugal, 2008). Apesar da sua importância, estas potencialidades ainda não estão suficientemente exploradas. Por exemplo, nenhuma das instituições estudadas oferece este tipo de apoio no âmbito dos seus programas de VE.

Porém, também é verdade que foram muito poucos os inquiridos a manifestarem interesse nesse sentido. Na sua maioria, encaram o VE como uma oportunidade de poderem participar em acções de voluntariado durante o horário de trabalho, ou porque não dispõem de oportunidades no seu tempo livre, ou porque gostam de prosseguir no âmbito empresarial o apoio às causas a que já se dedicam a título pessoal.

Por fim, um dos principais objectivos que conduziu esta investigação foi a procura de uma relação entre a participação em práticas de voluntariado empresarial e as práticas de voluntariado ao nível individual.

Os resultados levaram à rejeição da hipótese segundo a qual a participação dos colaboradores em acções de voluntariado empresarial potencia a participação em acções de voluntariado extra-organizacional. Pelo contrário, os resultados parecem apontar no sentido oposto: quem participa em actividades de voluntariado a nível pessoal estará mais sensibilizado para dar o seu contributo também nas acções organizadas pelo Banco, logo, o voluntariado extra-organizacional potencia a adesão ao VE.

De certa forma, estes resultados vão ao encontro de Gilder *et al.* (2005) e de Peloza *et al.* (2009), que consideram que a maioria do tempo despendido no VE não teria ocorrido a nível individual, isto é, sem o apoio da empresa, devido à falta de tempo livre e à dificuldade de conciliação das actividades de voluntariado com a vida pessoal e familiar.

Ainda assim, tendo em mente a questão de partida do presente estudo, é possível concluir que a participação em acções de VE tem efeitos nos colaboradores. Estes efeitos são encarados como benefícios e actuam sobretudo ao nível da satisfação pessoal. Além do mais, os inquiridos referem que, após terem participado em acções de voluntariado no âmbito da empresa, começaram a sensibilizar as pessoas que lhes são próximas para a importância de contribuírem para certas causas sociais e ficaram mais consciencializados sobre causas sociais que não conheciam anteriormente. Sobretudo, é importante sublinhar que todos os indivíduos desejam continuar a participar em acções de voluntariado, seja apenas através da empresa, seja em ambas as situações.

No entanto, estas questões devem ser retomadas e exploradas em investigações futuras sobre o tema, assentando numa base empírica mais alargada que permita tirar conclusões seguras a este respeito.

REFERÊNCIAS

BASIL, Debra Z. *et al.* (2009), "Company Support for Employee Volunteering: A National Survey of Companies in Canada", *Journal of Business Ethics*, 85, 387-398.

BCSD Portugal (2008), "Voluntariado de competências", *Sustentabilidade*, newsletter nº 16. Acedido a 4 de Junho de 2009 em http://www.bcsdportugal.org/files/1652.pdf.

BOOTH, Jonathan E. *et al.* (2009), "Employer-Supported Volunteering Benefits: Gift Exchange Among Employers, Employees, and Volunteer Organizations", *Human Resource Management*, March – April, 48 (2), 227– 249.

COMISSÃO DAS COMUNIDADES EUROPEIAS (2001), *Promover um Quadro Europeu para a Responsabilidade Social das Empresas – Livro Verde*. Bruxelas, 18.07.2001.

GILDER, Dick de *et al.* (2005), "Effects of an Employee Volunteering Program on the Work Force: The Abn-Amro Case", *Journal of Business Ethics*, 61, 143–152.

GOLDBERG, Ruth (2001), *Como as Empresas Podem Implementar Programas de Voluntariado Empresarial*. São Paulo: Instituto Ethos.

GRACE – Grupo de Reflexão e Apoio à Cidadania Empresarial (2006), *Como Implementar Projectos de Voluntariado Empresarial*. Acedido a 15 de Janeiro de 2009 em http://www.grace.pt/docs/grace_mvoluntariado.pdf.

HOUGHTON, Susan M. *et al.* (2009), "The two faces of CSR: Does Employee Volunteerism Improve Compliance?", *Journal of Business Ethics*, 87 (4), 477-494.

MURPHY, John e Thomas, Barrie (s.d.), "An Introduction to Employee Volunteering – A Profitable Venture for Businesses and Comunities", 1-11. Acedido a 23 de Abril de 2009 em http://www.communitybuilders.nsw.gov.au/papers/employee_volunteering/index.html.

MUTHURI, Judy *et al.* (2009), "Employee Volunteering and Social Capital: Contributions to Corporate Social Responsibility", *British Journal of Management*, 20, 75–89.

NATIONAL CENTER FOR VOLUNTEERING (2001), *Employee Volunteering – The Guide*. London.

PELOZA, John e Hassay, Derek N. (2006), "Intra-Organizational Volunteerism: Good Soldiers, Good Deeds and Good Politics", *Journal of Business Ethics*, 64 (4), 357-379.

PELOZA, John *et al.* (2009), "The Marketing of Employee Volunteerism", *Journal of Business Ethics*, 85 (2), 371-386.

PETERSON, Dane K. (2004), "Recruitment Strategies for Encouraging Participation in Corporate Volunteer Programs", *Journal of Business Ethics*, 49, 371-386.

SAIR DA CASCA/MULTIVÁRIA (2004), *A Percepção da Responsabilidade Social em Portugal*. Acedido a 20 de Janeiro de 2009 em: http://www.sairdacasca.com/recursos/docs/sdc_parte1.pdf.

SANTOS, Maria João (coord.) (2008), *ABC do Voluntariado Empresarial*. Lisboa: RSE Portugal.

SANTOS, Maria João (coord.) (2005), *Desenvolvimento Sustentável e Responsabilidade Empresarial*. Oeiras: Celta Editora.

WALKER, Christine e Dharmalingam, Arunachalam (2008), "Impacts of an Employee Volunteering Program on Employee Attitudes in Australia", *Proceedings of the Annual Conference of the Australian Sociological Association – Re-Imagining Sociology*. Acedido a 23 de Abril de 2009 em http://www.tasa.org.au/conferences/conferencepapers08/belonging.html.

PRÁCTICAS DE RESPONSABILIDAD SOCIAL CORPORATIVA ATRACTIVAS PARA LOS SOLICITANTES DE EMPLEO. ANÁLISIS INTERCULTURAL ESPAÑA, ITALIA Y PORTUGAL

Raquel Puentes Poyatos*, José Miguel Antequera Solís**, Joaquim Pinto Contreiras*** e Rocco Reina****

Resumo: Os empregados são um dos grupos de interesse nos quais as empresas têm de focar as suas práticas de Responsabilidade Social Empresarial (RSE). Diversos estudos a nível internacional indicam que a atracção e retenção de pessoas com talento é um dos principais objectivos da Gestão de Recursos Humanos, e onde a RSE desempenha um papel fundamental. O objectivo deste artigo é o de analisar a importância que para as pessoas que procuram emprego têm as práticas de RSE como elemento decisório nas suas escolhas. Os resultados mostram que em termos gerais as pessoas que procuram emprego consideram a RSE como um atributo importante durante a sua busca por emprego, mas depois de atributos mais económicos e de imagem empresarial. As práticas mais valorizadas são as relacionadas com a dimensão direitos humanos--laborais e a dimensão relações laborais.

Palavras chave: Responsabilidade Social Empresarial, Recursos Humanos, Importância competitiva.

Resumen: Los empleados son uno de los grupos de interés hacia los que las empresas han de dirigir sus prácticas de responsabilidad social corporativa (RSC) y sobre los

---

* Universidad de Jaén. Departamento de Organización de Empresas, Marketing y Sociología. Campus de Las Lagunillas s/n. 23071 Jaén (España).

Tel: +34 953 213422; Fax: +34 953 211869. rpuentes@ujaen.es

** Universidad de Jaén. Departamento de Organización de Empresas, Marketing y Sociología. Campus de Las Lagunillas s/n. 23071 Jaén (España)

Tel: +34 953 213314; Fax: +34 953 211869. jasolis@ujaen.es

***Universidade do Algarve. Escola Superior de Gestão Hotelaria e Turismo . Largo Eng. Sárreo Prado. 8500-858 Portimão (Portugal)

Tel: 282 417 641 / 282 418 036; Fax: 282 418 773. jcontrei@ualg.pt

**** Università degli Studi "Magna Græcia" di Catanzaro. Dipartimento Di Diritto Dell'organizzazione Pubblica, Economia E Società. Campus Universitario "Salvatore Venuta". Viale Europa – Località Germaneto (88100) Catanzaro (Italia)

Tel: +39 0961-3694001. rreina@unicz.it

que se ha de actuar. Diversos estudios a nivel internacional ponen de manifiesto que la retención y atracción de personas con talento es uno de los principales objetivos de la gestión de recursos humanos y donde la CSR juega un papel clave. El objetivo de este artículo es analizar la importancia que para los solicitantes de empleo tienen las prácticas de responsabilidad social corporativa como elemento decisorio en la búsqueda de empleo. Los resultados muestran que, en términos generales, los solicitantes de empleo consideran la RSC como un atributo importante durante su intención de búsqueda de empleo, pero después de atributos más económicos y de imagen empresarial, siendo las prácticas más valoradas las vinculadas con la dimensión derechos humanos-laborales y la dimensión relaciones laborales.

Palabas clave: Responsabilidad Social Corporativa, Recursos Humanos, Importancia competitiva

1. Introducción

La globalización de los mercados y el avance de las nuevas tecnologías de la información y comunicación (NTIC) han contribuido a que las empresas busquen nuevas fuentes de ventaja competitiva que les reporten diferenciación en unos mercados cada vez más dinámicos y competitivos. Tradicionalmente eran las áreas de marketing, finanzas o producción las que determinaban la competitividad y supervivencia de una empresa, pero actualmente las funciones de estas áreas son fácilmente imitables, por lo que las empresas han de buscar su modelo competitivo en otras áreas, como son los Recursos Humanos. En este sentido, diversos estudios han puesto de manifiesto cómo retener y atraer a los mejores candidatos es cada vez más importante para el éxito de las organizaciones (Offermann *y* Gowing, 1990; Jackson *y* Schuler, 1990; Turban *y* Greening 1997) convirtiéndose en una fuente de ventaja competitiva para la empresa (Pfeffer, 1994; Bigné *et al.*, 2004; Muñoz, 2004; Marín y Rubio, 2008).

La importancia de los recursos humanos para los CEOs es puesta de manifiesto por el Informe PWC (2007), llevado a cabo mediante la realización de 1.084 entrevistas a máximos ejecutivos (CEOs) de 50 países. Casi el 25% de los presidentes considera que su actividad debe centrarse en desarrollar y alimentar el talento y los conocimientos de sus empleados mediante la formación y la mejora del entorno laboral. Asimismo, reconocen la importancia de transmitir una imagen de empresa comprometida con la sociedad, percepción que consideran beneficiosa para atraer a talentos de todo el mundo. Los resultados del Informe PWC (2008) vienen a corroborar los datos obtenidos el año anterior, según el cual los CEOs habían evolucionado hacia un nuevo conjunto de valores sociales y medioambientales acorde con el imparable proceso de la globalización. El estudio aporta que entre el 76% y el 74% consideran como principales bases para crear ventaja competitiva y alcanzar sus objetivos de crecimiento, la capacidad al cambio, la mejora del servicio de atención al cliente y la incorporación y mantenimiento de personal con talento.

En este proceso de atracción y retención de empleados, la RSC se convierte en un instrumento clave, en la medida que las políticas y prácticas de RSC que se lleven a cabo en una empresa actúan como una señal de las condiciones de trabajo en la organización (Williams y Bauer, 1994) y de su sistema de valores (Judge y Bretz, 1992). En este sentido, los stakeholders o grupos de interés de la empresa, entre los que se encuentran sus empleados y potenciales empleados, juzgarán las prácticas u actuaciones empresariales, y en función de que las acepten o no, influirán en la permanencia y sostenibilidad de las empresas (Ray, 2006; Berbel *et al.*, 2007). Así, determinadas investigaciones sugieren que el desempeño social de las empresas y, en consecuencia, su responsabilidad social influye en la percepción de atractivo de las empresas para los potenciales empleados (McGuire, *et al.*, 1988; Wright *et al.*, 1995; Turban y Greening, 1997; Greening y Turban, 2000; Albinger y Freeman, 2000; Backhaus *et al.*, 2002; Ray, 2006).

Sobre lo argumentado hasta ahora, este artículo tiene como finalidad analizar el atractivo e importancia que para los solicitantes de empleo tienen las prácticas de responsabilidad social corporativa como elemento decisorio en la búsqueda de empleo y si las diferencias individuales son moderadoras de dicho atractivo. Para ello, el artículo se ha dividido como sigue. Tras esta introducción, en el epígrafe dos se presenta el marco teórico sobre el que se fundamenta el artículo, para a continuación en el tercer epígrafe mostrar la metodología utiliza. En el cuarto epígrafe se exponen los resultados más significativos y finalmente se concluye el trabajo con las conclusiones y referencias bibliográficas.

2. Marco teórico

Son diversos los estudios que tratan de analizar que hace a una organización atractiva para los candidatos o buscadores de empleo. Determinadas investigaciones sugieren que las personas que buscan empleo prefieren organizaciones en las que perciben que existen unos valores básico afines a los suyos (Schneider, 1987; Chatman, 1989, 1991; Cable y Judge, 1994; Judge y

Cable, 1997). Otras investigaciones consideran que son características de la organización, como su estructura (Turban y Keon, 1993), sistemas de recompensas (Bretz *et al.*, 1989) y la imagen (Belt y Paolillo, 1982; Gatewood *et al.*, 1993; Rynes, 1991; Tom, 1971, Fombrun y Shanley, 1990), las que influyen en la capacidad de atraer a los candidatos o en la percepción de atractivo de la empresa.

Íntimamente ligada a la imagen se encuentra la reputación. Estos conceptos están estrechamente vinculados (Guirardelli, 2004) y representan los elementos críticos de éxito para las organizaciones (Fry, 1997). La reputación es entendida como una red de percepciones sobre la capacidad de la empresa para satisfacer las expectativas de todas las partes interesadas o stakeholders (Fombrun, 1996), la cual puede ser también utilizada de forma estratégica por la empresa como señal de atractivo (Frombun y Van Riel, 1997). La reputación de una empresa es construida a partir de seis dimensiones, los seis pilares de la reputación, entre las que se encuentra la responsabilidad social y el atractivo emocional (Fombrun y Gardberg, 2000; Lewis, 2003), considerada la primera como las percepciones de la empresa como un buen ciudadano en sus relaciones con las comunidades, empleados y el medio ambiente, y el atractivo emocional, como la adminiración, respecto y confianza hacia la empresa.

Se ha demostrado cómo cada vez más la responsabilidad social corporativa está adquiriendo más relevancia en la formación de la reputación de las empresas (Freeman, 2006), tanto como medio para la gestión del riesgos reputacionales como instrumento para generar lealtad en los clientes y empleados y atraer inversores socialmente responsables (Freeman, 2006). Otras investigaciones ponen de manifiesto que el desempeño social de las empresas, y en consecuencia, su responsabilidad social corporativa, influyen en la percepción de atractivo de las empresas para los potenciales empleados. Así, Wright *et al.* (1995) concluyen que las empresas con un buen desempeño social y prácticas no discriminatorias, tienen más probabilidad de atraer a personas con alta cualificación.

Por su parte, el estudio de Turban y Greening (1997) resaltó que el desempeño social de las empresas está relacionado positivamente con la reputación y con el atractivo de las empresas para los futuros empleados. Las empresas pueden desarrollar ventajas competitivas por ser percibidas como atractivos lugares de trabajo por los solicitantes de alta cualificación o calidad (top- -quality applicants) en dimensiones como calidad de los productos y servicios, tratamiento del medio ambiente y tratamiento de la diversidad. Estos mismo autores, en un estudio posterior algo más ampliado (Greening y Turban, 2000), corroboraron que las empresas con mayor SCP son percibidas como más atractivas por los solicitantes de empleo que las empresas con menor RSC y llegaron a la conclusión que las empresas pueden desarrollar ventajas competitivas por ser percibidas como atractivos lugares de trabajo, en dimensiones como calidad de productos y servicios, tratamiento de la mujer y las minorías, la preocupación por el medio ambiente y las relaciones con los empleados, siendo menos importante las relaciones con la comunidad.

Para Albinger y Freeman, (2000) son las dimensiones como la diversidad y las cuestiones relacionadas con el trabajador como la participación de los trabajadores en el lugar de trabajo y en los beneficios, las que ofrecen a la empresa una ventaja competitiva para atraer a candidatos y sólo para solicitantes que tienen la posibilidad de elegir entre varios puestos de trabajo.

Backhaus *et al.* (2002) encuentran que la CSP es un atributo de la organización que influye en el atractivo de las empresas para los potenciales empleados, el cual es considerado en todas las etapas del proceso de selección y en especial al considerar aceptar una oferta de trabajo. Son las dimensiones medio ambiente, relaciones con la comunidad y la diversidad las que tienen un mayor efecto frente a las dimensiones relaciones con los empleados y calidad del producto y servicio. Además, ponen de manifiesto que las mujeres y las minorías muestran mayor preocupación por la CSP que los hombres y las no minorías.

A resultados similares llega el estudio de Ray (2006) según el cual, los solicitantes de trabajo distinguen entre empresas con diferentes grados de CSR y las encuentran más o menos atractivas. El sexo es moderador del grado de atractivo. Así, las mujeres identifican como más atractivas empresas con mayor comportamiento en CSR. Por otra parte, la orientación individual de las personas hacia la CSR también influye en el nivel de atractivo. Para aquellos solicitantes de empleo con una orientación más económica, el comportamiento económico de las empresas es un atributo de atractivo frente a los comportamientos éticos y discrecionales, y viceversa.

La mayoría de estos trabajos parten de la teoría de la señalización y de la identidad social para justificar la importancia la RSC de cara a atraer empleados. La teoría de la señalización (Signalin theory) (Rynes, 1991) sugiere que las políticas y programas sociales diseñados por las organizaciones pueden servir de señal de las condiciones de trabajo y de los valores y principios de una organización y, en consecuencia, pueden actuar como atractivo para los solicitantes. Desde la psicología social, la teoría de la identidad social Social identity theory (Tajfel 1986) plantea que las personas construyen una parte importante de su visión de sí mismas a partir de sus pertenencias a grupos sociales. Esta teoría establece que las personas buscan pertenecer a grupos que son valorados positivamente como forma de mejorar su auto-concepto, el cual está influido por la pertenencia a una organización (Ashforth y Mael, 1989). La buena o mala imagen de una organización puede afectar a la de los propios trabajadores (Dutton et al., 1991), por lo que los trabajadores preferirán trabajar en empresas socialmente responsables, convirtiéndose esta característica en fuente de atractivo de empleados.

En definitiva, se puede argumentar que el atractivo de una empresa a la hora de captar a potenciales empleados, guarda relación con la RSC de la empresa. La RSC se configura como una fuente de ventaja competitiva, por ser una buena herramienta para atraer empleados (Davis, 1973; Fombrun y Shanley, 1990) y de calidad (Turban y Greening, 1997). Por esta circunstancia es importante conocer que prácticas de RSC son atractivas para los solicitantes de empleo.

3. Metodología

3.1. Muestra analizada

El estudio se ha realizado a nivel europeo, tomando como países de referencia España, Italia y Portugal. La muestra de estudio se conformó con alumnos universitarios de la Universidad de Jaén (España), de la Università degli Studi "Magna Græcia" di Catanzaro (Italia) y de la Universidade do Algarve, Escola Superior de Gestão Hotelaria e Turismo (Portugal). Más concretamente nuestra población objeto de estudio fueron estudiantes pertenecientes a 9 titulaciones de la rama de empresariales, derecho y turismo, como más vinculadas a la RSC.

La muestra elegida fue una muestra no probabilística por criterio, en la medida que seleccionamos como unidades muestrales a los alumnos de último curso. La elección de esta población obedece a que son los potenciales empleados y por tanto pueden proporcionar indicios de su futuro comportamiento. Además, en un futuro muy próximo van a estar implicados en la búsqueda de empleo. Entre las investigaciones que utilizan esta población está Greening y Turban (2000) y Ray (2006).

El número de alumnos que intervino en el estudio fue de 343, cuyo perfil se presenta en la **tabla I**.

TABLA I – Perfil de la Muestra

Nacionalidad	32% Española 37,5% Italiana 29% Portuguesa 1,5% Francesa (Erasmus)
Sexo	69,8% Mujer 30,2% Hombre
Edad	65,1% Entre 20 y 24 años 21,1% Entre 25 y 29 años Resto Mayores de 30 años
Situación laboral	66,9% Solo estudia 27,9% Estudia y trabaja
Miembro plataforma ecologista	97,7 % no es miembro
Miembro ONG	93,8% no es miembro
Colaboración con plataforma u ONG	21,1 % colabora

Fuente: Elaboración propia

Otro aspecto a resaltar de la muestra es que un 42,2% de los encuestados no habían oído nunca hablar del término de RSC por lo que, previendo este dato, en el instrumento de recogida de información que utilizamos en el estudio se inserto la definición que de RSC establece Unión Europea en el Libro Verde: Fomentar un marco Europeo para la Responsabilidad Social de las Empresas (2001).

3.2. Procedimiento

El procedimiento seguido para alcanzar nuestros objetivos ha sido la realización de un cuestionario, durante los meses de mayo, junio y septiembre de 2009. En el cuestionario se pedía a los alumnos, en términos generales, que valorasen sobre una escala tipo likert de 7 puntos (muy importante a nada importante) el grado de importancia de tenía para ellos durante el proceso de búsqueda de empleo la RSC y las dimensiones que conforman ésta. La fiabilidad del cuestionario viene dada por un Alpha de Cronbach de de 0,963 que indica una excelente fiabilidad. El número de alumnos que completó el cuestionario satisfactoriamente fue de 341, distribuidos por países como sigue: 111 de España, 128 de Italia y 102 de Portugal.

Una vez recabada la información los datos obtenidos han sido tratados con diversos métodos estadísticos en función de los objetivos perseguidos. Los métodos que hemos utilizado han sido, métodos de estadística descriptiva y métodos de estadística inferencial, como el análisis ANOVA. Este último método nos permite determinar si las diferencias observadas entre grupos son significativas, aunque no nos permite indicar la direccionalidad de tal relación, para lo cual acudimos a la comparación de las medias.

4. Resultados

4.1. Consideración por parte de los solicitantes de empleo de la Responsabilidad Social Corporativa (RSC) como un atributo de atracción en su proceso de búsqueda de empleo

Según los datos los solicitantes de empleo tendrían en consideración la RSC como atributo a la hora de buscar empleo y, más concretamente, el 74,5% de la muestra considera que durante su proceso de búsqueda de empleo tendría en cuenta que una empresa fuera socialmente responsable, aunque solamente para el 38,5%[1] es muy importante trabajar en una empresa socialmente responsable. En este sentido, un 22,9% de los encuestados no estaría dispuesto a trabajar en una empresa que no fuera socialmente responsable, el 27,9% sí lo estaría y el 49% trabajaría dependiendo de sus necesidades de colocación.

Por orden de importancia entre una serie de atributos empresariales que influirían en el atractivo de la empresa, la RSC estaría después de atributos como el sistema de recompensas, imagen de la empresa y valores afines. Así, tal y como se presenta en la **tabla II** la RSC es el cuarto atributo (de cinco analizados) que los solicitantes de empleo valorarían durante su proceso de búsqueda de empleo. El primero sería el sistema de recompensas que tuviera establecido la empresa (71,55%[2] de los encuestados), seguido de los valores afines a la organización y la imagen de la empresa. El último atributo a considerar es la estructura organizativa, en términos de estructura de propiedad (empresa familiar, cooperativa, etc.).

---

[1] Porcentaje de los valores más altos de importancia (puntuación 1 y 2)

[2] Porcentaje de alumnos que otorgan valores más altos de importancia (puntuación 1 y 2).

TABLA II – Atributos por orden de atracción o importancia

Atributos por orden de importancia	%	Importancia Media[*]
Sistema de recompensas: sueldo, pagas extras, etc.	71,55	2,40
Valores afines a los suyos	53,37	2,93
Imagen de la empresa	51,61	2,84
Responsabilidad Social Corporativa: Empresa socialmente responsable	49,56	2,99
Su estructura organizativa: tipo de propiedad (empresa familiar o no familiar), participación de los trabajadores en el accionariado de la empresa, etc.	35,78	3,43

Fuente: Elaboración propia

* El rango de importancia se establece entre 1 a 7, donde 1 es muy importante y 7 nada importante. En consecuencia, cuanto más se acerque la importancia media de un atributo al valor 1, mayor relevancia o nivel de atracción tiene en el proceso de búsqueda de empleo.

Se ha observado que, en función de la nacionalidad de los solicitantes de empleo, existen diferencias significativas para un nivel de significación (œ) del 5%, en el grado importancia asignado a los atributos excepto para el de estructura organizativa (**tabla III**). Así, los solicitantes de empleo españoles son los que dan más importancia a los atributos de imagen de la empresa, valores afines y sistema de recompensas y, los portugueses los que más valoran la RSC, otorgándole una puntuación media de 2,57, además son también lo que mayor importancia dan a trabajar en una empresas socialmente responsable. Por otra parte, los solicitantes de empleo italianos son los que menos importancia asignan a los atributos, considerando la RSC por delante de atributos como la imagen, valores afines.

En definitiva, estos resultados ponen de manifiesto que durante el proceso inicial de inserción en el mercado laboral por parte de los estudiantes como solicitantes de empleo considerarían la RSC en su proceso de búsqueda de empleo, pero después de atributos más económicos y de imagen.

RESPONSABILIDADE SOCIAL: UMA VISÃO IBERO-AMERICANA

TABLA III – Atributos por orden de atracción o importancia según nacionalidad
de los solicitantes de empleo

Atributos	España		Italia		Portugal	
	Orden	Media	Orden	Media	Orden	Media
Imagen de la empresa	2	2,25	4	3,56	3	2,49
Valores afines a los suyos	3	2,43	5	3,56	4	2,63
RSC	4	2,83	3	3,41	2	2,57
Sistema de recompensas	1	1,65	1	3,00	1	2,40
Estructura organizativa	5	3,46	2	3,55	5	3,24

Fuente: Elaboración propia

4.2. Prácticas empresariales percibidas como prácticas de RSC por los solicitantes de empleo

En cuanto a las actividades que son percibidas como prácticas de responsabilidad social, los alumnos interpretan que todas las prácticas reseñadas en el cuestionario guardan una relación estrecha con la RSC, aunque con distinta importancia. En la **tabla IV** se presentan por orden de valoración media de vinculación, considerando 1 como muy relacionada a 7 nada relacionada. Igualmente en esta tabla se indica el porcentaje de alumnos que le han otorgado los valores más altos de vinculación (puntuación 1 y 2).

Como se puede observar, las prácticas que son percibidas como más relacionadas con la RSC son las vinculadas a la dimensión social y medioambiental de la RSC y, dentro de estas, las prácticas de relaciones laborales y derechos humanos. Como menos vinculadas al concepto se encuentran las prácticas de transparencia, tanto de políticas como de estructura de propiedad y dirección, y la maximización de los beneficios, prácticas relacionadas con la dimensión económica de la RSC.

TABLA IV – Prácticas Empresarial vinculadas a al RSC

	Práctica Empresarial	Media	%
1	Respeto de los derechos humanos	2,22	71,85
2	Respeto de los derechos laborales	2,28	69,21
3	Seguridad y salud en el trabajo	2,29	72,43
4	No discriminación laboral	2,30	71,55
5	Utilización de energía limpia	2,33	68,33
6	No utilización de productos químicos que afecten al ozono	2,39	66,28
7	Sistemas de gestión medioambiental.	2,48	62,46
8	Empleo a discapacitados	2,49	62,17
9	Cumplimiento de las leyes	2,50	66,86
10	Rechazar proveedores que violen derechos humanos	2,52	61,29
11	Productos beneficios, de calidad y seguridad	2,59	60,41
12	Contratación de mujeres y minorías	2,61	60,41
13	Crear puestos de trabajo	2,64	57,18
14	Apoyo a la educación	2,86	51,32
15	Participación en beneficios de los trabajadores	2,99	50,15
16	Donaciones caritativas	3,21	36,66
17	Programas de voluntariado	3,23	39,59
18	Políticas empresariales públicas	3,23	38,71
19	Transparencia sobre estructura de propiedad	3,27	38,71
20	Obtener los mayores beneficios posibles	3,67	37,83

Fuente: Elaboración propia

4.3 Dimensiones de la RSC más valoradas en el proceso de búsqueda de empleo

Ante el problema de la multidimensionalidad de la RSC (Backhaus *et al.*, 2002), hemos tomado como referencia las 19 dimensiones que establece el indicador KLD para medir la RSC. En concreto son las utilizadas en el "The Corporate Social Rating Monitor SOCRATES". La elección de este indicador se debe a que es el que toman como referencia otros estudios similares (Backhaus *et al.*, 2002; Greening y Turban, 2000), lo que permitirá la comparabilidad de resultados.

Según los datos de la **tabla V** de estas 19 dimensiones 8 son las dimensiones de la RSC más valoradas (valor medio entre 1 y 3)[3] por los solicitantes de empleo durante su proceso de búsqueda de empleo.

Los solicitantes de empleo consideran las dimensiones derechos humanos, relaciones laborales, diversidad, gestión medioambiental, utilización de productos sin impacto, cambio climático, elaboración de productos y servicios de calidad y gobernanza más importantes que las otras dimensiones, que incluyen transparencia de políticas empresariales, relación con la comunidad, participación en actividades y empresas vinculadas al entretenimiento adulto, a anticonceptivos, al aborto, al alcohol, a la energía nuclear, a armas de fuego, al ámbito militar, al sector tabaquero y al juego de apuestas.

Además, dentro de estas 8 dimensiones, las vinculadas con los derechos humanos-laborales y relaciones laborales (ámbitos de la gestión de recursos humanos) son las que priman sobre el resto, seguidas de las medioambientales. Se puede así decir que los solicitantes de empleo otorgan más importancia en su decisión de búsqueda de empleo, y en consecuencia se sienten más atraídos, por las condiciones laborales que existan en la empresa como aspectos que influyen directamente en ellos como grupo de interés de la empresa.

Al analizar si existen diferencias entre las valoraciones asignadas a las dimensiones de la RSC en función de variables como nacionalidad, sexo, edad, situación laboral, titulación, pertenencia o colaboración en plataformas ecologistas y ONGs, los resultados muestran que aunque se producen diferencias sólo algunas son significativas, para un nivel de significación (œ) de 5% , no encontrando en tal sentido diferencias para las variables situación laboral y pertenencia o colaboración en plataformas ecologistas u ONGs.

En función de la nacionalidad las diferencias se producen en las dimensiones relación con la comunidad, diversidad, relaciones laborales y derechos humanos. En este sentido, para los solicitantes de empleo de nacionalidad portuguesa la dimensión relación con la comunidad tiene mayor importancia en su proceso de búsqueda de empleo, asignando una valoración media de 2,73; y en las otras dimensiones citadas, son los solicitantes de empleo de nacionalidad española para los que mayor importancia tienen.

---

[3] Puntuación entre 1 y 3 en un rango de 1 a 7, donde 1 es muy importante y 7 nada importante. En consecuencia, cuanto más se acerque la importancia media de una dimensión al valor 1, más relevancia tiene la dimensión en el proceso de búsqueda de empleo.

TABLA V – Importancia de las Dimensiones de la RSC durante el proceso
de búsqueda de empleo

DIMENSIÓN	Importancia Media
Derechos humanos-laborales: protección de los derechos humanos fundamentales, y derechos laborales	2,24
Relaciones laborales: salud y seguridad, participación en beneficios, prestaciones de jubilación,	2,61
Diversidad: Empleo a discapacitados, contratación de mujeres y minorías	2,68
Operaciones y Gestión medioambiental: Sistemas de gestión medioambiental de residuos peligrosos, reciclaje, prevención de la contaminación, etc.	2,68
Productos y servicios beneficiosos para el medio ambiente: no utilización de productos químicos que afecten al ozono, así como productos químicos agrícolas	2,74
Cambio climático: utilización de energía limpia y preocupación por el cambio climático.	2,75
Producto y servicios: productos de calidad y seguridad, I+D+i en productos,	2,84
Gobernanza: ética en los negocios y transparencia sobre estructura de propiedad	2,87
Presentación de informes empresariales: políticas empresariales públicas, rendición de cuentas, transparencia.	3,06
Comunidad: donaciones caritativas, apoyo a la educación, programas de voluntariado	3,11
Participación en temas y empresas vinculadas al **entretenimiento adulto,** ya sea como distribuidor o propietario	3,80
Participación en temas y empresas vinculadas a **anticonceptivos,** ya sea como fabricante o propietario	3,85
Participación en temas y empresas vinculadas al **aborto,** ya sea como fabricante o propietario	3,86
Participación en temas y empresas vinculadas al **alcohol,** ya sea como fabricante , distribuidor o propietario	3,88
Participación en temas y empresas vinculadas a la **energía nuclear,** ya sea como fabricante o propietario	3,96
Participación en temas y empresas vinculadas a **armas de fuego,** ya sea como fabricante o propietario	4,09
Participación en temas y empresas vinculadas al **ámbito militar,** ya sea como fabricante, distribuidor o propietario,	4,15
Participación en temas y empresas vinculadas al **sector tabaquero,** ya sea como fabricante, distribuidor o propietario	4,24
Participación en temas y empresas vinculadas a **juegos de apuestas,** ya sea como fabricante, distribuidor o propietario	4,25

Fuente: Elaboración propia

Este mismo análisis pero por sexo, pone de manifiesto dos diferencias significativas en las dimensiones diversidad y participación en actividades o empresas vinculadas a anticonceptivos, las cuales son valoradas con mayor importancia por parte de las mujeres, otorgando una puntuación media de 2,53 y 3,73 respectivamente.

En función de la edad, también existen diferencias significativas a favor de los solicitantes de empleo de más de 30 años. Los solicitantes de empleo con edad entre 35 y 39 años asignan mayor importancia a las dimensiones gestión medioambiental y relaciones laborales y, los solicitantes con edad entre 30 y 34 años, a la dimensión gobernanza, otorgando una puntuación media de 2, 1,56 y 2,19 respectivamente. Los resultados también muestran que los solicitantes de menos de 20 años (1,2%) son los que, en términos generales, menor importancia otorgan a las dimensiones de RSC.

Por titulaciones, los datos muestran que los solicitantes de empleo pertenecientes a la titulación "Administración de empresas turísticas (estudiantes portugueses)" otorgan mayor importancia (diferencias significativas) durante su proceso de búsqueda de empleo a dimensiones como relación con la comunidad, diversidad, relaciones laborales, productos y servicios de calidad, gobernanza y transparencia informativa. Por otro lado, los solicitantes de empleo pertenecientes a la titulación "Licenciatura en Administración de Empresas más Licenciatura en Derecho (estudiantes españoles)", dan mayor importancia a la dimensión derechos humanos-laborales, asignando una importancia media de 1,33.

Con todo lo aquí argumentado, cabría concluir que de las 8 dimensiones más valoradas, la dimensión derechos humanos-laborales y la dimensión relaciones laborales son las que más influencia o atracción tendría en los solicitantes de empleo durante su proceso de búsqueda de empleo. Además, los datos muestran como las diferencias individuales, como nacionalidad, sexo, edad y titulación son moderadoras de la importancia que durante el proceso de búsqueda de empleo se otorga a las dimensiones de la RSC.

4.4 Subdimensiones que conforman la dimensión de Relaciones Laborales más valoradas en el proceso de búsqueda de empleo

Las subdimensiones que conforman la dimensión de relaciones laborales se han definido a partir de los resultados de estudios similares y de la relación de prácticas socialmente responsables en gestión de recursos humanos que realizan organismos internacionales como ONU, OCDE, Unión Europea (Libro

Verde), entre otros. En total hemos considerado 16 las subdimendiones que conforman la dimensión de relaciones laborales.

En cuanto a las subdimensiones que mayor consideración o atractivo tendrían durante el proceso de búsqueda de empleo, los resultados muestran (**tabla VI**) que los solicitantes de empleo consideran todos los ámbitos de relaciones laborales como importantes, aunque con distinta relevancia.

Tabla VI – Importancia de las prácticas de Relaciones Laborales
durante el proceso de búsqueda de empleo

DIMENSIONES DE RELACIONES LABORALES	Importancia Media
Respeto de los derechos de los trabajadores	1,99
Seguridad y Salud en el lugar de trabajo	2,02
Aprendizaje y formación permanente hacia los trabajadores	2,05
Oportunidades de crecimiento dentro de la empresa	2,10
No discriminación ni salarial ni profesional	2,11
Salarios juntos a través de una política de retribuciones coherente y transparente	2,24
Perdurabilidad del puesto de trabajo	2,24
Transparencia y comunicación a todos los niveles	2,31
Prácticas responsables en los procesos de selección y contratación	2,35
Medidas de conciliación vida familiar y profesional	2,36
Existencia de beneficios sociales: Planes de Pensiones, dietas, guardería, etc	2,39
Seguimiento y control de las bajas por incapacidad	2,68
Prácticas de reestructuraciones responsables	2,74
Reconocimiento efectivo del derecho a la negociación colectiva.	2,89
Participación en los beneficios o en el accionariado de la empresa	2,99
Estándares laborales en la cadena de suministro	3,09

Fuente: Elaboración propia

Considerando la importancia que los solicitantes de empleo han otorgado a la dimensión derechos humanos-laborales de la RSC, la subdimensión de relaciones laborales más valorada por los solicitantes de empleo ha sido la relativa al respeto de los derechos laborales de los trabajadores y la que menor influencia tendría en su proceso de búsqueda de empleo es la exigencia de estándares laborales en la cadena de suministro.

El resto de subdimensiones han sido altamente valoradas por los solicitantes del empleo, aunque las que mayor consideración tendrían durante su proceso de búsqueda de empleo serían salud y seguridad en el lugar de trabajo, aprendizaje y formación permanente, oportunidades de crecimiento dentro de la empresa, no discriminación ni salarial ni profesional, política retributiva transparente y perdurabilidad del puesto de trabajo. En consecuencia los solicitantes de empleo dan más importancia a las prácticas de RSC vinculadas con la salud y seguridad, carrera profesional y perdurabilidad del empleo, en definitiva, prácticas ligadas con la estabilidad laboral.

Al analizar si existen diferencias significativas, para un nivel de significación (œ) del 5%, en función de variables individuales como nacionalidad, sexo, edad, situación laboral, titulación, pertenencia o colaboración en plataformas ecologistas y ONGs, los resultados muestran que el mayor número de diferencias se ha producido para las variables nacionalidad, edad y titulación, presentando sólo una diferencia por sexo y colaboración con plataformas ecologistas u ONGs y ninguna en función de la situación laboral.

En función de la nacionalidad del solicitante de empleo, se obtienen diferencias significativas en todas las dimensiones excepto para la dimensión participación en los beneficios o en el accionariado de la empresa, siendo los solicitantes de nacionalidad españolas los que mayor importancia otorgan a estas dimensiones durante su proceso de búsqueda de empleo, seguidos por los de nacionalidad portuguesa y los de nacionalidad italiana.

Por sexo la única diferencia significativa se da en la dimensión perdurabilidad del puesto de trabajo, la cual es más valorada por las mujeres que le asignan de media un 2,09 de importancia frente al 2,58 que otorgan los hombres.

Tomando como referencia la edad, se observan diferencias significativas a favor de los solicitantes de empleo de más de 30 años en 9 de las 16 dimensiones analizadas. Así, los solicitantes de empleo con edad entre 35 y 39 años asignan mayor importancia a las dimensiones seguimiento y control de las bajas por incapacidad (2,11), salarios justos a través de una política de retribuciones coherente y transparente (1,67), existencia de beneficios sociales (1,56) y estándares laborales en la cadena de suministro (2,44). Por su parte, los solicitantes con edades comprendidas entre los 30 y 34 años priman las dimensiones prácticas responsables en los procesos de selección y contratación (2,19), transparencia y comunicación a todos los niveles (1,63), respeto de los derechos de los trabajadores (1,63), prácticas de reestructuraciones responsables (2,06) y reconocimiento efectivo del derecho a la negociación colectiva (2,19). Cabe significar que, a todas las dimensiones de relaciones laborales, los solicitantes de empleo de menos de 20 años le asignan una importancia menor que el resto de solicitantes.

Por titulación, existen diferencias significativas para todas las dimensiones excepto para la dimensión participación en los beneficios o en el accionariado de la empresa, al igual que ocurre para la variable nacionalidad, siendo los solicitantes de empleo pertenecientes a las titulaciones "Administración de empresas turísticas" y "LADE+Derecho" los que, en términos generales, otorgan mayor importancia a las dimensiones de relaciones laborales, comportamiento que también se daba en el análisis de las dimensiones de la RSC.

La única diferencia significativa que se observa en función del sexo, está relacionada con la dimensión perdurabilidad del puesto de trabajo, la cual es más valorada por las mujeres, otorgando una importancia media de 2,09 frente al 2,58 que asignan los hombres.

Por último, existe una diferencia significativa entre los solicitantes de empleo con valores sociales, por su participación o colaboración con plataformas u ONGs, los cuales consideran como más importante la dimensión estándares laborales en la cadena de suministro durante su proceso de búsqueda de empleo asignando una importancia media de 2,70 frente al resto que de media la valoran con un 3,19.

En definitiva, podemos concluir que las dimensiones de relaciones laborales que más influyen en los solicitantes de empleo son las que implican cumplimiento de los derechos laborales, salud y seguridad, formación, no discriminación y estabilidad laboral. Además, al igual que ocurría anteriormente con las dimensiones de RSC, las diferencias individuales como nacionalidad, titulación y edad son moderadoras de la importancia que durante el proceso de búsqueda de empleo se otorga a las dimensiones de la RSC.

5. Conclusiones

Puesto de relieve la importancia del factor humano para la supervivencia y competitividad de las empresas, éstas deben de orientarse hacia la atracción y retención de los mejores empleados. En dicho proceso, las prácticas de RSC se convierten en una señal de los valores y condiciones de trabajo de las empresas, por lo que pueden actuar como instrumento de captación de potenciales empleados.

La principal conclusión a la que llegamos con este estudio es que los solicitantes de empleo, en nuestro caso alumnos de último curso de carrera, consideran la RSC como un atributo importante y de atracción durante su intención de búsqueda de empleo, pero después de atributos más económicos y de imagen empresarial, siendo las diferencias individuales moderadoras de dicho atractivo.

Por otro lado, dentro de la RSC, las dimensiones más valoradas y por las que se encontrarían más atraídos son la dimensión derechos humanos--laborales y la dimensión relaciones laborales y, dentro de éstas, dan prioridad a las prácticas vinculadas con la salud y seguridad, carrera profesional y perdurabilidad del empleo, en definitiva, prácticas ligadas con la estabilidad laboral.

REFERÊNCIAS

Albinger, H.S. and Freeman, S.J. (2000), "Corporate social performance and attractiveness as an employer to different job seeking populations", *Journal of Business Ethics*, 28, 243-253.

Ashforth, B.E. and Mael, F. (1989), "Social identity theory and the organization", *Academy of Management Review*, 14, 20-39.

Backhaus, K.B., Stone B.A. and Heiner, K. (2002), "Exploring the relationship between corporate social performance and employer attractiveness", *Business and Society*, 41 (3), 292-319.

Belt, J.A. and Paolillo, J.G.P. (1982), "The influence of corporate image and specificity of candidate qualifications on response to recruitment advertisement", *Journal of Management*, 8, 105-112.

Berbel, G., Reyes, J.D. y Gómez, M. (2007), "La responsabilidad social en las organizaciones (RSO): análisis y comparación entre guías y normas de gestión e información", *Innovar*, 17 (29), 43-54.

Bigné, J. E.; Andreu, L.; Chumpitaz, R. y Swaen, V. (2004), "La percepción de la responsabilidad social corporativa en las decisiones de compra del consumidor: un enfoque cross-cultural", Comunicación presentada a EPUM-Alicante.

Bretz, R.D., Ash, R.A. and Dreher, G.F. (1989), "Do people make the place? An examination of the attraction-selection-attrition hypothesis", *Personnel Psychology*, 42, 561-581.

Cable, D.M. and Judge, T.A. (1994), "Pay preferences and job search decisions, a person organization fit perspective", *Personnel Psychology*, 47, 317-349.

Chatman, J.A. (1989), "Improving interactional organizational research: A model of personorganization fit", *Academy of Management Review*, 14, 333-349.

Chatman, J.A. (1991), "Matching people and organizations: Selection and socialization in public accounting firms", *Administrative Science Quarterly*, 36, 459-484.

Comisión De Las Comunidades Europeas (CCE) (2001), *Libro Verde: Fomentar un marco europeo para la responsabilidad social de las empresas*. Bruselas: CCE.

Davis, K. (1973), "The case for and against business assumption of social responsibilities", *Academy of Management Journal*, 16, 312-322.

Dutton, J.E., Dukerich, J.M. and Harquail, C.V. (1991), "Organizational images and member identification", *Administrative Science Quarterly*, 39, 239-263.

Fombrun, C. and Shanley, M. (1990), "What's in a name? Reputation building and corporate strategy", *Academy of Management Journal*, 33, 233-258.

Fombrun, C.J and Van Riel, C.B.M. (1997), "The reputational landscape", *Corporate Reputation Review*, 11 (2), 5-13.

FOMBRUN, C.J. (1996), *Reputation: Realizing value from the corporate image*. Cambridge, MA: Harvard Business School Press.

FOMBRUN, C.J. and Gardberg, N. (2000), "Who's tops in corporate reputation?", *Corporate Reputation Review*, 3 (1), 13-17.

FREEMAN, B. (2006), "Substance sells: Aligning corporate reputation and corporate responsibility", *Public Relations Quarterly*, 51, 12-19.

FRY, A. (1997), "On one's best behavior", *Marketing*, June 19, 52-53

GATEWOOD, R.D., Gowan, M.A. and Lautenshlager. G.J. (1993), "Corporate image, recruitment image, and initial job choice decisions", *Academy of Management Journal*, 36 (2), 414-427.

GIRARDELLI, D. (2004), "A Schema-Based Conceptualization of "Image" and "Reputation" in Public Relations". Paper presented at the annual meeting of the International Communication Association, New Orleans Sheraton, New Orleans, LA, May 27, 2004.

GREENING, D.W. and Turban, D.B. (2000), "Corporate social performance as a competitive advantage in attracting a quality workforce", *Business y Society*, 39, 254-280.

JACKSON, S.E. and Schuler, R.S. (1990), "Human resource planning: Challenges for industrial/organizational psychology", *American Psychologist*, 45, 223-239.

JUDGE, T.A. and Bretz, R.D. (1992), "Effects of work values on job choice decisions", *Journal of Applied Psychology*, 77, 261-271.

JUDGE, T.A. and Cable, D.M. (1997), "Applicant personality, organizational culture, and organization attraction", *Personnel Psychology*, 50, 359-394.

LEWIS, S. (2003). "Reputation and corporate responsibility", *Journal of Conmmunication Management*, 7 (4), 356.

MARÍN, L. y Rubio, l. A. (2008), "¿Moda o factor competitivo? Un estudio empírico de responsabilidad social corporativa en Pyme", *Tribuna de economía, ICE*, 842, 177-194.

MCGUIRE, J.B., Sundgren, A. and Schneeweis, T. (1988), "Corporate social responsibility and firm financial performance", *Academy of Management Journal*, 31, 854-872.

MUÑOZ, M.J. (2004), "Influencia de la responsabilidad social corporativa en el valor de la empresa", *en* De la Cuesta González, M., y Rodríguez Duplá, L. (coords.). *Responsabilidad social corporativa*. Salamanca: Universidad Pontificia de Salamanca. Colección: Bibliotheca Salmanticensis. Estudios, 365-391.

OFFERMANN, L.R. and Gowing, M.K. (1990), "Organizations of the future: Changes and challenges", *American Psychologist*, 45, 95-108.

PFEFFER, J. (1994), "Competitive advantage through people", *California Management Review*, 36 (2), 9-28.

PRICEWATERHOUSECOOPERS (PwC) (2007), *10th Global CEO Survey – Engineering & Construction Sector*, PricewaterhouseCoopers.

PRICEWATERHOUSECOOPERS (PwC) (2008), *11th Global CEO Survey: Compete & Collaborate: What is success in a connected world?*, PricewaterhouseCoopers.

RAY, J.R. Jr. (2006), *Investigating relationships between corporate social responsibility orientation and employer attractiveness.* The George Washington University.

RYNES, S. (1991), "Recruitment, job choice, and post-hire consequences: A call for new research directions" *in* M. D. Dunnette y L. M. Hough (Eds.), *Handbook of industrial and organizational psychology.* Palo Alto, CA: Consulting Psychologists, 2, 399-444.

SCHNEIDER, B. (1987), "The people make the place", *Personnel Psychology*, 40, 437-454.

TAJFEL, H. and Turner, J.C. (1986), "The social identity theory of intergroup behavior", *in* S. Worchel and W.G. Austin (Eds.) *Psychology of intergroup relations.* Chicago, MI: Nelson-Hall, 7-24.

TOM, V. (1971), "The role of personality and organizational images in the recruiting process", *Organizational Behavior and Human Performance*, 6, 573-592.

TURBAN, D.B. and Greening, D.W. (1997), "Corporate social performance and organizational attractiveness to prospective employees", *Academy of Management Journal*, 40, 658-763.

TURBAN, D.B. and Keon, T. (1993), "Organizational attractiveness: An interactionist perspective", *Journal of Applied Psychology*, 78, 184-193.

WILLIAMS, M.L. and Bauer, T.N. (1994), "The effect of managing diversity policy on organizational attractiveness", *Group y Organization Management*, 19, 295-308.

WRIGHT, P., Ferris, S.P., Hiller, J.S. and Kroll, M. (1995), "Competitiveness through management of diversity, effects on stock price valuation", *Academy of Management Journal*, 38, 272-284.

CAPÍTULO IV

Terceiro sector e ensino superior

RESPONSABILIDADE ORGANIZACIONAL NO TERCEIRO SECTOR: DO IDEÁRIO ÀS PRÁTICAS NA GESTÃO DE PESSOAS

Cristina Parente*

Resumo: Responsabilidade organizacional no terceiro sector: do ideário às práticas na gestão de pessoas

O artigo pretende discutir as características das relações de trabalho e emprego no terceiro sector a partir do enfoque teórico da dimensão interna da responsabilidade social das organizações. Discute-se o conceito de responsabilidade social e a sua aplicação ao terceiro sector, a partir dos valores que pautam o seu ideário. Esta discussão constitui o mote para a análise dos resultados empíricos sobre a relação de trabalho e emprego que, em 2006, caracterizava um conjunto de licenciados da Universidade do Porto profissionalmente integrados no terceiro sector.

Na análise empírica, procura-se perceber: i) se existe uma coerência interna entre as práticas de gestão de pessoas e os princípios doutrinários do sector; ii) se o sector se constitui (ou não) como uma alternativa diferenciada no domínio das práticas de responsabilidade organizacional, recorrendo-se para o efeito a uma análise comparativa com os sectores público e privado.

Abstract: Corporate responsibility in third sector: from the theoretical principles to management human resources practices

This paper aims at discussing the characteristics of people's management in the third sector by focusing in the internal dimension of corporate responsibility

The concept of social responsibility and its application to organizations within the social economy its discussed based in what is considered its basic values. This discussion is the basis for analyzing the empirical results on the employment relationship

---

* NOTA CURRICULAR EM FALTA.

which in 2006 characterized a group of graduates from the University of Porto professionally integrated in organizations within the social economy.

The key questions *on* the basis of th*is* analysis *are* the following: *the* attempt to *identify* whether the growth of this sector, in terms of employment numbers, corresponds qualitatively to the *labor* relationship; to respond to what extent *the Third Sector* is (or not) an alternative *to other existing sectors;* and whether it differentiates itself from other sectors with regards to people's management practices.

Key words: corporate responsibility, third sector, employment relationship, human resources management

1. Responsabilidade social e desenvolvimento sustentável: cumplicidade conceptual

No novo paradigma do desenvolvimento sustentável, proposta teórica alternativa ao modelo do crescimento imperante até meados dos anos 70 do século XX, as empresas são confrontadas com a necessidade de assumirem o papel de novos actores com responsabilidades de actuação na estruturação do mundo social e não apenas como entidades produtivas orientadas para os resultados económicos independentemente dos meios usados para a obtenção dos mesmos. Para além das dimensões ambiental e económica, a consciencialização do papel das empresas enquanto interveniente no domínio social, traduz-se no conceito mais recente de cidadania empresarial. Este remete para a gestão das relações entre as empresas e as comunidades onde actuam, aos níveis local, nacional e global (União Europeia, 2001). Trata-se de cumprir os princípios da responsabilidade social, protegendo o ambiente físico e social e demonstrando responsabilidade pelo destino e estabilidade da comunidade onde se inserem (Sousa, et al., 2005).

O conceito assume várias expressões frequentemente perspectivadas como sinónimos, ainda que o conteúdo das mesmas não seja unânime entre estudiosos, empresários, associações de defesa da causa, cientista e políticos. Somos defensores da designação de responsabilidade organizacional quer pela abrangência de dimensões que integra, quer pela coerência em termos de campo de aplicação. No que ao atributo da abrangência diz respeito, repare-se que o conceito de responsabilidade social, parece, como se pode deduzir do termo, privilegiar a dimensão social; ora, pretende-se que o conceito agregue as três vertentes do desenvolvimento sustentável, a económica, a ambiental e a social (e não apenas esta última). No atinente à coerência, o objectivo da utilização do termo de responsabilidade organizacional é aplicá-lo a qualquer tipo de organização, seja empresarial, estatal ou social (e não apenas às empresas), nomeadamente às organizações da sociedade civil, as quais serão alvo de análise neste artigo. Finalmente, optar pelo conceito de responsabilidade organizacional, propõe uma visão transversal de todas as práticas organizacionais internas e externas no sentido da sua adequação a um modelo de produção, gestão e consumo adequado ao paradigma do desenvolvimento sustentável.

Deste modo, utilizaremos preferencialmente o conceito de responsabilidade organizacional, porém em caso de referência a outros autores ou a quadros teóricos estabelecidos manter-nos-emos fiéis à designação de responsabilidade social.

No caso das organizações do terceiro sector, a responsabilidade social está na sua natureza (Thiry, 2008) ao terem como um dos seus objectivos basilares beneficiar a comunidade e os seus membros (Ferreira, 2009: 322). Analisar o desvio (ou a sua ausência) entre o que está idealmente radicado na sua natureza e sua concretização na prática a partir dos princípios da responsabilidade social interna, ou da responsabilidade organizacional como preferimos, é o que nos propomos discutir neste artigo.

A responsabilidade social remete para um

> conjunto de práticas que as organizações decidem adoptar, numa base voluntária, de forma a contribuírem para uma sociedade mais justa e para um ambiente mais limpo [...]. Esta responsabilidade manifesta-se em relação aos trabalhadores e, mais genericamente, em relação a todas as partes interessadas afectadas pela empresa e que, por seu turno, podem influenciar os seus resultados (União Europeia, 2001: .4).

Deste modo, a responsabilidade organizacional, chama a si uma esfera interna da organização, na qual se destacam os trabalhadores, bem como o seu posicionamento na envolvente externa, particularmente com os *stakeholders* (partes interessadas) externos.

A actual expressão assumida pelo movimento da responsabilidade social, fica a dever-se, consideravelmente, ao papel do terceiro sector, e concretamente de algumas organizações da sociedade civil, que escolheram a esfera económica como alavanca para a acção. Os chamados novos movimentos sociais económicos (Capron e Quairel-Lanoizelée, 2007: 49) criam um conjunto de organismos que desenvolvem práticas de vigilância e monitorização face aos comportamentos empresariais, nomeadamente, instituições de verificação e de auditorias extra-financeiras, organismos de certificação e de auditoria social e ambiental com metodologias e instrumentos próprios que visam promover as práticas sociais, económicas e ambientais que preconizam. Passou-se de lógica inicial da denúncia e ataque, que marcou a década de 70 do século XX, para uma lógica do diálogo que, na actualidade, assume uma configuração de parcerias entre empresas e organizações do terceiro sector. As empresas, superada a fase de desconfiança institucional e de incompreensão face ao papel das organizações não governamentais para o desenvolvimento (ONGD), percebem o interesse em estabelecer o diálogo e as parcerias quer como via de promoção da sua imagem, quer porque podem beneficiar dos serviços daquelas organizações naqueles domínios (Capron e Quairel--Lanoizelée, 2007: 50). Como afirma Beck (2003), a legitimidade dos novos movimentos sociais económicos advém da sua autenticidade e rectidão que, no caso concreto, se operacionaliza na capacidade de produzirem informações fiáveis acerca das práticas de responsabilidade organizacionais, informação esta valorizada pela opinião pública.

A dimensão externa da responsabilidade social visa as relações com a sociedade envolvente, isto é, clientes, fornecedores, entidades governamentais e reguladoras e comunidade em geral. Globalmente, e de forma generalista, actua em quatro grandes vertentes: a ecológica e ambiental (protecção e preservação) ; a filantrópica e social (mecenato cultural, desportivo, educacional e voluntariado empresarial); o consumo (produtos adaptados a consumidores alvo minoritários e frequentemente excluídos do acesso a bens e serviços, qualidade e garantia do produto/serviço); a institucional (relações com as partes interessadas externas às organizações). É a dimensão mais mediática e visível da responsabilidade social, a qual se afirma, frequentemente, através da comunicação externa das organizações, em detrimento da dimensão interna de responsabilidade social. De entre estas últimas, destacamos a aplicação ao nível da gestão das pessoas (políticas de emprego e remuneração, sistemas de carreira, saúde, higiene e segurança, desenvolvimento e formação, igualdade de oportunidades, conciliação vida familiar e vida profissional) dos códigos de ética e de boa conduta em tudo o que se refere ao desenvolvimento da actividade da organização. Se a primeira dimensão é uma área de intervenção relativamente recente para as organizações, a segunda remete para um universo de práticas mais antigas que têm a ver com o modo como as organizações gerem os recursos humanos. E apesar de mais antigas, não menos importantes numa época em que é unanimemente reconhecido, do ponto de vista ideológico, o valor das pessoas nas organizações e, do ponto de vista prático, o contributo decisivo para o desempenho das organizações. É esta dimensão da responsabilidade organizacional que nos propomos trabalhar neste artigo, de uma forma exploratória, a partir de alguns indicadores chave da relação de trabalho e emprego que caracterizam as organizações do terceiro sector.

A pertinência da abordagem da temática da responsabilidade organizacional no terceiro sector, advém dos valores e princípios que lhes estão subjacentes e que tornariam estas práticas, por definição, implícitas no desenvolvimento das suas actividades. Se tal pressuposto é verdadeiro na dimensão externa da responsabilidade social, onde as organizações do terceiro sector têm como missão, entre outras, designadamente, o desenvolvimento regional e local, mais ajustado é na dimensão interna, sobretudo a partir do momento em que diferentes subsectores que o integram se tornam empregadores. Esta particularidade vai assumir, como veremos, grande pertinência no caso do terceiro sector português.

Genericamente, podemos afirmar que a legitimidade das organizações do terceiro sector, cumprirem as práticas daquilo que designamos de responsabilidade organizacional, na sua dupla dimensão interna e externa. Tal como as empresas, são actores da cena internacional, e dado que actuam aos níveis local, regional e global, devem reger-se pelos mesmos cânones das restantes organizações, respondendo aos desafios do novo paradigma do desenvolvimento sustentável.

2. A problemática da responsabilidade social no contexto do ressurgimento de um novo terceiro sector

2.1. Contributos interpretativos para a emergência de um novo terceiro sector

Parece consensual que, a partir dos anos 70, e particularmente dos anos 80 do século XX, o terceiro sector surgiu com todo um conjunto de organizações novas e outras reformadas (Evers e Laville, 2004; Estivill e Darmond, 1999) num contexto de esgotamento do modelo de crescimento dos países ocidentais. Em alguns países ocidentais centrais, o cerne da questão é a crise do Estado Social. Nos países periféricos a situação é distinta: são os países centrais, que atentos ao seu modelo de desenvolvimento, pretendem descentralizar as ajudas dos actores políticos estatais, frequentemente elites políticas caracterizadas por comportamentos menos correctos, com a preocupação de satisfazer serviços básicos que o Estado nunca prestou (Santos, s.d).

A teoria da regulação[1], proporciona um quadro compreensivo das transformações estruturais verificadas a partir dos anos 70 do século passado ao explicar as especificidades da crise económica que emerge em finais dos anos 60 nos países ocidentais (Rodrigues, 1988). Inspirada nas perspectivas marxiana e keynesiana, procura caracterizar as relações sociais com base nos conceitos de modo de produção e de acumulação de capital, propondo uma interpretação que aqui expomos de uma forma necessariamente sintética e simplificada na medida em que se trata tão-somente de perceber, por um lado, as razões para o ressurgimento de um novo terceiro sector e, por outro, de problematizar as suas práticas internas de responsabilidade social ao prefigurar-se como um sector de criador de emprego.

Em meados dos anos 60 do século XX, a dinâmica de crescimento em curso nas sociedades capitalistas desenvolvidas entrou em contradição com um conjunto de formas institucionais que garantiam a repartição e a realocação sistemática do produto, promovendo uma adequação entre a transformação das condições de produção e a transformação das condições de consumo. Configurava-se como um modelo de desenvolvimento assente numa concepção de divisão entre a acção económica (do mercado, assente numa lógica económica de lucratividade) e a acção social (do Estado, assente numa lógica de redistribuição dos recursos públicos) (Quintão, 2008).

O modo de regulação monopolista do pós Segunda Grande Guerra, sustentado por um regime de acumulação intensivo com consumo de massa e por uma relação salarial fordista, baseada na segurança do emprego, salários adequados, regimes de protecção social, redistribuição dos rendimentos através dos impostos, entre outros, foi possível, até aos anos 70, à custa da fase de crescimento económico do pós-guerra, permitindo aos países ocidentais desenvolvidos implementar um Estado Social.

Este modelo de desenvolvimento baseado num círculo virtuoso entre produtividade, consumo, crescimento e investimento como motor da dinamização económica empresarial no seio de cada Estado Nação foi válido numa economia fechada, em que a um aumento da procura nacional correspondia um aumento da oferta interna e consequente tributo para o crescimento económico. Esta dinâmica permitia que as empresas não só pagassem salários indexados à inflação e à produtividade, como reinvestissem os seus lucros e contribuíssem com impostos para a redistribuição pelo Estado dos frutos do

---

[1] Cujos como expoentes máximos são R. Boyer (1985 e 1986) e M. Aglietta (1982).

crescimento. Porém, este círculo virtuoso é questionado, entre outros factores: i) pela globalização económica e abertura das economias, com a entrada em cena dos então designados novos países industrializados, e consequente concorrência acrescida; ii) pela difusão das tecnologias da informação e da comunicação que permite a elevação dos níveis de produtividade num mercado agora internacional e, cada vez mais, exíguo e incerto; iii) pelo agravamento contínuo dos custos de mão-de-obra decorrente das tendências inflacionistas e da elevação dos níveis de escolaridade, factor este que agrava a dificuldade de aceitação, por parte dos assalariados, da rigidez e do empobrecimento dos métodos da organização científica do trabalho. Tal traduz-se na quebra de lucros e, consequente, nas contribuições empresariais para os gastos públicos resultando no que aqui nos interessa numa flexibilização da relação salarial e num retrocesso das políticas sociais.

Deste modo, as economias europeias tiveram necessidade de encontrar novas modalidades de adaptação ao clima de crescimento lento e instável. Entre estas modalidades, destaca-se a procura de flexibilidade da relação laboral: flexibilidade quantitativa, concretizada na agilização do número de postos de trabalho e respectiva quantidade de empregos; flexibilidade qualitativa, no que se refere aos contratos de trabalho, aos salários directos e indirectos e às carreiras. Procura-se limitar uma parte das contribuições sociais e fiscais das empresas para com o Estado, as quais limitam a sua liberdade de gestão e orientação dos investimentos e, simultaneamente, ameaçam a sua competitividade. O propósito principal é a redução do hiato existente entre o rendimento líquido dos assalariados e o seu custo global para as empresas, uma vez que o sistema de segurança social é substancialmente financiado pelas empresas através do salário indirecto. Os governos nacionais com dificuldades em manter as políticas sociais em vigor, dado, entre outros factores, a redução das contribuições das empresas, começam a apelar à intervenção da sociedade civil.

É neste contexto de crise económica e social que, desde as últimas quatro décadas, se tem verificado um crescimento e um forte dinamismo do que se tem designado de uma forma genérica de terceiro sector. Este remete para um conjunto variado de organizações da sociedade civil organizada, cujas actividades se orientam para finalidades de bem-estar colectivo ou público, ao encontrar soluções para os problemas e necessidades sem resposta quer por parte do Estado, quer por parte do mercado.

O terceiro sector, enquanto conceito, é utilizado para designar uma grande variedade de organizações e actividades, sendo suficientemente amplo para permitir um tratamento das questões à escala global que, todavia, encontram especificidades nacionais, locais e contextuais (Ferreira, 2009: 322). Integra organizações pré-existentes à crise do Estado Social, sendo-lhe reconhecido, no entanto, a partir desta altura um estatuto autónomo, alternativo e complementar ao mercado e ao Estado, ao prefigurar-se como uma via de desenvolvimento económico e social que procura dar resposta aos tradicionais problemas de pobreza e aos novos problemas de exclusão social. Daí que, quer do ponto de vista das suas áreas de actuação e finalidade das actividades que prossegue, quer das suas configurações organizacionais, se proponha o conceito de um novo terceiro sector, o qual vai, no entanto, ser representado por uma multiplicidade de formas jurídicas

Todavia, do ponto de vista teórico, o conceito não é consensual. Existem várias designações para definir aquilo que se neste artigo se optou por denominar de terceiro sector. Das outras designações para o conceito de terceiro sector destacam-se, pela sua maior expressão, as de economia social, sector voluntário, sector e/ou as organizações não-lucrativas, organizações não-governamentais e terceiro sistema. Atente-se de forma simples e sintética às diferentes tradições de acordo com o contexto espácio-temporal onde adquirem forma. A definição de economia social surge em França no século XIX, sendo igualmente utilizada na Bélgica, Espanha, Portugal e Quebeque, bem como em Itália e na Suécia, ainda que com menor intensidade. As designações de sector voluntário e, sector e/ou as organizações não-lucrativas surgiram nos anos 60 do século XX, sendo expressões usada nos países anglo-saxónicos, mas também, ainda que com menor frequência, em países do norte e centro da Europa. A partir da década de 70 do século XX, assiste-se ao nascimento de um sector com uma amplitude sem precedentes, apelidado de organizações não-governamentais. A noção de terceiro sistema foi a escolhida pela União Europeia quando iniciou o estudo desta problemática, optando-se pela designação de sistema e não sector por dificuldade de delimitar o sector igual para os 15 países da União Europeia. (Campbell, 1999)

A opção pelo conceito de terceiro sector deve-se ao facto de o mesmo tender a reunir maior consenso pelo seu carácter aberto e neutro face às tradições espácio-temporais.[2] Outra razão adicional remete para a heuristicidade do mesmo e consequente leitura proporcionada em termos empíricos. A sua

---

[2] Para uma maior desenvolvimento, v., e.g., Ferreira (2009: 322-327).

abrangência manifestou-se fundamental numa fase de análise exploratória de informação empírica, como é aquela que aqui propomos.

2.2. O terceiro sector em Portugal: configurações e ideários responsáveis

Em Portugal, a terceiro sector caracteriza-se por uma realidade organizacional heterogénea, diferentemente representada no tecido institucional. A partir de informação estatística relativamente dispersa, referente à última década, é possível fazer um retrato breve e aproximado das grandes famílias de organizações do sector[3]: as associações sem fins lucrativos (aproximadamente 1700, entre as quais se encontram as ONGD; as iniciativas emergentes como o comércio justo e o micro-crédito, associações recreativas, culturais e desportivas, associações de bombeiros voluntários, entre outras); as instituições particulares de solidariedade social (IPSS) (cerca de 5000, entre as Santas Casas da Misericórdia e outras organizações da Igreja Católica); as cooperativas (que rondam as 3000, integrando as cooperativas de produção e de solidariedade social); as fundações (totalizam cerca 350); as mutualidades (próximas de 120) (Quintão, 2008).

A descrição realizada deixa antever um conjunto de organizações, umas com mais tradição histórica, como as cooperativas ou as sociedades mútuas que, apesar das suas vocações diferenciadas, configuram uma forma alternativa de aprofundar a democracia através de um modelo económico auto-gerido assente na autonomia e independência dos cooperantes ou associados. O designado subsector de mercado ou empresarial da economia social (CIRIEC, 2007: 7), prossegue lógicas económicas que se distinguem do modelo fundado no assalariamento da mão-de-obra, não se regendo pela procura de lucro, mas antes pela satisfação das necessidades de quem participa num formato de solidariedade colectiva.

Outras formas organizacionais mais recentes se configuram no terceiro sector, tais como as ONGD, as associações de desenvolvimento local e as IPSS, que ainda que imbuídas do mesmo tipo valores, diferenciam-se por estarem, nomeadamente, a exercer uma função supletiva do Estado Social. O Comité Económico e Social Europeu (CESE) designa-o de subsector "não mercado" da economia social (CIRIEC, 2007: 7).

---

[3] Para um maior desenvolvimento das características das diferentes formas organizativas em Portugal v. Nunes, Reto e Carneiro (2001) e Quintão (2007).

De salientar, pela sua especificidade no nosso país, onde o Estado Social foi sempre frágil, as organizações com o estatuto de IPSS. Este estatuto, criado em 1979 e revisto em 1983[4], visa enquadrar as organizações sem fins lucrativos que actuem na área da acção social, de forma a torná-las prestadoras de serviços à segurança social pública, regulando o seu funcionamento e a forma de financiamento. Esta opção vem dar cobertura à ideia veiculada por Amitai Etzioni de que o terceiro sector é "a melhor solução para garantir a prestação de bens públicos permitindo manter reduzido o aparelho do Estado" (*apud* Ferreira, 2009: 323). As práticas que as IPSS implementam assumem, frequentemente um cariz caritativo e assistencialista, enformadas por uma forte dependência em relação ao Estado ao darem cumprimento a actividades com finalidades de bem-estar colectivo ou público, que não encontram resposta nem por parte do sector capitalista, nem do sector público.

Restam as associações de tipo recreativas, culturais e desportivas, as quais tendem a trabalhar mais intensamente com base em voluntariado organizado para promover actividades educativas e de lazer, bem como outras organizações profissionais, sindicais, políticas e de defesa de direitos e causas colectivas resultantes da sociedade civil que se organiza para defesa de interesses comuns, assumindo-se em alguns casos como estruturas altamente profissionalizadas.

Globalmente, o sector manifesta um crescimento mais favorável do emprego do que os restantes sectores da actividades económica (Nunes *et al.*, 2001).[5] No Estudo da Acção Piloto "The Third System, Employment and Local Development" (Campbell, 1999), conclui-se que o terceiro sector representava 7,9% do emprego assalariado na União Europeia e 1 a 2,5% em Portugal. Em 2001, estimava-se que 2,2% do emprego se concentrava no terceiro sector, tendo crescido nas IPSS cerca de 7,1% entre 1993 e 1995. O emprego criado, particularmente nas IPSS, mas igualmente em todo o tecido associativo e fundacional, intensifica uma tendência cada vez maior para o assalariamento no terceiro sector, por várias razões, entre elas a necessidade de profissionalização para uma prestação de serviços sociais eficiente e eficaz. Comparativamente,

---

[4] As IPSS são reguladas pelo Decreto Lei nº 119/83, de 25 de Fevereiro.

[5] É difícil indicar com exactidão o número de organizações do terceiro sector e seu contributo para o emprego, porém são vários os estudos internacionais que, apesar de revelarem números diferentes, apontam para um crescimento quer das organizações, quer do emprego criado. Para um maior desenvolvimento ver igualmente Campbell, (1999); Franco, Sokolowski, Hairel, *et al* (2005); Parlamento Europeu (2009).

o subsector de mercado ou empresarial, criador de emprego próprio segundo um modelo de auto-gestão em empreendimentos colectivos e solidários tende a não se intensificar. Um estudo comparativo entre os 25 estados-membros realizado pelo Comité Económico e Social Europeu (Monzon e Chaves, 2005) revela uma taxa de emprego nacional no terceiro sector, nos anos de 2002 e 2003, da ordem dos 4,4%, o que representa um crescimento significativo, apesar de se tratar de uma incidência inferior à média da União Europeia que se situa nos 5,9%.

Independentemente, do estatuto jurídico, da configuração organizacional e gestionária, e da geração de pertença destas organizações, o sector configura-se como pólo da utilidade social (CIRIEC, 2007: 7) e criador de empregos nos países ocidentais. Orienta o seu funcionamento para a prestação de um serviço aos seus membros ou à comunidade com o objectivo de satisfazer necessidades das pessoas e não de remunerar investidores. Os princípios que, genericamente, o regem são os seguintes: a primazia das pessoas, do trabalho e do cumprimento da missão sobre o lucro; a autonomia na gestão face ao Estado e ao sector privado; a democraticidade interna, equidade e a transparência; a cooperação e a solidariedade, associada à não maximização do lucro, o qual é redistribuído ou reinvestido. Estes princípios transpostos para a problemática da responsabilidade organizacional corresponderiam a práticas de gestão conciliadores de objectivos, aspirações e expectativas das partes interessadas, sejam dirigentes ou trabalhadores, sejam cooperantes ou sócios, ou ainda clientes ou utentes, bem como fornecedores, comunidade e entidades governamentais e reguladoras

É partindo do enfoque da dimensão interna da responsabilidade organizacional, e concretamente das modalidades de gestão das pessoas, que questionamos empiricamente as práticas das organizações do terceiro sector. Partindo das linhas de problematização expostas, procuramos, por um lado, apurar se o crescimento deste sector em termos do volume de emprego encontra correspondência qualitativa na relação de trabalho e emprego de modo a classificá-lo como coerente, ou não, com os princípios que o regem; por outro, perceber em que medida este sector constitui (ou não) um sector alternativo e diferenciado no domínio das suas práticas de responsabilidade social interna, recorrendo-se para o efeito a uma análise comparativa entre as características da integração profissional no terceiro sector e nos sectores público e privado. As empresas mistas, por razões que se prendem com a sua fraca representatividade, não são alvo da análise comparativa, porém figuram nos quadros por coerência analítica estatística.

3. Qualidade da relação de trabalho e emprego no terceiro sector: que responsabilidade?

A análise da integração profissional no terceiro sector à luz dos dados empíricos recolhidos num projecto de investigação sobre precariedade profissional[6] permite discutir, numa abordagem exploratória, as duas questões levantadas acerca da qualidade da relação de trabalho e emprego e do alinhamento por práticas internas de responsabilidade organizacional num sector conotado com a implementação dos princípios da solidariedade, da responsabilidade e da primazia das pessoas face ao capital. Deste modo, trata-se o relatado crescimento do terceiro sector em Portugal a partir de uma abordagem circunstanciada sobre as características da profissionalização dos licenciados em administração, humanidades e ciências sociais da Universidade do Porto (UP), áreas de formação superior que mais tendem a ser absorvidas por este sector de actividade[7] decorrente dos serviços prestados.

Os dados apresentados foram recolhidos entre Junho e Outubro de 2006, a partir de um inquérito *on line,* aplicado a uma amostra de 3490 dos 7557 licenciados da UP que obtiveram o diploma académico entre os anos lectivos de 1996/97 e 2003/04, nas seguintes áreas de estudo: ciências sociais (licenciaturas em Geografia, História e História de Arte, Arqueologia, Sociologia da Faculdade de Letras do Porto e licenciatura em Psicologia da Faculdade de Psicologia e Ciências da Educação do Porto); humanidades (licenciaturas em Línguas e Literatura Modernas, Estudos Europeus e Filosofia); administração (licenciaturas em Economia e Gestão da Faculdade de Economia do Porto).

Dos 921[8] licenciados que responderam ao inquérito sobre a inserção profissional, 111 (12%) exerciam no último semestre de 2006 a sua actividade profissional no terceiro sector. É sobre estes 111 licenciados que iremos centrar a análise. A abordagem desenvolve-se em torno de dois eixos, a saber: um eixo contextual acerca do perfil demográfico e académico dos licenciados inseridos no terceiro sector; um eixo organizacional e gestionário, que incide

---

[6] Projecto de investigação, desenvolvido sob coordenação científica do Prof. Doutor Carlos Manuel Gonçalves, no âmbito do Instituto de Sociologia da Faculdade de Letras da Fundação Universidade do Porto, intitulado "Precariedade profissional dos diplomados da Universidade do Porto em ciências sociais, humanidades e administração e alternativas de inserção futura", financiado pela Fundação de Ciência e Tecnologia, com referência POCTI/SOC/58441/2004.

[7] Entre outras licenciaturas, nomeadamente, Serviço Social e Ciências da Educação.

[8] A taxa de resposta ao inquérito por questionário *on line* foi de 21,3%.

sobre as particularidades da inserção profissional, a partir das características organizacionais e da relação de trabalho e emprego, esta abordada nas suas vertentes objectiva e subjectiva.

A análise do primeiro eixo revela que o perfil dos licenciados profissionalmente integrados no terceiro sector era, em 2006, de um trabalhador do sexo feminino, jovem com idades compreendidas entre os 25 e os 34 anos, proveniente principalmente das licenciaturas em Sociologia, Psicologia, Línguas e Literaturas Moderna e Estudos Europeus conforme se pode observar no quadro I.

QUADRO I – Perfil demográfico e académico

	ni	%
Sexo		
Feminino	96	86,5
Masculino	15	13,5
Total	**111**	**100,0**
Escalão etário		
< 25	4	3,6
25 a 29	58	52,3
30 a 34	45	40,5
35 a 39	3	2,7
40 a 44	1	0,9
45 e mais	0	-
Total	**111**	**100,0**
Licenciatura		
Sociologia	35	31,5
Psicologia	34	30,6
Línguas e Literaturas Modernas e Estudos Europeus	26	23,4
Economia e Gestão	8	7,2
História	5	4,5
Filosofia	2	1,8
Geografia	1	0,9
Total	**111**	**100,0**

A abordagem do segundo eixo analítico, a inserção profissional detida no terceiro sector à altura da resposta ao inquérito, foca a atenção, em primeiro lugar, na análise do ponto de vista organizacional.

O quadro II mostra que há uma concentração dos licenciados nos subsectores das IPSS, *ex aequo* com outro tipo de associações sem fins lucrativos[9], seguindo-se a integração profissional em associações de desenvolvimento local e fundações.

QUADRO II – Estatuto e natureza jurídica

	ni	%
Instituição Particular de Solidariedade Social	36	32,4
Fundação	15	13,5
Cooperativa	8	7,2
Associação de Desenvolvimento Local	16	14,4
Outro tipo de associação sem fins lucrativos	36	32,4
Total	111	100

Tratam-se maioritariamente de organizações de pequena e média dimensões que actuam nas áreas da *acção social* (com particular ênfase nos domínios de intervenção técnica orientada para infância e juventude, família e comunidade, terceira idade) e do *ensino-formação e investigação* (quadro III).

O quadro III, que foi construído atendendo unicamente às áreas de intervenção representativas do terceiro sector, demonstra igualmente a relevância das actividades de *serviços colectivos* (nomeadamente desenvolvidos nas áreas culturais e recreativas, profissionais e ambientais, de defesa de direitos), *sociais e pessoais*, as quais são garantidas na actualidade pelo terceiro sector, bem como pelo sector privado.

---

[9] Tais como associações profissionais, sindicais, empresariais, políticas, de juventude e de defesa de direitos e de causas sociais.

QUADRO III – Áreas de intervenção por sector de integração profissional[10]

Área de intervenção \ Sector de actividade	Terceiro sector		Sector privado		Sector público		Empresa mista[a]		Total	
	ni	%	ni	%	ni	%	ni	%	ni	%
Ensino-formação e investigação	37	11,7	70	22,2	191	60,4	18	5,7	316	100
Acção social	38	80,9	2	4,3	7	14,9	0	-	47	100
Outras actividades de serviços colectivos, sociais e pessoais	22	44,9	18	36,7	8	16,3	1	2,0	49	100

a) Uma empresa é considerada mista de acordo com os detentores privados e públicos do seu capital

Ao focalizarmos a análise nas três áreas de intervenção privilegiadas dos licenciados integrados no terceiro sector a partir da observação do quadro III, a *acção social* manifesta-se como uma área de actuação quase exclusiva do mesmo, comparativamente à intervenção dos sectores público ou privado.

Se à dedicação assumida pelos licenciados integrados no terceiro sector à *acção social*, associarmos as *outras actividades de serviços colectivos, sociais e pessoais,* corrobora-se, sempre com um cariz exploratório, a ideia de que a terceiro sector evolui em Portugal centrado na acção social dirigida aos públicos excluídos. Orienta-se mais para assegurar as lacunas do Estado Social do que propriamente para formas alternativas de estar no mercado, dedicando-se a operacionalizar a acção social que visa

> [...] prevenir e reparar situações de carência e desigualdade socioeconómicas, dependência, disfunção, exclusão ou vulnerabilidade sociais, mas também promover a integração e a promoção comunitária das pessoas, assim como o desenvolvimento das suas capacidades (Instituto de Gestão Financeira da Segurança Social IP, 2008: 383-384) .

Esta função de política pública parece ser, no entanto, igualmente responsável por uma empresarialização, de pelo menos parte, do terceiro sector,

---

[10] A distribuição da população analisada pelos sectores privado, público e empresas mistas é respectivamente de 327, 290 e 21 licenciados.

gerido de acordo com critérios de eficiência e resultados pelo próprio Estado, o que se traduz, como veremos adiante, nas próprias características da relação de trabalho e emprego.

A abordagem gestionária integrada no segundo eixo analítico incide sobre a vertente objectiva e subjectiva da relação de trabalho e emprego.

A vertente objectiva da relação de trabalho e emprego a que nos dedicamos de seguida é analisada a partir de dois indicadores: vínculos contratuais e salários. A maior ou menor qualidade dos mesmos é reveladora da dimensão interna das práticas de responsabilidade organizacional no domínio da gestão das pessoas.

A abordagem em termos de índice de precariedade versus estabilidade contratual[11] (quadro IV), demonstra uma prevalência do primeiro no terceiro sector, tal como se verifica, ainda que com maior expressão, no sector público. O sector privado apresenta uma tendência inversa, se atendermos que mais de metade dos assalariados usufruem de uma situação de estabilidade contratual.

QUADRO IV – Precariedade e estabilidade contratual
por sector de integração profissional

Situação contratual \ Sector de actividade	Terceiro sector		Sector privado		Sector público		Empresa Mista	
	ni	%	ni	%	ni	%	ni	%
Estabilidade contratual	40	36,0	185	56,6	79	27,2	5	23,8
Precariedade contratual	71	64,0	142	43,4	211	72,8	16	76,2
Total	111	100,0	327	100,0	290	100,0	21	100,0

A observação da composição interna do índice de precariedade contratual a partir de uma análise comparativa dos principais vínculos contratuais precários sistematizada no quadro V mostra que os contratos a termo certo

---

[11] O índice de precariedade agrega todos os vínculos contratuais precários, os quais remetem para relações contratuais não permanentes ou incertas (Rebelo, 2004), ou seja, contratos a termo certos, a prestação de serviços, a ausência de contrato, as bolsas de investigação e os estágios profissionais ou curriculares. A não precariedade laboral ou índice de estabilidade contratual reporta às relações contratuais a tempo indeterminado.

são mais incidentes, primordialmente, no sector público, mas atingem igualmente mais de ¼ dos licenciados do sector privado. Em ambos os sectores, os contratos de prestação de serviços/recibos verdes assumem uma relevância idêntica, a qual representa mais do dobro da proporção verificada no terceiro sector.

Conclui-se que o estatuto de contratado a tempo certo e de trabalhador independente (com contrato de prestação de serviços/recibo verde), e muito provavelmente as situações de assalariamento oculto[12], são menos incidentes no terceiro sector quando comparados com a sua intensidade nos sectores privado e público (quadro V).

QUADRO V – Principais vínculo jurídico-laboral precários
por sector de integração profissional

Vínculo jurídico-laboral / Sector de actividade	Terceiro sector		Sector privado		Sector público		Empresa mista		Não responde		Total	
	ni	%	ni	%	ni	%	ni	%	ni	%	ni	%
Contrato a termo certo	38	15,4	70	28,5	132	53,7	5	2,0	1	0,4	246	100
Contrato de prestação de serviços / recibos verdes	22	16,5	50	37,6	47	35,3	11	8,3	3	2,3	133	100

Apesar da notória precariedade dos vínculos jurídicos contratuais, a menor intensidade de contratos a termo certo e de contratos de prestação de serviços no terceiro sector comparativamente aos sectores público e privado, deixar antever uma relação de trabalho e emprego mais róxima dos princípios de gestão igualitária e democrática. A primazia dos objectivos sociais e o

---

[12] O assalariamento oculto, também designado por falso trabalho independente, remete para relações contratuais baseadas em contratos de prestação de serviços/recibo verde, porém regulamentadas por situações de trabalhadores por conta de outrem, dada a execução de tarefas regulares e constantes, utilização de meios de trabalho pertencentes à organização contratante, cumprimento de horários de trabalho e enquadramento na cadeia hierárquica da organização. Deste modo, caracterizam situações laborais cuja configuração é idêntica à dos trabalhadores assalariados em termos de deveres e obrigações, porém ausentes dos respectivos direitos.

respeito pelos interesses dos trabalhadores ainda que parcialmente parecem, nesta óptica particular, fazer alguma justiça aos valores orientadores da terceiro sector e da responsabilidade organizacional.

Sistematizando, pode afirmar-se que a segurança associada ao vínculo jurídico-laboral é, por ordem decrescente, maior no sector privado, ao que se segue a terceiro sector e, finalmente, o sector público. Tal constatação induz a questionar as práticas de responsabilidade organizacional, bem como os valores básicos que estão na origem da lógica económica alternativa do terceiro sector, nomeadamente a primazia das pessoas. É da ausência de segurança dos seus trabalhadores que se trata, o que remete tão simplesmente para necessidades de estabilidade e de previsibilidade consagradas na hierarquia clássica das necessidades de Maslow como aquelas que se fazem sentir logo após a satisfação das de carácter fisiológico.

A gestão das remunerações, o segundo indicador vertente objectiva da relação de trabalho e emprego, revela uma dependência e proximidade em relação ao sector público ao que não será estranho o facto de um número considerável destes licenciados estarem integrados em IPSS cujo contrato colectivo de trabalho é subscrito do lado patronal pela Confederação Nacional da Instituições de Solidariedade (CNIS) e do lado do sindical pela Federação Nacional dos Sindicatos da Função Pública (FNSFP), um órgão de cúpula que carece de preocupações específicas aos profissionais do terceiro sector.

A análise da figura I mostra que uma parte substancial dos indivíduos integrados no terceiro sector (75 – 67,6%), tendem a concentrar os seus rendimentos salariais líquidos em valores intermédios que rondam entre os 501 e os 1100€. O escalão intermédio entre 801€ e os 1100€ abrange um total de 246 licenciados, com maior proporção dos integrados no terceiro sector (46 – 41,4%) comparativamente com os sectores público (106 – 36,6%) e privado (82 - 25,1%).

O escalão mais elevado de rendimento salarial líquido, isto é, acima de 1700€, reúne um pequeno número de trabalhadores, sendo menor no terceiro sector e sector público quando comparado com o sector privado. O inverso se verifica para o escalão inferior do rendimento salarial líquido (igual ou inferior a 500€), em que o terceiro sector confrontado com os restantes é aquele que menos trabalhadores integra no referido escalão salarial (figura I)

FIGURA I – Rendimentos salariais líquidos (€) por sector de actividade

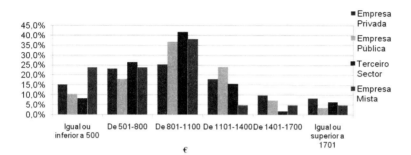

Aprofundemos os extremos salariais, focalizando uma análise conjunta dos dois escalões salariais mais baixos e mais elevados, respectivamente iguais ou inferiores a 800€ e iguais ou superiores a 1401€:
- os 260 licenciados que se posicionam nos escalões mais desfavoráveis, são menos frequentes entre os trabalhadores do sector público (82 - 28,2%), seguido do terceiro sector (38 - 34,2%) e finalmente do sector privado (124 - 37,9%);
- os 101 indivíduos que auferem salários superiores a 1401€, abrangem mais trabalhadores no sector privado (59 - 58,4%), seguido do sector público (31 - 10,6%) e do terceiro sector (9 - 8,1%), no qual abrange um número menor de licenciados.

Generalizando, verifica-se que os licenciados integrados na terceiro sector auferem salários líquidos que se aproximam mais do sector público do que do sector privado, aparecendo como um sector globalmente mais equitativo ao agregar maior número de licenciados no escalão salarial intermédio e menor número de licenciados nos escalões salariais polares. A maior homogeneidade salarial verificada no seio do terceiro sector, ao integrar genericamente menos diplomados no topo e na base da hierarquia salarial, dá corpo ao princípio da equidade subjacente às práticas de responsabilidade organizacional. Não obstante as vantagens que daqui resultam em termos de gestão de pessoas, coloca-se o problema da gestão de carreiras a médio e longo prazos.

Para além da vertente objectiva da relação de trabalho e emprego, procurou-se aferir o significado subjectivo que lhe é atribuído pelos licenciados através da análise dos níveis de satisfação.

A aferição da satisfação global é elevada entre os licenciados integrados no terceiro sector na medida em que 76 (68,4%) indivíduos auto-avaliaram--se *ex aequo* como *muito satisfeitos* e *razoavelmente satisfeitos*, o que se concretiza num grau de satisfação da ordem dos 91, 9%, ligeiramente acima do sector privado (293 - 91,0%) e do público (248 - 87,6%). A grande diferenciação face aos licenciados integrados nos sectores público e privado manifesta-se entre os trabalhadores que se auto-intitulam de *muito satisfeitos* (211 no total), na medida que a terceiro sector sobrepõe-se (34,2%), ultrapassando em cerca de 8% e 7,3% os níveis verificados nos sectores público (26,2%) e privado (26,9). No mesmo sentido, constata-se que os sujeitos que se sentem *muito insatisfeitos* com o emprego (45), estão menos representados entre os que trabalham na terceiro sector (11,1%) quando comparados com os sectores público e privado (respectivamente 35,6% e 47,4%). Estas constatações indiciam uma gestão das pessoas mais favorável e com um carácter tendencialmente mais desenvolvimentista, a qual fará justiça do ponto de vista intrínseco, temporal e relacional aos valores que pautam o terceiro sector, bem com as práticas de responsabilidade organizacional, como se pode constatar da observação do quadro VI.

QUADRO VI – Grau de satisfação face à situação de trabalho e emprego actual

Satisfação elevada ou mediana	Sector de actividade	Terceiro sector		Sector privado		Sector público		Empresas mistas	
		ni	%	ni	%	ni	%	ni	%
Dimensão relacional	Relação com os colegas	102	91,9	293	91,0	248	87,6	16	91,9
	Relação com os subordinados	79	84,0	223	80,2	193	76,3	16	71,4
	Relação com os superiores hierárquicos	76	69,1	250	77,9	218	76,2	17	81,0
Dimensão intrínseca	Autonomia na execução	89	80,2	284	87,4	250	87,4	20	95,2
	Grau de responsabilidade	93	83,8	250	76,9	245	85,7	17	81,0
	Variedade de tarefas	85	77,3	228	70,2	195	68,2	16	76,2
	Aplicação de conhecimentos	82	73,9	232	71,4	215	75,4	16	76,2
	Desenvolvimento de capacidades	85	76,6	239	73,5	220	76,9	19	90,5
	Aprendizagem de conhecimentos	84	81,0	236	72,6	209	73,1	17	81,0
	Participação nas decisões	75	68,8	203	62,7	147	51,4	11	52,4
	Condições no local de trabalho	73	66,4	247	76,0	167	58,6	16	76,2
Dimensão temporal	Tempo livre	70	63,1	156	48	162	56,6	16	76,2
	Duração do horário de trabalho	72	65,5	160	49,2	159	55,6	13	61,9
	Tipo de horário de trabalho	91	82,3	221	68,0	220	76,7	15	71,4
Dimensão extrínseca	Progressão na carreira	44	40,4	166	51,2	88	30,8	10	47,6
	Vínculo contratual	63	57,3	222	68,5	100	35	7	33,3
	Remuneração	59	53,2	157	48,3	129	45,1	12	57,1
	Frequência de formação	59	54,62	184	57,11	161	56,53	12	57,1

i) Aferido a partir do somatório das respostas dos níveis *muito satisfeito* e *razoavelmente satisfeito*

A leitura mais pormenorizada que o quadro propõe permite verificar que os trabalhadores do terceiro sector estão particularmente satisfeitos com a dimensão intrínseca do trabalho desenvolvido, distinguindo-se dos do sector privado e público, pela positiva, na variedade de tarefas realizadas, na possibilidade de aprendizagem de conhecimentos e na participação nas decisões. Pela negativa, destaca-se a vertente da autonomia na execução do seu trabalho em que os sujeitos integrados no terceiro sector se sentem menos satisfeitos que os restantes. Estas constatações podem ter subjacente uma polivalência nos desempenhos laborais dos quadros e técnicos qualificados, nomeadamente nas IPSS, em que os licenciados apesar de serem os únicos que têm as qualificações e competências para uma decisão fundamentada em projectos de intervenção social não tem autonomia face a direcções, muitas vezes voluntárias, pouco escolarizadas e qualificadas profissionalmente.

As dimensões temporal e relacional do trabalho são genericamente mais satisfatórias para os licenciados integrados no terceiro sector, com excepção do relacionamento com os superiores hierárquicos, o que deixa antever eventualmente alguns sintomas de uma gestão conflituosa entre licenciados e os dirigentes não profissionais. O nível de satisfação manifesto em ambas as dimensões poderá estar relacionado com um forte envolvimento e dedicação ao trabalho que estes profissionais tendem a manifestar, desenvolvendo regularmente, de forma voluntária, actividades que ultrapassam em muito a relação de assalariamento caracterizada pela mera troca de trabalho (entendido como mercadoria) pelo salário.

Este envolvimento não esconde porém o descontentamento que se regista na dimensão extrínseca do trabalho, particularmente no domínio da progressão na carreira, da possibilidade de frequência de formação e da remuneração. Nesta dimensão, são os licenciados integrados no sector privado que apresentam comparativa e globalmente maiores níveis de satisfação, o que parece ser coerente com a análise da vertente objectiva da relação de trabalho e emprego que salientou a proximidade do terceiro sector ao sector público.

Estas organizações cuja profissionalização é relativamente recente, são marcadas por um conflito entre uma lógica de voluntariado e benevolato e a lógica da profissionalização. Se a primeira está afecta a muitos dos dirigentes, a segunda caracteriza o posicionamento dos quadros e técnicos licenciados que "executam as tarefas técnicas e práticas necessárias ao cumprimento da missão da organização e lidam directamente com os beneficiários ou 'clientes' dos serviços prestados" (Freire, 2008: 217-218) e garantem a viabilização do projecto de intervenção social, sem que todavia o seu desempenho lhes seja reconhecido do ponto de vista de trabalho e emprego objectiva. Frequentemente, estes licenciados são contratados directamente para cargos superiores com a responsabilidade de coordenação executiva dos projectos de intervenção social, sem qualquer possibilidade de progredirem na carreira, o que é revelador da fraca capacidade de gestão estratégica de recursos humanos por parte dos dirigentes destas organizações.

Globalmente, parece haver indícios de que os licenciados integrados no terceiro sector apresentam níveis de satisfação com a sua situação de trabalho e emprego superior aos restantes sectores, sendo esta constatação mais notória nas dimensões de satisfação intrínseca, relacional e temporal com o trabalho, ao contrário do que se verifica com a dimensão extrínseca ou instrumental em que o sector privado parece proporcionar maiores índices de satisfação. Retenha-se que foi exactamente no indicador rendimento salarial líquido que a análise da vertente objectiva da relação de trabalho e emprego revelou uma proximidade do terceiro sector ao sector público, anunciando a dependência do sector face às directivas estatais.

4. Para uma reflexão sobre a responsabilidade organizacional no terceiro sector

Retomando as questões de partida e, atendendo ao carácter exploratório das informações debatidas, é questionável a correspondência entre volume de emprego criado e a qualidade da relação de trabalho e emprego, tendo como referência os valores e os princípios orientadores do terceiro sector e das práticas de responsabilidade organizacional.

Esta não correspondência é particularmente visível no domínio salarial, o que parece estar relacionado com a proximidade e a dependência do terceiro sector face ao Estado e a empresarialização da vertente objectiva da relação de trabalho e emprego. O Estado subcontrata a algumas organizações do terceiro sector serviços vocacionados para a satisfação de determinadas áreas de intervenção das políticas sociais. As IPSS representam cerca de 70% das respostas sociais, assumidas "por dirigentes voluntários e concretizada com fundos escassos" (Maia, 2009: 28). Com argumentos de eficiência e eficácia, o Estado externaliza de modo a reduzir custos, fazendo depender o financiamento das organizações de indicadores de execução contratualizados. Ora, como em qualquer outra organização, os custos com pessoal são uma rubrica pesada e elevada, o que leva as organizações, cujos orçamentos atribuídos são inconstantes, a precaverem-se em termos dos salários e contratos propostos aos trabalhadores na medida em que nada garante a manutenção dos financiamentos. Estes dependem das prioridades em termos de políticas sociais. Ter hoje um serviço social em funcionamento, não implica que, no próximo ano, o serviço seja contratualizado ou que o mesmo não seja eliminado enquanto medida de política social financiada.

Este conjunto de indicadores demonstram que o terceiro sector em análise neste artigo está particularmente vocacionado para a satisfação de algumas áreas de intervenção básica das políticas sociais que o Estado Social externaliza. Rotula-se, desta forma, com o subsector "não mercado" da economia social, o que revela não estarmos perante um crescimento de formas alternativas de estar no mercado ou na economia, as quais, estariam, por princípio, mais vocacionadas para o respeito por práticas de responsabilidade organizacional. Esta afirmação não pretende desresponsabilizar este subsector da vocação para os valores da responsabilidade, mas pelo contrário, constatar que a externalização que Estado faz das suas obrigações sociais é baseada nos princípios da racionalidade económica capitalista, em que a procura de prestação de serviços ao menor custo penaliza os contratos e salários dos quadros e profissionais técnicos licenciados nele integrados. E se daqui decorre o questionamento do valor do respeito pelos trabalhadores, também sucede a supremacia das prioridades definidas a nível central, ignorando-se as especificidades do desenvolvimento regional e local.

Paralelamente, parece haver indícios de que estes assalariados apesar de menos satisfeitos com a relação de trabalho e emprego na sua vertente objectiva, isto é, instrumental e extrínseca, apresentam níveis de satisfação nas dimensões intrínseca, relacional e temporal superiores aos manifestados pelos licenciados integrados nos restantes sectores, o que estará associado aos valores da solidariedade do sector e a algumas práticas de gestão das pessoas implementadas, as quais assumirão, nas dimensões mencionadas, um cariz tendencialmente desenvolvimentista.

Uma relação de trabalho e emprego enriquecedora, capacitante e envolvente do ponto de vista pessoal e afectivo, porém desvalorizada na sua vertente objectiva é uma das pistas que o estudo exploratório suscita.

Uma relação de trabalho e emprego objectiva precarizante porque isomorfa do sector público e dele dependente é outra das pistas a explorar.

Uma necessidade de autonomizar o terceiro sector dos fluxos financeiros do Estado, procurando cumprir a sua vocação para o auxílio a grupos excluídos através de verdadeiras formas alternativas de estar na economia, baseadas em atitudes empreendedoras, pró-activas e cujos excedentes gerados permitam promover a sua sustentabilidade é um dos desafios a maturar.

REFERÊNCIAS

AGLIETTA, Michel (1982), *Régulation et crises du capitalisme – l'experience des Etats Unis*. Paris: Calmann-Lévy.

BECK, Ulrich (2003), *Pouvoir et contre-pouvoir à l'ere de la mondialisation*. Paris: Aubier.

CAMPBELL, Michael (1999), *The Third System, Employment and Local Development – Vol. I – Synthesis Report*. Policy Research Institute Leeds Metropolitan University, United Kingdom.

BOYER, Robert (1985), "Flexibilités des marchés du travail et/ou recherche d' un nouveau rapport salarial?", Working paper *CEPREMAT*, nº 8522.

Boyer, Robert (dir.) (1986), *La flexibilité du travail en Europe*. Paris: La Découvert.

CAPRON, Michel e Quairel-Lanoizelée, Françoise, (2007). *La responsabilité sociale d'entreprise*. Paris: La Decouverte.

CIRIEC (2007), *A Economia Social na União Europeia*. Síntese do relatório elaborado a pedido do Comité Económico e Social Europeu (CESE) pelo Centro Internacional de Pesquisa e Informaçao sobre Economia Pública, Social e Cooperativa (CIRIEC): Portugal Commission DGV. Acedido a 26 de Maio de 2008 em http://ec.europa.eu/employment_social/empl_esf/3syst/vol1_en.pdf

COMISSÃO MUNDIAL DA ONU sobre o Meio Ambiente e Desenvolvimento (UNCED), (1987) *Relatório Brundtland Our Common Future*, s.l : UNCED.

DEFOURNY, Jacques *et al.* (org.) (1998), *Insertion et nouvelle économie sociale. Un bilan international*. Paris : Éditions Desclée de Brouwer.

DECRETO-LEI nº 119/83. D.R. nº 46 I Série I. Parte A (83-02-25) – Estatuto das Instituições Particulares de Solidariedade Social.

ESTIVILL, Jordi e Darmon, Isabelle (1999), *Économie Sociale en Belgique, en France et en Italie: essai comparatif* – version inachevée et provisoire diffusion restreinte. Barcelone: Gabinet D'Estudis Socials, Fondation MACIF, Commission Européenne DG V.

EVERS, Adalbert e Laville , Jean-Louis (2004), Defining the third sector in Europe, *in* Evers, Adalbert e Laville , Jean-Louis (Ed.), *The third sector in Europe*, UK : Edward Elgar: 11-42.

FERREIRA, Sílvia (2009), "Terceiro sector", *in* Gattani, Antonio David *et al* (coord.), *Dicionário Internacional da Outra Economia*. Coimbra: Almedina, 322-327.

FRANCO, Raquel *et al* (2005), *O sector não lucrativo português numa perspectiva comparada*. Porto: Faculdade de Economia e Gestão da Universidade Católica Portuguesa/ Johns Hopkins University.

FREIRE, João (2008), *Economia e Sociedade. Contributos para uma Sociologia da Vida Económica em Portugal na viragem do século*. Lisboa: Celta.

GATTANI, Antonio David *et al* (Coord.) (2009), *Dicionário Internacional da Outra Economia*. Coimbra: Almedina.

HESPANHA, Pedro, *et al.*, (2000), *Entre o Estado e o Mercado – as fragilidades das instituições de protecção social em Portugal*. Coimbra: Quarteto Editora.

INSTITUTO DE GESTÃO FINANCEIRA DA SEGURANÇA SOCIAL IP, (2008), *Conta da Segurança Social 2008*. Lisboa: Ministério do Trabalho e da Solidariedade Social. Instituto de Gestão Financeira da Segurança Social IP. Departamento de Orçamento e Conta.

LAVILLE, Jean –Louis (dir.) (1996), *L'économie solidaire, une perspective internationale*. Paris: Editions Desclée de Brouwer, Collection Sociologie Économique.

MAIA, Lino (2009), "Terceiro sector. Autonomia e responsabilidade», *SGS Global*, 25, 28-29.

MARTINS, Susana da Cruz (2003), "Novos Associativismos e Tematizações na Sociedade portuguesa", *Revista Sociologia, Problemas e Práticas*, 43,103-132.

MEADOWS, Donella *et al.* (1973), *Os limites do Crescimento*, Lisboa: Editorial Pórtico.

CHAVES, Rafael e Monzón, José Luis (2005), *L'économie social dans l'union européenne*. Bruxelles: Centre international de recherches et d'information sur l'économie publique, sociale et coopérative (CIRIEC) e Comité économique et social européen (CESE).

NUNES, Francisco *et al.* (2001), *O Terceiro Sector em Portugal: delimitação, caracterização e potencialidades*. Lisboa: Instituto António Sérgio do Sector Cooperativo.

PARLAMENTO EUROPEU. *Resolução do Parlamento Europeu, de 19 de Fevereiro de 2009, sobre o terceiro sector* (2008/2250(INI)). Acedido a 1 de Junho de 2009 em http://www.inscoop.pt/Inscoop/comunicacao/docs/Resolucao_do_Parlamento_Europeu.pdf

QUINTÃO, Carlota (2008), *Third sector renewal in portugal – a preliminar overveiw in* The Third Sector and Sustainable Social Change: New Frontiers for Research. 8th conference of the International Society in the Third Sector Research, CIES--University of Barcelona, Spain, July 9-12.

QUINTÃO, Carlota (2007), "Empresas de Inserción y empresas sociales en Europa", *Revista CIRIEC-España, Revista de Economía Pública, Social y Cooperativa*, 59, 33-59.

REBELO, Glória (2004), *Flexibilidade e precariedade no trabalho*. Lisboa: Edição de autor.

RODRIGUES, Maria João (1988), *O sistema de emprego em Portugal. Crise e mutações*. Lisboa: Publicações Dom Quixote.

Santos, Boaventura de Sousa (s.d.), *A reinvenção solidária e participativa do estado. Seminário Internacional. Sociedade e a Reforma do Estado*. Acedido a 26 de Maio de

2008 em http://www.buscalegis.ufsc.br/revistas/index.php/buscalegis/article/view/26171/25734

Sousa, Maria José et.al. (2005), *Gestão de Recursos Humanos. Métodos e Práticas.* Lisboa : Lidel.

Thiry, Bernard (2008), *Conclusions générales du 27ème Congrès International du CIRIEC*, Texto policopiado: Séville

União europeia (2001), *Livro Verde. Promover um quadro europeu para a responsabilidade social das empresas.* Bruxelas: Comissão Europeia.

A RESPONSABILIDADE SOCIAL
DAS ORGANIZAÇÕES: UMA ABORDAGEM
ÀS INSTITUIÇÕES DE ENSINO SUPERIOR

Paulo Resende da Silva*

Resumo: As Instituições de Ensino Superior (IES) cumprem uma função social determinante na sociedade. O papel das IES é ainda mais relevante pelo peso social na qualificação da sociedade, na preparação dos quadros mais qualificados e no apoios sociais e económicos que recebem. Esta comunicação tem como finalidade, a partir da literatura, promover uma reflexão sobre a forma como as IES devem ser vistas, analisadas e compreendidas à luz da RSO. Procurou-se reflectir de que forma as IES, na sua dimensão organizacional, incorporam os conceitos da responsabilidade social, i.e., que dimensões devem ser objecto de preocupação por parte das IES quando falamos de responsabilidade social das organizações? Procurou-se, face ao enquadramento do conceito de Responsabilidade Social das Organizações e face às particularidades destas organizações, encontrar as dimensões que deverão ser objecto de particular atenção por parte das IES.

Palavras-chave: Instituições de Ensino Superior, Responsabilidade Social, Gestão para a Sustentabilidade Social, Gestão das Instituições de Ensino Superior, Modelo de Responsabilidade Social das Instituições de Ensino Superior.

Abstract: The Higher Education Institutions (HEI) fulfills a determinant role in society. The HEI role is more relevant by its social position in learning, in society qualification, and in economic and social support received. The main aim of this paper, accordingly by literature, is promote a reflection about the way how HEI

---

* Licenciado e doutorado em Economia e em Filosofia, é Professor Catedrático da Universidade de Aveiro (SACSJP). Contribuiu para a redescoberta e divulgação em Portugal de quatro grandes temáticas:z ética económica e empresarial, tradição austríaca da economia, análise económica da política e governação e políticas públicas. Tem colaborado com entidades tais como o IEP (da UCP), o INA, a EGE e a Ordem dos Engenheiros. Autor e co-autor de 40 livros e de uma centena de artigos (em revistas nacionais e estrangeiras), é também Membro da Mont Pelerin Society e da Direcção da Associação Portuguesa de Ciência Política. jmoreira@ua.pt

should be seen, analysed, and understood in terms of Corporate Social Responsibility theory. We try reflecting HEI looking to, in their organisational dimension, the concepts of social responsibility, e.g. which dimension should be see when we talk in CSR in HEI? Looking to the CSR theory and looking to the particular role and mission of HEI, we try discovering which dimension should be an object of study by HEI.

Key words: Higher Education Institutions, Social Responsibility, Sustainability Social Management, Higher Education Institution Management, Higher Education Institution Social Responsibility Model.

Introdução

As organizações modernas, no contexto do incremento do julgamento da sociedade sobre as suas acções, têm de procurar construir referenciais de actuação mais consentâneos com a sustentabilidade.

É cada vez maior o peso das questões da sustentabilidade nos processos de tomada de decisão nos modelos de negócio e nas práticas industriais e comerciais das empresas.

As Instituições de Ensino Superior (IES), sendo um tipo particular de organização, obedecem aos meus critérios de análise das demais organizações, podendo-se avaliá-las, também, pelo critério da responsabilidade social.

As IES são organizações que cumprem uma missão específica e estratégica na sociedade; missão essa que faz parte do seu legado histórico e das suas memórias enquanto organização. Desde sempre, pelos menos desde o surgimento do modelo de aprendizagem baseado no conceito de Universidade, as instituições de ensino superior procuram ser um dos elementos estruturantes na criação do saber e na construção da civilização (em termos genéricos, porque existem distintas formas de se olhar, analisar e construir as diferentes civilizações).

Neste contexto, desde os seus primórdios as IES sempre cumpriram, ou procuraram cumprir, uma responsabilidade social perante a comunidade e perante o conhecimento e a aprendizagem.

Quando falamos de IES estamos a referenciar diferentes tipos, i.e., diferentes modelos e formas de actuação, visando responder à sua missão primordial, que deve ser sempre o Conhecimento.

Independentemente dos tipos, dos modelos e formas de actuação, as IES são por natureza organizações socialmente responsáveis, ao se dedicarem de forma aberta à procura do conhecimento, à procura da transmissão da informação visando construir uma sociedade do conhecimento, através da aprendizagem e da manifestação cultural de diferentes matizes e proveniências.

Sendo assim, porquê procurar falar sobre a Responsabilidade Social nas Instituições de Ensino Superior?

A sociedade moderna (ou pós-moderna de acordo com Karl Popper) caracteriza-se pela crescente exigência de resposta, i.e., a sociedade questiona cada vez mais o porquê das opções tomadas e exige uma maior transparência nos processos de gestão e organizacionais.

Por sua vez, com a criação das organizações do conhecimento e com a abertura cada vez mais intensa das IES à sociedade, as próprias IES têm de se posicionar e responder de forma diferente aos seus *stakeholders*, sejam internos ou externos.

Neste sentido, torna-se importante abordar de que forma as IES são organizações que cumprem de forma estruturada a sua missão, nas suas diversas facetas, e como se organizam, gestionam e agem perante os seus colaboradores, os seus parceiros, os sues alunos e a sociedade em sentido mais lato.

Abordar as IES, procurando analisá-las a partir da perspectiva da responsabilidade, obriga a reflectir sobre o que avaliar ou analisar, dentro do quadro teórico genérico da responsabilidade social das organizações.

Procura-se, então, reflectir de que forma as IES, na sua dimensão organizacional e administrativa, incorporam os conceitos da responsabilidade social, i.e., que dimensões devem ser objecto de preocupação por parte das IES quando falamos de responsabilidade social das organizações?

Esta questão conduz-nos a outras duas perguntas, devendo-se procurar avaliar e analisar a forma como as IES respondem às mesmas, face às dimensões identificadas:

• Será que as IES são organizações/empresas sustentáveis?
• Será que as IES são organizações/empresas socialmente responsáveis?

Sendo esta a questão de partida, procurar-se-á então, face ao enquadramento do conceito de Responsabilidade Social das Organizações e face às particularidades destas organizações, encontrar as dimensões que deverão ser objecto de particular atenção por parte das IES.

Desta forma, este documento terá a seguinte estruturação: enquadramento da responsabilidade social das organizações, enquadramento das IES à luz da responsabilidade social e uma proposta de leitura da responsabilidade social das instituições de ensino superior (RSIES).

1. Responsabilidade social das organizações

Quando os principais parceiros não são tratados com respeito, com justiça, não existirá capacidade de se criar relações de cidadania organizacional (entre parceiros) de forma equilibrada, respeitada e livre.

A Responsabilidade Social Organizacional (RSO) abrange três dimensões, todas com importância no cumprimento das relações de cidadania organizacional:
- Respeitar as relações com seus *stakeholders*;
- Cumprir no tempo e no espaço com as suas obrigações legais e contratuais; e
- Projectar comportamentos dessa cidadania.

Desta forma, a responsabilidade social da organização "trata das normas de conduta específicas das empresas" (Moreira, 2005), em termos de racionalidade, do desempenho e do comportamento.

Quando procuramos verificar o grau de RSO temos de procurar saber dois aspectos: o cumprimento das suas obrigações legais, por um lado, e as responsabilidades reconhecidas como relevantes para a organização, por outro lado. É, de facto, neste último aspecto que podemos afirmar que as organizações têm preocupações a nível da RSO, i.e., mais abrangentes e mais criativas na resposta e desenvolvimento da cidadania organizacional, que vão para além do exigido pelo quadro normativo do espaço político-económico onde actuam.

As organizações para além do objectivo básico de obter resultados vantajosos (o "lucro"), resultado de natureza financeira e produtiva, devem considerar as suas responsabilidades perante a sociedade, expressas num compromisso para com valores sociais e ambientais, i.e., um compromisso com resultados vantajosos "limpos".

Se verificarmos o conceito de RSO descrito no livro verde da União Europeia, ao considerar "a responsabilidade social da empresa como expressão da capacidade destas para integrarem preocupações sociais e ambientais nas suas actividades empresariais e nas suas interacções com os seus *stakeholders* de uma forma voluntária" (UE, 2001), pode-se então inferir as seguintes ideias:
- A RSO desenvolve-se numa base voluntária, indo mais além dos requisitos legais;
- Há uma interacção, um relacionamento de partilha e parceria, entre os *stakeholders*; e
- As preocupações sociais e ambientais estão integradas na primeira linha de preocupação nas actividades empresariais.

Assumindo-se, como já foi referido, que a principal responsabilidade da organização é ser eficiente e eficaz, então só organizações competitivas e lucrativas podem garantir de forma estruturada as verdadeiras responsabilidades ético-sociais.

Sem lucros, sem resultados e sem eficácia, não há organização e sem estas desaparecem todos os benefícios obrigatórios, voluntários e filantrópicos.

A RSO trata das normas de conduta específicas das organizações em termos da sua racionalidade económica, desempenho organizacional e comportamento organizacional e empresarial.

Segundo Drucker as organizações estruturantes da sociedade, as grandes empresas, as instituições de liderança intelectual e de desenvolvimento económico, os grandes organismos públicos (nacionais ou transnacionais), têm como grande desafio futuro a sua legitimação social: os seus valores, a sua missão e a sua visão (Drucker apud Flaherty, 1999).

Neste contexto, a RSO exige três coisas: uma cultura (valores firmes, critérios claros e princípios sólidos), uma liderança (compromisso e convicção) e um clima organizacional geradores de comportamentos socialmente responsáveis (incorporando esses valores nos colaboradores, definindo comportamentos de acordo com esses valores, potenciar a satisfação pelos valores).

Para que possamos constituir/construir uma organização socialmente responsável é necessário criar uma cultura de mudança. Esta necessidade advém do facto de a RSO não ocorrer somente no contexto mediato das organizações, ela é mais agregadora e abrangente, i.e., ela toca em todos os lados da cartografia relacional da organização[1].

Ser socialmente responsável não é perder a competitividade (UE, 2001), é encontrar novas condições de desenvolvimento, competitividade e escolha económica.

Ser socialmente responsável é um "*sensitizing concept*" (Jonker e van Pijkeren, 2006:11), i.e., um conceito onde se procuram relacionar as necessidades de reorganização interna com todos aqueles que trabalham e transferem conhecimento e saberes no interior de uma organização, com todos aqueles que procuram a organização para colmatar as suas necessidades e satisfazer uma utilidade, ou seja, que procuram os serviços e/ou produtos produzidos na organização, com todos os seus concorrentes e parceiros do negócio.

---

[1] Por exemplo: a certificação na origem, o respeito pelos valores em toda a cadeia de valor do produto, o comércio justo, etc.

Este conceito de *sensitizing concept*, tal como explicam os autores, são uma complexidade de aspectos e elementos relacionados com a função e o posicionamento das organizações na sociedade contemporânea, na perspectiva interna da organização desses aspectos e factores, por um lado, e na crescente crescente importância e influencia do contexto onde as organizações actuam.

> *draws attention to a complex range of issues and elements that are related to the position and function of the business enterprise in contemporary society. On the one hand it focuses on how issues are organised internally, on the other hand it stresses the growing importance and influence of the (business and societal) context.* (Jonker and van Pijkeren, 2006: 11)

As organizações passam sempre pela procura do equilíbrio entre desenvolvimento versus crescimento, criação de valor versus remuneração do factor trabalho, bens tangíveis versus intangíveis, integração versus autonomia, controlo versus liberdade, centralização versus descentralização, ética versus competitividade, ...

Estes dilemas, estes equilíbrios, exigem uma visão global sobre a RSO, implicando forçosamente uma estratégia do negócio baseada na responsabilidade social, visando construir os comportamentos e as práticas do ser-se socialmente responsável.

Neste contexto, Jonker e van Pijkeren propõem-nos uma estratégia de mudança para a construção da RSO, baseada na *"(I) how to get things organised internally, (II) how to organise the interface and finally (III) the nature of partnerships needed to adress specific issues"* (Jonker and van Pijkeren, 2006: 12). Esta estratégia passa pela definição do propósito, da estrutura, dos processos e dos conceitos, visando uma gestão da organização mais direccionada para a RSO, passa pela identificação dos impactos e das formas de acesso ao conceito de RSO e à criação de valor, compromissos e confiança com os parceiros do negócio.

Com esta estratégia, com estes elementos vistos em conjunto, como um todo, pode-se interligar dois contextos: o do negócio, com as particularidades internas da organização e a sua relação com o mercado e os concorrentes, e o da sociedade, com as suas particularidades de espaço e de tempo.

Temos assim um modelo (figura 1) de gestão da responsabilidade social da organização, um modelo holístico, de compreensão e explicação da forma como a RSO é importante e é complexa, mas sistémico, ao permitir a identificação duma sistematização das actividades de RSO.

FIGURA 1 – Modelo de Gestão da RSO

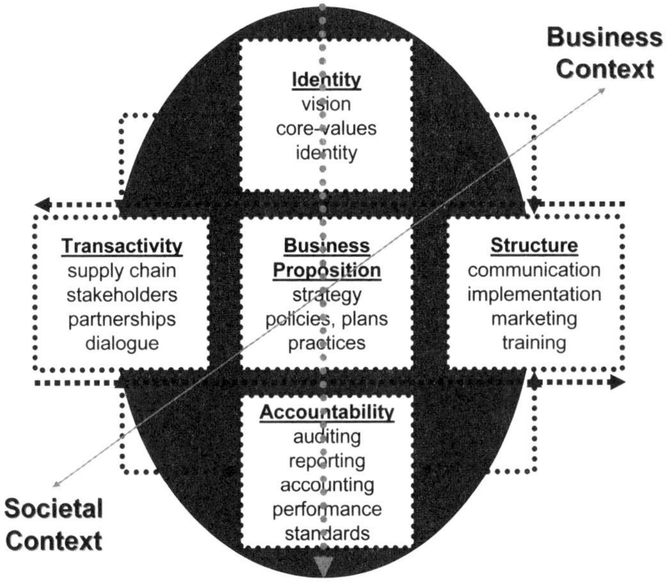

Fonte/adaptado: Jonker and van Pjikeren (2006:22)

Este modelo é um modelo holístico ao integrar a dimensão organização, com o contexto do negócio onde actua a organização e o contexto social onde a mesma se insere.

Sabemos que o contexto social determina duas dimensões importantes: a dimensão cultura e a dimensão político-legal; i.e., uma sociedade é baseada num conjunto de valores que a formam e a distinguem de outras sociedades e em cada espaço político-legal são definidas formas de actuar específicas a um dado espaço geográfico (uma região, uma nação, um espaço económico, um continente, ...), que condicionam ou definem a forma de actuar das organizações/empresas.

Também sabemos que existe um contexto de negócio, que reflecte não só as exigências e normas de actuação num dado espaço político-legal, mas também as regras de competitividade, de intensidade competitiva, de dado sector de actividade a uma escala mais global, que condicionam a forma de actuar de uma dada organização/empresa.

É neste confronto, nesta dualidade, não tendo de ser forçosamente antagónica, e nem sempre é, que a gestão da organização deve actuar para construir o seu modelo de responsabilidade social, partindo sempre e respeitando sempre a sua identidade, a sua estratégia de desenvolvimento e sustentabilidade futura (conectando as suas condicionantes internas com os seus parceiros externos) e demonstrando, pela promoção, demonstração e prestação de contas e resultados à sociedade, o que promove e faz em termos de sustentabilidade organizacional, económica, ambiental e social.

Estas actividades têm de responder aos distintos patamares de responsabilidade organizacional (Resende da Silva, 2006). Sendo assim, podemos afirmar, com alguma razoabilidade, que existem cinco patamares definidos de responsabilidade social, condição essencial para criarmos o desenvolvimento sustentável, a saber: a filantropia, como forma de responder às solicitações específicas do contexto sócio-político; a protecção das águas, tratamento de resíduos fluviais; a protecção e controlo de gases e resíduos; a protecção ambiental geral, com os aspectos da eco-eficiência e da gestão dos recursos naturais; e a ética e organização do trabalho, com as questões da saúde, segurança e higiene, códigos de conduta, cumprimentos das normas, etc.

Encontramos nestes patamares os aspectos de natureza normativa, o quadro legal, mas também aspectos de natureza ética e opcional por parte das organizações (cumprindo-se o estipulado pelo Livro Verde da União Europeia e o princípio de base da RSO).

Uma das questões principais que devemos considerar com atenção é na identificação clara dos parceiros, dos *stakeholders*.

Como é do conhecimento geral, o modelo que analisa com particular atenção os *stakeholders* foi desenhado por Freeman (2001); o modelo que nos apresenta visa perceber quais os grupos de interesses que beneficiam ou são afectados pela organização.

No que se refere à tipologia de grupos de interesse e à importância dos mesmos para a organização, a mesma foi analisada por Mitchell, Agle e Wood, que partindo dos atributos de poder, urgência e legitimidade procuram identificar as entidades que podem ser grupos de interesses e qual a sua importância (Mitchell, Agke e Wood, 1997). O modelo procura analisar cada grupo de interesse em cada um destes atributos. Assim temos (figura 2): se registarmos que um dos grupos possui algum poder sobre a organização, alguma urgência na abordagem ou nos resultados e legitimidade para agir sobre a organização, então estamos na presença de um *definitive stakeholder* (7); quando estamos na presença de um grupo com legitimidade (para agir sobre a organização) e urgência (na abordagem ou nos resultados), estamos na presença de um *dependent stakeholder* (6); com poder sobre a organização e urgência, estamos na presença de um *dangerous stakeholder* (5); com poder e legitimidade, estamos na presença de um *dominant stakeholder* (4); e caso tenha somente poder, estaremos na presença de um *dormant stakeholder* (1), se tiver somente legitimidade, estaremos na presença de *discretionary stakeholder* (2), se possuir somente uma urgência, estaremos na presença de um *demanding stakeholder* (3) e caso não tenha nenhuma relação com nenhum estes atributos teremos um *nonstakeholder* (8).

FIGURA 2 – Modelo de Tipologia dos Grupos de Interesse de Mitchell, Agle e Wood

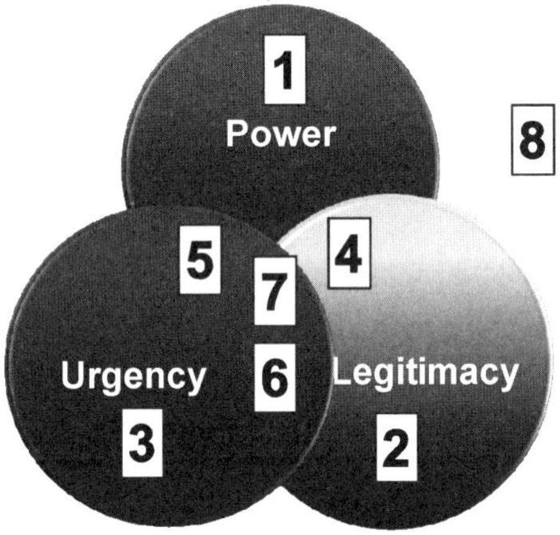

Fonte: Mitchell, Agle e Wood (1997:874)

Após elencarmos e definirmos a tipologia dos grupos de interesse, que se realiza por uma análise de conteúdo das relações e por um análise da frequência e intensidade da relação, estaremos em condições de definir a forma como nos devemos envolver com os *stakeholders* (figura 3), no fundo, devemos procurar saber "*De quem seremos parceiros e de quem seremos apenas amigos?*"[2].

_____

[2] Bjorn Stigson, Presidente do World Business Council for Sustainable Development entre 2002-2005.

FIGURA 3 – Grelha de Influências

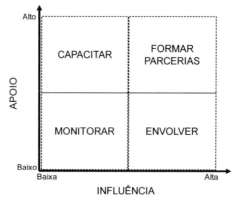

Fonte: Savitz (2007:187)

FIGURA 4 – Entidades com interesses directos

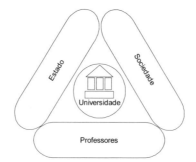

Para o fazer, devemos ainda perceber qual o grau de prioridades que esses grupos de interesses têm para a organização e a partir dessas prioridades podemos perceber se devemos ter uma estratégia de relacionamento para formar parcerias, visando potenciar a nossa cadeia de valor, para envolver o parceiro nas nossas actividades, se os devemos capacitar para nos ajudarem a sermos mais eficazes ou se os monitorizamos para irmos verificando os impactos dos mesmos nas nossas actividades.

Este modelo de estratégias de relacionamento (Savitz, 2007:177-188), passa por identificar os factores, os temas, os impactos sobre os quais assenta a nossa actividade e negócio, para depois verificar de que forma cada grupo de interesse influencia cada um destes itens, por um lado, e se influencia numa perspectiva de capacidade para ajudar a fazer, melhorar e promover melhores desempenhos ou relações ou numa perspectiva para atrapalhar a normal actividade da organização.

2. Responsabilidade social nas instituições de ensino superior[3]

As Instituições de Ensino Superior (IES) são organizações que cumprem uma missão específica na sociedade, sejam de natureza pública, privada ou cooperativa. No actual contexto de desenvolvimento, ou no actual patamar social à escala global, as IES são a organização que realiza o bem público da formação de nível superior para a sociedade da informação, no 1º ciclo de formação, e para a sociedade de conhecimento, no 2º e 3º ciclo de formação.

Tudo isto só é possível com a criação do comportamento para o comprometimento, com o conhecimento, através da investigação, do estudo da realidade económica e social dos povos e da pesquisa tecnológica.

A questão que se coloca primordialmente é: de que forma se pode criar uma RSO nas IES, sabendo-se das particularidades deste tipo de organizações?

As IES são, por natureza, organizações tendencialmente anárquicas, onde predomina uma burocracia e tecnocracia profissional e um sistema com mecanismos de descontrolo organizacional (Mintzberg, Birnbaum, Cohen e March, Weick in Resende da Silva, 1996; Resende da Silva, 2005; Atkinson and Gilleland, 2006).

O que encontramos numa IES?

Normalmente um triplo vértice estratégico (o Reitor, os Conselhos de Governo e os Directores das Unidades Orgânicas), provocando diferentes estratégias e formas de olhar a instituição. Isto provocará, certamente, diferentes modelos de gestão, de práticas de gestão (mesmo com as condicionantes do quadro normativo legal e que define regras de comportamento processuais delimitados, em especial no quadro das IES públicas) e de lideranças internas.

Encontramos uma liberdade académica única no contexto da actividade organizacional, onde se podem criar (e criam em muitos casos) pequenas "ditaduras" comportamentais, seja na componente dos ensinos, seja na componente da investigação.

---

[3] Algumas afirmações mais deterministas referem-se à situação portuguesa, i.e., à realidade das instituições de ensino superior ou das universidades em Portugal.

Encontramos modelos organizacionais baseados, não no mais qualificado em termos de capacidades de liderança e de organização de grupos, mas na qualificação administrativa e científica, baseada exclusivamente na publicação de *papers*, tendencialmente trabalhos de natureza individualista; existindo uma confusão (muito preocupante nalguns casos) entre qualificação científica versus qualificação organizacional.

Encontramos um modelo baseado em representatividade sem responsabilidade, conduzindo à tomada de decisões personalizadas, manipuladas (pela assimetria de informação) e interesseiras.

Encontramos uma lógica de poder baseada, não no projecto fundador da IES, mas sim na procura do lugar administrativo (o carreirismo no pior sentido do vocábulo) no caso das Instituições Públicas.

Segundo alguns autores (Weick e Mintzberg in Resende da Silva, 2005; Atkinson and Gilleland, 2006) as instituições universitárias são organizações complexas, que operam num sistema de hierarquias paralelas, com mecanismos de controlo diferenciados.

Se desejamos criar uma IES socialmente responsável temos assim de procurar entender as particularidades destas organizações.

As IES são locais de criação e transformação de conhecimento, pela investigação e o ensino/formação. É a partir desta realidade e da razão de ser destas organizações que tem de ser construído o modelo de comportamento de cidadania dos docentes e dos investigadores, para responder a uma das particularidades destas organizações – a autonomia e liberdade pedagógica e científica. Este modelo de comportamento é um dos primeiros, senão mesmo o primeiro, a ser considerado na construção do modelo de RSIES (responsabilidade social das instituições de ensino superior).

Sendo organizações com personalidade jurídica autónoma, as IES obedecem aos mesmos pressupostos das demais organizações comerciais, tendo de respeitar o quadro normativo vigente para a actividade comercial, mais o quadro normativo vigente que regula a actividade do ensino superior.

No que se refere à responsabilidade social das IES propriamente dita, encontramos assim duas dimensões de análise: a do propósito das organização e a dos mecanismos legais a que obedecem, sejam os específicos, sejam ou mais genéricos.

Tendo como propósito e como compromisso o Conhecimento, as IES possuem um papel muito particular na sociedade, tanto na sua componente sociológica, como na sua componente económica e de desenvolvimento.

O papel das IES, grosso modo, é o local onde se ministram conhecimentos a partir do processo de descoberta, obedecendo a critérios de natureza científica (que se manifesta de forma específica nas diferentes área do saber e de pesquisa).

Encontramos assim três grandes áreas de actuação das Universidades – o conhecimento, o ensino e a investigação.

As instituições de ensino, enquanto entidades abstractas que produzem um bem e serviço, são portadoras de uma ideia de negócio, e de uma ideia de execução de um conjunto de actividades visando a realização de um serviço.

Por outro lado, elas estão na intersecção de três fluxos de interesse, nem sempre comuns, o Estado, a Sociedade e os Professores (figura 4). O papel dos alunos, dos empregadores e dos demais funcionários têm sido secundários ao longo dos tempos, apesar de o papel da Sociedade também ter estado, de certa forma, ausente e incluir em parte os alunos e os empregadores (figura 5).

Figura 5 – Outros grupos envolvidos nas IES

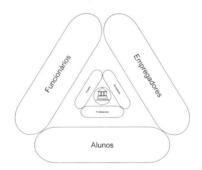

Os intervenientes, com impacto nas opções e na orientação estratégica das IES, bem como na planificação das suas acções são, em primeiro lugar, os professores e, em segundo lugar, o Estado e a Sociedade de forma não muito activa. Estes actores podem ter, se o desejarem, o papel-chave da criação das condições de sucesso. Por outro lado, os demais actores, ou os outros grupos envolvidos, mesmo podendo participar na discussão e nos órgãos deliberativos, são "peões" num jogo no qual não controlam as regras e os mecanismos de evolução.

A forma como os diferentes *stakeholders* (internos e externos) olha para a Universidade, cria diferentes visões, papéis, exigências, ideias e estratégias.

Cada um tende a desenvolver uma visão específica sobre a missão e a finalidade da Universidade e sobre qual o seu posicionamento e quais as estratégias mais adequadas.

Desta forma, a Universidade tem alguma dificuldade em encontrar o seu denominador comum, não só pela distinção e pelas diferenças identificadas, mas principalmente, no caso das públicas, pelo facto de existirem três actores essenciais com dificuldade em encontrarem pontos comuns na linguagem – Estado, docentes e órgãos de governo e de gestão.

Importa assim procurar perceber com clareza quais os principais papéis da Universidade. Elas são instituições de ensino, de diferentes tipos e com tecnologias diferenciadas, de criação de novo conhecimento, através da investigação, de diferentes matizes, e de disseminação de cultura, do conhecimento existente e do seu relacionamento com o contexto (figura 6).

FIGURA 6 – Papéis da Universidade

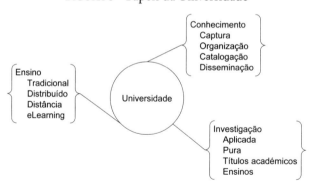

A universidade tem uma responsabilidade social, que vai muito para além das suas responsabilidades e enquadramentos económico-organizacionais.

Num primeiro patamar, no caso da Universidade Portuguesa, as IES devem promover a qualidade da educação em geral. Assim, emana dela uma vitalidade intelectual que deve estar ao serviço da sociedade, sendo por via disso um pólo de mudança e desenvolvimento social, tanto na formação/educação de quadros como na extensão universitária. Esta é uma das principais dimensões sobre as quais as IES têm de responder socialmente perante a sociedade e os seus principais *stakeholders*.

Num segundo patamar, as IES, e em especial face ao novo Regime Jurídico, as Universidades, a qualidade da investigação (independentemente do tipo ou perfil de investigação). Assim, emana uma vitalidade intelectual que está ao serviço do desenvolvimento humano, devendo promover o bem-estar social e das populações, através da criação de novo conhecimento e a transferência do mesmo para a sociedade e para as organizações sociais e económicas. No caso específico das Universidades esta, talvez seja no novo enquadramento, a dimensão charneira pelas quais ela terá de responder socialmente.

Num terceiro patamar, as IES deverão promover e desenvolver programas específicos que respondam aos seus próprios desafios e problemas internos, cumprindo não somente o que lhe exigido pelo quadro normativo, mas criando uma cultura interna, de gestão e comportamental, para a responsabilidade social. As IES estão perante novos desafios organizacionais, gestionários e sociais, derivados do conhecimento que elas mesmas têm desenvolvido, mas também do novo papel que a sociedade lhe atribui.

Neste contexto, um novo conceito de universidade tem emergido desde os finais dos anos 80 do século XX, existindo já alguns casos de aplicação (Clark, 1998 e 2000). Segundo o autor, cinco forças/temas comandam a universidade hoje: "*strengthening the institution's steering core, creating and expanding a flexible outreach structure, diversifying the sources of funding, transforming the academic «heartland», developing an integrated and positive entrepreneurial*" (Clark, 2000); existindo a partir destas forças/temas uma visão de um modelo de universidade de cariz empreendedor, ou seja, uma instituição orientada para os seus *stakeholders*, para a qualidade e para a criação de novos espaços de actuação através de uma nova visão da colegialidade, da autonomia e do modelo de organização.

As instituições fazem parte de um macro contexto social, económico e político, sendo o seu modelo, bem como o seu *modus operandi* o reflexo dessa sociedade. Em diferentes contextos existem diferentes formas de se olhar estas instituições, bem como diferentes formas de coordenar e controlar o seu papel e os seus resultados.

Uma das estruturas mais divulgadas de coordenação e controlo foi concebida por Clark, tendo o autor identificado três mecanismos para avaliar, em função do macro contexto, as IES: "mercado, autoridade pública e oligarquia académica"" (Burton Clark *apud* Sporn, 1999:10).

De acordo com este referencial existe uma pressão, nas componentes de coordenação e controlo do papel e das actividades das IES, ou do mercado, ou das autoridades públicas ou da oligarquia académica (figura 7).

FIGURA 7 – Triângulo de coordenação e controlo de Burton Clark
(*apud* Sporn, 1999:11)

Este modelo para perceber a coordenação e o controlo das IES permite visualizar com algum detalhe qual o grupo de interesses que tem maior domínio sobre as IES e em particular sobre uma dada instituição. Temos assim, uma maior clarificação sobre quais dos *stakeholders* a IES deve procurar validar o seu próprio modelo de responsabilidade social. Claro está que, o predomínio de um dos vértices está dependente de vários factores e dimensões organizacionais e culturais das IES.

Num estudo realizado para as Universidades Públicas Portuguesas (Resende da Silva, 2005)[4], utilizando este modelo de análise (o triângulo de coordenação e controlo de Clark), notou-se uma tendência para uma oligarquia académica de forma muito acentuada, não só nas universidades, como nas suas unidades orgânicas. Apesar deste facto, existem universidades com uma ligeira tendência, pelos seus *modus operandi* e pelas estratégias definidas pelo conselho da reitoria, para o mercado (Aveiro e Minho), existindo um caso em que predomina alguma autoridade pública ou o discurso corre neste sentido (Açores).

Dentro da oligarquia académica encontramos distintas situações, sendo de destacar que algumas universidades tendem a caminhar para uma maior coordenação e controlo por parte do mercado, existindo outras que neces-

---

[4] Com o novo Regime Jurídico das Instituições de Ensino Superior este estudo está naturalmente desfasado da realidade actual, pelo menos em algumas das universidades analisadas, Lei n.º 62/2007 de 10 de Setembro.

sitavam de uma maior intervenção da autoridade pública para criar novas práticas e modos de actuação.

Isto traduz-se na percepção sobre a realidade actual da Universidade Pública Portuguesa. A percepção da Universidade tem sido construída a partir da sua incapacidade de se abrir ao seu próprio contexto, por um lado, e de construir um quadro de orientação estratégica assimilável por todos os seus actores. Desta forma, a preocupação para o compromisso com a responsabilidade social das IES tem estado de certa forma condicionado pela sua própria forma de agir na sociedade, i.e., mais fechado sobre si mesma, sem ter de prestar "contas" à sociedade e sem ter de se comparar com as demais IES.

Um dos principais problemas detectados é precisamente a incapacidade de se ter um plano de orientação estratégica que seja, simultaneamente, simples nas suas ideias e catalisador de mudanças. Por outro lado, também encontramos situações de falta de conhecimento do papel e da missão da universidade e na capacidade dos órgãos de governo no processo de tomada de decisão. Um terceiro nível de problemas deriva do seu próprio modelo organizacional e governativo.

A tendência para um dos pólos é-nos dada pela legislação, pelo tipo de abertura da instituição ao seu contexto, pela estratégia, pelo *modus operandi* da sociedade, pelo discurso político, entre outros aspectos.

Como sabemos, com o novo Regime Jurídico (com a Lei nº 62/2007 de 10 de Setembro), o novo quadro orientador de registo, acreditação e avaliação, das ofertas de ensino (Decreto-Lei nº 369/2007 de 5 de Novembro) e os princípios reguladores de instrumentos para a criação do espaço europeu de ensino superior (Decreto-Lei nº 42/2005 de 22 de Fevereiro), entre outros, algo terá forçosamente de se alterar, para que as IES possam responder de forma mais adequada aos novos desafios que se lhe colocam.

Temos assim, que a RSIES (responsabilidade social das instituições de ensino superior), no cumprimento do compromisso com o seu propósito, deve preocupar-se em actuar em três áreas específicas: o comportamento de cidadania do seu corpo docente, o comportamento socialmente responsável dos seus investigadores e no comportamento organizacional (na forma como se estrutura, na forma como gere os seus recursos materiais, técnicos e administrativos e na forma como modeliza o seu modelo de competências e de conhecimento) para com o projecto pedagógico e científico da instituição.

As IES generalistas (instituições onde predominam programas tradicionais de ensino, onde o grosso das actividades dos seus profissionais se insere em programas de ensino e formação, onde a investigação se centra nos tempos livres

remanescentes, i.e., não centradas na investigação) vivem, constantemente, no confronto entre Ciência e Pedagogia, i.e., entre a necessidade permanente da produção científica dos seus investigadores (os Docentes, na sua grande maioria, com uma taxa próxima dos 100% em Portugal) com a docência (seja de que tipo for). Esta será, talvez, a grande fundamentação para a necessidade de existir a preocupação para com as três áreas anteriormente identificadas.

Uma das grandes questões que se colocam hoje às IES, incidem no facto de se estar a alterar os seus paradigmas de actuação, estando as mesmas colocadas perante novas visões que a sociedade tem sobre os paradigmas educacionais que predominam (Bertrand e Valois, 1994) e sobre a forma como se deve organizar e responder aos novos desafios sociais, económicos e tecnológicos.

Desta forma, os desafios e as oportunidades que se colocam à Universidade obrigam-na a compreender o contexto e a tentar actuar proactivamente, visando capitalizar as tendências que se estão a registar (Gibbons *et al*, 1994; Santiago, 1997; Proehl, 1999:69-70; Coaldrake, 1999:23; Daigneau, 1999:28-30; KPMG LLPa) e b)):

- Diversificação da oferta educativa – formação ao longo da vida, *elearning*, ensino distribuído, consultoria,
- Diversificação do perfil social da população estudantil – a democratização e a massificação conduzem à criação empírica de grupos de alunos com interesses, desejos e necessidades de aprendizagem distintos, com mudanças nas representações dos alunos e dos pais,
- Educação profissionalizante – a transição para o paradigma racionalista e industrial da educação, em que a sociedade exige uma maior aproximação da educação às práticas profissionais, em vez da educação pelos valores e por perspectivas largas da formação, sendo assim uma educação mais profissionalizante;
- Dificuldade de relação entre ensino versus investigação – o papel dos docentes/investigação que dedicam mais tempo ao ensino ou à investigação obriga à definição e distinção da estruturação das tarefas e do trabalho destas duas áreas,
- Novas orientações da investigação – as universidades são cada vez mais solicitadas a participar em trabalhos de consultoria e de investigação para a resolução de problemas específicos, o que condiciona a liberdade tradicional de investigação, tanto pura como aplicada,
- Declínio do espaço para a produção de conhecimento primário – diminuição da capacidade para a produção de novos saberes, ideias e dados e/ou informação originais por imposição de respostas rápidas aos proble-

mas que surgem e redução progressiva das fontes de financiamento para a investigação fundamental,

- Tecnologias de ensino – as novas tecnologias de informação têm provocado uma transferência das formas de transmissão de informação e conhecimento para novos tipos de ensino, mais descentralizado e acessível em termos temporais,
- Diferentes fontes de financiamento – a diminuição dos fundos públicos directos e o incremento dos fundos públicos indirectos têm provocado uma multiplicidade das potenciais fontes de financiamento das actividades das universidades, em especial na investigação, provocando um incremento de competição directa entre instituições e a procura de novas parcerias entre elas, e
- Eficiência e responsabilização – maior preocupação do Estado e da Sociedade pela gestão dos bens públicos e pela qualidade obrigam à definição de sistemas de avaliação e controlo das actividades e tarefas desenvolvidas e realizadas pelos actores educativos, em especial os docentes.

Estes desafios colocam novas questões sobre a forma como as IES devem se estruturar e planificar as suas actividades, por um lado, e levanta novas matizes sobre a forma como as IES devem criar o seu modelo de RSIES.

As condições de sustentabilidade dependem da capacidade das IES em capturarem e identificarem com clareza quais as principais tendências da sua realidade. No caso das instituições portuguesas, pode-se verificar que as tendências (quadro 1) que se verificam promovem o surgimento dum novo modelo de governação e de gestão. Sendo assim, as condições para a definição e criação da responsabilidade social das IES portuguesas deverá ter em consideração estas tendências.

Este conjunto de desafios e oportunidades criam a necessidade de as IES encontrarem novas formas de actuação, tanto em termos organizacionais como administrativos, colocando na sua "agenda política" a noção de qualidade dos serviços prestados (a todos os níveis organizacionais), a reestruturação dos procedimentos administrativos, a actualização da estrutura estatutária, a criação de programas de controlo financeiro, a flexibilização das equipas de trabalho e a inserção e integração de sistemas de informação (mais do que de sistemas informáticos), para procurarem responder às novas necessidades de acção, ou seja, a responderem aos novos desafios à *accountability* (um dos princípios-críticos da responsabilidade das organizações, principalmente as de cariz público).

QUADRO 1 – Tendências que estão a ocorrer em Portugal

Tendências	Implicações
Demográficas	· Redução do número de alunos tradicionais, pelo menos até ao ano 2010. · Obrigatoriedade de definir com clareza grupos-alvo (clientes-alvo: alunos e caracterização dos mesmos). · Pressão pelo financiamento da estrutura das universidades. · Procura crescente de serviços por parte das organizações não governamentais e da economia social.
Políticas	· Pressão para uma maior abertura e resposta a contextos muito particulares da sociedade em geral. · Maior necessidade de "*marketerização*" das instituições. · Maior partilha do poder e aumento da responsabilidade dos membros da comunidade académica. · Necessidade de definição de um "contrato social" entre as universidades e a sociedade/governo. · Diminuição dos fundos públicos e aumento da intervenção do Estado.
Económicas	· Aumento da procura pela formação e pela qualificação. · Necessidades de aquisição de novas competências e de novas graduações. · Incremento da partilha entre universidades, na procura de sinergias e de dinâmicas de desenvolvimento de conhecimento. · Aumento da oferta de serviços. · Maior exigência por parte dos clientes/parceiros: empresas, empregadores, alunos e sociedade. · Aumento da concorrência com outras universidades.
Tecnológicas	· Maior facilidade de acesso à tecnologia. · A tecnologia é cada vez menos um factor de distinção competitiva. · Aumento da procura pelo ensino à distância e por oferta formativas com forte componente pedagógica de índole tecnológica. · Abertura total à sociedade do conhecimento. · Novas formas de oferecer os distintos serviços, com especial incidência no crescimento da transferência electrónica de informação entre as pessoas e as organizações. · Incremento na necessidade de investimento nas pessoas e menos na tecnologia.
Organizacionais	· Pressão constante pelos custos. · Incremento da partilha de serviços. · Foco na «organização» e menos na «orçamentação». · Necessidade de novas lideranças e de novos contratos sociais internos. · Necessidade de analisar constantemente o modelo organizacional. · Clarificação e identificação dos princípios orientadores da gestão da organização.

Fonte: Resende da Silva, 2005.

Para se alcançar e obter uma gestão adequada, as IES devem preocupar-se com os aspectos relacionados com a liderança, a gestão do conhecimento, a qualidade (no ensino, mas muito mais a administrativa e dos recursos), a estratégia, o planeamento e a prospectiva estratégica, a gestão das competências e dos recursos humanos, os recursos departamentais (das unidades orgânicas), a gestão de equipas, dos processos de ensino e de investigação, do planeamento das operações e nos procedimentos administrativos.

Por outro lado, a gestão corrente das Universidades Públicas devem ter sempre em consideração os aspectos relacionados:

- com a componente legislativa das entidades públicas, os critérios de orçamentação e realização das despesas (correntes e de capital),
- ideias claras sobre os princípios orientadores da gestão da universidade,
- um sistema de contabilidade de gestão,
- sistema de acompanhamento dos orçamentos,
- a organização de um sistema de centros de custos, proveitos, investimentos, resultados e/ou responsabilidades,
- um adequado sistema de avaliação de desempenho real das actividades dos docentes e dos funcionários não docentes,
- uma central de compras com sistemas de controlo dos aprovisionamentos,
- distribuição dos recursos educativos e de investigação,
- um sistema de serviços auxiliares, como transportes (caso seja necessário), segurança, manutenção, entre outros aspectos.

Na componente do ensino e da aprendizagem deve-se proceder de forma permanente à avaliação, capturando e construindo um suporte de memorização da informação e de dados, as ofertas formativas (conteúdos, métodos de ensino, práticas pedagógicas, materiais didácticos, gestão dos tempos lectivos e da aprendizagem, avaliações, etc.), à actualização do corpo docente, na componente pedagógica e científica, através da criação de comunidades de interesses e na partilha de conhecimento.

Por sua vez, na componente da investigação, deve estar actualizada de forma permanente os projectos e trabalhos em curso, os resultados da investigação, a divulgação realizada e os impactos registados pelos projecto, quais as principais áreas de investigação da unidade, qual a projecção da mesma, quais os parceiros e sua caracterização, qual o tipo de cooperação existente com outras instituições (públicas ou privadas, comerciais ou não), publicações, prémios, teses e estudos de casos das pós-graduações, competências das equipas de investigação, resultados das avaliações ocorridas, entre outros aspectos, bem como os equipamentos, seja ele qual for, de apoio à investigação.

RESPONSABILIDADE SOCIAL: UMA VISÃO IBERO-AMERICANA

Nos serviços e na extensão deve-se procurar identificar o nível de transferência tecnológica e de desenvolvimento humano e social do espaço de intervenção da unidade, os apoios técnicos oferecidos ao exterior e, nalguns casos, ao interior da própria universidade, da oferta formativa pré-graduada, de especialização e profissional e na oferta cultural à comunidade envolvente.

Finalmente, deve-se procurar consolidar um painel de dados e indicadores económico-financeiros sobre a unidade, tais como o orçamento (com a desagregação da fonte orçamental, financiamento público e de que tipo – orçamento de Estado, fundos de apoio à ciências, entre outros; programas de financiamento à investigação, contratos de prestação de serviços, etc.), a ocupação dos espaços físicos de apoio ao ensino, investigação e extensão, material bibliográfico, equipamentos e tecnologias de informação e comunicação, investimentos realizados (humanos e materiais), desagregação das diferentes rubricas dos recursos consumidos (secretariado, comunicações, divulgação, etc.), resultados da oferta educativa e formativa, o uso das tecnologias de informação na investigação e nos ensinos, qualificação do pessoal docente, entre outros aspectos.

Se todos estes aspectos ocorrerem podemos afirmar que uma dada instituição é socialmente responsável, visto estar a realizar, em simultâneo três acções socialmente responsáveis: a sua sustentabilidade de "negócio", o comprometimento com a sua missão e a *accountability* interna e pública.

3. Como construir um modelo responsabilidade social nas instituições de ensino superior: proposta de descrição

A construção do modelo de responsabilidade social nas instituições de ensino superior deve orientar-se para três dimensões, independentemente do modelo específico que se possa usar na construção da RSIES: a sociedade (relação com os seus *stakeholders* e cumprimento dos normativos legais) e o ensino e a investigação (o conhecimento).

Cada uma destas dimensões têm, apesar de comuns a todas as IES, realidades distintas, graus de importância relativas diferenciadas e necessidades de parcerias particulares; neste sentido, o importante é descrever e especificar bem cada uma das dimensões.

Contudo, nunca devemos perder de vista que as IES são organizações com uma natureza muito própria, estando orientadas essencialmente para o desenvolvimento de actividades que têm como beneficiário global a comunidade onde se insere, pelo facto de promover a formação qualificada da população e promover o desenvolvimento da ciência, maioritariamente, no caso português, por fundos públicos. Desta forma, a responsabilidade social das IES implica, forçosamente (Sánchez Hernández, 2008:183):

· *Transparência e eficiência no uso dos recursos disponíveis.*
· *Formação dos estudantes como pessoas reflexivas, cultas, críticas e comprometidas com o seu meio.*
· *Integração da universidade na sociedade como instrumento da mudança.*

No que se refere à sociedade, o que as universidades devem fazer é identificar os seus *stakeholders*, para depois avaliar o grau de importância dos mesmos para as ajudar a desenvolver as suas actividades no cumprimento da sua missão, por um lado, e responderam de forma atempada e adequada às suas obrigações legais, seja em que domínios forem (financeiros, fiscais, recursos humanos, emprego e trabalho, etc.).

Fazendo uma leitura de quem são os actores, grupos e entidades com especial interesse para as IES identificamos os seguintes: alunos, professores, investigadores, funcionários, órgãos de governo e de gestão das IES, empresas de tecnologias educativas, autoridades locais e regionais, sindicatos, CRUP, A3ES, Tribunal de Contas, Ministério da Ciência, Tecnologia e Ensino Superior, Direcção-Geral do Tesouro, Ordens Profissionais, empresas, ... A lista de parceiros é extensa e alguns deles podem não ser comuns a todas as IES, sendo de salientar o caso particular das empresas que não serão as mesmas e nem terão o mesmo significado.

Se analisarmos estes actores, grupos e entidades através do modelo de Mitchell, Agle e Wood, verificamos que alguns destes *stakeholders* têm um poder, urgência e uma legitimidade mais ou menos activos sobre cada uma das IES, poderemos sugerir, duma forma simples, podemos identificar e classificar os seguintes actores (quadro 2):

Esta é uma via de análise da responsabilidade, para identificar-se e perceber-se quais os principais grupos de interesses, visando definir, por IES, qual a melhor estratégica e qual o melhor relacionamento e comunicação.

Uma segunda via, passa por cumprir o quadro normativo que regula as actividades económicas, as organizações em geral, bem como os enquadramentos normativos específicos que afectam, neste caso, as IES. Algumas destas actividades de responsabilidade social são enquadradas na terceira via, onde se analisa a RSIES a partir das três dimensões (sociedade, investigação e ensino). Nesta segunda via temos assim o cumprimento legal – plano de segurança, higiene e saúde no trabalho; o balanço social; plano de formação

QUADRO 2 – Tendências que estão a ocorrer em Portugal nas IES Públicas

Tipos de grupos de interesses		Grupo de interesses
7	*Definitive stakeholder*	Professores
6	*Dependent stakeholder*	Alunos, Tribunal de Contas, Funcionários
5	*Dangerous stakeholder*	Ordens profissionais
4	*Dominant stakeholder*	Ministério da Ciência, Tecnologia e Ensino Superior, A3ES,
3	*Demanding stakeholder*	Empresas (prestação de serviços), Autoridades locais
2	*Discretionary stakeholder*	Direcção-Geral do Tesouro
1	*Dormant stakeholder*	Empresas tecnologias educativas (?), Autoridades locais, Sindicatos
8	*Nonstakeholder*	

(quadro construído de forma livre, através de reflexão pessoal)

dos colaboradores das instituições; planos de contingência de protecção civil; plano de protecção contra a fraude, compromissos para as compras públicas; etc.

Na terceira via, temos as dimensões próprias que visam cumprir e responder à missão das IES. Temos de reflectir que modelo de responsabilidade social para os ensinos, para a investigação e para a comunidade.

No que se refere aos ensinos, três aspectos devem ser considerados: o comportamento de cidadania dos docentes (Rego, 2003), a carta pedagógica da Instituição e o desenvolvimento dos saberes e capacidades para a formação de cidadãos socialmente responsáveis, um currículo para a responsabilidade social das organizações. Nunca nos podemos esquecer que nesta dimensão dos ensinos que existe um compromisso das IES para com a formação integral dos Alunos (sejam eles quais forem), devendo-se considerar também a componente da inserção nos currículos dos conteúdos do desenvolvimento sustentável, do comportamento social das organizações, da ética social e empresarial, entre outros conteúdos mais específicos das diferentes áreas do conhecimento.

Por sua vez, na dimensão da investigação (o conhecimento), dois aspectos devem ser tidos em consideração: a propriedade do conhecimento, a propriedade intelectual do mesmo, e o comportamento de cidadania do investigador e do prestador da extensão universitária. Estes aspectos têm de ser enquadrados, não só nas relações entre os investigadores e a própria instituição universitárias sobre a qual respondem, mas também nas relações entre os investigadores e as instituições de ensino superior com as organizações (empresas, organismos públicos, organizações do terceiro sector, outras IES, etc.).

Na dimensão sociedade, todas as acções que visem criar e promover acções próprias que possam ser consideradas de responsabilidade social das IES, i.e., a construção de projectos e a definição de iniciativas próprias para construir uma IES socialmente responsáveis, tais como: projectos de eficiência energética; Universidade Sénior; programas de promoção do voluntariado; gabinetes de apoio; projectos de sustentabilidade no uso eficiente de recursos; etc.

Conclusões

As IES, sendo uma das organizações mais importantes e antigas da sociedade europeia, incorporam desde sempre o conceito de responsabilidades social. Desde sempre as instituições de ensino procuraram criar as melhores condições para que os seus formandos, estudantes e homem do conhecimento potenciassem as suas capacidades para a aprendizagem de saberes úteis e para a criação de novo conhecimento.

A convergência entre a liberdade académica e a responsabilidade social constitui, duma forma muito natural, o espaço de actuação das actividades das instituições de ensino. Se pensarmos que o papel das instituições de ensino superior, em termos gerais é:
- criar as melhores condições de aprendizagem, partindo da defesa da autonomia e liberdade no ensino,
- permitir que os investigadores construam os seus percursos científicos segundo linhas de orientação geral de cada IES, assumindo a autonomia científica e a liberdade de conduzir os projectos e o processo de pesquisa,
- promover a qualidade do trabalho académico, seja dos professores, seja dos alunos e demais colaboradores,
- reconhecer, como condição chave para o sucesso, a excelência académica, e
- disseminar o conhecimento científico, não somente pela divulgação científica, mas também pela extensão universitária.

Um aspecto importante, que nunca se pode perder de vista, refere-se à Declaração da Unesco para o Ensino Superior no Século XXI. Esta declaração tem inerente a si a ideia de que as Instituições de Ensino Superior, são por natureza, organizações socialmente responsáveis. Os princípios orientadores da *Declaration on Higher Education for the 21st Century*, que David Jobbins bem sintetiza, no *Times Higher Education*, no seu suplemento de 16 de Outubro de 1998, permitem perceber a leitura realizada neste documento, a saber:

- *Higher education should be accessible to all on merit.*
- *A more student-oriented vision of higher education.*
- *Core missions are educating, training and undertaking research. Others include the promotion of national, regional, international and historic cultures, the enhancement of societal values and contributing to the development and improvement of education at all levels, including through teacher training.*
- *Emphasis on higher education's ethical role, autonomy, responsible and anticipatory function.*
- *All engaged in higher education should defend and disseminate universally accepted values, among them peace, justice, freedom, equality and solidarity.*
- *Equity of access; promotion the role of women.*
- *Higher education should reinforce its role of service to society, especially in assisting eliminating poverty, intolerance, violence, illiteracy, hunger, environmental degradation and disease.*
- *Reinforced links with the world of work with efforts devoted to developing students' entrepreneurial skills so that they become job creators as well as job seekers.*
- *Greater diversity in organisation and recruitment methods and criteria.*
- *National and institutional decision-making should place students and their needs at the centre of their concerns.*
- *Greater sharing of knowledge and expertise across national borders and the need to stem the brain drain, with priority given to training programmes in the developing countries, in centres of excellence forming regional and international networks, with short periods of specialised and intensive study abroad.*

Para que as IES possam cumprir com pleno sentido do dever realizado, com compromisso para com a Humanidade, para com o desenvolvimento Humano, elas têm de promover a RSIES identificando com clareza os seus principais parceiros. Cada IES em particular tem de trabalhar com os seus parceiros, com os seus grupos de interesses, e para que tal possa ocorrer ela tem de identificar com um elevado rigor qual a tipologia de interesses e quais as estratégias de relacionamento com esses parceiros.

O modelo de Mitchell, Agle e Wood e o modelo de relacionamento com os *stakeholders* de Savitz são instrumentos de análise a avaliação essenciais para criar o quadro de referência visando cumprir a responsabilidade ao nível do compromisso para com a sociedade, a investigação e o ensino.

O compromisso para com a sociedade passa, claramente, pôr em todos os momentos o comportamento de cidadania dos professores/investigadores para com os ensinos, a investigação e a extensão ser o valor essencial que deve estar sempre presente e ser avaliado, para validar o modelo de RSIES.

Só será possível atingir a sustentabilidade no ensino superior, se as IES conseguirem responder aos três desafios organizacionais da responsabilidade social: a organização interna (a estrutura, os processos e a gestão), os interfaces que se estabelecem (o acesso os distintos impactos dos acessos que se estabelecem entre as diferentes partes e grupos) e a natureza das parcerias (que valor criam, que compromissos se constroem e que níveis de confiança se consolidam).

Para tal as IES, e cada instituição em particular, têm de definir uma identidade própria (uma visão de universidade, um código de valores e referenciais actuação), um propósito de negócio (uma estratégia para a acção, políticas e planos de acção), para que, por uma lado defina as relações e as estratégias com os grupos de interesses (a cadeia de valor, o diálogo com esses grupos de interesse e a criação de actividades coordenadas com esses parceiros) e para que, por outro lado, defina a estrutura mais adequada (organizacional, de processos, de tecnologias, de comunicação, de formação e de promoção da marca interna e externamente), para criar as condições para a *accountability*, i.e., a prestação de contas (através das auditorias permanentes, os relatórios de progresso e de resultados, a contabilização e a avaliação dos desempenhos a partir de *standards* definidos).

Se a RSO exige uma cultura, uma liderança e um clima organizacional, então a RSIES também deve ser construída: através duma cultura organizacional bem delineada e sentida (valores e sentimento de partilha), o que face ao perfil de modelo comportamental das IES, burocracia profissionais, oligarquia académica e sistema anárquico é de difícil concepção e construção; através de uma liderança forte, baseada em componentes de pragmatismos relevantes, mas também de componente de emocionalidade determinantes para perceber, capturar, cartografar os sentimentos para o compromisso; e através de um clima organizacional que seja sempre parametrizado e analisado visando ir construindo o caminho para a sustentabilidade e para os comportamento socialmente responsáveis, com valores e com ética.

REFERÊNCIAS

ATKINSON, T. N. and Gilleland, D. S., (2006) "The Scope of Social Responsibility in the University Research Environment". *Research Management Review*. Volume 15. nº 2, Fall/Winter. Acedido a 5 de Abril de 2008 em http://www.ncura.edu/content/news/rmr/docs/scope_of_social.pdf.

BERTRAND, Yves e Valois, Paul (1994), *Paradigmas educacionais: escola e sociedades.* Horizontes Pedagógicos nº 17. Lisboa: Instituto Piaget.

CLARK, Burton R. (1998). *Creating entrepreneurial universities: organization pathways of transformation.* Oxford: IAU & Elsevier.

CLARK, Burton R. (2000), "The entrepreneurial university: new foundations for collegiality, autonomy, and achievement". Conférence Générale des Institutions Membres du Programme IMHE. "Esprit d´entreprise et université: quel avenir? Les établissements face aux défis mondiaux". OECD: Paris, 11-13 Septembre.

COALDRAKE, Peter (1999), "Some challenges confronting higher education" in OECD. *Strategic asset management for tertiary institutions.* PEB Papers. Paris, 23-26.

DAIGNEAU, William A. 1999, "The changing role of the facilities manager" in OECD. *Strategic asset management for tertiary institutions.* PEB Papers. Paris, 27-30.

FLAHERTY, John E. (1999), *Shaping the Managerial Mind. Peter Drucker. How the world's foremost management thinker crafted the essentials of business success.* San Francisco: Jossey--Bass Publishers.

FREEMAN, R. Edward. (2001), "A stakeholders theory of the modern corporation" in Tom. e Bowie, Norman E. (editors) *Ethical Theory and Business.* Beauchamp. Sixth Edition. Upper Saddle River, NJ: Prentice-Hall, 56-65.

GIBBON, M. et al. (1994), *The new production of knowledge – the dynamics of science and research in contemporary societies.* London: Sage Publications.

JONKER, J. e van Pijkeren, M. (2006), "In search of Business Strategies for CSR". *ICCSR Research Paper Series*, nº 41-2006. Nottingham University Business School.

KPMG LLPa, "Organizations serving the public: transformation to the 21st century". Acedido a 15 de Junho de 2001 em http://www.kpmgconsulting.com/library/pdfs/serving_the_public.pdf.

KPMG LLPb, "Transforming higher education – at the gateway of the knowledge". Acedido a 15 de Junho de 2001 em http://www.kpmgconsulting.com/library/pdfs/transforming_higher_edu.pdf.

MITCHELL, Ronald K. Agle, Bradley R. e Wood, Donna J. (1997), "Toward a theory of stakeholder identification and salience: defining the principle of who and what really counts". *Academy of Management Review*, 22 (4), 853-886.

MOREIRA, José Manuel. (2005), "Entrevista". *Revista Pessoal*, 36, Série II, Ano 4, 14-19.

PROEHL, Rebecca A. (1999), "Les équipes interfonctionnelles : une innovation ou un comité de plus ?". *Gestion de L´Enseignement Supérieur*, (11), 3. OECD, 69-87.

RESENDE DA SILVA, Paulo (1996), *Análise do Sistema Organizacional das Universidades Novas: semelhanças, diferenças e graus de desenvolvimento*. Tese de Mestrado. Instituto Superior de Ciências do Trabalho e da Empresa

RESENDE DA SILVA, Paulo (2005), *Modelo Organizacional das Universidades Públicas Portuguesas; Referencial de Inovação suportado em Sistemas de Informação/Tecnologias de Informação e Comunicação (SI/TIC)*. Tese de Doutoramento. Universidade de Évora.

RESENDE DA SILVA, Paulo (2006), "Um enquadramento sobre a Responsabilidade Social das Empresas (RSE): uma abordagem gestionária". Seminário sobre Responsabilidade Social. Évora: Fundação Eugénio de Almeida, 19 e 20 de Outubro.

SÁNCHEZ HERNÁNDEZ, Mª Isabel (2008), "La Responsabilidad Social de las Universidades y el Nuevo Espacio de la Educación Superior en Europa" in Gallardo Vázquez, Dolores e Sánchez Hernández, Mª Isabel, *Responsabilidad Social Corporativa en España y Portugal.*. Serie Estudios Portugueses, 33. Mérida: Junta de Extremadura, 181-191.

SÁNCHEZ-SOSA, J.J. e Lerner-Febres, S. (2002), "Academic freedom and social responsibility: the role of university organisations and possible instruments for international monitoring". *Higher Education Policy*, 15, 385-390.

SANTIAGO, Rui A. (1997), "O conceito de qualidade no ensino superior: mitos e realidades". Congresso do Fórum Português de Administração Educacional. Vilamoura: Novembro.

SAVITZ, Andrew W. (2007), *A empresa sustentável; o verdadeiro sucesso é o lucro com responsabilidade social e ambiental*. São Paulo: Editora Campus/Elsevier.

SPORN, Barbara (1999), *Adptative university structures: an analysis of adaptation to socio-economic environment of US and European universities*. London: Jessica Kingsley Publishing.

UE. *Promover um quadro europeu para a responsabilidade social das empresas*. Acedido a 30 de Dezembro de 2009 em http://eur-lex.europa.eu/LexUriServ/site/pt/com/2001/com2001_0366pt01.pdf.

CAPÍTULO VII

A questão ambiental
e o desenvolvimento sustentável

RESPONSABILIDADE SOCIAL EMPRESARIAL E SUSTENTABILIDADE (DINÂMICAS NA SOCIEDADE PORTUGUESA)

Elizabeth de Melo Rico[1]

Resumo: O artigo Responsabilidade social empresarial e sustentabilidade (dinâmicas na sociedade portuguesa), parte da pesquisa pós-doutoral realizada junto ao Centro de Estudos Sociais (CES) da Universidade de Coimbra, apresenta o resultado de reflexões sobre as questões históricas, políticas e econômicas que impulsionaram o movimento de responsabilidade social das empresas no mundo, o gradativo envolvimento do empresariado na questão social e na sustentabilidade do planeta que se apresentaram como possíveis soluções para equacionar e controlar o caos social, derivado das conseqüências impostas pelo atual sistema político-econômico rearticulado sob novas bases a partir da crise internacional do capital. Os aportes teóricos derivam da experiência da autora em projetos de responsabilidade social empresarial no Brasil, voltados à compreensão das formas como aquela vem sendo assumida pelas empresas portuguesas, o papel do empresariado, do Estado e de organizações da sociedade civil no que se refere à realização de projetos sociais empresariais em Portugal ("boas práticas").

Palavras-passe: responsabilidade social empresarial, sustentabilidade, gestão de projetos.

---

[1] Doutora pelo Programa de Pós Graduação em Ciências Sociais da Pontifícia Universidade Católica de São Paulo; professora assistente doutora na disciplina de Gestão Social em Programas e Projetos Sociais; pesquisadora nas áreas de Responsabilidade Social Empresarial e Sustentabilidade, com várias publicações; profissional em Gestão de Programas e Projetos Sociais Organizacionais, Coordenação do Setor de Serviços Sociais e Benefícios em empresas privadas brasileiras. Realizou o Pós Doutorado no Centro de Estudos Sociais (CES) da Universidade de Coimbra, desenvolvendo o projeto de pesquisa *A Responsabilidade Social e o Estado:* exigências para o Desenvolvimento Sustentável, com financiamento da CAPES (Coordenação de Aperfeiçoamento de Pessoal de Nível Superior), do Ministério da Educação, Brasil.

Introdução

Recentemente, na Conferência de Copenhague (COP15),[2] em dezembro de 2009, nossos olhares dirigiram-se aos representantes políticos dos países nela presentes, na expectativa de que seriam tomadas decisões no sentido de conter o aquecimento global, os níveis de exaustão do solo, o desmatamento predador, a ausência iminente de água potável, o desaparecimento de espécies animais e vegetais e os estragos da poluição despejados na natureza. Esperava-se, embora com grande cautela, dos países industrializados,[3] que alcançaram ao longo dos anos um patamar de desenvolvimento econômico e social, liderados pelos Estados Unidos,[4] que assumissem e liderassem medidas urgentes, efetivas e de justiça climática cujo objetivo seria o controle do desequilíbrio global, ao lado da China[5] e dos chamados países emergentes (Índia,[6] Brasil, dentre outros).

Apesar de a Convenção (COP15) reconhecer que cabe às nações do Norte desenvolvido a primeira responsabilidade quanto a medidas referentes ao aquecimento global não foi isso o que se observou ao final da Conferência do Clima, fracassada e insuficiente ao não formular um acordo para conter o aquecimento global ao adiar as expectativas para 2010. Tudo que lá foi feito

---

[2] A COP15-15ª. Conferência das Partes da Convenção Marco das Nações Unidas sobre a Mudança Climática – realizada em Copenhague, Dinamarca, reuniu representantes de 192 países tendo por missão chegar a um acordo mundial para conter o ritmo do aquecimento global.

[3] As atuais existências de gases de efeito estufa na atmosfera são resultado acumulado de emissões durante os últimos 200 anos, pelos quais os países industrializados são os principais responsáveis.

[4] A posição dos Estados Unidos, mesmo agora sob a liderança de Barack Obama, era conhecida antecipadamente no sentido de que as propostas que vinham sendo apresentadas eram insuficientes no sentido de contenção das emissões de gases de efeito estufa, delegando à Europa e aos países pobres ou muito menos ricos, que estabelecessem esse controle.

[5] A China está colocada à parte em relação aos países emergentes, porque tem assumido posições individualistas, uma vez que segue extraindo a maior parte de sua energia do carbono. Outra questão é que, embora o país tenha anunciado, antes da Conferência que se comprometeria a reduzir em 40 a 45% até 2020 a sua intensidade carbônica, não se propunha a transformar suas promessas em metas obrigatórias.

[6] A Índia vem se apresentando como um destacado ator do Grupo de 77 países que tem uma plataforma de negociação comum, fundamentada por um lado, que as reduções deveriam ser feitas pelos países do Norte desenvolvido e argumentando, por outro, que as suas emissões de gases por habitante estão abaixo da média mundial (1,9 tonelada), das 3,9 toneladas emitidas pela China e das 24.3 toneladas dos Estados Unidos.

serviu de pretexto para protelar e adiar providências, tidas como inadiáveis em defesa da vida das pessoas, da terra, da natureza e do meio ambiente. Além disso, o pacto firmado durante a Convenção do Clima esclarece:primeiro, os países do Sul devem inicialmente trabalhar para erradicar a pobreza através do desenvolvimento econômico, e segundo,os ricos devem ajudar aqueles em seus esforços de mitigação dos efeitos tanto por meio de uma compensação financeira quanto por transferência de tecnologia. (Lal, 2009)

A esse respeito, a Coordenadora do Instituto Brasileiro de Defesa do Consumidor coloca:

> O desafio que enfrentamos é de garantir à boa parte da população mundial, que até hoje está excluída do mercado de consumo, que tenham acessos a bens e serviços essenciais para uma vida digna. Mas, de fato, precisamos dessa revolução tecnológica que garanta que as alternativas não vão ser só para parte da população, que tem condições de pagar por carros mais eficientes ou por comida sem agrotóxico, temos que garantir que esses produtos e serviços "sustentáveis" cheguem para todas as pessoas que hoje não tem acesso a esse consumo. É uma revolução que precisamos fazer no padrão de consumo. (Gunn, 2009)

Nesse aspecto, Copenhague significava o encontro, a discussão, a negociação de medidas que pudessem colocar à humanidade a concepção e a construção de um novo tipo de sociedade baseada no respeito dos direitos humanos da grande maioria: fazer com que acreditássemos que outra lógica nas relações entre os países e suas comunidades, seria possível. Mesmo que ínfimo, mas um passo significativo em direção a outro modo de ser nas relações entre os povos. Em direção à sustentabilidade. E é disso que trata o nosso artigo: da sustentabilidade que incorpora o conceito de responsabilidade social, não só das sociedades como um todo, mas e, principalmente, das empresas que estão diretamente envolvidas nessa temática, porque são agentes igualmente responsáveis, não só pelo desenvolvimento econômico alcançado pelas sociedades do Norte desenvolvido, mas também pelas trágicas consequências que esse modo de produção provocou. Além disso, as empresas são os principais atores econômicos impulsionadores do desenvolvimento de muitas nações à custa da extração de reservas naturais, pela emissão de gases de efeito estufa, o que contribui para o aumento da poluição do planeta. Por outro lado (e não menos importante), elas são igualmente os agentes, que no uso das mais variadas formas de tecnologias, poderão inovar e renovar as formas de produção e prestação de serviços sustentáveis.

Como poderá se observar, mais à frente, qualquer discussão de Responsabilidade Social Empresarial implica necessariamente a discussão de Sustentabilidade. Portanto, torna-se praticamente impossível, nos dias hodiernos, realizar uma reflexão sobre a Responsabilidade Social das Empresas se não a situarmos nesse contexto.

A Responsabilidade Social Empresarial emerge num momento de desenvolvimento do próprio capital, da sociedade de produção sob a égide do capitalismo. Com a derrocada de estado de bem estar social[7] em que o Estado vinha suprindo benefícios ao trabalhador que lhe garantissem um padrão de qualidade de vida, atendendo às suas necessidades básicas, as empresas observam um aspecto fulcral: não poderiam mais contar apenas com a qualidade[8] de seus produtos ou dos serviços prestados para serem competitivas, e atingirem o seu objetivo final, o lucro, Era preciso mais do que isso. Além de seduzir o consumidor para que consumisse um produto em detrimento de outro, a empresa passa a demonstrar sua preocupação com as vantagens do consumo e o que isso acarretaria ao indivíduo, uma vez que procura eliminar gradativamente as desvantagens daquele produto ou serviço. Ou seja, esse algo a mais, apresentado por determinado produto ou serviço denomina-se de vantagem competitiva[9].

---

[7] Entendemos que o estado de bem estar social *(Welfare State)* foi o modelo político-econômico adaptado para reconstrução da Europa após a 2ª Guerra Mundial – objetivava frear o avanço do socialismo com a proposição de um capitalismo que trouxesse progresso econômico e bem-estar social. Constituiu-se a partir de um Estado democrático para controlar as esferas públicas e privadas e garantir níveis mínimos de condições sociais. Nesse sentido, o excedente econômico seria capaz de atender necessidades relativas à seguridade social, estruturais e/ou emergentes da população, tais como: desemprego, acesso a serviços de saúde, de ensino, precariedade de moradia, dentre outras.

[8] A questão da qualidade do produto e dos serviços prestados pelas empresas foi uma estratégia derivada da mudança na forma de gestão do negócio da empresa. Na década dos anos de 1980, surgem vários "gurus" que discutem formas de aperfeiçoamento dos produtos e posteriormente dos serviços. Esse movimento, relativo à alteração na forma de gestão das empresas, que teve sua origem no Japão denominou-se Qualidade Total e/ou Excelência Organizacional, acompanhado de outros movimentos tais como o *Kaban* e o *Just in Time*. Derivadas desse movimento surgiram normas de certificação de qualidade de produtos e serviços, as conhecidas ISO.

[9] Vantagem competitiva é um termo derivado do movimento sobre a Qualidade Total e/ou Excelência Organizacional que significa o diferencial que um produto deve possuir em relação a outro para que se torne competitivo no mercado, ou seja, que apresente variáveis, aspectos mais interessantes (que não só o preço) que levem o consumidor a preferi-lo em detrimento de outro.

Além disso, a vantagem competitiva adequou-se ao processo de exigência do consumidor e das demandas emergentes da sociedade nos fins do século XX e neste início de milênio. As doenças provocadas pela poluição dos carros movidos a gasolina, e pela emissão de gases das empresas que produzem esses mesmos veículos (e aqui está um dos maiores problemas da sustentabilidade – a questão energética); até quando aquelas poderão ser suportadas pelos seres humanos mesmo à custa dos grandes avanços científicos? As empresas automobilísticas conhecem bem esse problema e a cada ano que passa, divulgam a produção de carros com características que evitem gradativamente a emissão dos gases de efeito estufa, movidos, por exemplo, a energia elétrica. Todavia, sabemos de antemão que a substituição do petróleo como energia consumida, não só pelos veículos automotores, implicaria uma redução drástica da oferta desse combustível pelos países produtores, o que, sem dúvida, não é uma atitude a ser esperada. Além disso, um carro movido por energia elétrica é muito caro para o bolso do consumidor e muito menos atrativo. Mesmo o álcool, outro combustível muito utilizado no Brasil, por longo período pela relação custo/benefício, hoje possui praticamente o mesmo preço que o do litro da gasolina.

Adequar-se às demandas de um consumidor que está cada vez mais bem informado sobre os danos que o aquecimento global vem acarretando à população é igualmente um fator relativo. A sociedade civil, embora tenha avançado nos últimos anos seu nível de organização não tem conseguido exigir do Estado, das empresas e, por que não dizer de si mesma, uma atitude de maior responsabilidade no que se refere a medidas que possam garantir sua qualidade de vida. Muito embora em relação à COP15, presenciamos ao longo de 2009, o crescimento de um processo de articulação e mobilização social em todo o planeta. Milhares de abaixo-assinados percorreram o mundo inteiro exigindo medidas urgentes aos chefes de estado e diplomatas. 100 000 pessoas marcharam no dia 12 de dezembro em Copenhague. Todavia, temos muito que percorrer.

Ainda é preciso assinalar que estamos chegando ao limite no nosso modo de vida e nos nossos métodos de gestão econômica e financeira. Estamos imersos em várias crises, incluindo uma ampla crise social. Poderemos aqui exemplificar, dentre muitas, as desigualdades econômico-sociais presentes nos países emergentes, como é o caso do Brasil. Entre 2004 e 2008, a pobreza extrema, aquela cujas pessoas recebem até 25% de um salário mínimo por mês (no Brasil, R$ 450,00), diminuiu 1,8%, e a pobreza absoluta, que inclui os indivíduos que ganham até a metade de um salário mínimo, caiu para 3,1%. Mesmo assim, a desigualdade econômica permanece alta e sem grandes perspectivas de redução. A projeção do índice Gini (quanto mais próximo de zero, menor é a desigualdade de renda num país e quanto mais próximo de 1 maior é a concentração de renda) é de 0,488. (Alfonsin, 2010). Mesmo em países desenvolvidos, como é o caso de Portugal, segundo Pereira (2010) há 15 anos a taxa de risco de pobreza era de 23%. "A evolução permite fazer uma leitura de gradual diminuição, constatando-se uma convergência para o nível de pobreza comunitário". (Pereira, 2010:16). Em 2008, último ano para o qual existe estatística, a taxa de pobreza estava em 18% – um ponto acima da União Européia,[10] o que igualmente revela uma situação de desigualdade social no Estado português.

Estamos nos referindo às condições sociais de vida humana. Ou melhor, à questão social que acabou sendo um dos motivos que também desencadeou o processo de Responsabilidade Social das Empresas. Importar-se com as condições de pobreza de uma população que vive nas comunidades locais onde milhares de empresas estão instaladas. Esse fato está absolutamente vinculado às questões de sustentabilidade, as quais fazem parte das reflexões colocadas neste artigo.

A partir dessa contextualização, discutiremos o movimento de Responsabilidade Social Empresarial.

A empresa socialmente responsável

O paradigma em que estão assentados os conceitos aqui colocados refere-se à Responsabilidade Social Empresarial (RSE) que representa um estágio de gestão empresarial, um novo modelo de pensar estratégias, processos, políticas, o que envolve uma relação socialmente responsável das empresas em todas as suas ações, implicando na criação de condições potencializadoras de seus impactos positivos e tornarem-se agentes inovadoras e parceiras na construção de uma sociedade mais justa e sustentável. Supõe-se uma atitude de ouvir os interesses dos diversos públicos com os quais se relaciona os *stakeholders* (funcionários, acionistas, consumidores, prestadores de serviços, fornecedores, comunidade, governo e meio ambiente). Essa forma de gestão

---

[10] Apesar do índice de redução da pobreza, houve aumento do desemprego em Portugal desde janeiro de 2009. O Estado português gastou 465 milhões de euros a mais do que o previsto no orçamento de 2009, para essa finalidade. Todavia, em relação aos pensionistas, que representam 60% das despesas de Segurança Social o Estado diminuiu o gasto previsto (de 6,3% para 4,8%). O mesmo ocorreu com as despesas para a Ação Social, que estavam previstas para 10,4% em relação a 2008 e foram reduzidas para 7,2%.

empresarial integra conceitos e valores no campo da ética, que devem ser os norteadores dos negócios realizados pela empresa, apresentando coerência entre o seu discurso e a sua ação na relação com os públicos envolvidos no seu negócio, os *stakeholders*. Ter por meta o Desenvolvimento Sustentável (a Sustentabilidade) significa uma nova abordagem na criação dos negócios, o que implica novas formas de gestão empresarial, na busca do equilíbrio entre as dimensões ambiental, social, econômica bem como a capacidade de satisfazer as necessidades atuais da humanidade, respeitando a diversidade cultural e conservando a integridade do planeta sem comprometer a sobrevivência das gerações futuras.

O Instituto ETHOS[11] conceitua a Responsabilidade Social Empresarial como:

> a forma de gestão que se define pela relação ética e transparente da empresa com todos os públicos com os quais ela se relaciona e pelo estabelecimento de metas empresariais compatíveis com o desenvolvimento sustentável da sociedade, preservando recursos ambientais e culturais para gerações futuras, respeitando a diversidade e promovendo a redução das desigualdades sociais. (ETHOS, AKATU E IBOPE, 2009)

Na compreensão do Grupo de Institutos, Fundações e Empresas que vêm buscando assumir uma gestão socialmente responsável nos negócios, a Responsabilidade Social Empresarial é uma forma de conduzir as ações organizacionais pautada em valores éticos visando integrar todos os protagonistas

---

[11] O Instituto Ethos de Empresas e Responsabilidade Social é uma organização sem fins lucrativos, caracterizada como Oscip (organização da sociedade civil de interesse público). Sua missão é mobilizar, sensibilizar e ajudar as empresas a gerir seus negócios de forma socialmente responsável, tornando-as parceiras na construção de uma sociedade justa e sustentável. Criado em 1998 por um grupo de empresários e executivos oriundos da iniciativa privada, o Instituto Ethos é um polo de organização de conhecimento, troca de experiências e desenvolvimento de ferramentas para auxiliar as empresas a analisar suas práticas de gestão e aprofundar seu compromisso com a responsabilidade social e o desenvolvimento sustentável. É também uma referência internacional nesses assuntos, desenvolvendo projetos em parceria com diversas entidades no mundo todo. O Instituto ETHOS possui um grande destaque entre segmentos da sociedade civil, do empresariado e mesmo de instituições acadêmicas, por ter sido o primeiro. Instituto a se aproximar da Academia buscando trocas, parcerias que envolvessem o corpo docente e discente na discussão de tão emblemática temática.

RESPONSABILIDADE SOCIAL: UMA VISÃO IBERO-AMERICANA

de suas relações: clientes, fornecedores, consumidores, comunidade local, governo (público externo) e direção, gerência e funcionários (público interno), ou seja, todos aqueles que são diretamente ou indiretamente afetados por suas atividades, contribuindo para a construção de uma sociedade promotora da igualdade de oportunidades e da inclusão social no país. As empresas, adotando um comportamento socialmente responsável tornam-se poderosos agentes de mudança ao assumirem parcerias com o Estado e a sociedade civil, na construção de um mundo economicamente mais próspero e socialmente mais justo. (GIFE-Grupo de Institutos, Fundações e Empresas).[12]

Barreto (2003) elucida três fatores que têm levado as empresas a assumirem responsabilidades até então consideradas da esfera exclusiva do Estado. Em primeiro lugar, o excesso de oferta e a concentração dos meios de produção em todos os segmentos dos negócios, desafiando a sobrevivência das empresas; em segundo lugar, a incapacidade do poder público para atender às demandas sociais e, em terceiro lugar, o aumento da pressão e de mobilizações da sociedade pela solução dos problemas sociais, como as ações comunitárias, os movimentos pela preservação de recursos naturais e os movimentos em defesa da igualdade econômica e social, como é o caso do Fórum Social Mundial (o último foi realizado no Brasil em fevereiro de 2010) e mais recentemente,

---

[12] O GIFE (Grupo de Institutos, Fundação e Empresas) é uma organização social sem fins lucrativos, de caráter associativo, fundada em 1995. Congrega instituições de origem privada que, de forma voluntária e sistemática, investem recursos privados – humanos, técnicos ou financeiros – em projetos sociais com a missão de aperfeiçoar e difundir os conceitos e práticas do uso de recursos privados para o desenvolvimento do bem comum, incluindo-se práticas de combate à exclusão social. Atualmente, congrega 116 das principais instituições de origem privada, fazendo assim, de maneira sistemática, investimentos na área social no Brasil. Foi a primeira Instituição Brasileira e da América Latina a congregar empresas, fundações e instituições que demonstrassem interesse em práticas sociais que superassem a caridade e a filantropia. Desde sua criação (institucionalizada em 1995), o GIFE vem assumindo o papel de disseminar práticas de investimento social privado, o que no seu entender significa ampliar o número de organizações que atuam em prol do bem comum e contribuir para a redução das desigualdades sociais. Em seus 13 anos de existência, o GIFE consolidou-se como uma referência no Brasil sobre Investimento Social Privado e vem contribuindo para a criação de outras associações similares na América Latina, como o GDFE – Grupo de Fundaciones y Empresas, da Argentina. O GIFE é a primeira associação da América do Sul a reunir empresas, institutos e fundações que praticam Investimento Social Privado. A Rede GIFE está ligada a organizações internacionais, como a *WINGS (World Wide Initiatives for Grantmaker Support)* que apóiam, pesquisam e promovem o investimento social privado.

como mencionamos na Introdução deste artigo, da Conferência de Copenhague – COP15. (Freitas, 2008).

Ainda,

> Diante desse quadro, elas (empresas) buscam, na área social e ambiental, estratégias para construir uma imagem institucional diferenciada, alinhada a valores identificados com a cultura de seus mercados, tentando posicionar os seus produtos na preferência de seus consumidores. (Barreto, 2003: 34)

Poderemos compreender e situar melhor a gênese da Responsabilidade Social Empresarial a partir do desenvolvimento do capitalismo na esfera mundial.

Segundo Rico e Carvalho (2010), a expansão da indústria durante o final do século XIX foi caracterizada pela massificação da produção e do consumo, racionalização das tecnologias e uma detalhada divisão do trabalho, influenciada pela teoria de administração de Frederik Winslow Taylor. Esse período foi denominado pelo binômio fordismo/taylorismo e caracterizou-se pelo avanço da industrialização de massa, pela rigidez das linhas de produção, padronização dos procedimentos, concentração de estoques, pagamento de altos salários e aumento do consumo. O crescimento econômico então alcançado permitiu ao capital ganhos expressivos de produtividade, da produção em massa, representando o "anos dourados" do capitalismo.

Rico (2008) destaca que a partir da década dos anos de 1970 com a falência do *Welfare State*, a crise do petróleo, o clímax da alta inflacionária, a estagnação das relações de mercado e o baixo crescimento econômico forjaram o surgimento de uma nova cultura e de ações políticas de inspiração neoliberal no mundo do trabalho. Em decorrência disso ocorre um processo de flexibilização, não somente referente às estratégias de produção e racionalização através de novas tecnologias, processos de trabalho, estoques, tempo de giro do capital, produtos, padrões de consumo, como também referente às condições de trabalho, aos direitos e aos compromissos do Estado em relação à classe trabalhadora.

Nesse novo cenário, Rodrigues (2006) afirma que o mercado de trabalho é atingido, rompendo-se o relativo e tenso equilíbrio anterior entre capital, trabalho e Estado dimensionando uma crise sem precedentes no mundo do trabalho. A década dos anos de 1980 caracteriza-se por uma intensa reestruturação econômica e produtiva da economia mundial, sob o comando dos países avançados economicamente e a modernização amplia os ganhos de produtividade e proporciona o surgimento de um novo padrão tecnológico.

Sabemos que a contradição fundamental da sociedade capitalista localiza-se na esfera da produção do trabalho coletivo e da apropriação privada da atividade, assim como das condições e frutos do trabalho. O modo capitalista de produção promove por um lado, uma possibilidade de o homem ter acesso à natureza, à cultura, à ciência, desenvolver as forças produtivas do trabalho social, dentre outras. Contudo, por outro lado, faz crescer a distância entre a concentração/acumulação de capital e o aumento da miséria e da pauperização que atinge a maioria da população no mundo todo, inclusive naqueles considerados "primeiro mundo".

A passagem do modo fordismo/ taylorismo de acumulação capitalista dominante dos anos de 1920 até os anos de 1970 para o modo de flexibilização nas relações de trabalho como forma de superar a crise do capital denominou-se Globalização.[13]

Rico e Carvalho (2010) nesse processo compreendem que a flexibilidade e seus derivados tornam-se as novas palavras de ordem na reestruturação produtiva, contrários à rigidez fordista, superficialmente colocada como responsável pelas contraposições inerentes ao capitalismo. O sistema financeiro globalizado ganhou autonomia e gerou riscos que tornam os Estados, principalmente os dos chamados países em desenvolvimento e/ou emergentes muito vulneráveis e frágeis nas decisões territoriais.

Portanto, ao mencionar que o movimento de responsabilidade social surge a partir de uma fase do desenvolvimento do capitalismo, significa traduzi-lo como uma resposta que as empresas foram dando às mazelas sociais. As empresas percebem que ao realizarem ações sociais na comunidade em que vive o seu consumidor, estão agregando valor ao seu produto – um aspecto inerente do modo capitalista na obtenção do lucro. Em várias pesquisas realizadas, nos últimos anos, tendo por objetivo mensurar os motivos que levam o consumidor a preferir um determinado produto, observou-se uma clara tendência pela compra de um artigo relacionado a uma empresa que possua um

---

[13] A Globalização é um dos processos de aprofundamento da integração econômica e social dos países do mundo no final do século XX; é um fenômeno observado na necessidade de formar uma aldeia global que permita maiores ganhos para os mercados internos. As suas principais características são a homogeneização dos centros urbanos, a expansão das corporações para regiões fora de seus núcleos geopolíticos, a revolução tecnológica nas comunicações e na eletrônica, a reorganização geopolítica do mundo em blocos comerciais regionais (não mais ideológicos), a hibridização entre culturas populares locais e uma cultura de massa supostamente "universal", entre outras.(WIKIPÉDIA, 2006).

projeto social, uma "boa prática" que realize algum tipo de melhoria à população local e/ou mesmo mundial (desde que essa prática tenha referências próximas à população, como é o caso dos problemas ambientais, da erradicação da pobreza, do analfabetismo, erradicação do trabalho infantil, dentre outras) do que adquirir um produto de uma empresa que não realize esse tipo de ação.

Assumir projetos sociais, ou "boas práticas" passa a ser um imperativo para as empresas que não querem perder sua fatia no mercado. Ainda, incorporar projetos sociais na sua prática de gestão de negócios tornam-nas instituições reconhecidas socialmente. Num mundo em que as injustiças sociais estão a merecer o devido enfrentamento por parte das autoridades políticas e, mesmo da sociedade civil, o empresariado, que incorpora à sua gestão de negócios a dimensão social torna-se um indivíduo respeitado socialmente. Mesmo que os seus projetos sociais, muitas vezes, não tenham continuidade e sejam apenas meras jogadas de marketing. Muitos empresários ainda estão apostando nisso. Na sua imagem a qualquer custo. E outros que, ainda, não se deram conta que a vantagem competitiva do projeto social é sua mais valia.

Seabra (2008) comenta que Milton Friedman, economista americano da Escola de Chicago, um dos maiores expoentes das correntes neoliberais, escreveu, na década dos anos de 1970, que a Responsabilidade Social Empresarial seria a utilização dos recursos da empresa, tendo por respeito às regras de mercado para defender e aumentar os lucros dos proprietários e/ou acionistas. Ainda, Seabra acrescenta ser aquela uma responsabilidade social do negócio, o que possibilita a empresa ser socialmente responsável.

Nas entrevistas realizadas[14] para o nosso projeto Pós Doutoral do CES, um dos nossos entrevistados, GR. (RSO – Consultores de Responsabilidade Social), tece comentários sobre o engajamento do empresariado(cf. *supra)* nas questões de Responsabilidade Social ao referir-se ao caso das pequenas e médias empresas portuguesas na União Européia:

> Há um estudo realizado nas PME européias, no início desta década, que diz que em relação à responsabilidade social, as empresas estão divididas em dois grupos:

---

[14] O nosso projeto de Pós Doutoramento (CES) implicou a realização de entrevistas, cujos nomes dos entrevistados manter-se-ão abreviados, neste artigo. Decorridas entre os meses de julho e setembro de 2009, as respectivas entrevistas foram feitas junto às mais representativas Associações Empresariais portuguesas (BCSD Portugal, GRACE e RSO – CONSULTORES de Responsabilidade Social), às duas maiores Centrais Sindicais em Portugal, (a CGTP-IN e a UGT), bem como à maior ONGA ambientalista – a QUERCUS.

há um grupo que acredita que vale à pena investir em RSE e outro que não vale à pena e não está nem aí (sic) e que essa questão não lhes pertence. Continua a existir um grupo que caminha na linha de Milton Friedman, no sentido de que *"Business is Business"*, que o objetivo das empresas deve ser a riqueza para os acionistas e é isso o que elas têm que fazer (sic). O que não significa que elas, para atender esse objetivo, não optem por fazer responsabilidade social, mas esta finalidade acaba sendo secundária. Hoje acredito que o número de empresas que está sendo sensibilizada para essa matéria tenha aumentado.

Para Seabra (2008) a Responsabilidade Social ultrapassa o cumprimento das exigências mínimas da lei pela empresa, o que significa que as obrigações sociais da empresa devem contribuir para o reforço da sua reputação, mantendo-se, dessa forma, a fidelização aos clientes. Portanto, potencializa-se a criação de valor agregado para a sociedade como um todo. Ainda que a maioria das empresas autodenominadas socialmente responsáveis entenda que, para isso, basta o simples cumprimento legal.

Em entrevista concedida por CA. da UGT, este chegou à seguinte reflexão sobre as práticas consideradas responsáveis socialmente:

> Temos que separar, sobretudo, duas coisas em relação às empresas que falam em responsabilidade social: uma coisa é uma boa prática; outra coisa é responsabilidade social e uma política de desenvolvimento sustentável. Mas as empresas, muitas vezes, continuam a desenvolver iniciativas pontuais, que constituem boas práticas, mas continuam a ser pontuais, isoladas. E para que haja uma política de desenvolvimento sustentável das empresas, é necessário que elas desenvolvam determinados mecanismos de aperfeiçoamento contínuo, gestão na área de qualidade [...] outras vezes, superando a incapacidade organizacional que os nossos empresários manifestam [...] é preciso dar um passo qualitativo(sic) no sentido dessas práticas isoladas (sic) transformarem-se numa política continuada e sustentada por parte da própria empresa.

Os comentários (cf. *supra*) delineiam uma postura do empresariado português (representantes de empresas públicas, estatais, privadas nacionais e multinacionais), até o presente momento, quanto à inserção na sua gestão de negócios sobre as "boas práticas" de Responsabilidade Social Empresarial (RSE), o que deve envolver toda a administração da empresa, considerando a sua cúpula dirigente, os seus funcionários, os seus fornecedores, os consumidores, os acionistas e a comunidade de seu entorno a qual participa direta ou indiretamente dos impactos dos negócios. A preocupação empresarial portuguesa, em termos de gestão de negócios, está mais dirigida ao que lhe proporcione um efeito imediato, em termos de imagem junto ao público, e com isso, garante-se a lucratividade da empresa. Para quem investe em RSE (sem contar às empresas que não estão preocupadas com essa questão), o ponto axial é a divulgação da marca. O marketing é mais relevante do que manter e dar continuidade a uma "boa prática".

É o que demonstra uma pesquisa realizada pela KPMG[15] (2007), em que o universo total da amostra compunha-se das 536 maiores empresas de Portugal. Do universo inicial, 103 empresas responderam ao inquérito (o que significa 19% do total), sendo que destas apenas 33 (34% da amostra inicial) responderam que publicavam informação relativa à sustentabilidade; 60% publicavam relatórios independentes (outros tipos de relatórios em que eram incluídas informações sobre práticas de sustentabilidade das empresas). Ao se analisarem os motivos pelos quais realizavam aquele tipo de publicação, afirmou-se ser o maior benefício à melhoria do desempenho operacional e da gestão, embora a principal motivação estivesse relacionada com a reputação/marca das empresas. Este fator reforça a afirmação a esse respeito (cf. *supra*): na sua totalidade as empresas portuguesas estão ainda muito mais preocupadas com o impacto que um relatório de sustentabilidade pode causar do que em relação à implantação de uma "boa prática" e com a sua continuidade, o que de fato a médio e longo prazo reverteriam em benefícios concretos para os públicos com os quais se relaciona a organização empresarial. Dentre outros motivos apontados para a publicação dos relatórios, destacam-se: "questões éticas", "inovação e aprendizagem" e "gestão do risco ou minimização do risco".

Outra observação fundamental refere-se ao conteúdo dos relatórios de sustentabilidade cujo processo de sua seleção baseia-se no GRI (*Global Reporting Initiative*),[16] sendo, a nosso ver, um aspecto positivo uma vez que essa organi-

---

[15] A KPMG, em Portugal, em colaboração com o BCSD Portugal (Conselho Empresarial para o Desenvolvimento Sustentável) e a Informa D&B, realizou um inquérito on line, em 2006, as 536 maiores empresas portuguesas. Foi o primeiro estudo desenvolvido em Portugal sobre publicação relativa à sustentabilidade.

[16] O *Global Reporting Initiative* é uma organização sem fins lucrativos, com sede nos EUA, que desenvolveu um conjunto de diretrizes para a produção de relatórios de sustentabilidade. As Diretrizes GRI G3 foram formuladas para a produção de relatórios de sustentabilidade, abrangendo as vertentes econômica, ambiental e social, desenvolvidas pelo próprio GRI e publicadas em 2006.

zação notabilizou-se internacionalmente pelos estudos de sustentabilidade. Todavia, uma afirmação resultante da pesquisa é a de que praticamente inexiste a consulta aos *stakeholders* (públicos diretamente ligados ao processo de gestão das empresas), uma vez que 60% das entrevistadas afirmou que a identificação dos aspectos referentes à sustentabilidade ocorreu com base em questões colocadas indiretamente pelos mesmos – *stakeholders* (indubitavelmente este não pode ser considerado um aspecto confiável de pesquisa). Quanto à questão de verificação do relatório (avaliação das práticas de sustentabilidade por um departamento específico da organização e/ou por uma consultoria contratada) mostrou-se ser aquele aspecto irrelevante, uma vez que apenas 42% das empresas afirmaram que essa prática é utilizada. O principal benefício identificado para tal verificação é o aumento da reputação e da credibilidade das empresas, sendo o principal constrangimento apontado o custo associado à verificação externa. Ainda averiguamos na análise do relatório da KPMG, que das 103 empresas participantes do inquérito, apenas 64 gostariam de ter os seus nomes publicados no relatório divulgado. Numa primeira aproximação, observamos que o aspecto de envolvimento com as questões ambientais e/ou de sustentabilidade ainda não se constitui um fator de importância na gestão dos negócios das empresas e o fato destas proporcionarem a devida transparência ao que realizam não é uma atitude que as deixa em situação confortável.

Para Mifano (2002), a Responsabilidade Social das organizações surge num contexto de uma crise mundial de confiabilidade nas empresas (conjuntura dos anos de 1980). Para tanto, as organizações empresariais começaram a promover um discurso politicamente correto, pautado na ética, implantando ações sociais que podem significar ganhos em condições de qualidade de vida e trabalho para a classe trabalhadora, ou, simplesmente, tornarem-se mero discurso de marketing empresarial desvinculados de uma prática socialmente responsável (cf. *supra*, pesquisa da KPMG).

Conforme aponta um dos nossos entrevistados, as empresas chegam a divulgar uma imagem de Responsabilidade Social Empresarial, via meios de comunicação e marketing, mostrando-se socialmente responsáveis quando efetivamente sequer cumprem os quesitos mínimos das normas amplamente difundidas do que vem a ser a RSE.

Segundo JC. da UGT, não é o cumprimento, inclusive, das normas que garante a uma empresa ser socialmente responsável. Vejamos:

A Responsabilidade Social e Sustentável não deve ser olhada do ponto de vista dos "flashes", do marketing [...] que este projeto foi financiado pelo não sei o quê(sic);

que o teatro São Carlos foi pago pelo Millennium/BCP [...] Uma empresa é responsável socialmente se no quadro dos seus empregados não houver trabalho precário, por exemplo [...] A dignidade de uma empresa tem a ver, do ponto de vista da responsabilidade, com o meio social onde está inserida, o tipo de formação que dá aos seus trabalhadores, se está aqui (em Portugal) só de passagem ou se de fato vai estar aqui (sic), o que exige uma adaptação continuada da sua própria estrutura para se manter no mercado [...] Essa aposta pela responsabilidade social é de fato uma responsabilidade social, quer seja pelas famílias dos empregados e outras questões[...] Será que é legítimo defendermos uma empresa ambientalmente sustentável aqui (em Portugal), quando ela manda sua escória para países subdesenvolvidos?(sic) Será que podemos atribuir um certificado para essa empresa?

Entendemos que aqui se coloca a grande contradição da empresa socialmente responsável, uma vez que, em qualquer projeto social que se promova, este se atrelará inevitavelmente à perpetuação do lucro da empresa, do negócio, isto é ao seu objetivo principal.

Uma das conseqüências de um projeto social, bem sucedido é o seu reconhecimento institucional, comunitário e social, em outras palavras, a construção de uma imagem positiva por meio de um investimento que contribuiu diretamente para a melhoria da vida comunitária, provocando impactos positivos. Ressaltamos, com isso, que um projeto social envolve uma articulação com a missão de uma empresa, com os seus pressupostos ético-políticos, com a forma de relacionamento empregado-empregador, dentre outras questões. Portanto, o ponto de vista de JC. da UGT(cf. *supra*) faz todo o sentido. Como considerar uma empresa responsável socialmente se ela não possui uma postura de respeito às condições de trabalho dos seus funcionários?

As organizações empresariais têm como tendência financiar atividades, dando preferência àquelas relacionadas com os bens e serviços que produzem ou comercializam. Há uma preocupação no sentido de avaliar, até que ponto, as práticas de Responsabilidade Social de uma empresa são percebidas pelo consumidor e como desenvolver um planejamento integrado em que as ações sociais sejam incorporadas à valorização da marca da empresa. (Rico, 2008)

Em resposta à essa questão, acrescenta Credidio,

Nem sempre o caminho é fácil. As instituições que desejarem trilhar o caminho da sustentabilidade se depararão com vários obstáculos. Atualmente, as organizações da sociedade civil, ativistas, formadores de opinião, parte da mídia, alguns de seus empregados, clientes, consumidores e investidores desejam – e muitas vezes, pressionam – as empresas a abraçarem um desenvolvimento sustentável. Entretanto, a prioridade que as diretorias das companhias deveriam conferir a essa forma de gestão ainda não está clara. (Credidio, 2009:3)

LR. (BCSD), sobre o assunto, também afirma:

As empresas devem ser despertadas pelo tema (RSE) e aí nós (BCSD) temos um papel a desempenhar. Sem dúvida, há uma tentação das empresas (sic) obterem benefícios com as práticas de responsabilidade social sem passar (sic) pela parte mais trabalhosa (o que significa o seu real engajamento na implementação dessas práticas). Nós (BCSD) alertamos para o risco de não se permanecer nas ações de curto prazo, muito embora tenham práticas de curto prazo. A eco-eficiência, por exemplo, é o tipo de resultado que a empresa pode obter na sua conta de energia. Mas, nós temos que alertar para o risco do que são as boas práticas e os investimentos de longo prazo que têm a ver com a gestão de risco, da reputação, da tendência dos grandes mercados. Além disso, evitar que a discussão fique fechada num grupo de especialistas, envolvendo a empresa como um todo. Há também a tendência de se fazer um relatório de sustentabilidade muito bonito, mas depois, no dia a dia, esquecer-se do que foi dito e do que foi feito (sic). Enfim da importância de manter-se alinhado nessa situação.

Vale ressaltar algumas diferenças a respeito do movimento de Responsabilidade Social entre as empresas brasileiras e as portuguesas no sentido de estabelecer-se uma melhor compreensão dos projetos sociais e/ou das "boas práticas". Essa abordagem, também, justifica-se porque houve certo consenso entre os nossos entrevistados de que o Brasil possui um maior desenvolvimento em relação aos projetos sociais empresariais comparados com o Estado de Portugal.

Entendemos que, em Portugal, o movimento de Responsabilidade Social Empresarial é relativamente recente, uma vez que o maior impulso do seu processo de industrialização e modernização teve suas peculiaridades, dentre as quais destacamos o processo de abertura econômica e política ocorrida a partir da revolução de 1974. Segundo Maxwell (2006), a revolução decapitou um sistema econômico chefiado por pequenos grupos de cartéis familiares. Com a nacionalização de empresas gigantescas, o Estado tornou-se participante direto em sua administração e financiamento. Em conseqüência disso, emergiram novas associações ou *lobbies*, incluindo os empresários e empreendedores menores bem como os agricultores e proprietários de terra. Outro fator, imposto ao empresariado para assumir uma nova postura diante dos negócios, foi a integração de Portugal à União Européia em 1986, que, apesar de ter aberto ao país a infusão de capital estrangeiro e a concorrência por novos meios de acesso ao mercado e à mídia, exigiu a modernização e adequação do respectivo empresariado ao ritmo de outros países da Europa, tornando-se, portanto mais competitivo (esta questão, nos últimos cinco anos aproximadamente, começou a ser ressentida negativamente pelo cidadão português que vê essa integração como uma forma de perda de poder e *status* do seu país). Acresce-se, a isso, o papel que o Estado Português vem assumindo, pós revolução de 1974 (queda da ditadura de Salazar) adotando um modelo de seguridade social que inclui o provimento às necessidades básicas do cidadão (saúde, educação, moradia, aposentadoria, seguro-saúde, seguro--desemprego, dentre as principais).

Nesse sentido, é possível explicar porque não há interesse no financiamento de projetos sociais da iniciativa privada. Este aspecto reiteradamente exposto pelos representantes de Associações Empresariais demonstra que o Estado não tem interesse em financiar ou ser parceiro de projetos sociais empresariais promovidos pela iniciativa privada, como também a projetos relativos ao meio ambiente. Igualmente a Diretora da QUERCUS, a maior ONG ambientalista em Portugal ratifica o desinteresse do Estado na participação em projetos sociais ambientais promovidos por organizações não-governamentais. Nesse particular acrescentamos que há um distanciamento do Estado português em relação às questões de sustentabilidade.

Tal fato revela uma postura de indiferença diante dos problemas que envolvem diretamente o cidadão. Observamos esse desinteresse, por exemplo, quando da ocorrência em setembro de 2009 das eleições Legislativas (indicação do Primeiro Ministro ao Estado Português). Ao examinarmos a pauta dos principais partidos concorrente às eleições (Partido Socialista, Partido Social Democrata, Partido Popular, Bloco de Esquerda e Coligação Democrática Unitária), percebemos que nenhum deles incluiu e/ou fez referência explícita a questões relativas ao meio ambiente e à sustentabilidade.

Diante dessas questões pontuais, é possível compreender as razões pelas quais as empresas portuguesas foram levadas a inserirem-se, muito mais recentemente, no movimento de responsabilidade social.

Aos referidos fatores, acrescentam-se ainda, outros motivos. Primeiro, há em Portugal, uma concentração de pequenas e médias empresas em relação às grandes, sendo que estas historicamente foram pioneiras na implantação de projetos de Responsabilidade Social Empresarial. Segundo, o empresariado português tem demonstrado dificuldades em assumir formas de gestão empresariais mais competitivas, produtivas, modernizantes e desvinculadas diretamente à obtenção do lucro. Fatores esses ratificados pelos entrevistados e pela pesquisa realizada pela KPMG. (cf.*supra*)

Nesse sentido, reforça-se na Introdução do livro de Santos (2006) cujo foco é a Responsabilidade Social nas PME (Pequenas e Médias Empresas) em Portugal, o fato histórico de que o movimento de Responsabilidade Social Empresarial iniciou-se associado às empresas de grande porte e, mais especificamente, às de origem multinacional, uma vez que estas dispõe de um número maior de recursos para implementar suas práticas de responsabilidade social. A autora acentua, também, que tais empresas possuem maior capacidade em utilizar os *media*, obtendo, assim, uma maior visibilidade das ações desencadeadas em que:

> A produção de relatórios de sustentabilidade, a divulgação de boas práticas, o marketing de causas, são alguns dos meios utilizados para transmitir uma mensagem de maior responsabilidade e de exercício de uma cidadania activa. (Santos, 2006:16)

Santos (2006) comenta, ainda, questões relativas às dificuldades de as pequenas e médias empresas, que totalizam 90% das empresas portuguesas, possuem para introduzir as práticas de RSE. Nas pequenas e médias empresas, freqüentemente limitadas a restrições de tempo, dinheiro e recursos, a RSE surge a partir de três aspectos básicos, a saber: a) eficácia de gestão; b) associada à filantropia dos seus responsáveis; c) ao desejo voluntário de participação junto á comunidade onde estão inseridas. O referido enfoque associa-se à adoção de medidas simples, baratas e com resultados concretos.

Todavia, GR. (RSO – Consultores de Responsabilidade Social) compreende que mesmo as grandes empresas, em Portugal, refletem a cultura e o estágio de desenvolvimento de cidadania do povo português, o qual vê, quase exclusivamente, no Estado, a responsabilidade pelos projetos sociais que devem atender aos interesses da população (a despeito de outros atores que poderiam estar colaborando com o mesmo).

> Na Europa do sul (Portugal, Espanha, Itália) não há uma tradição de cidadania, assim como existe em países do norte europeu. A incorporação de questões de cidadania ainda é muito incipiente em Portugal. Vou dar um exemplo (sic): criou-se em 2001 o Conselho Nacional de Promoção do Voluntariado (Ano Internacional do Voluntariado). Todavia, o mesmo foi criado e é coordenado por uma entidade pública (sic), o Ministério do Trabalho e da Solidariedade Social. É constituído

RESPONSABILIDADE SOCIAL EMPRESARIAL E SUSTENTABILIDADE (DINÂMICAS NA SOCIEDADE... 433

por um representante de cada Ministério. Isso é um descalabro. O Estado ocupa um lugar que não é dele, mas que, todavia, a sociedade civil não é capaz de ocupar!

GR. ressalta, ainda, que as motivações do surgimento da RSE em Portugal, foram um processo muito mais de importação de conceitos do que uma necessidade emergente sentida pelas empresas portuguesas. Vejamos seu ponto de vista:

As motivações para o surgimento da RSE, em Portugal, foram decorrentes de um processo de importação de conceitos e não surgiram de necessidades que foram sentidas na realidade portuguesa. A GRACE[17] (Grupo de Reflexão e Apoio a Cidadania Empresarial) aparece com o impulso da Fundação Luso-Americana e integra desde o seu início, em sua maioria, empresas multinacionais. Quem são os fundadores da GRACE? Quem está no manual dos Primeiros Passos da GRACE? Empresas Multinacionais [...] Depois temos a fundação do BCSD Portugal[18] (Conselho Empresarial para o Desenvolvimento Sustentável), que é um braço do *WBCSD (World Business Council for Sustainable Development)*, que possui sede na Suíça e que surgiu (sic), porque três líderes empresariais portugueses, que eram membros internacionais do

---

[17] A Associação GRACE foi formada, em Fevereiro de 2000, por um conjunto de empresas, majoritariamente multinacionais, que tinham como denominador comum o interesse em aprofundar o papel do sector empresarial no desenvolvimento social. A GRACE foi pioneira enquanto primeira associação portuguesa, sem fins lucrativos dedicada à problemática da Responsabilidade Social das Empresas. O seu principal objectivo é o fomento da participação das empresas nos respectivos contextos sociais em que se inserem.
Maria da Conceição Zagalo é membro fundador do GRACE – sendo a actual Presidente da Direcção. É, igualmente, membro fundador e faz parte da Direcção e do Conselho de Orientação Estratégica da RSE Portugal – representante, em Portugal, da *CSR Europe.* (disponível no site www.grace.pt).
[18] O **BCSD Portugal – Conselho Empresarial para o Desenvolvimento Sustentável** é uma associação sem fins lucrativos, criada em Outubro de 2001 pela iniciativa das empresas Sonae, CIMPOR e Soporcel, associadas ao *WBCSD – World Business Council for Sustainable Development*, em conjunto com mais 33 empresas de primeira linha da economia nacional, com a missão de transpor para o plano nacional os princípios orientadores do *WBCSD.* A missão principal do BCSD Portugal é fazer que a liderança empresarial seja catalisadora de uma mudança rumo ao Desenvolvimento Sustentável e promover nas empresas a eco-eficiência, a inovação e a responsabilidade social. O BCSD Portugal é, desde a sua criação, membro da rede regional do *WBCSD* e conta actualmente com 115 membros. (informações obtidas na entrevista realizada com o Secretário-Geral do BCSD Portugal e disponíveis no site www.bcsdportugal.org.)

WBCSD, quiseram abrir uma filial em Portugal [...] Ainda, temos a RSE – Portugal (Responsabilidade Social Empresarial em Portugal) que é um representante local do *CESE-Europe* (Comitê Económico e Social Europeu) que possui sua sede em Bruxelas, que igualmente surge para difundir temas da Responsabilidade Social, em Portugal. Portanto, é nesse sentido que me refiro (sic) que as motivações foram importadas, os conceitos surgiram a partir de outras realidades, que não a local.

Para que possamos estabelecer as reflexões propostas (cf. *supra* p.15) faremos um breve histórico dos motivos impulsionadores do movimento de Responsabilidade Social Empresarial no Brasil.

Um dos impulsos do desenvolvimento econômico e industrial brasileiro, mais recente, esteve ligado à ditadura estabelecida a partir dos anos de 1964. À época, mais especificamente nos anos de 1970, o chamado Milagre Econômico (plano governamental que propunha superar o atraso econômico do país à custa da abertura massiva ao capital das empresas multinacionais, cuja premissa básica era "fazer o bolo econômico crescer para em seguida dividi-lo socialmente") proporcionou às empresas de vários países, com destaque para as norte-americanas, incentivos fiscais para que se instalassem no território brasileiro. O resultado desse Acordo Internacional propiciou ao Estado brasileiro, um considerável crescimento econômico, tendo uma grande elevação do PIB. A instalação de empresas multinacionais em território nacional permitiu igualmente a importação do modelo de gestão das mesmas. Indubitavelmente, esse crescimento econômico bem como a importação do modo de gerir negócios foram um dos motivos que permitiu às empresas sediadas, no Brasil, adotarem gradativamente as práticas de Responsabilidade Social. Ademais, ao contrário de Portugal e dos demais países europeus, o Brasil não teve um Estado de bem estar social-*Welfare State*, o que de certa forma impôs às empresas a necessidade do preparo de uma mão de obra qualificada para atender as demandas do processo de industrialização em curso. Nesse sentido, o empresariado começou a investir na formação dessa mão de obra especializada, atendendo às exigências de um mercado consumidor (situação que se perpetua até agora). Não é nosso objetivo tratarmos das conseqüências desse modelo de crescimento econômico. No entanto, sabe-se que, nos fins dos anos de 1980 e década de 1990, no Estado brasileiro houve o aumento das desigualdades sociais agudizadas pelo processo de rearticulação do capitalismo internacional, conhecido como globalização da economia. (cf. *supra*).

Pelo exposto, percebemos um diferencial nos projetos de Responsabilidade Social Empresarial desenvolvidos no Brasil e àqueles em Portugal. Dois estudos comprovam-no,[19] a saber: um realizado no Brasil, pelos Institutos ETHOS, AKATU e IBOPE (2009)[20] e outro realizado em Portugal pela HEIDRICK & STRUGGLES Leadership Consulting (2008).[21]

Em relação à pesquisa realizada pela HEIDRICK & STRUGGLES observamos que foram convidadas 500 Instituições em Portugal (empresas cotadas em bolsa, empresas não cotadas, empresas públicas e autarquias). Desse universo, 200 empresas aceitaram o convite, sendo que 76(38%) tiveram condições de participar no estudo. Com destaque, 16% da amostra foram constituídas por empresas de capital público, o que mostra a importância desse tipo de capital no cenário português. Em contrapartida, à pesquisa realizada no Brasil, observamos que são poucas as empresas de capital público que integraram o universo das empresas investigadas.

A metodologia do estudo seguiu a filosofia do Triple Bottom Line, o que significa considerar a análise da sustentabilidade ao nível das seguintes dimensões: econômica, que inclui a gestão das relações com os clientes, a gestão dos riscos, a implementação de códigos de ética e de boa conduta com a implementação de um modelo de governo societário; ambiental, que inclui a definição e implementação de uma política de gestão ambiental, monitorizada através de um sistema de reporting ambiental que se torne transparente à consecução de objetivos ambientais; social, que inclui a definição e implementação de uma estratégia adequada de gestão de ativos humanos de todas as partes

---

[19] A apresentação dos dados das duas pesquisas mencionadas será, neste artigo, utilizada apenas parcialmente, a título de demonstração das tendências que são verificadas em Portugal e no Brasil sobre os temas de RSE.

[20] A pesquisa *Práticas e Perspectivas da Responsabilidade Social Empresarial no Brasil – 2008* foi um estudo realizado em conjunto pelos Institutos ETHOS e AKATU e publicada pelo IBOPE Inteligência, retratando o panorama (2008) da atuação efetiva das empresas brasileiras em responsabilidade social, visando mapear o movimento empresarial no Brasil e criar uma linha de base para mensurações futuras. Um dos diferenciais da pesquisa foi investigar diretamente o comportamento das empresas sobre a existência de práticas de RSE e seus níveis de implementação.

[21] A pesquisa *Análise de Resultados do Estudo sobre o Estado de Arte das Práticas de Sustentabilidade em Portugal* realizada, em 2008, pela HEIDRICK & STRUGGLES Consulting Leadership, teve o objetivo de colocar a sustentabilidade no centro de atenção dos portugueses e promover uma discussão estratégica do assunto. Esta análise incidiu em três áreas da organização social e econômica em Portugal: setor empresarial (empresas do ranking das 500 maiores empresas em Portugal e empresas associadas ao BCSD Portugal), administração pública central e administração pública local (municípios).

interessadas (*stakeholders*) bem como da responsabilidade social da empresa. A cada uma dessas dimensões e critérios foi atribuída uma valorização quantitativa, possibilitando posicionar cada instituição no âmbito da sustentabilidade, assim como aferir o posicionamento do Estado da Nação (Portugal).

No Gráfico I – Caracterização da Amostra, Relatórios Existentes,[22] observa-se que mais de 40% das empresas participantes, possuem relatórios específicos para a área da sustentabilidade, sendo que 37% das demais, apesar de apresentarem relatórios voltados às áreas do *ambiente* e *social* não adotam uma publicação específica. A seguir demonstração do Gráfico I.

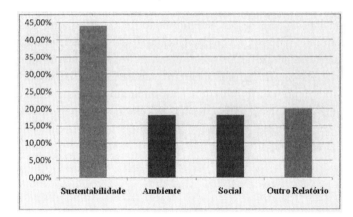

GRÁFICO I – Caracterização da amostra, relatórios existentes

Na Tabela I – Estado de Arte das Práticas de Sustentabilidade – Nacionais vs. Multinacionais, destaca-se um dado: a média das melhores práticas nacionais (87,77%) está ao nível das melhores práticas das multinacionais (87,73%). Todavia, percebe-se, que o porcentual de empresas nacionais pesquisadas (59,44%) foi inferior ao das multinacionais (81,18%), o que revela a tendência mundial de que as empresas multinacionais foram e continuam

---

[22] Os gráficos e tabelas aqui apresentados foram construídos a partir dos originais das pesquisas mencionadas, tendo recebido a devida autorização para que os dados pudessem ser utilizados. Portanto, receberam outra ordenação e numeração, sendo que a fonte dos mesmos invariavelmente é citada.

sendo pioneiras nos aspectos relativos à sustentabilidade. A seguir demonstração da Tabela I.

TABELA I – Estado da arte das práticas de sustentabilidade nacional vs. multinacional

Na Tabela II – % Cumprimento dos Critérios, por tipo de Empresa, observa-se que as empresas multinacionais apresentam os melhores indicadores de sustentabilidade, notadamente nas dimensões de Gestão e Social. Segue-se demonstração da Tabela II.

Tabela II – % Cumprimento dos critérios por tipo de empresa

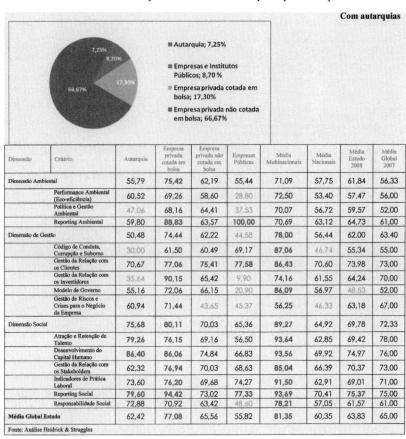

Tendo por referência a metodologia da pesquisa, utilizada pela Heidrick & Struggles, a análise da sustentabilidade, como afirmamos, pautou-se na filosofia do Triple Bottom Line que dá uma atribuição quantitativa a cada critério analisado com o objetivo de mapear, ao final, o estado de sustentabilidade da empresa e da Nação. Considera-se uma área forte aquela que atingir o índice 70 ou > de 70.

De acordo com a tabela acima, observaremos que, que com exceção ao critério de gestão de riscos e crises para o negócio da empresa (56,25%), as multinacionais mantêm índices acima de 70% em quase todos os outros critérios, quais sejam: reporting social (93,69%), atracção e retenção de talento (93,64%), desenvolvimento do capital humano (93,56%), indicadores de prática laboral (91,50%), código de conduta, corrupção e suborno (87,06%), gestão da relação com os clientes (86,43%), modelo de governo (86,09%) e gestão da relação com stakeholders (85,04%), dentre outros.

Destaque-se, ainda, que ao considerarmos as médias apresentadas pelas multinacionais, englobando todos os indicadores nas Dimensões de Gestão (78%), e Social (89,27%), as mesmas superam o de todos os outros tipos de empresas pesquisadas. A única exceção aparece na média da Dimensão Ambiental quando comparamos empresa privada cotada em bolsa que apresenta o índice de 75,42%, o que nas multinacionais apresenta-se com 71,09%. Acrescente-se que aquelas apresentam igualmente destaques nas Dimensões Ambientais (75,42%), Gestão (74,44%) e Social (80,11%), portanto muito próximos dos índices apresentados pelas multinacionais.

Todavia, em tabela não demonstrada, percebemos que as empresas nacionais apostaram, entre 2007 e 2008[23], nas vertentes ambientais e sociais. Na vertente social, aquelas obtiveram médias de melhores práticas e práticas de referência ("boas práticas") superiores às conseguidas pelas empresas multinacionais, registrando uma melhoria em praticamente todos os critérios, embora não tenham superado os índices das empresas multinacionais (no geral).

Outro destaque, a ser refletido, é apresentado pelas empresas Públicas, cujos indicadores apresentados são os mais baixos em praticamente todas as variáveis das Dimensões de Gestão, Social e Ambiental, o que confirma uma tendência constatada neste artigo (cf. *supra* p.16) de que o Estado português não demonstra algum interesse em promover, implantar, incrementar, realizar parcerias que incentivem projetos ambientais.

O que nos chama a atenção no estudo realizado pela Heidrick & Struggles é que o mesmo procura averiguar indicadores de sustentabilidade e não apenas de Responsabilidade Social das Empresas, revelando um avanço na postura do empresariado português; não obstante podemos considerar que o número de empresas que se disponibilizou para a pesquisa foi ainda significativamente pequeno em relação ao universo total (500 empresas). Ou seja,

---

[23] Explique-se que no estudo realizado pela Heidrick & Struggles, assim como em outros estudos que se realizam sobre determinado tema , períodos anteriores são utilizados com a finalidade de estabelecer comparações.

RESPONSABILIDADE SOCIAL: UMA VISÃO IBERO-AMERICANA

o número de empresas que responderam à pesquisa foi 76 e foi no universo destas que as conclusões do estudo foram retiradas.

Em relação à pesquisa realizada pelos Institutos ETHOS, AKATU e IBOPE (2009), o universo da pesquisa foi composto por empresas brasileiras formalmente constituídas, de vários portes e setores, sendo que a amostra principal abrangeu empresas de pequeno, médio e grande porte em todas as regiões do país, bem como dos setores de indústria, comércio, serviços e de outros. Foram realizadas 721 entrevistas, posteriormente reduzidas para 500, procurando assegurar proporcionalidade de cada estrato. Além disso, ouviram-se amostras especiais que se referem a empresas filiadas ao Instituto ETHOS (74 entrevistas) e as 500 maiores da Revista Exame[24] (104 entrevistas). Somando-se as amostras especiais às demais entrevistas, o total da amostra da pesquisa foi de 1333 entrevistas.

Assim, no **Gráfico II – Distribuição porcentual das faixas conforme o número de práticas implementadas no total da amostra principal**, observaremos que 50% das empresas têm ao menos 22 práticas de RSE implantadas, de um total de 56 práticas avaliadas, o que indica um aumento do envolvimento das empresas nos últimos anos. Ainda, a grande maioria das empresas (79%) tem um número igual ou superior a 13 práticas de Responsabilidade Social implementadas e 20% das empresas implantaram 34 ou mais práticas das 56 avaliadas, o que representa o conjunto das empresas que apresentaram o maior envolvimento (ver Gráfico II).

---

[24] Assim como ocorreu na pesquisa sobre o estudo dos resultados das práticas de sustentabilidade em Portugal, em que foram consultadas as 500 maiores empresas do país, esta pesquisa do Instituto ETHOS seguiu o mesmo critério; além disso, foram entrevistadas, na pesquisa em Portugal empresas filiadas a BCSD Portugal, associação representativa de empresas voltadas a questões de responsabilidade social, bem como no Brasil foram entrevistadas empresas filiadas ao Instituto ETHOS.

GRÁFICO II – Distribuição percentual das faixas
conforme o número de práticas implementadas no total da amostra principal

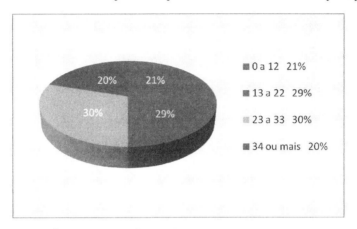

Fonte: Instituto ETHOS e Instituto AKATU

(Cf. *supra*) ao comentarmos a pesquisa sobre Práticas de Sustentabilidade em Portugal, uma pesquisa realizada num dado momento tende a ser comparada com pesquisas anteriores referentes ao mesmo tema. Nesse sentido, em pesquisa realizada pelo Instituto AKATU, em 2004, em que se investigou 55 práticas de RSE, foram apenas 11 o número de práticas implantadas por 50% das empresas. Comparando-se à pesquisa AKATU de 2004, apesar de o conjunto de práticas avaliadas, nos dois casos, não ser idêntico, mas similar, podemos inferir (de forma especulativa) que o aumento de 11 para 22 práticas, nestes quatro anos, indica a intensificação do envolvimento das empresas com a RSE. É o que observaremos no **Gráfico III – Comparação dos percentuais que têm práticas implantadas nos anos de 2004 (Pesquisa AKATU) e 2008 (Pesquisa ETHOS), por segmento.** A seguir o Gráfico III.

GRÁFICO III – Comparação percentuais de empresas
que tem práticas implantadas nos anos de 2004

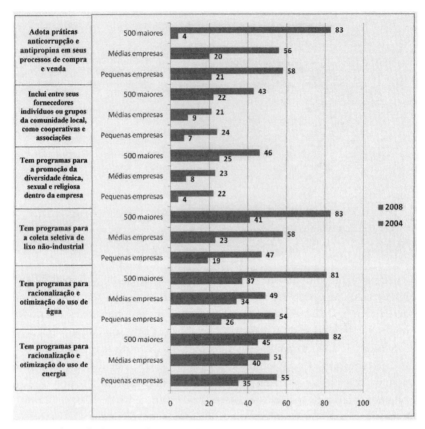

Fonte: Instituto AKATU e Instituto ETHOS

Ao compararmos os dados das duas pesquisas nas perguntas e amostras que são idênticas e, portanto comparáveis, há de fato um aumento significativo na adesão das empresas a determinadas ações, quais sejam:
• as 500 maiores destacam-se, praticamente em todos os quesitos na análise comparativa, obtendo uma pontuação acima de 80% e apresentam um crescimento nos critérios (em relação a 2004) sobretudo quanto à adoção de práticas anticorrupção e antipropina e nas práticas derivadas de critérios sócio-ambientais, como é o caso da coleta seletiva de lixo não

industrial, a racionalização e otimização do uso de água e a racionalização e otimização do uso de energia;

• apor outro lado, as pequenas e médias empresas apresentam igualmente um crescimento significativo em todos os quesitos mencionados acima (relativos às 500 maiores), mantendo uma pontuação em torno de 50%, mas igualmente revelando um grande avanço em relação à pesquisa de 2004.

Ressaltamos que há uma capilaridade quanto aos conceitos de Responsabilidade Social entre as empresas brasileiras de diversos portes, atingindo inclusive as empresas menores. Mas o envolvimento mais intenso com o tema é maior entre as grandes empresas (fato esse já comentado por nós ao nos referirmos às empresas que aderiram mais rapidamente às práticas de RSE). Lembramos que no quesito das 500 maiores, estão incluídas, empresas multinacionais e empresas nacionais de grande porte.

Destaque-se que no Gráfico III, 83% da amostra das empresas pesquisadas é composta por pequenas empresas,[25] entre elas 50% apresentam 20 ou mais ações de RSE implantadas, o que não deixa de ser um significativo avanço por parte de empresas desse porte.

A seguir, o **Gráfico IV – Distribuição Percentual das empresas conforme práticas implantadas no total da amostra principal,** permitem-nos tecer as observações a seguir.

Os temas de RSE que representam maiores desafios são aqueles que envolvem um diálogo com um rol maior de públicos que ultrapassam os interesses imediatos da organização, a saber: meio ambiente, ética e transparência, governança corporativa e relacionamento com seus públicos. As práticas que possuem menor adesão, segundo o gráfico IV estão relacionadas a vários fatores: a) existência de regras para financiamento de campanha política (7); b) controle de emissão de gases de efeito estufa (7); c) educação para o consumo consciente (23); d) elaboração de balanço social com envolvimento das partes interessadas (21); e) apoio a projetos socioambientais (20), dentre outros.

---

[25] O porte da empresa foi definido segundo critérios do IBGE – Instituto Brasileiro de Geografia e Estatística e SEBRAE – Serviço Brasileiro de Apoio às Micro e Pequenas Empresas, que define para a indústria o porte pequeno entre 20 a 99 empregados, para o médio, de 100 a 500 empregados e grande acima de 500; no segmento comércio e serviços, já o pequeno porte abrange de 10 a 49 empregados, o médio de 50 a 99 enquanto que no grande há mais de 100 empregados.

GRÁFICO IV – Distribuição percentual das empresas
conforme práticas implementadas no total da amostra principal

Fonte: Instituto ETHOS e Instituto AKATU

A pesquisa realizada pelo Instituto ETHOS e AKATU demonstra, assim como foi observado na pesquisa realizada em Portugal pela HEIDRICH & STRUGGLES, que as grandes empresas estão em estágio mais avançado no processo de implementação de suas ações relativas à Responsabilidade Social Empresarial e, no caso brasileiro, constituem-se referência no processo de discussão e implantação da RSE, no Brasil.

Apesar do maior envolvimento observado pelas empresas nos últimos anos, a Responsabilidade Social nas Empresas do Brasil é considerada, ainda, um processo em construção. Muitas práticas, em diferentes temas de RSE, ainda não são adotadas pela maioria das empresas, enquanto que as práticas mais adotadas tendem a estar relacionadas a temas que impactam mais diretamente na sobrevivência das empresas e/ou relacionadas às imposições de regulamentação do setor que atuam, por exemplo, na proteção das relações de consumo e relações de trabalho, bem como em temas submetidos a pressões do mercado e da sociedade, aqueles também regulados por leis e normas. (ETHOS, AKATU e IBOPE, 2009:6-7)

Apesar de o que aparentemente poderia significar supostos avanços em projetos de Responsabilidade Social Empresarial no Brasil, principalmente pelo maior número de empresas envolvidas na pesquisa (cf. *supra*) o que apresentamos foram realidades diferentes de um mesmo processo. Em consonância às explicações realizadas acerca do desenvolvimento econômico, político e social de ambas as nações, tais estudos alerta-nos sobre as possibilidades e sobre os riscos que esse movimento incorpora, na medida em que se busca suprir parte de necessidades sociais de uma dada população cujo limite seria da responsabilidade do Estado. Ainda, reiteramos que a Responsabilidade Social das Empresas está diretamente ligada a um modo de produção e à sua evolução, se por um lado coloca demandas concretas às organizações empresariais por outro demonstra que as referidas demandas não estão sendo devidamente atendidas.

Inegavelmente (cf. *supra*) qualquer reflexão que se faça sobre a Responsabilidade Social Empresarial deverá passar necessariamente pelas discussões em torno da Sustentabilidade. Desta forma, iremos retomar, a seguir, a concepção de Sustentabilidade (cf. *supra*) buscando introduzir outros aspectos a serem considerados no movimento de Responsabilidade Social das Empresas.

A sustentabilidade como meta

A questão da discussão de paradigmas sobre a conceituação de desenvolvimento sustentável é ainda um caminho a ser esclarecido, superando a noção de que o mesmo significa satisfazer as necessidades do presente, sem comprometer a capacidade das gerações futuras de satisfazer as suas próprias necessidades, embora tenha sido esta, historicamente, uma conquista internacional de encontros da ONU.

O conceito de Sustentabilidade tornou-se um tema de grande destaque, promovendo discussões a respeito da qualidade de vida do ser humano, principalmente a partir da constatação de que o aquecimento global vem se acelerando, motivado, especialmente pela queima descontrolada de combustíveis fósseis. Segundo o relatório do IPCC,[26] Painel Intergovernamental da ONU sobre Mudança Climática, apresentado na Conferência do Clima em Copenhague (COP15) "o crescimento do produto interno bruto *per capita* e o da população foram os principais determinantes do aumento das emissões globais durante as últimas três décadas do século XX" (França, 2009:139). Outro relatório divulgado pelo Fundo de População das Nações Unidas (UNFPA) demonstra que não tem se dado a devida atenção para o efeito do crescimento demográfico no debate sobre o aquecimento: "Os gases de efeito estufa não estariam se acumulando de modo tão perigoso se o número de habitantes da terra não aumentasse tão rapidamente, mas permanecesse em 300 milhões de pessoas, a população mundial de 1000 anos atrás" (França, 2009:139). Por exemplo, um bebê, que nasça hoje na China, tem expectativa de vida de 73 anos e uma grande chance de chegar à classe média. Quando morrer terá sido responsável pela emissão de 300 toneladas de dióxido de carbono [acendendo luzes, andando de carro ou de ônibus, alimentando--se e vestindo-se], quantidade de CO2 equivalente às emissões somadas de sessenta carros durante um ano.

A poluição promovida pelo homem, na forma de gases estufa [dióxido de carbono, metano, hidrofluorcarbonos, perfluorcarbonos e hexafluoreto de enxofre] tem um efeito calamitoso no aquecimento global. São suas expressões, o derretimento das geleiras, a diminuição da calota polar do Oceano Glacial Ártico, as variações na radiação solar, as grandes erupções vulcânicas e, evidentemente, as alterações nas mudanças climáticas.

Para Branco e Martins (2007), o conceito de Sustentabilidade envolve o respeito ao estoque de determinado bem, em que é permitido consumir, no máximo, a quantidade reproduzida em determinado período de tempo; para isso será preciso manter intacto seu estoque, ou seja, o consumo desequilibrado diminui o estoque que se armazenará em um próximo período, assim como a persistência inadequada, no consumo, acarretará a diminuição progressiva do estoque, que acabará destruindo o sistema. O Desenvolvimento Sustentável é uma evolução de práticas à perpetuidade da espécie humana que carece de condições favoráveis de sobrevivência, sendo necessário o respeito aos limites do meio ambiente natural.

---

[26] O IPCC, sigla em inglês que significa Painel Intergovernamental da ONU sobre Mudança Climática, foi criado em 1988 pela Organização Meteorológica Mundial (OMM) e pelo Programa das Nações Unidas para o Meio Ambiente (Pnuma), sendo considerada a mais alta autoridade científica sobre aquecimento global.

Sobre isso, Ernst Ligteringen, CEO da GRI, afirma:

Se analisarmos os fatos, veremos que necessitamos de um planeta e meio para sustentar o nosso modo de vida na Terra, que inclui produção, geração de energia, transporte, consumo, entre outros aspectos. Nós ultrapassamos os pontos críticos no uso de recursos naturais na metade dos anos 80. E se continuarmos nesse ritmo, vamos precisar (sic) de mais planetas para nos sustentar. E nós não os temos. Boa parte da população mundial precisa melhorar sua condição de vida, porque vive em extrema pobreza. Temos, portanto, de pensar em como compartilhar este mundo, para que haja vida descente para todos e também para as futuras gerações. É disto que trata o conceito de sustentabilidade (Ligteringen, 2007).

A política de Desenvolvimento Sustentável (Curi, 2000) é considerada como condição essencial para que uma empresa torne-se socialmente responsável. É necessário que as organizações articulem-se em priorizar o estudo de novas tecnologias socioambientais para contribuir para o desenvolvimento de um país mais responsável pelas suas atitudes econômicas, sociais e ambientais, criando estratégias para minimizar os conflitos sociais e impactos causados pelo desequilíbrio ambiental.

Segundo Rico (2006) as companhias empresariais estão adotando o conceito de Desenvolvimento Sustentável no momento em que, ao mundo dos negócios impõe-se o lucro a qualquer preço. Algumas empresas mostram-se atentas no sentido de desenvolverem estratégias, que necessariamente implicam o uso de novas tecnologias econômicas e na alteração de um modelo de gestão, que lhes permita garantir sua competitividade no mercado, evitando, ao mesmo tempo, o processo destrutivo da natureza.

De acordo com Roberto Smeraldi, diretor da organização Amigos da Terra[27], a questão da sustentabilidade, nos dias de hoje, é essencial para se planejar um negócio. Discorda da noção corrente de que para fazer um negócio

---

[27] A Amigos da Terra é uma organização não governamental, fundada no Brasil há 20 anos, que vem contribuindo para a elaboração de políticas públicas, para o empresariado, para a comunidade ambientalista e para a sociedade de modo geral. Têm pautado temas tais como: a questão de ilegalidade e legalidade do uso da madeira, a questão do fogo, a certificação florestal, a certificação agrícola , dentre outros .Tem procurado introduzir a idéia de negociação com muiltiatores, mediante a realização de protocolos municipais o que tem favorecido aos trabalhadores rurais.

sustentável deve se "pagar um preço". Entende, ainda, que essa lógica deve ser revertida, isto é,

> não é só uma questão de custo, é uma questão de ver custo versus receita, custo versus perspectiva de lucro [...] Não é só uma questão de olhar para a planilha de custos e olhar para o negócio como um todo [...] É preciso pensar numa dimensão estratégica que envolve toda a sociedade em cima das coisas de grande porte [...] É uma tecnologia que envolve cadeias, investimentos em cima de uma mudança de prioridades. (Smeraldi, 2009)

Charles Buchanan (apud BIO RUMO, 2009), administrador da Fundação Luso-Americana para o Desenvolvimento, citando Joel Makower, afirma que a abordagem a questões ambientais é cada vez mais concebida como um valor potencial de inclusão e não meramente um custo a ser minimizado.

CS., Dirigente Nacional da CGTP-IN, ao ser entrevistado destacou a necessidade de se discutir questões de inclusão social e de igualdade, quando nos referimos à responsabilidade social e sustentável.

> No desenvolvimento da sociedade portuguesa há aspectos comuns à situação internacional, mas que, em Portugal, precisam ser tratados com profundidade. Não haverá saídas para a crise se não houver políticas novas para a juventude. É preciso que se crie emprego e emprego com mais qualidade e mais valorizado à juventude. Ou seja, ou se cria uma inserção da juventude na sociedade ou as respostas à crise são falsas, são passageiras, não são estratégicas. Por outro lado, a sociedade portuguesa está muito desigual e o tema da igualdade tem que estar na primeira linha de discussão. Refiro-me à igualdade no trabalho, entre homens e mulheres, a igualdade de trabalho entre os trabalhadores com vínculo estável e os com vínculo precário, aos trabalhadores independentemente de sua origem e raça, de serem estrangeiros ou serem portugueses, incluindo-se, sem dúvida os imigrantes.

O dirigente nacional da CGTP-IN alerta para o perigo de não darmos a devida importância à discussão de Sustentabilidade, sobretudo às questões referentes à inclusão social e de igualdade que a nosso ver, são prioritárias para o Estado e sem dúvida alguma, para o empresariado que vem assumindo a postura da Responsabilidade Social. Nesse aspecto, na COP15 estava nítido para os representantes das várias nações que o pacto da Convenção sobre o Clima esclarece que aos países do Sul cabe o trabalho inicial de erradicação da pobreza, através do desenvolvimento econômico, e os ricos devem "ajudá-los em seus esforços de mitigação dos efeitos, tanto através de uma compensação financeira como com transferência de tecnologia".

Nessa perspectiva, Maria do Rosário Partidário, Professora Associada do Instituto Superior Técnico, introduz uma discussão sobre a ambiguidade do conceito de sustentabilidade, utilizando como exemplo as várias interpretações que foram e vem sendo dadas pela atual crise econômica e lança a seguinte questão:

> Será que o discurso de desenvolvimento sustentável das últimas décadas falhou e, por isso estamos nessa situação de desequilíbrio econômico, social e ambiental? Ou será um problema de cultura de sustentabilidade? (Partidário, 2009:10).

Esclarece que a atual crise do modelo econômico-financeiro (setembro/2008) foi atribuída por vários especialistas não apenas ao *sub-prime*, mas a um comportamento consumista que atingiu níveis extraordinários de 106% da produção, resultante de uma valorização dos ativos virtuais. A conseqüência disso foi a criação de uma bolha econômica que arrebentou fazendo cair abruptamente o valor dos ativos. Referindo-se a Steven Pearlstein, jornalista Pullitzer 2008, Partidário explica o equívoco daqueles que pensavam ser suficiente solucionar o problema do sistema financeiro uma vez que seria necessário resolver, também, o problema da sobre oferta. Ainda menciona nessa lógica aqueles que entendiam da necessidade de valorização das ações das empresas. No entanto, o que devemos destacar, que nesse momento, o Estado deixou de ser mínimo,[28] no sentido de que foi o principal agente cujos grandes bancos internacionais recorreram e por este foram atendidos.

Demonstrando que os paradigmas de explicação da crise estrutural são variados, Partidário, ratifica que Galbraith, o Clube de Roma, a Comissão Mundial para o Ambiente e Desenvolvimento vinham alertando há muito tempo sobre a insustentabilidade do modelo de desenvolvimento industrial e pós-industrial. Assim,

---

[28] Estado Mínimo é uma denominação criada pelo neoliberalismo em oposição ao Estado de Bem Estar Social-*Welfare State*; significa que o Estado deixa de assumir suas políticas públicas e sociais gradativamente e as vai repassando para a iniciativa privada seja em parceria ou destinando um financiamento público para esse fim; a conseqüência imediata é que em especial os países mais pobres passam a não ter recursos mínimos para as suas necessidades sociais básicas, agravando as desigualdades.

A pobreza, a crise energética, a contaminação biológica e química, a escassez da água, a perda dos serviços dos ecossistemas, a insatisfação social e o terrorismo são infelizmente alguns dos factos, demonstráveis, que traduzem a escalada de crises que não soubemos evitar, apesar dos extraordinários avanços tecnológicos e de conhecimento. (Partidário, 2009:10)

Ainda tecendo considerações sobre paradigmas referentes ao modo de vida dos povos, PUREZA (1993 e 2001) e PEIXOTO (2002), realizam reflexões acerca do que vem a ser o patrimônio comum da humanidade, que pode ser compreendido como o alcance a um estágio de bem estar pessoal e coletivo das populações, através de uma nova configuração de sociedade, das relações internacionais e de uma nova forma de equacionar a experiência humana. Esse paradigma assenta-se no reencontro, no reconhecimento e no respeito às subjetividades, através do confronto de identidade mediante a idéia de que o planeta nos pertence e de ser esse sentimento de pertencimento e dependência mútuo entre subjetividades que se constitui a base de novas experiências hegemônicas cuja lógica de funcionamento é de natureza solidária, comunitária e contra-hegemônica.

A Responsabilidade Social Empresarial, de acordo com as suas expressões mais alargadas assenta-se no princípio dos direitos e deveres do cidadão, ou seja, na concepção de que o ser cidadão supõe o acesso aos direitos civis, políticos e sociais e na capacidade do sujeito tomar decisões de forma livre, o que nos remete à discussão dos objetivos das empresas ao adotarem esse tipo de ideário. Há uma contradição intrínseca entre o ser socialmente responsável e o garantir lucro para o negócio. Não se pode negar que pelas reflexões apontadas por nós até o momento, as práticas de Responsabilidade Social Empresarial têm evoluído no sistema capitalista. Este não é um fato desprezível, uma vez que se coloca outro fator na atitude das empresas como agentes privilegiados, que no uso das mais variadas formas de tecnologias poderão inovar e renovar as formas de produção e prestação de serviços sustentáveis. Todavia, indubitavelmente esse aspecto dependerá de outras formas de organização social e econômica, as quais serão objetos futuros de nossa investigação.

REFERÊNCIAS

ALFONSIN, Jacques Távora. (2010), *O FSM 2010 frente aos dados oficiais sobre nossa realidade econômica*. Notícias. In www.mercadoetico.terra.com.br. Acesso em 11-1-2010.

BARRETO, Carlos E. F.(2003), *Responsabilidade Social das Empresas: um estudo de caso*. Tese (Doutorado). Estudos de Pós-Graduação em Ciências Sociais da PUC-SP, São Paulo.

BIO RUMO (2009), *Confiança Sustentável. Crise – A Afirmação da Sustentabilidade como Caminho para a Solução dos Obstáculos do Séc. XXI*. Anuário de Sustentabilidade 2009. Parceria com a BCSD – Conselho Empresarial para o Desenvolvimento Sustentável. Porto, Portugal.

BRANCO, Adriano Murgel e Martins, Márcio Henrique Bernardes (2007), *Desenvolvimento Sustentável na Gestão de Serviços Públicos: Responsabilidade Socioambiental e Informe Social*. São Paulo: Paz e Terra.

BROWN, Lester (2009), *A bússola da mudança*. Serviços: Notícias, In www1. ethos.org. br. no. 496. Semana de 26-10-2009 a 01-11-2009, acesso em 27-10-2009.

CREDIDIO, José (2009), "Em busca da sustentabilidade", p.3, nove de fevereiro de 2009, São Paulo: Folha de São Paulo.

COSTA, Maria Alice Nunes (2008), "Os padrões da Ação Coletiva de Responsabilidade e Solidariedade do empresariado Português: uma interface com o Brasil", in Cadernos Oficinas do CES – Centro de Estudos Sociais. no.300. Universidade de Coimbra.

CURI, Fernando Curi (2000), *O Capital como motor do Desenvolvimento Sustentável*. São Paulo: Saraiva.

ETHOS, Instituto, AKATU, Instituto e IBOPE. (Coord.) (2009) MATTAR, Hélio e ITACARAMBI, Paulo. *Práticas e Perspectivas da Responsabilidade Social Empresarial no Brasil – 2008*. São Paulo: Instituto ETHOS, Instituto AKATU e IBOPE Inteligência.

FREITAS, Helena Cristina (2008), *Projeto voltado à Criança e ao Adolescente em situação de rua na Companhia do metropolitano de São Paulo – METRÔ*. Relatório Parcial. Programa Institucional de Bolsas de Iniciação Científica – PIBIC/CEPE. Orientadora: Profa. Doutora Elizabeth de Melo Rico. São Paulo: PUCSP – Pontifícia Universidade Católica de São Paulo.

FRANÇA, Ronaldo (2009), *Fome de Ar, Água e Comida. Aquecimento Global e Superpopulação*. In Especial. Revista Veja. Edição 2143. Ano 42. No. 50. P.134-141. São Paulo: Abril.

GUNN, Lisa (2009), *Rumo a Copenhague*. Entrevista concedida ao Instituto Humanitas Unisino, on line. 31-8-2009. In www.ibase.org.br. Acesso em 9/9/2009.

HEIDRICK & STRUGGLES Leadership Consulting (2008), *Análise dos Resultados do Estudo sobre o Estado de Arte das práticas de Sustentabilidade em Portugal*. Lisboa: Heidrick & Struggles.

KPMG Advisory – Consultores de Gestão (2007), *Resultado do Inquérito às maiores empresas em Portugal, 2006*. Publicação de Relatórios de Sustentabilidade em Portugal – Apoio da BCSD Portugal e da Informa D&B. Lisboa: KPMG.

LAL, Neeta (2009), *Acirrada disputa Norte-Sul sobre Mudança Climática*. Salas Temáticas: Mudanças Climáticas. In www.mercadoetico.terra.com.br. 6-10-2009. Acesso em 7-10-2009.

LIGTERINGEN, Ernst (2007), Entrevista concedida para a Rede Ethos de Jornalistas com Ernst Ligteringen – CEO da GRI. 26/04/2007. In www.ethos.org.br. Acessado em 21/06/2007.

MAXWELL, Kenneth (2006), *O Império derrotado: revolução e democracia em Portugal*. Tradução Isaura Teixeira Motta. São Paulo: Companhia das Letras.

MARTINS, Guilherme d'Oliveira (2009), *Patrimônio, Herança e Memória. A cultura como criação*. 1ª Edição: abril de 2009. Lisboa: Gradiva.

MIFANO, Gilberto (2002) *A crise mundial de confiança nas empresas: uma questão de Responsabilidade Social*. 14/08/2002, Evento da Bolsa de Valores de São Paulo. Disponível em: www.ethos.org.br/docs/conceito_praticas/publicações/Debates/a_crise mundial. ppt. Acesso em 28/08/2003.

PARTIDÁRIO, Maria do Rosário (2009), "A sustentabilidade de um desenvolvimento sustentável", *Confiança Sustentável. Crise – A Afirmação da Sustentabilidade como Caminho para a Solução dos Obstáculos do Séc. XXI. Anuário de Sustentabilidade 2009*. Parceria com a BCSD – Conselho Empresarial para o Desenvolvimento Sustentável. P.10. Porto: BIO RUMO.

PEIXOTO, Paulo (2002), "Património Mundial como fundamento de uma comunidade urbana e como recurso das indústrias culturais urbanas", *Revista Crítica de Ciências Sociais*, CES. Universidade de Coimbra.

PEREIRA, Ana Cristina (2010), "Para uma Europa com futuro, a imigração "é uma necessidade" e não um fardo", Mundo. *Jornal PUBLICO 20 anos*, ano XX, no. 7232. Porto: Publico.

PUREZA, José Manuel (2001), *Para uma cultura da Paz*. Coimbra: Quarteto.

_____ (1993), "Globalização e direito Internacional: da boa vizinhança ao patrimônio comum da humanidade", *Revista Crítica de Ciências Sociais*, 36,9-26.

RICO, Elizabeth de Melo e Carvalho, Gilberto de Abreu Sodré (2010), *Direitos Sociais e Serviço Social*. No prelo (artigo).

RICO, Elizabeth de Melo (2008), *A Responsabilidade Social e o Estado: Exigências para o Desenvolvimento Sustentável*. Projeto de Pós-Doutoramento apresentado ao Centro de Estudos Sociais da Universidade de Coimbra. São Paulo: PUCSP.

_____ (2006) " A filantropia empresarial e sua inserção no Terceiro Setor" *in* Cavalcanti, Marly (org.) *Gestão Social, estratégias e parcerias: redescobrindo a essência da administração brasileira de comunidades para o Terceiro Setor*. São Paulo: Saraiva. 75-97.

_____ (2004), "A responsabilidade social empresarial e o Estado: uma aliança para o desenvolvimento sustentável", *in São Paulo em Perspectiva*, São Paulo: Fundação Seade, 18 (4), 73-82.

RODRIGUES, Danielle C. da S.(2006), *O projeto ético-político do Serviço Social na Responsabilidade Social Empresarial*. Orientadora: Profª Drª Elizabeth de Melo Rico. Trabalho de Iniciação Científica. Relatório Final de Atividades. Faculdade de Serviço Social – São Paulo: PUCSP.

SANTOS, Maria João Nicolau (coord.) (2006), *Responsabilidade Social nas PME: Casos em Portugal*. Lisboa: Editora RH.

SEABRA, Miguel et al.,(2008),"Responsabilidade Social da Empresa – O caso NOVA DELTA", *In* Seabra, Miguel e Rodrigues, Jorge. (orgs.), *Responsabilidade Social das Organizações – Perspectivas de Investigação*. Mangualde: Edições Pedago.

SILVA, Ademir A. (2004), *A gestão da seguridade social brasileira: entre a política pública e o mercado*. São Paulo: Cortez.

SMERALDI, Roberto (2009), *Copenhague não vai representar muita coisa*. Entrevista concedida ao Instituto Humanitas Unisino (IHU On-Line). Retirado da News Letter – Mercado Ético de 9-10-2009. Acesso em 14-10-2009.

COMMUNICATION STRATEGIES OF SOCIAL RESPONSIBILITY: A PORTUGUESE CASE DISCLOSURE

Teresa Cristina Pereira Eugénio* e Ana Isabel Morais and Isabel Costa Lourenço**

Abstract: The purpose of this paper is to examine the use of the Internet for social responsibility information disclosure by Secil, one of the largest Portuguese cement companies. The role of the Internet as a medium of environmental and social communication is assessed and compared with the disclosure in the annual report. The disclosure practices of Secil on its website were compared and contrasted with respect to the amount, nature and type of disclosure in its annual report. As the Internet is a widely used medium which has an impact on a large group of stakeholders, this study aims to provide some insights into what Secil is choosing to disclose on its website about corporate social responsibility (CSR) and to confirm if the communication strategies to legitimate its action are being employed according to Lindblom (1994). The quantity of corporate social disclosures was measured using content analysis.

The results allow us to conclude that the Internet is a powerful tool used by Secil to disclose social responsibility information. Findings suggest that Secil provides significantly more corporate social disclosures on its website than in its annual reports but both media seem to be used to legitimate its activities.

Keywords: Social responsibility; Website; Annual report; Disclosure; Legitimacy theory

Resumo: Este estudo tem por objectivo analisar a informação divulgada sobre responsabilidade social no relatório e contas e na página Web, comparar estes dois meios de comunicação e perceber de que forma essa informação pode ser utilizada como uma estratégia de legitimar a actividade da empresa.

---

* School of Technology and Management of the Polytechnic Institute of Leiria. teugenio@estg.ipleiria.pt. Corresponding author.

** ISCTE Business School, Lisbon. ana.morais@iscte.pt / isabel.lourenco@iscte.pt

Recorremos à metodologia de estudo de caso, colocando várias condições para a escolha da empresa a estudar: ser uma empresa dita como socialmente responsável; ser uma empresa de grande dimensão e de um sector de actividade considerado poluente, dado que vários estudos identificam estas duas variáveis como condicionantes de uma maior divulgação de informação sobre responsabilidade social (ver por exemplo Adams *et al.*, 1998; Mathews, 1997; Gray *et al.*, 1995); e ser uma empresa que ao longo da sua história tivesse passado por situações que a colocassem numa situação de ameaça à sua legitimidade.

Como quadro teórico, foi utilizada a teoria da legitimidade com ênfase no estudo de e Lindblom (1994). Foi efectuada uma análise de conteúdo à página Web da empresa assim como ao relatório e contas tendo por base um instrumento de trabalho adaptado de Hackson and Milne (1996) e Deegan *et al.* (2002).

Os resultados permitiram concluir que a internet é um poderoso instrumento de divulgação de informação sobre responsabilidade social, mais que o relatório e contas. E que a empresa utilizou claramente estratégias para legitimar suas actividades.

Palavras chave: Responsabilidade social; Página Web; Relatório e contas; Divulgação; Teoria da legitimidade

1. Introduction

The business community faces many pressures from the green consumer, environmental groups, employees and investors to accept its environmental responsibilities and to provide information about its environmental (and social) performance. This information is becoming increasingly important to a broad range of corporate stakeholders because it is a key resource in managing a business's response to the issue of environmental and social accountability (Dixon *et al.*, 2004).

In response to this, in recent years it has become increasingly common for large corporations to communicate information to their stakeholders by using not only the traditional media, such as the annual report, but also the Internet. Many companies provide websites which include large amounts of information on a wide range of financial and corporate social responsibility matters (Pirchegger and Wagenhofer, 1999; Patten, 2002c; Craven and Marston, 1999). Compared to traditional printed reports, the Internet offers many more opportunities to communicate information, and its importance in this regard is rapidly increasing.

As Jones and Xiao (2004) argue, the Internet has become an increasingly important means of communication. The Internet is an increasingly attractive market place with business-to-business e-commerce predicted to have increased from US $919 billion in 2001 to US $8.53 trillion by 2005. The majority of the largest listed companies in developed countries now have an Internet website on which they publish not only financial information, but also information on social responsibility, products and services, etc. In Portugal, the context is similar. According to a Marktest study (2007), the percentage of the Portuguese population that uses a computer at home doubled from 1997 to 2007 (25.8% to 55.9%, respectively).

All commentators agree that the Internet is here to stay. The Internet is welcomed as a potential solution to some well recognised problems of general purpose reporting (such as untimely information and lack of customised information). The Internet may facilitate the increased provision of information, real-time reporting, customised and disaggregated financial and corporate social information. Green and Spaul (1997), cited by Jones and Xiao (2004, p. 239), see the Internet as enabling the communication and dissemination of a whole range of additional non-financial information.

There are many empirical studies on company disclosure. Disclosure can be categorised as mandatory or voluntary. This paper is concerned with company voluntary disclosure on the Internet and in the annual reports. An extensive literature and a number of theories exist to explain company voluntary disclosure. The theories include agency theory, signalling theory and cost-benefit analysis (Craven and Marston, 1999). Some authors use a theoretical basis which combines stakeholder and legitimacy theory (Barros *et al.*, 2008; Cooper, 2003). Although this hypothesis was considered by the authors, the final decision was to use legitimacy theory as a possible explanation for social responsibility disclosure. Owing to recent developments in information technology, companies are beginning to voluntarily disclose their financial and CSR information on the Internet using their websites (Craven and Marston, 1999). Companies have recognised a significant number of benefits associated with the voluntary disclosure of information. According to Craven and Marston (1999, p. 323) some benefits are: improved image/ reputation of the company; better investment decisions by investors; improved accountability to shareholders; more accurate risk assessment by investors; and fairer share prices.

Lindblom (1994) (as cited by Gray *et al.*, 1995, p. 54) suggests that in addition to other purposes, disclosure may be used to educate and inform companies' relevant publics of changes in performance and activities. Companies can use social disclosure to seek to change perceptions of the relevant publics, or to manipulate perception by deflecting attention from issues of concern by focusing on other (presumably more positive) aspects of corporate social performance. In support of Lindblom's claims, some studies (Cho and Patten, 2007; Branco *et al.*, 2008) provide evidence that companies with larger environmental problems tend to provide higher levels of positive or neutral environmental disclosure in their financial reports. These authors argue that the environmental disclosures are being used as a legitimating tool to offset or mitigate the negative impact of actual environmental performance (Patten, 2002c).

This paper aims to analyse the use of the Internet to communicate corporate social responsibility (hereafter CSR) information. A single case study was conducted on a large Portuguese cement company (Secil). This study identifies the CSR information disclosed on Secil's website, considers its disclosure strategy in order to assess some legitimacy strategies according to Lindblom (1994) and compares this information to the annual report CSR disclosure. Content analysis technique was employed to analyse all the different links of Secil's website in 2008. We classify them as environmental, human resources, community involvement or products, according to a framework. The same process was carried out for the 2007 Secil annual report. For further conclusions regarding environmental issues, a longitudinal analysis of the annual reports from 1997 to 2007 was also carried out.

So this paper provides several contributions. Firstly, it answers different calls in the literature to analyse what companies are actually saying in their disclosures (Thomson and Bebbington, 2005). This case study allows us not only to identify the amount of CSR disclosure made by a company but also what kind of information this company decides to disclose in each of these two media: website and annual reports. Secondly, it also provides a case study methodology for web information, as the majority of the studies analyse other sources using samples rather than a case study. Thirdly, it identifies and comments on the quality or completeness of the information provided. Many studies simply recognise the existence of some information on the relevant issue (as Frost *et al.*, 2005). In particular, this paper complements prior research by providing an empirical analysis of the contents of the website. Coupland (2005b, p. 355) says that the Internet is a mechanism by which organizations communicate with a wide and diverse readership. However, there has been little academic consideration regarding the extent to which opportunities for interaction actively impact on what may be said. Various studies acknowledge that to fully understand corporate social disclosures researchers must investigate these alternative media and research is also necessary to identify how companies are using this new medium compared to traditional means (Williams and Pei, 1999). This paper provides a comparison of the CSR information disclosed on the web and in the annual reports.

The rest of the paper consists of 5 sections. The next section discusses the annual reports and the websites as sources of data on CSR disclosures. The research methodology used in this study is then outlined. Section 4 includes the findings for the CSR disclosures on Secil's website, comparison of CSR disclosure practices on Secil's website and in Secil's annual report, and legitimacy strategies to communicate with stakeholders through the website and the annual reports. In section 5 some conclusions are drawn. The final section summarises the limitations of the study and further research is suggested.

2. Annual report versus Internet

Companies use a wide range of corporate documents to provide information on their social behaviour to the public, such as the annual report, brochures, press releases, separate social and environmental reports, and recently websites. However, the annual report is considered by different authors (Guthrie and Parker, 1989; Gray *et al.*, 1995b; Milne and Adler, 1999) to be the most extensively used document in the analysis of corporate social reporting due to its credibility, usefulness to various stakeholders, regularity, accessibility and completeness in terms of the company's communication on social issues (Kuasirikun and Sherer, 2004, p. 635). Most studies consider the annual report as the major forum for disclosure (Tilt, 2001; Gray *et al.*, 1995b; Ogden and Clarke, 2005). Gray (1995b, p. 82) adds: "the annual report not only is a statutory document, produced regularly, but it also represents what is probably the most important document in terms of the organization's construction of its own social imagery". Prior literature uses the annual report as the main source to collect information (De Villiers and Staden, 2006; Patten, 2005; Tilt, 2001; Ogden and Clarke, 2005; Moneva, and Llena, 2000; Cormier *et al.*, 2005; Freedman and Stagliano, 2002; Kuasirikun and Sherer, 2004; Campbell *et al.*, 2003; Adams and Kuasirikun, 2000; Larrinaga *et al.*, 2002; Guthrie and Parker, 1989; Gray *et al.*, 1995b; Milne and Adler, 1999). However, while the annual report is unanimously considered to be an important document, we should not forget the importance of a joint analysis of this document with others produced by the company. Unerman (2000), in his longitudinal study of disclosures in the totality of corporate communications by Shell, demonstrated that disclosure of social information in the annual report represented only a small proportion of the company's total social reporting.

Recently, some studies have also analysed the Internet as a tool for communicating with stakeholders and as a social responsibility disclosure medium (see, for example, Cooper, 2003; Jones *et al.* 1999; Maignan and Ralston, 2002; Patten, 2002c; Patten and Crampton, 2004; Williams and Pei, 1999; Rikhardsson *et al.*, 2002; Snider *et al.*, 2003; Coupland, 2005a; Coupland, 2005b; Chapple and Moon, 2005; Esrock and Leichty, 1998; Jackson and Quotes, 2002). This means that the annual report is no longer seen as the most important source of research, and that many authors are now beginning to also analyse websites as they have several benefits.

The benefits of using the Internet for communicating information to stakeholders over traditional communication channels are related substantially to the possibility of disseminating more information less expensively and in a more timely fashion, and also related to its interactive nature. One of the more interesting features of the Internet is that it allows companies to provide information targeted to different stakeholders and to obtain feedback from them (Branco, 2006, p. 87). As argued by Esrock and Leichty (2000), cited by Branco (2006, p. 87), "unlike traditional mass media channels, a single website can have multiple sections, each targeted to a different audience." Furthermore, as pointed out by Campbell *et al.* (2003, p. 572), the Internet "is possibly the most powerful means of providing targeted information to specific concerned stakeholders as a legitimation strategy. Certainly the Internet website of a company has the potential to reach a much wider lay and environmentally-concerned audience (than the annual report)".

Williams and Pei (1999, p. 392) also agree that the World Wide Web offers various advantages over the traditional print format of annual reports. Such benefits are related to the following aspects: potential to promote harmonization in disclosure practices; the ability to deliver information to a wider spectrum of stakeholders across a broader locality (global rather than just national) within the same time frame with greater regularity and lower costs; obtaining information that is timely and relevant directly from the entity in virtual real time; websites can be updated at any time, thus allowing a stakeholder instantaneous access to information from any location, at any time of the day; the majority of Websites have e-mail facilities and other communication devices that enable the stakeholder to request, query and impart information with the provider immediately upon receiving information. This ability to communicate with companies immediately enables a closer and more personal relationship between the stakeholder and the entity in question.

One important aspect which can be regarded as a limitation of the Internet when compared with annual reports is the proximity of the narrative material in the annual report to the audited financial statements. The fact that the auditors must read such material gives it a degree of credibility that other media cannot claim to have (Neu *et al.*, 1998), including the Internet. Chapple and Moon (2005) pointed out that the layout and style of websites vary enormously which, in a comparative study, can be a disadvantage.

3. Research method

The major purposes of this study are (1) to identify the CSR information disclosed on Secil's website; (2) to compare and contrast CSR disclosure practices on Secil's website and its annual report; (3) to conclude if Secil uses a legitimacy strategy to communicate with its stakeholders through the website and the annual reports.

3.1. Case study

A single case study methodology is employed. This follows a number of calls for the use of case study research in the social and environmental accounting literature (Parker, 2005). We can find some studies using this methodology but with different purposes (Deegan *et al.*, 2002; Larrinaga, 1999; O'Dwyer, 2005; Jones, 2003; Lamberti and Lettieri, 2008; Adams, 2004; Unerman, 2000; Rahaman *et al.*, 2004; Lamberton, 2000; Ball, 2005; Adams and Kuasirikun, 2000; Moerman and Laan, 2005; Larrinaga and Bebbington, 2001) and not analysing CSR information on the web. Secil Company was selected for at least four reasons. Firstly, we decided to choose a large company working in an environmentally sensitive industry, as prior research indicates that company size and industry type are strong predictors of the quantity of environmental disclosures (Adams *et al.*, 1998; Mathews, 1997; De Villiers and Staden, 2006; Herbohn, 2005; Deegan, 2006; Gray *et al.*, 1995a; Gray *et al.*, 1995b; Patten, 2002). Secondly, we consider Secil a good company for a case study as it has had some public exposure and has had to react positively to preserve its image with consumers, stakeholders and the public in general. Thirdly, it has been widely recognised for being socially responsible towards the environmental and the local community. Fourthly, we were able to agree a research protocol with the administration and have access to different sources of data over a period of two decades.

Since Secil is a large company, we expect to find a significant amount of social responsibility information on its website. As prior research (Esrock and Leichty, 1998; Craven and Marston, 1999; Barros *et al.*, 2008; Branco and Rodrigues 2008) concluded, the number of social responsibility items on a website is positively correlated with the size of an organization and the implementation of tools to make a website more navigable.

Secil is a large company and it belongs to an environmentally sensitive industry, although the industry sector is not correlated with the disclosures on the web, according to Esrock and Leichty (1998); Craven and Marston, (1999); Patten and Crampton, (2004). Thus, we also expect to find a significant amount of social responsibility information in its annual reports. Many studies conclude that the company's industry sector and size are strong predictors of the quantity of environmental (and social) disclosures[1] in annual reports (Adams *et al.*, 1998; Matthews, 1997[2]; De Villiers and Staden, 2006; Herbohn, 2005; Deegan and Blomquist, 2006, Gray *et al.*, 1995a; Gray *et al.*, 1995b).

Secil has had a website since 1997 but it was only significantly improved in 2004. They do not update their website frequently[3]. Secil's website was accessed and reviewed during the month of October 2008 to determine the nature and extent of social responsibility disclosure (hereafter SRD). All the links were analysed and the whole website was reviewed using content analysis technique.

To allow comparability, Secil's annual report from 2007 was also analysed and coded using the same technique as used for the website and according to the same framework. We analyse the whole annual report with the exception of the financial statements. For further conclusions, a longitudinal analysis of annual reports from 1997 to 2007 was carried out for the topic of environmental disclosures.

---

[1] Industrial activity is more strongly connected with environmental disclosure than with social disclosure.

[2] Matthews (1997, p. 484) adds other characteristics: "Measures of the volume of different types of information could also be related to characteristics of the disclosing organisations, such as size or industry, and profitability or capital market performance."

[3] This information was collected during a telephone conversation between the author and Secil's Institutional Communication Department Director , on 29/10/2008. This talk took about 30 minutes and it allowed the author to gather more information and to obtain some answers to the questions that arose during her analysis of the website information.

3.2. Content analysis

To measure the level of social responsibility information disclosed by Secil, we use content analysis. Content analysis is the most commonly used method to examine SRD. This technique has been readily applied in corporate social disclosure based research. Content analysis is usefully defined as "a technique for gathering data that consists of codifying qualitative information in anecdotal and literary form into categories in order to derive quantitative scales of varying levels of complexity" (Abbott and Monsen 1979, cited by Gray *et al.*, 1995b, p. 80).

Content analysis[4] was used to determine the extent of disclosure. This method, which has been used in a number of previous studies (Gray *et al.*, 1995 a; Gray *et al.*, 1995b; De Villiers and Staden, 2006; Tilt, 2001; Larrinaga *et al.* 2001; Wilmshurst and Frost, 2000; Kuasirikun and Sherer, 2004; Campbell *et al.*, 2003; Unerman, 2000; Adams and Kuasirikun, 2000; Larrinaga *et al.*, 2002; Branco *et al.*, 2008; Ogden and Clarke, 2005), requires the examining of the reports or other sources, such as websites, for the presence or absence of statements related to various areas of environmental and social concerns (Patten, 2002b).

The review of social responsibility disclosure was based on the coding scheme adapted from several empirical studies in the area, that developed a SRD index (see, for example Branco *et al.*, 2008; Gray *et al.*, 1995a; Gray *et al.*, 1995b; Hackston and Milne, 1996; Patten, 2002c; Williams and Pei, 1999; Chapple and Moon, 2005; Deegan *et al.*, 2002). Definitions applied in the checklist instrument were derived from the same prior literature. The detailed checklist of categories of social responsibility disclosure used in this study[5] was adapted from Hackson and Milne (1996); Deegan, Rankin and Tobin (2002); Branco, Eugénio and Ribeiro (2008); William and Pei (1999); and Gray, Kouhy and Lavers (1995b).

The content analysis literature reflects a debate on how best to code and count the various types of social and environmental disclosure. Commonly used measurement methods have included word count (Campbell *et al.*, 2003; Wilmhurst and Frost, 20002; Deegan and Rankin, 1996), sentence count (Branco *et al.*, 2008; Burn, 1998; Ogden and Clarke, 2005; Tilt, 2001, Williams and Pei, 1999; Patten, 2002a), line count (Garcia and Larrinaga, 2003;

---

[4] For more details about this technique see Gray *et al.*, 1995b.

[5] The checklist and the decision rules can be requested from the authors.

Patten, 2002b), summed page proportions (Adams and Kuasirikun, 2000; Kuasirikun and Sherer, 2004), frequency of disclosure and "high/low" disclosure. The type of content analysis used in this study involves categorizing the disclosure based on specific items of information found in the reports. The total amount of social and environmental disclosure is quantified by using a sentence count method. This is consistent with other studies such as Branco *et al.* (2008); Buhr (1998); Ogden and Clarke (2005); Tilt (2001); Williams and Pei (1999); and Patten (2002a).

In accordance with mainstream CSR literature, we identify four major themes for CSR: (1) environmental (2) human resources, (3) products and consumers, and (4) community involvement[6]. Gray *et al.* (1995b) contend that defining what is environmental disclosure, is an arbitrary exercise. However, like Garcia and Larrinaga (2003), we followed the definitions given by Gray *et al.* (1995b). Thus, we excluded environmental disclosures when they were part of the business (Gray *et al.*, 1995b).

Following Patten (2002b), two different measures of social disclosure were calculated. First, each piece of information was coded as one of the 4 specific

---

[6] Some examples of environmental disclosures considered are: any statement and information related with environmental policies, the environmental management system (including ISO 14001 and Eco Management and Audit Scheme – EMAS), pollution from business operations, pollution arising from use of product, discussion of specific environmental laws and regulations affecting company operations and products, prevention or repair of damage to the environment resulting from processing of natural resources; conservation of natural resources and recycling activities, sustainability environmental aesthetics, conservation of energy in the conduct of business operations; energy efficiency of products; and other environmental matters.

For the other themes, following prior literature, human resources disclosure covers issues such as employee health and safety; employment of minorities or women; employee training; employee assistance/benefits; employee remuneration; employee profiles; employee share purchase schemes; employee morale; industrial relations; other human resources disclosures.

Products and customers disclosure encompasses disclosures related to product safety; product quality; disclosing of customer safety practices; customer complaints/satisfaction; provision for disabled, aged, and difficult-to-reach customers; other product and customer disclosures.

Community involvement disclosure includes disclosures relating to charitable donations and activities; support for education; support for the arts and culture; support for public health; sponsoring sporting or recreational projects; other community involvement disclosures.

areas of social disclosure discussed or presented on the website and in the annual report. Following William and Pei (1999), each of the four themes of corporate social disclosure involved in this study was further subdivided into a set of broadly discriminating topics. Any CSD made by Secil in its annual reports or on its website were firstly classified by theme and then by category. The second measure was a sentence count. For this measure the total number of sentences addressing social and environmental responsibility issues was calculated. One of the principal characteristics of content analysis is that the data collected should meet tests which suggest that it is "objective", "systematic" and "reliable (Gray *et al.*, 1995b), so numerous pretesting techniques should be conducted to minimize any ambiguity and overlapping of interpretations.

4. Findings

4.1. CSR disclosures on Secil's website
All the sections of the Secil corporate website were analysed during October 2008.

In the analysis of Secil's website some rules were followed:
- Links provided within the website that did not include the same web address as the company were not analysed (Frost *et al.*, 2005);
- All sections, regarding sustainably issues or not, were analysed, but only the ones regarding our framework were considered (for example, we exclude from content analysis, information with regard to Secil Worldwide: Tunisia; Angola and Lebanon);
- On-line copies of the annual report (Patten and Crampton, 2004) and on-line copies of social and/or environmental reports (Branco and Rodrigues, 2006) were excluded;
- Links to external press release disclosures were also not followed (Patten and Crampton, 2004);
- Links to company publications such as newsletters or product catalogues were not followed (Branco and Rodrigues, 2006).

Secil's website content analysis was carried out in 2 steps. In a first step, we analyse the Highlights section[7]. It is possible to see a list of 20 highlights, and

---

[7] This is the most updated section of the website, and almost the only one that is frequently changed – that is, the section where highlights are more frequently added, according to an interview with Secil's Institutional Communication Department Director.

it is also possible to have access to the older highlights, called "news". This section was firstly explored as it allows us to understand what the company wants to give more attention to, as this information is probably more visible to the stakeholders. The information in this section was categorised by issue and the content was read. In this step we did not count sentences and only coded by SRD themes as many "news" items have just one sentence followed by the expression "For more information click here", where it is possible to access to more information: files or different parts of the page.

In a second step, all the links were analysed and the structure of Secil's website was identified. All the content regarding CSR issues, according to the framework used, was counted by sentences. This allows us to understand which topics Secil discloses more about and where Secil decides to disclose CSR information.

Highlights

According to the analysis of Secil's website (in October 2008), it was possible to find 20 news highlights: 14 from 2008, 3 from 2007, 2 from 2006 and 1 from 2005. Of the 20 news items, 2 are about financial issues (Annual Report 2007 and a reference to a press release about Secil's investments abroad: acquisition of further holding in a Lebanese cement company), and 18 are about CSR issues. Table 1 shows the themes and categories of CSR disclosures.

TABLE 1 – Highlights (Secil's website)

Financial	2
Environmental impact - 2	
Co inceneration - 6 (1-2008; 2-2007; 2-2006; 1-2005)	
Sustainability Report - 2	
Human Resouces	1
Emploments - 1	
Products and Customers Disclosure	0
Comunity Involvement	7
Award - 5	
Local iniciatives - 2	
TOTAL	20

Secil uses the highlights section mainly to disseminate social and environmental information (90%). The top discussed issue is environmental information. The majority of the environmental highlights are in the category of "pollution from business operations", where we consider all the issues regarding the co-incineration process[8]. From 10 environmental highlights, 6 are about co-incineration; 2 about environmental impact; and 2 about the sustainability report. Secil has experienced a negative public reaction about the co-incineration[9] process. In Portugal, many newspapers and the television cover this issue and many organizations are against this process which began in 1995 but that is not yet "solved". Among the most visible of these conflicts are those related to the construction of sites for the incineration or co-incineration of industrial waste. Even so, it was possible to find much information about co-incineration since Secil wants society to have the right information about it. So, on its website it is possible to find many files to download with different explanations and studies about this issue.

With broad media coverage, the controversies over the decision to turn co-incineration into the main method of hazardous waste disposal have fuelled public debate involving local populations, environmentalist associations, scientists, experts, local governments, national parties represented in parliament and the national government (Branco *et al.*, 2008, p. 141). So it is to be expected that one may find a large amount of information about this issue on the website and also in the annual report.

Detailed analysis of the news about co-incineration allows us to conclude that the company is interested in clarifying and giving more information about co-incineration in waste processes. Many of the news items provide access to reports, opinions, press releases, and other documents. The company decided to keep, in the highlights section, 5 news items prior to 2008 about environmental actions (2 in 2007, 2 in 2006 and 1 in 2005) probably because it feels that this issue continues to arouse questions and needs to be clarified.

Community involvement[10] issues are mostly related to awards promoted by the company. These awards are for engineering or architecture. There are

---

[8] For background information on the co-incineration debate in Portugal, see Branco *et al.* (2008).

[9] Co-incineration is a process of use of industrial waste to partially replace non-renewable fossil fuels (petroleum coke, coal or fuel oil), which acts as fuel alternative. This process is also called thermal recycling (in Valorizar magazine, Secil, 2006, www.secil.pt).

[10] For more details about community disclosure see Campbell *et al.* (2006).

5 highlights about awards in 2008, referring to the 2008 and 2007 completions. Only 2 news items refer to local initiatives (open doors week and the celebration of Secil's 2008 protocol with Setúbal[11] collectives).

There is only one highlight regarding human resources which is about Secil's New Talent Program. This program aims to attract new "talent" employees. It states "Secil favours the continuous qualification of its employees and privileges developing their talent." Table 3 allows us to conclude that Secil discloses little information about human resources on all of its website. The same happens with the products and customers theme. These findings suggest that Secil does not use the website as a medium for disclosing information about human resources and products and customers.

Table 2 gives the details of the issues disclosed in the highlights section, showing the titles of the news items (the numbers placed before the title, refer to the order in which the news items appear in the highlights section):

The news items have titles such as: safe co-incineration; contact directly the ECC (Environmental Consultative Commission) of Secil Outão Plant; results of the co-incineration tests with hazardous industrial waste at the Secil-Outão plant; environmental impact study (view our environmental impact study about the co-incineration of hazardous industrial waste in our Secil Outão Plant). This shows that Secil has a disclosure strategy aimed directly at the stakeholders regarding the co-incineration controversy but that it adopts a "mother" behaviour by trying to explain what the co-incineration process is and what it is not.

For further details about "old" highlights we analyse the link "news" inside the highlights section. The results are consistent with the idea that this section has acquired importance. Secil believes this space can be a forum to bring news and information to their relevant public[12] and therefore the company uses this space to legitimise its activities. Moreover, the trend type of information disclosed about the community involvement remains unchanged: in mostly announces the awards promoted by the company and it disseminates the open doors initiative (categorised as local initiatives). Only 2003 is an exception: local initiatives regard the opening of a Secil museum.

---

[11] Setúbal is the city where Secil has the biggest plant (Outão plant).

[12] According to Lindblom (1994, p.19), relevant publics are employees, creditors, shareholders, public interest groups, community activists and the government.

TABLE 2 – Detail of Secil's website highlights section

FINANCIAL	3.Annual Report 2007
	16. Press Release – Secil invests abroad – Acquisition of further holding in Lebanese cement company
A. ENVIRONMENTAL DISCLOSURE	1. Sustaintability Report 2007
	11. Valorizar Magazine To view a summary of our Environmental Impact
	12. Environmental Impact Study View our Environmental Impact Study about the co-incineration of hazardous industrial waste in our Secil Outão Plant,
	13. Contact directly the ECC of Secil Outão Plant The Environmental Consultative Commission of Secil Outão Plant
	14. Sustaintability Report 2006
	15. Secil-Outão Environmental Monitoring Committee issues statement on the tests for co-incineration of hazardous industrial waste
	17. Results of the co-incineration tests with hazardous industrial waste at the Secil-Outão plant
	18. Safe co-incineration
	19. Sustainability at Secil Read more about Secil's work in the field of sustainable development, energy and waste management. To view the public declarations made by the company's managers on these issues,
	20. Secil-Outão Environmental Monitoring Committee issues statement on the tests for co-incineration of hazardous industrial waste
B. HUMAN RESOURCES DISCLOSURE	8. Secil's New Talent Program
C. PRODUCTS AND CUSTOMERS	
D. COMMUNITY INVOLVEMENT	2. Regulation for the Architecture Secil Award 2008
	4. European Open Doors Week
	5. The Celebration of Secil's 2008 Protocol with Setúbal Collectivities
	6. 2008 Secil University Awards
	7. 2008 Secil Award
	9. 2007 Secil Engineering Award
	10.2007 Secil University Awards

All links of Secil website

After this analysis, in a second step, all of Secil's website were analysed and the structure was identified. All the items regarding CSR were content analysed using a framework and the sentence count method.

Secil's website is organized in 8 sections: 1.Who we are; 2.What we do; 3.Where we are; 4.Products and services; 5.Secil awards; 6.Quality; 7.Environment; and 8. Policies. We cross the different categories with the section where the information appears to understand where Secil decided to disclose CSR.

TABLE 3 – CSR included in Secil's website

Themes	Sentences	Averege
ENVIRONMENTAL DISCLOSURE	110	0,70
HUMAN RESOURCES DISCLOSURE	11	0,07
PRODUCTS AND CUSTOMERS DISCLOSURE	11	0,07
COMMUNITY INVOLVEMENT DISCLOSURE	26	0,16
Total	158	1,00

TABLE 4 – Most frequent categories for each theme in Secil's website

Theme	Top category
ENVIRONMENTAL DISCLOSURE	Prevention or repair of damage to the environment resulting from processing of natural resources
HUMAN RESOURCES DISCLOSURE	Employee Health and Safety
PRODUCTS AND CUSTOMERS DISCLOSURE	Product safety
COMMUNITY INVOLVEMENT DISCLOSURE	Support for the arts and culture

Table 5 further extends Table 3, indicating the content analysis themes and categories, and the website sections. As reported in Table 3, the environmental theme is the most cited issue, representing 0.7 of CSR disclosures on Secil's website, followed by the community involvement theme (0.16) and lastly, human resources (0.07) and products and customers (0.07).

TABLE 5 – Content analysis themes and categories and Secil's website sections

Themes \ Links	1. Who we are	2. What we do	3. Where we are	4. Products and services	5. Secil awards	6. Quality	7. Environmental	8. Policies	TOTAL
A. ENVIRONMENTAL DISCLOSURE									
1. Environmental policies or company concern for the environment								17	17
2. Environmental management, systems and audit	2		1				9	5	17
3. Pollution from business operations			10					1	11
6. Prevention or repair of damage to the environment resulting from processing of natural resources			1				35		36
7. Conservation of natural resources and recycling activities		1						2	3
8. Sustainability	2							12	14
9. Environmental aesthetics	1								1
10. Conservation of energy in the conduct of business operations:		1							1
12. Environmental other	1		9						10
	6	2	21				44	37	110
B. HUMAN RESOURCES DISCLOSURE									
13. Employee Health and Safety								9	9
20. Employee morale								2	2
								11	11
C. PRODUCTS AND CUSTOMERS DISCLOSURE									
23. Product safety		1		4				3	8
24. Product quality				1		2			3
		1		5		2		3	11
D. COMMUNITY INVOLVEMENT DISCLOSURE									
31. Support for arts and culture					26				26
					26				26
Total									158

For environmental disclosure (Table 5), Secil mostly uses the "Environment" and "Polices" sections, followed by the "Where we are" section. Although co-incineration issues are referred to many times in different sections of the website, the top discussed category is "Prevention or repair of damage to the environment resulting from processing of natural resources" (Table 4). This is because co-incineration information is mainly in downloads and, according to the rules defined, a download that provides CSR information is interpreted as one sentence. Information on environmental management systems and on the company's environmental policy is also related (17 sentences each). Sustainability issues are disclosed in the "environment" section (37%) and in the "policies" section (45%). Other information, although in a smaller amount, is published about conservation of natural resources and recycling activities; environmental aesthetics; conservation of energy in the conduct of business operations; and others. The others category in the Environment section refers to wildlife conservation (3 sentences) and undertaking environmental impact studies to monitor the company's impact on the environment (15 sentences).

In the section "Where we are", we find 10% of the environmental disclosures, as this section has a topic about the Environmental Monitoring Board and EMB – Tests and Declarations in the Secil-Outão plant. In this section it is possible to find 6 downloads related to the former and 5 to the latter.

The first file has information about the Environmental Monitoring Board at the Secil-Outão Plant, on which various public and private organizations from within the Setúbal municipality are represented. Information about the Committee's aims, its regulations and agenda, as well as its rules of procedure and other information on the Environmental Monitoring Board are presented in this file. Others files are about the February 2006 test plan; the report on tests of co-incineration of standard industrial waste (29 July 2005) and the June 2005test plan; and some declarations: a declaration by the Secil-Outão EMB on co-incineration of oil sludge and a declaration by the Environmental Monitoring Board.

This shows Secil's concern over being transparent about environmental protection, by creating a committee to assess and discuss these issues, presenting both tests and statements about the co-incineration process.

Secil does not use its website in order to disclose information about human resources or products and customers, as they represent only 7%, each, of all CSR information. The most frequent issue about human resources is "Employee Health and Safety (only one more category was found: "employee morale") and Secil discloses all human resources information in the "policies" section. The website provides information about communication with employees on management styles and management programmes, which may directly affect the employees. The top discussed issue about products and customers is "product safety" (only one more category was found: "product quality"), and Secil prefers to disclose this kind of information in the "products and services" section.

Regarding community involvement information, we expect to find more diversification of issues, as referred to in the highlights section analysis. In fact, all the information is about "Supports for arts and culture", and more specifically about awards. All the information appears in Secil's "awards" section and announces Secil's universities awards for architecture and civil engineering. In this section they describe competition rules and present several pictures about the award ceremony in 2006. However, and according to the rules, pictures were not considered; only the titles on the photos were considered (18 of the 26 sentences refer to the titles on the photos). No more information about community involvement is given. Only in the Highlights section can we find, besides award information, one reference regarding the celebration of Secil's 2008 protocol with Setúbal collectives and another reference to the European open doors week. In the news section there are four references to the open doors week (from 2004 to 2007), but only in the

Portuguese version of the website (the English version does not show this information[13]), and to the Maceira's museum (also only in the Portuguese version).

For a more in-depth understanding of the context of CSR disclosures on Secil's website, all the content of the website was sentence counted (as already explained, the news in the highlights section was excluded from this analysis). Table 6 summarises the total number of sentences on Secil's website and the total number of sentences about CSR. CSR information represents 44% of the total amount of information on Secil's website. This means that Secil gives great importance to this kind of disclosure. According to our results, the information in the "Secil awards", "quality", "environment" and "policies" sections is almost all about CSR. The financial theme represents only 11%. Other issues are about the history of the company; worldwide: Tunisia, Angola and Lebanon; and the history of cement and how it is made.

TABLE 6 – CSR disclosure and total information on Secil's website

Links	1. Who we are	2. What we do	3. Where we are	4. Products and services	5. Secil awards	6. Quality	7. Environmental	8. Policies	TOTAL
CSR disclosure	6	3	21	5	26	2	44	51	158
Total of sentences	75	65	62	24	27	2	44	59	358

We conclude therefore that Secil uses its website to disseminate information primarily on environmental issues, followed by community involvement issues. Secil uses different legitimating strategies when communicating with its stakeholders as explored in section 5.3.

---

[13] Some differences were found between the Portuguese and the English version of Secil's website. The English version has less information than the Portuguese one, and it does not have any references to the many downloads that it is possible to find in the Portuguese version. There are some possible explanations: they think some information may not be of interest to the people outside Portugal – in fact some aspects are more internal. Or, Secil prefers people outside Portugal not to have access to some information – in fact, many files about tests and environmental reporting do not appear and some do appear but in Portuguese, not translated. When we asked the institutional communication department about this they explained that it was the first explanation that applied.

4.2. Comparison between CSR disclosure practices on Secil's website and in Secil's annual report

Secil's Annual report from 2007 was content analysed using the same framework as the that used for the website. We exclude from our analysis the financial statementsand information about other countries where Secil has plants, such as Angola, Lebanon and Tunisia. In our analysis we include the management report and the letter from the president.

According to other studies (Williams and Pei, 1999), we conclude that the dominant nature of disclosure of corporate social details is narrative.

Annual report content analysis allows us to have a clear picture about some of Secil's behaviour. As we expected, Secil cares about its stakeholders and offers direct messages to them:

"The Board of Directors wishes to express its thanks to its clients and workers; to the sole auditor; to the financial institutions which have supported the Group; to the suppliers and, in general, to the partners who have worked with Secil on its various business initiatives. The Board of Directors also wishes to thank the shareholders for the trust they have placed in them, which has been fundamental to effectively conducting the company's affairs with a view to the prime objective of increasing the value of the company" (Annual report, 2007, p. 15).

In 2007, for the first time, the annual report includes a section on "major development in 2007". A large amount of this news is related to CSR issues, but besides this, not many details are provided in the following chapters, except about environmental issues. Some examples are presented:

Human resources – training:

Vocational training programmes start up at the Group's Training Centres at the Secil- Outão, Maceira-Liz and Cibra-Pataias plants, including participation by workers from Secil Lobito[14] (Annual report, 2007, p. 17).

Community involvement – open doors week and cultural and social sponsoring:

"Open doors week" at the Secil-Outão plant, devoted to the theme "Landscape Reclamation and Biodiversity", attracting 400 visitors" (Annual report, 2007, p. 17).

"Secil signs collaboration and funding agreements with a number of cultural sporting and social welfare associations in Setúbal" (Annual report, 2007, p. 17.)

---

[14] Secil Lobito is the plant in Angola.

Environmental – biodiversity:

"Secil signs an undertaking to conserve biodiversity in Portugal, as part of an initiative organized by the Nature Conservancy and Biodiversity Institute, with a view to preserving our common heritage through work and projects designed to avoid the decline of species. This includes reforesting the Serra da Arrábida and rehabilitation of the maritime prairies at Portinho da Arrábida" (Annual report, 2007, p. 18).

"Biodiversity management work was launched at the plants, and 2007 also saw the start of the Biomares project, sponsored by Secil, which will involve restoring marine vegetation in the Portinho da Arrábida prairies" (Annual report, 2007, p. 25)

Table 7 shows that the range of corporate social disclosures is very similar on the website and in the annual report. On the website it is possible to find 14 different categories and in the annual report it is possible to find 16.

As reported in Table 8, Secil uses its annual report mainly for two purposes regarding CSR: to offer information about environmental issues (44%) and about human resources (51%). Products and customers have no expression in the annual reports. Contrary to what we expected, the community involvement theme has only 3 sentences referring to 3 different issues: support for education; support for arts and culture; and sponsoring sporting or recreational projects. Looking at other Secil sources such as newsletters, internal documents, conference presentations and newspaper stories, we find that Secil is a company with a large range of community initiatives and, therefore, we would expect to have more details about these in the annual report. The company identifies these initiatives but does not give details about them (but these topics are detailed in the sustainability report).

TABLE 7 – Categories range on Secil's website and in Secil's annual report

	Annual Report	Web page
A. ENVIRONMENTAL DISCLOSURE		
1. Environmental policies or company concern for the environment	X	X
2. Environmental management, systems and audit	X	X
3. Pollution from business operations	X	X
4. Pollution arising from use of product		
5. Discussion of specific environmental laws and regulations affecting company operations(…)		
6. Prevention or repair of damage to the environment resulting from processing of natural	X	X
7. Conservation of natural resources and recycling activities (e.g. recycling glass, metals, oil		X
8. Sustainability		X
9. Environmental aesthetics		X
10. Conservation of energy in the conduct of business operations	X	X
11. Energy efficiency of products		
12. Environmental other	X	X
B. HUMAN RESOURCES DISCLOSURE		
13. Employee Health and Safety	X	X
14. Employment of minorities or women		
15. Employee training	X	
16. Employee assistance/benefits	X	
17. Employee remuneration	X	
18. Employee profiles	X	
19. Employee share purchase schemes		
20. Employee morale	X	X
21. Industrial relations		
22. Other human resources disclosures		
C. PRODUCTS AND CUSTOMERS DISCLOSURE		
23. Product safety	X	X
24. Product quality		X
25. Disclosing of customer safety practices		
26. Customer complaints/satisfaction		
27. Provision for disabled, aged, and difficult-to-reach customers		
28. Other product and customer disclosures		
D. COMMUNITY INVOLVEMENT DISCLOSURE		
29. Charitable donations and activities		
30. Support for education (e.g. sponsoring educational conferences and seminars (…)	X	
31. Support for the arts and culture (e.g. sponsoring art exhibits)	X	X
32. Support for public health (including aid to medical research)	X	
33. Sponsoring sporting or recreational projects		
34. Other community involvement disclosures		

TABLE 8 – Incidence of issues recorded in Secil's annual report and on Secil's website

	Annual Report		webpage	
	2007	%		%
A. ENVIRONMENTAL DISCLOSURE				
1. Environmental policies or company concern for the environment	2		17	
2. Environmental management, systems and audit	2		17	
3. Pollution from business operations	19		11	
6. Prevention or repair of damage to the environment resulting from processing of natural resources	3		36	
7. Conservation of natural resources and recycling activities			3	
8. Sustainability			14	
9. Environmental aesthetics			1	
10. Conservation of energy in the conduct of business operations	2		1	
12. Environmental other	7		10	
TOTAL	35	44%	110	70%
B. HUMAN RESOURCES DISCLOSURE				
13. Employee Health and Safety	1		9	
15. Employee training	7			
16. Employee assistance/benefits	9			
17. Employ remuneration	2			
18. Employee profiles	14			
20. Employee morale	7		2	
TOTAL	40	51%	11	7%
C. PRODUCTS AND COSTUMERS DISCLOSURE				
23. Product safety	1		8	
24. Product quality			3	
TOTAL	1	1%	11	7%
D. COMMUNITY INVOLVEMENT DISCLOSURE				
30. Support for education	1			
31. Support for the arts and culture	1		26	
33. Sponsoring sporting or recreational projects	1			
TOTAL	3	4%	26	16%
	79		158	

Secil discloses 35 sentences about environmental issues in the 2007 annual report. 19 sentences are about topic 3: pollution from business operations. Looking at the content we can conclude that almost all this information is about the co-incineration process. However, it is possible to note that on Secil's website, 110 sentences were disclosed about environmental issues. As mentioned, although co-incineration is not the top issue on the website, many files are available for download. It is possible that these results for the environmental disclosure information levels in the annual report are due to differences in the company's responses to calls for greater environmental disclosure by corporations world-wide. As Secil was involved in a programme of the International Standards Organization (ISO 14001 Standard), after 2005, and in the Global Reporting Initiative

(GRI), it published its sustainability report according to GRI guidelines for the first time in 2005[15]. These programs, developed largely in the 1990s, encourage greater corporate environmental disclosure. In fact, as Patten and Crampton (2004, p. 50) argue, companies involved in these programs might be expected to exhibit higher levels of environmental disclosure, but the question is: does this means that Secil decided to "move" information from the annual report to the sustainability report?

To assure that the results reported are not being driven by this question, an additional content analysis was conducted. A longitudinal analysis of Secil's annual reports from 1997 to 2007 was conducted, using the same framework. Only the environmental theme was analysed as it is the one that shows more disparity between the website and the annual report disclosure. And we wish to examine the degree of information that was published in the annual reports after the sustainability report was published.

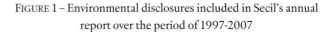

FIGURE 1 – Environmental disclosures included in Secil's annual report over the period of 1997-2007

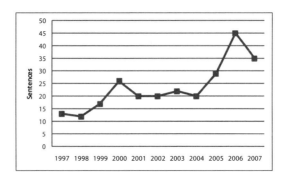

---

[15] Sustainability report (2005, p. 21) explains that "this document has been drawn up on the basis of the guidelines of the Global Reporting Initiative (GRI, 2002) and the concerns expressed by our major stakeholders. Also taken into account were the indicators recommended by the Cement Sustainability Initiative (CSI), a voluntary initiative implemented by multinational companies operating in the industry with a view to including the sustainability problem into the international cement industry's agenda within the scope of the World Business Council for Sustainable Development (WBCSD)."

Figure 1 shows the evolution of environmental disclosure in Secil's annual reports from 1997 to 2007. Since 1997 the tendency of environmental information disclosure in annual report is one of growth (except from 2006 to 2007). From 2005 to 2006, contrary to what we expected, the environmental information in the annual report grew from 29 sentences to 45 sentences, which leads us to conclude that Secil did not "move" information from the annual report to the sustainability report.

TABLE 9 – Environmental disclosures details included in Secil's annual report over the period of 1997-2007

A. ENVIRONMENTAL DISCLOSURE	1997	1998	1999	2000	2001	2002	2003	2004	2005	2006	2007	Total	%
1. Environmental policies or company concern for the environment	2		4	8	4	3	7	8		6	2	44	17%
2. Environmental management, systems and audit	3	4	5	3	4	1		1	3	3	2	29	11%
3. Pollution from business operations:	7	5	5	8	6	9	3	11	17	21	19	111	43%
6. Prevention or repair of damage to the environment resulting from processing of natural resources				2	1	1			4		3	11	4%
7. Conservation of natural resources and recycling activities												0	0%
8. Sustainability							5			5		10	4%
9. Environmental aesthetics												0	0%
10. Conservation of energy in the conduct of business operations	1	3	3	5	5	5	7		2	3	2	36	14%
12. Environmental other						1			3	7	7	18	7%
TOTAL	13	12	17	26	20	20	22	20	29	45	35	259	100%

Table 9 further extends Figure 1 indicating the categories of environmental disclosures in annual reports. Again category 3: pollution from business operations, offers a higher total amount of information (111 sentences over all these years). Analysing the content we conclude that almost all this information regards the co-incineration process. This is consistent with previous results and confirms that Secil has a special intention with regard to giving information about this topic.

Comparison between the information disclosed on the Internet and similar information disclosed in the annual reports (Table 7) indicates that only human resources issues are more evident in the annual reports than on the Internet, whereas the reverse happens for environmental, products and customers and community involvement information. The difference is much more relevant in these 3 themes of disclosure. As Zéghal and Ahmed (1990), cited by Branco and Rodrigues, (2008), argue, the choice of a medium for information disclosure is dependent on the target public for whom the message is intended. Because annual reports are directed at investors and human

RESPONSABILIDADE SOCIAL: UMA VISÃO IBERO-AMERICANA

resources are an important resource, it is natural for investors to be interested in this area. On the other hand, because company web pages are aimed at a broader public, including consumers and the general public, it is natural for companies to give prominence to community involvement and environmental information. This is consistent with the conclusions of Branco and Rodrigues (2008, p. 699) on Portuguese companies: noticeable differences between websites and annual reports CSR disclosures "are related to the much higher presence of human resources information in annual reports than on the Internet and the higher presence of community involvement information on the Internet than in annual reports". Although these authors conclude that Portuguese companies attribute greater importance to annual reports as a disclosure media than to the Internet, this is not true in Secil's case. Here the opinion of Campbell *et al.* (2003, p. 572) is followed, which says that the Internet "is possibly the most powerful means of providing targeted information to specific concerned stakeholders as a legitimation strategy. Certainly the Internet web site of a company has the potential to reach a much wider lay and environmentally-concerned audience (than the annual report)". We conclude that Secil uses a legitimation strategy when communicating to the relevant public not only through its website but also its annual report.

Our results are also similar to Frost *et al.* (2005, p. 94), who argue that the corporate website appears to provide more diverse coverage of CSR issues. This may be explained firstly by the fact that the website can provide larger documents which include company policies. Secondly, the website includes an electronic version of both the annual and the sustainability report. Hence users of the website would also have access to these reports and the information in them. Others reasons can be added, as mentioned in chapter 2.

The conclusion that Secil discloses more CSR on its website than in its annual report is also consistent with prior studies (Branco and Rodrigues, 2006[16]), which conclude that companies prefer websites to annual reports as a medium of CSR disclosure.

---

[16] Although Branco and Rodrigues (2006) conclude that it depends on the theme: environmental and human resources information is more present in annual reports than on the Internet, whereas the reverse happens with products and consumers and community involvement information, although the difference is insignificant in the latter case. Results suggest that the choice of a medium for information disclosure is dependent on the target public for whom the message is intended.

4.3. Legitimacy strategies to communicate with stakeholders through the website and the annual reports

Legitimacy theory suggests that organizations only exist if the society in which they operate allows them to and they must therefore operate within the value system of the society. For Suchman (1995, p. 574), legitimacy is a generalised perception or assumption that the actions of an entity are desirable, proper, or appropriate within some socially constructed system of norms, values, beliefs, and definitions. Legitimacy theory is based on the idea that in order to continue operating successfully, corporations must act within the bounds of what society identifies as socially acceptable behaviour. Suchman's article examines strategies for gaining, maintaining, and repairing legitimacy, as forms of legitimacy. Detailed analysis of the news about co-incineration, on Secil's website, allows us to conclude that the company is interested in clarifying and giving more information about co-incineration in waste processes. This is probably because it feels that this issue continues to arouse questions and needs to be clarified. Clearly we see here a strategy to restore Secil's public image[17]. This is consistent with legitimacy theory arguments that claim that companies use environmental disclosure as a means of repairing public policy pressures. According to Suchman (1995), Secil uses a strategy for repairing legitimacy.

According to Lindblom (1994, p. 12), much of the voluntary social disclosure issued by corporations may be viewed as efforts at legitimation, meaning, efforts to achieve the status of legitimacy. Corporate efforts at legitimation may use four alternative strategies[18] or a combination of the four when faced with different legitimation threats, and each of these will have implications for CSD. We aim to use Lindblom (1994) strategies and understand if they affect the CSD disclosure made by Secil. The four strategies, following Lindblom (1994), which a corporation seeking legitimation may adopt, are:

1. Educate and inform the relevant publics about changed performance. Secil offers in both media much information about the co-incineration process: studies by credible organizations explaining what the co-incineration process is and

---

[17] Campbell and Beck (2004) developed a method for testing for website responses to public allegations of specific ethical malpractice. In future research, this question could be explored in Secil's case.

[18] These strategies are referred to by other authors such as Gray *et al.* (1995a) and Cooper (2003).

that it is not detrimental for the health; environmental impact studies relating to the emissions produced by this process; open doors initiative when many schools are invited to visit the plants and learn about the process. Another Secil initiative with the purpose of giving more information to the stakeholders is the publication of the "Valorizar Magazine"[19]. This magazine is also available for download from Secil's website. Download can be found in the same link where Secil offers informative articles about its manufacturing process, co-incineration, environmental impact assessments and others. The publication of the sustainability report could also be seen as a strategy to educate and inform the relevant publics, as Secil published its first environmental and social report in 2000 (when the co-incineration controversy was still being hotly debated). According to Thomson and Bebbington (2005, p. 516), organizations started to produce accounts of their social impacts and they claim that these reports display constitutive educational characteristics that educate readers about the organization they seek to portray and its interaction with its substantive environment.

These are some of the strategies identified as being used by Secil to educate and inform about a situation that may be representative of a failure in an organization's performance.

2. Seek to change the stakeholders' perception of events. Secil tries with all the information it provides to contradict what the newspapers and television have said about the co-incineration process.

3. Distracting or manipulating the attention away from the issue of concern. A corporation attempts to associate itself with symbols having high legitimate status – this has been used as the explanation for inviting persons of high legitimate status to serve on boards of directors. Following this strategy, Secil assembled the Environmental Monitoring Board composed of many environmental associations, NGOs, universities, and others[20]. It was not via

---

[19] This magazine is sent by post to a large group of stakeholders. Information collected from the interview with the Institutional Communication Department Director, by phone, as previously stated. This conversation allowed the authors to have the opportunity to clarify several issues.

[20] The Environmental Monitoring Board is formed by the following organizations, that have monthly meetings: Associação Empresarial da Região de Setúbal (AERSET); Câmara Municipal de Setúbal; Delegado de Saúde do Concelho de Setúbal; Escola Superior de Tecnologia de Setúbal; Hospital do Sant'Iago Outão; Junta de Freguesia de Nossa Senhora da Anunciada – Junta de Freguesia de S. Lourenço; Junta de Freguesia de S. Simão; Liga dos

the boards of directors, but it was a way of having persons and organizations with high legitimate status producing issues statements and studies about the tests for co-incineration of hazardous industrial waste.

Another action related to this strategy (see Gray *et al.*, 1996, p. 46) is to concentrate on some positive activity. Secil has signed collaboration and funding agreements with a number of cultural, sporting and social welfare associations in Setúbal. As Campbell *et al.* (2003, p. 572) argue, advertising sports and arts sponsorship has been used to heighten brand awareness and (arguably) to enhance the reputation of the company itself.

Furthermore, Secil signed a protocol with 80 Setúbal Collectives in 2008 connected with social responsibility. The slogan is "what interests Setúbal, interests Secil". According to Lindblom (1994), many times companies sign protocols with high legitimate status organizations to legitimate their activities. Secil has faced two important public questions that could affect the population of Setúbal: (1) the Outão site (the biggest Secil plant) is located within the limits of the Natural Park of Arrábida. Arrábida is a protected area and, therefore, many organizations protest and act against Secil's location since Secil belongs to an environmentally sensitive industry, and (2) the co-incineration controversy. So the signing of this protocol with Setúbal's collectives is another legitimation strategy.

4. Changing expectations about the company.

Secil has been promoting an open doors week since 2003. This can be understood as legitimacy strategy as they wish to show the company to society at large by saying that they are transparent. This was the emphasis of a speech by Secil's sustainability department director at a public conference[21]. As Secil has been singled out as being a company that is doing something detrimental to health, they wish to clarify that the co-incineration process is not harmful to health and to let everybody see exactly what they are doing. So Secil can change the negative expectations of the relevant public by giving them the opportunity to visit its main plant.

Amigos de Setúbal e Azeitão (LASA); Parque de Campismo do Outão; Parque Natural da Arrábida; *Quercus* – Associação Nacional de Conservação da Natureza; Região de Turismo da Costa Azul; Serviço Municipal de Protecção Civil; Sub-região de Setúbal da Administração Regional de Saúde de Lisboa e Vale do Tejo.

[21] IIIrd GECAMB – Conference on environmental management and accounting – the Portuguese CSEAR conference, Leiria, Portugal, September 2008.

Identifying and codifying the different actions carried out by Secil in these four strategies presented the author with some doubts, but an effort was made to be as objective as possible. As Lindblom (1994, p. 17) argues: "at a point of time a corporation may engage in different legitimation strategies with regard to different issues, thereby making generalisations about the resulting CSD for a particular entity difficult. Similarly, these strategies are probably not developmental in any sense, in that one would not expect to see a particular progression from one strategy to another". Cooper (2003, p. 241) adds another difficulty: "if we use this (Lindblom, 1994, strategies) as a structure for Internet reporting, each can be seen as a possible motivation for their reporting. Certainly on environmental issues companies can be seen to be providing information on performance and target improvements for the future." This author then adds "however, the voluntary nature of all of the Internet reporting really allows the opportunity for the companies to choose what is given attention and what isn't."

We can conclude that the explanation of CSR disclosures by Secil on its website and also in its annual report is thus some support for the use of legitimacy theory[22] strategies. According to our analysis it seems that Secil undertook a reactive legitimation strategy in some actions and a proactive one in others.

5. Conclusion and final remarks

This study identifies the CSR information disclosed on Secil's website and compares this information to the annual report CSR disclosure, in order to analyse the use of the Internet and the annual report as media for communicating CSR information. This study also aims to identify legitimacy strategies, according to Lindblom (1994). A single case study was conducted on a large Portuguese cement company (Secil).

Evidence seems to suggest that Secil uses the Internet as a medium to disclose CSR information. As argued by Ashbaugh *et al.* (1999, p. 242), the variation in the contents of websites suggests that companies have different

---

[22] Stakeholder theory can be employed too, although Gray *et al.* (1996, p. 46) suggest that "while stakeholder theory can be used to explain some CSR (Corporate Social Reporting) practice, legitimacy theory can be used to explain a little more." and add that, basically, legitimacy theory takes a second variant of stakeholder theory and adds conflict and dissention to the picture. So we consider legitimacy theory a more suitable theoretical framework for Secil's strategies.

reasons for establishing an Internet presence. For example, some companies' websites are restricted to online commerce (e.g., product promotion and acquisition) while other companies' websites disclose information to enhance their corporate image (e.g., environmental questions, employment opportunities, philanthropic activities). Secil can be included in the last group as results suggest that it is possible to find a large amount of CSR information on Secil's website (44% of the total information on Secil's website is about CSR issues). The highlights section is the one preferred by the company for giving the most important information to their stakeholders and environmental issues are the top theme both in the highlights section and in the various other sections of the website.

When compared to annual reports, our results suggest that Secil discloses more social responsibility information on its website than in its annual reports. The environment is the most discussed issue in both media. Agreeing with Patten and Crampton (2004), our study indicates that corporate websites appear to be adding at least some additional, and for the most part non-redundant, environmental information beyond what is provided in the annual reports. This happens not only in relation to environmental issues, but also to community involvement and products and consumers. Only human resources information is more evident in annual reports than on the Internet. The choice of the medium for information disclosure is dependent on the target public for whom the message is intended. Because annual reports are directed at investors and human resources are an important resource, it is natural for investors to be interested in this (Branco and Rodrigues, 2008). On the other hand, because company websites are aimed at a broader public, including consumers and the general public, it is natural for companies to give prominence to community involvement and environmental information.

An interesting result is related to the community involvement theme. Secil only gives details about award initiatives and even though it has many more community involvement initiatives, these are not well documented either on the website or in the annual report. Some are referred to but not detailed. In contrast, environmental issues and especially co-incineration processes are well documented.

Although Branco *et al.* (2008) conclude that Secil (unlike Cimpor) does not appear to have significantly changed its environmental disclosure practices when faced with the co-incineration controversy, our study concludes that Secil directly addresses this issue both in annual reports and on the website, giving much information to the stakeholders. We also conclude that there is thus some support for the use of legitimacy theory strategies to explain CSR disclosures by Secil on its website and in its annual report, following the four legitimation strategies identified by Lindblom (1994).

6. Limitations and future research

This study tries to overcome the limitation of ignoring other possible forms of communication besides the annual report by examining social responsibility disclosure on corporate websites. However, sustainability reports were not considered, though in future research we will take this important source of CSR disclosure into consideration.

As further research, it would also be interesting to carry out a similar analysis with a large group of companies and not just a single case study, because it is necessary to provide a more complete picture of CSR disclosure strategies by Portuguese companies. A study similar to that of Ashbaugh (1999) will be welcomed (but for SRD and not for financial information). Another area of future research that the present study highlights is the media exposure and how the organization responds to public pressure, similarly to the research by Champbell and Beck (2004). Other studies that explore media exposure are Deegan *et al.*(2002); Bewlwy and Li (1998); and Dejean and Oxibar (2007).

Acknowledgements:

We gratefully acknowledge the very helpful comments from Manuel Castelo Branco and Natália Canadas. We are also very grateful to FCT (Fundação para a Ciência e Tecnologia) for providing financial support for this research.

REFERENCES

ADAMS, C. (2004), The ethical, social and environmental reporting-performance portrayal gap, *Accounting, Auditing and Accountability Journal*, 17 (5), 731-757.

ADAMS, C. and Kuasirikun, N. (2000), A comparative analysis of corporate reporting on ethical issues by UK and German chemical and pharmaceutical companies, *The European Accounting Review*, 9 (1), 53-79.

ADAMS, C.; Hill, W. and Roberts, C. (1998), Corporate social reporting practices in Western Europe: legitimating corporate behaviour?, *British Accounting Review*, 30 (1), 1-21.

ASHBAUGH, H.: Johnstone, K. and Warfield, T. (1999), Corporate reporting on the Internet, *Accounting Horizons*, 13(3), 241–258.

BALL, A. (2005), Environmental accounting and change in UK local government, *Accounting, Auditing and Accountability Journal*, 18 (3), 346-373.

BARROS, T.; Branco, M. and Delgado, C. (2008), The prominence of social responsibility disclosure in Portuguese companies' web pages, *3ʳᵈ Gecamb – Conference on Environmental Management and Accounting – The Portuguese CSEAR Conference*, October, Leiria.

BEWLEY, K. and Li, Y. (2000), "Disclosure of Environmental Information by Canadian Manufacturing Companies: A Voluntary Disclosure Perspective", *Advances in Environmental Accounting and Management*, 1, 201-226.

BRANCO, M. and Rodrigues, L. (2006), Communication of corporate social responsability by portuguese banks – A legitimacy theory perspective, *Corporate Communications: An International Journal*, 11 (3), 232-248.

BRANCO, M. and Rodrigues, L. (2005) An Exploratory Study of Social Responsibility Disclosure on the Internet by Portuguese Listed Companies, *Social Responsibility Journal*; 1(1/2), 81-90.

BRANCO, M. and Rodrigues, L. (2008), Factors influencing social responsibility disclosure by Portuguese companies, *Journal of Business Ethics*, 83 (4), 685-701.

BRANCO, M. (2006), *Essays on corporate social responsibility and disclosure*, PhD tesis, Escola de Economia e Gestão, Universidade do Minho.

BRANCO, M.; Eugénio, T. and Ribeiro, J. (2008), Environmental disclosure in response to public perception of environmental threats – The case of co-incineration in Portugal, *Journal of Communication Management*, 12 (2), 136-151.

BUHR, N. (1998), Environmental performance, legislation and annual report disclosure: the case of acid rain and Falconbridge, *Accounting, Auditing and Accountability Journal*,11 (2), 163-190.

CAMPBELL, D. and Beck, A. (2004), Answering allegations: the use of the corporate website for restorative ethical and social disclosure, *Business Ethics: A European Review*, 13 (2/3), 100-116.

CAMPBELL, D.; Craven, B. and Shrives, P. (2003), Voluntary social reporting in three FTSE sectors: a comment on perception and legitimacy, *Accounting, Auditing and Accountability Journal*,16 (4), 558-581.

CAMPBELL, D.; Moore, G. and Shrives, P. (2006), Cross-sectional effects in community disclosure, *Accounting, Auditing and Accountability Journal*, 19 (1), 96-114.

CHAPPLE, W. and Moon, J. (2005) Corporate social responsibility (CSR) in Asia – A seven country study of CSR website reporting, *Business and Society*, 44 (4), 415-441.

CHO, C. and Patten, D. (2007), The role of environmental disclosures as tools of legitimacy: A research note; *Accounting Organization and Society*, 32 (7-8), 639-647.

COOPER, S. (2003), Stakeholder communication and the Internet in UK electricity companies, *Managerial Auditing Journal*, 18 (3), 232-243.

CORMIER, C; Magnan, M. and Van, B. (2005), Environmental disclosure quality in large German companies: Economic incentives, public pressures or institutional conditions?, *The European Accounting Review*, 14 (1), 3-39.

COUPLAND, C. (2005a), Corporate social and environmental responsibility in web--based rhbbeports: currency in the banking sector?, *Critical Perspectives on Accounting*, 17 (7), 865-881

COUPLAND, C. (2005b), Corporate Social Responsibility as Argument on the Web, *Journal of Business Ethics*, 62 (4), 355-366.

CRAVEN, B. and Marston, C. (1999), Financial reporting on the Internet by leading UK companies, *The European Accounting Review*, 8 (2), 321-333.

DE VILLIERS, C. and Staden, C. (2006), Can less environmental disclosure have a legitimising effect? Evidence from Africa, *Accounting, Organizations and Society*, 31 (8), 763-781.

DEEGAN C., Rankin M. and Tobin J. (2002), An examination of the corporate social and environmental disclosures of BHP from 1983-1997, *Accounting, Auditing and Accountability Journal*, 15 (3), 312-343.

DEEGAN, C. (2002), The legitimising effect of social and environmental disclosures – a theoretical foundation, *Accounting, Auditing and Accountability Journal*, 15 (3), 282-311.

DEJEAN, F. And Oxibar, B. (2007), Corporate social disclosure and legitimation strategy: a longitudinal study of Pechiney, *European Accounting Congress*, 25-27 of April, Lisbon.

DIXON, R.; Mousa, G. and Woodhead, A. (2004), The necessary characteristics of environmental auditors: a review of the contribution of the financial auditing profession, *Accounting Forum*, 28 (2), 119-138.

FREEDMAN, M. and Stagliano, A. (2002), Environmental disclosure by companies involved in initial public offerings, *Accounting, Auditing and Accountability Journal*,15 (1), 94-105.

FROST, G., Jones, S., Loftus, J., and Van Der Laan, S. (2005), A survey of sustainability reporting practices of Australian reporting entities, *Australian Accounting Review*, 15 (1), 89-96.

GARCÍA AND LARRINAGA, C. (2003), Environmental Disclosure in Spain: corporate characteristics and media exposure, *Spanish Journal of Finance and Accounting*, 115, 184-214.

GRAY, R.; Kouhy, R. and Lavers, S. (1995a), Corporate social and environmental reporting – a review of the literature and a longitudinal study of UK disclosure, *Accounting, Auditing and Accountability Journal*, 8 (2), 47-77.

GRAY, R.; Kouhy, R. and Lavers, S. (1995b), Methodological themes – constructing a research database of social and environmental reporting by UK, *Accounting, Auditing and Accountability Journal*, 8 (2), 78-101.

GRAY, R., Owen, D. and Adams, C. (1996), *Accounting and Accountability, Changes and challenges in corporate social and environmental reporting*, Prentice Hall, Hemel Hempstead.

GUTHRIE, J. and Parker, L. (1989), Corporate social reporting: A rebuttal of legitimacy theory, *Accounting and Business Research*, 19 (76), 343-352.

HACKSTON, D. and Milne, J., (1996), Some Determinants of Social and Environmental Disclosures in New Zealand, *Accounting, Auditing and Accountability Journal*, 9 (1), 77-108.

HERBOHN, K. (2005), A full cost environmental accounting experiment, *Accounting, Organizations and Society*, 30 (6), 519-536.

JACKSON, R. and Quotes, P. (2002), Environmental, Social and Sustainability Reporting on the Web: Best Practices, *Corporate Environmental Strategy*, 9, 193-202.

JONES, K., Alabaster, T. and Hetherington, K. (1999), Internet-based environmental reporting: Current trends, *Greener Management International*, 26, 69-90.

JONES, M. and Xiao, J. (2004), Financial reporting on the Internet by 2010: a consensus view, *Accounting Forum*, 28 (3), 237-263.

KUASIRIKUN, N. and Sherer, M. (2004), Corporate social accounting disclosure in Thailand, *Accounting, Auditing and Accountability Journal*, 17 (4), 629-660.

LAMBERTI, L. and Lettieri, E. (2008), CSR Practices and corporate strategy: evidence from a longitudinal case study, *Journal of Business Ethics*, published on line.

LARRINAGA, C. (1999), Es la contabilidad medioambiental un paso hacia la sostenibilidad o un escudo contra el cambio? El caso del sector eléctrico espanhol, *Revista Espanhola de Finaciacion y Contabilidad*, 28 (101), 645-674.

LARRINAGA, C; Carrasco, F; Correa, C.; Llena, F. and Moneva, J. (2002), Accountability and accounting regulation: the case of the Spanish environmental disclosure standard, *The European Accounting Review*, 11 (4), 723-740.

LARRINAGA-GONZALEZ, C. and Bebbington, J. (2001), Accounting change or institutional appropriation?—A case study of the implementation of environmental accounting, *Critical Perspectives on Accounting*, vol. 12 (3), 269–292.

LINDBLOM, C., (1994), The Implications of organizational legitimacy for corporate social performance and disclosure, *Presented at Critical perspectives on Accounting Conference*, New York.

MAIGNAN, I. and Ralston, D. A. (2002), Corporate social responsibility in Europe and the U.S.: Insights from businesses' self-presentations, *Journal of International Business Studies*, 33 (3), 497-514.

MARKTEST (2007), 10 years of the Internet in Portugal, available at: www.marktest.com/wap/ a/p/id–u.aspx (accessed 5 January 2009).

Mathews, M., (1997), Twenty five years of social and environmental accounting research: is there a silver jubilee to celebrate?, *Accountability, Auditing and Accountability Journal*, 10 (4), 481-531.

MILNE, M. and Adler, R. (1999), Exploring the reliability of social and environmental disclosures content analysis, *Accounting, Auditing and Accountability Journal*, 12 (2), 237-256.

MOERMAN, L. and Laan, S. (2005), Social reporting in the tobacco industry: all smoke and mirrors?, *Accounting, Auditing and Accountability Journal*,18 (3), 374-389.

MONEVA, J. and Llena, F. (2000), Environmental disclosures in the annual reports of large companies in Spain, *The European Accounting Review*, 9 (1), 7-29.

O'DWYER, B. (2005), The construction of the social account: a case study in an overseas aid agency, *Accounting, Organizations and Society*, 30 (3), 279-296.

OGDEN, S. and Clarke, J. (2005), Costumer disclosures, impression management and the construction of legitimacy – corporate reports in the UK privatised water industry, *Accounting, Auditing and Accountability Journal*, 18(3), 313-345.

PARKER, L. (2005), Social and environmental accountability research: a view from the commentary box, *Accounting, Auditing and Accountability Journal*, 18 (6), 842-861.

PATTEN, D. (2002a), Media exposure, public policy pressure, and environmental disclosure: An examination of the impact of tri data availability, *Accounting Forum*, 26 (2), 152-171.

PATTEN, D. (2002b), Give or take on the Internet: An examination of the disclosure practices of insurance firm web innovators, *Journal of Business Ethics*, 36 (3), 247-259.

PATTEN, D. (2005), The accuracy of financial report projections of future environmental capital expenditures: a research note, *Accounting, Organizations and Society*, 30 (5), 457-468.

PATTEN, D. and Crampton, W. (2004), Legitimacy theory and the Internet – an examination of corporate web pages environmental disclosures, *Advanced in Environmental Accounting and Management* , 2, p. 31-57.

PIRCHEGGER, B. and Wagenhofer, A. (1999), Financial information on the Internet: a survey of the homepages of Austrian companies, *The European Accounting Review*, 8 (2), 383-395.

RAHAMAN, A.; Lawrence, S. and Roper J. (2004), Social and environmental reporting at the VRA: institutionalised legitimacy or legitimation crisis? *Critical Perspectives on Accounting*, 15 (1), 35-56.

RIKHARDSON, P., Andersen, A. J. R. and Bang, H. (2002), "Sustainability reporting on the Internet: A study of the Gobal Fortune 500", *Greener Management International*, 40, 57-75.

SECIL (1998 a 2007), Relatório e Contas

SECIL (2000 a 2007), Relatório de Sustentabilidade

SNIDER, J., Hill, R. P. and Martin, D. (2003), "Corporate social responsibility in the 21st century: A view from the world's most successful firms", *Journal of Business Ethics*, Vol. 48, No. 2, pp. 175-187.

SUCHMAN, M. (1995), Managing Legitimacy: strategic and institutional approaches, *The Academy of Management Review,* 20 (3), 571-610.

THOMSON, I. and Bebbington, J. (2005), Social and environmental reporting in the UK: a pedagogic evaluation, *Critical Perspectives on Accounting*, 16 (5), 507-533.

TILT, A. (2001), The content and disclosure of Australian corporate environmental policies, *Accounting, Auditing and Accountability Journal*, 14 (2), 190-212.

UNERMAN, J. (2000), Methodological issues – reflections on quantification in corporate social reporting content analysis, *Accounting, Auditing and Accountability Journal*, 13 (5), 667-680.

WILLIAMS, S. and Pei, C. (1999), Corporate Social Disclosures by Listed Companies on Their Websites: An International Comparison, *The International Journal of Accounting*, 34 (2), 389-419.

WILMSHURST, T. and Frost, G. (2000), Corporate environmental reporting – a test of legitimacy theory, *Accounting, Auditing and Accountability Journal*, 13 (1), 10-26.

ARGUMENTOS PUBLICITÁRIOS DE DEFESA DO AMBIENTE
Estudo Comparativo de Portugal, França e Itália

Sílvia Alexandre* e Ana Horta**

Resumo: Visando explorar o crescente interesse e preocupação dos indivíduos pelo ambiente, algumas empresas têm vindo a desenvolver produtos que designam como "ecológicos", quer através dos rótulos das embalagens, quer da comunicação publicitária. Assiste-se também à tendência para as empresas assumirem, a nível da comunicação institucional (*corporate image*), estratégias em que a componente ambiental aparece como uma mensagem complementar da publicidade propriamente dita. Neste contexto, importa analisar de que modo a defesa do ambiente está a ser incorporada nas mensagens publicitárias.

Nesta comunicação apresentam-se os principais resultados de uma análise de todos os anúncios que apresentavam argumentos de protecção do ambiente inseridos em oito das principais revistas semanais de informação geral de Portugal, França e Itália no primeiro semestre de 2008.

Palavras-chave: Publicidade – ambiente – produtos ecológicos – alegações ambientais – "publicidade verde"

---

* Bolseira de investigação pós-doutoramento do Centro de Investigação em Sociologia Económica e das Organizações da Universidade Técnica de Lisboa, através da Fundação de Ciências e Tecnologia, desde 2008. Licenciada em Investigação Social Aplicada (UML, 1995), mestre em Sistemas Sócio-organizacionais da Actividade Económica (ISEG/UTL) e doutorada em Gestão com Especialidade em Organização e Desenvolvimento dos Recursos Humanos (ISCTE, 2006). Membro da equipa de investigação do Observatório da Publicidade (2002-2007). Docente da Escola Superior de Comunicação Social do Instituto Politécnico de Lisboa (1997-2007). SOCIUS - ISEG/UTL.

** Bolseira de investigação pós-doutoramento do Instituto de Ciências Sociais da Universidade de Lisboa, através da Fundação de Ciência e Tecnologia, desde 2007. Licenciada em Sociologia (ISCTE, 1995), mestre em Comunicação, Cultura e Tecnologias da Informação (ISCTE, 2001) e doutorada em Sociologia da Comunicação, da Cultura e da Educação (ISCTE, 2006). Membro da equipa de investigação do Observa – Observatório do Ambiente, Sociedade e Opinião Pública (1996-1998). Docente da Escola Superior de Comunicação Social do Instituto Politécnico de Lisboa (1997-2007). ICS-UL.

Introdução

Com a crescente tomada de consciência dos problemas ambientais, têm surgido, nas últimas décadas, alterações no posicionamento das sociedades face ao ambiente. Actualmente, os consumidores começam a evitar produtos que consideram socialmente irresponsáveis, ou que provenham de empresas que tenham alegadamente agido sem atender ao interesse da sociedade, nomeadamente, no que se refere à protecção do ambiente (Hopkins, 2004). Como notou Anthony Giddens (1992: 131), nas sociedades contemporâneas "há alguma evidência de que muitas pessoas dos Estados economicamente avançados experimentam uma 'fadiga do desenvolvimento', e bastante evidência de uma consciência geral de que o crescimento económico continuado não vale a pena a não ser que melhore activamente a qualidade de vida da maioria das pessoas." Efectivamente, os valores da qualidade ambiental têm-se tornado crescentemente populares (Cox, 2006). Verifica-se, deste modo, que estamos a assistir à emergência de um consumidor ecológico (Alexandre, 2006), um consumidor ambientalmente consciente (Caetano et al., 2008; Ottman, 1994), "um consumidor que busca produzir conscientemente através do seu comportamento de consumo, um efeito nulo ou favorável sobre o meio ambiente e a sociedade como um todo" (Lages e Neto, 2002: 2).

A percepção desta mudança tem originado um reposicionamento dos agentes económicos no sentido de adoptar uma atitude consentânea com os valores do desenvolvimento sustentável. Sendo assim, as empresas tendem a mostrar-se consciencializadas para o facto de existirem, de um modo crescente, consumidores e investidores bem informados e preocupados com estas questões (Hopkins, 2004). Muitas empresas em todo o mundo incorporaram já esta constatação no seu plano de negócios (Henriques, 2004). De acordo com este novo paradigma da sustentabilidade, as empresas são entendidas como instrumentos com fins sociais, formados no interior da sociedade de modo a concretizar objectivos de utilidade social (Grifftiths e Benn, 2003). Sendo assim, o crescimento destas empresas deverá assentar no desenvolvimento sustentado, orientado para o longo prazo, o que requer a integração de duas novas abordagens, complementares à realidade económica: a responsabilidade social (humana e organizacional) e ambiental (Soares e Barreto, 2004). Assim, sendo vários os factores que influenciam o comportamento de consumo dos indivíduos, desde os factores psicológicos, aos sociais, aos culturais e aos pessoais (Blackwell, 2005; Mowen, 2004), com a crescente preocupação pelo ambiente pode-se incluir um novo factor, o ambiental.

Note-se ainda que estas empresas tendem a associar a inovação introduzida nos seus produtos com a procura de soluções que os tornem menos poluentes e energeticamente mais eficientes, de modo a tentar demonstrar uma filosofia de actuação empresarial no sentido de que os investimentos em inovação ofereçam aos consumidores soluções mais económicas, modernas, responsáveis e "amigas do ambiente". Com efeito, neste contexto em que os hábitos de consumo são confrontados com tentativas de mitigação das consequências ambientais dos comportamentos actuais, têm vindo a ser desenvolvidos produtos ecológicos, produtos biológicos, tal como tem vindo a ser incentivada a produção de produtos tradicionais de qualidade (Truninger e Fonseca, 2000; Oliveira, 2005). Efectivamente, muitas empresas têm procurado adaptar-se às novas realidades do mercado, desenvolvendo estratégias de marketing com vista a beneficiar das novas oportunidades de negócio. De facto, para os profissionais de marketing questões ambientais como a escassez de matérias-primas, o custo mais elevado de energia ou os níveis de poluição tendem a ser encaradas como oportunidades (Kotler, 2003). Trata-se do chamado *marketing verde*, que se pode entender como "a tentativa de as empresas associarem os seus produtos, serviços e identidade a valores e imagens ambientais" (Cox, 2006: 373). Uma forma muito frequente de marketing «verde» consiste na publicidade a produtos que sugerem ter impactos ambientais reduzidos. Este tipo de comunicação publicitária não só evidencia os desempenhos ambientais do produto, como potencia a imagem da empresa junto da opinião pública, promovendo simultaneamente a ideia de que, consumindo produtos alegadamente amigos do ambiente, os consumidores estão a contribuir para proteger o planeta (Cox, 2006).

Espera-se que este fenómeno possa evoluir por força de uma desejável credibilização das mensagens de responsabilidade social, que embora produzidas sobretudo para reforço da *corporate image*, quando efectivamente integradas nas características dos produtos e serviços, têm obtido impacto junto dos consumidores. Sendo assim, algumas empresas têm vindo a adquirir uma "imagem verde", no entanto, parece também ter-se atingido um nível em que, como diz Mark Paterson, qualquer estilo de vida alternativo ou ética anti-consumista é imediatamente cooptado pelo marketing, convertido em marcas e vendido aos consumidores, representando afinal apenas mais consumo.

A proporção dos chamados anúncios "verdes" tem aumentado, podendo-se relacionar esta evolução com algumas ocorrências com visibilidade junto da opinião pública, como sejam a recente Cimeira de Copenhaga, as soluções preconizadas pela União Europeia em termos de eficiência energética e o investimento nos novos modos de produção de energias renováveis, sobretudo, na modalidade dos transportes (Horta e Alexandre, 2008). Neste sentido, e na medida em que os *media* e, mais especificamente, a publicidade têm um papel crucial como fonte de influência dos actores sociais nos seus comportamentos de consumo, importa analisar como a publicidade – o tipo de discurso mediático mais directamente relacionado com o consumo e necessariamente mais sensível às mudanças nos processos de significação social – está a reagir ao agendamento público destes problemas.

Deste modo, optou-se por analisar a publicidade contida nas revistas generalistas de maior audiência de Portugal, Itália e França. A escolha destes três países justifica-se não só pela proximidade sociocultural e partilha do quadro de políticas da União Europeia, como também pelas distintas sensibilidades das populações às questões relacionadas com esta temática, nomeadamente, com a energia e a protecção do ambiente, como o têm demonstrado os resultados dos inquéritos do Eurobarómetro.

Por outro lado, a análise da publicidade veiculada por estas revistas oferece a vantagem de ter como objecto anúncios de alta qualidade, durabilidade e um forte impacto visual (Wiles *et al.*, 1996). A escolha de revistas generalistas semanais residiu também no facto de se tratar de um meio que atinge um segmento de público bastante alargado e diversificado.

Foram assim analisadas todas as edições das revistas *Visão* (Portugal), *Le Nouvel Observateur* (França) e *L' Expresso* (Itália) durante o primeiro semestre de 2008. Como forma de garantir uma maior representatividade do corpus de análise, optou-se por analisar também amostras representativas da publicidade veiculada por outras revistas deste género dos mesmos países naquele período. Incluíram-se assim na análise as revistas *Panorama* (Itália), *Sábado* (Portugal), *Le Point* e *L'Espress* (França). Para o efeito, recorreu-se ao método de amostragem estratificada pelos seis meses do período considerado, tendo-se constituído amostras seleccionadas aleatoriamente. No conjunto de todas as edições das revistas analisadas foram identificadas 4.682 comunicações publicitárias, sendo que, destas, 160 foram seleccionadas para análise por terem sido classificadas como anúncios "verdes", ou seja, por recorrerem a argumentos persuasivos ou apelos à defesa do ambiente.

Permeabilidade do discurso publicitário às alegações ambientais

A publicidade caracteriza-se essencialmente pelo seu carácter persuasivo, visto que tem como principal objectivo emitir mensagens que influenciem a consciência e os comportamentos efectivos das pessoas a quem são dirigidas (Brochand, *et al.*, 2000). Deste modo, além do seu impacto em indivíduos específicos, os anúncios publicitários constituem-se como guias para o que é socialmente valorizado, afectando ideias partilhadas, sentimentos comuns e significados sociais (Corbett, 2006: 164). Uma vez que, para ser eficaz, a publicidade necessita de ser significativa para com o público a quem se dirige, as construções de sentido trabalhadas pela publicidade necessitam de ter algo em comum com o público (Gregório, 2007). Como diz Juan Martín (1986/87: 80), a publicidade já não é apenas um instrumento comercial, mas também uma forma de comunicação que expressa toda a estrutura social, propondo-se a si própria como mais um objecto cultural.

Neste contexto, a comunicação da temática ambiental, segundo Caetano *et al.* (2008: 90), tem como objectivo "informar e consciencializar o consumidor" de modo a possibilitar mudanças cognitivas, atitudinais ou comportamentais. Neste sentido, em marketing ambiental, as empresas devem adoptar uma comunicação muito objectiva, isto é, devem procurar divulgar o que "realmente têm desenvolvido em prol do meio ambiente e não o que existe de belo na natureza para ser explorado em mera campanha publicitária" (Caetano *et al.*, 2008: 89). Contudo, muitas empresas associam as suas marcas a imagens naturais como florestas, animais, montanhas, rios ou oceanos, sem nada contribuírem para a preservação destes ecossistemas, dado que a sua motivação é unicamente explorar as qualidades retóricas destas imagens. Como diz Cox (2006: 374), estes argumentos publicitários associados à natureza assentam em poderosos enquadramentos retóricos. Com efeito, na tentativa de associar aos produtos anunciados determinados significados que expressem desejos do potencial consumidor, a publicidade encontra no mundo natural numerosos símbolos culturalmente muito valorizados que tendem a estar ausentes da vida de grande parte da população e que conotam frescura, pureza, vastidão, solidão, paisagens luxuriantes, o próprio desejo de ligação à natureza, ou ainda as características dos estereótipos culturais associados a determinados animais (Corbett, 2006). Acresce que algumas imagens tornaram-se autênticos ícones das políticas ambientais, como é o caso da fotografia do planeta Terra, induzindo no público respostas previsíveis (Morey, 2009).

Julia Corbett (2006) distinguiu quatro tipos de mensagens publicitárias que expõem características relacionadas com o ambiente. Em primeiro lugar, refere os anúncios que utilizam a natureza como cenário. Embora pouco estudado, trata-se do uso do ambiente mais comum na publicidade. Nestes anúncios não se sugere a compra de qualquer produto "ecológico" ou directa e obviamente relacionado com a defesa do ambiente, mas ícones não-humanos, como animais ou paisagens estão intencionalmente presentes na mensagem publicitária, de modo a persuadir os consumidores através das qualidades e características culturalmente associadas àqueles ícones. Um segundo tipo de publicidade diz respeito aos produtos que se apresentam com atributos ambientais. Nestes anúncios incita-se o consumidor a acreditar que, comprando o produto, estará a adoptar um estilo de vida "ecológico", na medida em que o produto se apresenta como menos prejudicial para o ambiente. Num terceiro tipo de publicidade, não se apelando directamente à compra de produtos, procede-se antes à apresentação do fabricante como uma empresa ambientalmente responsável, chamando-se a atenção para acções daquela organização que possam ser consideradas pró-ambientais. Por fim, uma quarta forma de publicidade, menos frequente, consiste no encorajamento de atitudes ou comportamentos ambientalmente correctos ou da tomada de partido relativamente a uma questão ambiental publicamente controversa. Neste caso, os anúncios procuram influenciar a percepção pública, promovendo a confiança ou aceitação de determinada posição relativamente a questões ambientais.

"Publicidade verde" em Portugal, França e Itália

Nos últimos três anos os problemas ambientais adquiriam enorme relevância pública, sobretudo devido ao agendamento político e mediático das alterações climáticas, pelo que no primeiro semestre de 2008 em qualquer dos países analisados as opiniões públicas encontravam-se de algum modo sensibilizadas para a questão do impacto das opções individuais de consumo no ambiente. Com efeito, num recente Eurobarómetro especial acerca das atitudes dos europeus face ao ambiente, 77% dos inquiridos franceses, 75% dos portugueses e 72% dos italianos declararam estar dispostos a comprar produtos "amigos do ambiente" ainda que estes custem um pouco mais. No entanto, em média apenas um pequeno número (respectivamente, 19%, 7% e 11%) respondeu tê-lo feito no mês anterior ao inquérito (CE, 2008). Se por um lado a discrepância entre estes números vem confirmar a tendência para a não existência de uma relação causal entre atitudes ou valores e práticas favoráveis ao ambiente, por outro, é igualmente reveladora de dificuldades na classificação e reconhecimento pelos indivíduos dos produtos "amigos do ambiente". Efectivamente, no conjunto dos 27 países da UE, apenas 12% dos inquiridos declararam poder identificar com certeza quais os produtos genuinamente "amigos do ambiente", enquanto 42% responderam não conseguir fazê-lo, de todo ou em parte (CE, 2008). Um outro dado a ter presente é o facto de, no total dos 27 países europeus, apenas 2% dos inquiridos declarar ter preferencialmente confiança nas empresas no que diz respeito às questões ambientais (CE, 2008).

Neste contexto, quais as principais tendências da publicidade com alegações ambientais em Portugal, França e Itália? Dos três países em análise, aquele em que foram identificados mais anúncios foi Itália. Significativamente, nas revistas *L'Espresso* e *Panorama*, foram contabilizados 2.127 anúncios, quase o dobro do registado nas revistas francesas, tendo as revistas portuguesas apresentado um total de anúncios intermédio (Quadro I).[1] No entanto, apesar das revistas italianas conterem mais publicidade, foram aquelas que neste período menos veicularam publicidade com alegações ambientais (apenas 2,1% do total). Pelo contrário, as revistas francesas, que apresentaram metade do total de inserções publicitárias das italianas, registaram o dobro da média (4,5%) de anúncios "verdes" veiculados nas italianas *L'Espresso* e *Panorama*. Estas diferenças poderão estar associadas ao facto de se verificar um acentuado desenvolvimento da consciência ambiental dos franceses, como demonstrado em diversos inquéritos à população (IFEN, 2007). Todavia, foi nas revistas portuguesas que foram identificados mais anúncios "verdes" (5,6%), embora seja de salientar uma evidente discrepância entre as duas publicações analisadas neste país (3,5% na *Visão* e 7,8% na *Sábado*). Estes dados vêm ao encontro dos resultados do inquérito do Eurobarómetro publicado em 2008, ou seja, 89% dos portugueses é da opinião que os problemas ambientais têm impacto directo nas suas vidas, acima da média europeia de 78%. E quando questionados sobre se estão prontos para comprar produtos mais "amigos do ambiente", ainda que sejam mais caros, 75% dos portugueses responde afirmativamente, uma percentagem igual à da União Europeia (CE, 2008).

Porém, tal como podemos constatar no Quadro I, as empresas ainda investem muito pouco em "publicidade verde", já que em termos gerais, apenas 3,5% de todos os anúncios observados eram alusivos a produtos ecológicos ou biológicos ou continham argumentos ecológicos.

---

[1] Refira-se que no período analisado as revistas francesas *Le Point* e *L'Express* apresentaram um número médio de páginas inferior às restantes publicações do corpus, bem como uma frequência de inserções publicitárias bastante mais reduzida.

QUADRO I – Anúncios registados, por suporte e país

		Total de Anúncios	Total de Anúncios Verdes	% de Anúncios Verdes
Portugal	Visão	*1241*	*43*	*3,5%*
	Sábado	*217*	*17*	*7,8%*
	Total	***1458***	***60***	***Média = 5,6%***
França	Le N. Observat.	*979*	*51*	*5,2%*
	Le Point	*69*	*3*	*4,3%*
	L'Express	*49*	*2*	*4,1%*
	Total	***1097***	***56***	***Média = 4,5%***
Itália	L'Expresso	*1584*	*32*	*2%*
	Panorama	*543*	*12*	*2,2%*
	Total	***2127***	***44***	***Média = 2,1%***
TOTAL		**4682**	**160**	**3,5%**

Fonte: Elaboração própria.

Apesar da reduzida proporção de anúncios "verdes", quando presentes, a esmagadora maioria localiza-se na página da direita (75%), e uma larga maioria (86%) apresenta a dimensão de uma página completa, constituindo duas páginas em 9% dos casos. Estes factos são indicadores de que, quando optam por este tipo de publicidade, as empresas estão dispostas a investir num tipo de inserção publicitária privilegiada, talvez por se tratarem, predominantemente, de grandes empresas, como por exemplo a EDP, a Iberdrola, a Electricité de France, a ENEL, a Timberland, a Renault, a Peugeot, ou a Daihatsu.

Além da colocação e dimensão do anúncio no suporte publicitário, foi analisada de que forma surgia organizada a informação incluída no próprio anúncio. Com efeito, nas comunicações publicitárias tudo comunica: as imagens, as cores, os contrastes, os espaços vazios, o texto. A escolha dos argumentos e a forma e o local veiculados pelo anúncio correspondem a fortes significações explícitas e implícitas. Neste sentido, utilizou-se a tipologia construída por Julia Corbett (2006).

GRÁFICO I – Tipos de anúncios verdes

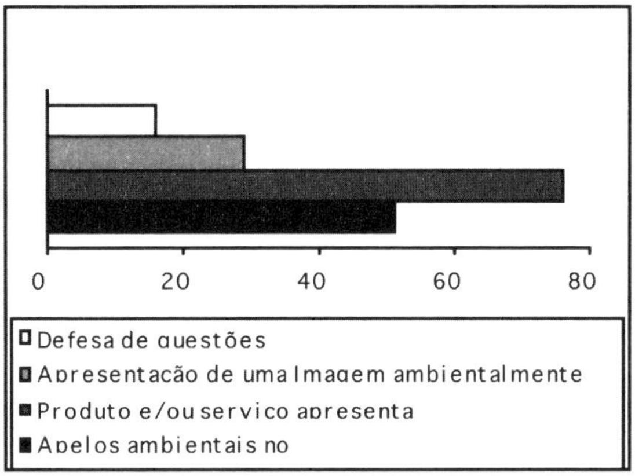

Fonte: Elaboração própria.

Sendo a amostra constituída unicamente por anúncios com alegações ambientais, foi aferido que cerca de metade (51%) destes anúncios utilizam apelos ambientais no cenário para veicular a mensagem publicitária (Gráfico I). Este tipo de anúncios veicula o que existe de belo na natureza para ser explorado (Caetano, 2008), associando-se os produtos a imagens como animais, montanhas, rios ou oceanos, embora em nada contribuam para a protecção do ambiente.

Em contrapartida, em 76% dos anúncios analisados, os argumentos ambientais foram apresentados como sendo características intrínsecas ao próprio produto ou serviço. Pode dizer-se que, neste caso, as empresas divulgam mais objectivamente o que desenvolveram em prol do ambiente (Caetano, 2008).

Na amostra surgiram igualmente anúncios que se enquadram na terceira e quarta categorias de anúncios apresentadas por Corbett (2006). Como mostra o Gráfico I, 29% dos anúncios enquadram-se no tipo daqueles que pretendem veicular uma imagem da empresa como sendo ambientalmente responsável, enquanto um número mais reduzido (16%) corresponde ao tipo de anúncios em que empresas tomam partido relativamente a determinadas questões ambientais. Este género de anúncios, que não publicita concretamente qualquer produto ou serviço, permite todavia às empresas incrementar o valor da sua imagem e das suas marcas junto dos consumidores por construir uma identidade corporativa ambientalmente responsável.

Ventilando estes dados pelos três países, verifica-se, em primeiro lugar, que Portugal e a França apresentam um maior número de anúncios a veicular produtos e/ou serviços com alegações ambientais, em contraste com as revistas italianas, que apresentam com mais frequência comunicações publicitárias em que é explorado o cenário de modo a associar uma imagem ecológica a produtos convencionais (Quadro II).

O facto de as revistas portuguesas incluírem uma proporção de anúncios que transmitem uma imagem ambientalmente responsável da empresa relativamente superior a França e Itália poderá explicar-se pelo facto de o período analisado ter compreendido uma forte campanha lançada pela EDP – Energias de Portugal (10 anúncios). Efectivamente, a energia é uma aposta clara de Portugal. Perante os desafios colocados pela elevada dependência energética e suas implicações estratégicas e económicas para o país, bem como pelos reptos associados às alterações climáticas e à eficiência energética, o governo tem vindo a reforçar a aposta nas energias renováveis. Deste modo, é compreensível que a publicidade da EDP veicule apelos ambientais e tente transmitir um carácter ecológico dos seus produtos.

QUADRO II – Tipologia de anúncios analisados, por país (%)

	Portugal	França	Itália
Apelos Ambientais no Cenário	55,0	37,5	63,6
Produto/Serviço com Argumentos Ambientais	80,0	80,4	63,6
Apresentação de uma Imagem Ambientalmente Responsável	43,3	17,9	22,7
Defesa de Questões Ambientais	26,7	17,9	11,4

Fonte: Elaboração própria.

Aliás, no período analisado, que se caracterizou por uma acentuada crise energética internacional, as empresas relacionadas com energia tiveram uma expressão significativa na amostra. Como evidencia o Quadro III, nas diversas categorias de produtos publicitados destacaram-se os veículos e acessórios (38%), a energia (24%) e a electrónica de consumo e electrodomésticos (14%).

Comparativamente com uma análise deste tipo de publicidade realizada no primeiro trimestre de 2004 e que incluía todos os meios de comunicação portugueses, verifica-se uma evolução significativa a este nível, já que estas categorias de produtos actualmente mais frequentes, tiveram então uma expressão marginal (Alexandre e Miranda, 2004). Trata-se certamente de uma tendência ocasionada pelo recente contexto internacional de crise energética, em simultâneo com uma forte percepção dos problemas relacionados com as alterações climáticas. Outro factor poderá estar relacionado com os grandes investimentos que estão a ser efectuados pelos construtores de automóveis, de electrodomésticos, e de companhias produtoras de energia que associam a promoção dos seus produtos e serviços à responsabilidade social e ambiental das suas empresas.

QUADRO III – Categorias de produtos nos anúncios com alegações ambientais (%)

Veículos e acessórios	38,1
Energia	23,8
Electrónica de consumo, electrodomésticos	13,8
Serviços públicos com fins lucrativos, lazer, restauração, viagens, vários	8,1
Confecção, complementos e jóias	5,6
Outros	3,1
Serviços públicos sem fins lucrativos	1,9
Bebidas não alcoólicas	1,9
Produtos de limpeza	1,3
Meios de comunicação, publicações, artigos escritório	1,3
Alimentação	1,3
Total	100,0

Fonte: Elaboração própria.

Efectivamente, as opiniões públicas têm sido confrontadas com a necessidade de um novo paradigma energético. Num contexto de crise petrolífera, forte investimento em energias renováveis e tentativa de mitigação das alterações climáticas, parece compreensível que os automóveis e a energia correspondam aos produtos com maior expressão na amostra – dado recorrerem mais frequentemente a argumentos ecológicos nas mensagens publicitárias. Com efeito, o sector dos transportes, devido à utilização dos combustíveis fósseis, é um dos principais responsáveis pelas emissões de gases que contribuem para as alterações climáticas. O transporte urbano é hoje responsável por cerca de 40% do consumo energético total da União Europeia e por 40% das emissões de dióxido de carbono, assim como de outros poluentes em parte responsáveis pelas alterações climáticas e pela degradação das condições de saúde dos habitantes. Deste modo, o desenvolvimento de novos conceitos de transportes, pelo desenvolvimento de novas técnicas e tecnologias, é uma das componentes integrantes de um futuro sistema de transportes sustentável (Castanheira e Gouveia, 2004). A título de exemplo surgem hoje como tecnologias promissoras várias alternativas de meios de transporte, tais como veículos eléctricos, a gás natural ou a célula de combustível, designados por veículos limpos, assim como combustíveis alternativos.

Principais códigos da "publicidade verde"

Os valores culturais representam os significados compartilhados de estados e modos ideais de conduta (Goldberg *et al.*, 1990). Descrevendo e prescrevendo significados relativamente ao que é considerado importante e a que estados finais de existência os indivíduos devem ambicionar, influenciam fortemente as decisões de consumo, estando, evidentemente, presentes na publicidade. No entanto, a medição dos valores dominantes presentes na publicidade constitui a mais interpretativa e menos clara de todas as variáveis (Jhally, 1987). A fim de facilitar o estudo dos valores veiculados por este tipo de publicidade e partindo de um estudo efectuado por Hetsroni (2000) dividiu-se o conceito de valores em três dimensões distintas: a primeira respeitante aos valores funcionais, relativos à eficiência, qualidade e segurança do produto; a segunda incluindo os valores hedonistas, ou seja, alegria, felicidade, lazer, aventura; e a terceira consistindo nos valores altruístas, isto é, caridade, patriotismo, colectivismo.

Na "publicidade verde" as marcas e os produtos situam-se, sobretudo, em torno da sua função utilitária (Alexandre e Miranda, 2004). O consumidor moderno tende a exigir produtos e serviços ambientalmente correctos, que respeitem certos atributos "ambientais". Sendo assim, a publicidade "verde" fornece argumentos objectivos, tentando convencer e motivar mais pelo raciocínio do que pelo instinto e/ou intuição.

Com efeito, 80,4% dos anúncios analisados evocavam valores funcionais, enquanto os valores hedonistas e altruístas foram observados numa proporção bastante inferior de casos, respectivamente, 25,9 e 27,2% dos anúncios.

No entanto, a "publicidade verde" não é estritamente informativa, já que o objectivo da publicidade não pode ser reduzido apenas à informação. Como é sabido, os produtos e/ou serviços ultrapassam o seu mero valor de utilidade prática, tendo sempre algum significado social. Csikszentmilihalyi e Rochberg-Halton (*apud* Sequeira, 2004) demonstraram como, com o tempo e a evolução tecnológica, artigos outrora classificados como sendo supérfluos ou de luxo, passaram mais tarde a ser considerados numa ordem de necessidades bem mais básica, à medida que se generalizou o seu uso. Em contrapartida, verifica-se também que no contexto actual, a crise energética e crescente consciencialização das alterações climáticas, contribuem para uma valorização da eficiência e racionalidade dos produtos.

Quando ventilados os tipos de valores veiculados nos anúncios por país (Quadro IV), verificou-se que a esmagadora maioria (98,2%) dos anúncios publicados nas revistas francesas continham apelos à eficiência, qualidade ou segurança do produto, numa proporção visivelmente superior aos restantes países. Sabendo-se que este tipo de apelos está relacionado com a eficiência energética e as alterações climáticas, uma possível justificação para esta discrepância entre os países em questão poderá ser o facto de a população francesa se mostrar mais sensibilizada para estes problemas ambientais. De facto, como revelam os dados de um Eurobarómetro (CE, 2008) recente, 71% dos franceses considera que o aquecimento global/alterações climáticas constituem o problema mais sério que o mundo enfrenta actualmente, enquanto em Portugal e na Itália apenas 47% das populações deram a mesma resposta. Parece assim explícita a forma como os valores presentes num determinado contexto social influenciam a publicidade.

QUADRO IV – Valores veiculados nos anúncios «verdes», por país (%)

	Portugal	*França*	*Itália*
Valores funcionais	73,3	98,2	70,5
Valores hedonistas	31,7	26,8	15,9
Valores altruístas	28,3	23,2	31,8

Fonte: Elaboração própria.

Existindo uma relação entre os consumidores, a cultura envolvente e os produtos e/ou serviços, é então necessário dar um significado e posicionar o produto no contexto social envolvente. Ora, posicionar um produto significa construir em torno deste um universo semântico que lhe atribua um valor. Isso só é possível através da materialidade da linguagem verbal (argumentos utilizados) e da linguagem não verbal (cenário, cor e figura) que compõe o anúncio.

Nos anúncios com alegações ambientais analisados, tal como pode ser observado no Quadro V, com o intuito de dar significado aos produtos e/ou serviços, utilizaram-se maioritariamente os seguintes argumentos: protecção da natureza/amigo do ambiente/respeito pelo planeta (58,8%), eficiência energética (57,6%) e redução de emissões (38,6%). Como já tinha sido observado a respeito de outras variáveis, estes dados indicam a relevância actualmente atribuída às dimensões relacionadas com as alterações climáticas e crise energética, em forte contraste com o observado em 2004 (Alexandre e Miranda, 2004), em que estas dimensões não tinham sequer expressão. Por outro lado, nos anos 90, era muito frequente que a publicidade recorresse a argumentos como "natural", "biodegradável", "amigo do ozono", "protege o ambiente", "qualidade superior sem fosfatos", "amigo da Terra", "sem CFC's", "sem agressão do ambiente", "conservam a camada do ozono", ou "mantém as suas qualidades naturais". Na actualidade, alguns daqueles argumentos perderam relevância, como por exemplo a utilização de CFC's, que foi legalmente interdita. Em contrapartida, outros argumentos como a utilização de energias renováveis ou a evocação da sustentabilidade ganharam uma projecção significativa.

As noções de verde, ecologia, ambiente, planeta, são ambíguas na medida em que não há uma definição universal quando se fala na defesa do ambiente. A publicidade utiliza-as por conveniência, consoante a percepção do agendamento público das preocupações ambientais.

Por outro lado, argumentos como "amigo do ambiente", ou "respeitador da natureza/planeta", constituindo categorias genéricas e indefinidas, frequentemente utilizadas sem qualquer fundamentação nas características do produto, mantêm-se ao longo do tempo. De facto, na actualidade, 58,8% dos anúncios "verdes" continham este argumento, tendo sido observado que na publicidade portuguesa em 2004, esta categoria correspondia a 52,2% deste tipo de anúncios (Alexandre e Miranda, 2004: 34).

Os cenários representados nos anúncios publicitários constituem um importante código de produção de sentido. Com efeito, o cenário permite identificar os modelos que podem servir de referência aos consumidores, quer sejam referentes a espaços urbanos, naturais, ou fantasiosos/irreais, entre outros. Este espaço não se resume aos aspectos decorativos, dando significado aos lugares da acção que vão contribuir para reforçar os valores que se pretendem difundir, mostrando em geral locais acolhedores e felizes, que enquadram os produtos e as marcas que estão a ser difundidos, marcando o seu território (Medeiros, 2004). O cenário escolhido poderá ajudar a construir ou a aumentar o imaginário colectivo dos consumidores.

QUADRO V – Argumentos veiculados nos anúncios «verdes» (%)

Protecção Natureza/Ambiente/Planeta	58,8
Eficiência Energética	57,6
Redução de Emissões	38,6
Ligação a Elementos Naturais	37,3
Energias Renováveis	29,1
Redução de Poluentes	15,2
Alterações Climáticas	12,0
Reciclagem	7,6
Sustentabilidade	7,0
Preservação dos Recursos Naturais	5,1
Reutilização	3,8
Agricultura Biológica	3,8
Florestação e/ou Biodiversidade	3,2
Biodegrabilidade	0,6

Fonte: Elaboração própria.

Para veicular as suas mensagens de "publicidade verde", estes anúncios recorreram maioritariamente a cenários fantasiosos/irreais (23%). Este recurso permite integrar na publicidade novas formas de expressão e imagens em que o grau de precisão da superfície e o brilho são aperfeiçoados (Gregório, 2007). Esta tendência corresponde ao facto de a "realidade" na publicidade consistir numa construção cultural. Como diz Corbett (2006: 167), os publicitários não têm a intenção de mostrar a vida "real", mas sim uma vida "ideal", sublimada, romantizada. A segunda categoria de cenário que surge mais frequentemente nestes anúncios diz respeito a paisagens naturais (19%), o que permite associar aos produtos qualidades culturalmente valorizadas associadas ao mundo natural. Em terceiro lugar, surge o cenário urbano (16%). O facto de a quarta categoria mais frequente consistir na omissão de qualquer referência espácio-temporal (15%), poderá, por outro lado, significar que esta opção pela descontextualização do produto pode contribuir para transmitir a sensação de se tratar de um produto universal, isto é, a descontextualização parece sugerir a evocação do futuro, da intemporalidade.

As figuras ou personagens retratadas na publicidade são também um importante veículo para transmitir valores ao público-alvo, uma vez que a sua inserção é deliberada. No entanto, os resultados obtidos mostram que em 42% dos anúncios não é possível identificar qualquer figura principal. Isto significa na maior parte dos casos que se optou por centrar a imagem no próprio produto, o que estará relacionado com o facto de 38,6% dos anúncios analisados publicitarem automóveis. Ora, como dizem Brochand *et al.* (1999: 283), o enfoque no produto é uma prática corrente na publicidade do sector automóvel.

Quando é possível identificar uma figura principal, a que é mais frequentemente retratada nestes anúncios é a figura humana. A este respeito pode dizer-se que a utilização de figuras humanas permite activar mecanismos de identificação e de aspiração. A identificação ocorre quando é mostrado ao público-alvo alguém que, como eles, utiliza os produtos e está satisfeito com os mesmos. Também pode fornecer modelos de aspiração associados a determinados produtos, aos quais se associam modelos de atitudes e formas de vida. Na verdade, "os efeitos da publicidade sobre o indivíduo traduzem-se num movimento dialéctico entre a identificação e a projecção" (Gusmán, 1993: 422).

Conclusão

Actuar enquanto empresa ambientalmente responsável permite aumentar o valor da imagem da empresa e das suas marcas junto dos consumidores. As empresas que não ofereçam ao mercado produtos mais seguros e saudáveis arriscar-se-ão a perder algum valor junto dos consumidores mais preocupados com as questões ambientais. Por outro lado, as organizações que forem responsáveis socialmente e que utilizem estratégias de marketing ambiental poderão tirar proveito das inúmeras oportunidades apresentadas pela abertura do público a novos padrões de consumo mais responsáveis e ambientalmente sustentáveis, obtendo com isso vantagens competitivas. Na tentativa de adaptação às novas realidades do mercado, as empresas tendem a desenvolver estratégias de comunicação de forma a captar ou despertar a atenção dos potenciais clientes e a promover a comercialização dos seus produtos e serviços, embora entre as técnicas de comunicação disponíveis, a publicidade seja a mais perceptível para o público.

No entanto, a respeito da responsabilidade social e da sustentabilidade ambiental, a eficácia das mensagens publicitárias defronta-se de modo particularmente agudo com a necessidade de as empresas construírem uma imagem credível junto do público. Efectivamente, tal como demonstraram os resultados do Eurobarómetro (CE, 2008) existe uma forte preocupação dos europeus relativamente às questões ambientais e, inclusivamente, a disponibilidade para pagar mais por produtos mais sustentáveis ambientalmente; porém, estas atitudes não se traduzem forçosamente em práticas. Para isso é necessário que o consumidor as considere credíveis, sentindo confiança na veracidade das alegações ambientais que lhe são apresentadas. Ora, como mostram os resultados da análise realizada, no contexto actual, em que se verifica uma forte presença na agenda pública global do impacto do consumo de energia e consequentes emissões de gases com efeito de estufa nas alterações climáticas, são precisamente as empresas dos sectores que mais contribuem para estes problemas que também investiram mais em "publicidade verde". De facto, 61,9% dos anúncios com alegações ambientais identificados nesta análise diziam respeito aos sectores automóvel e energético. Embora seja compreensível o esforço das empresas destes sectores neste investimento, é do conhecimento público a sua co-responsabilidade no actual problema global.

Este trabalho permitiu ainda constatar que se a "publicidade verde" representa uma reduzida proporção do total de anúncios publicados (3,5%), alguns indicadores, como a colocação e a dimensão destes anúncios, revelam ser significativo o interesse por parte dos anunciantes relativamente a este tipo de publicidade.

Por outro lado, o facto de haver uma incidência significativa de anúncios com argumentos relativos à eficiência energética, à redução de emissões e à utilização de energias renováveis, bem como ao combate às alterações climáticas – que em anos anteriores não tiveram expressão na publicidade – sugere a relevância que esta temática adquiriu actualmente no discurso publicitário.

REFERÊNCIAS

ALEXANDRE, Sílvia e Miranda, Sandra (2004a), *Produtos Ecológicos, Argumentos Ecológicos e Responsabilidade Social*. Lisboa: Escola Superior de Comunicação Social e Instituto do Consumidor.

ALEXANDRE, Sílvia e Miranda, Sandra (2004b), "Cultura, valores e estilos de vida na publicidade", in Francisco Costa Pereira (org.), *Publicidade: O Estado da Arte em Portugal*. Lisboa: Edições Silabo, 93-121.

BLACKWEL, Roger, Miniard, Paul e Engel, James (2005), *Consumer Behaviour* (9ª ed.). New Jersey: Prentice Hall.

BROCHAND, Bernard, Lendrevie, Jacques, Rodrigues, Joaquim e Dionísio, Pedro (2000), *Publicitor*. Lisboa: Publicações Dom Quixote.

CASTANHEIRA, Luís e Gouveia, Joaquim (2004), *Energia, ambiente e Desenvolvimento Sustentável*. Porto: Sociedade Portuguesa de Inovação.

CAETANO, Joaquim, Soares, Marta, Gouveia, Tiago, Joaquim, Rui e Dias, Rosa (2008), *Marketing Ambiental*. Plátano Editora.

CAETANO, Joaquim e Rasquilha, Luis. (2005), *Gestão de Comunicação*. Quimera Editores.

CE (2008), *Special Eurobarometer. Attitudes of European Citizens towards the Environment*, 295.

CORBETT, Julia (2006), *Communicating Nature: How we create and understand environmental messages*. Island Press.

COX, Robert (2006), *Environmental Communication and the Public Sphere*. Thousand Oaks: Sage.

FARINA, Modesto (1990), *Psicodinâmica das Cores em Comunicação*. São Paulo: Edgard Blucher.

GIDDENS, Anthony (1992), *As Consequências da Modernidade*. Oeiras: Celta.

GREGÓRIO, Ruth (2007), *A Bela e o Monstro. Publicidade, sociedade da informação e tematização*. Coimbra: MinevaCoimbra.

GRIFFITHS, Andrew e Benn, Suzanne (2003), *Building Corporate Sustainability", Organisational Change for Corporate Sutainability*. Routledge, London.

GOLDBERG, Marvin, Gorn, Gerald e Pollay, Richard (1990), *Advances in Consumer Research*. Association for Consumer Research, Provo, UT, Vol. 17.

GÚSMAN, José (1993), *Teoria de la Publicidad*. Madrid: Tecnos.

HENRIQUES, Margarida (2004), "O Desenvolvimento Sustentável é um Imperativo Mundial" *in* Sofia Santos e Rita Dias (org.), *Sustentabilidade, Competitividade e Equidade Ambiental e Social*. Coimbra: Edições Almedina.

HETSRONI, Amir (2000), "The relationship between values and appeals in Israeli advertising: a smallest space analysis", *Journal of Advertising*, vol. XXIX (3), 55-68.

HORTA, Ana e Alexandre, Sílvia (2008), "Agenda Pública, consumo e Representações do Ambiente" *in Actas Digitais do VI Congresso Sopcom / IV Congresso Ibérico*.

HOPKINS, Michael (2004), "Corporate Social Responsibility, Uma Nova Estratégia Organizacional" *in* Sofia Santos e Rita Dias (org.), *Sustentabilidade, Competitividade e Equidade Ambiental e Social*. Coimbra: Edições Almedina.

IFEN (2007), *Les Pratiques Environmentales des Français en 2005*, 8, Orleans, Institut rançais de L'Environnement.

JHALLY, Sut (1995), Os Códigos da Publicidade. Porto: Asa Editora.

KOTLER, Philip (2003), *Administração de Marketing*. São Paulo, Prentice Hall.

LAGES, Natália e Neto, Alvício (2002), "Mensurando a Consciência Ecológica do Consumidor: Um estudo realizado na cidade de Porto Alegre", *Anais do 26º ENANPAD*. Salvador: BA (CD-Rom).

MARTÍN, Juan António (1986/87), "Publicidad, modernidad y postmodernidad", *Revista Telos*, 8, 77-144.

MEDEIROS, Carla (2004), "Personagens, espaços e cenários na publicidade", in Francisco Costa Pereira (org.), *Publicidade: O Estado da Arte em Portugal*. Lisboa: Edições Silabo, 75-91.

MOREY, Sean. (2009), "A rhetorical look at ecosee", in Dobin e Morey (org.), Ecosse. Image, rhetoric, nature. Albany: State University of New York Press, 23-52.

MOWEN, John e Minor, Michael (2004), *Consumer Behaviour*. Prentice Hall.

OLIVEIRA, Santos (2005), *Gestão Ambiental*. Lidel: Edições Técnicas.

OTTMAN, Jacquelyn (2004), *Green Markting: Opportunity for Innovation*. Nova Iorque: BookSurge Publishing.

PATTERSON, Maurice (2006), *Consumption and Everyday Life*. London: Routledge.

PINTO, Alexandra Guedes (1997), *Publicidade um Discurso de Sedução*. Porto: Porto Editora.

RIVAS, Javier (1999), *Comportamiento del Consumidor*. 2ª Edición. Madrid: ESIC.

SEQUEIRA, P. (2004), "Um Consumidor cada vez mais consciente", *Revista Publicidade e Comunicação Empresarial*, Porto, 03-06.

SHORODER, Kim e Vestergaard, Torben (1988), *A Linguagem da Propaganda*. São Paulo: Martins Fontes.

SOARES, João e Barreto, Rúben (2004), "A Sustentabilidade nos Mercados Financeiros" *in* Sofia Santos e Rita Dias (org.), *Sustentabilidade, Competitividade e Equidade Ambiental e Social*. Coimbra: Edições Almedina.

TRUNINGER, Mónica e Fonseca, Susana (2000), *Consumo e Ambiente*. Lisboa: Grafitexto.

WILES, Charles, Wiles, Judith e Tjernlund, Anders (1996), "The ideology of advertising: the United States and Sweden", *Journal of Advertising Research*, 36 (3), 57-66.

INTERFACES DO DESENVOLVIMENTO NA AMAZÔNIA BRASILEIRA
O caso da Floresta Nacional de Caxiuanã

*Mariana Monteiro de Matos**

Resumo: Através de um enfoque interdisciplinar e crítico em que são amalgamados conhecimentos da Administração, Antropologia e Direito, o artigo "Interfaces do desenvolvimento na Amazônia Brasileira: O caso da Floresta Nacional de Caxiuanã" visa fomentar novos debates sobre a responsabilidade social da empresa. Assim, faz-se uma relação entre a agenda sócio-ambiental internacional, o desenvolvimento sustentável e a atuação do Museu Paraense Emilio Goeldi (MPEG) na Floresta Nacional de Caxiuanã, situada na Amazônia Oriental Brasileira. Lançam-se reflexões acerca da consideração do contexto local e do valor democrático, quando da elaboração de políticas de responsabilidade social e da própria atuação da empresa, a partir do caso relatado.

Palavras-Passe: Responsabilidade Social, Empresa, Caxiuanã, MPEG, Amazônia.

Abstrat: Through an interdisciplinary and critical approach that evolves the knowledge of Business, Anthropology and Law, this paper called "About the development in the Brazilian Amazon: the case of the National Forest of Caxiuanã" aims to foment new discussions about the corporate social responsibility. Thus, it sustains a relation between the international socio-environmental agenda, the sustainable development and the activities of the Emilio Goeldi Museum of Pará (MPEG) in the National Forest of Caxiuanã, located in the Eastern Amazon of Brazil. This analysis brings a reflection about the consideration of the local context and the democratic value during the development process of the social responsibility policy and the activities of the corporation, based on the case study.

Keywords: Social Responsibility, Corporation, Caxiuanã, MPEG, Amazon.

---

* Bacharela em Secretariado Executivo Trílingue. Universidade do Estado do Pará (Brasil).
Discente do 5º ano do Bacharelado em Direito. Universidade Federal do Pará (Brasil).
Bolsista e Integrante do Programa "Núcleo de Assessoria Jurídica Universitária Popular Aldeia Kayapó" da Universidade Federal do Pará (Brasil).
Integrante da Rede Nacional de Assessoria Jurídica Universitária (Brasil).
Email: mariana.selva@hotmail.com ; marianamonteirodematos@gmail.com

1. Introdução

Não escrever inquieta. Pensar move. Escrever é transpor a idéia para se chegar à palavra, o que implica em movimento. Tais expressões, quando realizadas com gravidade, compõem uma autêntica obra para o despertar do mundo, que nem sempre é aquele objetivado pelas retinas humanas. Às vezes, trata-se de um lugar puramente fictício. Outras, de um prenúncio ou contemplação de algo que permanece na esfera do desconhecido, que ainda não adquiriu a luz da realidade.

Mas, aqui, não se trata disso. Optou-se por uma leitura clara daquilo que ainda é mitológico, ou melhor, enigmático na concepção do imaginário social: a Amazônia. Esta afirmação não é apenas válida para os povos estrangeiros, entretanto também para seus próprios habitantes os quais, muitas vezes, desconhecem suas dimensões e idiossincrasias.

Baseado nesta premissa elaborou-se um viés para que os caminhos do desenvolvimento sustentável e da responsabilidade social de empresas se cruzassem, o que foi possibilitado pelo estudo de unidades de conservação no Brasil e, em especial, da Floresta Nacional de Caxiuanã.

A intervenção de uma Organização (Museu Paraense Emilio Goeldi-MPEG) nessa região,[1] que é caracterizada por um espaço incontrovertidamente preservado com grandes muralhas verdes em contraste com as águas de coloração escura, e presença de população detentora de saber e modo de viver tradicional decorrente de práticas ancestrais cuja habitação na localidade remete a um período remoto, aliado ao fato de esta ser a primeira Floresta Nacional na Amazônia, possuindo um histórico marcado pelas oscilações políticas do Estado Brasileiro; fez cingir o objetivo maior desta pesquisa que é o de questionar acerca das reflexões que devem ser levadas a cabo pelas empresas no ato interveniente na sociedade e demonstrar, através do caso em questão, a necessidade de consideração do contexto local quando da elaboração das políticas de responsabilidade social, o que é próprio de uma visão não tradicional sobre o tema.

Nesse sentido, com o escopo de dar maior consistência ao estudo, pretende-se que sejam amalgamados conhecimentos devidos sobremaneira as contribuições das áreas da Administração, da Antropologia e do Direito.

---

[1] A menção da terminologia "Organização" baseia-se nas teorias de Organizações e Métodos (Cury, 2007) e refere-se a toda espécie de unidades sociais (agrupamentos humanos) as quais possuem ao menos um objetivo específico, ainda que não seja econômico ou lucrativo.

Destarte, constituindo um enfoque interdisciplinar o qual é considerado mais adequado ao desenvolver da análise e a formulação de reflexões a que esta se destina.

2. A questão ambiental e o desenvolvimento sustentável

A partir dos anos 70, o crescimento econômico desenfreado de alguns países somado a impossibilidade de renovação dos recursos naturais o que traduz o ideário de desenvolvimento dinâmico e intenso próprio da modernidade (Berman, 2000), fez surgir à preocupação global em torno da questão ambiental.

De maneira sucinta, pode-se dizer que um primeiro marco em relação à temática se refere à Conferência das Nações Unidas sobre o Meio Ambiente, em 1972, ocorrida em Estocolmo (Suécia). Segue-se a elaboração do relatório denominado de *Our Common Future*, preparado pela Comissão Mundial sobre Meio Ambiente e Desenvolvimento cuja feitura realizou a formalização do conceito de "desenvolvimento sustentável". O termo foi formulado pela então primeira ministra da Noruega, Gro Harlem Brundtland, razão pela qual o referido documento passou a ser conhecido como relatório de Brundtland (Loureiro, 2009: 232).

Sobre este conceito é interessante notar que a inclusão do termo "sustentável" visa demarcar a idéia de integração sinérgica entre ser humano e natureza, que é responsável pelo verdadeiro equilíbrio. Tal acontecimento é visualizado a partir da união entre a pessoa humana e o meio ambiente, sendo um ato de cunho volitivo, mediado pelo exercício de escolhas, que só são possíveis caso seja considerado a existência de um patamar mínimo de liberdade e consciência, pois desde Aristóteles (2003) a tradição em torno da idéia de "decisão" foi atrelada ao ser humano por meio de sua capacidade de pensar (e não de agir apenas conduzido pelo instinto natural).

Em relação à liberdade, nunca se faz tarde recordar que ninguém nasce livre; pelo contrário, luta pela liberdade exatamente porque não a tem, conforme ensina Paulo Freire (2005).[2] Este pensamento coaduna com o expresso

---

[2] O brasileiro Paulo Freire, mundialmente famoso pela sua teoria pedagógica, assim explicita em seu livro Pedagogia do Oprimido (2005: 37): "A liberdade, que é uma conquista e não uma doação, exige uma permanente busca. Busca permanente que só existe no ato responsável de quem a faz. Ninguém tem liberdade para ser livre: pelo contrário, luta por ela precisamente porque não a tem. Não é também a liberdade um ponto ideal, fora dos homens, ao qual inclusive eles se alienam. Não é idéia que se faça mito. É condi-

no Relatório sobre Desenvolvimento Humano do Programa das Nações Unidas para o Desenvolvimento (PNUD) o qual vai sobremaneira ao encontro do pensamento de Amartya Sen. José Eli da Veiga comenta nesse sentido:

> As pessoas são as verdadeiras riquezas das nações, diz o Relatório de 2004. Na verdade, o objetivo básico do desenvolvimento é alargar as liberdades humanas. O processo de desenvolvimento pode expandir as capacidades humanas, expandindo as escolhas que as pessoas têm para viver vidas plenas e criativas. E as pessoas são tanto beneficiárias desse desenvolvimento, como agentes do progresso e da mudança que provocam. Esse processo deve beneficiar todos os indivíduos eqüitativamente e basear-se na participação de cada um deles. Esta é a abordagem do desenvolvimento que tem sido defendida por todos os Relatórios do desenvolvimento humano, desde o primeiro, em 1990. (Veiga, 2008: 85)

De alguma maneira, toda esta controvérsia procura estabelecer bases para a resolução de problemas primordiais como o são o desemprego em massa e as desigualdades crescentes. Assim, o desenvolvimento sustentável ao visar à liberdade humana se define no exercício efetivo de todas as dimensões dos direitos humanos (políticos, civis, econômicos, sociais, culturais), inclusive os de aspecto difuso como o meio ambiente. Segundo Sachs (2004: 37), deve ser dado um status especial ao direito ao trabalho porque o trabalho decente abre o caminho para o exercício de vários outros direitos.

Ainda em relação aos movimentos históricos, igualmente importante foi a realização da Cúpula da Terra ou Eco-92, em 1992, na cidade do Rio de Janeiro (Brasil). A interpretação da mudança geográfica dos locais de encontro das conferências mundiais já denota o esforço significativo de mobilizar os diversos representantes de países em torno de uma causa comum. Esta reunião deu origem às denominadas "Agenda 21" e a Convenção sobre Alterações Climáticas (CAC), Convenção sobre Diversidade Biológica (CDB) e Declaração de Princípios sobre Florestas (DPF).

A Eco-92 proclamou uma visão holística em relação às questões florestais em que se considerassem as múltiplas funções e usos da floresta entre as quais se inclui o enfoque econômico e social, conforme consta no preâmbulo, particularmente na alínea "c", da Declaração de Princípios sobre

---

ção indispensável ao movimento de busca em que estão inscritos os homens como seres inconclusos".

Florestas. Além disso, previa a prerrogativa dos Estados em relação à exploração sustentável das florestas e a inserção da democracia como valor norteador das políticas nacionais em relação às questões florestais (Princípios 1 e 2, alínea d/ DPF).

A partir de todos os episódios acima referidos, principalmente considerando a DPF em que pese o seu artigo 8, alínea f, que explicita a necessidade de elaboração de políticas e legislações nacionais para a administração, conservação e desenvolvimento sustentável das florestas, especialmente as que possuem valores singulares ou importância nacional, foi que o Brasil elaborou o Sistema Nacional de Unidades de Conservação (SNUC).

3. A inserção da agenda sócio-ambiental internacional no Brasil

Não há o intuito de confundir, não obstante, para que não reste omissa nenhuma informação em relação à questão ambiental no Brasil e em especial, a formulação do Sistema Nacional de Unidades de Conservação (SNUC), faz-se necessário realizar uma pequena digressão.

A dicotomia entre ser humano e natureza, característica marcante na modernidade, deu origem a diversos movimentos sociais e políticos entre os quais se inclui o de criação de Unidades de Conservação, tendo como marco a década de 60 (Arruda, 1999: 83) na qual se visualiza a instituição do Parque Nacional de Yellowstone, localizado nos Estados Unidos da América.

O paradigma deste modelo se constrói a partir da constatação de que a modificação e domínio da biosfera pela cultura humana é uma fatalidade, tornando-se imprescindível a conservação de pedaços do mundo natural em seu estado originário, antes da intervenção da sociedade. Lugares onde o ser humano possa reverenciar a natureza intocada, pesquisá-la e refazer suas energias materiais e espirituais. Ideologia que remonta às terras desocupadas e ao "bom selvagem" de Rousseau.

Um dos grandes defensores desta idéia no Brasil foi André Rebouças (Rylands e Brandon, 2005: 28), inspirado na referida concepção estado-unidense. Ressalta-se, todavia, que esta não encontra adequação com a realidade brasileira uma vez que pressupõe a existência de grandes áreas desabitadas, o que não traduz em absoluto a ocupação geográfica existente neste país. Sendo assim, para adoção deste modelo, as populações tradicionais teriam que ser expulsas de suas localidades ou restringidas quanto ao seu modo de vida, o que de fato, muitas vezes, aconteceu.

No deslinde de Rebouças, o Código Florestal de 1934 estabeleceu o marco legal dos parques nacionais (Decreto 23.973 de 23 de janeiro de 1934) e o

RESPONSABILIDADE SOCIAL: UMA VISÃO IBERO-AMERICANA

Código Florestal de 1965 a referência às florestas nacionais (Lei 4.771 de 15 de setembro de 1965), sem dispor sobre a proteção dos direitos das pessoas habitantes dessas regiões, que seriam alvo de preservação por parte do Estado. Somente na Constituição da República Federativa do Brasil de 1988 (CRFB/88) é que foi expressa a previsão das reservas extrativistas e a respectiva garantia dos direitos dos habitantes destas áreas através da proclamação no texto legal de referências aos direitos culturais dos diferentes grupos formadores da sociedade brasileira.[3]

Além disso, a Lei Fundamental do Brasil, em seu artigo 225, incisos I, II, III e VII, previu a necessidade de definição de espaços territoriais, em todas as unidades da Federação, para a especial proteção, o que veio a ser regulamentado pelo SNUC. O vislumbre da garantia por parte do Estado Brasileiro dos direitos das populações tradicionais bem como do direito ao meio ambiente ecologicamente equilibrado demonstra o esforço do legislador em torno de conciliar o ser humano e a natureza,[4] o que denota o avanço jurídico ocorrido no Brasil em relação ao panorama ambiental internacional. Nesta esfera, tal conciliação apenas foi proclamada quando por ocasião da Eco-92.

---

[3] A Constituição da República Federativa do Brasil (Brasil, 1988) assim dispõe *ipsi litteris*:

Art. 215. O Estado garantirá a todos o pleno exercício dos direitos culturais e acesso às fontes da cultura nacional, e apoiará e incentivará a valorização e a difusão das manifestações culturais.

§ 1º – O Estado protegerá as manifestações das culturas populares, indígenas e afro-brasileiras, e das de outros grupos participantes do processo civilizatório nacional. [...]

Art. 216. Constituem patrimônio cultural brasileiro os bens de natureza material e imaterial, tomados individualmente ou em conjunto, portadores de referência à identidade, à ação, à memória dos diferentes grupos formadores da sociedade brasileira, nos quais se incluem:

I – as formas de expressão;

II – os modos de criar, fazer e viver;

III – as criações científicas, artísticas e tecnológicas;

IV – as obras, objetos, documentos, edificações e demais espaços destinados às manifestações artístico-culturais;

V – os conjuntos urbanos e sítios de valor histórico, paisagístico, artístico, arqueológico, paleontológico, ecológico e científico.

[4] O texto constitucional brasileiro (Brasil, 1988) explicita *in verbis*:

Art. 225. Todos têm direito ao meio ambiente ecologicamente equilibrado, bem de uso comum do povo e essencial à sadia qualidade de vida, impondo-se ao Poder Público e à coletividade o dever de defendê-lo e preservá- lo para as presentes e futuras gerações.

O Sistema Nacional de Unidades de Conservação (SNUC) é fruto da Lei 9.985 de 18 de julho de 2000, que possui entre seus escopos o de promover o desenvolvimento sustentável a partir dos recursos naturais, o de proporcionar meios e incentivos para atividades de pesquisa científica, e proteger os recursos naturais necessários à subsistência de populações tradicionais, respeitando e valorizando seu conhecimento e sua cultura e promovendo-as social e economicamente. Em seu bojo trouxe os conceitos de "Unidade de Conservação" (inspirado no conceito de "área protegida" que consta no artigo 2º da Convenção sobre Diversidade Biológica) e "Floresta Nacional", conforme se depreende pela leitura abaixo:

Art. 2º Para os fins previstos nesta Lei, entende-se por:

I – unidade de conservação: espaço territorial e seus recursos ambientais, incluindo as águas jurisdicionais, com características naturais relevantes, legalmente instituído pelo Poder Público, com objetivos de conservação e limites definidos, sob regime especial de administração, ao qual se aplicam garantias adequadas de proteção;

[...]

Art. 17. A Floresta Nacional é uma área com cobertura florestal de espécies predominantemente nativas e tem como objetivo básico o uso múltiplo sustentável dos recursos florestais e a pesquisa científica, com ênfase em métodos para exploração sustentável de florestas nativas.

§ 1º A Floresta Nacional é de posse e domínio públicos, sendo que as áreas particulares incluídas em seus limites devem ser desapropriadas de acordo com o que dispõe a lei.

§ 2º Nas Florestas Nacionais é admitida a permanência de populações tradicionais que a habitam quando de sua criação, em conformidade com o disposto em regulamento e no Plano de Manejo da unidade.

§ 3º A visitação pública é permitida, condicionada às normas estabelecidas para o manejo da unidade pelo órgão responsável por sua administração.

§ 4º A pesquisa é permitida e incentivada, sujeitando-se à prévia autorização do órgão responsável pela administração da unidade, às condições e restrições por este estabelecidas e àquelas previstas em regulamento.

§ 5º A Floresta Nacional disporá de um Conselho Consultivo, presidido pelo órgão responsável por sua administração e constituído por representantes de órgãos públicos, de organizações da sociedade civil e, quando for o caso, das populações tradicionais residentes.

§ 6º A unidade desta categoria, quando criada pelo Estado ou Município, será denominada, respectivamente, Floresta Estadual e Floresta Municipal.
(Brasil, 2000)

Vislumbra-se que as florestas nacionais (FLONAS) são unidades de conservação destinadas ao uso sustentável da diversidade biológica e a produção de Ciência, não se devendo privilegiar um em detrimento do outra e vice-versa. A competência para a gerência de tais áreas é do Instituto Chico Mendes de Conservação da Biodiversidade (criado pela Lei 11.516 de 28 de agosto de 2007) ao qual é dado o papel de zelar pela correta integração entre os dois fatores *supra*, esclarecidos em melhores palavras por Machado:

A Lei 9.985, com seu posicionamento sobre as "populações tradicionais", quer valorizar ao mesmo tempo o ser humano e a natureza. Não admite que nenhum deles seja aviltado e menosprezado. Por isso, constatada a existência da presença de população tradicional em uma área, na qual se entenda necessária a criação de uma unidade de conservação, essa população não poderá ser expulsa ou levada a sair do local, sem indenização e a adequada relocação pelo próprio Poder Público. Quando a lei diz "população tradicional" parece-me razoável entender "habitante tradicional" (seja de que etnia for), pois basta haver uma só pessoa nessa situação, para ter os direitos assegurados pelo art.42. (Machado, 2007: 821)

Não obstante, tal instrumento legislativo veio a se instalar muito tardiamente, ao menos no que se refere à Floresta Nacional de Caxiuanã, que guarda em seu histórico a retirada traumática de centenas de famílias, por ocasião da existência do Código Florestal Brasileiro de 1965 o qual previa a possibilidade de promoção de doações e desapropriações por parte do Estado. Sobre este episódio, Bezerra relata de maneira esclarecedora:

Por ocasião da retirada forçada viviam em Caxiuanã 352 "famílias". O termo família se refere aqui à categoria empregada pelos órgãos de intervenção: o IBDF, seu sucessor, o IBAMA e o Museu Goeldi. A "família" aqui considerada é a família nuclear, constituída de pais e filhos. O mesmo termo tem significação englobante para os nativos, o de grupo familiar, ou seja, aqueles que viviam no mesmo sítio e que mantinham relações de parentesco e solidariedade. Para o IBAMA, permaneceram na FLONA 24 famílias, totalizando 262 pessoas. Na "comunidade" de Caxiuanã, segundo os nativos, apenas quatro. A retirada forçada ficou marcada pela memória do assassinato de um ribeirinho por um guarda florestal, sendo que essa experiência que instalou o medo e acelerou a saída das pessoas, foi internalizada pelas gerações que viveram a expulsão e baliza ainda hoje a relação daqueles que viveram a retirada forçada com as instituições de governo. (Bezerra, 2008: 23)

4. A Floresta Nacional de Caxiuanã (Flona Caxiuanã)

A região de Caxiuanã era terra indígena, sendo os núcleos urbanos mais próximos a vila de Portel, decorrente da Aldeia de Arucará, e a vila de Melgaço, originada da Aldeia de Aricuru (também denominada Guaricuru, Uaricuri ou Ingaíbas). Ambas as vilas são resultantes das missões jesuítas que se instalaram na região em 1661, muito embora seus nomes atuais sejam atribuídos apenas ao ano de 1758 (Lisboa, 1997: 29).

Em 1958, a *Food and Agriculture Organization* – FAO (Organização das Nações Unidas para a Agricultura e Alimentação) – promoveu a viagem de uma equipe pelo rio Amazonas para, entre outros objetivos, identificar áreas alvo para proteção especial. Após a análise dos dados, enviaram ao Brasil, em 1959, uma recomendação indicando a criação de três áreas especialmente protegidas que viriam a dar origem a FLONA Tapajós, FLONA Trombetas e FLONA Caxiuanã, salientando que esta última era prioritária (Salera Júnior, 2009).

A Floresta Nacional de Caxiuanã somente foi estabelecida pelo Decreto-Lei 239 de 28 de novembro de 1961, sendo a primeira a ser criada na Amazônia (Bezerra, 2008). Ademais, encontra-se no rol das primeiras Unidades de Conservação no Brasil que remontam ao ano de 1937, quando foi criado o Parque Nacional de Itatiaia, situado no Rio de Janeiro (Decreto Federal 1.713 de 14 de junho de 1937).

A referida Unidade de Conservação foi delimitada oficialmente sob uma área de 200.000 hectares, tendo sido ampliada e hodiernamente representada por uma extensão de 324.060 (Lisboa, 2009: 24). Situa-se a 400 (quatrocentos) quilômetros a oeste de Belém, nas proximidades da baía de Caxiuanã, entre os rios Xingu e Tocantins e tem como limites (Art. 2º – Decreto-Lei 239/61):

a) a leste, as margens esquerdas do rio Anapu, da baía de Pracuí e da baía do Caxiuanã;

b) ao norte, partindo da margem esquerda da baía do Caxiuanã, em direção oeste pelo divisor de águas entre os afluentes do rio Caxiuanã e os afluentes da margem direita do rio Amazonas;

c) a oeste, acompanhando na direção sul, o divisor de águas entre os afluentes da margem direita do rio Xingu e os afluentes da baía do Caxiuanã, da baía de Pracuí e do Rio Anapu;

d) ao sul, seguindo o paralelo 2º e 15" S, desde o limite oeste até a margem esquerda do rio Anapu.
(Brasil, 1961)

Sobre o modo de vida da população local é interessante notar que, por se tratar de um povo tradicional, suas atividades eram somente de subsistência antes da atuação do Museu Paraense Emilio Goeldi (MPEG), que inseriu uma nova dinâmica na região como se verá mais adiante.

Ganha destaque entre as atividades a agricultura e o extrativismo da castanha do Pará (*Bertholletia excelsa* H. & B.), da andiroba (*Carapa guianensis* Aubl.), da copaíba (*Copaifera langsdorffii* Desf.), do açaí (*Euterpe oleracea* Mart.) e de frutos silvestres, com exceção da madeira uma vez que a derrubada é proibida no interior da Floresta. A caça, a criação de animais domésticos e a pesca também são desenvolvidas freqüentemente.

Além disso, em geral, as famílias cultivam roças de melancia (*Citrullus vulgaris* Schrad.), feijão (*Vigna unguiculata*), milho (*Zea mais* L.) etc, entre as quais se destaca a mandioca (*Manihot esculenta* Crantz), que serve tanto para consumo pessoal quanto para a venda na cidade e para "regatões".[5]

Em relação a outros aspectos do cotidiano local, ressalta-se que não há Unidade de Saúde na Floresta, sendo os meios de tratamento as ervas medicinais amazônicas. Quando se trata de mal mais grave, os habitantes são obrigados a enfrentar uma viagem de barco de no mínimo três horas para receberem atendimento médico na cidade mais próxima.

5. O Museu Paraense Emilio Goeldi na Floresta Nacional de Caxiuanã

O Museu Paraense Emilio Goeldi (MPEG) é uma renomada instituição de pesquisa vinculada ao Ministério de Ciência e Tecnologia (MCT) do Brasil, situada na cidade de Belém, estado do Pará, norte do Brasil, na denominada parte oriental da região Amazônica. Fundado a partir de uma iniciativa governamental no ano de 1861, foi fechado no ano de 1889 devido à crise no 2º Império Brasileiro e reaberto após a proclamação da República (1891).

---

[5] Tipo de comércio desenvolvido especialmente na Amazônia para o qual a figura do mascate a bordo de um barco, que também serve de armazém e escritório, perambula pelos rios com o intuito de troca ou venda de produtos, auferindo ao final um alto lucro. Atualmente, estima-se que haja mais de 10.000 espalhados pela região amazônica. Para mais informações ver "O shopping da selva" (Chaves, 2003).

No ano de 1894, o governador Lauro Sodré chamou para assumir o cargo de diretor o naturalista suíço Emilio Goeldi, que devido ao seu trabalho junto ao Museu, teve seu nome inscrito na história da ciência na Amazônia e posto ao lado da instituição pela qual trabalhou.

Conforme o Plano Diretor de Unidade para o período 2006-2010 (MPEG, 2006), sua missão é a de realizar pesquisas, promover a inovação científica, formar recursos humanos, conservar acervos e comunicar conhecimentos nas áreas de ciências naturais e humanas relacionadas à Amazônia. A visão é a de se tornar um centro de excelência em pesquisa e comunicação científica em suas áreas de atuação, com interações eficazes com a sociedade, e referência para a formulação de políticas públicas para a Amazônia.

Os seus objetivos estratégicos possuem os seguintes eixos: I) Política industrial, tecnológica e de comércio exterior; II) Objetivos estratégicos nacionais; III) Ciência, tecnologia e inovação para a inclusão e desenvolvimento social; IV) Consolidação, expansão e integração do sistema nacional de ciência, tecnologia e inovação.

As atividades que desenvolve devem ser norteadas pelos princípios da ética e transparência, excelência, credibilidade, comprometimento com o público, reconhecimento da diversidade sociocultural, conservação da diversidade biológica e do meio ambiente e responsabilidade social (RS).

A RS é entendida pelo MPEG como sendo a produção e comunicação da ciência considerando o compromisso com a sociedade e com a inclusão social. É interessante notar que ao traçar entre seus objetivos específicos o de contribuir para a preservação cultural e melhoria da qualidade de vida dos diferentes grupos sociais que vivem na Amazônia, faz uma síntese da situação atual com o escopo de estabelecer metas de superação cujo quadro é o seguinte:

> Os estudos que o MPEG realiza sobre comunidades tradicionais, indígenas e quilombolas da Amazônia demonstram que esses grupos sociais ainda hoje usam técnicas tradicionais de sobrevivência, mas que também sofrem o impacto de políticas públicas e de projetos empresariais na região, sendo esse um dos problemas que ameaçam a manutenção de suas práticas culturais. Nesta situação, ações educativas não-formais são instrumentos importantes para socializar os conhecimentos e qualificar essas comunidades para o debate público sobre o patrimônio ambiental e cultural da Região Amazônica, com ênfase na valorização dos conhecimentos e das práticas tradicionais. (MPEG, 2006: 25)

Hodiernamente, a Instituição conta com três bases físicas (Lisboa, 2009: 23): o parque zoobotânico, no centro da capital do estado do Pará (Belém), que possui a função de sede administrativa do MPEG e está aberto a visitação pública diária; o *campus* de pesquisa, situado no perímetro peri-urbano da cidade de Belém, que abriga os laboratórios, as coleções de flora e fauna e as salas de pesquisadores; e a Estação Científica Ferreira Penna (ECFPn), que é o local principal de coleta de material biológico e dados não só para pesquisadores a nível regional, mas mundial na medida em que se edifica no seio de uma das maiores florestas do trópico úmido.

Sobre a ECFPn, a história conta que em meados dos anos 90, iniciou-se a busca por uma região que deveria agregar riqueza e diversidade de fauna e flora para servir como *locus* de pesquisa para a Organização; e assim, por meandros dos rios amazônicos e dos caminhos da ciência é que se escolheu a região de Caxiuanã, considerando também o seu alto grau de conservação.

Nesse deslinde, em 1989, firmou-se um acordo de cooperação entre o Ministério de Relações Exteriores da República Federativa do Brasil e a *Overseas Development Administration* do Governo do Reino Unido da Grã-Bretanha e Irlanda do Norte e deu-se início ao "Projeto Caxiuanã".

Em 1993, a base física da Estação Científica Ferreira Penna (ECFPn) foi oficialmente inaugurada e marcou a presença definitiva do MPEG na Floresta de Caxiuanã.

A atuação do MPEG na FLONA Caxiuanã é condicionada por permissão obtida junto aos órgãos ambientais do Governo do Brasil. Desde a inauguração da ECFPn, tal licença sofreu duas renovações (2003 e 2008) e possibilitou a ampliação da área permitida para utilização, totalizando a completa extensão da FLONA Caxiuanã.

6. Análise da ação do Museu Paraense Emilio Goeldi

Antes de se proceder a análise da atuação do Museu Paraense Emilio Goeldi na Floresta Nacional de Caxiuanã, faz-se importante salientar o pressuposto de que tal entidade é uma organização, ou seja, um agrupamento humano que possui um objetivo específico (conforme se demonstrou acima) ainda que este não seja econômico ou lucrativo, mas sim científico.

Além disso, obedece a uma divisão de trabalho, poder e responsabilidades, planejada para que atenda a seus objetivos e possui centros de poder que coordenam o esforço da equipe para determinado escopo. Em síntese, enquadra-se nas características que pertencem à definição de "organização", conforme o pensamento de Cury (2007: 105).

Esta categoria permite que se inclua na idéia de "organização" as empresas que não possuam fins lucrativos e, portanto, que implique na possibilidade de comparação acerca da temática da responsabilidade social das empresas (RSE) com vistas a trazer novos horizontes para a matéria.

6.1 Considrações gerais

Durante a revisão bibliográfica para a elaboração deste estudo, observou-se que muito embora se apregoe um conceito mais abrangente de RSE, a discussão termina por recair em uma monocromia em torno de temas e enfoque proporcionado. É o que concluíram também Moretti e Figueiredo ao estudar a produção científica sobre responsabilidade social:

> A excessiva concentração do debate atual em torno de qual ação é mais adequada ou qual é o *best way* da gestão social das empresas, não faz justiça à importância do problema. Ao concentrar os esforços na face operacional da questão, perde-se o valor epistemológico que seria proporcionado pela investigação mais sistemática e crítica sobre suas causas. Buscar compreender, na maioria dos casos, o funcionamento, a aplicação e o aperfeiçoamento de programas de ação social por parte das empresas resulta, quase sempre, na melhoria de processos e numa forma mais eficiente (*know how*) de gestão. A ausência de uma investigação mais pertinente, questionadora das razões e implicações, ou seja, do que é mais eficaz (*know what*), tangencia a questão fundamental e escapa do problema estratégico, que é a discussão sobre o papel das empresas em relação aos problemas sociais, situação que as favorece e possibilita o império do discurso monológico sobre o processo como um todo. (Moretti e Figueiredo, 2007: 22)

Nesse sentido, para o estudo da RSE na esfera de um discurso crítico faz-se vital a verificação das alterações contextuais a partir da atuação de empresas e reflexões sobre a situação conseqüente deste fato em que pese o ônus das Organizações por atuarem enquanto personagens principais do processo. Assim, para fundamentar tal enfoque, que é o aqui pretendido, utilizou-se como norteador de análise o pensamento de Ventura:

> Nota-se, contudo, uma crescente conscientização de que as organizações podem e devem assumir um papel mais amplo dentro da sociedade. Para efeitos deste trabalho, entendemos *Responsabilidade social* como o compromisso que uma organização deve ter para com a sociedade, expresso por meio de atos e atitudes que a afetem positivamente, de modo amplo, ou alguma comunidade, de modo especí-

fico, agindo pró-ativamente e coerentemente no que tange ao seu papel específico na sociedade e à sua prestação de contas para com ela, assumindo, assim, além das obrigações estabelecidas em lei, também obrigações de caráter moral, mesmo que não diretamente vinculadas às suas atividades, mas que possam contribuir para o desenvolvimento sustentável dos povos (VENTURA, 1999; ASHLEY, 2002). Assim, numa visão expandida, responsabilidade social é toda e qualquer ação que possa contribuir para a melhoria da qualidade de vida da sociedade. (Ventura, 2003: 2)

Sobre a teoria científica do desenvolvimento sustentável, esclarece-se que este ajuda a inserir esta pesquisa em seu viés mundano. Explica-se que, parte--se da Floresta Nacional de Caxiuanã e mira-se situá-la dentro do panorama internacional pelo elo com o desenvolvimento sustentável, que é um mega-conceito e,[6] portanto merece especial atenção. Assim, ergue-se neste estudo a interdisciplinaridade, talvez a única solução para a conciliação com a complexidade que a atualidade sugere.

Além disso, em específico em relação a este artigo, muito embora o aporte supracitado em torno de uma RSE crítica tenha servido de guião para a análise aqui iniciada (e que não se visa exaurir), um termo merece destaque: a positividade da RSE. Esta, conforme se demonstrará, deve ser compreendida a partir da consideração do contexto local uma vez que envolve aspectos culturais.

No que concerne a Floresta Nacional de Caxiuanã, com vistas a um melhor entendimento, dar-se-á particular enfoque na mudança paradigmática da idéia de educação por parte da população a partir do início da atuação do MPEG. Os dados aqui analisados se devem em absoluto a singular a tese de doutorado da dra. Maria das Graças Ferraz Bezerra (2008).

6.2. A RSE e a educação

Antes da instalação da Estação Científica Ferreira Penna/ Museu Paraense Emilio Goeldi na Floresta de Caxiuanã, a educação do tipo formal, ou seja, a que segue a lei de diretrizes e bases do sistema brasileiro de ensino (Lei 9.394 de 20 de dezembro de 1996), era inexistente. O processo de aprendizado, formação e educação dos habitantes era proporcionado pela experiência do

---

[6] Nesse sentido, Ignacy Sachs expõe (2009: 323): "Pois o desenvolvimento é um conceito processual que habita o tempo e atua sobre espaços diversificados. Somos remetidos à história e à prospectiva, e depois ao planejamento, no que se refere aos tempos do desenvolvimento, e à geografia e à ecologia, incluindo-se a ecologia cultural, no que se refere aos espaços do desenvolvimento".

acompanhamento das crianças junto às caminhadas empreendidas pelos pais na busca pelos frutos, pela caça e pesca e pelos óleos de copaíba (*Copaifera langsdorffii* Desf.) e andiroba (*Carapa guianensis* Aubl.).

A partir do começo de suas atividades, o MPEG realizou a tarefa de mediador junto ao órgão estatal para a implantação de uma escola no local de acordo com o tradicional discurso de Responsabilidade Social que possui o escopo de melhorar a qualidade de vida da população. Tal pedido foi atendido por parte da prefeitura e hodiernamente, a localidade conta com um ambiente de ensino que é capaz de suportar toda a educação básica em conformidade com as leis brasileiras.

Ademais, o MPEG passou a oferecer cursos de treinamento para seus funcionários para que estes aprendessem a manejar determinados instrumentos de pesquisa ou a coletar e analisar certas espécies de flora e fauna.

Sobremaneira importante foi o início do o desenvolvimento do projeto Floresta-Modelo de Caxiuanã (Lisboa, 2002: 127-163) por parte da Organização.[7] Este possui entre seus escopos o de contribuir para a conservação e o manejo sustentado da Floresta através de um plano que envolve melhoria de infra-estrutura, educação, saúde, ecoturismo, agricultura, manejo florestal, agroindústria e cooperativismo.

A concepção de educação que este projeto visa é voltada para o englobamento de todos os aspectos da vida humana, considerando o meio ambiente e as diversidades culturais dos habitantes tradicionais. Assim, centra sua metodologia em Paulo Freire e na Ecopedagogia, mais especificamente.

A atividade de maior visibilidade deste Projeto é a denominada Gincana de Caxiuanã, que compreende atividades de educação ambiental e jogos para crianças e adolescentes, envolvendo também outras comunidades. No ano de 2009, contou inclusive com o denominado Barco da Leitura, que é uma biblioteca itinerante, no intuito de incentivar este hábito junto à população local.[8]

A inserção desta nova maneira de formar a pessoa, de educá-la, fez com que houvesse uma resignificação da idéia de educação: os mais antigos passaram a vê-la como forma de que seus filhos tenham uma profissão e uma vida dita como menos sacrificada o que significa a imposição de menos esforços físicos.

---

[7] Para mais informações sobre o projeto: <http://marte.museu-goeldi.br/hpeducadores/index.php?option=com_frontpage&Itemid=1>. Acedido a 04 de Janeiro de 2010.

[8] Para mais informações: <http://www.museu-goeldi.br/sobre/NOTICIAS/05_03_2009.html>. Acedido a 04 de janeiro de 2010.

A antiga formação referente à dinâmica de conhecimento da floresta está em um processo de intensa diminuição.

Somado a isto, a nova geração de habitantes, que já nasceu convivendo com a existência da MPEG e sua Estação Científica na localidade, apresenta um profundo desinteresse pelas atividades em que há interação com a floresta, referentes à caça e à pesca. Preferem as tecnologias de comunicação como a televisão ou o DVD. Conforme constatou Bezerra (2008), há uma diluição do saber tradicional associado aos recursos naturais e ironicamente, ao mesmo tempo ocorre a conservação destes últimos, dos ecossistemas, da floresta.

O conhecimento tradicional recebeu proteção internacional específica a partir da Convenção sobre Diversidade Biológica (1992). Pode ser compreendido dentro do contexto nacional como parte integrante dos direitos culturais, segundo acima mencionado, proclamados com a Constituição da República Federativa do Brasil de 1988 (Art. 215, 216 e 225).

Conforme propõem alguns autores, não pode ser alvo de contabilização monetária e se constitui enquanto argumento de luta política por coletivos marginalizados socialmente uma vez que é parte da identidade cultural, que envolve o grupo e o erige em sua singularidade. Merece destaque o pensamento de Dussel sobre a importância da cultura para o povo:

> Cultura popular é o fruto do compromisso e da história do povo. Também está sua economia e sua política. Não domina os sistemas económicos vigentes, no entanto sofre o sistema econômico-político. A memória popular "recorda" quem é aquele que explora o povo, quem é que "suga seu sangue". E percebe que quando alguém diz "tudo vai muito bem!", e se alguém é quem o explora, então murmura: "tudo vai muito mal!". O povo não engole tão facilmente a propaganda, a televisão e tudo o mais. Engole em parte. Mas em parte, também, cria antídotos e anticorpos. Se não o auxiliarmos, as coisas podem terminar absolutamente mal: aí está a consciência crítica. Por isso, as revoluções autenticamente populares assumem a simbologia da cultura popular. (Dussel, 1997: 147)

Outra problemática igualmente importante é a de que, na busca por uma melhor educação do tipo formal, muitos pais enviaram seus filhos para estudar na cidade e estes acabaram por se envolver em problemas relacionados com bebidas alcoólicas e violência.

Diante deste cenário, questiona-se: a atuação desta organização é consoante com a idéia de responsabilidade social? No caso de se analisar o discurso tradicional, a resposta será afirmativa e amparar-se-á até mesmo na Constituição do Brasil (Art. 6º e 205, entre outros). Afinal, a educação melhora a qualidade de vida. No entanto, cabe questionar: toda forma de educação melhora a qualidade de vida? É neste ponto que reside o perigo da reprodução acrítica dos discursos de RSE.

Ora, implantar escolas e oferecer incentivos à educação seria uma maneira de melhorar a imagem social de uma empresa. Sem embargo, a organização reflete sobre o tipo de incentivo (financeiro, de pessoal, de material) que quer proporcionar? E sobre qual maneira de ensino pretende incentivar (formal ou não-formal)? Ou sobre questões relacionadas?

No caso em questão, observa-se que a Organização possui interesse em proporcionar os vários tipos de educação e incentivá-la da melhor maneira possível, mas não visualiza a dimensão dos fenômenos que sua inserção provocou e a ameaça a sua atuação por parte da perda do conhecimento tradicional dos habitantes o qual é essencial para a realização de sua atividade fim, que é a de pesquisa científica. A reprodução de um discurso acrítico pode levar a efeitos nada desejáveis.

A perda para empresa resulta em uma perda para toda a sociedade, que pode ter seu equilíbrio econômico abalado e, no caso em questão, a sua cultura significativamente transformada. Portanto, é indubitável concluir que nem toda a forma de educação proporciona a melhoria do bem-estar da população e que isto deve ser considerado pela empresa sob pena de sua imagem ser prejudicada devido a uma má-decisão sobre a política de RSE.

No Brasil, a interpretação sistemática de seu ordenamento jurídico leva a concluir pela existência de um ideal de uma educação voltada para a transitividade crítica e responsabilidade sócio-político da pessoa, que tenha em conta as diversidades culturais existentes.[9]

Considerando o exposto, a atuação do MPEG não foi positiva? A resposta não irá contemplar o maniqueísmo existente na pergunta, mas sim realizar uma nova interrogação. Ao acaso, a população deveria ser mantida isolada de contato com vistas a manter suas tradições íntegras?

---

[9] O legislador brasileiro ao elaborar a Constituição do Brasil em 1988, buscou se inspirar nas declarações internacionais de direitos humanos existentes à época. Assim, elencou tal direito como fundamental (Art. 6º) e reiterou a proteção (art. 205), ressaltando a necessidade da formação integral do indivíduo, em suas diversas nuances, ou seja, cívicas, morais e humanas (Matos *et al.*, 2008: 318).

A idéia geral de desenvolvimento sustentável acima analisada tendencia para uma resposta negativa para esta pergunta. O que se salienta é a necessidade de que haja um esforço efetivo em torno da preservação da cultura do local ainda que se agreguem novos valores e isto só é possível caso seus habitantes assim o desejem e assim o queiram. É necessário torná-los parte do processo. De igual maneira isto deve ser levado em consideração pelas Organizações no momento de definir sua RSE: Seria desejável atrelar o valor da democracia ao projeto a ser financiado ou desenvolvido?

7. Considerações finais

A despretensão de exaurir a matéria não é resultante do medo de críticas e percepção das lacunas que os (as) leitores e leitoras certamente encontrarão ao ler este estudo, mas fruto da própria complexidade da realidade que se procurou analisar e da escassez (ou inexistência) de trabalhos com o foco aqui pretendido. Afinal, qual seria o impacto que o MPEG gerou a partir de sua atuação em relação a outros fatores, em que se considerem os direitos humanos como o trabalho? Ou a saúde? Ou a moradia?

Não obstante, o escopo de fazer refletir e demonstrar, através de uma maneira interdisciplinar em formato crítico, o quão delicado é o tema Responsabilidade Social da Empresa, quando considerado o contexto local dos impactos organizacionais, foi logrado. Delicado porque, conforme alhures explicitado, as ações desenvolvidas pelas empresas com vistas ao melhoramento das condições de vida de qualquer povo, que se traduzem em incentivos à educação, ao trabalho, à cultura *et coetera*, acabam por apresentar como conseqüências, muitas vezes, a própria mudança de pensamento da comunidade sobre um determinado valor e conseqüentemente, de todo um modo de viver, que no caso de Caxiuanã, é tradicional e perpetuado por gerações há décadas e se consolida como verdadeiro patrimônio cultural, devendo ser objeto de preservação. Se o ambiente precisa ser preservado, a ciência desenvolvida... Como não levar em consideração o ser humano que nele habita?

Por assim ser é que se faz imprescindível ao se estabelecer programas de Responsabilidade Social, a análise do ambiente em que se será inserido e não a mera reprodução de padrões tradicionais, que não encontram adequação ao contexto local.

Ademais, outro fator importante que se procurou iniciar um questionamento, foi em relação à inserção do valor democrático como pilar para a elaboração das políticas de RS das empresas. O que serve de indicativo para futuras pesquisas, sempre no sentido de uma abordagem mais crítica da temática.

Em relação à Amazônia, percebe-se a ponta de desesperança que talvez traga o notório vislumbre da perda de seu patrimônio cultural. Todavia, nunca se faz tarde lembrar (e compartilhar) o sentimento que este povo traz consigo e que serviram de inspiração para um de seus mais ilustres habitantes, o poeta Thiago de Mello:

E, contudo, são capazes de amor. Quem viaja pela Pátria da Água descobre que os caboclos ribeirinhos vivem em permanente estado de solidariedade. Têm a vocação da convivência fraterna. Embora não saibam soletrar a palavra Utopia. (Mello, 2007: 142)

REFERÊNCIAS

ARISTÓTELES (2003), *Ética a Nicômaco*. São Paulo: Martin Claret.

ARRUDA, Rinaldo (1999), "Populações Tradicionais e a proteção dos recursos naturais em unidades de conservação", *Revista Ambiente & Sociedade*, 5 (2), 79-92.

BERMAN, Marshall (2000), *Tudo que é sólido desmancha no ar – A aventura da modernidade*. São Paulo: Companhia das letras.

BEZERRA, Maria das Graças Ferraz (2008), *Cientistas, visitantes e guias nativos na construção de ciência e paisagem na Floresta Nacional de Caxiuanã*. Tese de doutorado. Instituto de filosofia e ciências humanas, departamento de antropologia. Belém: Universidade Federal do Pará.

BRASIL (1988), *Constituição da República Federativa do Brasil – 1988.*

BRASIL (2000), *Lei 9.985/2000 – Regulamenta o art. 225, § 1º, incisos I, II, III e VII da Constituição Federal, institui o Sistema Nacional de Unidades de Conservação da Natureza e dá outras providências.*

BRASIL (1961), *Decreto-Lei nº 239 – Institui a Floresta Nacional de Caxiuanã.*

CHAVES, Leonardo Coutinho de, (2003) "*O shopping da selva: Barcos que vendem de tudo movem os preços, o tráfico e o sonho de enriquecer na Amazônia*". Acedido a 19 de janeiro de 2010, em http://veja.abril.com.br/180603/p_060.html

CURY, Antonio (2007), *Organização e métodos: uma visão holística*. São Paulo: Atlas.

DUSSEL, Enrique, (1997) *Oito ensaios sobre cultura Latino-Americana e libertação*. Acedido a 14 de maio de 2010, em http://bibliotecavirtual.clacso.org.ar/ar/libros/dussel/oito/oito.html

FREIRE, Paulo (2005), *Pedagogia do oprimido*. Rio de Janeiro: Paz e Terra.

MATOS, Saulo Monteiro de *et al* (2008), "Direitos humanos e educação popular: a efetividade do direito à educação", *in Anais do IV Seminário Internacional de Direitos Humanos da UFPB/ III Encontro Anual da ANDHEP/ Seminário Final do Programa ALFA – "Human Rights Facing Security"*. João Pessoa: Editora Universitária UFPB, 314-331.

LISBOA, Pedro Luiz Braga (org.) (2009), *Caxiuanã: desafios para a conservação de uma Floresta Nacional na Amazônia*. Belém: Museu Paraense Emilio Goeldi.

LISBOA, Pedro Luiz Braga (org.) (2002), *Caxiuanã: Populações Tradicionais, meio físico e diversidade biológica*. Belém: Museu Paraense Emílio Goeldi.

LISBOA, Pedro Luiz Braga (org.) (1997), *Caxiuanã*. Belém: Museu Paraense Emílio Goeldi.

LOUREIRO, Violeta Refkalefsky (2009), *A Amazônia no século XXI – novas formas de desenvolvimento*. São Paulo: Editora Empório do Livro.

MACHADO, Paulo Affonso Leme (2007), *Direito Ambiental Brasileiro*. São Paulo: Malheiros.

MELLO, Thiago de (2007), *Amazonas: pátria da água*. São Paulo: Boccato.

MORETTI, Sérgio e Figueiredo, Julio (2007), "Análise bibliométrica da produção sobre responsabilidade social das empresas no ENANPAD: Evidências de um discurso monológico", *Revista de Gestão Social e Ambiental*, 1 (3), 21-38.

MPEG (2006), *Plano Diretor do Museu Paraense Emilio Goeldi, 2006 – 2010: planejamento estratégico do MPEG*. Brasília: Ministério de Ciência e Tecnologia.

RYLANDS, Anthony e Brandon, Katrina (2005), "Unidades de conservação brasileiras", *Revista Megadiversidade*, 1 (1), 28-35.

SACHS, Ignacy (2004), *Desenvolvimento: includente, sustentável, sustentado*. Rio de Janeiro: Garamond.

SACHS, Ignacy (2009), *A terceira margem: em busca do ecodesenvolvimento*. São Paulo: Companhia das Letras.

SALERA JÚNIOR, Giovanni, (2009) *IBAMA em Breves: Um breve histórico*. Acedido a 19 de janeiro de 2010, em http://recantodasletras.uol.com.br/artigos/1897912

VEIGA, José Eli da (2008), *Desenvolvimento sustentável: o desafio do século XXI*. Rio de Janeiro: Garamond.

VENTURA, Elvira Cruvinel Ferreira (2003), "Responsabilidade social das empresas sob a óptica do "novo espírito do capitalismo", *in Anais do XVII Encontro da Associação Nacional de Pós-graduação e Pesquisa em Administração – ANPAD*. Atibaia: Anpad, 1-17.

DPF, (1992) *Non-legally binding authoritative statement of principles for a global concensus on the management, conservation and sustainable development of all types of forests*. Acedido a 10 de janeiro de 2009, em http://www.un.org

CAPÍTULO VII

Repensar a responsabilidade social

RESPONSABILIDADE SOCIAL DA EMPRESA, ÉTICA E GOVERNAÇÕES: EQUÍVOCOS, TENSÕES E DESAFIOS

José Manuel Moreira* e André Azevedo Alves**

Resumo: Pretende-se dar conta de como velhos equívocos na relação entre a economia e a ética têm vindo a contaminar a temática da RSE. Alguns deles reflectem-se logo na própria definição do seu âmbito e numa história que, apesar do seu sucesso, foi sempre atravessada por fortes tensões. Uma história que nos remete para a dificuldade em compreender o que é e como funciona o mercado e como se dá a interacção com o Estado e a Sociedade. Uma dificuldade que tem vindo a impedir um tratamento mais realista das duas dimensões mais estritamente relacionadas com a RSE – business ethics e corporate governance – e a limitar os esforços para um mais adequado enquadramento legal e institucional da actividade empresarial. Dificuldades e equívocos que a crise económica e financeira acabou por agudizar tornando imperioso descobrir que a temática da responsabilidade, da ética e da excelência é muito mais vasta que a RSE. Dai que a crise que atravessamos deva ser vista também como uma oportunidade para encarar de forma mais genuína os verdadeiros desafios que estão na origem da chamada RSE.

Palavras-chave: ética empresarial; responsabilidade social da empresa; governação empresarial;

---

* Licenciado e doutorado em Economia e em Filosofia, é Professor Catedrático da Universidade de Aveiro (SACSJP). Contribuiu para a redescoberta e divulgação em Portugal de quatro grandes temáticas: ética económica e empresarial, tradição austríaca da economia, análise económica da política e governação e políticas públicas. Tem colaborado com entidades tais como o IEP (da UCP), o INA, a EGE e a Ordem dos Engenheiros. Autor e co-autor de 40 livros e de uma centena de artigos (em revistas nacionais e estrangeiras), é também Membro da Mont Pelerin Society e da Direcção da Associação Portuguesa de Ciência Política. jmoreira@ua.pt

** Doutorado em Ciência Política pela London School of Economics and Political Science, mestre em Ciência Política pelo IEP (da UCP) e licenciado em Economia pela Faculdade de Economia do Porto. É Professor Auxiliar Convidado da Universidade de Aveiro (SACSJP) e docente no Magellan MBA na Escola do Gestão do Porto. Tem colaborado também no âmbito da análise de políticas públicas e da ética com o INA e o IEP (da UCP). Autor de várias publicações em temas de políticas públicas e economia política e co-autor, com José Manuel Moreira, de O que é a Escolha Pública? (Principia, 2004). azevedoalves@ua.pt

Abstrat: This paper aims at accounting for how old ambiguities in the relationship between economics and ethics have been contaminating the theme of CSR. Some of those ambiguities are reflected in the very definition of the scope of CSR and in a history that, in spite of its success, has always been marked by strong tensions. A history that brings into the forefront the difficulties in understanding the nature and operation of the market and its interaction with the state and society. Difficulties that have tended to block a more realistic treatment of the two dimensions more closely related with CSR – business ethics and corporate governance – and also limit the efforts for the development of more adequate legal and institutional frameworks for business activity. Difficulties and ambiguities that the economic and financial crisis has ended up intensifying while also helping to rediscover that the themes of responsibility, ethics and excellence are far wider and older than the short history of CSR. That is why the crisis we are currently experiencing must be seen also as an opportunity to face in a more genuine fashion the true challenges that are at the origins of so called CSR.

Key words: business ethics; corporate social responsibility; corporate governance;

Introdução

"Irrita-me o vocábulo ´moral´. Irrita-me porque no seu uso e abuso tradicionais se entende por moral um não sei quê acrescentado como ornamento, posto à vida e ser de um homem ou de um povo. Por isso eu prefiro que o leitor o entenda pelo que significa, não na contraposição *moral-imoral*, mas no sentido que adquire quando de alguém se diz que está *desmoralizado*. Só então se dá conta de que a moral não é uma *performance* suplementar e luxuosa que o homem acrescenta ao seu ser para obter um prémio, mas que é o ser próprio do homem quando está no seu auge e vital eficácia. Um homem desmoralizado é simplesmente um homem que não está na posse de si mesmo, que está fora da sua radical autenticidade e por isso não vive a sua vida, e por isso não acredita, nem fecunda, nem realiza o seu destino." (Ortega y Gasset)

"O ponto de vista de que as normas devem prevalecer para a espontaneidade florescer, como realçaram Hume e Kant, nunca foi refutado, apenas negligenciado ou esquecido." (F. A. Hayek)

"Em muitos casos, se não mesmo na maioria deles, aqueles que triunfaram foram os que aderiram ao "hábito cego" ou aprenderam através do ensinamento religioso coisas tais como ´a honestidade é a melhor política´, derrotando por esse meio os companheiros mais "espertos" que tinham "raciocinado" de outro modo" (F. A. Hayek)

O texto procura relacionar a problemática da Responsabilidade Social da Empresa (RSE) com dois parentes próximos: a *Business Ethics* e a *Corporate Governance*. Em cada um desses dois relacionamentos, iremos procurar explorar, como o próprio subtítulo indica, três aspectos: *equívocos, tensões* e *desafios*.

Atendendo a que o texto acabou por ser escrito ainda em época de Natal, resolvemos ilustrar o primeiro aspecto com a história de um conhecido sindicalista italiano que se tornou ainda mais popular pelo hábito de, sempre que convidado para falar sobre RSE, se fazer acompanhar da imagem de um Pai Natal:

"A RSE – dizia – é isto, uma fotografia que inspira valores natalícios, mas no fundo trata-se de um senhor disfarçado que quer o teu dinheiro".

Com esta ironia, este sindicalista pretendia denunciar um grande equívoco e aproveitar para fazer três graves insinuações. Insinuações que assentam na impressão de que parte da sociedade vê a RSE como forma de evitar mudanças legislativas; de legitimar práticas obscuras das empresas, ou mesmo – como se diz em Espanha – de "marear la perdiz"[1].

Quanto ao equívoco, o nosso sindicalista aspirava, por certo, a questionar a promoção, de uma ideia que deve muito do seu sucesso ao facto de se louvar no "social". E também de nos querer fazer acreditar que a RSE é um conceito aceite por todos, excepto pelos maus gestores, e com uma definição tão consensual como a bondade dos seus objectivos, repletos de um sem fim de iniciativas levadas a cabo com a intenção de melhorar as práticas sociais e ambientais das empresas.

Sendo este um Fórum promovido por académicos convirá nunca perder de vista a capacidade de não escamotear as críticas e os contra-exemplos que tantas dificuldades levantam a quem quer fazer vingar uma ideia, mas que devem ser vistos como uma bênção para quem aspira a um balanço crítico sobre a temática em debate.

Para tal, nada melhor do que um texto de Murillo e Vilanova (2008), do *Instituto de Innovación Social* (da ESADE), onde os autores, destacam um ponto

---

[1] "Expresión 'marear la perdiz' proviene del lenguaje de caza. Las perdices se escapan y esconden por lo que antes de dispararles conviene cansarlas mucho, hacerlas andar y dar vueltas. Cuando están cansadas ("mareadas") se esconden peor, y se puede disparar. Por eso, "marear la perdiz" significa darle muchas vueltas a algo, preguntar mucho, pero sin intención de tomar una decisión en el corto plazo; suele significar cansar a otra persona, hacerle perder el tiempo, hacerle creer que tenemos interés en algo cuando en realidad no es así..." Uma clarificação que ficamos a dever a José María Ortiz Ibarz da Universidad Francisco de Vitória (Madrid).

comum a três iniciativas, entre as inúmeras que dão corpo e marca à história da RSE:

- O Pacto Global das Nações Unidas, que contempla dez princípios baseados em critérios de direitos humanos, meio ambiente e corrupção que as empresas devem subscrever.[2]
- O *Global Reporting Iniciative* (GRI), que estabelece directrizes para que as empresas possam elaborar e publicar memórias de sustentabilidade.[3]
- O *Dow Jones Sustainability Index* que estabelece um índice bolsista com as empresas mais responsáveis de cada sector a nível mundial.[4]

O ponto comum a estas três iniciativas consiste no facto de se basearem em informações voluntariamente dadas por cada empresa; muitas vezes sem qualquer tipo de supervisão por uma terceira parte. E daqui Murillo e Vilanova passam então ao ponto forte: ao caso. Mas não sem antes nos informarem que o Estado Espanhol está à cabeça dos países do mundo com maior número de relatórios de RSE e que é um dos que conta com maior número de empresas subscritoras do pacto global. O caso, que é o foco central do artigo, prende-se com a divulgação pública em Outono de 2007 pelo GRI do reconhecimento concedido por este organismo à Adif, a entidade que administra as infra-estruturas ferroviárias, como a empresa pública do sector do transporte a nível mundial que conseguiu a mais elevada classificação em relatórios de RSE.

Para os autores, atendendo ao contexto acima descrito, o prémio a uma empresa espanhola não seria de estranhar. O que deveras os surpreendeu foi o dito ser concedido à referida empresa: "dado que a imagem de Adif na Catalunha só se pode considerar deplorável". Murillo e Vilanova até admitem que se possa discutir sobre as (suas-nossas) percepções e valorações desta Empresa, mas, insistem, estamos todos de acordo em que a Adif não é líder mundial do sector no campo da responsabilidade social e ambiental, e que, com toda a certeza, Adif não é a empresa pública com melhor RSE de Espanha.

Daí a sua conclusão: os relatórios de RSE são uma iniciativa louvável, mas não demonstram o grau de responsabilidade real das empresas nem se estas cumprem as suas obrigações. Contribuem para a transparência e possibilitam a auditoria externa, algo não pouco importante, mas não vão muito além disso.

---

[2] Sobre o UN Global Compact, veja-se McIntosh *et al* (2004).

[3] A este propósito, ver Laufer (2003).

[4] Sobre este tema, veja-se também Knoepfel (2001).

Ética empresarial e RSE

Podemos sempre admitir que no caso da Adif a empresa "trabalhou" bem para os critérios de avaliação, embora eventualmente pouco para clientes e empregados. Sabemos até que este tipo de surpresas é mais comum do que se julga. Mesmo assim, e até por isso, como entender estas aparentemente pouco compreensíveis situações que, com mais ou menos gravidade, se poderiam descobrir em outros países, incluindo Portugal? Uma tentativa de compreensão pode passar por uma abordagem mais filosófica da temática da RSE, de modo a que, sem colocar em causa a sua pertinência, se possa contextualizar o seu sucesso e eventuais limitações.

É o que procura fazer Adela Cortina num texto intitulado "Ética de la Empresa. No solo responsabilidad social". Daí que, embora parte do artigo seja dedicado a fazer uma breve história da RSE, a autora aproveite a ocasião para salientar que a ética da empresa tem uma história mais antiga e com mais crédito (Cortina, 2009: 116-119). Para tal, apoia-se em Adam Smith, professor de Filosofia Moral, cujo interesse pela origem da riqueza das nações se baseia na preocupação moral por gerar mais liberdade e felicidade.[5]

Mas o objectivo maior de Cortina parece ir no sentido de valorizar a ética empresarial, embora sem hostilizar a RSE.[6] Por isso, ao mesmo tempo que dá aval aos desenhos de parâmetros de responsabilidade social que permitam às organizações "medir" o seu progresso, insiste na sabida ideia de que os intangíveis nunca são totalmente susceptíveis de medida. O mesmo se passa em relação à tradução dessa medida em números ou em valorações qualitativas que, para Cortina, por um lado ajudam a ver se estamos (ou não) a dar passos para diante, mas por outro, realmente, não permitem captar a qualidade moral das organizações. Tal não a impede de insistir na ideia de que as empresas inteligentes sabem que lhes convém assumir a responsabilidade social. O que ajudaria a explicar o porquê do discurso sobre a RSE estar a ter um enorme êxito no mundo das empresas.

---

[5] Acrescentando que se pode dizer – com Jesus Conill – que a economia moderna, e no seu seio as empresas, nasceu no quadro de um *horizonte ético* (*apud* Cortina, 2009: 117-118). Caberia aqui acrescentar que o período de gestação da economia tende hoje a ser cada vez mais atribuído ao séc. XVI e aos pensadores da chamada Escola de Salamanca. Veja-se a este propósito, Alves e Moreira (2010) e também Moreira (1996) e Moreira (1999).

[6] Esta mesma preocupação está já presente em Rego *et al* (2003).

Esperemos que os textos que vão ser apresentados neste *Fórum* ajudem a dar mais porquês do êxito da RSE. Na parte que nos toca e no respeito por uma tradição académica que prima por não perder de vista a visão crítica sobre a *praxis*, daremos mais atenção, numa linha que temos vindo a desenvolver, aos limites e enviesamentos associados à problemática da RSE (Moreira, 2004).

RSE e tendência para o monocultivo

Uma das resultantes do primado dos objectivos considerados nos critérios de avaliação, que são os que permitem às empresas "aparecer" bem nos *rankings*, arrasta, além do enviesamento na leitura dos resultados, um outro efeito perverso. Trata-se da tendência para a monocultura. Um movimento que para Argandoña (2009a) tem semelhanças com o que se deu com a gestão de risco, muito baseada na cópia de modelos que tenderam a ser cegamente aplicados ao ambiente financeiro em que se foram desenvolvendo as condições para a crise actual.

> Como as flores que se abrem na primavera, estes modelos pareciam iguais e actuam da mesma maneira. E, como as flores, mostraram ser também efémeros. O terreno de jogo igualou-se de tal maneira que todos jogam o mesmo jogo e com a mesma bola". Os balanços de todas as entidades financeiras pareciam copiados uns dos outros, o sector converteu-se num monocultivo. E aqui tira o autor as suas conclusões, tomando ideias das teorias sobre o desenvolvimento de doenças epidémicas, a ruptura dos equilíbrios ambientais e a ocorrência de desastres: "o sistema financeiro tornou-se menos resistente às doenças, como antes tinha acontecido com as plantas, os animais e os oceanos. Quando os factores em redor mudaram para pior, a homogeneidade do ecosistema financeiro fez aumentar materialmente a probabilidade de uma catástrofe.

Palavras que Argandoña afirma ter retirado de um trabalho recente sobre a crise financeira (e as suas causas) e que lhe servem para nos despertar para os perigos da excessiva confiança em modelos que, como é o caso, acabaram por contagiar todo o tipo de instituições. E também para nos recordar que, embora o *benchmarking* possa ser algo muito bom, se se utiliza mal, pode prejudicar a inovação, a invenção, o engenho.

Mais grave ainda: pode até, em última instância, converter todas as empresas em seguidoras e, tanto mais, quando o seu principal objectivo for, simplesmente, aproximar-se do que outras empresas fazem. É verdade que são as melhores, se o *benchmarking* estiver está bem feito. Mas a cópia nunca é uma boa estratégia.[7]

É aqui que entra a RSE. Levando Argandoña (2009a) a questionar o entendimento dominante que parece desconhecer em que medida os problemas humanos obrigam a que a diversidade das perguntas atenda às circunstâncias que sempre condicionam as respostas. Para muitos, a RSE é uma chamada à iniciativa, à novidade, precisamente porque é uma chamada à responsabilidade, daí que sejam suscitadas várias perguntas pertinentes:

> O que estás a fazer na tua empresa? Que mais podes fazer? Como tratas os teus empregados, os teus fornecedores e os teus clientes? Qual é o teu papel na sociedade? Como cuidas do meio ambiente?

Mas sem desatender às circunstâncias e às possíveis alternativas.

> Poderás dedicar o teu tempo e o teu dinheiro a coisas muito diferentes, todas elas responsáveis. Mas o teu tempo é limitado e os teus recursos também. Acresce que, quando o mercado aperta, há que reduzir custos e preparar-se para o futuro crescimento, quando sairmos da crise...

E também cuidar dos condicionalismos, dado que toda e qualquer resposta implica a dificuldade da escolha e da definição de critérios:

> A que deves dar mais importância: aos teus empregados, ao teu produto, ao teu processo de produção? Onde estão os pontos negros da tua empresa? O que é que estás a fazer mal ou, pelo menos, não suficientemente bem? O que estão a fazer os teus concorrentes?[8] O que te pedem os teus *stakeholders*? (não se trata de que digas amém a tudo o que te pedem, mas não podes actuar à revelia das expectativas que cria a tua actuação).

Tudo isto levanta sérias questões, como as derivadas dos enviesamentos dos resultados e dos incentivos perversos. E tanto mais quanto se sabe que

---

[7] Sabemos bem que copiar o que os ouros fazem – os bons exemplos e as boas práticas – evita os esforços e riscos da aventura e da descoberta, daí a nossa saudável propensão para a imitação e a aprendizagem social, mas uma coisa é copiar hábitos de estudo, de disciplina, de honestidade e outra é tentar copiar só o *resultado* do trabalho, mas não o trabalho. E muito menos os hábitos que a ele levam.

[8] Mais que um regresso ao *benchmarking*, tratar-se-ia aqui para Argandoña de fazer a análise SWOT, identificando as fortalezas e debilidades, ameaças e desafios: de modo dar-se conta por onde se pode ser atacado de modo a descobrir o melhor modo da empresa se diferenciar da concorrência – o que está muito para além da simples cópia.

mesmo os bons incentivos, que ajudam a atingir as metas da empresa, não nos devem levar a perder de vista que há sempre que querer a actividade por si mesma, de outro modo o risco de se trabalhar para os incentivos e se esquecer a própria actividade é quase inevitável.

No limite, podemos perguntar se os empresários e gestores nas suas escolhas devem ser movidos por critérios do foro interior (de consciência) ou exterior, ainda que estes possam ser vistos como muito sociais. Noutros termos, "RSE: ser recto ou ser social?" (Moreira, 2009a: 199-201).

Dito isto, compreende-se o receio em relação à diversidade de experiência e de critérios, sempre mal vista por quem aspira a centralizar e uniformizar informação para melhor poder comparar. Dificuldades que aumentam quando se acentua o carácter voluntário da RSE que muitos de nós tenderão a associar ao caos, não somos muitos de nós do tempo em que planificação significava ordem, e mercado, caos? (Moreira, 2009b).

Percebe-se assim a tendência para olhar de soslaio para tudo quanto não se possa homogeneizar ou unificar. Tendência a que a RSE, até pela pressão da indústria de prémios, não escapou. De outro modo como se poderia lidar com a variedade de coisas e heterogeneidade de critérios que constariam dos relatórios de RSE? Daí a defesa da homogeneidade, sem o que se torna impossível a ordenação que possibilita os *rankings*. Ou visto ainda mais do lado de fora, da indústria a RSE: como fazer um *ranking* de empresas com critérios tão heterogéneos? Como convencer um investidor socialmente responsável que pode investir em acções de uma empresa, se não somos capazes de lhe dar uma qualificação que seja homogénea como a das outras organizações?

Do que se trata, afinal, é da dificuldade em conciliar a diversidade e heterogeneidade das instituições humanas com a crescente tendência – hoje cada vez mais visível também no ensino público, nos seus diversos graus, incluindo o universitário – para tudo tornar homogéneo e comparável, para poder ser bem acreditado. Como salvaguardar a riqueza do multicultivo num mundo que tende cada vez mais para um monocultivo favorável à comparação e à quantificação da avaliação.

O que devemos esperar da RSE?

O já exposto justifica, como faz Argandoña, a insistência em perguntar: o que esperamos da RSE? Que as empresas actuem de maneira responsável, que deixem uma marca positiva na sociedade e que, ao fazê-lo, adquiram as suas vantagens competitivas? Ou que ganhem um lugar num *ranking*, um número na lista das empresas financeiramente responsáveis, ou um prémio pelo seu relatório de sustentabilidade? É verdade que tentar obter um prémio (ou um lugar cimeiro no *ranking*) pode não ser incompatível com a actuação responsável, mas se nos concentrarmos no "prémio", acabaremos por degradar e invalidar o mais importante. A melhor maneira de aprender é estudar, mas, se se trata de passar no exame, pode ser mais expedito copiar ou subornar o professor.

Tal como Argandoña, estamos entre os que compreendem quem ganha a vida fazendo *benchmarking* de responsabilidade social das empresas, recomendando critérios para elaborar relatórios de RSE, sugerindo áreas em que as empresas podem "mostrar" que são responsáveis, propondo prémios e *rankings*, e criando um ambiente social em que se valorizam certas coisas e não outras, em que se considera que isto é responsável e aquilo não é... Não se pretende questionar que todos estes profissionais têm direito a fazer o que fazem. Mas poderemos perguntar: não terão também a responsabilidade de ensinar os seus clientes a ser realmente responsáveis? Ou será que se podem limitar a ensinar a preencher os quadradinhos de um questionário sobre o que bem fazer para obter reconhecimento pela sua RSE?

Uma melhor compreensão da actividade da indústria montada à volta de um determinado entendimento da RSE obriga a chamar a atenção para os perigos que encerra e para as tensões que esconde. Tanto para quem quer fazer regressar a RSE às suas origens, como para quem, como acontece com Cortina, quer afirmar uma ética que tenha em conta *todos os afectados* e que, por isso, não seja só responsabilidade social". Daí os seus avisos (Cortina, 2009: 119):

> Em alguns casos, mesmo em muitos, podemos dizer que a ética "vende", o que significa dizer que publicitar a aposta em práticas éticas atrai e não repele, gera boa reputação, e por isso pode manipular-se, ficando-nos só pela aparência de uma boa actuação que funciona como mera promoção da imagem corporativa. Como tudo o que é valioso nesta vida, como todos os grandes ideais que podem manipular-se precisamente porque atraem.
>
> A responsabilidade social não pode consistir numa competição febril dos respectivos departamentos para aparecer em todos os *rankings*, pensar nos grupos desfavorecidos, apoiar obras tidas como de beneficência, tudo isso com o fim de gerar capital de simpatia e boa reputação. Entre outras coisas, porque não é desta luta febril que surgirá a reputação. A responsabilidade social, pelo contrário, deve assumir-se como *ferramenta de gestão, como medida de prudência e como uma exigência de justiça.*[9]

---

[9] A este propósito, a mesma autora não deixa de frisar que a opção pela responsabilidade pode ficar-se por um exercício de concorrência entre empresas que se podem per-

Deixemos para mais adiante a exploração das diferenças entre estes dois entendimentos da responsabilidade social corporativa (ou da empresa) – o que aqui nos parece mais importante destacar são as implicações de uma filosofia que, embora muitas vezes se ligue mais directamente ao princípio saudável de prestação de contas, acaba por facilitar o fomento de uma cultura, cada vez mais dominante, que se revê no lema de que "o que não se mede, não existe".

Uma visão tangível e quantitativa da RSE que, em vez de resolver, tem vindo, como veremos, a agudizar tensões e mesmo conflitos entre razões que justifiquem a obrigação para a responsabilidade social da empresa.

Tensão entre o carácter voluntário e obrigatório da RSE

Esta tensão é talvez a mais significativa. Embora inicialmente o conflito pendesse para a afirmação do carácter voluntário da responsabilidade social, vista como obrigação moral, a nova solução tem vindo a dar corpo a uma concepção de obrigatoriedade entendida como não voluntária

A tendência, avivada no século XX, para substituição do "moral" pelo "social", ajuda por certo a perceber parte do sucesso da RSE e também a explicar por que com o crescente envolvimento da tal indústria de valorização de prémios e *rankings*, se tornou fácil minar o carácter voluntário (e ainda moral) que, no seu início, se entendia como inseparável da ideia de responsabilidade social.

Daí que cada vez mais pessoas aceitem bem que, se não for assim, ninguém aplicará a RSE. E, por isso, defendem a necessidade de converter a RSE em lei, em regulação, em norma, ainda que se possa ser levado a admitir que tal norma não tenha que ser juridicamente exigível. Podendo-o ser só socialmente, por via da pressão social, com incentivos positivos (reconhecimento, aplauso, medalhas) ou negativos (boicotes, má imprensa). Uma abordagem que não só abre novas oportunidades para a indústria ligada à RSE, como pode parecer muito sólida. Mesmo assim, e bem, Argandoña (2009b) salienta três pontos fracos:

- Um: deste ponto de vista, o que importa são os resultados, não as motivações. Um empresário acabará por abrir uma creche para os filhos dos trabalhadores porque a lei manda, ou porque isso é exigido pelo contracto

---

mitir ter um departamento onde idealizar actuações que não tinham sido pensadas pelos concorrentes, esforçando-se por aparecer nos rankings mais conhecidos e cumprir com as exigências burocráticas. Ocorre então o que no caso do célebre livro *Em busca da excelência*, que viu depois aparecer *O custo da excelência*, porque os directivos "excelentes", de puro competir, tinham adoecido e viram-se obrigados a submeter-se a tratamento.

colectivo. Mas isso não significa que se preocupe com os seus trabalhadores. Em suma, o importante é o resultado: os meios são pouco relevantes.

- Dois: o mal do resultado pelo resultado é que cria um incentivo ao não cumprimento da norma sempre que possível. E lá teremos – como cada vez mais acontece com o intervencionismo governamental – que voltar a legislar.
- Três: a lei pode ser injusta – e seria muito pouco responsável cumprir uma lei injusta. E o mesmo pode dizer-se da norma social. Que, além disso, será mutável. Daí que quanto mais se abrir caminho a alterações, mais ou menos arbitrárias, mais aberto ficará o caminho à actuação dos grupos de pressão social e à actividade de *lobby*.[10]

Percebe-se, por isso, que quem está preocupado com uma visão cada vez mais sociológica e politizada da RSE fique mais desperto para os problemas dos incentivos perversos e das consequências imprevistas. Daí a importância de se continuar a perguntar (Argandoña, 2009b):

O que é ser responsável: fazer o que a sociedade pede, ou procurar mudar essas preferências acerca do que se espera das empresas? Devem estas abrir creches, fazer obras de caridade, proteger o meio ambiente, melhorar a fiabilidade dos produtos?

Questões que como sabemos podem sempre ser respondidas sob perspectivas muito diferentes, o que nos obriga a regressar de novo à pergunta: O que é que então pede a sociedade?

Uma questão ainda mais difícil de responder num tempo de tantas mudanças sociais e em que a lei costuma chegar tarde. O que legitima as novas interrogações de Argandoña:

O que é, então, ser responsável: cumprir a lei ou a norma social que se tornou desfasada, ou procurar entender qual é a responsabilidade num determinado caso concreto e em mudança? Claro que isto é muito mais difícil de cumprir. Por isso muitas empresas pedem que a RSE se converta numa regulação clara, não muito cara (se for possível) e aplicável a todos, também aos concorrentes: se temos que abrir creches, que todos o tenham que fazer, de modo a que não haja privilegiados que poupem esse gasto social. Mas surge um novo problema: se os chineses não gastam em creches, serão mais competitivos do que nós. Portanto, há que alargar

---

[10] Veja-se a este propósito também Alves e Moreira (2004).

a legislação de RSE também à China... então, também há que exigir creches ao Chade, Somália ou Nepal?

Questões que, como bem viu o mesmo autor, têm implicações no entendimento e tensões ligadas às suas diversas formulações da RSE, e tanto mais quanto esta seja vista como uma carga, um custo, que há que minimizar ou mesmo evitar, quando for necessário (no caso, por exemplo, de uma recessão económica).

Daí o conflito entre as várias formas de olhar para as obrigações decorrentes da RSE: Entendê-la como resposta às exigências, pedidos ou expectativas da sociedade pode estar muito bem quando se enuncia em termos gerais, mas torna-se muito complicado na hora de a aplicar. Por outro lado, se a RSE se converter numa lei pública e obrigatória, terá que ser cumprida: mas em rigor não será uma responsabilidade social, mas jurídica. E não obrigará as empresas a ir além do estritamente ordenado pelo legislador. Por que se há-de, nessa perspectiva, cumprir algo que não está determinado na legislação?

Teremos oportunidade de ver que este tipo de equívocos e tensões não são só exclusivo do relacionamento da RSE com a chamada *Business Ethics*, estão igualmente presentes na sua relação com o *Corporate Governance*, ainda que este ponto tenha vindo a ser menos explorado entre nós. Mas antes de entrar neste tema vale a pena cuidar ainda de uma outra importante questão.

Razões justificativas da rentabilidade da RSE

É fácil descobrir que as tensões e conflitos acima descritos têm inerentes diferentes estratégicas de justificação para actuações conformes (ou não) com diferentes entendimentos da RSE. Vale aqui dizer que hoje em dia poucos se atrevem a separar completamente a temática das preocupações com a eficiência e a produtividade tidas com base no chamado *triple bottom line*, também como garante de um desenvolvimento – económico, social e ambientalmente – sustentado.[11] Daí que hoje se tenda a não pôr em causa que o fim da empresa é a rentabilidade, a eficiência económica, o lucro, a criação de valor para o accionista.

---

[11] Para uma exposição convencional do conceito de *tripple bottom line*, cf. Crane e Matten (2007: 23-28).

Mas mesmo assim, ainda na linha de Argandoña (2009b), podemos descobrir duas versões na tese justificativa da rentabilidade da RSE: a débil e a forte.

A primeira tenderá a defender que a RSE é compatível com a criação de valor para o accionista: não o destrói ou, pelo menos, afecta-o muito pouco. É, pois, admissível, para conseguir algum objectivo secundário, como a tranquilidade de consciência do directivo ou o apreço da sociedade pela actividade da empresa. Talvez não tenha um efeito positivo importante, mas tão pouco o seu possível efeito negativo será digno de menção.

A segunda, a tese forte da rentabilidade, é que a RSE acrescenta valor para o accionista, ou seja, gera benefícios líquidos, pelo menos a longo prazo. Escreveram-se muitas páginas a explicar como isso pode acontecer: porque poupa regulações, boicotes ou multas; porque conquista a lealdade dos clientes; porque atrai, retém ou motiva os melhores empregados; porque atrai investidores socialmente responsáveis, que estão dispostos a investir na empresa ainda que ofereça uma rentabilidade menor; porque evita desperdícios e reduz os custos.

Não podendo aqui acolher o conjunto das objecções a esta tese forte, em especial as que enfatizam as crenças que desperta e os perigos que encerra. Limitar-nos-emos com Argandoña a considerar algumas consequências. Sendo verdadeira, esta tese por certo obrigaria as empresas que pretendam não só alcançar uma rentabilidade adequada, mas a máxima rentabilidade privada possível, a ter de despedir os gestores que não ponham em prática a RSE. Uma consequência que, por certo, não será estranha aos objectivos e serviços de ajuda aos gestores que a indústria da RSE aspira a prestar, tanto mais que não podemos continuar a admitir que tantos gestores e empresários sejam tão irresponsáveis ao ponto de descuidarem (ou não saberem como cuidar de) um meio tão importante para a maximização como é a RSE.

Vamos então passar ao nosso segundo relacionamento da RSE, sujeitando-o também aos três passos presentes no subtítulo deste texto, ainda que deixando os desafios para a parte conclusiva.

Responsabilidade Social da Empresa e *Corporate Governance*

Podemos dizer que a ideia de que a RSE pode promover melhorias na *corporate governance* passou a ser muito comum, mas infelizmente, como salienta Sternberg (2009), assenta frequentemente em equívocos.

Também no que respeita a este relacionamento, os sentidos correntemente atribuídos à RSE no contexto da sua relação com a *corporate governance* se caracterizam demasiadas vezes por serem pouco claros, ambíguos e mesmo contraditórios.[12]

As definições mais utilizadas de RSE incorporam regra geral dois problemas cruciais. Em primeiro lugar são excessivamente vagas, referindo-se em termos demasiado genéricos a noções como 'desenvolvimento sustentável, 'interesses da sociedade' ou 'relações com stakeholders'. A utilização de noções ambíguas e susceptíveis de interpretações muito diversas facilita a aceitação mais abrangente do conceito de RSE, mas acaba frequentemente por o tornar uma mera etiqueta com pouco ou nenhum conteúdo real – e por isso mais susceptível de manipulação e usos perversos. O segundo problema principal é que as noções mais populares de RSE procuram frequentemente impor às empresas responsabilidades e objectivos que estão potencialmente em conflito com as actividades e propósitos que justificam a sua legítima e desejável existência numa economia de mercado.

Adicionalmente, a temática da RSE aparece frequentemente contaminada pelo pressuposto implícito de que todas as empresas são grandes empresas cotadas em bolsa, ignorando a realidade da larga maioria do tecido empresarial e produtivo (PME's e não só).[13] Um equívoco que agrava as consequências das confusões relativas às finalidades próprias de uma empresa no contexto de uma economia de mercado. De facto, se algumas das imposições que muitos teóricos da RSE desejam impor às empresas já são – no mínimo – discutíveis no contexto das maiores empresas, elas tornam-se simplesmente absurdas quando se pretende alargar a sua aplicação a todo o tecido empresarial, ignorando grosseiramente as circunstâncias nas quais a generalidade das empresas efectivamente actuam.

Por seu lado, as definições correntes de *corporate governance* no contexto da RSE também não estão isentas de problemas, na medida em que frequentemente se centram na avaliação moral dos *fins* associados à actividade económica a que a empresa se dedica em vez de se concentrarem na eficácia e na avaliação ética dos *meios* de governação empregues. A avaliação desses fins pode e deve ser feita, mas sai fora do âmbito da *corporate governance*, já que esta deve incidir sobre os modelos, mecanismos e práticas de *governação* no

---

[12] Uma abordagem mais completa desta problemática, que inclui a comparação entre tradições de *corporate governance*, encontra-se em Stermberg (2004).

[13] Uma realidade que entre nós conta com uma trabalho de excepção coordenado por Maria João Santos (2006).

contexto da empresa e dos seus objectivos, e não sobre a própria existência da empresa enquanto tal.

Um outro elemento problemático nas teorias convencionais de RSE é a utilização que é feita do conceito de *stakeholder*. Ao contrapor aos interesses dos proprietários os interesses genéricos – e quase sempre imprecisamente definidos – de vastas categorias de *stakeholders*, é a própria responsabilização dos gestores perante os proprietários que é posta em causa. Como realça Sternberg (2009: 7) muitos defensores da RSE saltam do facto – indiscutível – de que as organizações influenciam e são influenciadas por determinados factores e agentes externos para a conclusão infundamentada de que as organizações devem ser geridas e responsabilizadas perante eles.

A popularidade do conceito de *stakeholder* no contexto das teorias convencionais de RSE pode provavelmente ser explicada pela atracção que exerce sobre os promotores de causas consideradas 'nobres' que, de forma quase sempre pouco realista, acreditam que essas causas poderiam ser favorecidas se as empresas deixassem de agir tendo em vista os objectivos dos seus proprietários.

No entanto, o principal problema das abordagens convencionais à RSE é que são facilmente instrumentalizadas por objectivos colectivistas e autoritários, às quais oferecem uma máscara de simpatia e (aparente) razoabilidade.

Daí que seja importante frisar que a ética e responsabilidade nos negócios pouco ou nada têm a ver com as recomendações e exigências comumente associadas ao uso corrente da noção de RSE.

O núcleo fundamental da ética empresarial tem a ver com a persecução de objectivos *empresariais* de forma ética e não com a substituição destes por uma qualquer outra alternativa imposta aos proprietários das empresas a partir do exterior. Muito menos com a mistura desses objectivos com nobres causas sociais. O caso Madoff é um bom exemplo internacional de como a sua actuação empresarial se casa bem com uma boa imagem no âmbito da RSE, o mesmo se poderia dizer entre nós de João Rendeiro, presidente da mediática associação dos "Empresários pela Inclusão Social" (EPIS).[14]

---

[14] Uma entidade de direito privada muito acarinhada, entre outros políticos, pelo Presidente da República e que contou mesmo com o apoio do Ministério da Educação, *Correio da Manhã*, 7 de Junho de 2009.

Como se compreende que tantos analistas financeiros – chamados ironicamente apátridas intelectuais – não se tenham poupado a denominar de muito responsáveis aos que agora chamamos irresponsáveis?

Mais, como se compreende que a mesma geração que delapidou a herança dos seus antepassados – e que mesmo – seja a que mais fala em RSE e em sustentabilidade, apesar de tudo continuar a fazer para manter os direitos adquiridos a um estilo de vida que será pago pelas próximas gerações?

É verdade que toda a gente fala em crise do valor ético da confiança, mas continuamos muito divididos sobre se é causa ou natural consequência. E apesar de tanto discurso sobre ética, transparência e regulação são poucos os que se questionam sobre se não haverá relação entre a situação de epidemia mundial e o sistema de incentivos que permitiu a tanta gente ganhar tanto dinheiro a curto prazo.

Têm razão Ballester e Conill para estranharem, depois de tanta insistência na ética e na transparência e de na última década terem proliferado leis que prometiam melhorar o *Bom Governo* da Empresas – desde as medidas propostas pela *Sarbanes-Oxley*, nos EUA, a documentos com o *Informe Winter* na Europa – a emergência de tantos "casos" por todo o mundo. Uma surpresa que aumenta quando se constata que a maioria das empresas que faliram ou têm problemas muito sérios tinha os predicados tidos como recomendáveis: comissões internas de auditoria, relatórios de governo corporativo e de responsabilidade social da empresa e algumas inclusive cátedras de ética empresarial em universidades de prestígio (Ballester e Conill, 2009).

Daí a interrogação: até que ponto mesmo as grandes organizações e as que mais falam em auto-regulação, incorporavam nelas de maneira real a componente ética? Será que têm razão os muito poucos conselheiros de empresa que costumavam dizer que a questão do governo corporativo se traduzia em colocar *cruzinhas* num *formulário* e pouco mais?

Seja como for parecem ter sido poucas as organizações que entenderam que na base de tantas recomendações, princípios e reflexões que se davam havia uma forte componente ética que deveria ser incorporada nos hábitos e no ADN cultural da empresa

Não será tempo de se perceber que o bom governo não se deve impor por lei, que ao assim proceder o que se cria são muralhas de papel como as que resultaram de leis como a *Sarbanes-Oxley* nos EUA ou documentos como o *Informe Winter* na Europa?

É sempre importante salientar que não se deve opor a regulação jurídica à auto-regulação que tem uma natureza mais ética, mas tal não obsta a que esse discurso seja muitas vezes acompanhado pela falta de consciência de quanto a crença na regulação pode implicar o risco moral, ao levar-nos a pensar que não existe um risco, quando o risco continua a existir.

Mais grave é a insistência por parte de autores como Ballester e Conill (2009) na importância em "tornar mais explícitos os benefícios da aposta ética, pondo incentivos claros e concretos para gerar órgãos de governo que tenham no seu carácter e na sua cultura um convencimento de que um comportamento ético é melhor para todos, também para a própria empresa." Uma insistência que se torna perigosa quando acompanhada, como acontece com Cortina (2009: 126), numa excessiva fé na teoria dos *stakeholders*, vista como integrada num *modelo dos afectados*, que visa a" boa sociedade", o autêntico "sentido do económico".Um modelo que se sucederia a dois anteriores, o economicista (com maximização do lucro a qualquer preço para os accionistas) e o institucionalista (com base em contratos: empresa legal *versus* empresa bandoleira). Um modelo que a autora defende a partir de Conill, mas também apoiando-se em Castells e García-Marzá e mesmo Sen (ainda que neste caso de modo abusivo), para esclarecer que as *empresas éticas* são as que forjam um bom carácter, elegem boas metas e se esforçam por as alcançar, e têm por protagonistas de actividade empresarial a todos os afectados por ela. Querendo com isto acentuar a ideia de que no fundo, mais do que um contrato moral, importa o reconhecimento de uma *obrigação moral*, o reconhecimento de que existe já um vínculo com todos os afectados pela empresa, que não pode ser pactuado porque já existe (Cortina, 2009: 127). A postura crítica em relação a esta posição não nos deve, todavia, impedir de reconhecer que diferentes perspectivas sobre a natureza deste vínculo que une os seres humanos acabam por estar na base de interpretações diferentes do papel dos *stakeholders* (confrontar com Sternberg) e do desejável relacionamento da Empresa com a Sociedade.

RSE: entre a Empresa e a Sociedade

Um outro tipo de variante do argumento da rentabilidade da RSE, defende que esta é rentável, não para a empresa, mas para a sociedade. Uma variante que continua muito presente no nosso tempo, obrigando-nos, por isso, a regressar à pergunta inicial. Pergunta que qualquer empresário ou gestor se sentirá obrigado a fazer: "por que hei-de ser socialmente responsável, se isto beneficia a sociedade em geral, mas não necessariamente a minha empresa?" (Argandoña, 2009b).

Uma interrogação que remete de novo para a justificação da acção social das empresas: Será correcto que os gestores de uma empresa privada dediquem uma parte dos seus lucros à filantropia, caridade ou ajuda a colectividades necessitadas, ou que os seus empregados e directivos sejam incentivados a dedicar uma parte do seu tempo a tarefas de voluntariado, com custos para a empresa?

Há aqui duas formas de lidar com a questão. Uma será considerar a empresa como uma entidade que tem obrigação de substituir o Estado, aliviando-o assim de uma carga que se tornou excessiva e para outros incomportável face à crise do *Welfare State*.

Mas há outra, ver a responsabilidade social como dever e obrigação de todos, considerando empresas e pessoas ao mesmo nível, ainda que de acordo com as suas capacidades (ou propriedades). Em linguagem acessível a todos, diríamos que a responsabilidade social compete a todos e a cada um dos cidadãos devidamente organizados.

É por isso que a sociedade se deve organizar para atender a essas necessidades. E com o tempo aprendemos a fazer isso bastante bem (Argandoña, 2009c):

> Às empresas atribuímos a responsabilidade de produzir os bens e os serviços através do mercado, criar valor social e emprego e desenvolver a capacidade geradora de riqueza. Ao Estado, nos seus diversos níveis, atribuímos a provisão de bens públicos (segurança, defesa, administração da justiça...), algumas infraestruturas, a rede de segurança social, serviços de saúde. Às famílias cabe a reprodução, educação e socialização das novas gerações, ... e todos os cidadãos apoiam essas acções com o dinheiro dos impostos, com nossa voz e nossos votos.

Ainda que, a maneira de levar a cabo o equilíbrio entre a "distribuição de tarefas" dependa da idiossincrasia de cada país, da sua história, das suas instituições e dos seus recursos. Não há um modelo único (embora possa haver modelos melhores do que outros), e cada modelo tem que adaptar-se às sempre mutáveis condições de cada momento.

RSE e acção social: entre o verdadeiro e o falso individualismo

O exposto permite-nos uma reformulação pela negativa da temática. Um novo olhar que nos leva a descobrir que a responsabilidade social, não é uma responsabilidade só do Estado, ou das organizações não governamentais, ou das empresas. Exemplificando, como faz Argandoña (2009c):

> O fracasso escolar não é um problema das escolas, dos sindicatos de professores, dos funcionários ou das famílias: é, claro está, uma responsabilidade. Primeiro para

todos eles, mas também para todos os outros. Por isso, temos direito a dar opinião – pese embora a nossa falta de informação e conhecimentos – e, sobretudo, todos devemos considerar que temos uma parte, ainda que pequena, dessa responsabilidade. O mesmo se pode dizer em relação a problemas como a SIDA em África, ou a corrupção nos países emergentes (e no nosso que também existe), e que nos afecta mais directamente), ou do desemprego, ou das pessoa que ficam sem casa em consequência da crise financeira... Ninguém tem direito a olhar para o lado: e se aqueles a quem atribuímos essa responsabilidade não a exercem, temos que reclamar e, se for necessário, substituí-los nessa tarefa.

Em todo o caso, isto não nos deve levar a tirar conclusões simplistas. A responsabilidade social da minha riqueza não significa que eu devo ajudar esta ou aquela iniciativa concreta, nem sequer que devo dar dinheiro a alguma iniciativa social: posso, por exemplo, empenhar-me em campanhas de consciencialização, ou em actividades políticas ou mediáticas para solução de problemas. Bem-vinda seja a diversidade nestas questões, sempre que não se assuma como desculpa para a inacção ou a comodidade (Argandoña, 2009c).

Com isto não se pretende dizer que as empresas não têm responsabilidades no âmbito da acção social, mas apenas vincar que não são diferentes das que têm todos os cidadãos.

Dito de outro modo, as empresas têm uma responsabilidade social que podem e devem exercer de forma voluntária, da ajuda técnica à filantropia, da caridade à acção social. Mas não é exclusiva delas, cabe a toda a pessoa ou instituição que tenha algo ou saiba e possa fazer algo. E todos temos algo e podemos fazer algo: ou seja, todos temos essa responsabilidade que se atribui à propriedade, em sentido amplo. Claro que as empresas sabem fazer muito bem certas coisas, como descobrir oportunidades, organizar negócios e administrá-los de forma eficiente. É lógico, pois, que se lhes exija essa responsabilidade. Mas sem excessos. E, sobretudo, insiste Argandoña (2009c), sem desviarmos para elas uma atenção que também nos incumbe a nós.

Estamos hoje, apesar de tantas proclamações sociais, perante uma sociedade cada vez mais individualista, no mau sentido da palavra – a que Hayek chamava o falso individualismo (Moreira, 1994). Uma sociedade que tende a incorporar uma mentalidade colectiva que ambiciona uma liberdade sem limites, em que se possa fazer tudo o que se quer, desde que ninguém saia magoado. Mas como alguém sempre se magoa quando massas de indivíduos agem segundo os seus exclusivos interesses, há que fazer alguém pagar a factura, de uma liberdade sem sacrifício e que se quer "sem culpa, nem ofensa".

Uma factura antes paga pelo *Welfare State*. Só que agora os mentores deste individualismo inócuo, que nos deu a multidão de patetas dependentes, devotos de um Estado que lhes "vendeu" direitos, perante o actual estado de crise, não se têm poupado a encontrar uma "solução milagrosa" que possa prolongar a ilusão. E o milagre seria um mundo repleto de Empresas cheias de culpa e dispostas à "voluntária" restrição de liberdade. Empresas que, por via do social, se salvariam, contribuindo assim para diminuir os seus pecados – a começar pelo lucro – e as nossas insuficiências.

Uma concepção de RSE que apareceria assim aos olhos dos novos utopistas como garantia suplementar de que poderíamos por mais algum tempo continuar a desfrutar de um tipo de vida assente numa "Liberdade sem culpa"?

Um entendimento de liberdade que desconhece a verdadeira Liberdade, que é livre-escolha, mas mancomunada com a responsabilidade, no caminho de algo maior e mais do que si-mesmo. Uma liberdade altruísta. Uma liberdade com sacrifício. Um perseguir dos nossos sonhos com os olhos no bem comum.

Foi o desconhecimento deste tipo de liberdade e de são individualismo que consentiu o crescimento de um Estado, agora em falência e que por isso aspira a prolongar a sua vida à custa da crescente diminuição das escolhas económicas das empresas estranhamente acompanhadas pelo incentivo ao aumento das suas responsabilidades sociais e ambientais.

Não será este movimento de fomento de responsabilidades (sociais da Empresa) com culpa, o último e derradeiro grito de uma geração que sente não poder continuar na senda da tal "Liberdade sem culpa" – com todas as escolhas e nenhuma responsabilidade?

Mesmo assim, ainda continua viva em muitos âmbitos do mundo académico (e mesmo empresarial) a popular ideia de que as empresas têm de pedir perdão e licença para existir...

Infelizmente, enquanto este discurso persistir no desconhecimento do verdadeiro individualismo, vamos continuar a ser vítimas de uma tendência que há mais de meio século um conhecido livro de ciência política (Rodee *et al*: 351) nos deixou bem caracterizada:

> Uma das mais alarmantes tendências no individualismo contemporâneo é aquele ponto em que a mente do indivíduo é moldada actualmente pela massificação, jornais, colunistas, comentadores de rádio e televisão, e a forças exercidas pelas organizações de massas à quais as pessoas acham que lhes é útil pertencerem – sindicatos, associações patronais, partidos políticos e grupos de pressão, organizações

fraternais e religiosas, e muitas outras. O "indivíduo", no sentido que foi formulado por Adam Smith, Thomas Paine, Ralph Waldo Emerson, ou John Stuart Mill, já não existe mais, em vez do destemido e auto-confiante intelectual e da sua independência moral, encontramos um crescente conformismo para tomarmos como nossas, em segunda mão, opiniões dos outros. Tal atitude é o extremo oposto do "individualismo" da mente e do espírito, e milita contra o tipo de cidadania responsável de que a democracia depende.

Um tipo de cidadania que, enquanto esta tendência não for invertida, nos continuará a ser estranha. Entretanto, a RSE continuará a ser tida como um bom negócio para os buscadores de rendas. Um negócio que até pode ter margem de crescimento. Pelo menos enquanto perdurar este mundo de rapina, que já vem dos finais do século XIX, depois da perda de influência da antropologia partilhada pelos liberais clássicos (Termes, 1994). Um mundo onde o aumento do conhecimento científico combinado com o decréscimo de conhecimento acerca da pessoa humana, não só ajudou, no século passado, a justificar a morte de centenas de milhões de seres humanos às mãos de regimes totalitários como no nosso século, nos continua a impedir de redescobrir o consenso e de reabilitar o entendimento sobre o que significa ser-se um ser humano. Um mundo que precisa de reaprender a não opor economia a felicidade (Johns e Ormerod, 2007), nem capitalismo a liberdade e humanidade (Seldon, 2007).

Já vai sendo tempo de passarmos a confiar mais em políticas que promovam a liberdade e a virtude, e consequentemente contribuam para a prosperidade de todos. *O bem estar para todos* de Erhard, que será tanto mais difícil de atingir quanto mais insistirmos em viver com o *Leviathan* (Smith, 2006).

Mas enquanto esse tempo não chega, que tal dedicarmo-nos a descobrir como a larga maioria das empresas bem cotadas nos *rankings* da RSE vive em situação de quase monopólio e/ou trabalha para o (ou encostada ao) Estado.

É caso para perguntar como fez recentemente o nosso primeiro-ministro[15]: "o que seria de nós sem o Estado?" Ou de dizer, como costuma fazer um meu distinto colega na Complutense, "assim também eu".

---

[15] Declarações em Paris, na sessão de abertura de um simpósio presidido por N. Sarkozy, *Público* de 7 de Janeiro de 2010.

Para um entendimento mais realista da nossa problemática

Num seu texto intitulado "Personalismo vs Individualismo", Chafuen (2009) assume uma posição em relação à RSE que nos parece suficientemente equilibrada para ser acolhida nesta fase mais conclusiva desta nossa problemática que relaciona a RSE com dois parente póximos: Ética Empresarial e *Corporate Governance.*

Nele, Chafuen (2009: 247) contrapõe a posição dos individualistas, que tendem a ver os lucros como o único objectivo dos negócios, com a dos personalistas que tendem a colocar a ênfase na necessidade de esses lucros aparecerem num contexto de legalidade e de respeito por aquilo que Sternberg (2000) descreve como sendo as regras da justiça distributiva e da decência comum.[16] Para esta autora, na linha de Hayek e dos pensadores da Escola de Salamanca, a justiça mais que num dado resultado está na forma como se chega a esse resultado (Moreira 2009ª: 169-171). Daí a importância das normas de conduta justa e num verdadeiro Estado de Direito.

Não admira por isso que nos países onde a Lei é fraca, o período para a maximização dos lucros, por ser demasiado curto, acabe por criar condições de incentivo a subornos, chantagem, coacção e até à transferência de custos, como na poluição do ambiente. Condições para o lucro a qualquer preço, facilitando assim a vida a empresários e políticos sem escrúpulos.[17]

A posição de Chafuen, está em linha com a que Sternberg (2009: 9) propõe como chave para um entendimento realista da ética empresarial, é clara e simples: a actividade empresarial é ética quando se adequa à maximização do valor dos proprietários numa perspectiva de longo prazo, garantindo simultaneamente o respeito pela justiça distributiva no interior da empresa e pelos princípios básicos de decência. Uma organização que não se guie pela maximização do valor dos proprietários numa perspectiva de longo prazo não é uma empresa e uma empresa que o faça desrespeitando a justiça distributiva

---

[16] No mesmo sentido parece ir a afirmação de Sen (2000) de que a ética empresarial tem um *sentido económico* porque o sentido do económico consiste em produzir riqueza e em criar uma sociedade decente.

[17] Por outro lado, Chafuen também admite que os personalistas possam levar demasiado longe o respeito pela pessoa e esquecerem-se de que uma empresa que vai à falência por esperar demasiado tempo para cortar os custos de pessoal, ou por prestar mais atenção às causas sociais e ambientais do que ao seu principal objectivo está também sendo irresponsável.

no interior da empresa e/ou princípios básicos de decência não age de forma ética.

Daí que, ao invés do que se possa pensar, quando se privilegiam as noções equívocas de RSE, a conduta genuinamente ética não constitui um impedimento ao desempenho empresarial, sendo, ao contrário, um factor que geralmente contribui para esse mesmo desempenho.

Correctamente entendida, a responsabilidade social não constitui uma obrigação *para com os stakeholders*, mas sim uma responsabilidade *dos* stakeholders, que devem procurar actuar de tal forma que os seus valores relativamente à sociedade se encontrem reflectidos nas respectivas acções.

Cada *stakeholder* – tanto individualmente como de forma colectiva – tem o poder de realizar escolhas que têm implicações importantes para a actividade das empresas. Ao agir de forma consciente com base nos seus valores morais, os stakeholders levam as empresas a ajustarem-se a esses valores no seu próprio interesse. Os fundos de investimento éticos e os movimentos de consumidores são exemplos de formas de exercício de responsabilidade social com base em acções voluntárias e que não estão em conflito com um correcto entendimento da ética empresarial.

Entendida desta forma, a responsabilidade social e o papel dos *stakeholders* é integralmente compatível com a *corporate governance*. Ao contrário do que frequentemente acontece com as abordagens convencionais à RSE, a responsabilidade social pode ser compatível com a efectiva promoção da boa governação das empresas. Basta para isso empregar uma abordagem realista da ética empresarial e não pretender utilizar a retórica da RSE para usar a propriedade de terceiros ao serviço de fins que lhes são alheios Alves, 2010).

Conclusão e desafios: entre a decência e a excelência

Uma abordagem correcta da Ética Empresarial e da RSE deverá estar em linha com a insistência de Argandoña (2009b: 4-5) em afirmar que cada gestor ou empresário há-de ser socialmente responsável porque esse é o seu dever moral. "Tem que" tratar bem os seus empregados, porque esse é o seu dever; "tem que" tratar bem os seus clientes, porque esse é o seu dever; "tem que" cuidar do ambiente, porque esse é o seu dever...

Sabemos bem quanto este discurso provoca desconfiança entre os que só confiam em instrumentos compulsivos para obrigar os gestores a respeitar o ambiente ou a dignidade dos seus empregados, além do que está na lei.

Um confronto com eco em Alexandre Herculano[18], entre a civilização *imposta* e a civilização *proposta*, que nos leva a confiar de mais nos sistemas compulsivos e a não dar conta de que, bem entendido, o dever é obrigatório, e muitas vezes mais confiável do que o que assenta no sistema judicial e no receio da prisão. Retomando Argandoña:

Se alguém me aborda na rua e me pergunta onde está tal direcção, eu lhe direi, não porque me mandem as posturas municipais, mas porque é meu dever, porque isso é o que se espera de mim.

Voltando à RSE, será que a ênfase no voluntário significará mesmo que ninguém cumprirá as exigências da RSE? Não, como vimos, a imensa maioria dos cidadãos diz a verdade quando se lhe pede uma direcção, porque é seu dever. Do mesmo modo, a RSE é um dever ético e social do empresário ou do directivo, que este há-de cumprir, porque "é o seu dever" E se procura ser um bom gestor, um gestor excelente, "há-de ser" responsável: não tem outro remédio, não é optativo. Ser social e eticamente irresponsável é ser um mau gestor.

Quanto ao saber em que consiste "o meu dever", sabemos bem que não há respostas genéricas. Cada empresário ou directivo, em cada caso concreto, terá de descobrir como se deverá comportar se quiser ser e actuar, naquela circunstância, de forma responsável. E na medida em que essa seja uma responsabilidade assumida perante a sociedade, será a responsabilidade social da sua empresa.

Para muitos, isto soará a música celestial. Talvez confiem mais em livros com receitas mais ou menos bem pagas[19], do que na tal "liberdade com o sacrifício", que obriga a descobrir, à sua própria custa, o *tempo e o modo* para o bom exercício de uma conduta socialmente responsável. É neste enquadramento que se deve entender o tom irónico e quase provocatório de Argandoña (2009b: 5):

Você quer rentabilidade a curto prazo? Examine cuidadosamente as vantagens e os custos de ser socialmente responsável, porque nem sempre as primeiras serão maiores do que os segundos. Mas isso não basta: ainda que o saldo seja positivo, você deve perguntar-se se este é o melhor uso dos recursos que dispõe. E se a resposta for afirmativa, tente convencer os seus investidores e accionistas.

---

[18] Ver referência em Moreira (1996: 72).

[19] Aos tais muitos profissionais que ganham a vida fazendo *benchmarking* da RSE, sugerindo áreas em que as empresas podem "mostrar" que são responsáveis, proporcionando prémios e *rankings*, e criando um ambiente social em que se valorizam certas coisas e não outras, em que se considera que isto é responsável e aquilo não é...

Quer resultados sociais? Faça uma lei. Mas prepare-se para fazer frente a numerosas consequências indesejadas dessa lei, incluindo a aprendizagem negativa dos que têm de a cumprir.

Quer que as pessoas melhorem? Então, não procure a maximização do lucro, nem faça uma lei: ensine-lhes a comportar-se como pessoas excelentes e terá descoberto você a RSE.

Sabemos que a temática da Responsabilidade Social das Empresas se tem vindo a tornar uma das mais discutidas matérias políticas do nosso tempo. O nosso objectivo foi tentar mostrar que a sua abordagem está e continuará atravessada por perspectivas divergentes acerca do que seja o ser humano e da importância do "social" (Moreira, 2009a: 116-117). E que tal diversidade de visões produz noções de responsabilidade radicalmente diferentes.

Talvez valha a pena concluir com uma referência ao autor do tal artigo sobre a crise financeira que mencionámos ao princípio: a homogeneidade leva ao monocultivo, à esterilidade e à probabilidade de catástrofe – e, desde logo, não à criação de vantagens competitivas para as empresas. A não ser que consideremos que "parecer" responsável – ou o simples "aparecer" – seja uma vantagem sustentável e eficaz.

REFERÊNCIAS

ALVES, André Azevedo e Moreira, José Manuel (2004), *O que é a Escolha Pública. Para uma análise económica da política*. Cascais: Principia.

ALVES, André Azevedo e Moreira, José Manuel (2010), *The Salamanca School*. New York-London: Continuum.

ALVES, André Azevedo (2010), "Ética nos negócios ou ética contra os negócios", *OrdemLivre.org*, 18 de Janeiro de 2010 [http://www.ordemlivre.org/textos/846/].

ARGANDOÑA, António (2009a), "Responsabilidad social: viva la diversidad." Web de la Cátedra ´La Caixa` de Responsabilidad Social de la Empresa y Gobierno Corporativo, Mayo 2009. Publicado também em *Notícias (Eben-España)*, 16 (2), 4-6.

ARGANDOÑA, António (2009b), "Por qué ha de ser socialmente responsable una empresa?" Web de la Cátedra 'La Caixa' Responsabilidad Social de la Empresa y Gobierno Corporativo, Enero de 2009. Publicado também em *Notícias (Eben-España)*, 15 (1), 1-5.

ARGANDOÑA, António (2009c), "Responsabilidad social de la propriedad", Web de la Cátedra ´La Caixa`de Responsabilidad Social de la Empresa y Gobierno Corporativo. Publicado também em *Notícias (Eben-España)*, 16 (2), 7-10.

BALLESTER, Roberto e Conill, Jesús (2009) "El Gobierno de la empresa desde la ética: mucho trabajo por hacer" *El Boletín de Empresas*, 13 Abril de 2009.

CHAFUEN, Alejandro A. "Personalismo vs Individualismo: o seu impacto na Política Pública", *Revista Portuguesa de Filosofia*, 65 (1-4), 231-251.

CORTINA, Adela (2009), "Ética de la Empresa. No sólo Responsabilidad Social", *Revista Portuguesa de Filosofia*, 65 (1-4), 113-127.

CRANE, Andrew e Matten, Dirk (2007), *Business Ethics: Managing Corporate Citizenship and Sustainability in the Age of Globalization*. Oxford: Oxford University Press.

JOHNS, Helen e Ormerod, Paul (2007), *Happiness, Economics and Public Policy*, London: IEA.

KNOEPFEL, Ivo (2001), "Dow Jones sustainability group index: a global benchmark for corporate sustainability", *Corporate Environmental Strategy*, 8 (1), 6-15.

LAUFER, William S. (2003), "Social accountability and corporate greenwashing", *Journal of Business Ethics*, 43 (3), 253-261.

MCINTOSH, Malcolm; Waddock, Sandra e Kell, Georg (org.) (2004), *Learning to Talk: Corporate Citizenship and the Development of the UN Global Compact*. Sheffield: Greenleaf.

MOREIRA, José Manuel (1994), "A propósito de Leonardo Coimbra e do ´seu´ individualismo", in A.A.V.V., *Ciência e Filosofia na Obra de Leonardo Coimbra*. Porto: Fundação Eng. António de Almeida, 223-244.

MOREIRA, José Manuel (1996), *Liberalismos: entre o conservadorismo e o socialismo*. Lisboa: Ed. Pedro Ferreira.

MOREIRA, José Manuel (1996), *Ética, Economia e Política*. Porto: Lello & Irmão-Editores.

MOREIRA, José Manuel (1999), *A contas com a Ética Empresarial*. Lisboa: Principia.

MOREIRA, José Manuel (2004), "Responsabilidade Social da Empresa: valor, limites, desafios e falsas noções", *Brotéria*, 159 (5), 385-405.

MOREIRA, José Manuel (2009a), *Leais, Imparciais e Liberais (crónicas em três andamentos)*. Lisboa: Bnomics.

MOREIRA, José Manuel (2009b), "Antropomorfismo: 'doença infantil' do capitalismo", in *O pensamento Luso-Galaico-Brasileiro (1850-2000)* – Actas do I Congresso Internacional, II. Lisboa: Imprensa Nacional - Casa da Moeda, 347-367.

MURILLO, David e Vilanova, Marc (2007), "Responsabilidad Social y Empresa", *La Vanguardía*, 10 de Noviembre de 2007, publicado também em *Noticias (Eben-España)*, Marzo de 2008, 15 (1), 7-8.

REGO, Arménio; Moreira, José Manuel e Sarrico, Cláudia (2003), *Gestão ética e responsabilidade social das empresas – um estudo da situação portuguesa*. Cascais: Principia.

RODEE, Carlton C.; Anderson, Totton J.; Christol, Carl Q. (1957), *Introduction to Political Science*, New York: McGraw-Hill.

SANTOS, Maria João (em colaboração com Ana Maria Santos, Elisabete Nobre Pereira e José Luís de Almeida Silva) (2006), *Responsabilidade Social nas PMEs, Casos em Portugal*. Lisboa: Editora RH.

SELDON, Arthur (2007), *Capitalism: a condensed version*, com Introdução de Milton Friedman e Comentários de James Barthlomew e D. R. Myddelton. London: IEA.

SEN, Amartya Kumar (2000), *Desarrollo y libertad*. Barcelona: Planeta.

SMITH, David B. (2006), *Living with Leviathan, Public Spending, Taxes and Economic Performance*. London: IEA.

STERNBERG, Elaine (2000), *Just Business: Business Ethics in Action*, Oxford-New York: Oxford Univesity Press.

STERNBERG, Elaine (2004), *Corporate Governance: Accountability in the Marketplace*. London: IEA.

STERNBERG, Elaine (2009), "Corporate Social Responsibility and Corporate Governance" *Economic Affairs*, 29 (4), 5-10.

TERMES, Rafael (1994), *Antropologia del Capitalismo*. Madrid: Plaza y Janes.

REPENSAR A RESPONSABILIDADE SOCIAL: DA LÓGICA INDIVIDUAL À LÓGICA DE REDE

*Maria João Santos**

Resumo: Apesar da responsabilidade social (RS) surgir associada a uma vantagem competitiva assinalável com benefícios reconhecidos em termos da sustentabilidade das populações e dos ecossistemas, verifica-se que os resultados que cada empresa e comunidade alcançam a partir destas acções são ainda insuficientes. Para esta situação concorre o facto de a RS assumir uma dimensão micro-organizacional, o que limita fortemente a sua capacidade de acção e os seus efeitos reformadores globais. Na perspectiva teórica deste artigo, parte-se do pressuposto que apenas considerando uma intervenção mais ampla da RS, que alia vários actores sociais (empresas, organizações da sociedade civil, poder local) com vista à construção de *networks* integrados de RS, se poderá conseguir caminhos de desenvolvimento pautados por maiores níveis de sustentabilidade. Os clusters de RS pressupõem que aglomerações de empresas, geralmente localizadas num território, estabeleçam interacções entre si e com outros actores locais para optimizar práticas conjuntas voltadas para o desenvolvimento sustentado da região, numa perspectiva integrada e global. Este artigo, partindo de uma análise de práticas de RS individualmente consideradas e da discussão das suas limitações, identifica estratégias alternativas de intervenção da RS enquanto instrumento para o desenvolvimento integrado e sustentado dos territórios.
Neste artigo, explora-se a perspectiva de, no quadro de uma intervenção mais ampla da RS, assente em *networks* que aliam vários actores sociais (empresas, organizações da sociedade civil e poder local) territorialmente situados e orientados para a RS se poder conseguir maiores níveis de sustentabilidade

Palavras-chave: desenvolvimento sustentável, responsabilidade social, redes sociais, clusters

---

* Licenciada em Sociologia pelo Instituto Superior de Ciências do Trabalho e da Empresa (ISCTE) e detentora do grau de Doutor em Sociologia Económica e das Organizações. É professora no Instituto Superior de Economia e Gestão (ISEG) e investigadora do Centro de Investigação em Sociologia Económica e das Organizações (SOCIUS). Articula a actividade docente com a investigação, tendo vindo a desenvolver trabalhos de pesquisa sobre desenvolvimento sustentável e responsabilidade social.

1. Introdução

Embora não exista uma resposta directa e imediata à pergunta sobre o que se deve esperar das organizações e, em particular, das empresas, no que respeita à sua responsabilidade social, é todavia entendimento geral que estas podem tornar-se num importante motor de mudança, assumindo um papel crucial na prossecução de um desenvolvimento mais sustentado ao nível global. A enorme influência que as empresas exercem sobre os contextos em que se inserem, tem constituído argumento para reenviar, de uma forma mais positiva, a empresa para as suas responsabilidades sociais. Se ela é hoje responsável por numerosos problemas que afectam as nossas sociedades, cabe-lhe igualmente contribuir para a sua resolução, como ainda para a melhoria da envolvente global. É neste sentido que, no discurso ao *World Economic Forum* em Davos, o anterior Secretário-geral das Nações Unidas, Kofi Annan, desafiou os líderes dos negócios à escala mundial e propôs um Pacto Global para a criação dos alicerces de uma política social e ambiental estabelecida no longo prazo.

Nesta perspectiva, a responsabilidade social (RS) tem-se afirmado sobretudo como um instrumento de trabalho, um conjunto de práticas que empresas/organizações adoptam de modo a contribuir para um desenvolvimento mais sustentável. No entanto, uma visão assente em estratégias individualizadas tem reduzido a RS a uma dimensão de micro actuação, com baixo nível de comprometimento e com impactes reduzidos na envolvente. Não existe uma correlação directa entre o efeito micro e macro da RS, verifica-se antes que um modelo de RS baseado no *business case* tem impactes limitados tanto ao nível macro-económico, como social e ambiental.

O que se propõe reflectir neste artigo, é sobre como se pode inverter esta tendência e alavancar os efeitos da RS a um nível macro. Partindo-se de um apresentação inicial da RS enquanto um conjunto de práticas de actuação que cada organização individualmente pode desenvolver, numa segunda fase, questionam-se os reais efeitos desta abordagem e integra-se o conceito de agrupamentos competitivos de Porter e de Zadek. O objectivo é salientar as potencialidades das redes de RS no reforço da competitividade e na promoção do desenvolvimento sustentável. Assim partindo-se de uma análise da RS, numa lógica de micro actuação, discutem-se as suas limitações e apontam-se estratégias alternativas de actuação assentes na construção de *networks* orientadas para a promoção da responsabilidade social e, consequentemente, do desenvolvimento integrado das populações e do território.

2. A lógica individual da RSE

É claramente assumido pelas Nações Unidas que a promoção do desenvolvimento sustentável só é possível se os princípios que lhe subjazem forem interiorizados e assumidos por todos os actores sociais na sua esfera de acção, i.e., se toda a sociedade civil e, as empresas em particular, se envolverem e participarem activamente neste processo. Ao nível europeu, a Comissão Europeia também tem tido um envolvimento activo na promoção da responsabilidade social das empresas (RSE), nomeadamente através da apresentação do Livro Verde (Comissão Europeia 2001), da integração do tema nas políticas da União Europeia e do desenvolvimento de um conjunto de acções orientadas para a promoção e apoio à implementação da RS ao nível empresarial.

Independentemente do forte envolvimento institucional, que se acentuou após a década de 70, a ênfase atribuída às questões da RS foi também desencadeada pela própria comunidade empresarial. As alterações da nova economia, em particular o funcionamento dos mercados e o modo como se organizam as actividades de negócio, favoreceram este movimento. Neste sentido, o crescente envolvimento que se verificou não decorreu, exclusivamente, da adesão a princípios éticos, dos movimentos cívicos ou da pressão da sociedade civil. Adveio igualmente de uma constatação de que as práticas de RS contribuem para a criação de valor e potenciam a gestão de activos intangíveis relacionados com o valor de mercado (confiança, imagem e marca), com o fortalecimento de *networks* e do capital social, bem como de melhorias na gestão do risco ou na eco-eficiência (Santos *et al* 2005).

Este processo acompanha também um sentimento mais geral, o de que a empresa não pode prosperar, de forma duradoura, num ambiente em degradação e sem futuro. Nesta perspectiva, a empresa é, como qualquer cidadão, considerada como tendo direitos mas também responsabilidades. Isto significa que sem deixar de se reconhecer a natureza do seu objectivo final, a criação de mais-valia e de lucro, parte-se do pressuposto que a empresa deve igualmente responder pelos impactes negativos que o prosseguimento da sua actividade pode representar, mesmo que actuando de acordo com o estrito cumprimento do quadro legal, e desenvolver uma atitude de cidadania activa e de promoção da sustentabilidade a nível global.

Neste contexto, a vertente económica (dimensão económica), de que o lucro empresarial constitui o objectivo último, deve tomar em consideração as pessoas que constituem o tecido humano da estrutura empresarial (dimensão social interna) mas também a comunidade em que a empresa exerce a sua actividade e com a qual interage (dimensão social externa) e a preservação do meio ambiente (dimensão ambiental). O exercício da RS pressupõe assim o desenvolvimento de acções que criem mais-valias nas dimensões económica, social e ambiental Abrangendo estas três dimensões, que constituem os alicerces da empresa responsável, apresentam-se de seguida algumas das acções que concretizam a prática da RS.

2.1. Dimensão Económica

A dimensão económica é uma dimensão fundamental da RSE, por ser aquela que está mais próxima da actividade principal da empresa. O modo como a empresa opera no mercado é um indicador essencial da forma com integrou as preocupações sociais, éticas e ambientais na sua estrutura organizativa. Abordar a dimensão económica da sustentabilidade implica considerar a adopção de políticas e práticas que criem valor para a organização, para os accionistas e também para os sistemas económicos locais, regionais, nacionais e globais onde a organização se insere. Nesta dimensão alguns exemplos podem ser referidos:

- Inovação – Faz pesquisa e interage com fornecedores e distribuidores, clientes, concorrentes e governo para um contínuo aperfeiçoamento dos produtos e serviços. Orienta o processo inovativo de acordo com os princípios da sustentabilidade;
- Emprego – Criação líquida de emprego;
- Avaliação de Impactes – Conhece em profundidade os seus impactes e possui um processo estruturado para registar reclamações, sendo que informa sobre as providências tomadas;
- Corrupção – Possui políticas e procedimentos relacionados com o combate à corrupção e divulga as normas interna e externamente, auditando regularmente o seu cumprimento e obrigando à denúncia de qualquer oferta recebida;
- Saúde e Segurança do Consumidor – Existência de políticas para preservar a saúde e a segurança dos consumidores, bem como de instrumentos de monitorização. Regulamento e registo do número e tipo de não-conformidades relativos à saúde e segurança dos consumidores, incluindo as sanções sofridas;
- Gestão do Risco – Eficácia do sistema de prevenção dos riscos e sua monitorização;
- Produtos e Serviços – Possui sistemas de gestão relativas à informação do produto e à etiquetagem. Realiza estudos e pesquisas técnicas sobre riscos potenciais e divulga tais informações junto de parceiros comerciais, adoptando medidas preventivas ou correctivas, se necessário;

- Fornecedores e parceiros comerciais – Desenvolve parcerias com fornecedores, distribuidores e representantes de consumidores visando alargar a aplicação da RS a toda a cadeia de valor. Selecciona os fornecedores em função de critérios de qualidade e de responsabilidade social e ambiental;
- Competição e Preços – Discute internamente a postura da empresa perante os concorrentes e busca um posicionamento leal (combate à cartelização, práticas desleais de comércio, fraude em licitações e espionagem empresarial);
- Estrutura do endividamento – Análise da independência da organização e da sua solvabilidade;
- *Governance* – Permeabilidade da estrutura de governação da organização aos interesses dos *stakeholders*. Existência de órgãos de governação destinados a receber e a processar informação vinda dos *stakeholders*.

Neste âmbito, as práticas de RS alargam-se a toda a rede de fornecedores e outros parceiros de negócio que integram a cadeia de valor da empresa, para além de incluir todos os que directa ou indirectamente estão sobre a esfera de influência da organização. O conceito de comunidade não se confina apenas ao espaço envolvente da sede de uma organização, antes alarga-se a todas às áreas que contribuem para o negócio da organização, independentemente da sua localização geográfica, como é o caso das multinacionais.

2.2. Dimensão Social Interna

A dimensão social desdobra-se em duas áreas fundamentais: integra as acções orientadas para a gestão das pessoas que compõe a matriz social interna (trabalhadores) e as acções orientadas para a comunidade envolvente (dimensão social externa). A materialização da RS na dimensão social interna pressupõe que a empresa paralelamente à tradicional gestão de recursos humanos (condições de trabalho, contratação, formação profissional, política de benefícios) tome também em consideração novas áreas de intervenção relacionadas com o bem-estar e com a qualidade de vida das pessoas que nela trabalham. Emergem novos domínios de acção relacionados com um conjunto de temas geralmente identificados com o respeito pela igualdade e dignidade humanas, clima social, bem-estar e valorização da componente humana. Embora não exista uma padronização no que respeita à identificação das boas práticas empresariais ao nível interno, é geralmente referenciado um conjunto de medidas como as que, por exemplo, seguidamente se expõem:
- Valorização Pessoal e Profissional – Pressupõe a disponibilização de programas de formação que vão para além das necessidades imediatas da

organização e que possam ter, por exemplo, impacto positivo na empregabilidade dos trabalhadores;

- Conciliação Trabalho/Família – Integra medidas que permitem a compatibilização da esfera laboral com a vida familiar/pessoal, sob as formas de gestão flexível dos tempos de trabalho, facilitação no apoio a crianças/ /idosos, organização do trabalho de modo a evitar sobrecargas, etc;
- Segurança no Emprego – Preocupação com a manutenção do emprego estável e com a qualidade do mesmo;
- Apoio Familiar – Existência de programas de apoio à família, os quais podem assumir diversas formas, desde a gestão flexível dos tempos de trabalho até apoios financeiros;
- Valorização do Trabalho – Dispõe de políticas e programas específicos para a gestão de competências e aprendizagem ao longo da vida;
- Participação no Trabalho – Valoriza a participação no contexto da gestão estratégica e da organização do trabalho;
- Trabalho Flexível – Disponibiliza soluções flexíveis quanto à forma (quando, onde e como) o trabalho pode ser prestado;
- Saúde e Bem-estar – Investe em políticas de prevenção na doença, na sensibilização para um estilo de vida saudável, no acompanhamento da doença e na assistência social;
- Diversidade e Igualdade de Oportunidades – Promove a diversidade, proibindo práticas discriminatórias, valorizando grupos pouco representados na empresa, regulando processos de admissão anti-discriminatórios. Verificação da composição dos órgãos e gestão e de governação, incluindo rácio de mulheres/homens, bem como outros indicadores de diversidade;
- Relações de Trabalho – Garante a participação de representantes dos trabalhadores em comissões de gestão ou em tomadas de decisão estratégicas.

Acções como as referidas anteriormente passaram a integrar as preocupações da empresa socialmente responsável, a ponto de constituírem por si só uma estratégia de diferenciação. A dimensão interna da RSE assume assim cada vez mais um lugar de destaque na definição da estratégia de negócio. Neste caso, a empresa socialmente responsável será aquela que souber adequar a sua prática de mercado às novas realidades, respeitando os direitos do Homem no trabalho e a sua dignidade, enquanto elemento indispensável à manutenção da complexa malha que estrutura as sociedades humanas.

2.3. Dimensão Social Externa

Outra área de intervenção essencial da RS é a valorização da interacção com os seus parceiros sociais externos, a transparência da sua actuação e o estabelecimento de uma política de diálogo com a comunidade (governo, sociedade civil, representantes do poder regional e local, clientes, comunidades locais, etc). Esta interacção é uma componente fundamental para uma inserção comunitária equilibrada e estável, razão pela qual o respeito pelos valores da comunidade e a manutenção de boas relações a esse nível, constituem um desafio e um factor de pressão constante. Tal como para a dimensão social interna, também para a dimensão social externa não existem padrões de referência universal, todavia pode-se referir algumas práticas indicativas:

- Desenvolvimento Económico – Aplicação das funções principais da empresa – fornecimento, distribuição e compra de produtos e serviços, investimentos financeiros, etc – em comunidades com fraco rendimento, tendo em vista o desenvolvimento destas comunidades e o estabelecimento de benefícios económicos mútuos;
- Apoio Financeiro, Logístico ou Humano – Apoio a instituições vocacionadas para o desenvolvimento da comunidade através da ajuda a empreendimentos individuais ou colectivos;
- Intervenção na Comunidade – Existência uma política formal de relacionamento com a comunidade, integrando comissões permanentes ou grupos de trabalho com a participação de líderes locais para analisar as suas actividades e medir os seus impactes;
- Parcerias – Estabelecimento de parcerias com organizações da sociedade civil orientadas para o desenvolvimento e capacitação das comunidades;
- Formação Profissional – Formação e emprego de força de trabalho subaproveitada, nomeadamente nas áreas carenciadas;
- Envolvimento Global – Alargamento da relação empresa-comunidade integrando uma perspectiva de cidadania global, promovendo o relacionamento com várias outras comunidades;
- *Franchising* Minoritários – Estabelecimento de operações de *franchising* minoritário pode ajudar a desenvolver comunidades deficientemente desenvolvidas, proporcionando maiores oportunidades para a criação de postos de trabalho;
- Voluntariado Empresarial – Criação de condições para que os seus trabalhadores, por vezes os seus familiares, ex-empregados e outros parceiros de negócio, participem em projectos de voluntariado orientados para a

minimização de problemas sociais existentes ou de capacitação técnica na comunidade.

As acções de RS desenvolvidas ao nível externo pressupõem uma atitude pró-activa de intervenção orientada não apenas para a minimização das necessidades da comunidade, numa lógica de assistencialismo social, mas igualmente para a resolução de problemas estruturais, sobre a qual as empresas podem fazer reflectir a sua intervenção social.

2.4. Dimensão Ambiental

Uma empresa responsável do ponto de vista ambiental reconhece os efeitos adversos que a sua actividade e/ou produtos e serviços têm sobre os ecossistemas, terra, ar e água e assume publicamente a responsabilidade por tais impactes ambientais, divulgando o seu esforço contínuo e persistente em minimizá-los. A este nível algumas acções podem ser implementadas:

- Redução da poluição e resíduos – Adopção de políticas e procedimentos internos que conduzem à redução de resíduos sólidos; emissões de poluentes gasosos; abastecimento de água; tratamento de águas residuais; ruído; consumo de energia;
- Sistema ambiental – Integração das questões ambientais na gestão estratégica e incorporação de medidas como por ex. adopcção de sistemas de gestão ambiental (certificação 14000 e/ou EMAS), adesão a rótulos ecológicos, diagnóstico ambiental e respectivo plano de acção, investimento em tecnologias preservadoras do ambiente, sensibilização de trabalhadores/as para a protecção ambiental, avaliação do desempenho ambiental ao longo da cadeia de produção.

A operacionalização da RSE pressupõe um novo olhar sobre a actividade da empresa e a uma mudança profunda de perspectiva, pressupondo que toda e qualquer actividade da empresa passe a ser estruturada numa lógica de ganhos de sustentabilidade nas três dimensões consideradas.

3. Da lógica individual à lógica de rede

Com base no exposto, a RS pressupõe "a integração voluntária de preocupações sociais e ambientais por parte das empresas nas suas operações e a sua interacção com outras partes interessadas" (CE, 2001). Tanto na definição proposta pela CE, como na perspectiva anteriormente apresentada, a RSE é considerada fundamentalmente *i)* numa óptica voluntarista, dependente da absoluta discricionariedade das empresas; *ii)* como um meio para a obtenção adicional de vantagens competitivas, assente no pressuposto de que as empresas podem "fazer o bem enquanto beneficiam o sucesso do seu próprio negócio" e ainda *iii*) numa lógica individualizada, resultante de acções espontâneas (práticas de RS) que cada organização particularmente desenvolve.

Neste quadro conceptual, tal como actualmente existe, a RS é considerada como um conjunto de acções que cada organização individualmente desenvolve e que ainda permite acumular um conjunto de mais valias: ganhos de imagem e reputação, motivação e retenção de talentos, minimização do risco, satisfação dos *stakeholders*, eco-eficiência, entre múltiplas outras vantagens referidas. Os conceitos de *triple bottom line* e de *win-win* são um exemplo bem paradigmático desta lógica argumentativa baseada nos pressupostos referidos.

No entanto, esta visão micro-actuação da RS, assente numa concepção individualista desencadeada por cada organização em particular, tem reduzido a RS a iniciativas empresariais voluntárias; fragmentadas, com baixo nível de comprometimento e nem sempre estrategicamente ligadas do *core business*, mas que mesmo assim permite obter diversos tipos de vantagens competitivas extra.

Sem se desvalorizar os importantes avanços que em termos de actuação socialmente responsável muitas empresas e organizações têm tido, o facto é que na generalidade esta lógica de micro actuação tem tido efeitos muito limitados em termos da sustentabilidade económica, social ou ambiental global e mesmo regional ou local.

Numa avaliação global das acções de RS implementadas, estudos do AccontAbility e do Coppenhagem Center coordenados por Zadek (2004), evidenciam que esta abordagem satisfaz problemas pontuais mas não resolve problemas estruturantes. As acções são maioritariamente reduzidas a um nível micro de actuação, sem efeitos visíveis ao nível macro ou sem impactes significativos na vantagem competitiva das regiões e na sustentabilidade global. Geralmente as acções de RS apresentam-se desconectadas do *core business*, sendo encaradas como um custo, um constrangimento, um acto benemérito ou filantrópico e não como um veículo de inovação, resultante de *insights* advindos da procura de acções que vão ao encontro dos benefícios da sociedade (Santos et al 2006). Conclui-se que muitas das acções desenvolvidas não são estratégicas nem operacionais. Surgem muitas vezes como resposta a pressões da opinião pública, assumindo a forma de campanhas de marketing ou mostra de boas práticas divulgadas nos média, sendo que se valorizam as campanhas realizadas e não o impacto real dessas acções em termos do benefícios reais para a sociedade.

A lógica argumentativa predominante, parte do pressuposto de que o somatório dos efeitos ao nível micro se fazem sentir automaticamente ao nível macro (Zadek *et al* 2003). No entanto, segundo este autor, não existe uma correlação directa entre o efeito micro e macro da RS, verifica-se antes que um modelo de RS baseado no *business case* tem impactes limitados tanto ao nível económico, como social e ambiental. Neste enquadramento, as acções de RS têm efeitos reduzidos, satisfazendo de problemas pontuais e não problemas estruturantes. Integram actividades desconectadas e são frequentemente encaradas como um custo, um constrangimento, um acto de caridade e não como veículo para a aquisição de *insights* que potenciem a inovação de produtos e serviços mais sustentáveis, a vantagem competitiva ou o desenvolvimento efectivo da comunidade.

O facto das políticas e práticas de RS assumirem um carácter essencialmente individualizado (dependente da estratégia que cada organização por si só toma), limita a sua capacidade de acção e os seus efeitos reformadores globais. Segundo Zadek sem uma ligação ou integração da RS com a competitividade das nações as acções de RS têm efeito limitado e as actividades ficarão restritas ao nível de algumas empresas líderes de mercado e com baixos níveis de implicação (Zadek *et al* 2003). Situação que parece evidenciar uma incapacidade para se alavancar os efeitos da RS ao nível macro e se criar um círculo virtuoso entre a RS e a competitividade económica, a coesão social e a preservação ambiental.

4. A lógica da rede na RSE

É neste contexto, que Zadek et al (2003) integram o conceito de agrupamentos competitivos de Porter para salientar as potencialidades das redes de RS no reforço da competitividade e na promoção do desenvolvimento sustentável. Segundo estudos do Accountability e do Copenhagen Center (Zadek et al, 2003), as acções e os impactes positivos da RS podem ser incrementados se houver uma articulação entre empresas, sociedade civil e sector público. É justamente dentro de uma proposição mais ampla (meso e macro), em que distintos actores sociais se aliam, com vista à construção de um modelo de desenvolvimento pautado pela sustentabilidade, que se pode visualizar a importância dos *clusters* em responsabilidade social.

O conceito de *cluster* (agrupamentos competitivos) pressupõe que as empresas podem atingir maiores vantagens competitivas quando a sua concentração geográfica lhes garante uma acumulação de recursos (fornecedores, infra-estruturas e informações) melhor que a dos seus concorrentes (Porter *et al* 2006). O reconhecimento de que, não raras vezes, as empresas não são detentoras de todos os recursos e competências necessárias à efectivação de suas actividades, é um dos principais factores que leva à necessidade de se organizarem em agrupamentos, procurando a complementaridade na rede e na inter-relação que se estabelece, através da partilha de competências, infra-estruturas, conhecimentos e sinergias. (Ishmael, 2008).

Os *clusters* de RS à semelhança dos agrupamentos competitivos são constituídos a partir de aglomerações de empresas localizadas num mesmo território que estabelecem algum vínculo de interacção entre si. A diferença decorre fundamentalmente do facto de as interacções serem estabelecidas entre empresas e vários outros actores locais (associações empresariais, instituições de ensino e/ou pesquisa ou organizações do terceiro sector) e, sobretudo do facto haver uma orientação para a procura de vantagens competitivas, no quadro de numa estratégia integrada de sustentabilidade e de afirmação da RS ao nível da região (Porter *et al* 2006).

Através de uma governação participativa, que integra para além das empresas, outros atores locais, os agrupamentos de RS podem assumir compromissos mais amplos que aliam o desempenho económico ao desenvolvimento sustentável. Experiências bem sucedidas em meios inovadores, mostram que existem formas alternativas de promoção do desenvolvimento sustentável desencadeadas e geridas a partir das especificidades próprias de cada espaço/território. Verifica-se inclusivamente que a incorporação de uma perspectiva mais alargada de desenvolvimento que integre os problemas sociais de uma localidade, pode favorecer a criação de tecnologias sociais mais criativas e inovadoras e, igualmente, contribuir para fortalecer o espaço local nas suas múltiplas esferas de intervenção, entre as quais a própria competitividade do agrupamento.

As intervenções que incentivem a aprendizagem contínua, a produção de ideias, de bens e serviços e a capacidade interventiva do agrupamento na procura de benefícios sociais e ambientais estruturados, bem como a existência de uma estrutura político-institucional assente em padrões de governação que efectivamente possibilitem o diálogo e a cooperação entre os membros do cluster, tende a favorecer a expansão de acções empresariais e a competitividade global do cluster. Assim sendo, a adopção de metas sociais partilhadas por actores distintos tende a favorecer o desenvolvimento de acções empresariais que ultrapassam uma esfera micro de actuação, com amplos benefícios para as comunidades locais.

A cooperação entre os membros de um cluster em responsabilidade social, permite alcançar melhorias sociais que cada actor isoladamente teria dificuldade em efectivar e viabiliza, paralelamente, alternativas para a conquista de vantagens competitivas que podem vir a beneficiar diferentes grupos sociais. O desafio passa por estabelecer uma ligação entre o nível empresarial e as organizações da sociedade civil, ou seja, empresas, governos, universidades, ONGs, entre outras instituições, onde cada qual na sua esfera de actuação e com suas competências específicas, possam colaborar em conjunto e consolidar acções que tenham como foco a melhoria da qualidade de vida da comunidade de inserção e a potenciação do *cluster* na sua globalidade.

As acções de RS ao ganharem maior amplitude, podem ainda gerar impactos positivos na economia em geral pois, na medida em que abrem caminhos para a melhoria de problemas sociais e ambientais, contribuem também para o incremento do desempenho económico. Contrariando as teses que postulavam o crescimento económico como sinónimo de progresso social, a noção de *clusters* de RS permite pensar a melhoria dos níveis de qualidade de vida como requisito indispensável à construção de vantagens competitivas que levem uma dada sociedade/nação a patamares significativos de desenvolvimento sustentável.

Sendo assim, quando associadas a outros actores que também tenham como foco a promoção de propostas sustentáveis de desenvolvimento, as acções das empresas podem assumir maior amplitude. É neste sentido que, compreender o processo de funcionamento dos clusters de responsabilidade social pode contribuir para dar origem a proposições inovadoras de gestão social, que potencializem ganhos ao nível do desenvolvimento local (Zadek, Sabapathy, Dossing e Swift, 2003).

Pensar a formação dos *clusters* implica reflectir igualmente sobre as condições de funcionamento das redes, já que estas fazem parte integrante da actividade do *cluster*. Embora com interesses em comum, o *cluster* em RS também não deixa de ser um espaço de disputa e conflito, o que exige um nível de confiança acrescido entre os agentes para que possa funcionar. Cada membro tem ao mesmo tempo objectivos que são próprios da sua esfera de actuação, bem como interesses que dizem respeito a todos os membros integrantes do *cluster*.

Neste contexto, a formação de *clusters* em RS depende de requisitos múltiplos e põe desafios ao poder público, empresas e sociedade civil, pois sem a disposição e preparação para o diálogo e parceria, o trabalho conjunto entre estas partes não é possível. São necessárias trocas de conhecimento, de competências e, sobretudo, abertura para compreender as estratégias orientadoras, muitas vezes desconhecidas, no campo dos actores parceiros (Zadek, Sabapathy, Dossing e Swift, 2003).

Neste contexto, Zadek (2003) aponta a importância das políticas públicas como instrumento de incentivo para a criação e manutenção de *clusters* de responsabilidade social, o que significa afirmar que a optimização dos resultados dependem também de intervenções específicas que incentivem a aprendizagem contínua e a capacidade interventiva do agrupamento. Neste sentido, a RS requer políticas que não se desenvolvem à revelia da regulação governamental (Moon e Vogel, 2006). As políticas públicas, neste caso particular, podem funcionar, como potenciadoras de uma acção de responsabilidade social que se manifesta para além da boa consciência, e que considera que o modo de fazer negócio tem profunda influência na sustentabilidade não só das próprias empresas, mas também na esfera sócio-ambiental. Os inúmeros desafios, tanto de ordem económica, quanto política, social e ambiental, postos às sociedades na actualidade chamam atenção para a necessidade de práticas inovadoras que favoreçam a relação entre empresas, governo e sociedade civil no sentido de promover a efectivação de uma colaboração entre actores locais. Neste sentido, torna-se fundamental a implantação de políticas públicas que incentivem a criação de parcerias entre as empresas, o próprio governo e a sociedade civil e que efectivamente considerem as possibilidades de construção de um desenvolvimento mais equitativo e sustentável através da governação participativa.

5. Conclusões

A partir de uma análise de práticas de RS, este artigo discutiu as limitações de uma concepção teoricamente dominante de RS e aprofunda o tema dos clusters em RS como uma alternativa de intervenção integrada que permite alcançar maiores níveis de sustentabilidade. Sendo certo que se têm verificados significativos avanços no exercício de uma maior responsabilidade social por parte de muitas empresas, o facto é que os seus impactes reais ainda são muito limitados em termos de sustentabilidade económica, social ou ambiental global. O facto das práticas de RS assumirem essencialmente um carácter micro, limita fortemente sua capacidade de acção e seus efeitos reformadores globais. As concepções teóricas dominantes reduzem a RS a uma dimensão de micro actuação, associada a iniciativas individualizadas, de carácter voluntário, muitas vezes fragmentadas, evidenciando um baixo nível de comprometimento, mas que mesmo assim não deixa de contribuir para se alcançar vantagens competitivas acrescidas.

Segundo Zadek parte-se do pressuposto de que o somatório dos efeitos ao nível micro se fazem sentir automaticamente ao nível macro. No entanto, não existe uma correlação directa entre o efeito micro e macro da RS, verifica-se antes que um modelo de RS baseado no *business case* tem impactes limitados e impede que se crie uma dinâmica construtiva entre a RS e a competitividade económica, a coesão social e a preservação ambiental.

Os impactos positivos da CSR podem ser melhorados se acrescentado aos esforços das empresas, forem integrados os esforços da sociedade civil e sector público e estrategicamente orientados para a obtenção de maiores níveis de sustentabilidade. Nesta perspectiva, o conceito inicial de clusters proposto por Porter (Porter *et al* 2006) tem vindo a ser utilizado, integrando a valência da sustentabilidade. Neste caso, referem-se as potencialidades dos agrupamentos de RS para o reforço da competitividade e para a promoção de um desenvolvimento mais integrado.

Os *clusters* de RS à semelhança dos agrupamentos competitivos são constituidos a partir de aglomerações de empresas e de organizações da sociedade civil localizadas num mesmo território que estabelecem algum vínculo de interação entre si. A diferença decorre do facto das interacções serem estabelecidas entre empresas e vários outros actores locais e, sobretudo do facto haver uma orientação para a procura de vantagens competitivas, no quadro de numa estratégia integrada de sustentabilidade e de afirmação da RS ao nível da região.

O desafio passa por estabelecer uma ligação entre o nível empresarial e organizações da sociedade civil, ou seja, empresas, governos, universidades, ONGs, entre outras instituições da sociedade civil, onde cada qual na sua esfera de actuação e com suas competências específicas, possam colaborar em conjunto e consolidarem acções que tenham como foco a melhoria da qualidade de vida da comunidade de inserção e a potenciação do *cluster* na sua globalidade (Zadek, Sabapathy, Dossing e Swift, 2003).

Nesta perspectiva, os *clusters* em RS podem afirmar-se como uma estratégia de intervenção com repercussões e efeitos mais amplos do que as acções de RS que cada organização considerada individualmente podem assumir. A cooperação entre os membros de um cluster em responsabilidade social, permite alcançar melhorias sociais que cada actor isoladamente teria dificuldade um garantir e potencia vantagens competitivas que podem vir a beneficiar diferentes grupos sociais. Nesta perspectiva teórica parte-se do pressuposto que apenas considerando uma intervenção mais ampla da RS, que alia vários actores sociais (empresas, organizações da sociedade civil, poder local) com vista à construção de *networks* integradas de RS, se poderá conseguir caminhos desenvolvimento pautados por maiores níveis de sustentabilidade.

REFERÊNCIAS

CARROLL, A. B. (1999), *Corporate Social Responsibility: Evolution of Definitional Construct*, Business and Society, 38(3), 268-295.

CARROLL, A. B. (1998) *Understanding Stakeholder Thinking: Themes from a Finnish Conference*, Business Ethics: A European Review, 6 (1), 46-51.

COLGAN, C. & Baker C.. (2003), *A Framework for Assessing Cluster Development*, Economic Development Quarterly, Vol. 17 No 4 November, 352-366.

COMISSÃO DAS COMUNIDADES EUROPEIAS (2001), Comunicado da Comissão COM (2001) 366, *Livro Verde – Promover um Quadro para a responsabilidade Social das Empresas*, Bruxelas.

Comunicação da Comissão Europeia COM (2002), Comunicado da Comissão COM (2002) *Responsabilidade Social das Empresas: um contributo das empresas para o Desenvolvimento Sustentável*. Bruxelas.

COMUNICAÇÃO DA COMISSÃO EUROPEIA COM (2006), Comunicação da Comissão ao Parlamento Europeu, ao Conselho e ao Comité Económico e Social Europeu COM (2006) 136 final, *Implementação da parceria para o crescimento e o emprego: tornar a Europa um pólo de excelência em termos de responsabilidade social das empresas*, Bruxelas, 22 de Março de 2006.

COMISSÃO EUROPEIA (2004) *ABC of the Main Instruments of Corporate Social Responsibility*, European Commission – Directorate – General for Employment and Social Affairs – Industrial relations and industrial change, ISBN 92-894-5939-5, Luxemburgo, 57 pp.

DYLLICK, T.& K. Hockerts, (2002) *Beyond Business Case for Corporate Sustainability*, BusinessStrategy and Environment, 11, 130-141.

GARRIGA, E. & Melé, D. (2004), *Corporate social Responsibility Theories: Mapping the Territory*, Journal of Business Ethics, 53 (12), 51-71.

ISHMAEL, B. (2008), Clusters and Competitiveness: *The Development of Sustainable CompetitiveIndustries in Small Developing Countries*, The Round Table, Volume 97, NO 396, June, 453-474.

LAHDESMAKI M., (2005), *When Ethics Matters – Interpreting the Ethical Discourse of Small Nature-Based Entrepreneurs*, Journal of Business Ethics, 61 (1).

MARREWIJK, M. V. (2003), *Conceptions And Definitions of CSR and Corporate Sustainability: Between Agency and Communion*, Journal of Business Ethic, 44 (2-3), 95-105.

MONTANA, J.& Neide B. (2008), *The Evolution of Regional Industry Clusters and Their Implications for Sustainable Economic Development*, Economic Development Quarterly, Vol. 22 No 4 November, 290-302.

PORTER, M., e Kramer, M. (2002). The competitive advantage of corporate philanthropy. *Harvard Business Review*, December, 57-68.

PORTER, M., Kramer, M. (2006), *Strategy and Society: the link between competitive advantage and corporate social responsibility*, Harvard Business Review pp. 1-15, Harvard Business Review Publishing Corporation, Dezembro, Boston.

SWIFT, Tracey & Zadek, S. (2002), *Corporate Responsibility and Competitive Advantage of Nations,* The Copenhagen Centre.

REGO, A. Cunha, M. , Costa, N., Gonçalves, H., Cabral-Cardoso, C. (2006). *Gestão ética e socialmente responsável*, Editora RH, Lisboa.

SANTOS, M.; Silva, J.; Sampaio, J.; Henriques, P.; Eusébio, C. (2005), *Desenvolvimento sustentável e responsabilidade empresarial.* Oeiras, Editora Celta.

SANTOS, M.; Santos, A., Pereira, E.; Silva, J. (2006) *Responsabilidade Social na PME. Casos em Portugal*, Lisboa, Editora RH.

ZADEK, S. (2001), *The Civil Corporation: The New Economy of Corporation: The new Economy of Corporate Citizenship*, Earthscan, London.

ZADEK S. (2004), *Paths to Corporate Responsibility*, Harvard Business Review. Vol. 82 NO12, Economic Development Quarterly, Vol. 17 No 4 November, 352-366 pp. 125-32.

ZADEK S., Sabapathy, J., Dossing, H. and Swift, T. (2003), *Responsible Competitiveness: Corporate Responsibility Clusters in Action*, AccountAbillty/The Copenhagen Centre, London.

GESTÃO ESTRATÉGICA DA RESPONSABILIDADE SOCIAL EMPRESARIAL COMO BASE PARA A INOVAÇÃO

Maria João Fereira Nicolau dos Santos* e Leila Araújo de Sousa**

Resumo: A responsabilidade social empresarial (RSE) tem ganho, nas últimas décadas, um forte protagonismo. No entanto, estas acções ainda são, na sua maioria, resultado de processos isomórficos que não acrescentam impactes positivos relevantes nem para a empresa (a não ser uma reacção paliativa às pressões externas) nem para a sociedade. Assim, o presente trabalho salienta a importância das empresas ancorarem as suas acções sociais e ambientais numa visão estratégica, como via para a inovação e orientada para a obtenção de maiores níveis de sustentabilidade. Coloca-se também em debate a necessidade de mudar o foco de discussão acerca da função social da empresa, sendo que as empresas não têm apenas de criar valor económico, mas têm igualmente responsabilidades na criação de valor social e de potenciação do ambiente.

Palavra-chave: Responsabilidade Social Empresarial, Estratégia, Inovação, Inovação Social, Sustentabilidade.

1. Introdução

A responsabilidade social empresarial (RSE) tem ganho, nas últimas décadas, um forte protagonismo seja no contexto organizacional, académico ou público. O presente estudo salienta a necessidade de haver uma maior coerência entre a gestão da RS e a estratégia de negócio, de modo a que os investimentos sociais agreguem, por essa via, valor financeiro e valor social. Acredita-se que actuar de forma pró-activa na gestão de políticas e práticas de responsabilidade social e ambiental pode conduzir a maiores níveis

---

*Socióloga e Mestre em Sociologia pelo ISCSP, Doutora em Sociologia económica e das organizações pelo ISEG/UTL. Professora SOCIUS/ISEG/UTL. E-mail: mjsantos@iseg.utl.pt

** Administradora pela Universidade Federal do Piauí (UFPI), Mestre e Doutoranda em Engenharia de Produção pela Universidade Fedral de São Carlos (UFSCar), com doutorado sanduíche na Universidade Técnica de Lisboa (UTL) – Instituto Superior de Económia e Gestão (ISEG) – Centro de Investigação em Sociologia Económica e das Organizações (SOCIUS). Pesquisadora e Bolsista da CNPq e Capes-Brasil. E-mail: sousaleila3@gmail.com.

de inovação interna (seja em produtos, processos, serviços, novos mercados e/ou a melhorias tecnologicas) e pode simultaneamente gerar inovações sociais de grande impacto para a sociedade (Mcwilliams e Siegel, 2000; Santos *et al*, 2005; Mcwilliams *et al*, 2006). Defende-se, aqui, a proposição de que a responsabilidade social pode ser bem mais do que acções isoladas, impulsionadas apenas por boas acções ou por meras reacções a pressões externas. A acção social pontual, desprovida de planeamento, de análise de impacto, de reduzido envolvimento, pode ser bem menos proveitosa tanto para os beneficiários externos como para as empresas do que se fosse considerada como uma actividade estratégica, provida dessa forma, de toda a preparação, cuidado e acompanhamento que é prática nas demais actividades realizadas pelas empresas. Portanto, continuar a pautar as acções de RS sem ligação com a actividade *core* pode, contrariamente ao objectivo proposto, limitar o alcance e o impacte das iniciativas sociais das empresas.

Baseado na revisão bibliográfica e tendo como objectivo principal discutir a necessidade da RS ser colocada no centro da estratégia empresarial, aprofunda-se a crescente importância que as empresas têm não apenas para a criação de valor financeiro (mesmo que o façam no estrito cumprimento dos princípios do desenvolvimento sustentável) mas igualmente enquanto criadores de valor social e ambiental, nomeadamente através do seu progressivo envolvimento na potenciação de projectos de inovação social. Trata-se, portanto, de um trabalho teórico, cunhado nas abordagens de diversos autores, considerados importantes na literatura da RS, da análise estratégica e da inovação social. Neste caso, a metodologia utilizada foi pesquisa bibliográfica minuciosa, sendo que se complementa a revisão bibliográfica com uma nova perspectiva que associa a RS à potenciação da inovação social. Embora sem respostas legitimadas, coloca-se aqui em debate a noção de que importa mudar o foco de discussão acerca da função social da empresa, sendo que as empresas não têm apenas de criar valor económico, mas têm igualmente responsabilidades na criação de valor social e de potenciação do ambiente.

2. Teorias sobre a responsabilidade social

Apesar de não ser um tema recente na literatura, a RS vem sendo discutida com mais ênfase nas últimas décadas. Este posicionamento decorre sobretudo da tomada de consciência acerca da influência cada vez maior que as empresas privadas, transformadas em gigantescos conglomerados multi e transnacionais têm no contexto global. Tal influência vai muito para além da simples organização da produção e do trabalho, nem tão pouco se limita aos aspectos económicos e legais. Reside fundamentalmente no impacte que detêm, devido ao uso que fazem dos recursos que são públicos e comuns a todos nós (Korten, 1995; Carroll e Buchholtz, 2000).

A crescente visibilidade da RS traduz a própria evolução do conceito, que se inicia nos anos cinquenta com os argumentos de Bowen (1953) sobre as responsabilidades dos homens de negócios até à noção mais recente que advoga a RS como uma via para a inovação social. Na revisão da literatura efectuada, procurou-se analisar como a RS é perspectivada pelos vários autores e, a partir da tipologia de Garriga e Melé, incorporaram-se novos contributos teóricos. Abordam-se as revisões históricas e conceptuais de Carroll (1999), Swanson (1999) e Windsor (2006), a descrição das implicações culturais de Maignan e Ralston (2002) e Matten e Moon (2004), a extensão do conceito abrangendo o desempenho social das organizações de Wood (1991), a teoria dos *stakeholders* de Donaldson e Preston (1995) e Freeman (1999) e a noção cidadania corporativa de Matten e Crane (2005). Por fim, integra-se também o contributo da RS para a inovação social e alarga-se a perspectiva da função social da empresa.

O conceito, no entanto, continua a manter-se disperso e confuso, uma vez que são vários os autores que lhe atribuem significações diversas e graus de importância distintos, não contribuindo para a sua sedimentação. Numa tentativa de agregação das diferentes perspectivas Garriga e Melé (2004), propõem uma classificação dividida em quatro grandes grupos não excludentes ou dissociados, intitulados: 1) instrumentais – as empresas são instrumentos para criar riqueza e, portanto, a RSE é um ferramenta para gerar lucro para os accionistas; 2) políticas – as empresas por interagirem com a sociedade assumem na arena política, através da responsabilidade social, poder; 3) integrativas – as empresas dependem da sociedade para existirem, crescerem e se desenvolverem, sendo a RSE a forma como as empresas interagem com as necessidades da sociedade na busca por legitimidade, o que garante a sua continuidade; e 4) éticas – as empresas devem relacionar-se com a sociedade tendo como base valores éticos e, consequentemente, a responsabilidade social torna-se uma obrigação ética das empresas. Seguidamente os quatro grupos de teorias serão apresentados de forma mais pormenorizada e enriquecidos com novos contributos, sendo destacados os autores mais importantes de cada corrente teórica.

2.1. Teorias instrumentais

Neste primeiro grande grupo, as empresas são vistas como instrumentos para criar riqueza e, assim sendo, a RSE deve reforçar esse objectivo. Sendo, portanto, um instrumento a ser utilizado para aumentar os lucros dos accionistas

(Garriga e Melé, 2004). Tendo Levitt (1958) e Friedman (1962) como autores mais representativos, estes defendem que a RSE deve ser orientada para a alocação de recursos e distribuição de produtos e serviços em mercado livre. Assim sendo, a RSE é alcançada no momento em que os empresários administram lucrativamente as suas empresas, visão reforçada, posteriormente, por Knautz (1997).

Nesta linha de raciocínio, Levitt (1958) refere ainda que os esforços destinados a promover a RSE podem acabar por desvincular as empresas do seu principal objectivo – desenvolvimento financeiro – e, por sua vez, por conduzir à destruição do sistema capitalista. Neste sentido, também para Friedman (1962), a RSE deve ocorrer via utilização rentável dos recursos e das actividades que promovam o lucro. Para o autor, qualquer acção social que esteja fora dessa linha de pensamento, representa um ónus para as empresas, o que reduz por conseguinte os lucros desejados, não estando deste modo de acordo com a economia de mercado.

Jones (1996) ressalta, ainda, que acções sociais desvinculadas da visão instrumental não são coerentes com a racionalidade existente nas empresas capitalistas. Assim sendo, para o autor, a RS só tem razão de ser, caso se transforme em lucro para a empresa. Nesta óptica, portanto, qualquer acção administrativa que não vise a maximização dos lucros representa uma contradição e fere as obrigações sempre impostas aos gestores das organizações (Jones, 1996).

A visão instrumental tem ganho novos adeptos mais recentemente. Drucker (1984), por exemplo, associa a noção de responsabilidade à de rendibilidade. Para o autor, estas são noções complementares, devendo as empresas converter a RS em oportunidades de negócio rentáveis. Stroup e Neubert (1987), também, encaram a RSE como um investimento. Para eles, o tema deve ser visto como uma antecipação na capacitação de recursos necessários para o fortalecimento da organização no futuro. Sendo essa a única forma de diminuir a resistência dos accionistas perante o tema.

McWilliam e Siegel (2001), reforçam também a ideia da RSE como um investimento necessário, o qual pressupõe um planeamento capaz de antecipar a aplicação de recursos e de fortalecer o futuro das empresas, no momento em que respondem às necessidades da sociedade.

Porter e Kramer (2006) também podem ser integrados nesta perspectiva instrumental, uma vez que defendem que a RSE só faz sentido se assegurar uma vantagem competitiva. Aqui, chama-se atenção para o facto dos autores proporem uma visão mais estratégica da RSE, não excluindo os seus benefícios, custos e retornos.

Os autores que compõem o grupo das teorias instrumentais centram as suas contribuições na questão do lucro, já que defendem ser a sua maximização a principal e única preocupação das empresas.

2.2. Teorias políticas

Para este grupo de teorias, a RS é o meio através do qual as empresas se relacionam com a sociedade e assumem o poder e posições políticas no contexto do qual fazem parte. Dessa forma, consideram que as empresas exercem sobre a sociedade um determinado poder, o qual deve ser gerido com responsabilidade em virtude do impacte que provocam na sociedade (Davis, 1973).

Neste grupo, insere-se Bowen (1953) ao definir a RSE como um conjunto de obrigações legais dos homens de negócios. Estes devem perseguir políticas, decisões ou seguir linhas de acção que tomem em consideração os objectivos e os valores legítimos da sociedade (Carroll, 1999) e Mcguire (1963), isto por se entender que as empresas devem aceitar as obrigações sociais e as responsabilidades em virtude da posição que ocupam na sociedade (Carroll, 1999). Destacam-se, também, os argumentos de Davis (1973), quando explora o papel que o poder do negócio tem na sociedade e o impacto social desse poder.

Garriga e Melé, (2004) chamam atenção para dois pontos fundamentais das teorias que fazem parte deste grupo. Primeiro, para o facto de que a responsabilidade social dos homens de negócios surge em função da quantidade de poder social que detêm. Segundo, para as consequências negativas da ausência do uso deste poder (Davis, 1967). Davis (1973) alerta para o facto de que a empresa só manterá seu poder se o usar de forma coerente. Caso contrário, perderá sua posição e outra empresa o ocupará. Ainda, no estudo com Blomstrom (1975) este autor, salienta o facto de que a base da RSE decorre da percepção da interferência causada pela acção do indivíduo/empresa na vida de outros indivíduos. Consequentemente, nesta perspectiva o tema da RS amplia a visão, se antes estava centrada no indivíduo agora passa a integrar todo o sistema social.

Hay, Gray e Gates (1976), por sua vez, entendem a empresa como criação (invento) da sociedade. Assim sendo, ela tem obrigações para com seu inventor (sociedade). Dessa forma, a RSE reforça a necessidade da empresa continuar a responder às suas necessidades económicas, como sempre o fez, mas agora, também, atendendo aos objectivos da sociedade.

Mais recentemente, surgiu o conceito de cidadania empresarial (Washust, 2001; Maignan e Ferrell, 2001; Wood e Lodgson, 2002; Matten, Crane e

Chapple, 2003; Peterson, 2004). Entendido por Altman (1998) como a noção de pertença das empresas à comunidade, a RS traduz a forma como a empresa interage, intencionalmente, com todos os que fazem parte da sua comunidade. Assim, para o autor, o conceito está relacionado com a maneira como as empresas administram os impactes provocados pelas suas actividades, bem como com os relacionamentos construídos no meio em que actuam (Waddock e Smith, 2000). Esta corrente teórica pode integrar-se no grupo das teorias políticas, na medida em que salienta o poder e a influência das empresas na sociedade, implicando uma gestão adequada as suas acções.

2.3. Teorias integrativas

Este grupo de teorias, entende a RSE como a resposta das organizações às exigências da sociedade, já que a sua permanência e sobrevivência depende da correcta tomada em consideração dessas necessidades sociais. O conteúdo dessa procura é limitado pelo espaço/tempo, pois depende dos valores vigentes na sociedade num determinado período (Preston e Post, 1975). São pouco valorizadas as exigências legais, salientando-se fundamentalmente as cobranças legítimas a que as empresas "precisam" se adequar. Assim, as teorias desse grupo, estão concentradas na percepção e na resposta às necessidades sociais em busca de legitimidade, de maior aceitação e de prestígio (Garriga e Melé, 2004).

De entre os autores que compõem essa perspectiva, Sethi (1975) foi um dos primeiros a discutir a responsabilidade social como resposta às questões sociais. Para isso, propôs a classificação do tema em três níveis: obrigação social, responsabilidade social e responsividade social. O primeiro nível, obrigação social, é relativo ao cumprimento das necessidades legais. Pode ser entendida como o contra-golpe das empresas às forças do mercado ou às restrições legais. Esse, segundo o autor, não é suficiente para atribuir legitimidade às empresas, mas o seu não cumprimento garante penalidades severas, como a não sobrevivência das empresas no mercado. Já o segundo nível, a responsabilidade social, trata das respostas às necessidades sociais que ainda não foram legalizadas, ou seja, que não têm força de lei, mas que representam muito dentro do contexto do qual a empresa faz parte. O último nível, a responsividade social, representa uma consciência mais avançada perante as questões sociais e uma postura mais proactiva, sendo que as empresas defendem e impõem uma correcta postura social a si próprias, aos seus funcionários, parceiros e Estado.

Frederick, Davis e Post (1988) defendem a ideia de que as empresas devem desempenhar papel mais participativo na sociedade, como meio para alcançar a legitimidade. Para os autores, essa mudança no papel das empresas perante a sociedade está baseada nos princípios de caridade e tutela. A caridade pressupõe que as empresas devem ajudar voluntariamente as pessoas necessitadas. O princípio da tutela, como o próprio nome tem subjacente, incentiva as empresas a agirem como representantes dos interesses públicos (Ferderick, Davis e Post, 1988).

Carroll (1999), também, pode ser integrado neste grupo, por entender que a responsabilidade social envolve expectativas económicas, legais, éticas e discricionárias que a sociedade tem num determinado período de tempo. A definição proposta pelo autor apresenta quatro componentes. Primeiro, a componente económica, espera-se que a empresa produza bens e serviços e venda-os com lucro. Segundo, a componente legal, que ela (empresa) o faça respeitando a lei. Terceiro, a componente ética, espera-se ainda que a empresa atinja seus objectivos pautando a sua actuação por comportamentos éticos e respeito pelas normas vigentes. E, por último, a componente discricionária, na qual a sua acção exerce-se de forma voluntária, assumindo uma postura e actuação no sentido de beneficiar a sociedade.

Em 2003, Carroll contando com a parceria de Schwartz reavalia o seu antigo modelo e faz algumas observações e alterações. Segundo os autores, a formação vertical do antigo modelo não é capaz de captar a inter-relação que existe entre os diferentes níveis e, dessa forma, pode evidenciar a atribuição de prioridade ao nível económico, que se encontra na base da pirâmide, em relação ao nível legal, que por sua vez pode ser percebido como mais importante do que a responsabilidade ética, bem como dessa ao nível discricionário, o que segundo a nova visão dos autores está incorrecto. Ainda, desconsideram o nível discricionário do antigo modelo. Além disso, propõem um novo modelo, o qual é composto por três componentes: económico, legal e ético, que se cruzam entre si, não havendo predomínio de nenhum nível sobre o outro, mas uma sobreposição (Carroll e Schwartz, 2003).

Ainda, mais contemporaneamente, surgiu a teoria dos *stakeholders*, que pode ser integrada neste grupo de teorias, por entender que todas as partes interessadas no negócio da empresa devem ser consideradas pelas empresas (Freedman, 1984; Donaldson e Preston, 1995; Evan e Freedman, 1993; Mitchell, Agle e Wood, 1997; Harrison e Freedman, 1999).

2.4. Teorias éticas

Neste último grupo de teorias, as acções das empresas devem ser baseadas em valores éticos e morais, e não económicos, conforme pressupõe o sistema capitalista (Garriga e Melé, 2004).

No âmbito desta teoria, as acções das empresas devem ser orientadas por um sentido de justiça social, centrado em valores éticos da sociedade, de forma desinteressada, uma vez que as leis não são suficientemente claras e completas no que se referente a uma postura ética por parte das empresas (Mulligan, 1986; Wood e Logsdon, 2002; Kok *et al*, 2001; Mintzberg, Simons e Kunal, 2002; Moreira 2008).

Para Enderle e Tavis (1998) a responsabilidade social deve ser pautada em diferentes níveis éticos e cada organização deve ser avaliada quanto ao estágio em que se encontra relativamente à sua postura ética. Para isso, os autores apresentam um modelo segundo o qual a RSE deve ser considerada a partir de três diferentes níveis éticos em cada uma das dimensões: económicas, sociais e ambientais. Ainda, cada dimensão pode ser avaliada partindo do nível mínimo de requisitos éticos até ao nível em que existe aspirações a ideais éticos (Enderle e Tavis, 1998).

Mintzberg, Simons e Kunal (2002) consideram que as empresas devem centrar sua postura em valores éticos e não apenas movidas por valores económicos ambientais e sociais. Assim, para os autores a visão ética deve fazer parte das preocupações das empresas, para além das vertentes económicas, ambientais e sociais.

Com base na tipologia proposta por Garriga e Melé (2004), pode-se perceber que são vários os autores, conforme Quadro 1, e conceitos que gravitam em torno da RSE. Assim, Panapanaan *et al* (2003) acreditam que não existe definição universal do que constitui a RSE, mas acreditam que o tema está baseado na capacidade de administrar o negócio com sustentabilidade e ética.

QUADRO I – Síntese das teorias sobre RSE

Grupo de teorias	Autores comentados
Instrumentais	Levitt (1958); Friedman (1962); Drucker (1984); Stroup e Neubert (1987); Jones (1996); Knautz (1997); McMilliam e Siegel (2001); Porter e Kramer (2006/2002).
Políticas	Bowen (1953); Mcguire (1963); Davis (1967/1973); Davis e Blomstrom (1975); Hay, Gray e Gates (1976); Altman (1998); Carroll, 1999; Waignan e Ferrell (2001); Washust, 2001; Waddock e Smith (2000); Wood e Lodgson (2002); Matten, Crane e Chapple (2003); Peterson (2004).
Integrativas	Preston e Post, 1975; Sethi (1975); Freedman (1984); Carroll (1999); Frederick, Davis e Post (1988); Evan e Freeman (1993); Donaldson e Preston (1995); Mitchell, Agle e Wood (1997); Harrison e Freedman (1999); Carroll e Schuwartz (2003).
Éticas	Mullignan (1986); Enderle e Tavis (1998); Kok *et al* (2001); Mintzberg, Simons e Kunal (2002), Wood e Logsdon (2002); Panapanaan *et al* (2003).

Fonte: Elaborado pelas autoras.

3. RSE e Inovação Social

3.1. Gestão estratégica da RSE

A gestão estratégica da RSE pode ser vista por muitos autores como o desdobramento das teorias instrumentais que propõem, na sua essência, uma abordagem à gestão das questões sociais e ambientais, de modo a melhor atingir os objectivos da organização (Logsdon e Palmer, 1988). Para Drucker (1984) a empresa deve procurar converter a responsabilidade social em oportunidade de negócio. Consequentemente, a responsabilidade social de qualquer negócio deve ter proveitos suficientes para cobrir os custos futuros das suas acções (Drucker, 1984), e um carácter proactivo que pressuponha um planeamento na aplicação de recursos e o fortalecimento do futuro da organização (Stroup e Neubert, 1987). Nesta linha de raciocínio, Porter e Kramer (2002), salientam igualmente a necessidade das empresas analisarem as suas acções sociais e ambientais conforme modelos equivalentes àqueles utilizados nas suas decisões quotidianas de negócios, sendo tais acções vistas como um investimento.

Defende-se aqui a ideia de que a RS pode ser bem mais que acções isoladas e sem articulação com a actividade principal das empresas. A acção social pontual e desprovida de planeamento, de análise de impacto, não envolvimento e acompanhamento, resultante apenas de acções isomórficas, pode ser bem menos proveitosa tanto para os beneficiados externos como para as empresas, do que se for considerada como uma actividade estratégica e como via para inovação provida, dessa forma, de toda um planeamento e acompanhamento comum às demais actividades realizadas pelas organizações. Portanto, continuar a pautar as acções de carácter social em quadros de valores moralistas sem articulação com a estratégia empresarial pode, contrariamente, limitar as iniciativas sociais empresariais, como exemplifica Fischer; Fedato e Belasco (2005), quando lembram ser inevitável que as empresas procurem tratar estes investimentos com a mesma lógica e seriedade com que tratam suas estratégias negociais.

McWilliam e Siegel (2001), Swanson (1995) e Warrewijk (2003) ressaltam a falta de consistência nos estudos empíricos sobre responsabilidade social, a qual para eles está associada à ausência de uma teoria que ligue o tema às forças de mercado, ou seja, falta à RSE a clareza de olhar para o investimento social com os olhos de gestores e de uma forma estratégica.

Sendo certo que esta lacuna existe, o que está em discussão não é apenas o de alinhar a RS com a estratégia de negócio da empresa, ou dito de outra forma o de submeter a lógica da responsabilidade social aos desígnios da estratégia empresarial no contexto do mercado. O que está em causa é uma mudança mais profunda, uma mudança de paradigma na forma como olhamos para a actividade empresarial, sendo que deixa de estar centrada fundamentalmente na lógica da criação de valor financeiro para passar também a incorporar a criação de valor social. Neste caso, o que está em discussão não é apenas a forma como as empresas ancoram as suas acções numa visão estratégica orientada para a obtenção de maiores níveis de competitividade económica, mas também a sua responsabilidade na criação de valor social.

Quando anteriormente se referia o facto de faltar à RSE a clareza de olhar para o investimento social de uma forma estratégica e com os olhos dos gestores, acrescentamos ainda que falta também aos gestores a capacidade de olhar para a empresa numa perspectiva mais ampla que integre nas suas funções não apenas na exclusiva responsabilidade de criar valor financeiro, mas igualmente na de criar de valor social.

A preocupação nuclear não é apenas a de saber se as empresas tem ou não responsabilidades para além de gerar lucro, o que já foi anteriormente respondido e argumentado, o grande ponto de discussão é o de como as empresas são levadas a lidar com a sociedade e com as necessidades provenientes dela (Barry, 2002) e, sobretudo, como podem criar valor social, para além de criar valor económico. Sem deixarmos de concordar com Druker ou com Porter e Kramer que defendem, como foi referido, a necessidade de gerir estrategicamente a RS para reforçar a competitividade empresarial, pois de contrário o financiamento de carácter filantrópico será reduzido a níveis mínimos, o que importa salientar é a necessidade de inclusão no core das actividades empresariais de uma orientação para a criação de valor social, o que tem sido descurado pelos vários autores de referência.

No entanto, importa salientar que a associação entre a RSE e a gestão estratégica das empresas não visa unicamente obter vantagens para as organizações no sentido de conseguir maiores retornos financeiros, legitimidade e agregação de valor. Visa igualmente gerir de uma forma coerente as questões de natureza social e ambiental no mundo dos negócios, considerando-os numa perspectiva ampla, a qual pressupõe não só a criação de riqueza mas igualmente o desenvolvimento humano e a melhoria ambiental.

Nesta óptica, importa planear estrategicamente os desafios sociais e ambientais, sendo que pode constituir uma óptima oportunidade quer para empresas quer para a sociedade, uma vez que as empresas estarão gerindo a sua RS numa perspectiva de longo prazo ancorada na sua visão e missão, conseguindo-se, por esta via, um reforço cumulativo aos vários níveis de actuação (social, económico e ambiental). Além disso, a empresa ao trabalhar estrategicamente a sua responsabilidade social, integra também a relação com os *stakeholders*, sendo um mecanismo fundamental para a incorporação das necessidades sociais (Branco e Rodrigues, 2006), passando a ser considerada a perspectiva da criação de valor social, complementarmente com o valor financeiro.

3.2. RSE e inovação social

Seja por pressões do mercado, seja por afinidade e princípio, as empresas tem têm vindo a assumir a sua responsabilidade social de forma mais visível. No entanto, como referido anteriormente, ainda existe um longo caminho a percorrer, nomeadamente quanto ao seu impacte e efectivação, muito especialmente quando se constata que as práticas ainda são, na sua grande maioria, filantrópicas e resultado de acções isomórficas (imitação). Efectivamente, as empresas não gerem a RS de forma a aproveitar todas as suas potencialidades, agindo motivadas fundamentalmente pela procura de legitimidade, redução de riscos e agregação de valor.

No entanto esta lacuna pode ser minorada se colocarmos a RS no cerne das discussões que fazem parte do futuro da empresa e se a relacionarmos com os processos de inovação social. A busca da inovação para o desenvolvimento sustentável configura-se como o grande desafio a desbravar. A inovação da área social e ambiental pode ser vista como uma óptima oportunidade para as empresas não só assumirem o seu papel na sociedade criando valor social, mas também como uma oportunidade para criar negócios mais sustentáveis. O investimento em inovação sustentável constitui um propulsor para desbravar novas áreas de negócio e conseguir maiores níveis de sustentabilidade global.

Apesar da urgência deste desafio e das pesquisas que associam o conceito de inovação empresarial às questões da inovação social e ambiental terem aumentado nos últimos anos, a quantidade de investigações disponível ainda é pequena, muito especialmente considerada a relevância que o tema adquiriu nas últimas décadas e a sua projecção no futuro.

A centralidade da inovação na concorrência capitalista foi colocada por Schumpeter (1984). Para ele, este atributo mais do que os preços seria importante no reforço competitivo das empresas (Carvalho & Loiola, 2001). As contribuições de Schumpeter ainda têm bastante importância, nomeadamente quando salienta que ao longo do tempo a natureza e o panorama da inovação também muda. Deste modo, de entre a grande variedade de inovações que as empresas implementam é necessário pensar numa estrutura mais abrangente de inovação que ultrapasse as meras inovações tecnológicas, de produto ou processo, para integrar novas formas de inovação como a inovação social ou inovação com base nas questões sociais e ambientais.

O conceito de inovação social surgiu vinculado ao conceito de inovação tecnológica. A inovação tecnológica está focada no objecto enquanto as primeiras concepções de inovação social incidiram sobre o contexto (emprego, qualificação, segurança social, território, etc.). Nas concepções mais recentes, segundo André e Abreu (2006), o conceito de inovação social afasta-se desta perspectiva, sendo-lhe atribuindo uma natureza não-mercantil, um carácter colectivo que visa obter transformações nas relações sociais.

De facto, a bibliografia sobre inovação social é na sua maioria recorrente de iniciativas do terceiro sector e estão relacionadas com o combate à exclusão social, o que reforça a concepção de que o seu processo ocorre fora do mercado. Assim, os trabalhos que trazem o conceito da inovação social para a luz do mercado e como base para as decisões estratégicas das empresas ainda são incipientes.

No entanto, a inovação social pode ver aumentada a esfera de intervenção se não estiver somente focada na temática da inclusão social, mas se for também associada à produção de novos produtos e serviços (tendo em consideração as questões sociais e ambientais), orientadas para a satisfação de necessidades sociais não satisfeitas e para o aumento das capacidades humanas, numa lógica que considera o desenvolvimento económico cumulativamente com a criação de valor social e ambiental. Assim, o processo de inovação social tem o efeito de reconstruir os sistemas de relações sociais, a estrutura de regras e de recursos que reproduzem aqueles sistemas, para além de permitir o desenvolvimento de novos produtos, processos e canais de distribuição (Sabapathy e Weiser, 2003).

Associar formas de gestão e de produção de bens e serviços à satisfação de necessidades sociais e ambientais configura-se como um novo desafio para as empresas que pode trazer amplas vantagens, pois organizações focadas na busca de sustentabilidade podem, igualmente, obter ganhos de competitividade através do crescimento baseado na inovação social (KPMG, 2007).

Se durante muito tempo as empresas estavam sobretudo orientadas para a satisfação de questões de mercado, contemporaneamente, a economia já não obedece uma dinâmica isolada, mas envolve os interesses de toda a sociedade, assumindo, portanto, a sua condição, de co-responsável pela sustentabilidade dessa mesma sociedade, o que implica uma mudança estratégica fundamental (Fleury, 2001).

Este novo enquadramento obriga ao emprego de um novo modelo de gestão e a um novo olhar sobre a actividade da empresa. Cada desafio social e ambiental, cada constrangimento pode e deve servir como uma fonte de oportunidades, estimulando o processo de inovação.

4. Considerações finais

Falar em RSE não é algo novo e está longe de ser consensual, pois desde que a o tema é objecto de debate, seja no meio académico, organizacional ou público, as opiniões dividem-se, dando origem a diferentes correntes de pensamento. No entanto, adquiriu importância nas últimas décadas a ideia de que a actividade empresarial deve ir para além da geração de lucro e da satisfação dos accionistas. Esta deve igualmente tomar em consideração todos os seus *stakeholders* não dependendo somente da vontade e decisão de seus dirigentes (Sethi, 1975; Carroll, 1979; Freeman, 1984; Frederick, 1986/1998;

Frederick, Davis e Post, 1988; Evan e Freeman, 1993; Donaldson e Preston, 1995; Mitchel, Agle e Wood, 1997; Hummels, 1998; Harrison e Freeman, 1999; Carroll e Schwartz, 2003; Phillips *et al*, 2003), e integrar as necessidades do contexto em que se insere (Trevino, 1986; Jones, 1991; Ford e Richardson, 1994; Thomas e Mueller, 2000; Smith e Hume, 2005; Scholtens e Dam, 2007).

Assim, o que tem caracterizado a evolução histórica da discussão sobre a responsabilidade social empresarial é exactamente esta mudança de foco. Antes, focada num ponto de vista mais restrito – instrumental – ética pessoal, representada pela figura do gerente ou homem de negócio (Barnard, 1938; Bowen, 1953), integrou depois um ponto de vista mais abrangente e complexo – subjectiva – ética das próprias organizações e, também com menor frequência, das estruturas sociais (Frederick, 1986; Davis, 1960/1973; Carroll, 1979; Jones, 1980; Freeman, 1984; Wood, 1991; Clarkson, 1994; Donaldson e Preston, 1995). Aponta-se agora para uma outra perspectiva que tende a alargar o papel da empresa que passa a incorporar na sua actividade a criação de valor social paralelamente à criação de valor financeiro, sendo que por esta via potencia processos de inovação social.

Acredita-se que agir de forma pró-activa na gestão de necessidades sociais e ambientais pode conduzir à inovação interna e a melhorias significativas na envolvente (Santos *et al*, 2005). Por conseguinte, a RSE quando suportada por acções estratégicas de largo espectro, pode ser uma forma de criar vantagens competitivas de forma sustentável (Mcwilliams e Siegel, 2000; Mcwilliams *et al*, 2006) e, paralelamente, de gerar inovações sociais de grande impacto para a sociedade. Neste caso, salienta-se a necessidade das empresas ancorarem as suas acções numa visão estratégica orientada para a obtenção de maiores níveis de sustentabilidade que pressuponham não apenas a criação de valor financeiro, mas igualmente, a criação de valor social.

Ressalta, ainda, a necessidade das empresas fugirem do isomorfismo (imitação) que comummente orienta as suas acções ao nível social e ambiental, o que não acrescenta impactes verdadeiramente positivos nem para a empresa (a não ser uma reacção paliativa as pressões externas), nem para a sociedade. O aumento da intervenção das empresas no domínio da inovação social, passa a servir de base para as organizações realizarem inovações no campo social e ambiental, promovendo um ciclo virtuoso entre competitividade e sustentabilidade integrada.

REFERÊNCIAS

ALTMAN, B. (1998), Corporate community relations in the 1990s: a study in transformation. *Business and Society*, 37(2), 221-227.

ANDRÉ, I.; Abreu, A. (2006), Dimensões e espaços da inovação social. *Finisterra*, XLI, 81, 121-141.

BARRY, N. (2002), The stakeholder concept of corporate control is illogical and impractical. *The Independent Review*, 6(4), 541-554.

BOWEN, H. (1953), *Social responsibilities of the businessman.* New York.

BRANCO, M. e Rodrigues, L. (2006), Corporate Social Responsibility and Resourse – Based Perspectives. *in Journal of Business Ethics*, 69. 11-132.

CARROLL, A. B. (1991), The Pyramid of Corporate Social Responsibility: Toward the Moral Management of Corporate Stakeholders. *Business Horizons*, 34(4), 39-48.

CARROLL, A. B. (1999), Corporate social responsibility: evolution of a definitional construct. *Business and Society*, 38(3), 268-295.

CARROLL, A. B.; Buchholtz, A. K. (2000), *Business and society: ethics and stakeholder management.* (4a. ed.) Cincinnati: South-Western College.

CARROLL, A. B. e Schwartz, M. (2003), Corporate Social Responsibility: A Three--Domain Approach. *Business Ethics Quarterly*, 13(4), 503-530.

DAVIS, K. e Blomstrom, R L. (1975), *Business and Society: Environment and Responsibility*, New York: McGRaw-Hill.

DONALDSON, T. e Preston, L. (1995), The stakeholder theory of the corporation: concepts, evidence and implications. *Academy of Management Review*, 20(1), 65-91.

DRUCKER, P. F. (1984), The new meaning of corporate social responsibility, *California Management Review*, 26(2), 53-63.

DAVIS, K. (1967), Understanding the social responsibility puzzle: what does the businessman owe to society? *Business Horizons*, 10(4), 45-50.

DAVIS, K. (1973), The case for and against Business assumption of social responsibilities, *Academy of Management Journal*, 16(2), 312-322.

ENDERLE, G. e Tavis, L. A. (1998), A balanced concept of the firm and the measurement of its long-term planning and performance. *Journal of Business Ethics*, 17(11), 1129-1144.

EVAN, W. M. e Freedman, R. E. (1993), A stakeholder theory of the modern corporation: Kantian capitalism. In Beauchamp, T. L. e Bowie, N. E. (eds.), *Ethical Theory and business*, Englewood Cliffs, NP: Prentice-Hall, 75-84.

FISCHER, R. M.; Fedato, M. A. L. e Belasco, P. F. (2005), *Sustentabilidade sócio-ambiental através de alianças estratégicas intersetoriais – um estudo de caso sobre comunidades extrativistas na região da Amazônia.* Artigo apresentado na V Conferencia Regional de

América Latina y del Caribe de ISTR. Universidad Ricardo Palma. Lima, Peru. Agosto de 2005.

FLEURY, S. (2001), *Observatório da inovação social*. In: Congresso Internacional del clad sobre La reforma Del Estado e de La Administración Pública. Buenos Aires. Anais.

FREEDMAN, E. (1984), *Strategic Management: A Stakeholder Approach*. Boston: Pitman Publishing. 33(2), 150-164.

FREEMAN, E. (1999), Divergent stakeholder theory. *Academy of Management Review*, 24(2), 233-236.

FREDERICK, W., Davis, K. e Post, J. (1988), *Business and Society: Corporate Strategy, Public Policy, Ethics*. Sixth Edition, New York: McGraw-Hill.

FRIEDMAN, M. (1962), *Capitalism and Freedom*. Chicago: The University Chicago Press.

GARRIGA, E. e Melé, D. (2004), Corporate social responsibility theories: mapping the territory, *Journal of Business Ethics*, 53(12), 51-71.

GRANT, R. M. (1999), *Contemporary strategy analysis: concepts, techniques, applications*. Oxford: Blackwell, 1999.

HARRISON, J. S. e Freeman, R. E. (1999), Stakeholders, Social Responsibility and Performance: Empirical Evidence and Theoretical Perspective. *Academy of Management Journal*, 42(5), 479-485.

HAY, R., Gray, E. R. e Gates, J. E. (1976), *Business and Society*, Cincinnati, OH: Southwestern Publishing.

JONES, T. (1996), Missing the forest for the trees: A critique of the social Responsibility concept and discourse. *Business e Society*, 35(1), 7-41.

KMPG (2007), Sustainable Development and Innovation – Sustainable Development and Innovation, *KPMG Global Sustainability Services*.

KOK, P., Van Der Weile, T., McKenna, R. e Brown, A. (2001), A corporate social responsibility audit within a quality management framework. *Journal of Business Ethics*, 31(4), 285-97.

KORTEN, D. C. (1995), *When corporations rule the world. Connecticut*: Kumarian Press.

KNAUTZ, R. (ed.) (1997), *Corporate Social Responsibility*. Policy Spotlight, I(7).

LAVARDA, R. A. B. (2009), ¿Qué comportamientos estratégico favorecen la innovación en La organización? *Revista de Administração e Inovação, São Paulo*, v.6, n.3, 145-162.

LEVITT, T. (1958), The dangers of social responsibility. *Harvard Business Review*. Boston, 36(5), 41-50.

LOGSDON, J. M., Palmer, D. R. (1988), Issues management and ethics. *Journal of Business Ethics*, vol. 7, 191-198.

MAIGNAN, I e Ferrell, O. C. (2001), Antecedents and benefits of corporate citizenship: An investigation of French businesses. *Journal of Business Research*, 51(1), 37-51.

MAKRIDAKIS, S. G.(1993), *Pronósticos:* estrategia y planificación para el siglo XXI. Madrid: Diaz de Santos.

MATTEN, D.; Crane, A. (2005), Corporate citizenship: Toward an extended theoretical conceptualization. In *Academy of Management Review*, 30(1), 166-179.

MATTEN, D., Crane, A. e Chapple, W. (2003), Behind the Mask: Revealing the true Face of Corporate Citizenship. *Journal of Business Ethics*, 45 (1/2), 109-120.

MATTEN, I.; Moon, J. (2004), Corporate social responsibility education in Europe. In *Journal of Business Ethics*, 54, 323-337.

MAIGAN, I.; Ralston, D. A. (2002), Corporate social responsibility. In Europe and the US: Insights from Businesses Self-Presentations. *Journal of International Business Studies*, 33, 497-514.

MCWILLIAMS, A.; Siegel, D. (2000), Corporate social responsibility and financial performance: correlation or misspecification?. *Strategic Management Journal*, 21, 603-609.

MCWILLIAMS, S. e Siegel, D. (2001), Corporate Social Responsibility: A Theory of the Firm Perspective. *Academy of Management Review*, 26(1), 117-127.

MCWILLIAMS, A.; Siegel, D.; Wricht, P. (2006), Corporate social responsibility: strategic implications. *Journal of management studies* 43(1), 1-18.

MITCHEL, R. K., Agle, B. R. e Wood, D. J. (1997), Toward a Theory of Stakeholder Identification and Salience: Defining the Principle of Who and What Really Counts. *Academy of Management Review*, 22(4), 853-886.

MINTZBERG, H., Simmons, R. e Kunal, B. (2002), Beyond Selfishness. *MIT Sloan Management Review*, 44(1), 67-74.

MOLTENI, M. (2006), The social-competitive innovation pyramid. *in Corporate Governance*, 6 (4), 516-526.

MOREIRA, J (2008). A Contas com a Ética Empresarial, Estoril, Princípia.

MULLIGAN, T. (1986), A Critique of Milton Friedman´s Essay "The Social Responsibility of Business is to Increase its Profits". *Journal of Business Ethics*, 5, 265-269.

PANAPANAAN, V. M. et al (2003), Roadmapping Corporate Social Responsibility in Finnish Companies, *Journal of Business Ethics*, 44(2-3), 133-148.

PETERSON, D. K. (2004), The relationship between perceptions of corporate citizenship andorganizational commitment. *Business and Society*, 43(3), 296-319.

PORTER, M. E. e Kramer, M. R. (2002), The Competitive Advantage of Corporate Philanthropy. *Harvard Business Review*, 80(12), 56-68.

PORTER, M.; Kramer, M. (2006), The link between competitive advantage and corporate social responsibility. *Harvard Business Review*.

PRESTON, L. E. e Post, J. E. (1975), *Private management and public policy: the principle of public responsibility*. Englewood Cliffs, NJ: Prentice Hall.

SABAPATHY, J.; Weiser, J. (2003), *Community Enabled Innovation – companies, communities and innovation*. AccountAbility in association with Body Weiser Burns, London.

SANTOS, M. *et al.* (2005), *Desenvolvimento sustentável e responsabilidade empresarial*. Oeiras, Editora Celta.

SETHI, P. S. (1975), Dimensions of Corporate Social Responsibility. *California Management Review*, 17(3), 58-64.

SCHUMPETER, Joseph Alois (1984), *Capitalismo, socialismo, democracia*. Rio de Janeiro: Zabar.

STROUP, M. e Neubert, R. L. (1987), The Evolution of Social Responsibility. *Business Horizons*, 30, 22-24.

SWANSON, D. L. (1995), Addressing a Theoretical Problem by Reorienting the Corporate Social Performance Model. *Academy of Management Review*, 20(1), 43-64.

SWANSON, D. (1999), Toward an integrative theory of business and society: A research strategy for corporate social performance. *Academy of Management Review*, 24(3), 506-521.

WADDOCK, S. e Smith, N. (2000), Relationship: the real challenge of corporate global citizenship, *Business and Society Review*, 105(1), pp. 47-62.

WINDSOR, D. (2006), Corporate social responsibility: three key approaches. *Journal of management*, 43(1), pp. 93-114.

WARHURST, A. (2001), Corporate citizenship and corporate social investment. *Journal of Corporate Citizenship*, 1, pp. 57-73.

WARREWIJK, Marcel Van, (2003), Concepts and Definitions of CSR and Corporate Sustainability: Between Agency and Communion. Journal of Business Ethics, 4(2-3), 95-105.

WOOD, J. D. (1991), Corporate Social Performance Revised. *Academy of Management Review*, 16(4), 691-718.

WOOD, J. D. e Logsdon, J. M. (2002), Business citizenship: from domestic to global level of analysis. *Business Ethics Quarterly*, 12(2), 155-87.

RESPONSABILIDADE SOCIAL DAS EMPRESAS ATRAVÉS DO DIREITO (E O DIREITO À LUZ DA RESPONSABILIDADE SOCIAL DAS EMPRESAS)

Catarina Serra

> *"CSR ist in aller Munde [...]*
> *aber noch längst nicht in aller Köpfe und Herzen"*[1]
> PETER O. MÜLBERT

Resumo: Estando o Direito tradicionalmente associado às ideias de vinculatividade e coercibilidade, soa estranho que um instituto social possa adquirir relevância jurídica. E todavia, o Direito constitui-se por referência a uma determinada realidade histórico-social (a normatividade jurídica não é senão o sentido do comportamento considerado socialmente devido). A RSE tem um lugar no novo Direito regulatório ou proactivo. Este promove as condutas socialmente desejáveis, tornando-as, por meio de instrumentos não convencionais, necessárias, fáceis e vantajosas. Através da juridificação, a RSE deixa de ser apenas um valor ético-social e adquire validade normativa, o que reforça a adesão da comunidade. A RSE tem, por sua vez, uma função no Direito. Ela modificou o conceito tradicional de empresa e a forma como é concebido o exercício dos direitos associados à livre iniciativa económica, introduzindo condicionamentos ao próprio direito de propriedade e constituindo critério para aferir da legitimidade do seu exercício.

Palavras-chave: Responsabilidade social das empresas / Juridificação / Direito regulatório / Direito Proactivo / Funções sociais do Direito Privado

1. Introdução
Em 2004 abordou-se pela primeira vez o tema da Responsabilidade Social das Empresas (RSE). Procurava-se na altura responder a uma questão: é a RSE um instituto jurídico iminente? A pergunta – a forma como estava formulada – permitia deduzir que a RSE *não era ainda* um instituto jurídico mas sugeria a

---

[1] Quer dizer: a RSE está na boca de toda a gente mas ainda não chegou à cabeça e ao coração de todos.

forte possibilidade – e as conclusões confirmavam-na – de isso acontecer *a curto prazo* (Serra, 2005: 42 ss.).

Hoje, passados seis anos, regressa-se à questão. O que significa que o que era previsível (o acolhimento da RSE pelo Direito) *ainda não aconteceu* – pelo menos não *de forma inequívoca* – no quadro do Direito português. Numa altura em que a RSE é tema de desenvolvimento em todas as áreas científicas (na Gestão, na Economia, na Sociologia, na Filosofia) é caso para perguntar: o que se passa?

A resistência é porventura menos do Direito e mais dos juristas. O tratamento jurídico da RSE é, sem dúvida, oportuno – é claramente oportuno no quadro do Direito Económico, do Direito das Empresas, do Direito Comercial e do Direito das Sociedades Comerciais mas igualmente no quadro do Direito do Trabalho, do Direito do Ambiente, do Direito da Concorrência, do Direito dos Consumidores e do Direito Fiscal. O certo é que, entre os juristas portugueses, é raro encontrar quem lhe faça mesmo uma breve referência.[2-3]

Estando o Direito tradicionalmente associado às ideias de "vinculatividade" e de "coercibilidade" (*forcibility* ou *enforceability*),[4] soa, de facto, estra-

---

[2] O tema é abordado em dois manuais portugueses de Direito Comercial: Coutinho de Abreu (2009: 308-309), e, mais desenvolvidamente, Serra (2009: 109-117).

[3] Como afirma García Calvente (2009a: 33), também os juristas espanhóis mantêm alguma distância relativamente à RSE. Não obstante, diversamente do que acontece em Portugal, começou já a esboçar-se um movimento importante explorando a relação entre a RSE e o Direito das Sociedades Comerciais (a governação de sociedades), a relação entre a RSE e o Direito do Trabalho e a relação entre a RSE o Direito Financeiro, Tributário e Fiscal, que se concretiza em cursos e ciclos de conferências e na publicação de obras colectivas temáticas. Salientem-se, entre outros, os seguintes estudos: para a primeira relação, Díez de Castro (2009: 79 ss.), Quijano González (2009: 91 ss.), Ruiz Miguel (2009: 263 ss.), e Pérez Carrillo (2009: 317 ss.); para a segunda, Del Rey Guanter (2009: 43 ss.), Rodríguez-Piñero Royo (2009: 53 ss.), Calvo Gallego (2009: 231 ss.), Nieto Rojas (2009: 267 ss.), Ferreiro Guerreiro (2009: 283 ss.), e Maneiro Vásquez (2009: 301 ss.); e, para a terceira, García Calvente (2009a: 21 ss.), García Calvente (2009b: 113 ss.), Sánchez Huete (2009: 87 ss.), Fernández Amor (2009: 249 ss.), Patón García (2009: 281 ss.), e Villaverde Gómez (2009: 363 ss.).

[4] Como dizia Baptista Machado (2000: 125), "[a]s normas jurídicas [...] caracterizam-se pela sua coercibilidade. Esta é assegurada pelo aparelho de coerção estadual. A ordem jurídica estadual tem por detrás de si o aparelho estadual que, se, por um lado, impõe e tutela o direito objectivo, por outro representa a *garantia jurídica* dos direitos subjectivos [...]" (itálicos do A.).

nho que um instituto social, ainda por cima com carácter voluntário, possa adquirir relevância jurídica.[5]

E todavia, se é verdade que o facto ou o fenómeno, por si só, não constitui – não pode constituir – Direito, não deve esquecer-se que o Direito deriva, em última análise, do facto ou do fenómeno. Ou seja: o Direito constitui-se por referência a uma determinada realidade histórico-social (esta é o *pressuposto material* daquele), de tal forma que, por vezes, a normatividade jurídica não é senão o sentido de uma certa prática social (Castanheira Neves, s.d.: 20 ss. e. 90 ss.).

Nem é preciso enumerar as vantagens que adviriam desta "juridificação" (Teubner, 1988: 17 ss.) ou assimilação jurídica. A RSE deixaria de ser apenas um valor ético-social e converter-se-ia num *valor* ou *princípio jurídico*, que seria a definitiva expressão da sua *validade normativa*, e isso reforçaria a sua aceitação por toda a comunidade (*consensus omnium*) (Castanheira Neves, s.d., 98).

2. Um lugar para a RSE no Direito?

A hipótese da integração da RSE no Direito depara-se com, pelo menos, duas questões iniciais.

Antes de mais, é preciso saber se ela se justifica. Depois, e no caso afirmativo, há que ver como pode ser levada a cabo. Não é um percurso imediato ou evidente: a juridicidade dá origem, em princípio, à coercibilidade[6] e a RSE parece ser, tanto quanto se diz, *deliberadamente* voluntária.

2.1. Razões para a integração da RSE no Direito

Actividade empresarial e preocupações sociais são conceitos aparentemente incompatíveis. Sob este ponto de vista, a RSE não é um propósito *típico* ou

---

[5] De acordo com Baptista Machado (2000: 14 ss.), a palavra "instituição" designa, na linguagem corrente, a acção e o efeito de instituir (sendo que "instituir" significa fixar e ordenar qualquer coisa) e, na linguagem jurídica, os complexos normativos que regulamentam um determinado tipo de relações sociais (ou um determinado fenómeno social) ou, então, a realidade social que está na base de tais relações (o próprio fenómeno disciplinado pelas ditas normas). Na linguagem dos sociólogos, um entendimento possível é definir a instituição como o resultado da institucionalização, consistindo esta na tradução dos elementos culturais (valores, ideias, símbolos), que tem um carácter geral, em normas de acção, com efeitos sobre os membros de uma colectividade.

[6] A coercibilidade do Direito, reconhecidamente legítima, exigível e necessária, não é causa da juridicidade e sim uma consequência dela, ou seja, o Direito não é Direito porque é coercível, é coercível porque é Direito (Baptista Machado, 2000: 34 ss.).

natural das empresas, pelo menos não daquelas que assumam a forma societária (que são a grande maioria).

O elemento essencial das sociedades (comerciais ou civis) – aquele que permite distinguir as sociedades de outras entidades de tipo corporativo e de outras formas jurídicas de empresa (como as cooperativas ou os agrupamentos complementares de empresas) – é o intuito de produzir *lucro* e reparti-lo pelos sócios (cfr. art. 980º do Código Civil). Não devem, por isso, as sociedades praticar doações ou liberalidades nem quaisquer actos de carácter desinteressado ou altruístico (cfr. art. 6º, nº 2 e 3, do Código das Sociedades Comerciais). Em face disto – desta natureza da empresa –, há quem manifeste alguma resistência ao "movimento RSE".

Timothy M. Devinney inclui-se neste grupo. Diz ele que a RSE é um oximoro: as empresas existem para criar valor, não para resolver os problemas da sociedade; a empresa socialmente responsável é, em suma, uma *impossibilidade inultrapassável* (Devinney, 2009). Algumas décadas antes afirmava Milton Friedman que a empresa tem uma e só uma responsabilidade social: usar os recursos de modo a aumentar as suas receitas dentro dos limites da lei ("*the social responsibility of business is to increase its profits within the obligations of law*"). E esclarecia: no caso contrário, o empresário está a gastar o dinheiro alheio para realizar o interesse colectivo. Sempre que as actividades determinadas pela sua responsabilidade social impliquem a redução dos lucros, ele está a gastar o dinheiro dos sócios; sempre que impliquem o aumento do preço dos bens, ele está a gastar o dinheiro dos consumidores; sempre que impliquem a diminuição dos salários, ele está a gastar o dinheiro dos trabalhadores. Ora, tanto os sócios, como os consumidores, como os trabalhadores podem eles próprios gastar o seu dinheiro nessas actividades quando essa seja a sua vontade (Friedman, 1970).

Mas, por outro lado, é impossível ignorar que a sociedade (comercial ou civil) – qualquer empresa – utiliza, em seu benefício, recursos que são escassos e poderiam ter aplicações alternativas. Aparentemente, faz sentido que se configure a relação entre a empresa e a comunidade como tendo por base um *pacto tácito*: a comunidade consente em que a empresa use os recursos colectivos e a empresa deve usá-los para prover às necessidades (e na exacta medida das necessidades) da comunidade – que ela assuma responsabilidade perante a comunidade (Mullerat *apud* García Calvente, 2009a: 25).

A responsabilidade de que se fala não deve ser entendida em sentido técnico-jurídico: no sentido de responsabilidade civil, aplicável apenas em quando estejam reunidos determinados requisitos e desempenhando uma função ressarcitória, reparadora ou compensadora de danos. Deve ser entendida num sentido simultaneamente mais *amplo* – na medida em que não depende de outros requisitos senão da existência de uma *empresa prosseguindo uma actividade económica* – e *positivo* – na medida em que constitui, não um recurso extraordinário ou de resolução de conflitos, mas um elemento da *actividade normal da empresa*[7] e da sua *integração pacífica e frutífera na comunidade*.

Vistas as coisas assim, parece justificado o enquadramento da RSE no Direito. Na realidade, ele aparece mesmo como *exigível*.

2.2. O aparente paradoxo entre o Direito e o carácter voluntário da RSE

O problema é que, para a RSE funcionar, torna-se necessário que as empresas tenham alguma "margem de manobra", que sejam livres de agir – de agir desta ou daquela forma ou mesmo de não agir.[8]

Costuma insistir-se em que a RSE não compreende apenas a observância das disposições legais e contratuais aplicáveis às empresas (*compliance with the Law*);[9] envolve a adopção de comportamentos com conteúdos mais criativos e inovadores e, portanto, implica transcender *voluntariamente* o que está expressamente previsto e estabelecido na lei (*voluntarily go beyond mere com-*

---

[7] Recorde-se, a propósito, a célebre frase de Kofi Annan, proferida na "Cimeira Mundial sobre Desenvolvimento Sustentável", em Joanesburgo, no dia 2 de Setembro de 2002: "[n]ão estamos a pedir às empresas para fazerem algo diferente da sua actividade normal; estamos a pedir-lhes que façam a sua actividade normal de forma diferente".

[8] Na definição do Livro Verde "Promover um quadro europeu para a responsabilidade social das empresas", "a RSE é a integração *voluntária* de preocupações sociais e ambientais por parte das empresas nas suas operações e na sua interacção com outras partes interessadas" [cfr. ponto 20 do Livro Verde "Promover um quadro europeu para a responsabilidade social das empresas", Comissão das Comunidades Europeias, Bruxelas, 18.07.2001, COM (2001) 366 final (acedido por último a 13 de Maio de 2010, em http://eur-lex.europa.eu/LexUriServ/LexUriServ.do?uri=COM:2001:0366:FIN:PT:PDF/) (itálicos nossos)]. Desde então desenvolveram-se muitas outras definições. Veja-se, por exemplo, a de Rusconi (2007: 8): "a resposta legitimante que a empresa dá (ou não dá) à sociedade civil, sendo que esta última compreende todas as pessoas que interagem com a actividade da empresa, seja no interior, seja no exterior desta".

[9] As empresas devem, por exemplo, cumprir os seus deveres laborais, pagar as contribuições à segurança social e os impostos, não praticar actos de concorrência desleal, *etc.*

pliance with the Law).[10-11] Quer dizer: a RSE é, por definição voluntária (Be *et al.*, 2003; Guerra, 2003, 11-12); logo, *necessariamente* insusceptível de tratamento jurídico.

O que acontece é que nem a RSE é tão voluntária como parece, nem aquela consequência é necessária (o Direito não é tão rígido que não pudesse admiti-la).

Na realidade, a RSE foi – é – um resultado de *pressões externas*, das *pressões ou exigências do mercado*; é, mais concretamente, a reacção das empresas às sucessivas campanhas da sociedade civil [sobretudo por parte das Organizações Não Governamentais (ONG)], ao desenvolvimento do "consumo ético", à genera-

---

[10] Como resulta do ponto 3 do Livro Verde, através da RSE, as empresas "vão para além dos requisitos reguladores convencionais" e "procuram elevar o grau de exigência" do Direito constituído. Ou, de outra forma: "[a] RSE é complementar das soluções legislativas e contratuais, a que as empresas estão ou podem vir a estar obrigadas [...]. Não há por isso fronteiras fixas entre a RSE, de base voluntária, e as regulações legais e contratuais. Os problemas que em alguns países ou em determinadas épocas exigem normas legais e contratuais podem noutros países ou noutras épocas ser resolvidos através de RSE. [...] a noção de RSE refere-se à decisão, tomada voluntariamente pelas próprias empresas – isto é, para além das regras inscritas no quadro jurídico-normativo a que as empresas obedecem – de integrar de forma duradoura preocupações sociais e ecológicas nas suas actividades produtivas e comerciais e nas suas relações com todos os parceiros, assim sociais como civis, contribuindo para a melhoria da sociedade e para a qualidade ambiental. Trata-se de uma noção compreensiva e abrangente, que se situa mais no âmbito das boas práticas e da ética empresarial e da moral social, do que no dos normativos jurídicos" [Melícias (relator) (2003) 8-9, 12 e 24-25].

[11] De certa maneira "nos antípodas" da RSE está o (novo) conceito de "*corporate compliance*". O termo designa o conjunto de políticas e de instrumentos de controlo vocacionado para a eliminação das práticas da empresa desconformes ao Direito (nomeadamente crimes) e que demonstra às entidades externas que a empresa está empenhada em prosseguir tal fim. Consiste, na prática, em programas que são adoptados pelas empresas no sentido de educar os trabalhadores e promover os comportamentos éticos, mas também de detectar e evitar as violações da lei. Fala-se numa "indústria de *corporate compliance*", envolvendo advogados, empresas de auditoria e outros profissionais de avaliação de empresas. Baer (2009) aborda o tema, tentando identificar as razões para o fraco sucesso da *corporate compliance* nos Estados Unidos e sustentando que o *Department of Justice* deveria aproveitar, em certos termos, algumas das características do modelo da *New Governance* – que tem inspiração democrática, se baseia na ideia de que a hostilidade não produz boa regulação e, em que, consequentemente, a resolução dos problemas se realiza por meio, não da directa imposição de normas e sanções, mas de um processo assente na colaboração e no diálogo entre entidade reguladora e entidades reguladas.

lização do Investimento Socialmente Responsável (ISR), à introdução da *Corporate Governance* e aos riscos da reputação e da publicidade negativas. Nessa medida, ela é exigível (e não rigorosamente voluntária).

Por outro lado, o que costuma dizer-se a propósito da ordem jurídica é que "ela ordena e proíbe", que é composta de normas de comportamento ou regras de conduta que são ora *preceptivas* (impõem uma conduta) ora *proibitivas* (proíbem uma conduta) ora, quando muito, *permissivas* (permitem uma conduta) (Oliveira Ascensão, 2001: 479 ss. e 498 ss.; Menezes Cordeiro, 1986: 673-674). Como pode isto ser adequado – ou mesmo benéfico[12] – no que toca à RSE?

Em primeiro lugar, as normas não se esgotam nas categorias descritas: o Direito não consiste apenas na *imposição* de acções ou condutas. Depois, a aquisição de dignidade jurídica por parte dos institutos sociais não passa necessariamente pela sua "positivação" ou consagração expressa em normas. Ou seja: a admissibilidade da RSE como instituto jurídico não pressupõe o recurso a normas imperativas (*compelling law*) e, na verdade, até dispensa o recurso a normas.

Fenómenos como os da RSE solicitam o recurso a técnicas inovadoras, que tornem os comportamentos ou as condutas, os actos ou as práticas, não obrigatórios, mas *desejáveis* ou *apetecíveis* aos sujeitos – assim como os actos contrários a elas *indesejáveis* ou *repugnantes* (*front-end regulation*[13]).

A circunstância não prejudica a validade normativa da RSE, bem pelo contrário: aquelas técnicas são as formas pelas quais se manifesta a sua validade normativa.

2.3. A RSE no contexto do moderno "Direito regulatório" ou "Direito proactivo"
Mas – cabe agora perguntar – fará sentido usar o Direito para a função de *difundir* e *promover* comportamentos?

Deve responder-se afirmativamente.

---

[12] Diz-se que, além de ser inconciliável com a vocação (natural) e a predisposição (legal) da empresa para a perseguição do lucro – e, portanto, sempre uma medida de legitimidade discutível –, a utilização de normas deste tipo, impondo "práticas socialmente responsáveis", poderia ter consequências desastrosas: implicaria a diminuição da sua competitividade de algumas empresas relativamente às empresas concorrentes integradas nas ordens jurídicas em que este tipo de normas não existe [Melícias (relator), 2003: 23 e 29].

[13] Assim designa Baer (2009) as regras destinadas a impedir a ocorrência de situações socialmente indesejáveis antes que elas ocorram.

Começa a ser cada vez mais frequente o uso, nas normas jurídicas, de técnicas de encorajamento, no sentido de *promover* e *favorecer* valores e *motivar* ou *estimular* condutas. O que não é meramente circunstancial mas corresponde à transfiguração do Direito clássico num Direito novo, característico do moderno Estado social, que alguns autores – por exemplo, Gunther Teubner – denominam *"Direito regulatório"* e definem "como um direito instrumental, como um mecanismo de regulação ou direcção social, em ordem à consecução de determinados objectivos formulados pelo sistema político" (Teubner, 1988: 46).

Segundo o A., o Direito regulatório tem uma *nova função social*: "é instrumentalizado em função dos objectivos e finalidades do sistema político, que agora assume a responsabilidade pela condução de certos aspectos sociais" (Teubner, 1988: 39). Isto é particularmente visível, não só no contexto do Direito da Segurança Social e do Direito do Trabalho, mas também, em certa medida, no contexto do Direito das Sociedades, justamente em áreas como a da RSE, em que é evidente a intenção de regulação de algumas ordens jurídicas. Em conformidade com isto, o novo direito adquire uma *nova estrutura normativa*: nota-se, entre outras coisas, uma tendência para a particularização da norma jurídica, uma orientação pelo resultado e uma progressiva influência interdisciplinar, do pensamento das ciências sociais, designadamente no plano legislativo (formação dos conceitos jurídicos) (Teubner, 1988: 39 ss.).

Também Norberto Bobbio alude a esta transformação – à passagem do ordenamento repressivo para um *ordenamento promocional*. Diz ele que o Direito está cada vez mais constituído numa incontestável *função promocional*. Ao ordenamento promocional interessam os comportamentos *socialmente desejáveis*; assim, ele procura tornar *necessária*, *fácil* e *vantajosa* a acção desejada. Sob o ponto de vista da função, as medidas têm, sobretudo, propósitos de modificação e de inovação: quando se trata de um comportamento *permitido*, o ordenamento promocional pretende que o indivíduo faça o máximo uso da sua liberdade e procura *encorajá-lo* a modificar o estado das coisas; quando se trata de um comportamento *devido*, ao ordenamento promocional interessa, sobretudo, o comportamento "superconforme", que ultrapasse as exigências legais, e empregam-se *sanções positivas*, premiando, por exemplo, os indivíduos que superem as normas e adoptem condutas ou práticas inovadoras (Bobbio, 1977: 24 ss.).

O Direito Comunitário concretiza – e sustenta – estas novas tendências. Dada a sua natureza (usando com frequência instrumentos de *soft law*) e os seus propósitos (de harmonização), o Direito Comunitário é sempre um domínio privilegiado para a emergência de soluções do tipo. Num texto de opinião recentemente elaborado – o Parecer de iniciativa do Comité Económico e Social Europeu "A abordagem proactiva do direito: um passo para legislar melhor a nível da EU", de 3 de Dezembro de 2008 –, descreve-se esta iminente (r)evolução do Direito.[14]

Segundo o Comité, a tarefa tradicional do legislador foi sempre a de interpretar os interesses da colectividade, de definir o comportamento lícito e de sancionar o comportamento ilícito; hoje isto não é suficiente – é preciso uma mudança de paradigma. Terá chegado a altura de abandonar a tradicional perspectiva *reactiva* do Direito e de adoptar uma perspectiva *proactiva*, de olhar para o Direito de modo diferente: de olhar para diante em vez de para trás, de atentar em como o Direito é usado e opera todos os dias e como é recebido pela comunidade que visa regular; por mais que solucionar problemas e dirimir conflitos seja importante, prevenir as causas dos problemas e dos conflitos é vital, assim como prover às necessidades dos membros da comunidade e promover a relação (sempre produtiva) entre eles e as empresas. Chegou, numa palavra, a fase do "*Direito proactivo*".[15]

O termo "proactivo" sugere geralmente "agir em antecipação" (*acting in anticipation*), "tomar o controlo" (*taking control*) e "tomar a iniciativa" (*self--initiation*). O Direito proactivo tem, além disso, duas outras dimensões: a promocional (*promotive*) e a preventiva (*preventive*), devendo, por um lado, promover os comportamentos desejáveis e encorajar as boas práticas e, por outro, evitar os comportamentos indesejáveis e impedir a produção de efeitos negativos. Ele visa *tornar possível*, *permitir* e *facilitar*; é feito *pelos*, *com* e *para os utentes ou beneficiários do Direito* (indivíduos e empresas), podendo implicar – muitas vezes implicando – uma abstenção de regular ou um encorajamento aos processos de auto-regulação e de regulação colectiva. O conceito-base é o de uma sociedade onde as pessoas e as empresas estão conscientes dos seus

---

[14] O Parecer está publicado no Jornal Oficial da União Europeia, C 175, 28.07.2009 (versão em língua portuguesa acedida por último a 13 de Maio de 2010, em http://eur-lex.europa.eu/LexUriServ/LexUriServ.do?uri=OJ:C:2009:175:0026:0033:PT:PDF).

[15] A nova abordagem do Direito proactivo inspira-se no movimento do Direito Preventivo, de Louis M. Brown, e tem origem na década de noventa, na Finlândia. Está actualmente associada à *Nordic School of Proactive Law (NSPL)*, que foi fundada em 2004, com o objectivo de desenvolver métodos práticos e teorias jurídicas nesta área. Para mais informações pode consultar-se http://www.proactivelaw.org/ (acedido por último a 13 de Maio de 2010).

direitos e das suas responsabilidades, desfrutam das vantagens que o Direito lhes confere e cumprem as suas obrigações de forma a evitar os conflitos.

Em conformidade com isto, o Comité recomenda que o legislador em sentido lato (incluindo a Comissão, o Conselho e o Parlamento Europeu) se concentre no objectivo de promover os comportamentos desejáveis e se esforce por obter, *ex ante*, a maximização de oportunidades e a minimização de riscos e dificuldades. A lei deverá ser, para lá de justa (*just and equitable*), compreensível (*comprehensible*), acessível (*accessible*), aceitável (*acceptable*) e exigível (*enforceable*), sob pena de não conseguir a adesão voluntária dos sujeitos a quem se aplica e isso pôr em causa a sua a sua aplicação efectiva (*effectiveness*). Isto porque o fim do processo legislativo é não a lei mas a aplicação efectiva da lei. O processo legislativo (*decision-making process*) deve adaptar-se a estas novas exigências: deve, primeiro, pressupor em vez de uma consulta pública, a participação activa dos *stakeholders*, antes e depois dos projectos de lei; segundo, tomar em consideração não apenas o impacto económico mas também os aspectos sociais e éticos, não apenas o universo empresarial mas o universo dos cidadãos como últimos destinatários das medidas e iniciativas, não apenas as opiniões da sociedade civil organizada mas também a voz do cidadão anónimo; terceiro, antecipar, em vez de problemas, soluções; quarto, aproximar as leis dos sujeitos a que elas se aplicam, apresentando textos claros e directos; quinto, eliminar leis redundantes, inconsistentes e obsoletas e harmonizar conceitos e definições em quadros comuns de referência (*common frames of reference*); sexto, introduzir novas áreas de liberdade contratual, auto-regulação e regulação colectiva e áreas que possam ser cobertas por códigos de conduta a nível nacional e comunitário; finalmente, privilegiar o método das leis-modelo em vez de insistir na harmonização plena, deixando espaço para a auto-regulação e para a regulação colectiva, quando isso for mais adequado.

Naturalmente, esta transfiguração do Direito tomará o seu tempo (a modificação das mentalidades é um processo árduo e lento). Face às tendências recentes, todavia, não será o carácter voluntário da RSE que constituirá impedimento para a sua integração no Direito – no inovador *Direito regulatório* ou *proactivo* de que se fala.

Como se vê, a integração da RSE no Direito é absolutamente oportuna ou, segundo alguns, mesmo imprescindível para que ela se imponha, sendo duvidoso que ela subsista sem o apoio do Direito (Fannon, 2007; Libertini, 2009: 29-30). São as mesmas pressões externas que tornam a RSE exigível que o reclamam.

2.4. Técnicas para uma integração da RSE no Direito

Sem ignorar que os sujeitos de Direito Privado podem usar o Direito (sobretudo o Direito Civil e o Direito das Sociedades Comerciais) para pressionar as empresas a adoptar a RSE, reduzindo significativamente a sua "voluntariedade",[16] trata-se aqui de saber se é concebível e previsível um quadro legal para a "imposição" definitiva da RSE, mais especificamente a introdução e o funcionamento de mecanismos de pressão do ordenamento jurídico, não sob a forma de legislação convencional (*in the form of conventional State regulation*), mas através do recurso a formas indirectas de pressão (*indirect State pressures*) (McBarnet (2009).

Já há algum tempo que se vem sustentando a possibilidade e a necessidade de medidas deste tipo. Uma das mais óbvias (fácil e eficaz) é a de fazer com que a RSE produza determinadas consequências jurídicas (benéficas ou positivas), de *convertê-la num ónus* – o que se traduz sempre num estímulo à acção.[17] Trata-se, como se sugeriu há alguns anos, de a erigir, por exemplo, em condição de acesso da empresa a certa qualidade, em requisito para a aposição, sob o controle da autoridade pública, de rótulos sociais ou ecológicos aos produtos ou em pressuposto para a participação em concursos públicos ou outros procedimentos de adjudicação administrativa (Serra, 2005: 70).[18]

---

[16] Como afirma McBarnet (2008), incluem-se aqui as actividades das ONG – muitas das quais, ultimamente, se dedicam a adquirir participações sociais das empresas sobre as quais pretendem agir para ficarem habilitadas a invocar, na sua qualidade de sócios, as normas do Direito das Sociedades – e os particulares – que podem aditar, nos contratos que celebram, certas cláusulas prevendo obrigações de RSE e, no caso de a outra parte não cumprir, invocar as regras do Direito das Obrigações.

[17] Como dizem, sugestivamente, alguns autores, o ónus é "a necessidade de adopção dum comportamento que se extrema do dever jurídico, segundo a contraposição kantiana imperativo hipotético – imperativo categórico, sendo o carácter hipotético ou categórico do comando respectivo, resultante de ser próprio ou alheio o interesse a tutelar" (Mota Pinto, 1982: 373). Mais simplesmente, pode ver-se o ónus como algo que está a meio entre o dever jurídico e o direito subjectivo, não se reconduzindo a nenhum. Aquilo que o caracteriza é a alternativa entre condutas: a opção entre adoptar ou não adoptar a conduta prevista na norma fica a cargo do sujeito, dado que nenhuma das condutas é ilícita, mas as condutas produzem resultados diferentes (um favorável e o outro desfavorável ao sujeito).

[18] Nogueira López (2009: 353 ss.) enaltece a contratação pública como um dos campos mais propícios para induzir comportamentos ambientalmente responsáveis – através da incorporação de critérios ambientais na lei dos contratos públicos.

Uma segunda medida é a de criar deveres jurídicos – mais especificamente o *dever de apresentação de balanços de informação social* [*disclosure of environmental, social and governance information (ESG)*], pelo menos para certas categorias de empresas ou em determinados sectores de actividade económica.

A ideia não é original. Tem vindo a ser adoptada, desde há alguns anos, noutros Estados-membros da União Europeia.[19] O movimento está de harmonia com a Directiva 2003/51/CE do Parlamento Europeu e do Conselho, de 18 de Junho de 2003, onde se diz, a propósito da informação a incluir nos relatórios anuais de gestão: "não deve circunscrever-se aos aspectos financeiros da actividade da empresa. Prevê-se que, quando adequado, tal deva conduzir a uma análise dos aspectos ambientais e sociais necessária para a compreensão da evolução, do desempenho ou da posição da sociedade".[20]

A França foi o primeiro país a tornar os balanços de informação ambiental e social obrigatórios – logo em 2001, portanto, antes da Directiva.[21] A obrigação manteve-se até hoje: o art. L. 225-102-1 do *Code de Commerce* (modificado por último pela *Loi n.° 2005-842 du 26 juillet 2005 pour la confiance et la modernisation de l'économie*) determina que o relatório anual das sociedades com acções cotadas em mercados de valores mobiliários compreende informações sobre a forma como a empresa toma em consideração as consequências sociais e ambientais da sua actividade [*"des informations [...] sur la manière dont la société prend en compte les conséquences sociales et environnementales de son activité"*].[22] Já há esforços no sentido de alargar a obrigação a outras empresas – empresas que atinjam certa dimensão.

---

[19] Fora do espaço europeu também foram dados passos importantes. Nos Estados Unidos da América, em 2002, o *Sarbanes-Oxley Act* veio reforçar a fiscalização das práticas responsáveis e, nomeadamente, exigir uma declaração, sob juramento, da verdade e da exactidão dos resultados apresentados pelos dirigentes das empresas.

[20] A Directiva pode ser consultada em http://eur-lex.europa.eu/LexUriServ/LexUriServ.do?uri=OJ:L:2003:178:0016:0022:pt:PDF (acedido por último a 13 de Maio de 2010).

[21] Com a *Loi nº 2001-420, du 15 mai 2001 relative aux nouvelles régulations économiques*, que aditou o art. L. 225-102-1 ao *Code de Commerce*. Cfr., para mais pormenores, Serra (2005: 66-67).

[22] O texto da norma pode ser consultado em http://www.legifrance.gouv.fr/affichCodeArticle.do;jsessionid=A92002FA78C12CB3BE9E50917EE044AB.tpdjo14v_2?cidTexte=LEGITEXT000005634379&idArticle=LEGIARTI000006224812&dateTexte=20100513&categorieLien=id#LEGIARTI000006224812 (acedido por último a 13 de Maio de 2010).

Também o Reino Unido manifestou cedo as suas preocupações nesta matéria.[23] Actualmente, o *Companies Act 2006* estabelece, na *Section 417*, que do relatório anual (*directors' report*) das grandes empresas deve fazer parte um balanço empresarial (*business review*) contendo informação ambiental e social [*information about environmental matters (including the impact of the company's business on the environment), the company's employees, and social and community issues»*].[24]

Na Suécia, existe, desde o princípio de 2008, o dever de apresentação de um relatório anual de sustentabilidade baseado no *Global Reporting Initiative (G3) Guidelines*, embora circunscrito às empresas de capitais públicos.

Mais recentemente, na Dinamarca, entrou em vigor no dia 1 de Janeiro de 2009 o *Act amending the Danish Financial Statements Act (Årsregnskabsloven) (Report on social responsibility for large businesses)*, de 16 de Dezembro de 2008, que obriga as grandes empresas a prestar contas anuais quanto às suas práticas sociais. A lei é minuciosa, exigindo que o relatório contenha informação sobre as políticas de responsabilidade social (princípios, orientações, parâmetros), os instrumentos de execução das políticas de responsabilidade social e uma avaliação da empresa sobre o que foi conseguido com as iniciativas levadas a cabo no curso do ano económico e as expectativas relativamente às iniciativas futuras.[25]

Pode argumentar-se que, mesmo nestes casos – em que a RSE aparece associada aquilo que é, formalmente, um dever jurídico –, a utilidade do Direito é diminuta: trata-se sempre, em última análise, do que se chama "normas jurídicas imperfeitas" (*leges imperfectæ*) porque desprovidas de sanção. De facto, para que o dever se considere cumprido basta que a empresa apresente um relatório em que declara que não realizou nenhuma actividade do tipo. Afinal, a este dever jurídico não corresponde nenhum dever material e, por isso, nenhuma cominação que transforme a RSE numa prática efectiva.

---

[23] Em 2004, foi apresentada ao Parlamento uma proposta de legislação – a "*Core Bill*" – que assentava em dois grandes objectivos: a publicação pelas empresas de relatórios anuais mais transparentes e materialmente mais extensos – *Operating and Finantial Reviews* (*OFR*) – e a imposição de maiores exigências aos dirigentes das empresas. Cfr., para mais pormenores, Serra (2005: 65-66).

[24] O documento pode ser consultado em http://www.opsi.gov.uk/acts/acts2006/pdf/ukpga_20060046_en.pdf (acedido por último a 13 de Maio de 2010).

[25] Uma síntese da lei pode ser consultada em http://www.csrgov.dk/sw51190.asp (versão em língua inglesa acedida por último a 13 de Maio de 2010).

Vendo melhor, no entanto, o dever de apresentação do relatório constitui, por si só, uma obrigação *suficiente*. Na pior das hipóteses, existe o *dever de declarar* a inactividade – o que não é ainda exactamente um *"comply or explain"*[26] mas é quanto basta para desfazer imediatamente a passividade ou a apatia; depois, é possível que, na prática, a empresa seja induzida a – *se sinta no dever de* – ser activa no futuro. Consubstancia, pois, uma técnica de utilização (indirecta) do Direito, aquilo a que Doreen McBarnet chama *"governmental fostering"*, ou seja, a promoção, por meios jurídicos, de uma conduta que, permanecendo formalmente voluntária, acaba por ser obrigatória sob o ponto de vista sócio-jurídico (McBarnet, 2008).

Tenha-se, depois, presente que a aplicação de sanções é uma intervenção subsidiária ou de *ultima ratio*, que o cumprimento das normas jurídicas é, em regra e na sua essência, voluntário, que só excepcionalmente há lugar ao cumprimento forçado. Na realidade, um comportamento é devido, não porque a lei o impõe, mas, sobretudo – *e antes disso* –, porque é considerado como devido pela comunidade. O que equivale a dizer que o cumprimento é um acto voluntário e que há sempre possibilidade de os sujeitos se recusarem a cumprir. Mas este não é um risco próprio ou exclusivo das normas instituindo deveres em matéria de RSE nem depende directamente da perfeição da técnica normativa em cada caso. Tratando-se do Direito aplicável às empresas, ainda para mais, é um risco geral inevitável, dada a inclinação natural dos empresários para o "cumprimento criativo" (*"creative compliance"*) (McBarnet, 2008).[27] De facto, não raras vezes a lei é objecto de um cumprimento técnico (não há incumprimento técnico) mas fica por cumprir o seu espírito (materialmente existe incumprimento). As chamadas "normas perfeitas" não são perfeitas, afinal. Talvez um Direito "menos convencional" seja mais eficaz, seja capaz de incutir nas empresas a ideia de que as práticas são "boas" ou

---

[26] O princípio *"comply or explain"* é um princípio fundamental em matéria de *corporate governance*, permitindo maior flexibilidade na definição dos quadros legais e evitando as normas excessivamente detalhadas, fáceis de violar materialmente. É, contudo, ponto assente que o princípio só deve funcionar se existirem instrumentos aptos a garantir que a empresa observa a obrigação de explicar por que não cumpre, ou seja, quando está prevista uma sanção.

[27] McBarnet usa a expressão para se referir à apetência dos empresários para "contornar" a lei em seu proveito (frequentemente através de advogados e profissionais do Direito). Segundo a oradora, é possível (tentar) combater esta prática por duas formas: alterações sucessivas da lei – para obrigar a adaptações sucessivas – e criação de leis mais gerais – mais dificilmente "contornáveis".

devidas e a *vontade* de aderir na íntegra (isto é, de corpo e alma) e de efectuar um cumprimento responsável (*responsible compliance*).

Uma terceira medida que tem sido propugnada – com particular insistência pela doutrina espanhola (García Calvente, 2009a: 21 ss.; García Calvente, 2009b: 113 ss.; Sánchez Huete, 2009: 87 ss.; Fernández Amor, 2009: 249 ss.; Patón García, 2009: 281 ss.; Villaverde Gómez, 2009: 363 ss.) mas também pela italiana (Libertini, 2009: 30) – é a criação de incentivos por meio do Direito Tributário e Fiscal. Como sublinha, entre outros, García Calvente, não se trata de atribuir "prémios por bom comportamento" mas sim, por um lado, de incutir nas empresas a consciência da sua responsabilidade pelo bem-estar social e, por outro, de conseguir a diminuição da despesa pública – a eliminação das despesas socialmente improdutivas (em resultado da assunção de políticas responsáveis por parte das empresas o Estado fica dispensado de intervenções reparadoras). Além da contrapartida que representa esta diminuição, o "aligeiramento" da carga fiscal das empresas socialmente responsáveis poderia ainda ser compensado com o agravamento da carga fiscal das empresas não socialmente responsáveis (García Calvente, 2009ª: 33 ss.).[28-29]

Existe consenso entre os autores espanhóis quanto à adequação da medida (García Calvente, 2009a: 33-34; García Calvente, 2009b: 124-125); Sánchez Huete, 2009: 108; Fernández Amor, 2009: 257; Patón García, 2009: 293--294; Villaverde Gómez, 2009: 368): nada impede que o sistema tributário persiga finalidades extra-fiscais; estas são, do mesmo modo legítimas, respeitando inclusivamente a interesses ou valores constitucionalmente protegidos e radicando sempre, em última instância, no desenvolvimento da Economia.

Trata-se, mais concretamente, dos "benefícios fiscais", entendidos em sentido amplo, ou seja, as medidas de desagravamento fiscal utilizadas para salvaguardar situações preexistentes ou fomentar uma alteração de comportamentos, como as isenções ou reduções à matéria colectável e à colecta (Villaverde Gómez, 2009: 369). O objectivo é sempre o mesmo: não o de custear ou retribuir o esforço efectuado pela empresas com a RSE mas o de *animar* as empresas a adoptar estas práticas.

---

[28] Como adverte a A., há que ver que a questão fiscal é, ela própria, um objecto da RSE: uma empresa socialmente responsável é também, por definição, uma empresa *fiscalmente responsável*.

[29] Alguns referem-se à responsabilidade fiscal como o "teste definitivo" da penetração da RSE no universo empresarial (McBarnet, 2008).

614 RESPONSABILIDADE SOCIAL: UMA VISÃO IBERO-AMERICANA

O único risco é que a alteração dos comportamentos não se deva em todos os casos a uma genuína alteração das mentalidades – não seja *moralmente induzida* – e sim apenas ao desejo de obter os concretos benefícios. Mas desde que os comportamentos se generalizem na prática, o primeiro objectivo terá sido conseguido; o resto é um processo complexo e lento e esse não pode ser nem aligeirado nem abreviado pelo Direito.

2.5. O acolhimento da RSE pelo Direito português

Não obstante não existir uma política específica para a RSE ou um lugar autónomo para ela no quadro das políticas gerais – e que a maioria dos juristas portugueses nem se dê conta –, o Direito português não tem sido completamente alheio ao fenómeno da RSE.

Pelo menos desde 2004 (sem prejuízo de uma ou outra menção anterior[30]) que existem referências a ela no Direito positivo. Primeiro, no DL nº 34/2004, de 19 de Fevereiro, que cria a Direcção-Geral da Empresa e determina que uma das suas competências genéricas é "promover o desenvolvimento sustentável e a *responsabilidade social das empresas*, visando reforçar a competitividade empresarial" [cfr. art. 3º, al. *i*)].[31-32] Logo a seguir, na Lei nº 12/2004, de 30 de Março, que estabelece o regime de autorização a que estão sujeitas a instalação e a modificação de estabelecimentos de comércio a retalho e de comércio por grosso em livre serviço e a instalação de conjuntos comerciais e declara que o fim último do regime é "a defesa do interesse dos consumidores e a qualidade de vida dos cidadãos, num quadro de desenvolvimento sustentável e de *responsabilidade social das empresas*" (cfr. art. 2º).[33-34] Por fim, na Lei

---

[30] Destaca-se, pela prematuridade, a Lei nº 127-A/97, de 20 de Dezembro, que fixa as Grandes Opções do Plano Nacional para 1998 e onde se propõe a "institucionalização de redes de cooperação, aos níveis local, regional e nacional, que associem nomeadamente escolas, empresas e instituições de ensino superior, de modo a activar o potencial endógeno das diferentes regiões, a aproximar os perfis terminais de formação das necessidades específicas do sector empresarial, a associar programas de investigação à formação, bem como, pela via de um novo exercício da *responsabilidade social das empresas*, a promover a crescente qualificação dos seus recursos humanos" (itálicos nossos).

[31] Itálicos nossos.

[32] O diploma foi revogado pelo artigo 12º do Decreto Regulamentar nº 56/2007, de 27 de Abril, que aprova a orgânica da Direcção-Geral das Actividades Económicas.

[33] Itálicos nossos.

[34] O diploma foi revogado pelo nº 1 do artigo 27º do DL nº 21/2009, de 19 de Janeiro, que, estabelece o regime jurídico de instalação e de modificação dos estabelecimentos de

nº 55-A/2004, de 30 de Dezembro, que fixa as Grandes Opções do Plano para 2005 e identifica, entre outros objectivos, a "promoção e integração da *responsabilidade social das empresas* no âmbito da política de conservação da natureza, designadamente no tocante num contexto de novos modelos do governo das empresas e de exercício de cidadania" e a "promoção e integração no quadro da política de ambiente da estratégia de *responsabilidade social das empresas* que considera para além do desempenho financeiro, contempla também a preocupação com os efeitos sociais e ambientais das suas actividades".[35]

Após alguns anos de silêncio, a lei retoma o assunto em 2007, com a Lei nº 4/2007, de 16 de Janeiro, que aprova as bases gerais do sistema de segurança social, formulando uma "regra" de *responsabilidade social das empresas*: "[o] Estado estimula e apoia as iniciativas das empresas que contribuam para o desenvolvimento das políticas sociais, designadamente através da criação de equipamentos sociais e serviços de acção social de apoio à maternidade e à paternidade, à infância e à velhice e que contribuam para uma melhor conciliação da vida pessoal, profissional e familiar dos membros do agregado familiar" (cfr. art. 35º).

Mais tarde, a Lei nº 8/2008, de 18 de Fevereiro, transpondo a Directiva nº 2003/72/CE, do Conselho, de 22 de Julho, que completa o Estatuto da Sociedade Cooperativa Europeia (SCE) no que respeita ao envolvimento dos trabalhadores, dispõe que o órgão de direcção ou administração deve apresentar ao conselho de trabalhadores um relatório anual contendo "informação sobre as iniciativas relacionadas com a *responsabilidade social das empresas*" (cfr. art. 25º, nº 2).[36] Depois, o Decreto-Lei nº 209/2008, de 29 de Outubro, que estabelece o regime do exercício da actividade industrial, fixa como objectivo "prevenir os riscos e inconvenientes resultantes da exploração dos estabelecimentos industriais, visando salvaguardar a saúde pública e dos trabalhadores, a segurança de pessoas e bens, a higiene e segurança dos locais de trabalho, a qualidade do ambiente e um correcto ordenamento do território, num quadro de desenvolvimento sustentável e de *responsabilidade social das empresas*" (cfr. art. 1º).[37]

Ainda em Fevereiro de 2008, o Instituto Português da Qualidade (IPQ), integrado no Ministério da Economia e da Inovação, cria a primeira Norma

---

comércio a retalho e dos conjuntos comerciais.

[35] Itálicos nossos.

[36] Itálicos nossos.

[37] Itálicos nossos.

Portuguesa de Responsabilidade Social: a NP 4469-1:2008 (Ed. 1) (Sistema de gestão de responsabilidade social). A Norma segue a mesma metodologia de sistemas internacionais de gestão da qualidade, como a norma *ISO 9001* (*International Organization of Standardization 9001*), e deve-se ao reconhecimento de que "a actividade das organizações gera impactes positivos e negativos ao nível económico, social e ambiental, à escala global". Permitirá, segundo a Associação Portuguesa de Ética Empresarial, não só uma concreta melhoria dos processos e dos impactes como a declaração pública das boas práticas.[38] Para efeitos de aplicação da Norma, responsabilidade social define-se como "as acções voluntárias das organizações tendo em vista a criação e maximização dos seus impactes positivos, bem como a redução ou eliminação dos seus impactes negativos".[39]

Um ano depois, o Decreto-Lei nº 21/2009, de 19 de Janeiro, que aprova o regime jurídico de instalação e modificação dos estabelecimentos de comércio a retalho e conjuntos comerciais, determina que "[n]a apreciação dos novos estabelecimentos e conjuntos comerciais seja dada uma especial relevância à contribuição positiva de tais empreendimentos para a promoção da melhoria do ambiente, preenchendo exigências de eco-eficiência, do desenvolvimento da qualificação do emprego e da *responsabilidade social das empresas* promotoras dos projectos em apreciação".[40] Para efeito da elaboração de um relatório final, a Direcção-Geral das Actividades Económicas (DGAC) procede à pontuação dos processos em função da valia do projecto (VP), de acordo com vários parâmetros definidos para as diferentes tipologias comerciais; entre eles conta-se a "[a]valiação da qualidade do emprego no estabelecimento e da *responsabilidade social da empresa*" [cfr. art. 10º, nº 1, al. *c*)].[41]

---

[38] O comentário da Associação Portuguesa de Ética Empresarial pode ser consultado em http://www.apee.pt/portal/index.php?option=com_content&view=article&id=56:np4469-norma-portuguesa-rs&catid=7:normalizacao&Itemid=44 (acedido por último a 13 de Maio de 2010).

[39] A Norma pode ser adquirida na loja electrónica do IPQ (por 35 euros), em http://www.ipq.pt/custompage.aspx?modid=0&pagid=1250&TPA=C&ncert=96806 (acedido por último a 13 de Maio de 2010). O texto de apresentação da Norma pode ser consultado em http://www.ipq.pt/custompage.aspx?pagid=4290 (acedido por último a 13 de Maio de 2010).

[40] Itálicos nossos.

[41] Itálicos nossos.

No que toca aos *códigos de conduta* – que são uma das principais fontes da RSE[42] –, as referências legislativas são em número considerável. Apontem-se duas, mais recentes: o Decreto-Lei nº 108/2009, de 15 de Maio, e a Portaria nº 651/2009, de 12 de Junho. O primeiro define as actividades de turismo de natureza e determina que as empresas que pretendam obter o reconhecimento das suas actividades como turismo de natureza devem apresentar, junto do Turismo de Portugal, I. P., o respectivo pedido instruído com uma "[d]eclaração de adesão formal a um código de conduta" [cfr. art. 20º, nº 1, al. *b)*]; a segunda define este código de conduta (cfr. art. 2º e Anexo I).

Os exemplos demonstram que, em Portugal, as práticas de responsabilidade social já são, em determinados sectores, requisito para o acesso da empresa a determinada qualidade e para a certificação dos produtos. Confirma-se, assim, a ideia anterior de que o mecanismo jurídico do *ónus* é dos que melhor se presta à função de promoção da RSE.

3. Um papel no Direito para a RSE?

Se, como se viu, o ordenamento jurídico pode e deve intervir – já intervém – para estimular as "boas práticas sociais", a verdade é que o movimento é duplo: a RSE pode, também ela, contribuir – já contribui – para transformar as estruturas jurídicas tradicionais.

A livre iniciativa económica e os direitos associados começam a ser concebidos de forma diferente da tradicional: à luz não só dos interesses do seu titular mas também de outros interesses – dos interesses dos *stakeholders* (ou partes interessadas).[43] Estes condicionam, de certa forma, o exercício de tais

---

[42] O código de conduta é uma espécie de "declaração formal de valores e práticas comerciais de uma empresa e, por vezes, também dos seus fornecedores [...], enuncia requisitos mínimos e constitui, simultaneamente, um compromisso solene da empresa para a sua observância e a exigência de que os seus contratantes, subcontratantes, fornecedores e concessionários os observem" [cfr. Livro Verde (Anexo — Conceitos). Cfr., sobre os códigos de conduta e as outras fontes de RSE, Serra (2005: 56-60).

[43] A expressão "*stakeholders*" (ou "partes interessadas") designa todas as entidades (indivíduos ou organizações) que afectam a actividade de uma empresa ou são afectados por ela: por um lado, os investidores (ou *shareholders*), os trabalhadores, os parceiros comerciais, os fornecedores, os clientes e os credores – *stakeholders* contratuais – e, por outro lado, a comunidade local, as associações de cidadãos, as entidades reguladoras e o Governo – *stakeholders* colectivos. Sustenta Libertini (2009: 17, nota 28) que no âmbito da noção geral de *stakeholders* cabem, pelo menos, três distintas categorias de titulares ou portadores de interesses: sujeitos que realizaram investimentos próprios para entrar em contacto com a empresa

direitos ou a legitimidade do seu exercício, permitindo ajuizar sobre as condutas em termos de boa ou má fé e o uso do direito em termos de legitimidade ou ilegitimidade. Ao contrário do que acontece normalmente, a responsabilidade não aparece aqui como valor invocável em situações de oposição da empresa à comunidade local, mas sim como valor de e para uma coexistência pacífica da empresa e da comunidade.

3.1. As (novas) funções sociais do Direito Privado

Dá conta deste movimento Hugh Collins. Diz ele que existem duas concepções opostas de Direito Privado: a concepção do formalismo legal (*legal formalism*) e a concepção sociológica do Direito Privado (*sociological conception*). Esta última assenta na ideia de que o processo legislativo é *reflexivo* – a lei procura apoiar as actividades económicas, compreendendo as funções e as necessidades de tais actividades e produzindo legislação que as facilita e viabiliza – mas também *recursivo* – reage às alterações operadas na realidade social, inclusivamente aquelas que são produto da lei – (Collins, 1977: 407 s.).

Em virtude disto, dá-se um alargamento paulatino do Direito Privado (os interesses da comunidade começam a intervir no discurso do Direito Privado) e este constitui-se gradualmente em novas funções (sociais).[44] Dois exemplos comprovam esta transformação: a penetração de "não-pessoas" e "não-direitos" no reconhecimento e na realização judiciais dos (genuínos) direitos subjectivos das (genuínas) pessoas jurídicas.

O primeiro é o "caso do supermercado no centro comercial" e respeita a um supermercado instalado num centro comercial do Reino Unido. O contrato de locação previa a permanência do supermercado no centro pelo período de trinta e cinco anos e o seu funcionamento durante as horas normais de comércio. Em função disto, outros pequenos negócios foram ocupando as instalações do centro. Ao cabo de dezasseis anos, porém, o supermercado

---

(sub-fornecedores; trabalhadores com formação *ad hoc*, consumidores com obrigação de exclusivo relativamente ao consumo de certo produto); sujeitos que, apesar de não terem realizado um investimento em sentido próprio, funcional à actividade da empresa, sofrem os efeitos positivos e negativos das decisões e opções de gestão empresarial; sujeitos que têm somente um interesse indirecto, que pode ser de natureza moral, nas decisões e opções de gestão da empresa.

[44] Segundo Calliess e Renner (2007: 11), as funções sociais do Direito consistem na estabilização das expectativas normativas, que só podem ser satisfeitas dentro das estruturas auto-referenciadas de um sistema positivo.

fechou as suas portas pois estava a sofrer perdas acentuadas. O locador requereu judicialmente a aplicação de uma providência cautelar para manter o supermercado em actividade até ser possível encontrar um outro supermercado que quisesse instalar-se no mesmo local. O Tribunal da Relação inglês acedeu ao pedido, com o fundamento de que os comerciantes que haviam assumido obrigações derivadas do contrato de locação confiando em que existiria um supermercado no centro comercial iriam ser prejudicados pelo seu encerramento e não tinham (outra) possibilidade de agir contra o réu. O réu recorreu e conseguiu a revisão da decisão: nem o interesse público – declarou a *House of Lords*[45] – pode justificar que uma empresa seja forçada a manter-se em actividade quando está a sofrer perdas; a alteração de tal raciocínio corresponderia à alteração da prática habitual dos tribunais e, sobretudo, defraudaria as expectativas dos empresários que se encontrassem nestas circunstâncias.

O exemplo demonstra que, pelo menos para alguns (o Tribunal da Relação inglês), o direito de propriedade das empresas sobre os seus estabelecimentos deve ser *limitado* – não pode ser exercido exclusivamente no seu proveito mas atendendo aos interesses da colectividade dos outros locatários – e, por outro lado, é absolutamente necessário criar mecanismos de tutela destes interesses, sobretudo quando os respectivos titulares carecem de um direito subjectivo que os habilite a agir. O raciocínio não resistiu (ainda) ao princípio da segurança jurídica, invocado pelo Tribunal Supremo.

O segundo é o "caso do encerramento da fábrica", sobre um "gigante" da metalurgia que fecha as suas portas após oitenta anos de actividade na mesma cidade de um estado dos Estados Unidos da América. O encerramento fez com que três mil e quinhentas pessoas perdessem o seu emprego e dez mil pessoas de outras empresas locais fossem afectadas. A direcção da empresa havia decidido não proceder à modernização da fábrica e continuar a actividade noutro local. O sindicato invocou o direito de comprar a fábrica pelo justo preço de mercado (uma espécie de direito de prefe-

---

[45] A *House of Lords* era, na altura, a instância judicial máxima. A partir de 1 de Outubro de 2009, deixou , porém, de ter poderes judiciais, sendo substituída pelo *Supreme Court of the United Kingdom*, que passa a ser a suprema instância de recuso em todas as questões em que seja aplicável o direito inglês, o direito galês, o direito norte-irlandês e o direito civil escocês. Na origem da reforma esteve o princípio de separação de poderes e o receio de que a *House of Lords* (com poderes legislativos e judiciais) não assegurasse o direito ao "processo justo", garantido na Convenção Europeia dos Direitos do Homem.

rência ao preço de mercado), com o propósito de evitar o encerramento da fábrica, mas a direcção decidiu não vender porque a venda iria provocar concorrência às outras fábricas da empresa. Inicialmente, o tribunal expressou simpatia pelas alegações: aparentemente, um direito emergiria desta relação duradoura entre a empresa metalúrgica e a comunidade local (o direito de exigir que a empresa assumisse a sua responsabilidade para com a comunidade local e levasse em consideração os interesses dela em todas as suas decisões). Mas depois teve de reconhecer que a empresa não estava a cometer nenhum ilícito (nem contratual, nem extracontratual). De facto, o sindicato não era titular de um direito de propriedade (ou compropriedade) sobre a fábrica nem sobre o terreno onde ela estava instalada e, sendo assim, não existia no Direito Privado nenhum direito que se opusesse ao direito de a empresa encerrar a fábrica nem era possível ao tribunal criá-lo.

Em qualquer dos casos é judicialmente reconhecido que os interesses dos *stakeholders* podem e devem influenciar o modo de exercício dos direitos subjectivos (o exercício da empresa). O que faltou no segundo caso foi a identificação, por parte do tribunal, de uma "brecha" no processo de aplicação da lei, através da qual fosse possível introduzir uma via para a tutela destes interesses. Apesar de tudo, o caso poderia ter tido um desenlace distinto. Naturalmente, se a lei atribuísse ao sindicato o direito a participar, em nome dos trabalhadores e da comunidade local, na decisão sobre o encerramento da fábrica, a decisão do tribunal ficaria facilitada. Mas a verdade é que há outros caminhos para atingir o mesmo resultado: caminhos sucedâneos (enquanto isso não acontece) ou mesmo alternativos (que, mesmo quando isso aconteça, permanecerão como mais adequados a algumas situações).

É certo que o direito de propriedade é um direito absoluto e goza de dignidade constitucional. Mas nem mesmo o direito de propriedade (*rectius*: o seu exercício) pode deixar de respeitar os ditames da boa fé (*fides servare*) e os seus (sub-)princípios: o (sub-)princípio da prioridade da substância sobre a forma – ou da primazia da materialidade da regulação jurídica (Menezes Cordeiro, 1997: 1252) – e o (sub-)princípio da tutela da confiança. De acordo com o primeiro, o exercício do direito, não obstante aparentemente (formalmente) conforme ao ordenamento jurídico, ser-lhe-á substancialmente desconforme sempre que não realize os interesses e os valores que lhe subjazem. O segundo concretiza-se na proibição do abuso do direito e impõe que, no momento do seu exercício, o titular do direito dispense uma atenção especial a interesses que o transcendem. "Tal tutela [da confiança] justifica-se numa ideia de protecção adequada dos sujeitos de acordo com um princípio de responsabilidade pelas expectativas que a actuação individual engendra no meio social. [...] [O] que é mister é assegurar é que ninguém fique injustamente prejudicado por uma alteração de conduta quando acreditou na constância ou coerência de outrem" (Carneiro da Frada, 2004: 422).[46]

O direito de o proprietário (o empresário) dispor dos seus bens (da sua empresa) tem, então, limites intrínsecos, podendo o seu exercício, em cada situação, ser restringido ou mesmo impedido na medida em que seja provável ou possível que daí resulte um indesejável impacto social. Esta "função ou vinculação social da propriedade (e da iniciativa económica) privada" está expressa na Constituição alemã: diz-se no art. 14 (2) da *Grundgesetz* que a propriedade obriga e que o seu uso deve igualmente contribuir para o bem da comunidade ("*Eigentum verpflichtet. Sein Gebrauch soll zugleich dem Wohle der Allgemeinheit dienen*").[47-48]

O que significa tudo isto no caso em análise?

Que, apesar de a empresa ser indiscutivelmente a proprietária da fábrica, uma medida que a obrigasse a considerar a proposta do sindicato, evitando ou reduzindo as consequências negativas do encerramento, não teria sido nem inoportuna nem injustificada – bem pelo contrário. E nem impossível, quando

---

[46] Itálicos do A.

[47] Isto embora os autores alemães sejam cépticos quanto à possibilidade de este princípio da função ou da vinculação social da propriedade privada vincular directamente os particulares (Mülbert, 2009: 769-770). Também Coutinho de Abreu (1999: 240) sustenta que dele não decorrem, dada a sua imprecisão, imediatamente deveres concretos para os titulares das empresas.

[48] De outra forma, também na Constituição italiana é possível encontrar sinais de que os indivíduos – e as empresas – têm impreteríveis deveres de índole social: declara-se no art. 2 da *Costituzione* que a República reconhece e garante os direitos inalienáveis de cada pessoa, seja individualmente seja dentro da colectividade onde se desenvolve a sua personalidade, e impõe a observância dos deveres inderrogáveis de solidariedade política, económica e social ("*La Repubblica riconosce e garantisce i diritti inviolabili dell'uomo, sia come singolo, sia nelle formazioni sociali ove si svolge la sua personalità, e richiede l'adempimento dei doveri inderogabili di solidarietà politica, economica e sociale*") e ainda no art. 41 que a iniciativa económica privada não pode desenvolver-se em contraste com a utilidade social ["*L'iniziativa economica privata è libera. Non può svolgersi in contrasto con l'utilità sociale [...]*"]. Tão-pouco os juristas italianos qualificam o disposto na *Costituzione* como a imposição às empresas do dever de observância, nas suas opções de gestão, das regras da RSE; trata-se, segundo dizem, de uma mera orientação ou de uma referência geral (De Ferra, 2008: 355; Libertini, 2009: 28; Rusconi, 2007: 8, nota 21).

se faz uma leitura adequada do princípio da boa fé (à luz das novas realidades sociais).[49]

Em face disto, é impossível não ver que a RSE tem uma função no Direito: revela novas hipóteses de aplicação de institutos jurídicos tradicionais como a boa fé e o abuso do direito, ao mesmo tempo que obriga ao seu aperfeiçoamento e à sua actualização, de forma a que eles possam funcionar como resposta (ou como critério orientador da resposta) aos novos problemas que ela põe.

3.2. O contributo da RSE para a transformação das formas como é concebido o exercício das actividades económica no Direito português

No que respeita ao Direito português, há também sinais inequívocos da interferência da RSE nos conceitos tradicionais de empresa e de sociedade (comercial ou civil) e a forma como é concebido o exercício normal das actividades económicas. Ela funciona já como critério para apreciar a licitude dos actos de gestão das sociedades comerciais.

É por demais sabido – até em Portugal – que a RSE mantém uma relação próxima com o movimento da *corporate governance* (governação de sociedades). Ambos se reconduzem ao conceito de desenvolvimento sustentável e obedecem à ideia de que os operadores no espaço económico devem adoptar especiais cuidados no desenvolvimento da sua actividade e interiorizar uma cultura de responsabilidade (preventiva e sucessiva) perante os *stakeholders* – ambos prosseguem, assim, o objectivo comum da diminuição dos riscos (Bassen *et al.*, 2005: 234).[50] Esta proximidade tem manifestações e desenvolvimentos quer ao nível doutrinal quer ao nível legislativo.

Ao nível doutrinal não se regista, mais uma vez, grande actividade em Portugal.[51] Em contrapartida, é perceptível na legislação.

---

[49] Apesar de a boa fé ser, no plano literal, exclusivamente aplicável no contexto de relações obrigacionais, o requisito de que haja uma relação especial entre os sujeitos encontra-se hoje tendencialmente superado pela evolução da doutrina e da jurisprudência (Medicus, 2002: 75-76).

[50] Mais assertivamente, dizem alguns autores que o actual movimento da RSE não é senão um elemento da boa governação de sociedades (Branson, 2002: 1225).

[51] Existem, contudo, numerosos estudos estrangeiros [além dos textos espanhóis referidos *supra* nota 3, cfr., por exemplo, Branson (2001: 605 ss.); Horrigan (2007: 85 ss.); Corbett (2009); Kolk e Pinkse (2009); Zumbansen (2009).

A norma do art. 64º do Código das Sociedades Comerciais (CSC), com redacção introduzida pelo DL nº 76-A/2006, de 29 de Março, constitui os gerentes e administradores de sociedades comerciais em dois grupos de deveres fundamentais: os deveres de cuidado [cfr. al. *a)* do nº 1] e os deveres de lealdade [cfr. al. *b)* do nº 1]. Em caso de violação destes deveres fundamentais, os gerentes e administradores podem ser destituídos com justa causa (cfr. art. 191º, nºs 4 e 7, art. 257º, nºs 1 e 6, art. 403º, nºs 1 e 4, e art. 471º do CSC) e sujeitos a responsabilidade civil: perante a sociedade (cfr. art. 72º do CSC), perante os credores (cfr. art. 78º do CSC) e perante os sócios e terceiros (cfr. art. 79º do CSC).[52]

Os deveres de lealdade (*duties of loyalty*) correspondem àquilo que no Direito inglês se denomina deveres fiduciários (*fiduciary duties*), ou seja, são deveres inerentes à relação de confiança que se estabelece entre a sociedade e os gestores e com base na qual estes (*fiduciaries*) actuam em nome e no interesse daquela. Correspondem ao "dever de os administradores exclusivamente terem em vista os interesses da sociedade e procurarem satisfazê-los, abstendo-se portanto de promover o seu próprio benefício ou interesses alheios" (Coutinho de Abreu, 2007: 22). Os interesses da sociedade (ou interesse social) em causa são os interesses dos sócios, dos trabalhadores, dos clientes, dos credores e ainda os interesses de quaisquer sujeitos susceptíveis de influenciar ou afectar a actividade da sociedade e / ou de ser afectados por ela – os *stakeholders*. Ao que tudo indica, os gerentes e administradores deverão, a partir de agora, mitigar o objectivo de maximização do lucro com outros objectivos ou exigências (predominantemente de carácter social)[53] – aquilo em que no Direito inglês começou a chamar-se, no contexto do dever (homólogo) previsto na *Section 172* do *Companies Act 2006*, "*enlightened shareholder value*".

Dados o número, a diversidade e a potencial incompatibilidade dos interesses em causa, compreende-se que exista algum cepticismo: "[e]xigir "lealdade" no interesse da sociedade e, ainda, atentando aos interesses (a longo

---

[52] Cfr., para uma síntese dos deveres e a responsabilidade dos gerentes e administradores de sociedades comerciais e, em particular do disposto na norma do art. 64º do CSC, Serra (2009: 91-98).

[53] A norma da al. *b)* do nº 1 do art. 64º do CSC representa a subsistência das perspectivas institucionalistas do "interesse social". Em conformidade com as *teorias institucionalistas*, o interesse social é o interesse comum não só aos sócios mas também a outros sujeitos (trabalhadores, credores e colectividade). Opõem-se às *teorias contratualistas*, segundo as quais o interesse da sociedade é exclusivamente o interesse dos sócios enquanto tais.

prazo) dos sócios, e ponderando os de outros sujeitos, entre os quais os trabalhadores, os clientes e os credores, é permitir deslealdades sucessivas. Quem é 'leal' a todos, particularmente havendo sujeitos em conflito, acaba desleal perante toda a gente" (Menezes Cordeiro, 2007: 41).[54]

As críticas são acertadas.[55] Pese embora a imperfeição da norma, é inequívoco que estão a ser dados passos para que a RSE passe a integrar os critérios que permitem ajuizar sobre os comportamentos e comece a desempenhar uma função no Direito.

4. Observações finais

Entre outros problemas com que se depara ainda a RSE, costuma dizer-se que ela conduz à *desresponsabilização do Estado*, à transferência da responsabilidade social para as empresas, implicando, por isso, o risco de os serviços em prole da comunidade se tornarem *menos transparentes, acriteriosos* e *insusceptíveis de sindicância*.

Vêm a propósito (mais uma vez) as observações de Milton Friedman. Insistindo em que a imposição do pagamento de impostos e a afectação das respectivas receitas são atribuições exclusivas do Estado, adverte que, ao defender a RSE, se espera – indevidamente – que o empresário ou gestor da empresa seja algo que ele não pode ser, isto é, simultaneamente legislador, administrador e jurista, que decida quem deve pagar os custos e quem deve beneficiar deles – tudo isto orientado pelas pressões exteriores no sentido de reduzir a taxa de inflação, melhorar o ambiente, combater a fome mundial e por aí fora (Friedman, 1970).

O cepticismo é partilhado pelos juristas – os únicos juristas que se pronunciaram sobre a matéria, como Coutinho de Abreu. Depois de manifes-

---

[54] Coutinho de Abreu (2009: 299) manifesta igualmente reservas, dizendo que o preceito é "quanto aos interesses dos não sócios, expressão de *retórica normativa balofa e potencialmente desresponsabilizadora* dos administradores". E também ele acrescenta: "quanto maior for o elenco dos interesses a considerar e quanto mais difusos e conflituantes eles forem, *maior será a discricionaridade* dos administradores e *menor a controlabilidade* da sua actuação – torna-se mais fácil justificar (apelando a um ou outro interesse) qualquer decisão" (itálicos do A.).

[55] Advirta-se, de qualquer forma, que o disposto na al. *b)* do nº 1 do art. 64º do CSC "não representa nenhuma originalidade lusa" (Coutinho de Abreu, 2009: 296); diversos ordenamentos consagraram uma regra idêntica já antes do português – assim o inglês, o brasileiro, o austríaco, o holandês e o de alguns estados norte-americanos. Cfr., sobre estes ordenamentos, Coutinho de Abreu (2009: 296-299).

tar algumas reservas, acaba o A. por concluir que "[a]inda assim, é bom que se promova a 'responsabilidade social das empresas'. [...] [m]as sem que essa promoção obnubile o carácter essencialmente 'individual'-egoístico da empresa capitalista. E de modo a que à afirmação da responsabilidade social das empresas não vá correspondendo a desresponsabilização social do Estado (cada vez menos 'social')..." (Coutinho de Abreu, 2009: 309).

Mas – pergunta-se – a responsabilização das empresas pressupõe, de facto, a desresponsabilização do Estado?

Não é – não é necessariamente – assim. Ao adoptar legislação "premiadora", o Estado está, ele próprio, a assumir a sua responsabilidade social – responsabilidade social das organizações (RSO): quando atribui, por exemplo, isenções ou benefícios fiscais às empresas ele está a "despojar-se" de receitas para desempenhar o papel de difusor da responsabilidade social entre os agentes económicos.

O que deve compreender-se, acima de tudo, é que o Estado não pode, em caso algum, assumir, sozinho, toda a responsabilidade social, pelo menos de maneira satisfatória: todos os custos ficariam concentrados num único sujeito e os custos são tanto mais elevados quanto maior for o número de sujeitos desinteressados, alheados ou indiferentes à responsabilidade social (a acção socialmente irresponsável é potencialmente causadora de danos e implica a intervenção reparadora do Estado). Nem esta concentração seria conveniente: o Estado – já se sabe – são os contribuintes.[56]

Além da sua justificação prática, a RSE é sustentada por razões de ordem histórica. Ela enquadra-se na melhor tradição e representa, em certos termos, um regresso ao (bom) passado – o regresso à articulação entre a riqueza, o desenvolvimento económico, o progresso e a justiça social, a ordem económica e a ordem social, que Adam Smith personificava.[57]

Evidentemente, ninguém espera já que o empresário seja, como outrora foi (ou se crê que tenha sido), um indivíduo bem-formado, por definição, fiel a

---

[56] Estudos demonstram que as empresas das economias liberais dos países anglo-amercianos têm um desempenho mais elevado a todos os níveis da RSE do que as empresas das economias mais reguladas da Europa Continental – o que confirma a visão de que prática voluntária de RSE é um sucedâneo das formas institucionalizadas de participação dos *stakeholders* (Apostolakou e Jackson, 2009).

[57] Recorde-se que Adam Smith foi professor de Filosofia moral na Universidade de Glasgow, numa época em que a Economia era aí considerada um ramo da Ética. Cfr., sobre a ligação entre a Economia e a Ética a propósito da RSE, Silva e Costa (2008).

determinados valores e princípios éticos – o "comerciante honesto" (*ehrlicher Kaufmann*) a que aludia Kant[58] –, que (ainda) exista uma intrínseca moralidade empresarial ou económica (Kant, 1785). Ninguém tem já ilusões quanto a isso. Apesar de tudo, é possível que a responsabilidade social fique associada a um "comportamento adequado ou devido", providenciando o ordenamento jurídico uma efectiva tutela da "adequação ou correcção social" da actividade dos agentes económicos.

A multiplicação, por todo o lado, de argumentos contra o "capitalismo selvagem" e a diversificação de abordagens novas, como o *"capitalismo criativo"*[59], o *"capitalismo humanista"*[60], o *"capitalismo consciente"*[61] ou o *"capitalismo altruístico"*[62], reforçam esta convicção.

---

[58] Segundo Kant, o comerciante devia agir com honestidade por convicção e não para daí retirar vantagens: se o comerciante não engana os seus clientes porque receia perdê--los, a sua conduta não tem valor moral, pois resulta de um desejo ou inclinação egoísta; se, em vez disso, o comerciante procede assim apenas porque julga ter o *dever* de ser honesto, então a sua conduta tem valor moral.

[59] "Capitalismo criativo" (*creative capitalism*) foi a expressão usada por Bill Gates, no Fórum Económico Mundial, realizado em Davos (Suíça), em 2008. Tem por base a ideia de que cada vez mais pessoas podem retirar vantagens e obter reconhecimento quando se empenham na criação de valor de forma a reduzir das desigualdades mundiais (*more people can make a profit, or gain recognition, doing work that eases the world's inequities*). Trata-se de um conceito ainda mais amplo do que a RSE: envolve a RSE e o empreendedorismo social (*social entepreneurship*). Cfr., sobre a RSE e o capitalismo criativo em geral, Kerr (2009) e, sobre a RSE e o empreendedorismo social, Baron (2007).

[60] "Capitalismo humanista" é o conceito que está na base da doutrina humanista do Direito Económico, desenvolvida pelo Grupo de Estudos de Direito Económico, que nasceu em 2002, na Pontifícia Universidade Católica de São Paulo (Brasil), e é coordenado por Ricardo Hasson Sayeg. Como se afirma em http://www.capitalismohumanista.org (acedido por último a 10 de Janeiro de 2010), "[o] marco teórico do pensamento do grupo é a antítese da filosofia da chamada Escola de Chicago, que reúne correntes de pensamento que defendem o livre-mercado, e da linha de pesquisa adoptada por outras instituições universitárias, com tradição na área de Economia, que pendem para o liberalismo e neo-liberalismo, pois, sem o tempero da Justiça Social, implica um concentrado índice de aumento da pobreza e da exclusão social".

[61] Para informação sobre o "capitalismo consciente" (*conscious capitalism*) pode consultar-se em http://consciouscapitalism.com/ (acedido por último a 13 de Maio de 2010).

[62] Segundo Tolmie (1992, 270-271), o "capitalismo altruístico" sustenta que os dirigentes da empresa têm o dever de alargar o espectro de opções estratégicas e de adoptar a linha de acção que melhor realize a maximização dos interesses de todos os sujeitos afectados pelas decisões da empresa.

REFERÊNCIAS

APOSTOLAKOU, Androniki e Jackson, Gregory (2009), "Corporate social responsibility in western Europe: an institutional mirror or substitute?". Acedido por último a 13 de Maio de 2010, em http://papers.ssrn.com/sol3/papers.cfm?abstract_id=1341591

BAER, Miriam Hechler (2009), "Governing corporate compliance". Acedido por último a 13 de Maio de 2010, em http://www.bc.edu/schools/law/lawreviews/bclawreview/meta-elements/pdf/50_4/02_baer.pdf

BAPTISTA MACHADO, João (2000), *Introdução ao direito e ao discurso legitimador*. Coimbra: Almedina.

BARON, David P. (2007), "Corporate social responsibility and social entrepreneurship", *Journal of Economics & Management Strategy*, 16 (3) 683 ss. Acedido a 13 de Maio de 2010, em http://papers.ssrn.com/sol3/papers.cfm?abstract_id=861145

BASSEN, Alexander *et al.* (2005), "Corporate Social Responsibility – Eine Begriffserläuterung", *Zeitschrift für Wirtschafts- und Unternehmensethik* 6 (2), 231 ss.

BE, Dominique *et al.* (2003), *Seminário "A Responsabilidade Social das Organizações", organizado pelo Instituto de Desenvolvimento e Inspecção das Condições de Trabalho (IDICT) em parceria com a Associação Portuguesa de Gestores e Técnicos de Recursos Humanos (APG), realizado no dia 16 de Junho de 2003*. Acedido por último a 30 de Novembro de 2004, em http://www.idict.gov.pt

BOBBIO, Norberto (1977), *Dalla struttura alla funzione*. Milano: Edizioni di Comunità.

BRANSON, Douglas M. (2001), "Corporate governance reform and the 'new' corporate social responsibility", *University of Pittsburgh Law Review*, 61, 605 ss. Acedido por último a 13 de Maio de 2010, em http://papers.ssrn.com/sol3/papers.cfm?abstract_id=1352530

BRANSON, Douglas M. (2002), "Corporate social responsibility redux", *Tulane Law Review*, 76, 1207 ss. Acedido por último a 13 de Maio de 2010, em http://papers.ssrn.com/sol3/papers.cfm?abstract_id=1352527

CALLIESS, Gralf-Peter e Renner, Moritz (2007), "From soft law to hard code: the juridification of global governance". Acedido por último a 13 de Maio de 2010, em http://papers.ssrn.com/sol3/papers.cfm?abstract_id=1030526

CALVO GALLEGO, Francisco Javier (2009), "Códigos éticos y contrato de trabajo: algunas notas", *in* Fernández Amor / Gala Durán (coords.), *La responsabilidad social empresarial: un nuevo reto para el Derecho*. Madrid / Barcelona / Buenos Aires: Marcial Pons, 231 ss.

CARNEIRO DA FRADA, Manuel (2004), *Teoria da confiança e responsabilidade civil*. Coimbra: Almedina.

CASTANHEIRA NEVES, António (s.d.), *Fontes do Direito (lições policopiadas)*. Coimbra: s.e.

COLLINS, Hugh (1997), "The voice of the community in Private Law Discourse", *European Law Journal*, 3 (4), 407 ss.

CORBETT, Angus (2009), "Corporate social responsibility: do we have good cause to be sceptical about it?". Acedido por último a 13 de Maio de 2010, em http://papers.ssrn.com/sol3/papers.cfm?abstract_id=1464565

COUTINHO DE ABREU, Jorge Manuel (1999), *Da empresarialidade – As empresas no Direito*. Coimbra: Almedina.

COUTINHO DE ABREU, Jorge Manuel (2007), "Deveres de cuidado e de lealdade dos administradores e interesse social", *Reformas do Código das Sociedades, IDET – Colóquios*, 3, 15 ss.

COUTINHO DE ABREU, Jorge Manuel (2009), *Curso de Direito Comercial*, volume II – *Das sociedades*. Coimbra: Almedina [3.ª edição].

DE FERRA, Giampaolo (2008), "La responsabilità sociale dell'impresa", *Rivista delle Società*, 349 ss.

DEL REY GUANTER, Salvador (2009), "Responsabilidad social empresarial y orden social: algunas reflexiones sobre sus conexiones semánticas (o terminológicas) y sustanciales", *in* Fernández Amor / Gala Durán (coords.), *La responsabilidad social empresarial: un nuevo reto para el Derecho*. Madrid / Barcelona / Buenos Aires: Marcial Pons, 43 ss.

DEVINNEY, Timothy M. (2009), "Is the socially responsible corporation a myth? The good, bad and ugly of corporate social responsibility". Acedido por último a 13 de Maio de 2010, em http://papers.ssrn.com/sol3/papers.cfm?abstract_id=1369709

DÍEZ DE CASTRO, José A. (2009), "Buen Gobierno. Organización empresarial y responsabilidad social", *in* Elena Pérez Carrillo (coord.), *Gobierno corporativo y responsabilidad social de las empresas*. Madrid / Barcelona / Buenos Aires: Marcial Pons, 79 ss.

FANNON, Irene Lynch (2007), "The corporate social responsibility movement and Law's empire: is there a conflict?", *Northern Ireland Legal Quarterly*, 58 (1). Acedido por último a 13 de Maio de 2010, em http://papers.ssrn.com/sol3/papers.cfm?abstract_id=988944

FERNÁNDEZ AMOR, José Antonio (2009), "Relaciones entre el poder financiero y la responsabilidad social en materia de medioambiente", *in* Fernández Amor / Gala Durán (coords.), *La responsabilidad social empresarial: un nuevo reto para el Derecho*. Madrid / Barcelona / Buenos Aires: Marcial Pons, 249 ss.

FERREIRO GUERREIRO, Consuelo (2009), "Derecho del Trabajo y garantías para los trabajadores, frente a códigos voluntarios de buen gobierno y de responsabilidad social corporativa", *in* Elena Pérez Carrillo (coord.), *Gobierno corporativo y responsabilidad social de las empresas.* Madrid / Barcelona / Buenos Aires: Marcial Pons, 283 ss.

FRIEDMAN, Milton (1970), "The social responsibility of business is to increase its profits", *New York Times Magazine.* Acedido por ultimo a 13 de Maio de 2010, em http://www.colorado.edu/studentgroups/libertarians/issues/friedman-soc-resp-business.html

GARCÍA CALVENTE, Yolanda (2009a), "El Derecho Financeiro y Tributario ante la responsabilidad social de la empresa", *in* Fernández Amor / Gala Durán (coords.), *La responsabilidad social empresarial: un nuevo reto para el Derecho.* Madrid / Barcelona / Buenos Aires: Marcial Pons, 21 ss.

GARCÍA CALVENTE, Yolanda (2009b), "Fomento de la inversión socialmente responsable a través de incentivos fiscales", *in* Fernández Amor / Gala Durán (coords.), *La responsabilidad social empresarial: un nuevo reto para el Derecho*, Madrid / Barcelona / Buenos Aires: Marcial Pons, 113 ss.

GUERRA, António Castro (2003), "A Responsabilidade Social das Empresas: complemento ou sucedâneo do Estado Social?", *Seminário "A Responsabilidade social das Empresas"* Conselho Económico e Social. Acedido por último a 13 de Maio de 2010, em http://www.ces.pt/file/doc/146

HORRIGAN, Bryan (2007), "21st century corporate social responsibility trends – an emerging comparative body of Law and regulation on corporate responsibility, governance, and sustainability", *Macquarie Journal of Business Law*, 4, 85 ss. Acedido por último a 13 de Maio, em http://papers.ssrn.com/sol3/papers.cfm?abstract_id=1087133

KANT, Immanuel (1785), *Grundlegung zur Mataphysic der Sitten.* Acedido por último a 13 de Maio de 2010, em http://virt052.zim.uni-duisburg-essen.de/kant/aa04/385.html

KERR, Janet (2009), "The creative capitalism spectrum: evaluating corporate social responsibility through a legal lens abstract". Acedido por último a 13 de Maio de 2010, em http://papers.ssrn.com/sol3/papers.cfm?abstract_id=1501269

KOLK, Ans e Pinkse, Jonatan (2009), "The integration of corporate governance in corporate social responsibility disclosures". Acedido por último a 13 de Maio, em http://papers.ssrn.com/sol3/papers.cfm?abstract_id=1350939

LIBERTINI, Marco (2009) "Impresa e finalità sociali. Riflessioni sulla teoria della responsabilità sociale dell'impresa", *Rivista delle Società*, 1 ss.

MANEIRO VÁSQUEZ, Yolanda (2009), "Derechos fundamentales de los trabajadores y responsabilidad corporativa", *in* Elena Pérez Carrillo (coord.), *Gobierno corpo-*

rativo y responsabilidad social de las empresas. Madrid / Barcelona / Buenos Aires: Marcial Pons, 301 ss.

McBarnet, Doreen (2008), "New Strategies in Corporate Accountability: Using Law to Enforce CSR and CSR to Enforce Law". Versão áudio acedida por último a 13 de Maio de 2010, em http://www.sbs.ox.ac.uk/achilles/downloads/default.htm#audio

McBarnet, Doreen (2009), "Corporate social responsibility beyond Law, through Law, for Law". Acedido por último a 13 de Maio de 2010, em http://papers.ssrn.com/sol3/papers.cfm?abstract_id=1369305

Medicus, Dieter (2002), *Schulgrecht I – Allgemeiner teil.* München: C. H. Beck [13.ª edição].

Melícias, Vítor (relator) (2003), *Parecer de iniciativa sobre a responsabilidade social das empresas (aprovado no Plenário de 17 de Janeiro de 2003), Conselho Económico e Social.* Acedido por último a 13 de Maio de 2010, em http://www.ces.pt/file/doc/72

Menezes Cordeiro, António (1986), "Norma jurídica", *Polis – Enciclopédia Verbo da Sociedade e do Estado*, 4, 670 ss.

Menezes Cordeiro, António (1997), *Da boa fé no Direito Civil.* Coimbra: Almedina.

Menezes Cordeiro, António (2007), "Os deveres fundamentais dos administradores das sociedades (artigo 64º/1 do CSC), *in* AAVV, *Jornadas em homenagem ao Professor Doutor Raul Ventura – A reforma do Código das Sociedades Comerciais.* Coimbra: Almedina.

Mota Pinto, Carlos Alberto da (1982), *Cessão da posição contratual.* Coimbra: Almedina.

Mülbert, Peter O. (2009), "Soziale Verantwortung von Unternehmen im Gesellschaft", *Die Aktiengesellschaft*, 21, 766 ss.

Nieto Rojas, Patricia (2009), "Participación financiera de los trabajadores y responsabilidad social de las empresas", *in* Fernández Amor / Gala Durán (coords.), *La responsabilidad social empresarial: un nuevo reto para el Derecho.* Madrid / Barcelona / Buenos Aires: Marcial Pons, 267 ss.

Nogueira López, Alba (2009), "Fomento público de la responsabilidad social corporativa: contratación pública y systemas de gestión ambiental", *in* Elena Pérez Carrillo (coord.), *Gobierno corporativo y responsabilidad social de las empresas.* Madrid / Barcelona / Buenos Aires: Marcial Pons, 353 ss.

Oliveira Ascensão, José de (2001), *O Direito – Introdução e Teoria Geral (Uma perspectiva Luso-Brasileira)*, Coimbra: Almedina [11.ª edição].

Patón García, Gemma (2009), "Estímulos fiscales a la responsabilidad social empresarial en materia medioambiental: ayudas de Estado y tributación ecológica", *in* Fernández Amor / Gala Durán (coords.), *La responsabilidad social empresarial: un nuevo reto para el Derecho.* Madrid / Barcelona / Buenos Aires: Marcial Pons, 281 ss.

PÉREZ CARRILLO, Elena (2009), "Responsabilidad social corporativa, cuestiones de género y diversidad en los consejos de administración", *in* Elena Pérez Carrillo (coord.), *Gobierno corporativo y responsabilidad social de las empresas*. Madrid / Barcelona / Buenos Aires: Marcial Pons, 317 ss.

QUIJANO GONZÁLEZ, Jesús (2009), "Gobierno corporativo. Administración de sociedades mercantiles y responsabilidad", *in* Elena Pérez Carrillo (coord.), *Gobierno corporativo y responsabilidad social de las empresas*. Madrid / Barcelona / Buenos Aires: Marcial Pons, 91 ss.

RODRÍGUEZ-PIÑERO ROYO, Miguel C. (2009), "Responsabilidad social empresarial, Derecho del Trabajo y crisis económica", *in* Fernández Amor / Gala Durán (coords.), *La responsabilidad social empresarial: un nuevo reto para el Derecho*. Madrid / Barcelona / Buenos Aires: Marcial Pons, 53 ss.

RUIZ MIGUEL, Carlos (2009), "Derechos fundamentales: responsabilidad social corporativa y eficacia transnacional", *in* Elena Pérez Carrillo (coord.), *Gobierno corporativo y responsabilidad social de las empresas*. Madrid / Barcelona / Buenos Aires: Marcial Pons, 263 ss.

RUSCONI, Gianfranco (2007), "Etica, responsabilità sociale d'impresa e coinvolgimento degli stakeholder", *ImpresaProgetto*, 1. Acedido por último a 13 de Maio de 2010, em http://www.impresaprogetto.it/portal/pagecategoryItem?contentId=338634

SÁNCHEZ HUETE, Miguel Ángel (2009), "La acción social y la responsabilidad social. Posibilidades y límites de la intervención normativa financiera", *in* Fernández Amor / Gala Durán (coords.), *La responsabilidad social empresarial: un nuevo reto para el Derecho*. Madrid / Barcelona / Buenos Aires: Marcial Pons, 87 ss.

SERRA, Catarina (2005), "A responsabilidade social das empresas — Sinais de um instituto jurídico iminente?", *Questões Laborais*, 25, 42 ss.

SERRA, Catarina (2009), *Direito Comercial – Noções Fundamentais*. Coimbra: Coimbra Editora.

SILVA E COSTA, Manuel (2008), "A responsabilidade social das organizações: presente e futuro. Ética e economia: a empresa como sistema social", Braga: Instituto de Ciências Sociais.

TEUBNER, Gunther (1988), "Juridificação — Noções, características, limites, soluções", *Revista de Direito e Economia*, XIV, 17 ss.

TOLMIE, Julia (1992), "Corporate Social Responsibility", *University of New South Wales Law Journal*, 15, 268 ss. Acedido por último a 13 de Maio de 2010, em http://www.austlii.edu.au/au/journals/UNSWLawJl/1992/12.html

VILLAVERDE GÓMEZ, Maria Begoña (2009), "Fomento público de la responsabilidad social corporativa: fiscalidad", *in* Elena Pérez Carrillo (coord.), *Gobierno corpora-*

tivo y responsabilidad social de las empresas. Madrid / Barcelona / Buenos Aires: Marcial Pons, 363 ss.

ZUMBANSEN, Peer (2009), "The evolution of the corporation: organization, finance, knowledge and corporate social responsibility". Acedido por último a 13 de Maio de 2010, em http://papers.ssrn.com/sol3/papers.cfm?abstract_id=1346971v

O PAPEL DO DIREITO NO CONTROLE DAS POLÍTICAS PÚBLICAS DE INCENTIVO ÀS EMPRESAS SOCIALMENTE RESPONSÁVEIS: POR UMA LEI DE RESPONSABILIDADE SOCIAL

*Sharon Cristine Ferreira de Souza**

Resumo: Visa conceituar o tema envolvendo a responsabilidade social das empresas mirando diferenciar esta concepção do entendimento constitucional acerca de função social, a fim de dirimir a confusão entre os assuntos. Busca esclarecer a problemática de o Estado conceder benefícios a empresas que não se enquadram na qualidade de socialmente responsáveis. Como esta noção está diretamente ligada ao tema da ética empresarial, faz-se a diferenciação entre esta e a efetiva ação estratégica, verificada como a força motriz da atividade empresarial. A conceituação de responsabilidade social está ainda em construção, levando dúvidas e indeterminações provenientes de diversas posições de autores que tentam aproximar ou até inserir a empresa no âmbito da sociedade civil. Assim, traz-se o mister da positivação de normas que prestigiem valores sociais e norteiem não só a atividade empresarial rumo ao agir socialmente responsável, mas também direcionem e legitimem a concessão de benefícios às empresas quando da execução de políticas públicas de Governo.

Palavras-chave: Ética empresarial. Empresas. Responsabilidade social.

1. Introdução

Atualmente há muitas empresas utilizando-se da idéia de responsabilidade social na tentativa de mostrarem-se, perante a sociedade, como atividades empresariais conscientes e dignas de confiança e credibilidade. Todavia, verifica-se, na prática, que não existe uma conceituação acertada a respeito do

---

Possui Graduação em Direito (2006), Especialização em Direito do Estado na área de concentração Direito Tributário (2008) e mestrado em Direito Negocial, todos pela Universidade Estadual de Londrina (2009). Participou do Projeto de Pesquisa "Estado e relações empresariais: diálogos filosóficos e jurídicos diante da regulação estatal sobre a ordem econômica nacional" do Curso de Mestrado em Direito Negocial da Universidade Estadual de Londrina. Atualmente cursa o Doutorado na Universidade Federal Fluminense, no Rio de Janeiro, em que está vinculada à linha de pesquisa **Direitos Humanos, Justiça Social e Cidadania.**

tema, levando tanto o Estado quanto a sociedade a aceitarem como responsáveis condutas empresariais que cumprem unicamente a função social.

Quando o assunto é a concessão de incentivos fiscais ou quaisquer outros tipos de benefícios resultantes de políticas públicas, deve-se analisar com ainda mais cautela, uma vez que o não ingresso de receitas ao Erário deve ser legitimado e justificado, pois gera uma série de efeitos sociais que não podem ser desprezados.

Sendo assim, para se analisar o instituto da responsabilidade social, tão em voga hodiernamente no Direito e em outras áreas do conhecimento humano, faz-se mister recorrer à ajuda da Ética, que trata sobre as teorias que envolvem a responsabilidade das empresas. Isso significa trazer a lume a diferença entre a racionalidade axiológica, a racionalidade instrumental ou estratégica, a qual consubstancia-se na força motriz das atividades econômicas.

É interessante frisar como os Estados e as empresas vêm se comportando frente ao novo modelo de responsabilidade social e o seu papel não apenas enquanto agente global, mas como mola impulsionadora dentro de seu próprio território, fomentando mediante regulação ou políticas públicas, um novo agir da esfera privada – as empresas.

Finalmente como o Brasil atua nessa nova área e de que maneira se pode emular a atuação das empresas que se pretendem mais responsáveis.

2. A ética empresarial

Quando se fala em ética empresarial, alguns conceitos são colocados muitas vezes de forma confusa. Prova disto é o entendimento que se tem a respeito de ética [eqüidade] e economia [eficiência], colocados como termos que carregam consigo valores que podem ser inseridos numa mesma esfera de racionalidade. Enquanto o primeiro consubstancia-se num valor tipicamente moral, o segundo mostra-se tipicamente econômico.

Com a racionalidade econômica [racionalidade teleológica] colocada como paradigma de "racionalidade"[1], as decisões éticas foram relegadas ao âmbito

---

[1] Projeto da modernidade só é entendido mediante a racionalidade. Weber faz essa mesma leitura, trazendo a modernidade como fator intensificador do processo de racionalização do mundo da vida. O mundo da vida forma uma sociedade integrada pela razão metafísica [trazida pela religião], logo, pela racionalidade substancial [ou metafísica]. Com a modernidade essa barreira imposta pela legitimidade da razão substancial foi rompida, levando à sua fragmentação em várias esferas. Por isso, para Weber, a modernidade fez com que a unidade da razão fosse assegurada unicamente pela forma, não tendo mais uma base

das decisões subjetivas [consciência]. Quando se trata de racionalidade axiológica, cada indivíduo tem seus valores últimos, incomensuráveis e não passíveis de discussão ou acordo, restando apenas a aceitação. (CORTINA, 2001: 263-264)

Quando se trata da vida econômica, política ou empresarial resta a dúvida se essas esferas do mundo da vida devem guiar-se pelos valores e princípios morais próprios ou exteriores a eles. "[...] la mirada no puede dirigirse sino al interior de cada uno de los ámbitos para captar el *sentido* y *fin* de cada uno de ellos para la vida social desde la que se legitiman sus actividades" (CORTINA, 2001: 265).

Alguns autores como Adela Cortina (2001: 265-266) entendem que a economia não é moralmente neutra, pois tem um sentido e legitimidade social a satisfazer, tendo, portanto, valores e princípios peculiares como a eficiência, qualidade, competitividade dentre outros. O processo econômico, segundo a opinião desta autora, tem que ser, ao mesmo tempo, técnico e social, pois visa ao desenvolvimento das condições materiais de vida e regulação [organização da atividade econômica] da cooperação e distribuição que se aproximem dos ideais de liberdade, justiça, igualdade e paz. A eqüidade deve estar ligada a qualquer atividade que se pretenda legítima, mesmo porque o fim social da economia é a satisfação das necessidades humanas.

Cortina (2001: 266-267), com essa concepção, caminha no sentido de que durante muito tempo, quando se falava das relações entre ética e empresa, verificava-se um pensamento comum no sentido de imputar aos negócios sua ética própria, bem como suas próprias regras; a idéia de que a missão da empresa é maximizar os benefícios, objetivando somente o lucro e que a ética,

---

comum de conteúdo. Deixa, pois, a razão de ser substancial para ser formal. Pretendia-se com essa mudança de paradigma a emancipação humana. Pensava-se ter a racionalidade potenciais para tornar a sociedade livre da dominação, dos preconceitos, dos misticismos deixados pela religião, dos perigos da natureza, enfim. Todavia, dentro da concepção de racionalidade já estava oculto o conceito de dominação, conquanto a cientificidade nascida para fundamentar o modelo "sujeito-objeto" [na observação da natureza com o intuito de dominá-la e instrumentalizá-la em benefício próprio] estendeu-se a todas as esferas de atuação da sociedade, ampliando a racionalidade a todas as áreas de conhecimento e mostrando-se cada vez mais dominante (HABERMAS, 1993: 45). "O conceito de razão técnica é talvez também em si mesmo ideologia. Não só sua aplicação, mas já a própria técnica é dominação metódica, científica, calculada e calculante [sobre a natureza e sobre o homem]" (HABERMAS, 1993: 46). Essa ação racional é dirigida a fins, mostrando-se como mecanismo de exercício de controle.

no âmbito empresarial, resumia-se à legalidade. Neste diapasão, a empresa [incluídos, aqui, seus funcionários] era considerada uma mercadoria, um bem comercial, podendo ser usada pelo empresário, sócio ou acionista como bem lhes aprouvesse, importando nela tão somente o lucro [imediatismo], baseada a atividade no liame de responsabilidade (PEREIRA, 2006: 226).

Outro autor que discorre a respeito de ética empresarial e possui pensamento similar, no sentido de inserir a empresa no *ethos* da sociedade, fazendo--a compartilhar desses mesmos valores é Domingo García-Marzá, quem em sua obra *Ética empresarial: do diálogo à confiança na empresa* (2008), traz algumas diferenças interessantes no atinente à ética empresarial, dando uma maior relevância e diferente enfoque à ética do discurso e sua aplicação na atividade empresarial.

Consoante a visão do referido autor, a discussão sobre a necessidade de uma ética empresarial é decorrente das transformações no âmbito da empresa e do seu papel na sociedade. Antes as empresas eram voltadas única e exclusivamente à busca do lucro sem que nada lhes fosse cobrado na área social. Agora se lhes exigem recursos morais embasando a atuação empresarial, principalmente a recuperação da confiança permeando essas relações entre a empresa e a sociedade.

Com o processo de globalização, há uma relativização da soberania dos Estados e uma deficiência não apenas em sua capacidade decisória, mas também na implementação de certas políticas públicas, verificando-se juntamente a esse fenômeno, um aumento da influência e poder das empresas no âmbito da política e da sociedade, da mesma forma que, em função disso, são atribuídas às mesmas certas tarefas, uma vez que o Estado divide suas atribuições entre as empresas e a sociedade civil.

Haja vista esse cenário, as empresas já não podem mais atuar e se limitar aos espaços fechados dos Estados nacionais e nem desenvolver suas atividades sem o estabelecimento de um diálogo com a sociedade. Surge então a concepção de responsabilidade social e, daí, a necessidade da criação de um vínculo de confiança e relações dialógicas entre as partes implicadas na relação empresarial. Como resultado tem-se a ética empresarial, colocada de modo a atender duas necessidades que se lhe aparecem: a primeira, consoante à forma de funcionamento desse crescente ganho de atribuições da empresa e a cobrança de maior atuação em prol do interesse social frente à redução da capacidade de o Estado arcar com todas essas funções frente ao processo de globalização e suas conseqüências; e a segunda, concordante com a necessidade de criação de mecanismos jurídicos para suprir as lacunas existentes, resolver os conflitos e ainda dar meios de ação à sociedade civil para agir em resposta a esses conflitos (GARCÍA-MARZÁ, 2008: 30).

Isso tudo não quer significar a extinção do Estado ou o desaparecimento de suas atribuições econômicas, políticas ou sociais, mas apenas demonstra existir um novo cenário global, no qual a sociedade civil e as empresas ganharam mais espaço para agir e responsabilizarem-se pela promoção do bem comum.

As bases da ética empresarial são, portanto, a confiança e a cooperação, recursos morais[2] da sociedade civil que funcionam porque os indivíduos têm a convicção do modo como todos devem se comportar e sabem o que cada um espera dos demais. São os sustentáculos da confiança impulsionando a utilização do diálogo e consenso para a solução dos problemas. Graças à confiança os indivíduos podem ser reconhecidos como autônomos, capazes de agir e se comprometer. Neste diapasão, García-Marzá (2008: 50) entende a empresa como integrante da sociedade civil, na tentativa de poder encaixá-la como destinatária desses recursos morais, mesmo se levando em consideração a distribuição assimétrica de poder em sua estrutura.

Assim, a confiança será um pressuposto necessário tanto aos indivíduos como para as organizações – enfim, em todas as relações [interações]. Nos pressupostos de confiança [sempre vinculada a atributos morais como integridade, honestidade, lealdade, imparcialidade, benevolência] insere-se o conceito de boa vontade. Como para qualquer atividade cooperativa se faz precisa a existência de confiança, faz-se mister entender quais são as justificativas que orientam esse modo de agir.

É importante levar em conta a ação comunicativa, que faz com que os atores não somente ajam segundo planos e objetivos próprios, porém que considerem as atitudes esperadas pelos outros, supondo um jogo recíproco de expectativas e assunções de responsabilidade nas interações pessoais e institucionais. O fundamento de tais expectativas recíprocas está nas normas do agir, regulando-o ao definir quais interesses são legítimos e, portanto, devem ser satisfeitos (GARCÍA-MARZA, 2008: 67-77).

---

[2] Domingo García-Marzá (2008: 51) entende recursos morais como "todas aquelas disposições e capacidades que nos conduzem ao entendimento mútuo, ao diálogo e ao acordo como mecanismos fundamentais para a satisfação de interesses e para a resolução consensual dos conflitos da ação. [...] Eles constituem uma força de motivação para o agir derivada do reconhecimento dos demais como seres igualmente merecedores de dignidade e respeito".

Tanto com relação às pessoas como em relação às instituições, a confiança e boa-fé, asseguradas por meio de normas morais de respeito aos interesses universais, estão adstritos, em seu comportamento, à satisfação dos interesses de todos, uma vez que a empresa e todos os atores que dela fazem parte ou são afetados por sua atuação também interagem de forma a obedecer a um "contrato moral", vinculado à sociedade civil e que permite a vivência de tais valores. Como a empresa está inserida na sociedade civil, então deverá atuar conforme esse princípio moral (GARCÍA-MARZA, 2008: 79).

A partir da segunda metade do século XX começa paulatinamente nos Estados Unidos, Canadá e na Europa [mais especificamente no Reino Unido] a discussão atinente à chamada "ética dos negócios" [ou "ética empresarial", "ética da gestão", "ética da organização" ou "ética da direção" (CORTINA, 2001: 268; PEREIRA, 2006: 227)], demonstrando que a confiança converte-se novamente em valor empresarial e as empresas são levadas a pensar em resultados mediatos, entendendo, outrossim, que suas ações deveriam ser pensadas tendo em vista o futuro e suas decisões passíveis de responsabilização.[3]

Esse novo paradigma trouxe um padrão ao qual todas as empresas deveriam enquadrar-se, sob pena de perder competitividade perante o mercado. Quanto mais próxima dos valores éticos, mais se avizinham os bons resultados, pois, agindo eticamente adquirem a confiança do público, o que gera contrapartida em resultados economicamente rentáveis. A empresa precisa, de acordo com a concepção da ética empresarial, legitimar sua existência e atuação mediante a confiança do consumidor, fazendo-o preferir sua empresa e produtos não somente pela eficiência de seus serviços, mas pela crença de compartilhamento dos mesmos valores morais adotados pela sociedade. Nesta esteira, pode-se entender que as empresas são tão responsáveis quanto o são os indivíduos.

Com a Modernidade o indivíduo viu-se repleto de insatisfações, as quais ele pensa poderem ser supridas com sua integração em determinados grupos e comunidades, na tentativa de recuperar seu "eu concreto". Com essa cultura de compartilhamento de valores as organizações conseguem fazer as pessoas sentirem-se insertas, envolvidas e participantes do conjunto, reco-

---

[3] "Haciendo esto contribuirían a la protección del medio ambiente y a mejorar la sociedad mediante la interacción con aquellos con los que sus actividades tienen repercusión. [...] Es el deber de las empresas de contribuir al desarrollo sostenible trabajando con los empleados, sus familias, la comunidad local y la sociedad en la mejora de su calidad de vida". (PEREIRA, 2006: 227).

brando assim a concretude de suas vidas. Mas para esse labor, deve-se pensar em como serão concebidas a ética e a empresa. Esse *ethos* da empresa é de responsabilidade[4] ou guiada por uma consciência. (CORTINA, 2001: 271-272)

Fazendo uma analogia à ética na vida política, Adela Cortina (2001: 273) explica que quando se trata de um homem político, ele deve adotar a ética da responsabilidade, mas não totalmente "pura", ou seja, não usando de meios perigosos e obscuros para se chegar a um fim bom e desejável. Deve ele servir à causa pela qual foi eleito e dela estar convencido, pois é ela o motivo que dá sentido à sua atividade. Seria a "ética da responsabilidade convencida". No âmbito empresarial, por sua vez, como atividade humana que é, existem fins próprios que o legitimam e dão sentido, devendo então as empresas conhecerem os valores morais específicos desta atividade e, portanto, tornarem-se responsáveis por suas decisões concretas e pela forma como alcançam seus fins. (CORTINA, 2001: 274).

Para o atendimento desses reclamos da ética empresarial, deve-se ter em mira o modelo de empresa pós-taylorista, a fim de substituir o princípio da obediência pelo princípio da responsabilidade, dinamizar os recursos criativos dos colaboradores, desenvolver a qualidade de vida e bem estar no ambiente de trabalho, emular a comunicação, o diálogo e a participação de todos [democratização no meio de trabalho]. Os dispositivos-chave dessa nova racionalidade empresarial são

> [...] autoridad de animación en vez de autoridad disciplinaria; enriquecimiento de responsabilidades, delegación de poderes y desburocratización; actitud de escucha y diálogo; medidas de redistribuición de beneficios; políticas de formación permanente del personal; *manegement* participativo y horizontal (CORTINA, 2001: 276).

Existe a formação de uma cultura empresarial mostrando uma ética que traz a estipulação de um "código de conduta", no qual as organizações [no caso em tela, as empresas] transcendem suas funções econômicas para comportarem-se de acordo com elementos éticos comuns a vários âmbitos da vida social. Primam, pois, pela comunicação não apenas no âmbito interno [funcionários] e externo [concorrentes], mas também com a sociedade de modo

---

[4] "[...] ordena a ter em conta as conseqüências presumíveis das próprias decisões". (CORTINA, 2001: 272)

geral, estabelecendo modos de solucionar moralmente os conflitos que lhes aparecem, enfim. Tudo isso gera um diferencial que será reconhecido pelo consumidor e, por isso mesmo, é um agir que gera maior rentabilidade.

A sociedade civil desenvolve uma consciência moral com cada vez mais exigências para com as empresas, a fim de fazê-las adotar atitudes morais. Esses valores éticos da sociedade pluralista estão concertados com o modelo comunitário convencionado ao longo do tempo pela sociedade. Além da relação de confiança, há o respeito e o elo comunicativo com os membros no âmbito da empresa [pós-taylorismo], o respeito à justiça [legal e moral], mostrando que a consciência moral no âmago empresarial torna-se irreversível. (CORTINA, 2001: 279-284)

Observando a posição dos autores acima citados, pode-se chegar a algumas conclusões. Não é errado entender que a sociedade exige cada vez mais das empresas. Com as mudanças ocorridas no Estado em decorrência da globalização, conforme mencionado, precipuamente a relativização da soberania estatal levando à perda de capacidade decisória estatal, somando a isso a propagação do neoliberalismo, com sua idéia de não intervenção do Estado no mercado, as atividades econômicas ganharam espaço e influência nas decisões e condução de políticas públicas estatais. Com isso, o papel da empresa perante a sociedade modifica, fazendo com que a dinâmica social cobre cada vez mais a responsabilização por sua atividade.

A atividade empresarial, não obstante aja determinada pela racionalidade instrumental, ou seja, guiada por mecanismos próprios como a eficiência, eficácia, custo/benefício, busca do lucro, dentre outros, gera externalidades positivas e negativas que influenciam diretamente a sociedade. Os recursos naturais são utilizados como matéria prima, bem como para garantir a matriz energética possibilitando a produção; mão-de-obra para poder transformar os recursos naturais em produtos a serem comercializados; produtos esses que terão como alvo os consumidores; isso sem contar os resíduos derivados dessa atividade que serão depositados no meio ambiente, gerando assim mais conseqüências à sociedade; enfim, pode-se perceber que a atividade das empresas possui intervenção e relação direta e de várias maneiras na ordem social [outrossim, em diversos aspectos, como o meio ambiente, o consumidor, os trabalhadores, os concorrentes].

Ao se dar conta de todas as interferências que a atividade empresarial causa, a sociedade exige cada vez mais das empresas, buscando responsabilizá-las pela sua atuação e cobrando um agir consoante um código de conduta que festeje valores em comum àqueles almejados pela sociedade. Assim, as empresas não podem mais desenvolver sua atividade conforme bem lhes aprouver em razão da imagem negativa que essa atuação vai gerar. Por esse motivo, inobstante o entendimento de Adela Cortina a respeito do *marketing* social[5], entende-se que não é outra a motivação das empresas. Uma vez a atividade empresarial deixando de buscar o lucro, que é o princípio intrínseco a toda atividade econômica, então não se pode mais falar na existência de uma empresa, mas sim de uma entidade com fins filantrópicos ou altruístas.

A racionalidade instrumental e estratégica é inerente às atividades econômicas e, se não for assim, não se pode dizer que se está diante uma atividade empresarial. Da mesma forma que não se consubstancia um erro as empresas agirem dessa maneira. No entanto, devido à nova configuração social, a busca de positivação de valores tanto por parte do Estado quando por parte das empresas [independentemente dos motivos que levem esta última a procurar sua realização], faz com que a sociedade cobre algo mais do agir empresarial. Nesse aspecto é importante fazer remissão às concepções de Adela Cortina e Domingo García-Marzá, quando ambos comentam a respeito da necessidade de a sociedade e a empresa estabelecerem um vínculo de confiança e cooperação. Não se pode exigir que as empresas efetivamente deixem de buscar o lucro e atuem segundo uma motivação unicamente ética, porém, pode-se exigir da atividade empresarial condutas acordadas com valores sociais [em seu aspecto interno, externo e com a sociedade], a fim de que se institua uma relação de confiança, sendo benéfico tanto para a dinâmica social, que poderá contar com uma atuação responsável das empresas, quanto para a atividade empresarial, que terá a contrapartida da rentabilidade gerada pelo *marketing* social.[6]

---

[5] Novamente resta a dúvida se todas essas atitudes e mudanças que ocorrem no seio da empresa, caracterizando esse novo modelo de atividade empresarial segundo a ética de responsabilidade, não seriam unicamente um atrativo, um *marketing* para a empresa que não possui um compromisso moral com a sociedade, pretendendo apenas a busca do lucro a qualquer preço. Mesmo que pareça apenas uma "maquiagem", um engodo com o intuito de ludibriar o consumidor a adquirir os produtos de uma empresa que, em verdade, age consoante uma racionalidade instrumental de busca do lucro, não se pode olvidar a finalidade social que a atividade negocial possui. Destarte, existe sim uma ética da responsabilidade em razão das conseqüências das decisões tomadas, bem como a legitimação na obediência das finalidades relacionadas ao bem servir os consumidores, com os quais se estabelecem constantes mecanismos de comunicação (CORTINA, 2001: 279-284).

[6] Com as empresas encontrando a necessidade de levar em consideração alguns instrumentos da "ética empresarial" [na visão dos autores *supra* mencionados] para obtenção de

Entende-se que as empresas agem segundo uma ação estratégica, já que buscam o lucro [como não poderia deixar de ser] e tem seu processo de produção e atividades lastreados pela racionalidade instrumental, mas que este fato não impede [aliás, exige, conforme analisado] o estabelecimento de um vínculo de confiança com a sociedade, para que se possa desenvolver o entendido como responsabilidade social empresarial.

Pode-se dizer, também, que a ética do discurso[7] é um instrumento interessante a ser utilizado pelas empresas quando de seu diálogo com a sociedade, a fim de saber quais são as reais necessidades da comunidade que forma o *ethos* na qual ela está inserta. Isso além de estreitar os laços de confiança e cooperação entre empresa e sociedade, pois esta começa a visualizar que suas carências estão sendo observadas e atendidas pela atividade empresarial, ainda gera a rentabilidade determinada pelo seu reconhecimento como socialmente responsável.

---

lucro, de utilizarem estratégias para negociações ou acordos, mesmo que mirando a consecução de fins sociais, de mesclar tipos diferentes de racionalidade para tentar fundamentar determinadas práticas empresariais, observa-se, em verdade, que a atividade empresarial está se utilizando de uma ação estratégica. Quando o agir é determinado em razão de receio por parte das empresas de alguma sanção [punição moral proveniente da sociedade ou jurídica, definida pelo Direito], quando a atuação é guiada visando a um benefício qualquer [*marketing* empresarial ou incentivos concedidos pelo Estado], então a empresa age de acordo com uma ética estratégica, pois uma ação moral [segundo o imperativo categórico de Kant] é determinada pelo dever e não por qualquer outro tipo de agente externo à razão. Portanto, defende-se que não é possível, com o paradigma de racionalidade instrumental ainda tão imiscuído no âmbito empresarial, conseguir estabelecer a concepção de uma ética exclusivamente determinada pela racionalidade comunicativa, que leva em conta todas as premissas que se verificaram acima. Deve-se entender que as empresas agem estrategicamente, pois essencialmente existem para buscar o lucro, utilizando, para tanto, mecanismos que potencializem a eficácia e eficiência econômica, atuando apenas secundariamente visando à melhoria do meio social.

[7] A aceitabilidade racional dos resultados obtidos em conformidade com o processo explica-se pela institucionalização de formas de comunicação interligadas que garantem de modo ideal que todas as questões relevantes, temas e contribuições, sejam tematizados e elaborados em discursos e negociações, na base das melhores informações e argumentos possíveis. Esta institucionalização jurídica de determinados processos e condições de comunicação torna possível um emprego efetivo de liberdades comunicativas iguais e simultaneamente estimula para o uso prático, ético e moral da razão prática, ou seja, para a compensação eqüitativa de interesses. (HABERMAS, 2003: 213)

3. A responsabilidade social das empresas

O debate acerca da responsabilidade social das empresas tomou vulto a partir da década de 90, alcançando, também, uma dimensão política, com a promulgação de leis [Estados Unidos], criação de ministérios [Reino Unido] e a publicação do *Global Compact*[8] [Organização ligada à ONU] e outros códigos éticos para as empresas a fim de incentivar o agir responsável. (PEREIRA, 2006: 227-228)

Essas exigências às empresas, como códigos de conduta, normas de qualidade, consumo responsável, proteção ao meio ambiente, aos direitos humanos e estabelecimento de boas relações com o consumidor e sociedade, de modo geral, são feitas mediante o Estado, cuja intervenção por meio da regulação [Art. 174 da Constituição da República Federativa do Brasil[9]] concretiza tais exigências.

Outros países ou órgãos não-governamentais criaram em âmbito internacional organizações que visam a discutir, estabelecer normas e metas às empresas que primam pelo atuar socialmente responsável, no sentido, inclusive, de criar certificações que incentivam aqueles que em suas atividades seguem voluntariamente esses compromissos de desenvolvimento e sustentabilidade.

Um exemplo disso é a *International Organization for Standardization* (ISO), uma organização internacional não-governamental cujo escopo é criar uma padronização mundial mediante a elaboração de diretrizes, no caso específico do estudo em tela, de padrões internacionais direcionados à responsabilidade sócio-ambiental das empresas. Em 2001 essa organização sentiu a necessidade de trabalhar com a responsabilidade social e, reunindo pessoas de todos os segmentos sociais, criou a ISO RSE[10], consistente num documento que contêm diretrizes a respeito da definição do conceito de respon-

---

[8] Consistente num pacto mundial, que "es una iniciativa voluntaria, en la cuál las empresas se comprometen a alinear sus estrategias y operaciones con diez principios universalmente aceptados en cuatro áreas temáticas: derechos humanos, estándares laborales, medio ambiente y anti-corrupción". http://www.unglobalcompact.org/Languages/spanish/index.html

[9] Art. 174. Como agente normativo e regulador da atividade econômica, o Estado exercerá, na forma da lei, as funções de fiscalização, incentivo e planejamento, sendo este determinante para o setor público e indicativo para o setor privado.

[10] ISO 26000, a qual será lançada em meados de 2010 http://www.iso.org/iso/prods-services/otherpubs/pdf/socialresponsibility_2006-en.pdf; http://www.institutoatkwhh.org.br/compendio/?q=node/104

sabilidade social, direcionando as empresas que tenham boas intenções e desejam bem agir.[11]

No Brasil, a Associação Brasileira de Normas Técnicas (ABNT), como representante oficial da ISO no país, editou o Sistema de Gestão da Responsabilidade Social mediante a NBR 16001, validada em 30 de dezembro de 2004, que não é um dispositivo obrigatório e nem confere à empresa uma "certificação" ou qualquer tipo de atestado demonstrando que a empresa é socialmente responsável, mas apenas indica que aqueles que seguirem as diretrizes nela estabelecidas possuem um sistema de gestão de responsabilidade social.[12] A NBR 16001 deixa claro em seu conteúdo que não é uma norma prescritiva de critérios obrigatórios e que qualquer organização que deseje pode fazê-lo, independentemente do tipo de serviços e produtos, da natureza e do local onde desempenhas suas atividades.

> [...] implantar, manter e aprimorar um sistema da gestão de responsabilidade social; assegurar-se de sua conformidade com a legislação aplicável e com sua política da responsabilidade social; apoiar o engajamento efetivo das partes interessadas; demonstrar conformidade com esta Norma ao realizar uma auto-avaliação e emitir auto-declaração da conformidade com esta Norma; buscar confirmação de sua conformidade por partes que possuam interesse na organização; buscar confirmação de sua auto-declaração por uma parte externa à organização; ou buscar certificação do seu sistema da gestão da responsabilidade social por uma organização externa.[13]

Houve, na seara ambiental, em período posterior à Rio-92, quando da discussão concernente à sustentabilidade [assunto diretamente ligado à responsabilidade social] a criação da ISO 14000, que dá orientação à obtenção dos Certificados de Gestão Ambiental, mediante uma série de normas ainda em fase de implantação. As empresas com ISO 14000 têm algumas vantagens como: maior qualidade dos produtos, confiabilidade mercadológica, maior credibilidade nas licitações, melhores oportunidades de negócios, maior competitividade e o menor impacto ambiental possível, o que significa que tal certificação apenas traz benefícios às empresas que a possuem e se sujei-

---

[11] http://www.pactomundial.org/index.asp?MP=10&MS=30&MN=2#r

[12] http://www.iadb.org/ETICA/Documentos/abn_norma-p.doc; http://www.abnt.org.br/default.asp?resolucao=1024X768

[13] http://www.iadb.org/ETICA/Documentos/abn_norma-p.doc

tam às exigências dela decorrentes. Como já ficou demonstrado, uma dessas exigências é estar no caminho do desenvolvimento sustentável, garantindo, assim, desenvolvimento econômico e a preservação do meio ambiente para uma melhor vida agora e a futuras gerações. (SANTOS, 1997: 101)

Além das certificações, códigos de conduta, pactos e diretrizes criados em âmbito internacional[14], que ajudam a sociedade a discutir sobre o papel da empresa e auxilia o Estado no momento de positivar normas a respeito da responsabilidade social, tem-se na esfera interna a Ordem Econômica e Financeira delineada no Art. 170 da Constituição da República Federativa do Brasil de 1988[15], cujos princípios nele constantes trazem exatamente o substrato para se desenvolver a concepção de responsabilidade social.

No próprio Preâmbulo Constitucional e no Art. 1º da Constituição da República Federativa do Brasil de 1988[16] encontram-se outros valores e objetivos importantes que o Estado, no momento da instituição do Texto Consti-

---

[14] Iniciativa de Reporte Global (GRI); Princípios Globales de Sullivan; *Social Accountabillity 8000* (AS 8000); Los princípios de "*The Caux Round Table*" (CRT); Pacto Global de Naciones Unidas; Lineamientos para Empresas Multinacionales OCDE. (PEREIRA, 2006: 231-233).

[15] Art. 170. A ordem econômica, fundada na valorização do trabalho humano e na livre iniciativa, tem por fim assegurar a todos existência digna, conforme os ditames da justiça social, observados os seguintes princípios: I – soberania nacional; II – propriedade privada; III – função social da propriedade; IV – livre concorrência; V – defesa do consumidor; VI – defesa do meio ambiente, inclusive mediante tratamento diferenciado conforme o impacto ambiental dos produtos e serviços e de seus processos de elaboração e prestação; VII – redução das desigualdades regionais e sociais; VIII – busca do pleno emprego; IX – tratamento favorecido para as empresas de pequeno porte constituídas sob as leis brasileiras e que tenham sua sede e administração no País. Parágrafo único. É assegurado a todos o livre exercício de qualquer atividade econômica, independentemente de autorização de órgãos públicos, salvo nos casos previstos em lei.

[16] "Nós, representantes do povo brasileiro, reunidos em Assembléia Nacional Constituinte para instituir um Estado Democrático, destinado a assegurar o exercício dos direitos sociais e individuais, a liberdade, a segurança, o bem-estar, o desenvolvimento, a igualdade e a justiça como valores supremos de uma sociedade fraterna, pluralista e sem preconceitos, fundada na harmonia social e comprometida, na ordem interna e internacional, com a solução pacífica das controvérsias, promulgamos, sob a proteção de Deus, a seguinte CONSTITUIÇÃO DA REPÚBLICA FEDERATIVA DO BRASIL."

Art. 1º A República Federativa do Brasil, formada pela união indissolúvel dos Estados e Municípios e do Distrito Federal, constitui-se em Estado Democrático de Direito e tem como fundamentos: I – a soberania; II – a cidadania; III – a dignidade da pessoa humana; IV – os valores sociais do trabalho e da livre iniciativa; V – o pluralismo político. Parágrafo

tucional, achou por bem adotar, pois correspondiam aos anseios da sociedade em busca de uma vida plena e harmônica. E são exatamente esses princípios que o Estado deve positivar, não apenas mediante políticas públicas, mas também com o incentivo e fomento da esfera privada [no caso em tela, da atividade empresarial] a fim de que todos cumpram sua parte e assumam seu papel de responsáveis pela construção de um Estado nos moldes como se apresentam no ordenamento jurídico.

Analisando a situação sob a ótica do corpo social, observa-se que existe uma descrença na capacidade do aparelho estatal, em razão dessa ineficiência no suprimento com qualidade de determinados serviços públicos, na falta de poder decisório e no estímulo ao setor privado e sociedade civil a prestar serviços e fornecer bens públicos e de interesse social. Somada a isso, há ainda a verificação da alta lucratividade das grandes empresas, que se mostrou determinante para o início da cobrança de uma maior atuação empresarial na seara social.

Existe, então, a tentativa de traçar um conceito de responsabilidade social como forma de balizar a atuação das empresas, tanto para auxiliar o Estado no momento de criar políticas públicas de incentivo às empresas socialmente responsáveis, como também para diferenciar claramente esse agir responsável do simples cumprimento do constante no ordenamento jurídico [Art. 170 da Constituição da República Federativa do Brasil de 1988]. Pode-se observar pela leitura do sobredito artigo constitucional que existe o estabelecimento de alguns princípios que devem conduzir a atuação na esfera econômica. Quando o legislador constituinte prescreveu tais princípios da ordem jurídico-econômica constitucional para nortear a ação do mercado e do Estado, foi justamente visando uma atuação que fosse condizente às políticas estatais do Estado Brasileiro. É estabelecida a obrigação de uma atuação conforme a função social.

Contudo, além da obrigação do agir segundo a função social, a sociedade exige que exista uma atuação responsável da empresa. Diferenciar esses dois aspectos não é uma tarefa fácil, porém cada vez mais se torna necessária, tanto pelo Estado continuamente incentivar a responsabilidade social, quanto pela sociedade que cobra das empresas ações consoante o seu entendimento de social responsabilidade.

único. Todo o poder emana do povo, que o exerce por meio de representantes eleitos ou diretamente, nos termos desta Constituição.

Em outras áreas do conhecimento humano existe a concepção de responsabilidade social, como no âmbito da Administração. Entretanto, da mesma forma que se pode observar no Direito, há uma confusão entre conceitos, que se mostra bem clara principalmente quando se criam classificações e diversos graus de responsabilidade social. Como exemplo desse embaraço entre as concepções de função social e responsabilidade social, cita-se o excerto trazido por Carlos Nelson dos Reis e Luiz Edgar Medeiros em sua obra *Responsabilidade social das empresas e balanço social* (2007)

> Sendo a responsabilidade social a obrigação que a empresa assume perante a sociedade no compromisso de maximizar os impactos positivos e minimizar os negativos (Ferrel, 2001: 15), há quatro tipos de responsabilidade social, os quais resultam em condutas específicas, que poderão ser avaliadas pela sociedade e que definem uma área determinada sobre a qual a empresa toma decisões. São elas: a legal, a ética, a econômica e a filantrópica [...].

Nota-se que além de os autores colocarem a função social sob a denominação de responsabilidade social legal, ainda se coloca a filantropia ou altruísmo como o patamar mais alto a ser alcançado por uma empresa que se pretende completamente responsável socialmente perante a sociedade.

Outro problema verificado quando da busca de uma atuação socialmente responsável é a criação, por parte das empresas, de códigos de conduta com a instituição de diretrizes e orientações que se supõem norteadoras da atividade empresarial no caminho da ética e responsabilidade social, mas que, em verdade, na prática, não passam de obrigações legais da empresa ou, mais frequentemente, quando as políticas da empresas previstas em tais códigos não passam do plano escrito.

Entende-se, portanto, que é necessária a elaboração de um conceito jurídico de responsabilidade social, demonstrando uma atuação além dos limites estabelecidos no ordenamento jurídico como função social, por meio do qual a empresa deva ter em vista a observância de alguns aspectos, quais sejam: seus deveres para com i) a sociedade civil; ii) consumidores e fornecedores; e iii) seus empregados. Os valores que a sociedade deseja ver as empresas realizando por meio de sua atividade abarcam essas três esferas de atuação. Assim, a empresa deve funcionar consoante os parâmetros de responsabilidade no meio interno [empregados], externo [fornecedores e consumidores] e sociedade civil.

Domingo García-Marzá (2008: 130) traz a mesma concepção utilizando nomenclatura e classificação diversas, quando comenta que o caráter integrativo da ética verifica-se mediante sua relação com o benefício. A empresa deve potencializar seu caráter dialógico não somente enquanto instituição no seu nível interno, mas também em outros níveis: i) nível sistêmico ou macronível; ii) nível das organizações ou mesonível; iii) nível dos indivíduos ou micronível.

Para desenvolver o macronível ou sua relação com a sociedade civil, a empresa deve definir, por intermédio do diálogo, os "limites do mercado, como troca de equivalentes, papel do Estado na relação entre a justiça e a eficácia, políticas de redistribuição e financeiras etc." No âmbito das organizações, qual é a relação da atividade empresarial com seus concorrentes, com seus sindicatos, com as organizações dos consumidores, com seus fornecedores e se é possível, dentro do âmbito de sua atividade específica, chegar a consenso com os demais do mesmo grupo sobre os interesses em comum; e, finalmente, no nível dos indivíduos, relacionado à parte interna da empresa, como que os empregados participarão das tomadas de decisões ou, como tais decisões estarão embasadas pela validez moral dessas pessoas, que englobam desde os trabalhadores até os acionistas, clientes, dirigentes etc. (GARCÍA--MARZÁ, 2008: 130)

Ainda dentro deste último aspecto concernente ao nível interno da empresa, existe a defesa de que, para o atendimento desses reclamos da responsabilidade social, deve-se ter em mira o modelo de empresa pós--taylorista, o qual pretende substituir o princípio da obediência pelo da responsabilidade, dinamizar os recursos criativos dos colaboradores e democratizar o ambiente de trabalho com a colaboração de todos os envolvidos.

No ordenamento jurídico brasileiro não existem normas jurídicas que tragam explicitamente uma definição ou conceito de responsabilidade social e nem mesmo uma espécie de rol de condutas que, ao serem seguidas pela atividade empresarial, podem ser consideradas como socialmente responsáveis. Essa delimitação legal é necessária para estabelecer um parâmetro ao Poder Público quando da concessão de quaisquer benefícios fiscais ou creditícios às empresas.

Conforme mencionado, existe um balizamento constitucional a respeito da função social das empresas, quando a atividade empresarial age segundo os princípios da ordem jurídico-econômica constitucional estabelecidos no Art. 170 do Texto Maior. A vantagem da instituição de lindes respeitantes à responsabilidade social é evitar que o Poder Executivo conceda incentivos às empresas que agem somente de acordo com a função social.

Especificamente, em cada âmbito empresarial [sociedade, externo e interno] pode-se entender que a responsabilidade social será verificada quando:

i) a empresa mostra à sociedade que utiliza parte de seus recursos em projetos, em ajuda financeira a organizações não-governamentais, na criação de institutos ou fundações para fornecer serviços e bens públicos ou para defender causas sociais, ecológicas, educacionais e quaisquer outras atividades envolvendo os cidadãos.

Os indivíduos tornaram-se mais reflexivos e conscientes de seu papel e responsabilidade[17] ante os problemas sociais, ambientais e econômicos, o que foi essencial para que exigissem das empresas a mesma responsabilização, mediante o fornecimento de bens e serviços necessários para suprir o vácuo no cumprimento das atribuições deixado pelo Estado.

"O desafio das empresas que querem ser reconhecidas como socialmente responsáveis é desenvolver mecanismos de interação democrática com seus parceiros estratégicos, tais como as comunidades locais." (FABIÃO, 2003: 73)

A empresa deve estar em harmonia com determinado meio social, que possui suas peculiaridades e carências. Portanto, a empresa mediante esse processo dialógico com aquela parcela da comunidade vai saber onde aplicar seus recursos de modo a satisfazer as necessidades daquele grupo. Desta forma, além da confiança, a empresa terá a legitimação daquela comunidade.

É por meio do balanço social que a sociedade saberá como a empresa está [e se está] cumprindo seu papel social. "Os resultados dessas ações, desempenhadas pelas empresas, encontram no Balanço Social o local para sua divulgação e visibilidade à opinião pública em geral".[18] (MEDEIROS, 2007: 35)

---

[17] É o chamado "consumidor-cidadão", no qual se percebe o afloramento de uma visão global, com uma maior consciência dos problemas ecológicos do planeta, bem como as graves mazelas sociais e econômicas. (FABIÃO, 2003: 68)

[18] Segundo Luiz Edgar Medeiros e Carlos Nelson dos Reis, "o Balanço Social surgiu com vistas a atender à necessidade de informação dos usuários da contabilidade na área social, como instrumento de medida que possibilita constatar como uma empresa se encontra no campo social, registrar suas realizações e avaliar as relações ocorridas entre o resultado econômico da empresa e a sociedade, pois é um instrumento de gestão e de informação que

ii) a empresa relaciona-se de maneira correta com seus fornecedores, com as demais empresas que atuam na mesma atividade [concorrentes] e com os consumidores. Mas esse agir não é simplesmente guiado pelos princípios da livre concorrência, livre iniciativa e respeito aos consumidores conforme a função social determina. É uma atuação que vai além, com a criação de conselhos, projetos e ajuda a organizações que miram à conscientização do consumidor.

Um grupo de empresas e empresários, para conseguir superar esses desafios, criou organizações expressivas cujo desiderato é estabelecer diretrizes, códigos de conduta, estudos, formação de parcerias, enfim, e todos os meios necessários para a construção de procedimentos socialmente responsáveis. Como exemplo mais expressivo, cita-se o Instituto *Ethos* de Empresas e Responsabilidade Social[19], organização reconhecida, inclusive internacionalmente, quando se trata do tema em questão.

É interessante que o referido instituto crie internamente padrões de conduta considerados por seus membros como éticos e, trazendo espaço para pesquisa, diálogo e ajuda àquelas outras empresas que pretendem rumar por esse caminho da responsabilidade. Existe promoção de cursos, palestras e produção de material visando à conscientização dos empresários e empresas para a responsabilização empresarial, caminho inevitável à atividade empresarial que espera manutenção no mercado e ganho de credibilidade perante a sociedade.

Outra organização comercial que além de se mobilizar em prol da responsabilidade social das empresas ainda impulsionou e tornou mais visível esse movimento nos Estados Unidos da América foi a *Business for Social Responsibility (BSR)*, composta por mais de mil e duzentas empresas a fim de que houvesse um auxílio e execução de políticas e práticas empresariais que levem ao caminho do desenvolvimento.[20]

iii) a empresa socialmente responsável prima pelo investimento em educação, cursos profissionalizantes e quaisquer outros tipos de atividades que primem por explorar e incentivar ao máximo a capacidade, criatividade e habilidade de seus funcionários.

---

visa apresentar, da forma mais transparente possível, informações econômicas, financeiras e sócias do desempenho das entidades". (MEDEIROS, 2007: 56)

[19] http://www.ethos.org.br/DesktopDefault.aspx?TabID=3334&Alias=Ethos&Lang=pt-BR

[20] http://www.bsr.org/

Da mesma forma como Adela Cortina entende que devem ser os dirigentes empresariais:

> El *manager* es una persona que tiene claros los objetivos que se propone alcanzar y desarrolla una gran habilidad para imaginar y crear medios que le permitan alcanzarlos. Dotado de iniciativa, imaginación y capacidad innovadora, jamás queda anclado en las soluciones ya conocidas, sino que, con un prodigiosos instinto de adaptación, imagina posibilidades nuevas, nuevas estratégias. (CORTINA, 2008: 82)

Devem os dirigentes empresariais saber explorar essas mesmas qualidades em seus empregados. Não apenas os dirigentes devem fazer aflorar essa imaginação, capacidade de inovação e visão estratégica enquanto ocupantes de cargos de hierarquia superior na estrutura empresarial. Mas também que todos os integrantes da empresa tirem o máximo de proveito de suas habilidades, direcionando seu trabalho para melhorar a sua produção e rendimento individual, como, igualmente, melhorar a própria produtividade da atividade empresarial em conjunto. Tudo isso proporcionará, ainda, a realização pessoal dos empregados, o sentimento de que são respeitados por suas funções, co-responsáveis pela atividade da empresa [bem como as conseqüências da mesma], e ainda funcionarem como interlocutores válidos dentro e fora da empresa.

Tendo em vista todas essas perspectivas da responsabilidade social, verifica-se outro problema: a falta de indicadores de avaliação das políticas públicas para averiguação de sua eficácia e harmonização às necessidades sociais. Daí, frisa-se, o mister da positivação de mecanismos legais, como uma lei de responsabilidade social que traga um demonstrativo, uma prestação de contas sobre os gastos sociais realizados para que esse balanço social apresentado seja passível de conferência [transparência] das ações implementadas.

4. Lei de Responsabilidade Social

Existe a necessidade de regulamentação do conceito de responsabilidade social, isto é, de uma lei de responsabilidade social para balizar a atuação das empresas e do Estado, determinando que uma empresa agirá de maneira responsável socialmente [tendo como base, mas indo além do previsto no Art. 170 da Constituição da República Federativa do Brasil] quando promover qualquer tipo de serviço ou fornecer qualquer tipo de bem direcionado à esfera pública, em benefício da sociedade, visando à promoção e vivenciamento do desenvolvimento sócio-econômico. Essa atuação deve acontecer nas três esferas com as quais a atividade empresarial se relaciona, qual seja: a sociedade, o nível externo [consumidor e fornecedor] e o nível interno [trabalhadores, dirigentes, acionistas].

Há algumas propostas de Emendas à Constituição, projetos de lei e propostas de resolução [em curso e, até mesmo, algumas já arquivadas] tanto na Câmara dos Deputados[21] quanto no Senado Federal[22], demonstrando um avanço no pensamento atinente à responsabilidade social, haja vista a recente busca de mudança paradigmática na ética somada ao fato de essa nova concepção só agora começar a ser discutida.

Uma Constituição Federal que prima pela observância dos valores relevantes à vivência do paradigma do Estado Democrático de Direito, precisa do avanço em termos de normatização no sentido de sair do âmbito unicamente da função social, principalmente no atual cenário de globalização, o qual muda o tipo de postura e direcionamento econômico e social a ser adotado pelos Estados. Precisa-se buscar efetivamente o cumprimento e respeito às diretrizes determinadas pela noção do agir segundo, ao menos, a função social, mesmo se conhecendo as dificuldades referentes às pressões externas sofridas pelos Estados no mundo globalizado.

O fato de iniciativas como esta acontecerem, em prol de uma regulamentação por parte do Poder Público, é extremamente benéfico, pois fornece instrumentos jurídicos tanto ao Estado como à sociedade civil, possibilitando políticas de controle, fiscalização e cobrança das empresas [bem como do próprio Estado, quando atuante na esfera privada, conforme dispõe o Art. 173 da Constituição da República Federativa do Brasil de 1988[23]], positivando, assim,

---

[21] PEC – 184/1999; PRC – 107/2000; PL – 3546/2000; PL – 4448/2001; PL – 6680/2002; PL – 4512/2001; PLP – 250/2001; PLP – 257/2001; PLP – 296/2002; PRC – 242/2002; PL – 1305/2003; PL – 6680/2002; PLP – 94/2003; PL – 2110/2003; PLP – 264/2007; PL – 4751/2005; PRC – 219/2005; PLP – 353/2006; PL – 64/2007; PL – 3072/2008; PLP – 451/2009;

[22] PLS – PROJETO DE LEI DO SENADO, Nº 54 de 2000; PLS – PROJETO DE LEI DO SENADO, Nº 205 de 2001; PEC – PROPOSTA DE EMENDA À CONSTITUIÇÃO, Nº 19, DE 2003; PLS – PROJETO DE LEI DO SENADO, Nº 224 de 2007; PLS – PROJETO DE LEI DO SENADO, Nº 249 de 2007.

[23] Art. 173. Ressalvados os casos previstos nesta Constituição, a exploração direta de atividade econômica pelo Estado só será permitida quando necessária aos imperativos da segurança nacional ou a relevante interesse coletivo, conforme definidos em lei.

a responsabilidade social como uma norma, e não mais apenas como um princípio ético.

É premente a normatização da responsabilidade social tanto para auxiliar as empresas a rumar para o caminho da responsabilidade social quanto para criar um mínimo de base para o Estado, a fim de que ele tenha onde se basear para implementar políticas públicas de incentivo às empresas que o subsidiam na busca do desenvolvimento sócio-econômico. Isso se torna patente ao se observar que algumas das propostas de criação normativa estabelecidas pela Câmara dos Deputados ou Senado Federal utilizam a nomenclatura "responsabilidade social" para exprimir o que, na prática, não corresponde com a concepção de responsabilidade social trazida neste trabalho.

O mais grave é notar que muitas dessas normas, se ingressarem no ordenamento jurídico brasileiro, podem ter uma grande influência na condução de políticas públicas, haja vista que o dinheiro público a ser empregado em fornecimento de bens e serviços à sociedade pode ser direcionado sob forma de incentivos a empresas que sequer cumpram o mínimo estabelecido no sistema jurídico, isto é, a função social. Há previsão de mudança do próprio Texto Constitucional e a idéia de restringir o acesso de empresas que não sejam "socialmente responsáveis" em licitações ou quaisquer certames públicos. Ao refletir que inexiste um conceito pronto de responsabilidade social e, além disso, que há confusão entre algumas concepções, torna a não discussão do tema algo bastante pernicioso.

Mesmo existindo essas dificuldades no momento da positivação de uma norma referente à responsabilidade social, ela se faz extremamente necessária, porquanto as empresas atualmente sentem a necessidade de agir em prol da sociedade [para conseguir, inclusive, permanecer no mercado], mas essa atuação, conforme analisado anteriormente, não é motivada pela consciência de sua responsabilidade social, mas sim em razão de uma ação estratégica que tem em mira o lucro e manutenção no mercado.

Por isso, poder-se-ia dizer que as empresas desempenham uma função parecida com a qual o Direito exerce, que consiste numa posição intermediária entre o sistema e o mundo da vida, isto é, a empresa possui sua racionalidade própria [racionalidade instrumental, a qual leva em consideração a eficácia e eficiência a fim de conseguir o melhor resultado: o lucro] porém, em razão da responsabilização que lhe cabe ante a sociedade, a atividade empresarial deve estar concertada com os valores sociais relevantes e agir de modo a conseguir confiança e credibilidade, por meio dessas constantes trocas e diálogo.

Assim, existe essa interação entre empresa e sociedade, na qual esta estabelece princípios importantes e exige determinadas condutas das empresas que, por sua vez, tentam agir o mais próximo possível desses anseios sociais a fim de se manter no mercado, conseguindo estabelecer um vínculo de confiança com a sociedade.

O Direito, neste caso, também exercerá o papel de positivar esses valores concernentes à responsabilidade social e fazer com que as empresas os cumpram, agindo, desta forma, consoante uma ética mitigada, uma vez que toda norma jurídica guarda em seu bojo um valor ético. Nesta esteira, por meio do debate a respeito do assunto será importante para que se estabeleçam as normas jurídicas, legitimadas pelo consenso resultante da discussão realizada entre os concernidos e que carregam em seu seio valores relevantes que a sociedade deseja ver realizados.

Enfim, antes da positivação de uma norma que regulamente o assunto, deve haver muita discussão e debate sobre a responsabilidade social e, principalmente, como utilizar esse mecanismo para a busca do desenvolvimento sócio-econômico, conquanto o ordenamento jurídico harmoniza-se com a concepção desenvolvimentista, entendida como a realização dos valores sociais, econômicos, políticos e culturais por meio de normas jurídicas a fim de se alcançar um patamar de pleno vivenciamento da qualidade de vida, a observância da dignidade humana e a realização da justiça social.

5. Conclusão

Para que a idéia de responsabilidade social não seja utilizada *somente* de forma comercial [no sentido de funcionar *apenas* como *marketing* social] e, portanto, dê azo à forjadura de ditas atitudes socialmente responsáveis, quando em verdade o balanço social indique mínima utilização de recursos em gastos sociais e máximo proveito na área de propaganda para tentar conseguir a credibilidade da sociedade, faz-se mister a regulamentação do assunto por meio de normas jurídicas.

O Estado tem o dever de buscar colocar em discussão e procurar formas de efetivar esses valores e objetivos importantes à sociedade, pois correspondem aos seus anseios de vida plena e harmônica e à busca do desenvolvimento sócio-econômico, realizada pela esfera privada por intermédio da responsabilidade social.

Isso significa que a mudança de racionalidade estratégica para a racionalidade comunicativa defendida por Habermas, teve influência não apenas no âmbito empresarial, mas também na transformação do indivíduo num ser humano mais reflexivo, mais consciente de seu papel e do papel dos demais membros e instituições da sociedade. Daí a idéia da concessão de benefícios às empresas que agem segundo a ética e responsabilidade sociais, uma vez que além de receber, em alguns casos, incentivos de ordem fiscal, creditícia entre outros tipos, em razão dos serviços públicos prestados, ainda lucram com a propaganda positiva no âmbito social, ganhando a confiança e credibilidade dos indivíduos.

O mais importante no estudo realizado é notar o papel que o Estado deve desenvolver para auxiliar seus membros a atingir o almejado em termos de responsabilidade social. Não apenas as empresas em sua atividade econômica, mas também os membros da sociedade civil, por meio da conscientização e mobilização social.

REFERÊNCIAS

BUSINESS FOR SOCIAL RESPONSIBILITY (BSR). Disponível em: http://www.bsr.org/. Acesso em: 13.08.2008.

CÂMARA DOS DEPUTADOS http://www.camara.gov.br/sileg/integras/142364.pdf http://www.camara.gov.br/sileg/integras/308546.pdf. Acesso em: 13.08.2008.

COMPÊNDIO PARA A SUSTENTABILIDADE: Ferramentas de gestão para responsabilidade sócio-ambiental. http://www.institutoatkwhh.org.br/compendio/?q=node/104. Acesso em: 13.08.2008

CORTINA, Adela. *Ética Aplicada y democracia radical*. 3. ed. Madri: Editorial Tecnos, 2001.

_____. *Ética de La empresa: claves para uma nueva cultura empresarial*. 8. ed. Madrid: Editorial Trotta, 2008.

CREDIDIO, Fernando. *ISO 26000: a norma internacional de responsabilidade social*. Revista Filantropia – Online, n. 91. Disponível em: http://www.cereja.org.br/arquivos_upload/iso26000_revistafilantropia91.pdf . Acesso em: 14.08.2008

FABIÃO, Maurício França. *O negócio da ética: um estudo sobre o terceiro setor empresarial*. In: Responsabilidade social das empresas: a contribuição das universidades, v II. São Paulo: Peirópolis: Instituto Ethos, 2003, 43-61 e 68-75.

FÓRUM BRASIL DO ORÇAMENTO http://www.forumfbo.org.br. Acesso em: 13.08.2008.

HABERMAS, Jürgen. *Técnica e ciência como "ideologia"*. Trad. Artur Morão. Lisboa: edições 70, 1993.

_____. *Direito e Democracia: entre facticidade e validade*. Vol. 1. Trad. Flávio Beno Siebeneichler. 2. ed. Rio de Janeiro: Tempo Brasileiro, 2003

GARCÍA-MARZÁ, Domingo. *Ética empresarial do diálogo à confiança na empresa*. Rio Grande do Sul: Editora Unisinos e Editora EDUCAT, 2008.

INSTITUTO ETHOS http://www.ethos.org.br/DesktopDefault.aspx?TabID=3334&Alias=Ethos&Lang=pt-BR. Acesso em: 13.08.2008.

INTERNATIONAL ORGANIZATION FOR STANDARDIZATION http://www.iso.orgiso/home.htm. e http://www.iso.org/iso/prods-services/otherpubs/pdf/socialresponsibility_2006-en.pdf. Acesso em: 13.08.2008

MEDEIROS, Luiz Edgar; Reis, Carlos Nelson dos. *Responsabilidade social das empresas e balanço social: meios propulsores do desenvolvimento econômico e social*. São Paulo: Atlas, 2007.

PACTO MUNDIAL http://www.pactomundial.org/index.asp?MP=10&MS=30&MN=2#r e http://www.unglobalcompact.org/Languages/spanish/index.html. Acesso em: 13.08.2008

PEREIRA, Juan Pablo Fernández. *La seguridad humana*. Barcelona: Editorial Ariel, 2006.

SANTOS, Antonio Silveira R. dos. "Biodiversidade. Desenvolvimento sustentável". *Revista de Direito Ambiental*. Ano 2, nº 7, julh./set., São Paulo: Revista dos Tribunais, 1997.

CAPÍTULO IX

As organizações e os seus stakeholders

REFLEXÃO SOBRE O ESTADO

José Manuel Moreira

"O Orçamento Nacional deve ser equilibrado. As Dívidas Públicas devem ser reduzidas, a arrogância das autoridades deve ser moderada e controlada. Os pagamentos a governos devem ser reduzidos, se a Nação não quiser ir à falência. As pessoas devem novamente aprender a trabalhar, em vez de viver por conta pública" (Marcus Tullius – Roma, 55 a. C)

"Se se atar os braços e as pernas de um nadador de primeira como Michael Phelps, amarrando-lhe ainda pesadas correntes aos pés e o lançarmos a uma piscina e ele se afundar, não se lhe chamaria um fracasso da natação ou um fracasso de Michael Phelps. Então, quando os mercados operam com um lastro de excessivas e prejudiciais regulações, porque se chama ´fracasso do capitalismo´?" (Peter Boettke)

"O problema mais importante das ciências sociais é explicar como as instituições que servem o bem-estar comum e que são extremamente importantes para o seu desenvolvimento chegaram a existir sem uma vontade comum dirigida a estabelecê-las" (Carl Menger)

Dá ideia de que nem mesmo em estado de iminente colapso financeiro e económico, agora já não só das nossa famílias e empresas, mas também dos Estados, as mentes educadas nos dogmas keynesianos perdem a sua fé e a tendência para insistirem no aumento do peso do Estado e das diversas formas – directas e indirectas – de intervencionismo como modo de resolver os nossos gravíssimos problemas (Moreira, Alves, 2010a). Um estado de negação sobre a real situação da economia portuguesa e as respectivas causas que talvez resulte da impossibilidade teórica e psicológica de reconhecer o falhanço e a insustentabilidade das sucessivas vagas de políticas keynesianas que – tanto à esquerda com à direita – têm levado a que as causas da crise sejam atribuídas a agentes externos (Alves, 2010b). Uma duplicidade de critérios que nos deixa ainda mais perplexos quando se revela como um padrão esquizofrénico do nosso tempo. Não é a geração que nos quer levar à falência a mesma que diz querer salvar o Planeta? Uma geração grisalha que considera muito social e ético colocar os filhos a pagar as suas dívidas e os seus muitos direitos adquiridos? A mesma que agora nos promete, já não amanhãs que cantam, mas políticas baseada na dor e nos muitos cortes que se anunciam, ainda que, sempre que possível, omitindo a sua extensão. No rescaldo das recentes eleições britânicas o "The Financial Times" (26 Abril 2010) explicava as coisas nestes termos:

> "O próximo governo terá de cortar os salários do sector público, congelar os benefícios, diminuir os efectivos, abolir uma série de regalias e desferir grandes machadadas em programas sociais como a construção de escolas e a conservação de estradas."

Neste contexto, qual o papel desejável para as Emprcsas e o Estado e, de modo especial, para uma sociedade civil que se quer mais livre e responsável? O que pensar da bondade de tantas proclamações "éticas" e tantas bandeiras de RSE erguidas por Empresas que depois aparecem nos media associadas a suspeitos casos de corrupção?

Depois do entusiasmo com tantos Estados a salvarem as economias, assistimos agora ao estado de pré-falência dos Estados, coisa que pensávamos ser um exclusivo dos países de Leste. No nosso caso, englobando engenharias orçamentais pouco responsáveis, já devemos mais de 100% daquilo que ganhamos, o que tem levado cada vez mais credores a especularem sobre a nossa capacidade para pagar o que devemos e a elevar os prémios para novos empréstimos. Uma situação a que nem mesmo a Alemanha escapa.

Logo a seguir à queda do Muro de Berlim, Almeida Santos (*Semanário*, 28 Outubro 1989) escreveu um texto a distanciar-se do socialismo marxista e a defender, na linha de Stuart Mill, uma ilusória conjugação entre capitalismo e socialismo, entre produção e distribuição. O título "Capitalismo na produção, socialismo na distribuição" é bem elucidativo dos equívocos das políticas que se seguiram e que nos levaram a distribuir primeiro o que se tinha, depois o que ainda não se tinha e a seguir o que nunca se viria a ter. Políticas que só a custo os nossos políticos acabaram por reconhecer como insustentáveis.

É por isso, que antes das soluções, importa perceber o caminho que nos conduziu à presente situação (Moreira, 2009) e olhar para o problema das dívidas – grega ou inglesa, portuguesa ou espanhola – sintoma de uma decadência europeia de que a dificuldade em o resolver é apenas só mais uma acto de uma tragédia grega. Daí que, na linha de um texto de Guy Sorman (*ABC*, 7 de Maio.2010) se possa perguntar:

> Como se sai de uma tragédia? Ganhando tempo, negando-a, suicidando-se ou dizendo a verdade. Neste momento da história que vivemos não é possível prever qual destes pressupostos prevalecerá. Nos começos da Europa,

Jean Monnet disse a verdade e os homens de Estado explicaram-na aos povos e estes entenderam-na. Hoje em dia, não é a crise grega que convirá explicar, mas o caminho que a ela conduziu. Não se trata de resolver o problema da dívida: trata-se de dar um prazo (ou não) à estratégia de decadência europeia. Bem vistas as coisas, deveríamos até dar graças aos gregos que, com tanta imprudência, conseguiram por fim à "siesta" europeia.

Talvez seja altura para redescobrir o que o Estado, Empresas e Sociedade Civil podem fazer e o que cada uma destas "entidades" não deve fazer e nunca poderá, nem deverá fazer. A este propósito, seria importante começar por distinguir entre "regulamentação" e "regulação" para descobrir o *valor,* mas também os *limites,* da regulação e da supervisão do Estado: até onde podem (ou não) ir? Clarificações que dificilmente se conseguirão levar a bom porto se – na linha de Luis Pazos (2010) – não formos capazes de desafiar alguns mitos, a começar pelas leis laborais que fazem do nosso mercado formal de trabalho um dos mais rígidos do mundo.

Será que é mesmo da legislação do trabalho que depende a garantia de um melhor nível de vida dos trabalhadores? Ou será que tal só acontece se ela tiver em devida conta a quantidade de bens de capital disponível por trabalhador e a sua formação, que são as bases da produtividade, sem o que só se poderá gerar desemprego e afastar investimentos?

Um outro aspecto que costuma ser tido como muito social, é a ligação entre mais protecção legal do trabalhador e melhores salários. Mas, assim sendo, como explicar que milhões de indocumentados mexicanos nos EUA ganhem em uma hora, sem nenhuma protecção laboral, mais que milhões de mexicanos em um dia com toda a protecção da legislação do trabalho e dos sindicatos?

Fala-se muito hoje em mudar (ou não) artigos da nossa Constituição. Um dos problemas que se pode levantar é: até que ponto a expressa garantia dos direitos dos trabalhadores num texto constitucional será fundamental para o seu bem-estar? Como se explica que a Constituição dos EUA não dedique nenhum artigo à protecção dos trabalhadores e seja nesse lugar "horroroso" que os trabalhadores têm dos salários mais altos de todo o mundo? Não seria tempo de entre nós se perceber que a procura de trabalhadores e a produtividade são os factores que determinam a melhoria dos seus níveis de vida?

Ainda recentemente, a propósito do aumento do salário mínimo, se defendeu a ideia muito social e progressista de que esse aumento evitaria a exploração dos mais pobres. Mas até que ponto tal aumento, quando feito acima dos níveis do mercado, não gerará antes um maior desemprego, ao mesmo tempo que impede a capacitação dos mais desfavorecidos?

Costuma ser bem aceite que os legisladores progressistas são os que criam uma maior quantidade de leis que protegem os trabalhadores. Mas até que ponto os verdadeiros parlamentares progressistas não serão antes os que criam um quadro jurídico capaz de atrair mais investimento? Não será esta a verdadeira responsabilidade social, a fonte primeira para a criação de mais e melhores empregos?

Quiçá hoje as pessoas estejam mais despertas para mais atrevidas interrogações: Existirá realmente um mercado livre a funcionar e em que medida a estrutura legal e institucional não deve ser tida em conta na avaliação de resultados (ou consequências) não desejados? Até que ponto não haverá duplicidade de critérios na avaliação das falhas dos Mercados e dos Governos? Será lícito julgar uma instituição humana e, por isso, imperfeita, como o mercado, segundo critérios ideais, sejam os de o modelo de concorrência perfeita ou o de eficiência paretiana, ainda que tal seja a prática largamente aceite na economia convencional? Até que ponto não devemos estranhar que às falhas do Estado se responda com mais Estado e às falhas do mercado se responda do mesmo modo: com mais Estado e mais intervenção? Como saber se as falhas no mercado são mais graves do que as do Governo? Será que sabemos como funciona o processo político? Será que podemos confiar a resolução dos problemas aos políticos e burocratas, os mesmos que tão frequentemente aparecem como suspeitos de corrupção e de inúmeros negócios sujos, e que não se importam de mentir, enganar e manipular só para conseguir votos? Não deixa de ser interessante verificar como entre nós a solução quase consensual para a fraca avaliação do desempenho do sistema educativo passa por pactos sociais que implicam mais Estado. Será que somos capazes de imaginar o que se passaria se a educação estivesse a cargo do sector privado? Qual seria a solução proposta face aos mesmos maus resultados?

Por que terá sido que, em 1945, na Alemanha, um dos países europeus mais devastados pelos bombardeamentos da 2ª Guerra Mundial que reduziram as suas cidades a escombros e onde poucos edifícios ficaram de pés, os seus dirigentes recusaram os termos da ajuda que os EUA conceberam no âmbito do Plano Marshall?

Que razões po(n)derosas terão pesado na decisão – do Cancheler Konrad Adenauer e do seu Ministro da Economia, Ludwig Erhard – de recusar milhões de dólares de ajuda para a construção de enormes construções para alojar as centenas de milhares de alemães cujas casas tinham sido destruídas, comunicando às autoridades americanas que ou a ajuda se fazia como eles queriam ou não a aceitariam?

E qual foi a condição proposta pelo então governo alemão? Foi que os recursos se investissem em empresas para que os seus trabalhadores tivessem um rendimento permanente e se retomasse a produção. O plano foi implementado tal como o exigido pelos governantes alemães e logo vieram as casas e melhores níveis de vida. Esta opção pela criação de empresas, e não por subsídios, explica o essencial do "milagre alemão" e a rápida emergência da Alemanha como uma potência mundial. Um sucesso baseado na chamada "economia social de mercado" que assenta na recusa da oposição entre o económico e o social e numa visão política integradora, bem expressa no título da famosa obra de Erhard: "O bem-estar para todos".

Infelizmente, num mundo que continua repleto de catástrofes naturais e de políticas de curto prazo (Moreira, Alves, 2010a), faltam dirigentes capazes de nos fazer ver que, mais que na ajuda, o ponto de partida para um futuro sustentado, está na criação de condições para que aumente o crédito e o investimento nas empresas e a confiança no País e nas suas gentes.

Será que ainda vamos a tempo de perceber que o melhor sistema a longo prazo depende da criatividade dos indivíduos situados na base da pirâmide produtiva, desde que gozem tanto de liberdade política como económica e de redescobrir – numa linha hayekiana – quanto Estado e Mercado funcionariam melhor (Moreira e Alves, 2010b) se fossem o resultado do desenvolvimento espontâneo de baixo para cima, sem ninguém a mandar? E já agora aproveitar também para descobrir que a interacção dos indivíduos, que possuem diferente conhecimento e diferentes pontos de vista, é o que constitui a vida do pensamento. Daí que a liberdade, como defende Easterly (2008), seja essencial para dar lugar ao muito que nunca se poderá de todo prever ou mesmo dizer. Não será esta uma nobre "razão" para se querer a liberdade: para aprender a esperar dela a oportunidade de realizar muitos dos nossos objectivos que dependem dos esforços independentes e competitivos de inúmeros desconhecidos?

É por isso que, tal como defende Peter Boettke (2009), a superação do debate que dominou o discurso político do século XX, que se traduziu na luta entre os defensores dos mercados perfeitos e os defensores dos planificadores centrais perfeitos, só se dará se se perceber que as soluções, tanto dos governos como dos mercados, podem falhar.

Um passo que só poderá ser dado se se dedicar mais atenção aos escritos de Elinor Ostrom (e do seu marido Vicent), a primeira mulher a ganhar um Nobel da Economia (em 2009).

Uma obra que Boettke diz dever ser entendida como uma forma de resolver um problema hobbesiano através de uma solução smithiana: trata-se de confiar na capacidade de grupos descentralizados para desenvolver sistemas de regras que permitam fazer surgir a cooperação social através da associação voluntária.

Os fundamentos da ordem social de um povo livre assentam no autogoverno, não na autoridade governamental e no poder centralizado. Segundo Vincent Ostrom, uma sociedade autónoma dever ser composta por cidadãos plenamente capazes de adoptar "as preocupações do pensar e os problemas do viver".

Quem sabe os tempos de dificuldade que estamos a viver nos ajudem a descobrir e entender melhor a riqueza das regras e instituições que trabalham para fomentar a cooperação numa ampla variedade de sociedades.

Talvez ninguém como Elinor Ostrom tenha feito tanto para nos alertar sobre o dano que os governos podem fazer quando procuram impor a partir de fora regras estranhas sobre as pessoas locais – em especial quando os seus próprios sistemas já estão a encarar dilemas sociais próprios (Alves 2010a). Não é assim abusivo considerar os seus trabalhos como um alerta para se entender e respeitar a diversidade institucional no nosso mundo, para se redescobrir o engenho e a sabedoria existente nas soluções locais, bem como a criatividade empresarial e o sentido empresarial dos indivíduos a longo prazo e ao longo do mundo desenvolvido e menos desenvolvido.

Podemos, por isso, concluir, com Boettke, dizendo que a superação dos velhos debates na ciência social e nas políticas públicas, dificilmente poderá acontecer sem se ter em devida conta os trabalhos do casal Ostrom e a sua ênfase na riqueza do ambiente institucional e as soluções criativas que surgem quando os indivíduos são livres para formar associações e trabalhar dentro de uma rede de regras informais que fomentam a responsabilidade individual e colectiva.

Este apelo às investigações dos Ostrom, além de inspirador, serve também para nos abrir uma janela para o plural mundo das associações que não encaixa perfeitamente nas categorias de "mercado" e "Estado", mas que cada vez mais se revela essencial para uma cooperação social próspera e pacífica. Uma janela à qual todos quantos se interessam pela temática da RSE terão de se abeirar se quiserem redescobrir um horizonte mais amplo e genuíno para o seu campo de estudo.

A RSE não pode ser uma panaceia para confundir "prendas" com "serviço" (Moreira, 1999: 83-112) nem para escamotear os graves problemas que afectam um modelo dito social a que Erhard chamou *a ilusão dos tempos modernos: o futuro garantido pelo Estado* (Moreira, 1999: 128-130). Muito menos deve servir para minar uma responsabilidade que é e sempre deverá ser de todos e de cada um de nós. Infelizmente a mesma geração que está muito preocupada com o esgotamento dos recursos naturais é a mesma que julga que os "dinheiro" e o endividamento não tem limites, e, por isso, terá sempre dificuldade em perceber que mais importante do que deixar um Planeta melhor aos nossos filhos é deixar filhos melhores ao Planeta.

REFERÊNCIAS

ALVES, André Azevedo (2010a), "Um Nobel para a economia da governação policêntrica", 17 de Fevereiro de 2010 [http://www.ordemlivre.org/node/893].

ALVES, André Azevedo (2010b), "The crisis: a view from Portugal", 11 de Maio de 2010 [http://blog.iea.org.uk/?p=2683].

BOETKE, J. Peter (2009), "Why Those Who Value Liberty Should Rejoice: Elinor Ostrom`s Nobel Prize", *Freeman*, December, 59 (10).

EASTERLY, William (2009), "Hayek vs. The Development Experts", Manhattan Institute for Policy Research [http://www.manhattan-institute.org/html/hayek2008. htm]. Texto do discurso pronunciado na cerimónia em que recebeu o Prémio Hayek do Manhattan Institute, 23 de Outubro de 2008.

MOREIRA, José Manuel (1999, reed. 2008), *A contas com a Ética Empresarial*. Cascais: Principia.

MOREIRA, José Manuel (2009) "Uma crise de perguntas ou de verdadeiras respostas", *Crise*. Lisboa: Bnomics, 134-137.

MOREIRA, José Manuel; Alves, André Azevedo (2010a) "Crise económica e financeira ou cultural e institucional? Análise à luz do debate entre Hayek e Keynes", *Revista de Economia & Relações Internacionais*, 9 (17) Junho (no prelo).

MOREIRA, José Manuel; Alves, André Azevedo (2010b) *Gestão Pública e Teoria das Burocracias entre a visão clássica da Administração Pública e o novo paradigma da Governação Pública*. Lisboa: INA (no prelo).

PAZOS, Luís (2010), Mitos sobre las leyes laborales, [http://www.cisle.org.mx/index. php/editoriales/167-mitos].

REFLEXÃO SOBRE AS INSTITUIÇÕES
DE ENSINO SUPERIOR

*Paulo Resende da Silva**

As Instituições de Ensino Superior (IES), no âmbito da temática da Responsabilidade Social nas e das Organizações (RSO), estão perante desafios muito interessantes. Estes desafios surgem numa altura do contexto do desenvolvimento humano e do enquadramento económico e político bastantes complexos.

Em bom momento a sociedade questiona as IES e exige que elas promovam politicas e acções, a que poderemos denominar de, socialmente responsáveis. Em bom momento porque sendo as IES um dos pilares do desenvolvimento social e humano, ela tem responsabilidades acrescidas perante essa mesma sociedade; numa primeira instância, localmente, e numa segunda instância, globalmente[1].

Sendo as IES uma das instituições estruturantes da sociedade, ela não se pode dissociar da sociedade e dos movimentos que emanam do seu exterior. Esta associação não implica, nem nunca deverá implicar, um desvirtuamento do papel e da missão primordial das IES, que definiram e nortearam a Universidade Europeia desde os seus primórdios.

Estamos a vivenciar tempos novos, no sentido em que promovem ou exigem que se promova, um novo olhar sobre uma realidade clássica. Estamos, de facto, a viver tempos de mudança; não porque tenha sido algo planeado ou estruturado pela sociedade e pelas próprias instituições. Contudo, ela era previsível, ela vem sendo, desde o início da última década do século passado, referenciada.

Previsível, porquê? Vivemos no dealbar de uma nova era. Uma era que, sendo nova, é o normal desenvolvimento da transição que se encontra

---

* PCCIM – Faculdade de Economia, Universidade de Coimbra. Departamento de Gestão, Escola de Ciências Sociais, Universidade de Évora. [pfs@uevora.pt].

[1] O conceito Local e Global é bastante variável, isto é, por local entendo, para o fim a que me proponho trabalhar este texto, o espaço de influência directa da IES no território, na perspectiva das bacias hidrográficas, i.e., todo o espaço de influência da IES na sua cartografia relacional e de "negócio" e por global entendo o espaço aberto em que vivemos e as relações trans-universitárias que se estabelecem entre as IES.

(encontrava[2]) em curso entre a revolução das tecnologias produtivas (revolução industrial) e as tecnologias informacionais (revolução informática e das comunicações digitais). Esta transição tem dado origem às duas sociedades emergentes, bastante exploradas no domínio do discurso dos actores políticos, mas ainda com algumas fragilidades de compreensão e, acima de tudo, assimilação por parte da sociedade e, incompreensivelmente (na minha opinião), por parte da academia, a sociedade da informação, por um lado, e a sociedade do conhecimento (a que pode de facto alavancar o desenvolvimento sustentável da sociedade), por outro lado.

Olhemos para o passado recente, não para fazermos um percurso pela história das revoluções, nem sequer pela história da evolução tecnológica (da produtiva e da informação), mas sim para posicionarmos o que tem sido publicado nos últimos 20 anos sobre a realidade das IES.

Creio que antes mesmo de olharmos o passado recente, devemos olhar e clarificar o que se entende por Universidade[3]. É importante que partamos de um mesmo código de interpretação, que mesmo não sendo concordante entre nós todos, pelo menos define como neste documento a universidade é vista e definida. Olhemos para o nosso enquadramento normativo. O novo regime jurídico, Lei nº 62/2007, de 10 de Setembro, define uma missão para as IES no seu artigo 2º (ver caixa 1).

O quadro normativo dá um sentido de orientação ao que espera serem as IES e qual o seu papel na sociedade portuguesa (neste caso), dando um enquadramento, um cunho, normativo e não filosófico. As IES têm de ter, quando definem a sua missão, uma ideia de Universidade; contudo, grosso modo elas reproduzem este texto, sejam elas públicas ou privadas. Em si mesmo, este facto não tem um peso significativo em termos de subjectividade e de concepção do que é a Universidade, mas impõe, como é óbvio, a imposição de um

---

[2] Creio que essa transição, nos países com maior índice de desenvolvimento humano, já ocorreu; nunca é demais relembrar que as tecnologias produtivas nestas sociedades, já estão conectadas e dependentes da utilização das tecnologias de informação e da comunicação nesse mesmo processo produtivo; a robotização, os sistemas CIM e CAD/CAM, o escritório virtual, o teletrabalho, etc.

[3] Na sua perspectiva mais ampla hoje, abarcando todas as instituições de ensino superior que actuam nos ensinos de graduação de reconhecimento legal após o término do ensino secundário ou colegial.

certa forma cria, fazendo uma analogia[4], uma certa "mão invisível" na regulação e no conceito de Universidade.

Contudo, felizmente, a norma, a lei, sendo reguladora, bem como o paradigma implícito, não são totalmente condicionadores, podendo-se ter outras leituras sobre o conceito de Universidade e de se olhar para estas Instituições duma forma mais aberta e mais posicional do seu papel na sociedade e no mundo. A norma é suficientemente aberta e abrangente que permite ter outras leituras.

CAIXA 1 – Missão das IES Portuguesas

Artigo 2º
Missão do ensino superior

1 – O ensino superior tem como objectivo a qualificação de alto nível dos portugueses, a produção e difusão do conhecimento, bem como a formação cultural, artística, tecnológica e científica dos seus estudantes, num quadro de referência internacional.

2 – As instituições de ensino superior valorizam a actividade dos seus investigadores, docentes e funcionários, estimulam a formação intelectual e profissional dos seus estudantes e asseguram as condições para que todos os cidadãos devidamente habilitados possam ter acesso ao ensino superior e à aprendizagem ao longo da vida.

3 – As instituições de ensino superior promovem a mobilidade efectiva de estudantes e diplomados, tanto a nível nacional como internacional, designadamente no espaço europeu de ensino superior.

4 – As instituições de ensino superior têm o direito e o dever de participar, isoladamente ou através das suas unidades orgânicas, em actividades de ligação à sociedade, designadamente de difusão e transferência de conhecimento, assim como de valorização económica do conhecimento científico.

5 – As instituições de ensino superior têm ainda o dever de contribuir para a compreensão pública das humanidades, das artes, da ciência e da tecnologia, promovendo e organizando acções de apoio à difusão da cultura humanística, artística, científica e tecnológica, e disponibilizando os recursos necessários a esses fins.

---

[4] Analogia à frase de Adam Smith e a sua "mão invisível da economia".

Sendo assim, podemos afirmar, com relativa segurança, que a missão específica das Instituições de Ensino Superior, em particular as Universidades, é *"produzir e transmitir conhecimento na Sociedade"* (Tribolet, 1999) através da aprendizagem/ensino, de formas de representação do conhecimento e da investigação que se realiza (seja qual for o fim ou meios de realizar).

Desta forma, as Universidades incorporam na sua missão, tal como foi exposto por Ortega y Gasset (em Simões, 1994, 75) e que vem claramente definido em todo o quadro normativo, a componente educativa e formativa do Homem, a investigação pura ou aplicada, a extensão à comunidade e a prestação de serviços.

Assim, a missão primária tradicional da universidade está referenciada em termos de ensino, investigação e extensão. Esta missão pode ser representada através dos vocábulos criação, preservação, integração, transmissão e aplicação de conhecimento. A Universidade é o local de promoção sócio-cultural através do ensino, da investigação e pesquisa, da extensão e da disseminação de cultura. Para que uma Universidade exista têm de intervir alunos, docentes, administrativos, pessoal técnico e auxiliar e órgãos de governação e de gestão, bem como as unidades orgânicas básicas para que se possa cumprir a missão, as escolas (faculdades, departamentos ou outra denominação) e os centros de investigação.

Regressemos agora, após este enquadramento sobre a Universidade e o seu conceito, ao passado recente. Vejamos o seguinte esquema temporal com alguns dos enquadramentos políticos e normativos mais relevantes:

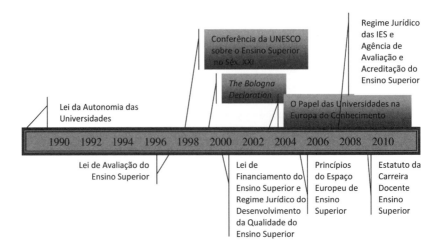

Como ser percebe, nas últimas décadas, o Ensino Superior em Portugal tem sofrido alterações constantes no seu enquadramento normativo, derivado da evolução da Democracia na Sociedade Portuguesa, por um lado, e das alterações induzidas pela Integração Europeia[5], por outro lado. Estas alterações podem ser caracterizadas e descritas em quatro fases de evolução.

A primeira (1973-1986) é caracterizada pelo surgimento de novas instituições públicas – universidades, politécnicos e escolas superiores – e com novos modelos de organização estrutural e gestionária (Decreto-Lei nº 402/73, de 11 de Agosto – Criação das Novas Universidades; Decreto-Lei nº 781-A/76, de 28 de Outubro – Gestão dos Estabelecimentos do Ensino Superior; Decreto-Lei nº 188/82, de 17 de Maio – Definição da Autonomia Administrativa e Financeira), visando uma maior desconcentração das instituições, permitindo a diminuição de assimetrias.

A segunda fase (1984-2000) é caracterizada pela redefinição dos critérios de autonomia, ou a sua consagração normativa, e pelo crescimento da oferta de graduação de primeiro grau através do aumento dessa oferta por parte das instituições públicas, pelo surgimento de instituições privadas, pela democratização das instituições públicas e pela massificação do ensino. (Lei nº 108/88, de 24 de Setembro – Lei de Autonomia das Universidades; Lei nº 54/90, de 5 de Setembro – Lei do Estatuto e Autonomia dos Estabelecimentos de Ensino Superior Politécnico; Decreto-Lei 102/98, de 21 de Abril – Regulamentação dos Contractos Programa; Decreto-Lei nº 16/94, de 22 de Janeiro – Estatuto do Ensino Superior Privado e Cooperativo; Lei nº 38/94, de 21 de Novembro – Lei da Avaliação do Ensino Superior; Decreto-Lei nº 252/97, de 26 de Setembro – Lei de Flexibilização da Gestão das Universidades Públicas).

A terceira fase (1997-2005), que parcialmente se sobrepõe à segunda, é caracterizada pela procura da harmonização global das instituições e da oferta, pelo controlo dessa oferta e pela reestruturação global do sector do ensino superior, com a redefinição de novos critérios de actuação das diferentes instituições, da definição do novo quadro de financiamento público, pela dimi-nuição dos candidatos ao acesso e pelo constrangimento financeiro derivado de novas políticas públicas e pela linha de evolução demográfica. (Decreto-Lei nº 296-A/98, de 25 de Setembro – Princípios Gerais para o Acesso e Ingresso no Ensino Superior; Lei nº 113/97, de 16 de Setembro – Lei do Financiamento do Ensino Superior; Lei nº 26/2000, de 23 de Agosto

---

[5] Duma perspectiva muito abrangente.

– Lei de Ordenamento do Ensino Superior; Lei nº 1/2003, de 6 de Janeiro alterando a Lei nº 38/94 e revogando a Lei nº 26/2000 – Regime Jurídico do Desenvolvimento da Qualidade no Ensino Superior).

Por último, a quarta fase (2005-2009), teve como ou tem como finalidade, alterar o quadro cultural e organizacional sobre as quais se tem construído o modelo de IES em Portugal, nas suas distintas vertentes, nos ensinos, na ciência e no conhecimento e na sua configuração organizacional, seja interna às IES, seja na reconfiguração da oferta, principalmente pública, do ensino superior, seja na reconfiguração da organização do sistema de ensino superior público em Portugal. De certa forma, esta nova fase visa responder à incapacidade de se proceder às mudanças que a terceira fase pressuponha, mas que por vários factores não foi conseguida, seja por responsabilidade directa das IES, seja pela incapacidade de se terem directrizes claras por parte de quem deveria ter o papel de regulador do sistema. Nesta fase procedeu-se a alterações em quatro domínios importantes. O regime jurídico das IES (Lei nº 62/2007, de 10 de Setembro), o estatuto da carreira docente (Decreto-Lei nº 205/2009, de 31 de Agosto, para o ensino superior universitário, e do Decreto-Lei nº 207/2009 de 31 de Agosto, para o ensino superior politécnico), o sistema de avaliação e acreditação da oferta de ensinos (Decreto-Lei nº 369/2007, de 5 de Novembro) e a reorganização dos ciclos de ensino induzidos pelo denominado Processo de Bolonha (Decreto-Lei nº 74/2006, de 24 de Março) e pela criação do espaço europeu de ensino superior (Decreto--Lei nº 42/2005, de Fevereiro).

É neste enquadramento que devemos então analisar a questão que nos é colocada para esta Mesa Redonda, no âmbito deste evento sobre Responsabilidade Social das Organizações. A questão de partida, sobre a qual devo contribuir para a procura de soluções ou, duma forma intelectualmente mais estimulante, mas menos operativa, discursar sobre o tema de forma aberta sem necessidade de reflectir sobre os impactos da minha própria reflexão, surge como enquadramento ao tema genérico de debate. Ora, o tema genérico de partida pode ser visto na caixa 2.

O enquadramento da temática tem inerente a si duas dimensões de reflexão: as IES como organizações e o ensino da responsabilidade social e a sua inserção nos curricula dos cursos.

Toda a evolução do espaço de actuação e do sistema de regulação das IES tem, mesmo não tendo sido intencional a actuação dos agentes políticos e dos actores universitários, procurado criar quadros de referência para a construção de IES socialmente responsáveis.

Caixa 2 – Tópico sugerido pela Organização do Evento

Apesar do papel fundamental do Ensino Superior na disseminação da responsabilidade social em Portugal os cursos de Gestão de Empresas ainda não apresentam uma oferta significativamente forte de unidades curriculares que leccionem a temática de forma estruturada e ampla. A ainda incipiente divulgação da responsabilidade social no meio Universitário e Politécnico português está bem patente na ainda escassa participação de instituições portuguesas nos princípios PRME – *Principles for Responsible Management Education.*

A realidade das IES portuguesas deve ser analisada a partir do seu contexto e das particularidades específicas da indústria e de cada uma em particular.

Existe uma extensa lista de artigos de opinião publicados nos últimos anos sobre o como as universidades devem inovar e qual o posicionamento das mesmas face ao novo contexto político-legal.

Compreender esta realidade, bem como outras relações existentes, e conjugá-la com o contexto actual e com as tendências (ver quadro 1) que se manifestavam em Portugal, e que se mantêm genericamente, para o ensino superior, é essencial para se ter uma visão ampla do papel e do posicionamento que cada universidade pode ter.

Estas tendências, os princípios orientadores do espaço de ensino superior na Europa, induzido pela Declaração de Bolonha, os novos sistemas de avaliação e acreditação, induzido pelas tendências que se registam a diferentes dimensões e escalas, o novos perfis de actuação organizacional, entre outros aspectos, conduzem, grosso modo, o modelo de actuação das IES para os conceitos de responsabilidade social das organizações (RSO).

Não nos iremos debater sobre o conceito de RSO neste texto; o mesmo foi profundamente debatido ao longo deste evento. Contudo, a questão que se colocou como ponto de reflexão para o debate exige que tenhamos em atenção duas perspectivas: o ensino da RSO e as IES como organizações socialmente responsáveis. Sobre o primeiro tópico, os trabalhos desenvolvidos pela Fátima Jorge e o Miguel Seabra em Portugal sobre o ensino da RSO aos alunos da área das Ciências-Económicas responderão melhor a qualquer comentário ou opinião sobre o que ocorre na oferta de ensinos nesta temática. No que se refere ao segundo tópico, nesta mesma conferência fiz um exercício de reflexão sobre o tema; irei agora, duma forma mais livre, menos fechada, sem a necessidade de validar cientificamente as opções, avançar um pouco mais sobre o que penso e sobre quais aspectos, julgo eu, devemos reflectir.

Quadro 1. – Tendências que estão a ocorrer em Portugal

Tendências	Implicações
Demográficas	· Redução do número de alunos tradicionais, pelo menos até ao ano 2010. · Obrigatoriedade de definir com clareza grupos-alvo (clientes-alvo: alunos e caracterização dos mesmos). · Pressão pelo financiamento da estrutura das universidades. · Procura crescente de serviços por parte das organizações não governamentais e da economia social.
Políticas	· Pressão para uma maior abertura e resposta a contextos muito particulares da sociedade em geral. · Maior necessidade de "*marketerização*" das instituições. · Maior partilha do poder e aumento da responsabilidade dos membros da comunidade académica. · Necessidade de definição de um "contrato social" entre as universidades e a sociedade/governo. · Diminuição dos fundos públicos e aumento da intervenção do Estado.
Económicas	· Aumento da procura pela formação e pela qualificação. · Necessidades de aquisição de novas competências e de novas graduações. · Incremento da partilha entre universidades, na procura de sinergias e de dinâmicas de desenvolvimento de conhecimento. · Aumento da oferta de serviços. · Maior exigência por parte dos clientes/parceiros: empresas, empregadores, alunos e sociedade. · Aumento da concorrência com outras universidades.
Tecnológicas	· Maior facilidade de acesso à tecnologia. · A tecnologia é cada vez menos um factor de distinção competitiva. · Aumento da procura pelo ensino à distância e por oferta formativas com forte componente pedagógica de índole tecnológica. · Abertura total à sociedade do conhecimento. · Novas formas de oferecer os distintos serviços, com especial incidência no crescimento da transferência electrónica de informação entre as pessoas e as organizações. · Incremento na necessidade de investimento nas pessoas e menos na tecnologia.
Organizacionais	· Pressão constante pelos custos. · Incremento da partilha de serviços. · Foco na «organização» e menos na «orçamentação». · Necessidade de novas lideranças e de novos contratos sociais internos. · Necessidade de analisar constantemente o modelo organizacional. · Clarificação e identificação dos princípios orientadores da gestão da organização.

Fonte: Resende da Silva: 2004, p. 175

As IES têm uma responsabilidade social que vai para além das suas matrizes económico-organizacionais, devendo promover a qualidade da educação em geral. Assim, emana dela uma vitalidade intelectual que deve estar ao serviço da sociedade, sendo por via disso um pólo de mudança e desenvolvimento social, tanto na formação/educação de quadros como na extensão universitária.

Tendo este enquadramento e tendo sido colocada directamente pelos organizadores do Fórum a temática do *Principle for Responsible Management Education* (PRME) e sua realidade em Portugal, creio que se torna pertinente apresentar o que significa o PRME, para que possamos (eu possa responder e opinar) posteriormente às duas perguntas colocadas e que são inerentes ao tópico de reflexão colocado.

Os *Princípios para uma Educação Responsável para a Gestão* surge no seio e no âmbito dos trabalhos e dos desafios colocados pela ONU (Organização das Nações Unidas) para a criação de um mundo socialmente mais responsável, pelo respeito pela Condição Humana e pelo respeito pelo Ambiente e pelas Relações Sociais, Culturais, Religiosas e Familiares.

São seis os princípios, organizados em seis dimensões (caixa 3). Analisando estes princípios com a missão e a finalidade das IES verificamos que existe uma coincidência entre o que se entende ser o papel das IES na sociedade e as orientações recomendadas pela ONU para esta área, i.e., a ideia de que as IES têm de ser organizações socialmente responsáveis, devendo para tal desenvolver iniciativas que dêem resposta a este papel e a este desafio.

Parece óbvio, mesmo sem grande reflexão, que as IES são organizações socialmente responsáveis, mesmo antes desta temática ser objecto de profundas reflexões, seja pela pesquisa científica, seja pelas exigências da sociedade onde se encontram inseridas as IES.

Contudo, se atentarmos para o que têm sido as opções de desenvolvimento e de enquadramento das IES portuguesas, talvez possamos chegar à conclusão que, mesmo assumindo que em parte elas têm contribuído para o desenvolvimento do País, de facto algo de estranho se passa. Procuraremos ver o que de estranho se passa então; contudo, não posso dissociar esta minha análise do texto que apresentei neste Fórum.

CAIXA 3 – PRME

THE PRINCIPLES FOR
RESPONSIBLE MANAGEMENT EDUCATION

· Principle 1
Purpose: We will develop the capabilities of students to be future generators of sustainable value for business and society at large and to work for an inclusive and sustainable global economy.

· Principle 2
Values: We will incorporate into our academic activities and curricula the values of global social responsibility as portrayed in international initiatives such as the United Nations Global Compact.

· Principle 3
Method: We will create educational frameworks, materials, processes and environments that enable effective learning experiences for responsible leadership.

· Principle 4
Research: We will engage in conceptual and empirical research that advances our understanding about the role, dynamics, and impact of corporations in the creation of sustainable social, environmental and economic value.

· Principle 5
Partnership: We will interact with managers of business corporations to extend our knowledge of their challenges in meeting social and environmental responsibilities and to explore jointly effective approaches to meeting these challenges.

· Principle 6
Dialogue: We will facilitate and support dialog and debate among educators, business, government, consumers, media, civil society organizations and other interested groups and stakeholders on critical issues related to global social responsibility and sustainability.

Como é natural, as IES sempre cumpriram, ou procuraram cumprir, uma responsabilidade social perante a comunidade e perante o conhecimento e a aprendizagem. Elas desde sempre procuraram o Conhecimento, elas desde sempre procuraram transmitir esse conhecimento através de canais de informação, visando construir, uma sociedade baseada no conhecimento, através da aprendizagem e da manifestação cultural dos seus actores.

Contudo, se olharmos para as componentes mais abrangentes da RSO verificamos que esta análise não chega, é curta e limitativa para compreender como é que as IES se relacionam com os seus parceiros e actores, com a sua Comunidade Escolar.

Olhemos então para a questão colocada, salientando as duas perguntas que estão inseridas na questão, procurando dar uma resposta, que sendo uma opinião pessoal, ela sustenta-se numa concepção de RSO.

Para melhor compreender a resposta, apresentarei, muito sucintamente, a sustentação. Sabendo que a RSO tem inerente a si três dimensões, o respeito pelas relações com seus *stakeholders*, o cumprimento no tempo e no espaço com as suas obrigações legais e contratuais; e a projecção de comportamentos de cidadania; então, para que tal possa ser possível, as organizações, em sentido lato, devem ser socialmente responsáveis para que possam (caixa 4):

> – Cumprir com o seu objectivo básico de obter resultado vantajosos;
> – Cumprir um dever social, definindo a sua responsabilidade perante a sociedade expressas pelo seu:
> · Compromisso para com valores sociais e ambientais;
> · Compromisso com resultados vantajosos "limpos".

Assim, teremos uma organização socialmente responsável, onde as ideias defendidas no Livro Verde da União Europeia para a Responsabilidade Social se encontram perfeitamente enquadradas, i.e., ser desenvolvida numa base voluntária, indo mais além dos requisitos legais, ser uma interacção, um relacionamento de partilha e parceria, entre os *stakeholders*, e onde as preocupações sociais e ambientais estão integradas na primeira linha de preocupação nas actividades empresariais (organizacionais).

Debrucemo-nos então sobre as questões colocadas como desafio para esta mesa-redonda e as perguntas associadas a essas questões (caixa 5).

Como se poderá facilmente verificar, estas duas questões têm inerente a si duas perguntas e será sobre cada uma dessas duas perguntas que procurarei encontrar uma resposta, baseando-me na minha compreensão sobre dois fenómenos: a RSO e o papel e forma de organização, estruturação e desenvolvimento das IES.

CAIXA 5 – Questões de debate para a Mesa Redonda

> 1. Durante muitos anos o ensino da Gestão foi "enquadrado" pela perspectiva financeira de "criação de valor para o accionista". Como será possível agilizar as instituições Universitárias e Politécnicas (e suas ofertas formativas) para responder aos desafios económicos, ambientais e sociais que hoje enfrentamos? Como posiciona as Instituições de Ensino Superior portuguesas em termos de RSO relativamente às Instituições congéneres da UE?
>
> 2. A oferta formativa de 2º ciclo será suficiente para formar os futuros gestores e responsáveis por áreas funcionais em matéria de responsabilidade social ou pelo contrário será adequado reformular os curricula dos cursos desde o primeiro ano das licenciaturas? Estarão os Conselhos Científicos despertos para esta acção?

No que se refere à primeira questão, ela incorpora duas perguntas:

1. Como será possível agilizar as instituições Universitárias e Politécnicas (e suas ofertas formativas) para responder aos desafios económicos, ambientais e sociais que hoje enfrentamos?
2. Como posiciona as Instituições de Ensino Superior portuguesas em termos de RSO relativamente às Instituições congéneres da UE?

Como agilizar as IES para responder aos desafios?

Numa primeira leitura, parece ser fácil caminhar a resposta para uma reformulação organizacional, uma melhor pesquisa sobre as necessidades do mercado e a criação de ofertas formativas mais *market-oriented*. Contudo, isso não nos garante nada em particular. Contudo, isso é fechar a IES sobre o curto-prazo e sobre as necessidades político-económicas e não sobre as necessidades do Homem e da Sociedade. Contudo, isso é ter uma resposta fácil e com menor crítica social, mas longe de ser a necessidade futura.

Alguns aspectos e desafios são pertinentes colocar hoje, nesta sociedade da informação e do conhecimento, mas que nunca deixará de ser também e de possuir no seu interior, uma sociedade agrícola e uma sociedade industrial, a saber, entre muitos outros:

Qual o impacto das tecnologias da informação e da comunicação na sociedade?

Qual a relação Homem-Máquina?

Que Sociedade Humana estamos a construir?

Que valor social têm as novas soluções das redes virtuais?

Como valorizar o Conhecimento Humano nesta Sociedade Informacional?
Como potenciar a Sociedade da Informação como valor de equidade social?
Quando criar a Sociedade das Ideias livres?
Quando potenciar o Território como valor Social?

Para responder a estes aspectos e desafios as IES têm, cada IES em particular, com os seus constrangimentos e as suas virtualidades, as suas capacidades e o seu espaço territorial de actuação, de definir as suas orientações neste âmbito. É importante que cada IES defina com clareza um modelo de actuação e projectos formativos que conduzam à Formação do Homem Social e Económico, mas também do Homem Político e Cultural.

Para tal cada IES deve definir uma Identidade, um Propósito, as Relações que quer estabelecer com os seus Grupos de Interesses, a Estrutura para a Sustentabilidade e o seu Relatório de Prestação de Contas à Sociedade (ver a comunicação que apresentei neste Fórum onde é apresentado este modelo). Este modelo de gestão da RSO, apresentado por Jonker and van Pjikeren (2006), pode ser visualizado pela seguinte figura (figura 1). De acordo com o descrito, apresento para debate a seguinte proposta (caixa 6).

Figura 1 – Modelo de Gestão da RSO

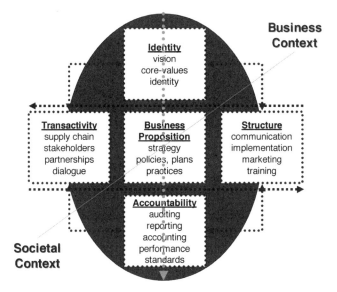

Fonte/adaptado: Jonker and van Pjikeren (2006, pág. 22)

CAIXA 6 – Modelo de Gestão da RSO das IES

> • UMA IDENTIDADE – à uma visão, um código de valores e referenciais de actuação; a Carta Pedagógica; o Código de Conduta Social; os Princípios Éticos da IES.
>
> • UM PROPÓSITO – à uma estratégia para a RSIES com políticas de reconhecimento e validação dos desempenhos, com definição das métricas de monitorização (uma BSC) e os comportamentos de cidadania do docente, do aluno e dos investigadores.
>
> • RELAÇÃO COM OS GRUPOS DE INTERESSE – à enquadrar os grupos de interesse na cadeia de valor, criando fóruns de participação e relacionamento, definição de papéis e criação de redes de colaboração mútua.
>
> • ESTRUTURA – à equipa para o Relatório da Sustentabilidade; equipa para responder ao desafio da PRME – Principles for Responsible Management Education; criação da imagem para a responsabilidade social; certificar alguns processos/áreas/actividades.
>
> • PRESTAR CONTAS – à elaboração de memorandos e relatórios, promover avaliação constantes sobre os ensinos e dos desempenhos nos ensinos, ...

Como posiciono as IES portuguesas quando as comparamos com as suas congéneres europeias?

Quando pesquisamos no sítio da internet onde se encontram informações sobre o PRME identificamos o seguinte.

- Ð 283 IES registadas no PRME → somente 2 são portuguesas
- Ð 25 relatórios no âmbito do PRME, no conjunto de 3 anos [2 em 2007; 8 em 2008; 15 em 2009, mas somente uma única IES o realizou nos 3 anos e nenhuma outra repete, pelo menos, um segundo relatório]
- Ð Como se distribui por países estes relatórios:
  - • 2007 – Brasil e EUA
  - • 2008 – **Alemanha (3)**, EUA (2), China, **França** e Jordânia
  - • 2009 – EUA (5), **França (3)**, **Alemanha (2)**, India (2), Argentina, Equador e **Finlândia**

Creio que estes dados são suficientes para cada um de Nós tirar as suas próprias conclusões; contudo, ainda não nos encontramos longe ou muito afastados da realidade internacional, por um lado, e a Sociedade, apesar de tudo, ainda não está suficientemente alerta para este fenómeno, para que as IES promovam acções visando a criação dos princípios orientadores do PRME.

Apesar desta realidade, a verdade é que se encontram a realizar trabalhos muito aprofundados nesta temática por equipa de investigadores portugueses, sendo de destacar, na análise aos que ocorre nos ensinos (na oferta específica e na oferta integrada em programas de ciclos de estudo), os trabalhos desenvolvidos por Miguel Seabra, Fátima Jorge e Dollores Gallardo[6].

No que se refere à segunda questão, ela também incorpora duas perguntas:

1. Se bastará ter ofertas formativas de 2º ciclo para preparar os futuros gestores para a dimensão da responsabilidade social ou pelo contrário será adequado reformular os curricula dos cursos desde o primeiro ano das licenciaturas?

2. Estarão os Conselhos Científicos despertos para esta acção?

Analisemos a primeira destas perguntas. Creio não ser relevante qual a opção a tomar, porque em termos de projecto educativo e formativo, a opção deve estar orientada ao modelo pedagógico e à carta pedagógica de cada IES. Não creio que seja importante se devemos construir uma Unidade Curricular (disciplina) específica ou se devemos abordar o tema nas distintas Unidades Curriculares ou se devemos promover seminários específicos onde se abordam os temas. Contudo, creio que temos três opções claras, em função do perfil do projecto formativo.

A primeira opção, orientada a profissionais da gestão e das organizações, sem responsabilidades de direcção, e a futuros profissionais das organizações a RSO deve ser abordada em disciplina específica.

Por sua vez, a segunda opção, orientada a profissionais com responsabilidade de direcção do negócio a RSO deve ser uma temática que tem de ser abordada em todas as unidades curriculares, procurando-se identificar e salientar, em dada área da gestão, o que de mais relevante se coloca em termos de RSO e como as organizações devem avaliar e medir a mesma nessa área, por um lado, e qual o papel da mesma para o negócio e para o equilíbrio e sustentabilidade organizacional.

Finalmente, a terceira opção, orientada para os Gestores da RSO, onde deverá ser desenvolvido um currículo específico para a RSO, onde o mais

---

[6] Os autores apresentaram dois textos em 2007 nas seguintes conferências XIV Congreso de AECA. Empresa y sociedad: respondiendo al cambio, em Valencia e XVII Jornadas Hispano-Lusas de Gestão Científica, em Logoño, com o tema genérico da Percepção e Motivação dos alunos de Ciências Empresariais..

relevante é enquadrar a temática em termos da filosofia (a resposta aos aspectos e desafios pertinentes identificados anteriormente), da ética, da governação, da prestação de contas da RSO, onde forçosamente a mesma deve ser abordada de acordo com os modelos organizacionais vigentes, de acordo com o enquadramento normativo e de acordo com o enquadramento cultural e sociológico dos negócios no âmbito do espaço de competição em que se inserem as organizações e no espaço da globalização.

A segunda parte da questão, a segunda pergunta, está directamente relacionada com o interior das IES, com um dos seus órgãos estruturantes, os Conselho Científicos, e se eles estão despertos para o tema. Bom, cumpre-me dizer o seguinte: mas os Conselho Científicos não são compostos ... por Nós mesmos? Isto é, afinal, de que "almas" falamos quando abordamos o órgão?

No Conselho geral: estamos Lá ... só depende de Nós Próprios ... mas, contudo, o órgão, por si só, nunca está ... é um órgão Colegial com tudo o que tem de positivo e negativo.

O segredo, se é que existe algum segredo, é ter um projecto bem identificado, ter um modelo pedagógico que sustente o projecto, ter uma equipa de projecto onde o reconhecimento e a validação científica dê respostas claras ao projecto, i.e., que exista trabalho de pesquisa e investigação que demonstre que o tema é relevante e que nessa pesquisa e nessa investigação os principais membros da equipa de projecto sejam também autores da mesma e que sejam reconhecidos como tal.

REFERÊNCIAS

JONKER, J. and van Pijkeren, M. (2006): "In search of Business Strategies for CSR". *ICCSR Research Paper Series*, nº 41-2006. Nottingham University Business School.

RESENDE DA SILVA, Paulo (2005). *Modelo Organizacional das Universidades Públicas Portuguesas; Referencial de Inovação suportado em Sistemas de Informação/Tecnologias de Informação e Comunicação (SI/TIC)*. Tese de Doutoramento. Universidade de Évora.

SIMÕES, J. Santos (1994). *20 anos de história da Universidade do Minho*. Braga: Universidade do Minho.

TRIBOLET, José (1999). "A organização, a gestão e os processos de ensino e de investigação na Universidade Técnica de Lisboa face às novas tecnologias de comunicação, informação e conhecimento". Lisboa: Texto Policopiado. Documento de Reflexão do Senado da UTL.

UE. *Promover um quadro europeu para a responsabilidade social das empresas.* http://eur-lex.europa.eu/LexUriServ/site/pt/com/2001/com2001_0366pt01.pdf. consultado em 30 de Dezembro de 2009.

REFLEXÃO SOBRE VOLUNTARIADO E SUAS COMUNIDADES

Carlos Alberto da Silva[1]

Resumo: Na presente comunicação procuro problematizar sociologicamente as lógicas do desenvolvimento do voluntariado e da responsabilidade social das empresas nas sociedades contemporâneas. A partir duma breve reflexão sobre os principais elementos caracterizadores do "voluntariado", coloco em ênfase a necessidade de uma reconceptualização da lógica do "mercado do voluntariado" no mundo empresarial, assim como do paradigma de acção fundacional que parece emergir como uma das alternativas de sustentabilidade das condições de inserção empoderada dos actores na intervenção social e comunitária, engendradas pelas empresas e no quadro dos contextos de acção em e com responsabilidade social.

Palavras-Chave: Voluntariado, Responsabilidade Social, Empresas, Intervenção Social e Comunitária

Nota Preliminar

Face à problemática colocada da relação entre o voluntariado e a responsabilidade social, irei partilhar convosco algumas linhas de reflexão, decorrentes de alguns trabalhos sobre a temática que tive oportunidade de acompanhar, quer a nível das orientações em dissertações de mestrado, como em prestações de serviço e consultorias efectuadas, designadamente junto da Fundação Eugénio de Almeida.

Em primeiro lugar, é necessário considerar que subjaz no quadro social certas tendências e/ou mudanças analíticas dum discurso "optimista" sobre a importância do desenvolvimento das redes (in)formais de intervenção e de apoio nas sociedades contemporâneas através do paradigma do "voluntariado", em geral, e a componente de "voluntariado empresarial", em particular. Parece que está na ordem do dia, a omnipresença e a necessidade de estruturar a solidariedade organizada por esta via.

---

[1] Professor Auxiliar com Agregação do Departamento de Sociologia da Escola de Ciências Sociais da Universidade de Évora

Na sequência destes aspectos, é necessário enfatizar que é necessário reconceptualizar a lógica do "mercado do voluntariado empresarial", assim como se torna pertinente efectuar uma releitura dos paradigmas que permitam sustentar uma melhor compreensão das estratégias de regulação da acção colectiva que os "voluntários" (dito empresas) engendram para a melhoria das suas competências na intervenção, assim como das condições de inserção empoderada na intervenção social e comunitária, sem as quais não é possível compreender o *core* das actividades, nem tão pouco o tipo de impactos esperados no campo do voluntariado protagonizado pelas organizações e/ou empresas.

1. Prolegómenos de uma Sociedade em Mudança

Durante séculos, a intervenção social no mundo ocidental esteve pouco relacionada com um modelo organizado e universalista, sendo sobretudo fundada nas estruturas familiares e na solidariedade religiosa, tendo fomentado, assim, uma solidariedade de proximidade, informal e discricionária. Com o desenvolvimento do capitalismo e a criação do Estado-providência no século XX, também não houve muito espaço de acção para o fortalecimento das organizações de tipo associativo, sobretudo as com fins de protecção social, sejam de inspiração religiosa ou laicas, no contexto da sociedade civil (Calha, 2006). Com a crise económica dos anos 70 do século passado, que para muitos se prolonga até à data, está mais do que comprovada e evidente a impossibilidade do Estado em dotar de um sistema de protecção com capacidade para garantir o bem-estar das populações. Assim sendo, aliada a uma crise de regulação do Estado nas últimas décadas e a crescente consciencialização social para as questões da pobreza e exclusão, bem como sobre a necessidade de salvaguarda dos ambientes e recursos naturais, dito numa lógica da ética da responsabilidade no sentido de Hans Jones (1995), convergiram novas oportunidades que permitiu dinamizar o ressurgimento e o crescimento rápido de movimentos organizados com fins de protecção social e ambiental.

Efectivamente, na sociedade actual, marcada pelas constantes clivagens, flutuações e uma crisiologia dos problemas sociais, económicos e ambientais, é cada vez mais entendido como principal objectivo dos decisores político--económicos e demais actores sociais, que as organizações e as empresas, em geral, e a sociedade civil, em particular, terão de arranjar mecanismos capazes de fazer germinar uma sociedade mais justa e um ambiente mais limpo, designadamente através da potenciação das interacções entre as diferentes partes interessadas.

Entende-se assim que a crescente consciencialização da implicação das organizações, qualquer que seja a sua natureza no desenvolvimento das sociedades modernas, proporcionou uma maior visibilidade da importância da responsabilidade das mesmas organizações na transformação e no desenvolvimento dos ambientes sociais em que actuam. De relevar que tais ideias não ancoram meramente no vector moral, altruísta e filantrópica da vida colectiva.

Assim sendo, para responder às exigências de novos rumos de solidariedade empresarial com o seu ambiente interno e externo, que permita desenvolver ou promover um quadro de responsabilidade social marcada pela integração voluntárias das empresas no domínio das preocupações sociais e ambientais, tal como vem descrito no Livro Verde da Comissão das Comunidades Europeias, se exigem novos matizes e enfoques, capazes de abarcar e integrar de forma profícua, novos laços "orgânicos" potenciadores das estratégias de acção que vão além dos meros compromissos formais e apoio social.

Tendo em conta estes considerandos, importa questionar o seguinte:

1. Qual o papel e o impacto do voluntariado para a resolução dos problemas ambientais, económicos e sociais? Qual sua dinâmica na sociedade portuguesa?
2. O voluntariado tem características que assegurem a sustentabilidade da sua acção, ou pelo contrário as suas acções carecem de continuidade e de eficácia/eficiência na resolução de problemas?

Para dar resposta a estas questões, importa contextualizar a noção de voluntário e de voluntariado e das suas relações com o mundo empresarial, aspectos que trataremos em seguida.

2. O "Mercado" do Voluntariado

Numa primeira aproximação, a noção de voluntariado e de voluntário é polissémica e não se assume de forma consensual. O termo voluntariado per si pressupõe, quase sempre, a ideia de acção, envolvendo questões em torno da solidariedade, beneficência e/ou filantropia, protagonizada pelo contributo de um indivíduo face a outro ou face à comunidade. Na perspectiva anglo-saxónica, o termo voluntariado está associada à ideia de uma sociedade civil organizada, exterior às fronteiras do Estado. Noutros países, como os do Sul da Europa, a noção de voluntariado ancora na lógica do serviço comunitário e na promoção do bem público (Calha, 2006).

Segundo António Calha (2006: 76) "o termo voluntário designa duas realidades distintas, à semelhança do termo *voluntarie* em França: por um lado, poderá referir-se a um indivíduo que, deliberadamente, presta um serviço gratuito a alguém, com quem não mantém laços de parentesco; por outro lado, poderá designar a livre escolha de uma determinada acção, eventualmente remunerada (são disso exemplo os militares, os técnicos das fundações e das ONG, que voluntariamente integram as forças de intervenção nacionais, regionais ou internacionais)". Confrontando as duas perspectivas, denota-se que uma acção voluntária é ambígua, podendo assumir-se numa lógica do beneficente (*bénévolat*, em termos francófonos) ou de acções voluntárias na terminologia anglo-saxónico de *volunteer*, que consubstancia a ideia de participação livre à margem das acções do Estado.

Em Portugal, as práticas de voluntariado encontram-se enquadradas juridicamente pela Lei n.º 71/98 de 3 de Novembro, cujo artigo 2.º define o voluntariado como "o conjunto de acções de interesse social e comunitário realizadas de forma desinteressada por pessoas, no âmbito de projectos, programas e outras formas de intervenção ao serviço dos indivíduos, das famílias e da comunidade desenvolvidos sem fins lucrativos por entidades públicas ou privadas". Assim sendo, "a acção voluntária não comporta uma retribuição financeira, o que a coloca em lado oposto ao trabalho remunerado, tendo como características principais o facto de ser exercida sem qualquer imposição sobre aquele que a pratica, e o facto de ser dirigida a outros ou à comunidade" (Calha, 2006: 77).

Ferrand-Bechmann (1992 cf. Calha, 2006: 78) identifica as seguintes seis dimensões do conceito de voluntariado: a relação com o outro; a norma e o constrangimento; a dádiva e a remuneração; a valorização social; o projecto social e, finalmente, a relação com outras esferas da solidariedade. Tendo em conta estes aspectos, argumenta Calha (2006) que a acção voluntária é condicionada pelo contexto social, político, económico e cultural no qual se enquadra, moldada por uma lógica de concepção de voluntariado socialmente aceite com pelo menos seis dimensões distintas:

- Distanciamento do voluntário em relação ao destinatário da sua acção (o voluntariado estabelece uma relação de ajuda e de serviço a outro);
- Constrangimento do acto voluntário (admitindo que, embora sendo um acto gratuito, pode ser condicionado pelos valores sociais partilhados pelos indivíduos);
- Dádiva e remuneração (o voluntariado é, na sua essência, um acto desprovido de recompensa monetária);
- A valorização social do voluntário (as acções representam oportunidades para adquirir competências, saberes, qualificações e de alargar as redes de relações);

- O projecto social (a acção voluntária pode traduzir-se numa tentativa de resolução de um problema através da actuação nas causas que originam o mesmo);
- A relação com as outras esferas da solidariedade (a acção pode ser percepcionada de forma complementar, suplementar, concorrencial ou antagónica em relação a outros mecanismos de acção social, sejam elas de natureza estatal ou familiar).

Face ao exposto, as organizações de voluntariado só poderão ser consideradas como tal, se e só se assentarem em quatro critérios (Colozzi, 1994 cf. Branquinho, 2008):

- Método de formação (considerando que o grupo não deve a sua existência a influências de autoridades públicas, sendo formado apenas por pessoas que se reuniram voluntariamente);
- Método de gestão (admitindo que as organizações de voluntariado decidem, de forma autónoma os seus estatutos e objectivos, bem como a forma de os gerir);
- Método de financiamento (pelo menos uma parte dos fundos das organizações de voluntariado tem de ter um carácter voluntário);
- Objectivo (considerando que a organização de voluntariado não deve ter como fim o lucro.

Face ao exposto e com respeito às questões propriamente ditas, "Qual o papel e o impacto do voluntariado para a resolução dos problemas ambientais, económicos e sociais? Qual sua dinâmica na sociedade portuguesa?", importa considerar que o "mercado" do voluntariado não é um mero campo de mediação e troca de produtos e serviços, na lógica do sistema monetário, antes porém se fundamenta num subsistema específico distante do mercado da actividade pública e privada.

De relevar que a percepção da importância da filosofia do voluntariado no quadro da responsabilidade social das empresas situa-se no plano da criação de valor no contexto da actividade empresarial, redundando assim no interesse das empresas na criação e na sedimentação de valores de solidariedade institucionalizada para e na sociedade. Trata-se um conjunto de acções que na maioria das vezes e em Portugal, surge no quadro das actividades das fundações criadas pelo próprio mundo empresarial.

Na verdade, numa perspectiva de pragmatismo dos desafios da sustentabilidade na era moderna e na sociedade portuguesa não tenho a certeza que existam impactos efectivos de mudança social. Efeitos devem existir alguns, nem que sejam de ordem mediática que colocam as empresas e as suas fundações num patamar de renovação da ordem social, mais solidária, abrindo assim um novo espaço de diálogo entre as organizações voluntárias e as empresas nos mais diferentes domínios para melhor identificar as vantagens e os constrangimentos das práticas de equilíbrio sócio-económico e ambiental.

Segundo um estudo recente efectuado pela Fundação Eugénio de Almeida (FEA) em 2008 e que tive o privilégio de coordenar, as conclusões sugerem que através das fundações, o voluntariado surge renovado para agir no plano da responsabilidade social das empresas sem estar delimitada ao quadro restrito sócio-ambiental, ou seja, em meros investimentos das empresas com acções voluntárias ao nível da redução dos desperdícios ou circunscrever as suas práticas ditas sociais numa dimensão minimalista de benefícios laborais. As práticas de responsabilidade social das empresas são plurais. Segundo Luís Silva cf. FEA (2008), "não se pode, no entanto, ignorar que a responsabilidade social para ser efectiva carece, como dissemos, de intervenção de outros actores, podendo exemplificar-se com os trabalhadores e respectivos sindicatos, bem como associações de consumidores e ambientais. Entendemos que também estes actores têm um papel basilar para se poder falar em responsabilidade social e sem os quais a responsabilidade social será insusceptível de se tornar uma realidade. Ou seja: é necessário "… caminhar para uma consciência social sobre as responsabilidades mútuas: da empresa para com os vários grupos sociais; e, destes para com a empresa".

Para Fátima Jorge cf. FEA (2008) "As organizações que procurem ser "socialmente responsáveis" têm de saber reinterpretar a sua missão de forma a que esta seja uma ferramenta de desenvolvimento, geração de riqueza e do núcleo de cidadania e ética e não unicamente como uma fonte de lucros. A este nível a organização deve trabalhar a sua imagem, não apenas ao nível dos consumidores, mas também internamente no seio da empresa, ao nível dos seus parceiros sociais, do sector público e de toda a comunidade em geral onde a organização está inserida (...) Assim, a empresa responsável adopta um modelo de gestão aberto que lhe permite conciliar interesses com os diversos interlocutores com quem se relaciona: trabalhadores, accionistas, investidores, consumidores, autoridades públicas e ONG. Com este tipo de actuação, está a investir no futuro e espera que o compromisso que adoptou voluntariamente se reflicta na sua rentabilidade". Ainda refere a autora que, no Alentejo, 81,35% das organizações que se enquadram no sector das fundações, declaram que os processos de responsabilidade social e de ética encontram-se "formalizados", uma vez que tais dimensões (gestão responsável e ética na organização) são intrínsecas à própria missão da Organização.

Segundo os autores do estudo em causa, através da intervenção fundacional e da renovação das práticas de responsabilidade social nas empresas, podem ser melhor respeitadas as acções conducentes à melhoria da qualidade de vida dos colaboradores e a sua segurança no trabalho, fomentando, em última instância, a recriação de novas práticas, não só no domínio ético-laboral, mas também contra a discriminação na relação empregadores/empregados, tais como situações de desigualdade de oportunidades entre homens e mulheres no acesso e na manutenção dos postos de trabalho e sobretudo no plano da conciliação da vida profissional e familiar. Por outras palavras, as fundações podem contribuir para o desenvolvimento de acções no espaço socio-organizacional, funcionando como intermediários das empresas empoderadas no fomento da empregabilidade, da formação profissional e contínua, e na promoção de iniciativas para a conciliação da vida profissional e familiar, actuando ainda como mediadores do acesso dos públicos desfavorecidos a bolsas e demais ajudas técnicas.

Tendo por base os desafios descritos acima as fundações, enquanto organizações voluntárias, surgem como um novo core de *know-how* na intervenção social e comunitária que em parceria com as empresas, oferecem uma "nova" abordagem do fenómeno das práticas socialmente responsáveis, com uma importância particular na estruturação de novas dimensões de empoderamento dos actores sociais, de empreendedorismo e de negócio com a dimensão da cidadania empresarial valorizada, designadamente no sentido da potenciação de três novas dimensões de práticas de responsabilidade social em busca do sucesso organizacional: a) a dimensão sistémica e solidária de acção empresarial; b) a parceria e o partenariado territorial; c) a cultura de partilha de conhecimentos e experiências na dinâmica produtiva e ou na prestação de serviços (FEA, 2008).

Para Não Concluir

O voluntariado tem características que permitem assegurar a sustentabilidade da sua acção, ou pelo contrário as suas acções carecem de continuidade e de eficácia/eficiência na resolução de problemas? Face ao exposto, direi que sim, mas ainda carece de estudo e aprofundamento na sociedade portuguesa. O que se sabe é ainda fragmentário. Contudo, volto a reforçar a ideia de que falar de continuidade dos processos de voluntariado empresarial e consequentemente da materialização a longo prazo das acções de Responsabilidade Social das organizações implica sobretudo colocar num plano distintivo do investimento da e na dimensão humana no centro das práticas empresariais em busca do bem-estar individual e colectivo.

Efectivamente, falar em desenvolvimento socio-económico e ambiental, fomentar práticas consideradas benéficas para o crescimento e o desenvolvimento sustentável das organizações representa um novo factor de competitividade, bem como, uma nova lógica de diferenciação positiva e de cidadania organizacional responsável. Dito de outro modo, o voluntariado e a responsabilidade social das organizações não podem ser interpretadas como uma moda, na medida em que elas não se dissociam da sua função enquanto factor estruturante e dinamizador do contexto social.

Releva-se, então aqui, a ideia de que a realidade integrativa da sustentabilidade, eficácia e eficiência das práticas das organizações empresariais com as lógicas de acção das fundações na dinamização da responsabilidade social estruturam-se num quadro de complexidade de forças de interesses e de convicções que veiculam num dado momento no tecido social nas sociedades modernas (FEA, 2008). É preciso perguntar quem é que quer intervir, praticar o voluntariado e promover a responsabilidade social de forma interessada e desinteressada para a resolução dos problemas sociais, económicos e ambientais, tendo o bem estar da comunidade no centro das suas acções.

Em suma, na problemática do voluntariado e da sua relação com as empresas no plano da responsabilidade social, apenas conhecemos a ponta do iceberg. Permitam-me dizer que não tenho uma varinha de condão para induzir mudanças, mas estou convicto de que se entrosam e incorporam nas lógicas e nas práticas voluntárias empoderadoras e socialmente responsáveis das organizações/empresas não só os valores éticos e de sustentabilidade nas relações sociais, económicas, ambientais e políticas, sendo elas, a meu ver, pilares fundamentais da estratégia e da acção das mesmas organizações/empresas. Tais vectores só se converterão em mais-valias e valores acrescentados para as organizações/empresas se houver um claro enfoque no desenvolvimento duma praxis organizacional/empresarial efectivamente centrada nas pessoas, sejam elas internas (trabalhadores ou colaboradores das organizações promotoras) ou externas (comunidade ou a envolvente do campo de acção seja local, regional ou global à escala planetária), aspectos que me parecem que estão ainda longe de serem atingidos pelas organizações/empresas e fundações do quadro societal português.

Recomendações:

Criação através do Forum e dos seus promotores/parceiros de um centro de competências em Cidadania Empresarial/Responsabilidade Social das Empresas no domínio do Voluntariado

Será um centro que virá a assumir como pivot formativo de agentes de RS, não resultante dum mero programa pré-definido, mas derivará dum processo de reflexão prática com os seus potenciais utilizadores, no âmbito da dinamização das actividades que se consideram essenciais para a prossecução duma estratégia de desenvolvimento do voluntariado através das práticas em Cidadania Empresarial/Responsabilidade Social nas empresas portugueses ou outras à escala global.

Inovações relativas a objectivos:
- Estruturação dum centro de competências especializado em cidadania empresarial e em economia cívica, bem como de uma rede de parceria em RS, nâo em função dum sector de intervenção, mas sim em função das características e domínios de acção do voluntariado empresarial;
- Produção de competências em RS para o voluntariado empresarial quer técnicas, quer comportamentais, de acordo com uma estratégia de especialização e de acção territorial da economia cívica, como uma vantagem competitiva das empresas.

Inovações relativas à conjuntura/contexto:

A transformação de um projecto experimental num instrumento permanente de actuação no domínio do RS em voluntariado. Isto é, dinamizar-se-á a organização permanente de apoio especializado ao voluntariado empresarial num território, onde as capacidades empresariais, as competências, produtos, práticas e conexões desenvolvidas no âmbito da prossecução das actividades de RS em voluntariado poderão constituir-se a curto e a médio prazo, num projecto de integração dos actores do voluntariado e dos grupos de risco no processo de dinamização económica e social.

Objectivos propriamente ditos

1. Contribuir para o processo de especialização das empresas em RS aplicado ao Voluntariado
   a) Dinamização das competênciais em RS e Voluntariado
   b) Dinamização da qualidade dos serviços de apoio ao voluntariado

c) Dinamização das actividades promocionais em RS e cidadania organizacional

d) Dinamização da capacidade empreendedora em RS, nomeadamente em torno de janelas de oportunidade de intervenção do voluntariado

2. Aumentar a capacidade técnica regional e transregional no RS e voluntariado empresarial, através de:

a) aumento das qualificações e competências dos recursos humanos existentes nos diferentes organismos e empresas;

b) criação dum centro especializado no apoio ao desenvolvimento de actividades em voluntariado;

c) desenvolvimento duma rede de competênccias em RS e voluntariado empresarial ;

d) desenvolvimento de suportes formativos adaptados à especialização em RS e Voluntariado, nomeadamente nas áreas técnicas, comunicacionais e comportamentais;

e) desenvolver o espírito empreendedor em RS e Voluntariado, nomeadamente na área empresarial

Síntese das possíveis actividades:

1. Criação dum centro de competências de apoio às actividades de voluntariado empresarial e RS, actuando, preveligiadamente nas seguintes áreas:

a) Responsabilidade social das empresas

b) Formação profissional presencial, à distância e no contexto da intervenção junto dos grupos de risco

c) Promoção e valorização do RS e Voluntariado

d) Criação, gestão e organização de acções de voluntariado por sectores de intervenção

e) Qualidade nas intervenções do voluntariado empresarial

2. Formação profissional dos técnicos e consultores em RS e voluntariado:

a) Organização e gestão de formação

b) Organização e gestão de eventos em RS e Voluntariado

c) Recolha e aquisição de documentação e bibliografia

d) Concepção de suportes de formação

e) Concepção e desenvolvimento de sistemas de ajuda ao trabalho do voluntariado empresarial

f) Concepção e desenvolvimento dum sistema de apoio à gestão e organização de práticas em RS nas empresas

g) Concepção e desenvolvimento dum "site em RS e Voluntariado" com três áreas:

1. Formação e apoio técnico
2. Promoção e divulgação
3. Espaço de debate entre os actores locais e de detecção de oportunidades

REFERÊNCIAS

BARROS, Carlos; SANTOS, J.C. Gomes, (2000), *As Fundações Portuguesas*. Lisboa: Vulgata

BOWMAN, Woods, (2004), «Confidence in Charitable Institutions and Volunteering», Nonprofit *and Voluntary Sector Quarterly*, vol. 33, no. 2, 247-270

BRANQUINHO, Ana (2008). Voluntariado hospitalar: o caso do Hospital de Portalegre. Dissertação de Mestrado em Sociologia. Évora: Universidade de Évora

BROWN, Eleanor, (1999), «Assessing the Value of Volunteer Activity», *Nonprofit and Voluntary Sector Quarterly*, vol. 28, no. 1, 3-17

CALHA, António (2006). O papel das instituições do Terceiro Sector no distrito de Portalegre. Dissertação de Mestrado em Sociologia. Évora: Universidade de Évora

CAMPBELL, David, (2002), «Beyond Charitable Choice: The Diverse Service Delivery Approaches of Local Faith-Related Organizations», *Nonprofit and Voluntary Sector Quarterly*, vol. 31, n.º 2, 207-230

COMISSÃO DAS COMUNIDADES EUROPEIAS (s.d.). *Livro verde: Promover um quadro europeu para a responsabilidade social das empresas.* Disponível em http://eur-lex.europa.eu/ LexUriServ/ LexUriServ.do?uri=COM:2001:0366:FIN:PT:PDF

FUNDAÇÃO EUGÉNIO DE ALMEIDA (2008). *Práticas de Responsabilidade Social no Alentejo Central e na Extremadura.* Practicas de Responsabilidade Social en el Alentejo Central y Extremadura. Évora: Fundação Eugénio de Almeida – Observatório Social do Alentejo. [versão bilingue Português e Espanhol]

FUNDAÇÃO EUGÉNIO DE ALMEIDA (2004). *As instituições sociais do Distrito de Évora.* Évora: Fundação Eugénio de Almeida – Observatório Social do Alentejo

HOOGHE, Marc, (2003), «Participation in Voluntary Associations and Value Indicators: The Effect of Current and Previous Participation Experiences», *Nonprofit and Voluntary Sector Quarterly*, vol. 32, n.º 1, 47-69

JONES, Hans (1995), *El principio de responsabilidad: ensayo de una ética para la civilización tecnológica.* Barcelona: Herder

LEANDRO, Maria Engrácia; CARDOSO, Daniela Freire (2006), *Sociologia do Voluntariado — A Seiva Humana — o caso hospitalar flaviense.* Braga: Universidade do Minho, Núcleo de Estudos em Sociologia

SANTOS, Maria João et al. (2007). *Responsabilidade Social nas PME.* Lisboa: Editora RH

SHERER, Moshe, (2004), «Volunteers in State Government: Involvement, Management, and Benefits» *Nonprofit and Voluntary Sector Quarterly*, vol. 33, n.º 1, 94-108

TELES, Helena (2009). "Responsabilidade Social das Empresas", in Joaquim Caeiro (coord.) *Economia e Política Social: contributos para a intervenção social no século XXI*, Lisboa: Universidade Lusíada Editora

TRUSSEL, John, (2003), «Assessing Potential Accounting Manipulation: The Financial Characteristics of Charitable Organizations With Higher Than Expected Program-Spending Ratios», *Nonprofit and Voluntary Sector Quarterly*, vol. 32, n.º 4, 616-634

TWOMBLY, Eric C., (2003), «What Factors Affect the Entry and Exit of Nonprofit Human Service Organizations in Metropolitan Areas?», *Nonprofit and Voluntary Sector Quarterly*, vol. 32, n.º 2, 211-235

REFLEXÃO SOBRE AS EMPRESAS

Jorge Rodrigues*

Nota prévia: No texto que se segue foi privilegiado o termo organização em detrimento de empresa, por se entender que os raciocínios expostos se aplicam a qualquer tipo de combinação societária, de que a empresa é apenas um tipo particular.

Q1: Poderá o actual estado da crise económica/financeira constituir um obstáculo aos relacionamentos de longo prazo ou pelo contrário a situação actual poderá potenciar as parcerias e os projectos "win-win"?

Comecemos por recolocar a actual crise no seu contexto. Com o pedido de auxílio à autoridades monetárias inglesas do banco Northen Rock e a falência do banco norte americano Leman Brothers, no verão de 2007, desencadeia--se o que a generalidade dos economistas aponta como o início da chamada "crise do *subprime*". A ser verdade, esta seria uma crise que apenas se cingia aos mercados financeiros, logo, o seu âmbito seria restrito e os seus impactos desfavoráveis estariam controlados. Ora, não foi nada disto que se passou até ao momento. Ou seja, o início da crise começou muitos anos antes, quando os actores do sistema financeiro perderam os escrúpulos e começaram a transaccionar produtos financeiros que não tinham qualquer ligação com os chamados *fundamentals* das empresas. Ou seja, criaram produtos financeiros sobre produtos financeiros, sem qualquer suporte de um activo subjacente que criasse o valor que eles pretensamente pretendiam distribuir. Assim, perdeu--se a confiança entre os actores do sistema financeiro, o que levou a que durante cerca de duas semanas, em 2008, não houvesse transacções no mercado interbancário europeu. Esta falta de liquidez repercutiu-se no crédito

---

* NOTA CURRICULAR

às empresas e às famílias, provocando a queda no consumo e consequente quebra na produção, levando à paragem dos equipamentos produtivos, ao desemprego, a nova contracção da procura e por aí fora. Ou seja, aquilo que foi uma constipação no sector financeiro mundial traduziu-se numa gripe no sistema económico mundial. A interdependência dos dois sistemas actuou com os seus piores mecanismos (parece que não havia estabilizadores macroeconómicos), e os impactos desfavoráveis foram muito maiores do que a simples soma dos impactos desfavoráveis do sistema financeiro e os impactos desfavoráveis do sistema económico. A perda de confiança foi a pedra de toque para toda esta anomalia. Ou seja, a não consideração nos modelos macroeconómicos do comportamento dos actores dos sistemas económico e financeiro vieram mostrar que são necessárias soluções alargadas e pluralistas, muitas delas não passíveis de serem modeladas matematicamente, por muito elegantes e complexos que estes modelos possam ser.

Aqui chegados, parece-nos que a recuperação da confiança, enquanto comportamentos esperados das partes com as quais nos relacionamos, terá que começar nos círculos que nos são mais próximos para os círculos que nos ficam mais afastados. Por outras palavras, a recuperação económica tenderá a começar por privilegiar as parcerias locais, a longo prazo, através da disponibilização da capacidade instalada e não utilizada, procurando ganhos de eficiência e de eficácia, e não tanto ganhos financeiros. Irão florescer assim novas formas de cooperação entre os agentes económicos, as quais irão exigir, por sua vez, novos mecanismos de governação das parcerias. Estes mecanismos de governação deverão ser pluralistas e assentarem na comunicação para poderem motivar todas as partes constituintes dessas parcerias. Sendo as parcerias constituídas por múltiplos constituintes, é normal que cada um deles tenha os seus interesses próprios que queira ver salvaguardados. Esta pluralidade de interesses pode até ser antagónica (por exemplo, um empregado e accionista que queira ver o seu vencimento aumentado não poderá, simultaneamente, querer receber também mais dividendos no final do período de prestação de contas). Assim, os órgãos de governo das parcerias deverão prestar informação tão exaustiva quanto possível, aos constituintes organizacionais, no sentido de serem estes a avaliar e escolherem em que grupos de interesses querem estar. Voltando ao nosso empregado e accionista, este pode optar por ser só assalariado e viver do seu vencimento ou ser apenas accionista e viver dos rendimentos financeiros proporcionados pelas suas acções na empresa. Como consequência, estas parcerias, ao proporcionarem aos seus constituintes organizacionais a escolha dos grupos de interesses com os quais mais se identificam, em cada momento, mantê-los-á motivados e envolvidos num bom clima organizacional, proporcionando às organizações ou às respectivas parcerias um equilíbrio dinâmico, que poderemos assimilar, neste contexto, a uma espiral positiva de criação de valor para todas as partes interessadas. À guisa de conclusão, quando existem valores e se procura que as organizações contribuam para a qualidade de vida das pessoas, todos os meios envolventes são propícios a que se obtenha de cada constituinte organizacional os recursos adequados a cada projecto e os mesmos possam ser recompensados de forma justa, pelo que o conceito de crise, como é comummente percepcionado, aqui, deixa de fazer sentido.

Q2: Se a crise económica/financeira implicar que o "mercado" não valorize as "boas-práticas" de responsabilidade social, estarão criados incentivos à desmobilização de recursos e à mera focalização nas "responsabilidades económicas"?

A utilização de recursos pela Sociedade, os quais, por definição, têm aplicações alternativas, deve ser enquadrada no contexto da resposta. Ou seja, as boas práticas de responsabilidade social, em nossa opinião, são contingenciais, pelo que é dúbio utilizar o adjectivo "boas" sem mais nem menos. Sendo contingenciais, por princípio, todas serão boas, pelo que o conceito de mercado, aqui, parece estar a mais. Mas explore-se esta ideia um pouco mais. Para o desenvolvimento deste raciocínio, não é indiferente o paradigma de raciocínio adoptado, ou seja, para nós, o conceito de desenvolvimento sustentável e o conceito de responsabilidade social das organizações estão associados e são de níveis diferentes.

O desenvolvimento sustentável é um conceito macro (económico e social) à escala planetária, o qual não se pode aplicar directamente a uma organização. Contudo, não é por isso que esta não deve contribuir para o desenvolvimento sustentável. Este, é percebido, em geral, como tendo ligações com a esfera política, no sentido em que os países, por exemplo, devem definir políticas públicas de desenvolvimento sustentável. Ora, estas políticas públicas, potencialmente, podem condicionar a actividade económica a ser desenvolvida por uma organização, em particular. Ou seja, o conceito de desenvolvimento sustentável condiciona os fins de uma organização, ao definir os princípios que modelam a envolvente em que ela se deverá mover. Por outro lado, estas condicionantes também estimulam a gestão destas organizações a procurarem objectivos que sejam valorizados pela Sociedade, aos quais ela atribua valor e esteja disposta a pagar por isso.

A responsabilidade social das organizações constitui, por seu lado, a resposta das empresas – ou outro tipo de organização societária – àquelas condicionantes; ou seja, desenvolvem e implementam estratégias globais, mecanismos de gestão e de controlo de riscos, nas quais (em princípio) incorporam novas concepções que estão em sintonia com as referidas condicionantes. Sob este prisma, no desenvolvimento da sua actividade diária, as organizações têm como desafio permanente, com inovação e competitividade, a promoção do equilíbrio entre as dimensões económica, social e ambiental (equilíbrio sustentável). É através do saldo desta convergência de acções de responsabilidade social, desenvolvidas e implementadas pelas organizações, que se procura dar suporte a uma sustentabilidade duradoura, de nível global.

É neste âmbito que entendemos que as práticas de responsabilidade social são contigenciais e terão sempre "valor de mercado", mesmo que este conceito não seja estritamente coincidente com aquele que é utilizado no mundo da economia. Ou seja, as organizações fazem parte da Sociedade e interagem com o meio envolvente em que desenvolvem as suas actividades. Esta interacção processa-se, resumidamente, através do uso de recursos (físicos, materiais, financeiros, humanos) e pela disponibilização à Sociedade daqueles recursos combinados, sob a forma de produtos ou serviços, que apresentarão uma utilidade superior àquela que foi destruída (criação de valor). No desenvolvimento dessas actividades, as organizações assumem deveres e obrigações e gozam de direitos. O crescente aumento de competitividade e complexidade dos negócios, resultante da globalização dos mercados, da diversidade cultural e da maior interdependência entre as organizações, trouxe a estas um novo desafio, que consiste em reequacionarem aqueles direitos e deveres num contexto de pluralidade de interesses que se cruzam. Como consequência, a promoção e fomento de políticas públicas que vão ao encontro da responsabilidade social das organizações, para um país, parece fazer sentido, para que este possa contribuir para o reforço da sustentabilidade global, através de boas práticas das suas organizações, que conduzirão ao fomento da economia doméstica, à defesa do património ambiental e sustentabilidade da Sociedade, em geral. É a contribuição de cada país para a preservação do património mundial, em prol dos interesses das gerações vindouras, levada a cabo pelas suas organizações a nível microeconómico.

CAPÍTULO X

O futuro da responsabilidade social

RESPONSABILIDADE SOCIAL EMPRESARIAL NUM MUNDO GLOBALIZADO

Arminda Neves *

Resumo: Encerrar um evento científico com a amplitude de conteúdos deste Fórum é tarefa suficientemente difícil, pois tudo está dito, quer numa perspectiva mais conceptual incluindo as dimensões histórica e prospectiva, quer numa perspectiva de reconhecimento da realidade através de casos concretos.

A intervenção de encerramento que nos foi solicitada (e que aqui se procura reproduzir) pretendeu apenas enquadrar o papel da responsabilidade social, nomeadamente da responsabilidade social empresarial, no contexto dos desafios globais actuais, de acordo com o seu título: Responsabilidade Social Empresarial num mundo globalizado.

Neste contexto, e depois de um enquadramento geral, reflecte sobre a importância actual da responsabilidade social, desenvolve algumas ideias sobre o desafio de um novo paradigma de sociedade que a crise actual veio colocar mais na agenda, apresenta os traços considerados fundamentais na resposta europeia a estes novos desafios não só do ponto de vista do discurso mas também da prática, abordando a evolução da Estratégia de Lisboa 2000-2010 para a Estratégia Europa 2020. Termina com a interpelação que os actuais desígnios, riscos e desafios, colocam a todos, cidadãos, empresas e poderes públicos.

Palavras-chave: responsabilidade social; politica de empresa; politicas públicas; globalização

Introdução

Envolvi-me há já muito tempo na problemática da responsabilidade social o que faz com que seja sempre com muito gosto e alguma nostalgia que regresso a estes fóruns, consciente de que não mantenho a actualização de conhecimentos, sobretudo de realizações concretas, que me permita centrar de modo específico no tema. Permitam-me, pois, que me debruce mais sobre a envolvente.

---

 * Professora convidada na Universidade de Évora. Coordenadora Adjunta da Estratégia de Lisboa/Europa 2020 e do Plano Tecnológico em Portugal.

As minhas funções actuais e a representação aqui do Coordenador Nacional da Estratégia de Lisboa/Europa 2020 e do Plano Tecnológico, Sr Secretário de Estado da Energia e Inovação, Profº Carlos Zorrinho, justificam também este posicionamento, mais próximo das políticas públicas e menos da actividade académica e científica.

Se, em todos os tempos, Estado/políticas públicas, empresas e exercício da cidadania, constituem elementos fundamentais na criação de bem-estar das pessoas e prosperidade das comunidades e povos, em tempos de crise esta co-responsabilização torna-se mais imprescindível. Estamos num momento de crise, de encruzilhada, em que é importante reflectir e tirar lições dos erros cometidos e, eventualmente, pelo menos para muitos de nós, desejável uma mudança de paradigma no desenvolvimento e no crescimento económico.

Em momentos como este o sentido de responsabilidade social de cada um, nos seus papéis específicos, particularmente das empresas, é muito relevante, pois estão em causa, em última análise, os valores da vida e da vida em sociedade – o sentido da felicidade e da solidariedade. Este sentido de responsabilidade social deve reflectir-se, antes de mais, no modo como cada um desempenha o seu papel na sociedade e no trabalho, em particular, no modo como cada empresa, face à sua especificidade define o que produz, como o faz, e como se relaciona com a sociedade.

As políticas públicas não substituem este papel da cidadania e da responsabilidade social, apenas se podem posicionar numa postura de as estimularem ou de limitarem o seu exercício.

Neste contexto é fundamental que as políticas públicas, quer nacionais quer europeias e mesmo as emanadas de instâncias internacionais, tenham em consideração a articulação e estimulem as boas práticas de responsabilidade social.

Importância actual da responsabilidade social empresarial

O movimento da responsabilidade social das empresas nasce do confronto com as grandes desigualdades no mundo, da constatação de comportamentos eticamente condenáveis e do peso crescente das empresas nas economias mundiais, no contexto de um mundo cada vez mais globalizado graças à evolução científica e tecnológica.

Estes desafios não desapareceram, antes nos confrontamos hoje, mesmo na Europa, continente que se orgulha do seu modelo social, com fenómenos de desigualdades inaceitáveis e mesmo de pobreza, e com novos desafios como o envelhecimento da população, a escassez e mau uso de recursos fundamentais, salientando-se os riscos ambientais e energéticos, e novos riscos de exclusão social.

A crise, que começou por ser financeira, rapidamente evoluiu para uma crise económica e com consequências sociais relevantes, com enfoque no aumento do desemprego. O desenvolvimento de actividades fictícias, não geradoras de riqueza efectiva, e o apelo ao consumo estimularam um modelo de acesso aos bens assente no endividamento quer individual, quer familiar e nacional (público e privado) que se mostra insustentável. Os valores materiais, fundamentais para garantir a base indispensável à qualidade de vida tornaram-se dominantes, obscurecendo o valor do imaterial, e de valores fundamentais para a vida colectiva e o bem-estar comum.

Há porém evoluções que são um facto e devem ser vistas pela positiva. Ou seja, assumidas nos seus riscos mas também nas oportunidades que podem criar, se formos capazes de trabalhar a partir das mesmas mantendo os valores essências, nomeadamente o valor da pessoa na sua liberdade e das comunidades como lugares de pertença e de solidariedade.

O mundo do trabalho mudou: o emprego para a vida foi substituído pela flexibilidade e mobilidade no trabalho; as competências adquiridas no ensino formal tornam-se facilmente obsoletas, exigindo uma aprendizagem ao longo de toda a vida; os empregos não qualificados são substituídos por empregos altamente qualificados a par da automatização de tudo o que pode obedecer a programação.

As condições de sobrevivência e sucesso das empresas enquanto criadoras de riqueza e trabalho mudaram, requerendo constante adaptação e inovação, maior flexibilidade portanto, o que pressupõe investigação e também maior envolvimento e qualificação dos seus trabalhadores/colaboradores, para além de maior inserção em redes (pólos e clusters) como condição indispensável de maior capacidade competitiva. As regras do jogo já não são só melhor organização e gestão no sentido técnico, mas mais "saúde organizacional" e maior competência estratégica e de gestão comportamental.

As formas de organização do trabalho evoluem de rotinização de todos os processos produtivos para a necessidade de inovação nos mesmos e de introdução de novas formas que privilegiem o trabalho em equipa e a complementaridade de papéis. O apelo ao empreendedorismo e à criatividade não só na resolução de problemas mas também na descoberta de novos produtos, novos processos e novas relações.

A escassez de muitos recursos, os problemas de dependência de alguns destes e o mau uso com degradação de recursos essenciais ao bem-estar, nomeadamente do homem com a natureza, trouxeram para as preocupações actuais a protecção do ambiente e da biodiversidade, as preocupações com fontes renováveis de energia, as preocupações com um novo modelo de ordenamento do território que compatibilize desenvolvimento económico com qualidade de vida. E estas preocupações não são apenas comunitárias, mas também empresarias, no modo com as empresas se inserem na sociedade e como e o que produzem.

Estes desafios exigem uma posição activa de todos, desde cada cidadão a cada responsável, político ou empresarial. Já não é mais possível contar com as políticas públicas, para garantir o necessário equilíbrio entre a evolução e a estabilidade, a mudança e a segurança.

As empresas são responsáveis pela forma como produzem, garantindo uma produção amiga do ambiente, como se organizam, garantindo formas de trabalho inteligentes no sentido em que estimulam a aprendizagem, a criatividade e o empreendedorismo, como gerem as pessoas que nelas trabalham, garantindo boas condições de vida no trabalho, incluindo a conciliação entre o trabalho e a vida pessoal e familiar, como interagem com as comunidades onde se inserem e com a sociedade em geral, partilhando dos seus problemas e ajudando a construir soluções e disponibilizando produtos amigos das pessoas, do ambiente e da natureza.

Estamos a falar de responsabilidade social empresarial envolvendo em primeiro lugar a forma como cada empresa vê o seu papel enquanto criador de riqueza, não só para os seus accionistas mas também para os seus colaboradores e para a sociedade em geral.

Um novo modelo de sociedade

Estamos a passar de uma sociedade industrial, caracterizada pela concentração, não só da produção como do ordenamento urbanístico, pelo consumo a par da oferta de bens e serviços suportado em grande parte pelo crédito, pela importância do ter, como factor essencial de estatuto e bem-estar, substituindo muitas vezes outros valores.

A crise actual veio pôr em debate o modelo financeiro instalado, apelando a maior regulação a nível global, podendo ser questionada a forma de acesso aos bens sem correspondente poupança, o que naturalmente exige maior ou melhor distribuição da riqueza produzida.

Mas a crise leva ainda ao questionamento do modelo económico, assente essencialmente na produção e criação de riqueza, sem olhar a equilíbrios globais, quer de natureza ambiental, quer económica ou social, muitas vezes à custa de actividades fictícias ou que se auto alimentam, e menosprezando a produção efectiva de bens e serviços essenciais à qualidade de vida e á sua distribuição.

Subjacente a tudo isto estão os valores e a política, enquanto defesa da coisa pública e da vida em sociedade, valores que é preciso tornar a fazer prevalecer, como o valor da própria pessoa humana, da solidariedade, da justiça e equidade ou relativizar como a importância do ter sobre o ser, do estatuto social sobre o exemplo, o reconhecimento do valor dos actos praticados.

Neste contexto podemos e devemos problematizar se estamos numa encruzilhada em que se pode desenhar um novo paradigma de sociedade, em que a actividade económica se insira de forma harmoniosa com a vida das pessoas e das colectividades e com a natureza.

O desenvolvimento tecnológico, particularmente das tecnologias de informação e comunicação veio colocar a informação e o conhecimento como factor fundamental, substituindo de algum modo o papel do capital, central na sociedade industrial ou a terra na sociedade agrícola. Falámos assim da sociedade da informação ou do conhecimento como paradigma dos tempos modernos, nomeadamente da segunda metade do século XX. Mas os ritmos de evolução são hoje demasiado acelerados e, no início do século XXI tem-se já consciência de que a adaptação à sociedade do conhecimento continuando um processo em construção, não é suficiente. É necessário mais. Os problemas ambientais e de relação do homem em particular e da actividade humana em geral têm obrigado a equacionar um modelo de sociedade mais sustentável e inclusiva, para além de mais inteligente.

Um novo modelo de vida e de desenvolvimento sustentável, económica, social e ambientalmente, com transição para uma economia de baixo carbono, uma economia verde, assente nas competências, e capaz de se preocupar com o bem-estar de todos.

Este novo paradigma exige colocar de novo as pessoas no centro, não apenas individualmente como em colectivo, conjugando de forma harmoniosa a globalização com a dimensão local, reconhecendo o papel do território como elemento construtor do sentimento de pertença e pólo agregador de recursos, com a sua especificidade própria.

Discurso e prática na Europa: Estratégia de Lisboa e Estratégia Europa 2020

A construção da União Europeia, fenómeno de integração regional num contexto de globalização, não tem sido despida de dificuldades, sem menosprezar os saltos qualitativos fundamentais como a moeda única ou o mercado interno ou a mobilidade dos cidadãos europeus.

Um dos seus principais desafios de hoje é talvez uma visão política sobre o que se quer construir como Europa do futuro. A Estratégia de Lisboa aprovada em 2000 no Conselho Europeu em Presidência Portuguesa para vigorar até 2010, pode ser considerada uma primeira tentativa de unir a Europa num projecto comum de desenvolvimento da sociedade do conhecimento, acreditando-se então ser possível, por essa via, uma Europa competitiva, com coesão social e equilíbrio ambiental.

Neste contexto eram apontadas como prioridades a melhoria da competitividade na Europa, pelo desenvolvimento do mercado interno e criação de um ambiente favorável a empresas inovadores; a construção de uma sociedade baseada no conhecimento, pelo reforço da educação, da formação ao longo da vida e da criação de um Espaço Europeu de Investigação; o reforço da coordenação das políticas macroeconómicas, pela integração dos mercados financeiros, a consolidação orçamental, e a qualidade e sustentabilidade das finanças públicas; e a modernização e reforça do modelo social europeu, através de mais e melhores empregos, da promoção da inclusão social e da modernização da protecção social.

A avaliação realizada em 2004, tendo em conta a fraca concretização da Estratégia e a influência de posições mais liberais, levará à sua focalização em 2005 no crescimento e no emprego, apontando três grandes prioridades: conhecimento e inovação como motores de um crescimento sustentável; desenvolvimento da Europa como espaço atractivo para investir e trabalhar e mais e melhores empregos. A coesão social é vista como decorrente do crescimento económico, gerador de emprego.

O novo ciclo iniciado em 2008, para o período 2008-2010, e já à beira da crise actual, viria a consagrar, de uma forma mais explícita (o processo havia tido tratamento em 2007), quatro grandes áreas de prioridades para a Europa:
- Investir no conhecimento e na inovação;
- Libertar o potencial das empresas, em especial das PME´s;
- Investir nos recursos humanos e modernizar o mercado de trabalho;
- Alterações climáticas e energia

Salientam-se estas prioridades pelo que significam de reforço da componente ambiental (menorizada na Estratégia de Crescimento e Emprego em 2005) na Estratégia de Lisboa.

No entanto vale a pena recordar que a par da Estratégia de Lisboa a Estratégia Europeia de Desenvolvimento Sustentável (EDS) aprovada em 2001 (em

Gotemburgo) e revista em 2007 e 2009, embora com muito fraca governação e consequente concretização, apontava em 2007 para prioridades complementares da Estratégia de Lisboa (tal como definida em 2005), valorizando mais os domínios ambiental e social, a saber:

- Alterações climáticas e energia limpa
- Transportes sustentáveis
- Produção e Consumo sustentáveis
- Conservação e Gestão dos recursos naturais
- Saúde Pública
- Inclusão social, demografia e migração
- Pobreza global e desafios do desenvolvimento sustentável

Em 2009 a avaliação da Estratégia Europeia de Desenvolvimento Sustentável revia-se no seu carácter de longo prazo e reconhecia a necessidade de uma maior sinergia com a Estratégia de Lisboa e outras estratégias mais transversais, definindo um modelo de sociedade centrado numa economia de baixo carbono, na biodiversidade e na inclusão social.

Uma avaliação da aplicação destas estratégias, que queriam ser mobilizadoras e que criavam a expectativa de construção de uma Europa mais inteligente e solidária, leva-nos a algumas conclusões:

- Criou-se um maior consenso sobre a necessidade de uma visão para o futuro da Europa no mundo e à volta de reformas estruturais indis pensáveis;
- Reforçou-se o mercado interno e a mobilidade de empresas e cidadãos;
- As reformas estruturais realizadas podem ter contribuído para tornar a Europa mais resistente à crise;
- O aumento do emprego verificado até 2008 não permitiu a redução da pobreza;
- A Europa não dispôs dos instrumentos necessários às grandes reformas e à resposta a grandes desafios e problemas;
- O ritmo de aplicação das reformas foi lento e desigual com graus de apropriação diversos e estruturas governativas frágeis;
- Mantém-se e agudiza-se a necessidade de ir mais longe no crescimento e no emprego;
- Necessidade de reforçar a dimensão externa, numa postura mais realista de posicionamento afirmativo da Europa no mundo.

Após 10 anos sobre a aprovação da Estratégia de Lisboa, não existem dúvidas sobre a permanência da imprescindibilidade de se construir uma Europa do conhecimento, mas é também importante que essa Europa seja sustentável e socialmente coesa. É neste contexto que a **Estratégia Europa 2020**, recentemente aprovada e em fase de concretização a nível europeu e de cada Estado membro, aponta para uma **sociedade inteligente, verde e inclusiva**, reforçando, a par do papel do conhecimento, o papel da sustentabilidade e da coesão social.

Reforça-se ainda a consciência de que a Europa não está isolada e que o seu futuro depende do seu papel no contexto global, influenciando a ordem internacional, quer no campo dos valores e dos direitos, quer da regulação efectiva. Esta mesma preocupação está presente na avaliação da Estratégia de Desenvolvimento Sustentável realizada em 2009.

A **Estratégia Europa 2020** tem como principais referenciais, a comunicação da Comissão Europeia Europa 2020: Estratégia para um Crescimento Inteligente, Sustentável e Inclusivo de 3 Março 2010; as conclusões do Conselho da Primavera de 26 Março 2010 e as conclusões do Conselho de 17 de Junho de 2010.

Constituem desafios presentes na sua definição:
· Uma recuperação forte e sustentável
· Impulsionar a competitividade, a produtividade e o potencial de crescimento
· Preservar a sustentabilidade dos modelos sociais
· Reforçar a coordenação das políticas
· Focalizar os esforços
· Melhorar a governação
· Reforçar a apropriação política
· Reforçar a relação entre o nível comunitário e nacional.

Uma **visão para a Europa** assente na construção de uma sociedade do conhecimento, sustentável e inclusiva, constitui de certo modo uma utopia, mas pode também constituir um bom desafio para quem considera imprescindível um novo paradigma de desenvolvimento. Claro que esta visão não é consensual e a expressão desenvolvimento e mesmo só crescimento sobrepõe-se frequentemente nos textos à palavra sociedade, antes dos qualificativos inteligente, verde e inclusiva.

Mesmo que nos fiquemos pelo crescimento, são definidos como desafios a construção de uma economia:
• **Inteligente** – economia baseada no conhecimento e na inovação, dando prioridade à inovação, à educação, formação e aprendizagem ao longo da vida e a tirar partido da sociedade digital;

- **Sustentável** – economia mais eficiente na utilização dos recursos, mais ecológica e mais competitiva, dando prioridade à competitividade, à luta contra alterações climáticas e à energia limpa e eficiente;
- **Inclusiva** – economia com níveis mais elevados de emprego que assegura a coesão social e territorial, dando prioridade emprego, às qualificações e à luta contra a pobreza.

Constitui de algum modo inovação nesta Estratégia a fixação de apenas cinco grandes **objectivos,** com indicadores e **metas** fixadas a nível comunitário e declinados para cada Estado membro face à situação específica de cada um, em função da concretização dos quais a mesma será avaliada, quer a nível nacional quer comunitário, a saber:

- 75% de emprego na população entre 20 e 64 anos
- 3% do PIB investido em I&D, a que se poderá ainda associar um objectivo de inovação
- Objectivos 20/20/20 em matéria de energia/clima (incluindo a possibilidade ainda de subida para 30% na redução emissões CO_2) em relação a 1990
  - Redução 20% de emissões
  - Aumento de 20% de energias renováveis
  - Aumento de 20% da eficiência energética
- Taxa de abandono escolar inferior a 10% (15% actuais) e pelo menos 40% de geração de 30 a 34 anos com ensino superior (31% actuais)
- Tirar pelo menos 20 milhões de pessoas de situações de risco de pobreza e de exclusão

A **meta da pobreza** poderá ser medida a partir de três indicadores:

- Risco de pobreza – pessoas que vivam com menos de 60% da mediana do rendimento nacional;
- Privação material – pessoas que tenham pelo menos 4 das 9 situações de privação definidas;
- Agregado familiar sem emprego – indivíduos no grupo etário x que vivem em agregados onde ninguém trabalha em % dos indivíduos do mesmo grupo etário.

Estes objectivos estão inter-relacionados, reforçando-se mutuamente, e deverão orientar, a par das linhas de orientação comuns quer relativas à política económica quer ao emprego, e às recomendações decorrentes nomeadamente dos estrangulamentos, a combinação de medidas a nível comunitário e nacional.

A concretização da Estratégia far-se-á, a nível comunitário, através, essencialmente, das chamadas **medidas emblemáticas**, estando previstas as seguintes:

· Agenda Digital para a Europa [1]
· Uma União da Inovação
· Juventude em movimento
· Uma Europa eficiente em termos de recursos
· Uma política industrial para a era da globalização
· Agenda para Novas Qualificações e Novos Empregos
· Plataforma europeia contra a pobreza

A nível nacional, a implementação far-se-á através de Programas Nacionais de Reforma (PNR) a apresentar em simultâneo com o Programa de Estabilidade e Crescimento em Abril de 2011. Estes PNR explicitarão as medidas de reforma necessárias à concretização dos objectivos nacionais, e que permitam ultrapassar os estrangulamentos identificados, respeitando as linhas directrizes integradas.

Estas são agora, nesta nova estratégia, reduzidas de 24 para 10 (Orientações Integradas Europa 2020) – seis relativas a política económica e 4 à política de emprego, e são as seguintes:

· Orientação nº 1: Assegurar a qualidade e a sustentabilidade das finanças públicas
· Orientação nº 2: Corrigir os desequilíbrios macroeconómicos
· Orientação nº 3: Reduzir os desequilíbrios na área do euro
· Orientação nº 4: Optimizar o apoio à I&D e à inovação, reforçar o triângulo do conhecimento e libertar o potencial da economia digital
· Orientação nº 5: Melhorar a eficiência em termos de recursos e reduzir as emissões de gases com efeito de estufa
· Orientação nº 6: Melhorar o enquadramento para as empresas e os consumidores e modernizar a base industrial
· Orientação nº 7: Aumentar a participação no mercado de trabalho e reduzir o desemprego estrutural
· Orientação nº 8: Desenvolver uma mão-de-obra qualificada em resposta às necessidades do mercado de trabalho, promover a qualidade do emprego e a aprendizagem ao longo da vida

---

[1] Ver Comunicação da Comissão Europeia de 19 de Maio

· Orientação nº 9: Melhorar o desempenho dos sistemas de ensino e de formação a todos os níveis e aumentar a participação no ensino superior
· Orientação nº 10: Promover a integração social e combater a pobreza.

Estamos perante desafios complexos, em particular de compatibilização de respostas de curto prazo que atenuem os efeitos da crise, nomeadamente no desemprego, com respostas a médio e longo prazo que garantam um desenvolvimento e crescimento económico com sustentabilidade e coesão. A definição de políticas consequentes é fundamental, mas não o é menos a capacidade de implementação.

A União Europeia tem sido profícuo na definição de políticas e muito pouco eficaz na obtenção de resultados quer de natureza económica quer social. A reestruturação da economia para actividades mais inovadoras e sustentáveis; a criação de empregos em quantidade e qualidade; o aumento das qualificações e das condições de inovação; a resposta ao envelhecimento da população, que passa por um envelhecimento activo e pela sustentabilidade dos sistemas de protecção social, bem como por adequadas medidas de migrações; uma maior protecção ambiental e do território, passam inexoravelmente por novas políticas públicas, mas também por uma reforçada responsabilidade social de todos.

Constituem factores críticos deste processo, a nível da sociedade e das empresas, a capacidade de criatividade e inovação, a melhor utilização dos recursos (energéticos, naturais e matérias primas) e o conhecimento, capacitando as pessoas e desenvolvendo competências. Só assim será possível criar uma economia competitiva, interligada e mais verde e uma sociedade inclusiva.

Desafios para todos

Portugal integra-se no espaço europeu e não pode deixar de participar neste movimento, sem perda da sua identidade e da sua participação noutros espaços e redes. Por isso as políticas públicas nacionais têm apostado no conhecimento e na inovação, numa nova política energética, reforçando o papel das energias renováveis, da mobilidade sustentável, e da eficiência energética, na tecnologia, tirando partido das tecnologias da informação e comunicação e na sustentabilidade e adaptação do sistema de segurança e protecção social.

As políticas públicas não se esgotam na sua concepção. A qualidade da sua aplicação, com concurso dos mais diversos actores e lideranças fortes, é condição indispensável de bons resultados, a par da persistência na acção com correcção no seu percurso, sempre que necessário. A nova governação impõe trabalho em rede e co-responsabilização, sabendo cada um qual o seu papel.

As empresas portuguesas são cada vez mais desafiadas a internacionalizar-se, tendo em conta a dimensão do mercado nacional, mas também a diluição das fronteiras e a exigência de se afirmarem pela especificidade, o que inclui a natureza dos seus produtos e a sua capacidade inovadora.

Este novo modelo de empresa inovadora, capaz de tirar partido do conhecimento, tem que contar com a inteligência e envolvimento dos seus colaboradores, o que pressupõe um modelo de gestão participativo, que assume que a qualidade de vida no trabalho é factor de progresso e que o investimento nas pessoas e uma condição indispensável de sustentabilidade. Este novo modelo de empresa assume uma relação inteligente com os recursos naturais e o ambiente, numa perspectiva de longo prazo e de responsabilidade ambiental.

A cada cidadão é exigida maior investimento na qualificação e formação ao longo da vida, mais empreendedorismo e espírito de iniciativa e de criatividade, maior afirmação da cidadania por uma participação mais activa, maior participação em redes e maior mobilidade e capacidade de adaptação.

REFERÊNCIAS

União Europeia: http://ec.europa.eu/index_pt.htm
Estratégia Europa 2020: http://ec.europa.eu/eu2020/index_en.htm
Estratégia de Lisboa em Portugal: www.estratégiadelisboa.pt
Plano Tecnológico: www.planotecnologico.pt

MORAL PÓS-CONVENCIONAL E OS IMPASSES DO DESENVOLVIMENTO SUSTENTÁVEL

Clodomiro José Bannwart Júnior[1]

Resumo: O objetivo é demonstrar que a atividade empresarial, em larga medida, ainda não consolidou o nível pós-convencional de moralidade, portanto, há um déficit normativo das atividades empresariais que impedem a realização plena de ações subsidiadas por princípios universais de justiça. Por outro lado, diante de indicativos e de problemas decorrentes do colapso ambiental, é possível, com Habermas, demonstrar a necessidade de uma reflexão que vá além da fronteira da moral pós-convencional, exigindo uma nova estrutura que possa mover a normatividade referente à interação homem e natureza, com o objetivo de garantir a sustentabilidade do planeta. Trata-se do conceito abstrato de "ética da espécie", o qual traz implicações no âmbito de uma moral pós-convencional e, conseqüentemente, no contexto jurídico amplamente utilizado no modo sistêmico de as empresas contemporâneas movimentarem as suas ações e tomadas de decisões.

Palavras-chave: Modernidade, Moral pós-convencional, ética da espécie, sustentabilidade, responsabilidade social.

1. Os dilemas da Modernidade na perspectiva da Teoria Social de Habermas

O impacto da globalização[2], sobretudo no âmbito do desenvolvimento técnico científico, tem gerado uma amplitude imprevisível quanto às possíveis

---

[1] Doutor em Filosofia pela Universidade Estadual de Campinas; Professor do Departamento de Filosofia e dos Programas de Mestrado em Direito Negocial e Mestrado em Filosofia da Universidade Estadual de Londrina/ Londrina/Paraná/Brasil; Pesquisador Associado do Núcleo Direito e Democracia do CEBRAP – Centro de Análise e Planejamento/São Paulo/Brasil.

[2] "A globalização tem sido diversamente concebida como ação à distância (quando os atos dos agentes sociais de um lugar podem ter conseqüências significativas para 'terceiros distantes'); como compreensão espaço-temporal (numa referência ao modo como a comunicação eletrônica instantânea vem desgastando as limitações da distância e do tempo na organização e nas interações sociais); como interdependência acelerada (entendida como a intensificação do entrelaçamento entre economias e sociedades nacionais, de tal modo que os acontecimentos de um país têm impacto direto em outros); como um mundo em processo de encolhimento (erosão das fronteiras e das barreiras geográficas à atividade socioeco-

conseqüências das ações coletivas do homem. Sobre o aspecto normativo[3] da globalização ressaltamos a entrevista que dois importantes intelectuais brasileiros – Bárbara Freitag e Sergio Paulo Rouanet – realizaram na Alemanha, em 1995, com o filósofo Jürgen Habermas – que no último dia 18 de junho de 2009 completou 80 anos. Naquela ocasião, diante de um questionamento oportuno da parte dos entrevistadores quanto à dimensão normativa da contemporaneidade, Habermas respondeu: "Frente a um universalismo tecnológico, que acarreta tendências globalizantes no campo da comunicação, do mercado, das trocas; e um particularismo normativo [...] o único recurso contra esse universalismo tecnológico é o universalismo normativo". (HABERMAS, 1995: p. 5-7) Essa afirmação de Habermas é bastante salutar porque revela a sua preocupação com a necessidade de reabilitação da razão prática nos últimos decênios. Herdeiro da tradição kantiana e do desdobramento do Idealismo Alemão que perpassou Hegel e Marx e encontrou escoamento na Teoria Crítica com Adorno e Horkheimer, Habermas elaborou com maestria a sua obra magna, *Teoria da Ação Comunicativa*, publicada em 1981, cuja singularidade apresenta o diagnóstico social do capitalismo tardio como uma das mais importantes radiografias sobre as sociedades complexas da contemporaneidade que circulam sob o influxo do capital.

No campo da filosofia moral, a argumentação de Habermas conserva a atenção voltada para a justificação da ética discursiva a partir do princípio da universalidade, o que o inclui na tradição kantiana, entre os defensores de uma moral racional e universal. Porém, ao abrir as *Notas Programáticas para a fundamentação de uma ética do discurso[4]*, sinaliza a descrença de pensadores con-

---

nômica); e, entre outros conceitos, como integração global, reordenação das relações de poder inter-regionais, consciência da situação global e intensificação da interligação inter-regional". A esse respeito conferir: (HELD, 2001: p. 11)

[3] Utilizamos o termo 'normativo' em sentido lato, como estruturas ligadas às normas que possuem validade para aspectos distintos, dos quais destacamos os usos: pragmático (técnico-instrumental), ético, moral e jurídico da ação.

[4] Cabe ressaltar que o termo 'ética do discurso' recorrente em nossa análise, diz respeito à tentativa, levada a cabo por Habermas e Apel "[...] de reformular a teoria kantiana da moral, tendo em vista a questão da fundamentação de normas através de meios da teoria da comunicação". (HABERMAS, 1999b: p. 13). Contudo, o próprio Habermas, depois do Seminário-Howison, promovido em Berkeley, em 1988, ressalta que seria mais exato falar de uma "teoria do discurso moral". Ainda assim, ele afirma: "[...] mantenho-me, todavia, fiel à expressão 'ética do discurso' adaptada pela nossa língua". (HABERMAS, 1999b: p. 9).

temporâneos quanto à possibilidade de fundamentar uma moral racional e universalista. Mostra, contudo, que esse ceticismo em relação à fundamentação de questões práticas é decorrência de um modelo de racionalidade que emergiu no seio da modernidade, obstruindo qualquer reflexão que pretenda ir além da lógica meio-fim – própria da racionalidade técnico-instrumental. Considerando que a sobreposição desse modelo de racionalidade – técnico instrumental – constituiu a patologia da consciência moderna, Habermas afirma que esta "[...] requer uma explicação no quadro de uma *teoria da sociedade*". (HABERMAS, 1989: p. 63) Por isso um dos pontos mais importantes a destacar em Habermas é o fato de a tarefa de fundamentação do princípio de universalização, empreendida pela ética filosófica, não permitir uma leitura unilateral – desprendida do conjunto das obras habermasiana ou ser analisada isoladamente – mas que a mesma configura-se num sistema correlacionado com outras esferas do conhecimento, no caso específico de nossa análise, com a sociologia – empenhada em uma teoria da sociedade – e com a psicologia do desenvolvimento, analisada, sobretudo, por Jean Piaget e Lawrence Kohlberg[5].

O que procuramos ressaltar, de forma enfática, é que a discussão da moral pós-convencional não pode ser lida na obra de Habermas desprendida de sua teoria da sociedade e dos ganhos advindos da psicologia do desenvolvimento. No âmbito da teoria psicológica, a atenção que Habermas concede à Piaget e à Kohlberg está assinalada, fundamentalmente, em função da formação da consciência moral. Em específico, neste aspecto, Habermas procura ressaltar

---

Tal menção é importante porque iremos tratar, do ponto de vista da teoria da ação, acerca da distinção entre ética, moral e pragmática na correlação das esferas sociais – destacando, sobretudo, Mercado, Estado, Empresa e Direito – sob o enfoque da responsabilidade social.

[5] Lawrence Kohlberg baseia as suas pesquisas acerca do desenvolvimento da consciência moral no estruturalismo genético. Segue Jean Piaget que "[...] descreve a passagem de uma fase em que as normas da família e da comunidade determinam o comportamento do indivíduo, para uma fase em que as decisões morais são tomadas pelo próprio sujeito. Seguindo a trilha de Piaget, Lawrence Kohlberg afirma que todo indivíduo tem o potencial de percorrer uma trajetória que passa do respeito heterônomo às normas impostas por seu grupo de referência (família, classe, nação) até uma fase última (o famoso estágio 6) em que o horizonte de referência é a humanidade inteira e em que o julgamento não se faz com base nos princípios vigentes em sociedades particulares e sim em princípios universais de justiça. Estudos interculturais comprovaram a validade dessa seqüência em várias sociedades". (DINIZ, 2001: p. 23-24)

a importância dos resultados empíricos obtidos pela psicologia do desenvolvimento no que se refere à confirmação de estágios de consciência moral, os quais, elevando-se por uma lógica do desenvolvimento, alcançam níveis de reflexão e de moralidade que permitem ao indivíduo orientar-se por princípios universais.

Fazer uma leitura da ética discursiva e/ou teoria moral implica, necessariamente, contemplar no escopo da abordagem teórica de Habermas, a *teoria do agir comunicativo* – que concebe o conceito de ação orientada ao entendimento; a *teoria da racionalidade* – que desenvolve a noção de razão intersubjetiva tendo em vista a superação da perspectiva monológica do paradigma da filosofia do sujeito; a *teoria da sociedade* – que trata da integração social entre as esferas sistêmicas e o mundo da vida; e a *teoria da modernidade* – que pensa os processos de racionalização social e cultural das sociedades modernas. (ARAÚJO, 1996: p. 22) Desvincular a reflexão normativa (pragmática, ética, moral e jurídica) do conjunto e da inter-relação das obras habermasiana é deslocar sua agudeza teórica à periferia, tornando a tematização normativa presa fácil de possíveis críticas e descréditos, sobretudo de céticos e relativistas.

O papel ocupado pela moral pós-convencional não é outro senão o de alcançar, no contexto secular e pluralista produzido pela modernidade, a fundamentação de uma dimensão normativa capaz de orientar-se por regras formais e abstratas em sintonia com sujeitos portadores de uma identidade igualmente pós-convencional e de uma sociedade com pretensões de regras e normas abstratas e universais.

A moral pós-convencional vincula-se fortemente à teoria da modernidade que, por sua vez, permitiu à Habermas a caracterização da sociedade moderna como subdividida em dois níveis: o mundo da vida, regido por relações de entendimento, por um lado; e os subsistemas especializados, regidos pela racionalidade com respeito a fins, por outro. Entender o papel e a exigência da moral pós-convencional no contexto das sociedades contemporâneas se faz por meio da teoria social crítica de Habermas.

A teoria da sociedade habermasiana foi estruturada a partir de Max Weber, louvado pelo diagnóstico do processo de racionalização apontado no advento do capitalismo. Fundamental em Weber é ter ele disponibilizado as condições para se fazer uma leitura da trajetória histórica do desenvolvimento das sociedades modernas por um viés cultural, ao invés de economicista, como havia sido proposto por Marx. Orientado pelo processo weberiano de racionalização, Habermas se ocupa em analisar a transformação do quadro institucional – *mundo da vida* – na passagem das sociedades tradicionais para as sociedades modernas.

Distinguindo-se das organizações mediadas por relações de parentesco, as sociedades tradicionais, na ótica de Weber, apresentavam um fundamento de legitimação inquestionável – uma vez alicerçado no sagrado – e sua interpretação abrangia o conjunto da realidade. Aspecto salutar dessas sociedades era a capacidade que possuíam de distribuir, de modo desigual, mas legítimo, a riqueza e a produção excedente. Estas sociedades souberam manter, por longos anos, as inovações técnicas dentro dos limites de seu quadro institucional, legitimado pelo império da religião. Porém, as inovações técnicas associadas aos melhoramentos organizacionais conseguiram alcançar um intenso grau de expansão, ampliando sobremaneira a atuação dos subsistemas com base na ação racional direcionada a fins, ameaçando a autoridade das tradições culturais e religiosas.

Nesse sentido, Habermas assinala que somente o modo de produção capitalista se impôs como um mecanismo garantidor da expansão permanente dos subsistemas da ação racional teleológica[6], o que fatalmente abalaria a superioridade tradicionalista do quadro institucional. Habermas deixa expressar que o capitalismo foi, na história mundial, o primeiro modo de produção que institucionalizou o crescimento econômico auto-regulado.

> [...] Só depois de o modo de produção capitalista ter dotado o sistema econômico de um mecanismo regular, que assegura um crescimento da produtividade não isento sem dúvida de crises, mas contínuo a longo prazo, é que se institucionaliza a introdução de novas tecnologias e de novas estratégias, isto é, institucionaliza-se a inovação enquanto tal. (HABERMAS, 1997ª: p. 62-63)

A corrosão do *quadro institucional* foi ocasionada pela sua incapacidade de gerenciar, dentro de seus limites legitimatórios, a expansão dos subsistemas de ação racional teleológica, acelerados sobremaneira pela *dinâmica evolutiva* das forças produtivas. As expansões desses subsistemas aliadas à estruturação de novas formas de produção solaparam as formas tradicionais de organização, fazendo com que tais subsistemas assumissem a direção e o controle

---

[6] Subsistema de ação racional teleológica refere-se aos componentes sistêmicos da sociedade, tais como Ciência, Economia, Estado, Direito, entre outras, que atuam com um modelo próprio de racionalidade: a racionalidade instrumental, oriunda do paradigma técnico-científico.

social sob a direção da racionalidade estratégica e instrumental. Os indivíduos foram pressionados a deslocar-se do contexto da interação mediado pelo *quadro institucional* (dimensão simbólica) para assumir o enfoque da ação racional dirigida a fins (dimensão produtiva). A confrontação da *interação* com a *racionalidade ligada às relações meio/fim* é assinalada por Habermas como ruptura da legitimação da dominação tradicional.

É possível, portanto, constatar que a superioridade do modo de produção capitalista está fundado em sua capacidade de ampliação e manutenção dos subsistemas – regidos pelo modelo de racionalidade técnico-científico/instrumental – fazendo romper de forma progressiva os limites impostos pelo *quadro institucional* – amplamente ligado aos planos cultural e religioso.

A sociedade contemporânea é, nesse sentido, vista por Habermas, de forma dual. É, ao mesmo tempo, estruturada pelo mundo da vida e pelos subsistemas, cada qual regido por um modelo específico de racionalidade. Tal diferenciação ocorreu no decurso do século XVI como decorrência da desintegração da razão substancial – sedimentada em bases religiosas e metafísicas – e da fragmentação na maneira de pronunciar acerca da verdade, da justiça e do belo. A verdade deixou de ser pressuposto da revelação divina e passou a ser explorada, cada vez mais, pelo caráter experimental, matemático e, sobretudo, técnico da ciência moderna.

Desse modo, o conhecimento científico e a apropriação da técnica por meio do positivismo suprimiram a aspiração ao conhecimento teórico do mundo, em benefício, quase que exclusivo, de sua utilização técnica. A objetivação metódica da natureza foi alcançada graças à combinação da matemática com a atitude instrumental que, por meio da experimentação de seus objetos disponíveis, passou a dispor da natureza para fins de exploração e de manipulação. Assim, a ciência moderna, guardiã do estatuto epistemológico, acabou por conceder o *status* de conhecimento somente àquilo que se enquadra nos requisitos científicos. Esta fase caracteriza-se pelo cinismo da razão à medida que a modernidade abandonou a intenção crítica que movia seus propósitos iniciais, em benefício de um projeto oculto de dominação. A racionalidade torna-se cínica ao abandonar o seu projeto inicial – o qual tinha surgido para combater o mito e promover o esclarecimento e a liberdade – a favor da sua instrumentalização, transformando-se num potencial de caráter repressivo e atrofiado, ao condicionar o conhecimento a um mero instrumento a serviço da ciência. Não obstante tenha concretizado, na sociedade moderna, sua índole instrumental, a razão consolidou também o exercício da dominação da natureza e, por extensão, a dominação do próprio homem. O seu potencial crítico, banalizado e submetido aos ditames da técnica, veio revestido da crença, oriunda dos ideais da *Ilustração*, de que o avanço tecnológico sanaria todas as mazelas da existência humana em seus aspectos materiais e espirituais. O progresso da tecnologia e o crescimento econômico orientado pelo saber técnico instrumental condicionaram as formas de ação à lógica desenvolvida pelo aparato sistêmico, reduzindo as decisões dos indivíduos e a organização da vida social ao componente técnico científico. Na perspectiva desta racionalidade, a regulação da sociedade passa a mover-se numa órbita tecnocrática, "fazendo com que os indivíduos percam a possibilidade de crítica, submetendo-se às decisões exigidas pelo progresso técnico". (PIZZI, 1994: p. 20)

Na medida em que a ciência e a técnica passaram a exercer a manipulação instrumental da natureza ocorreu também a transferência dessa mesma manipulação para o âmbito das relações humanas, produzindo um processo de reificação. A decorrente tecnificação do mundo moderno impôs, também no campo da moral e do direito, uma racionalidade de índole instrumentalizada que converteu as questões prático-morais ao âmbito das decisões de ordem técnica.

O direito evoluiu pautado na institucionalização da Economia e do Estado, os quais geraram uma ordem política que transformou a sociedade estamental de princípios do mundo moderno na sociedade aquisitiva do capitalismo. (HABERMAS, 1999a: p. 505) As normatizações, nesse contexto, passaram a ser reguladas e ordenadas pelo *direito privado;* este garantidor – junto às pessoas jurídicas – do estabelecimento de relações contratuais e da possibilidade de ajustarem suas ações de modo estratégico. A construção dessa ordem jurídica foi baseada na positividade, universalidade e formalidade.

Para o modelo das sociedades modernas profundamente marcadas pelo princípio capitalista de organização, a economia que desde cedo foi emancipada do quadro institucional, soube manter um sistema despolitizado com base na regulação do mercado. Nesse caso, as decisões individuais passaram a ser organizadas pelo direito, sempre com base em princípios universalistas, assegurando relações neutralizadas do ponto de vista ético, de forma que os indivíduos pudessem perseguir seus próprios interesses, justificadas sob a estampa da racionalidade com respeito a fins e sob a rubrica de estarem praticando máximas universais. (HABERMAS, 1990: p.28-29) Em outros termos, o direito privado burguês viabilizou normas que se "[...] organizaram de acordo com princípios universalistas das esferas do agir estratégico neutralizado no plano ético". (HABERMAS, 1990: p. 37)

As matérias jurídicas e desconexas de preceitos éticos e morais colocaram o direito como *meio* de controle, sendo o mesmo, nesse sentido, avaliado ou julgado do ponto de vista da sua adequação aos imperativos funcionais sistêmicos, ou seja, decorrentes do modo instrumental de a razão operar. A razão instrumentalizada passou a preocupar-se, tão somente, com a definição de fins condicionados às circunstâncias dadas. Em lugar de fins últimos se devem buscar fins adequados a meios disponíveis. Na carência de um fim último, o sujeito moderno passou a flexibilizar sua ação por uma lógica meio-fim, em que o fim, não sendo determinado senão circunstancialmente, possibilita a transformação do homem em objeto, cuja ação torna-se passível de manipulação e de instrumentalização.

O predomínio da racionalidade instrumental instaurou, de certo modo, uma crise no interior da modernidade em dois aspectos. Num primeiro, o modelo instrumental da razão não conseguiu responder satisfatoriamente aos problemas que emergiram do âmbito prático, isto é, da esfera individual e social dos seres humanos, mas acabou reduzindo-os à mesma lógica instaurada na dominação da natureza. Num segundo, esta racionalidade atrofiou o desenvolvimento da racionalidade comunicativa, que também foi gerada no seio da modernidade e veio à tona, na medida em que o projeto moderno proclamou a autonomia dos sujeitos em relação aos componentes tradicionais da religião e dos valores culturais, de forma a liberar o potencial discursivo e a tematização das pretensões de validade que, no modelo das sociedades tradicionais, estavam inevitavelmente impedidas de questionamentos. (OLIVEIRA, 1989: p. 16)

O reflexo, hoje, na sociedade moderna, estruturada em um *agir-com--respeito-a-fins* que não se orienta por normas sociais nem legitima seus procedimentos na sanção autorizada de todos os concernidos, deve ser revista por uma perspectiva de racionalidade mais ampla. A essa constatação, vê-se claramente que a modernidade, ao supervalorizar os ditames da racionalização social, atrelou o seu projeto a uma reduzida autocompreensão cognitivista. Cabe, no entanto, "reclamar a importância das esferas da racionalidade prática e expressiva, que, junto com a da ciência e técnica, resultaram do longo *processo de desencantamento do mundo*". (REPA, 2000: p. 7) É nesse aspecto que Habermas ressalta, a partir da década de 1970 do século passado, a importância da racionalidade comunicativa como parâmetro para reconstrução crítica da sociedade capitalista.

Acompanhando o processo de racionalização do mundo da vida, no que Habermas se orienta à luz de Weber, é possível apontar o potencial desdobramento da razão comunicativa, de antemão sinalizando que esse processo se realiza implicitamente ligado a uma teoria da evolução social. O que se propõe não é senão demonstrar, baseado no grau de racionalização operado no interior do mundo da vida – o qual tem como ponto norteador à diferenciação das esferas de validade – como se ordenaram de maneira lógico-evolutiva os âmbitos de ação das sociedades desde o nível pré-convencional, passando pelo nível convencional até atingir o nível pós-convencional das sociedades modernas. A argumentação de Habermas procura corroborar que, por intermédio do conceito de descentração de Piaget se alcança o conceito de racionalidade comunicativa.

Tendo em conta que a teoria da ação comunicativa deverá cumprir a tarefa de fundamentação da moral, somente se capaz de reconstruir racionalmente os pressupostos pragmáticos universais da ação orientada ao entendimento, Habermas insistirá em demonstrar que a ação comunicativa compreendida no seu empenho teórico, é vista como "reconstrução hipotética do saber pré-teórico que os sujeitos capazes de linguagem e de ação inevitavelmente aplicam quando, e na medida em que, participam competentemente em interações mediadas lingüisticamente". (HABERMAS, 1988: p. 494)

Portanto, a racionalização do mundo da vida implica uma compreensão descentrada de mundo, que, de significativo, trará a possibilidade do desempenho discursivo de pretensões de validade, que, em outras palavras, significa a realização da ação comunicativa dos agentes capazes de gerar entendimento, através de posturas de afirmação ou negação, que tomam diante de pretensões de validade suscetíveis de crítica.

A evolução social é apresentada nesse processo, no sentido de um progresso inerente à capacidade de aprendizagem do indivíduo, seja na dimensão do conhecimento objetivo, seja na dimensão da consciência prático-moral. (ARAÚJO, 1996: p. 47) O fio condutor da evolução social é seguido pela hipótese de que "não apenas os indivíduos, mas também as sociedades aprendem". (ARAÚJO, 1996: p. 49) Esse aprendizado se efetua tanto na dimensão do trabalho (forças produtivas) quanto na dimensão do agir comunicativo (estruturas normativas). A tese habermasiana baseia-se na idéia de que o desenvolvimento das estruturas normativas (agir comunicativo) "funciona como abridor de caminhos para a evolução social, já que novos princípios de organização social significam novas formas de integração social; e essas, por seu turno, tornam possível a implantação das forças produtivas existentes ou a produção de novas, bem como o aumento da complexidade social". (HABERMAS, 1990: pp. 35 e 128)

Assim, os ganhos advindos da ordem ontogenética, procurando explicitar como o indivíduo assimila no âmbito de sua competência interativa, a possibilidade de agir segundo os parâmetros de uma moral universal, são incorporados à própria filogênese. Como pressuposto iniludível de um mundo da vida racionalizado que exige uma identidade pós-convencional, Habermas apresenta a teoria da modernidade que sustenta essa racionalização peculiar do mundo da vida e mostra que a estrutura da interação é quem permite, tanto no nível individual (ontogenético) como societário (filogenético), atingir o nível pós-convencional requerido.

Habermas, na verdade, empreende a reconstrução do *sistema de regras da interação* à luz das teorias genéticas, em especial, no que diz respeito à psicologia do desenvolvimento de Piaget e Kohlberg. O apelo de Habermas às teorias genéticas se dá em função destas visarem à transparência da lógica interna da aquisição de competências, seja na ordem de aquisição do pensamento operativo, da linguagem e da consciência moral, na dimensão ontogenética; seja na ordem do desenvolvimento das forças produtivas, das alterações ligadas às mudanças estruturais das imagens do mundo e da evolução dos sistemas morais, na dimensão filogenética. (HABERMAS, 1988: p. 334)

O ponto norteador dessa reconstrução consta basicamente do desdobramento da estrutura de interação contemplada nos níveis pré-convencional, convencional e pós-convencional, conduzida por uma *lógica do desenvolvimento*. Da reconstrução empreendida, Habermas aponta a constituição da descentração do mundo da vida mediante a análise da *perspectiva do mundo* com a *perspectiva do falante*. O que se objetiva é assegurar que o desdobramento das complexas estruturas das perspectivas do *falante* e do *mundo* possa não apenas garantir as etapas do desenvolvimento da consciência moral, nos respectivos três níveis – pré-convencional, convencional e pós-convencional – contemplando neste último os princípios abstratos e universais do juízo moral, mas também fundamentar teoricamente a lógica do desenvolvimento de Kohlberg e, com isso, comprovar o processo evolutivo que permite ao indivíduo atingir, por processos de descentração internos, o nível pós-convencional de agir e julgar moralmente.

2. Pragmática, Ética e Moral Pós-convencional: diferenças e delimitações

Como vimos, o processo de racionalização consumado no Ocidente, sobretudo a partir do Século XVI, conduziu à liberação do potencial do agir comunicativo que estava encoberto pela tradição, considerando que o desenvolvimento da racionalidade comunicativa, gerada no seio da modernidade, emergiu porque se proclamou a autonomia dos sujeitos em relação aos componentes tradicionais da religião e dos valores culturais. Neste aspecto, a via de racionalização do agir comunicativo permitiu a Habermas deslocar o peso da compreensão da racionalização social, que na tradição marxista recaia sobre a *dinâmica evolutiva*, para apresentá-la como resultado de um processo de *evolução social*, fruto de processos de aprendizagem que integram indivíduos (ontogênese) e sociedades (filogênese) conjuntamente.[7]

A racionalização do mundo da vida conduziu à separação analítica da tematização das questões éticas e morais. Ao se fazer referência às questões éticas deve-se levar em consideração que a fundamentação de normas ou a resolução de conflitos estão implicadas no modo de vida e na autocompreensão existencial das pessoas situadas em um determinado contexto social, cultural e histórico, dependendo do sistema de interpretação da identidade que é própria dos indivíduos ou do grupo a que pertencem. A dependência dos valores, dos costumes e das tradições partilhadas comumente pelo grupo restringe o escopo da ética às questões relacionadas à identidade e envolvem questionamentos que implicam em saber como devemos nos compreender, quem somos e quem queremos ser. As respostas a estas perguntas limitam-se ao respectivo contexto nos quais as pessoas interagem, não havendo, portanto, uma resposta universal e igualmente definitiva para todas as pessoas e grupos sociais.

---

[7] Os conceitos de *dinâmica do desenvolvimento* (Entwicklungsdynamik) e *lógica do desenvolvimento* (Entwicklungslogik) diferenciam-se do seguinte modo: a *dinâmica do desenvolvimento* responde pelos desafios evolutivos representados por problemas sistêmicos não resolvidos ou economicamente condicionantes; em suma, responde pelos desafios apresentados na dimensão da reprodução material das sociedades. Já a *lógica do desenvolvimento* refere-se às modificações institucionais ocorridas no arcabouço das tradições culturais. Representa, portanto, a margem de variação na qual os valores culturais, as idéias morais e normativas podem ser modificadas dentro de um determinado nível de organização da sociedade. Trata-se fundamentalmente das alterações ocorridas na dimensão da reprodução simbólica das sociedades. (HABERMAS, 1990: p. 12)

As questões éticas são, portanto, orientadas pelo *telos* da vida boa ou não--fracassada (Habermas, 1997b: p. 131) e se referem à nossa identidade pessoal e aos ideais de vida boa que realmente desejamos dentro de referida forma de vida na coletividade em que vivemos. As questões éticas estão vinculadas aos valores, que são expressões de preferências desejadas em determinadas coletividades, ou seja, trata-se de bens que são mais atrativos que outros. "Desse ponto de vista, as outras pessoas, histórias de vida e conjuntos de interesses só adquirem significado desde que estejam irmanados ou entretecidos, no quadro da nossa forma de vida partilhada intersubjetivamente, com a minha identidade, a minha história de vida e o meu conjunto de interesses". (Habermas, 1999c: p. 106)

Porém, do ponto de vista da moral, as questões suscitadas quanto à regulação social estão baseadas em normas que podem ser tematizadas a partir de princípios universais sob o ponto de vista da justiça. A geração de conflitos sociais é decidida levando-se em consideração o igual interesse dos envolvidos e a expectativa de aceitabilidade racional baseada em pressupostos de justiça. No âmbito das questões morais, o sistema de referência para a fundamentação de regulações é dado a partir do interesse simétrico de todos, isto é, a partir do consentimento de todos os membros de uma suposta república de cidadãos ou da humanidade em si, diferentemente do âmbito das questões éticas, em que o sistema de referência para a fundamentação de regulações é dado dentro da perspectiva de uma comunidade política, na qual os participantes buscam um auto-entendimento coletivo e consciente, baseado no compartilhamento de tradições e valores. (Habermas, 1997b: p. 133-134)

Os discursos morais levam em consideração o igual respeito por cada pessoa e a consideração simétrica de todos, buscando regular de forma imparcial os conflitos de ação. Isso implica o modo de agir que resulta na consideração daquilo que seja justo, remetendo a princípios com caráter abstrato, graças aos quais as normas podem ser justificadas. Desse modo, as questões morais possuem um sentido deontológico absoluto de obrigação incondicional e universal. Diz Habermas: "O sentido imperativo destas obrigações é o único que pode ser entendido como um 'Dever' que não depende nem de fins e preferências subjetivas nem do que considero ser o objetivo absoluto de uma vida boa, bem sucedida, não malograda. O que se *deve* ou se *tem de* fazer significa, sim, que é justo agir dessa forma, sendo, por isso, um dever fazê-lo". (Habermas, 1999c: p. 108) Na diferenciação entre ética e moral, Habermas afirma: "À luz de normas, é possível decidir o que deve ser feito. Ao passo que, no horizonte de valores, é possível saber qual comportamento é recomendável". (HABERMAS, 1997b: p. 317)

Pode-se dizer que a distinção entre ética e moral é decorrência de um intenso processo de secularização das sociedades modernas, no qual as reservas de tradição foram consumidas ou desvalorizadas, cedendo lugar a uma autoconstrução normativa imanente que não conta mais com a legitimidade garantida por pressupostos provenientes da cultura, da religião ou de princípios metafísicos.

Além da diferenciação entre ética e moral, outro modelo de ação altamente valorizado pelas esferas sistêmicas da sociedade é a ação pragmática. Trata-se de atividades que priorizam a realização de fins e objetivos previamente estabelecidos, ou seja, privilegiam o 'poder de decisão' em relação à escolha de 'meios eficazes' para consecução de fins já definidos. O sujeito ao agir pragmaticamente deve certificar-se de dispor, a seu favor, dos meios mais adequados para atingir o fim proposto, incluindo conhecimento empírico, domínio de técnicas e estratégias apropriadas para realizar o propósito almejado. Nesse modelo de ação, o 'dever', de caráter imperativo em relação 'àquilo que deve ser feito' é sempre relativo e variável ao fim que se propõe a realizar. Além do mais, a avaliação da ação praticada é feita sob a rubrica da eficácia com que a mesma se serviu dos meios para atingir os fins.

> A eficácia tem sido utilizada no modelo de organização capitalista como a mais importante ferramenta para aferir padrão de normatividade na orientação de ações e decisões, principalmente no campo da gestão empresarial e da operacionalidade direcionada à rentabilidade. Com isso não se quer negar a importância que a dimensão pragmática tem na verificação das competências e habilidades do exercício profissional; porém, a maioria dos códigos de ética peca por reduzir os parâmetros normativos à simples consecução da eficácia de fins previamente determinados pelas esferas sistêmicas. (BANNWART JÚNIOR, 2007: p. 58)

Aspecto salutar, nesse sentido, é verificar que os modelos de ações – pragmática, ética e moral – aparecem distribuídos nos estágios de desenvolvimento da consciência moral de acordo com os três níveis de moralidade, apontados por Kohlberg: pré-convencional, convencional e pós-convencional.

3. Os Estágios do desenvolvimento da consciência moral segundo Lawrence Kohlberg

Mantendo os princípios básicos do estruturalismo genético de Piaget, Kohlberg desenvolveu vários trabalhos de campo, submetendo sua teoria a inúmeras confirmações empíricas. Suas pesquisas, na prática, enfocaram desde *estudos longitudinais*, os quais comportavam observações e entrevistas com as mesmas pessoas através de acompanhamento por anos sucessivos, até os *estudos interculturais* que compreendiam as entrevistas realizadas em culturas e povos diversos. (FREITAG, 19989: p. 34) O suporte empírico de suas investigações consistia basicamente em levar o entrevistado, nas mais diversas faixas etárias, contextos sociais e culturais, a emitir juízos sobre casos que apresentam dilemas de ação. Caso singular, é o dilema de Heinz (HABERMAS, 1989: p. 56), transformado num clássico da discussão da moralidade no círculo dos pesquisadores. A preocupação de Kohlberg não estava diretamente ligada às respostas e juízos que os entrevistados emitiam, antes, porém, buscava classificar esses juízos numa ordem de estágios que contemplavam alternativas possíveis de ação. "O importante não é obter a resposta 'certa', mas sim uma resposta que seja autêntica e que esteja acompanhada dos argumentos que levam o entrevistado a emitir tal julgamento, ponderando os prós e os contras das possíveis decisões, mostrando o nível de profundidade e diferenciação que o dilema é pensado". (FREITAG, 1989: p. 30)

Kohlberg introduziu, no ano de 1958, uma escala de seis estágios, que compreendiam a seguinte ordem: (i) orientação para a *punição e a obediência*; (ii) orientação *ingênua e egoísta*; (iii) orientação para o *ideal do bom menino*; (iv) orientação para a *preservação da autoridade e da ordem social*; (v) orientação *legalista-contratual* e (vi) orientação por *princípios*. (FREITAG, 1989: p. 30-31) Em 1976, ele subdividiu os seis estágios em três níveis distintos de moralidade, a saber: o nível pré-convencional, o nível convencional e o nível pós-convencional. Os três níveis da moralidade procuram, de maneira ordenada, caracterizar "a percepção que o sujeito tem da regra social enquanto reguladora das ações no grupo". (FREITAG, 1989: p. 33) Analisando esse tema, Bárbara Freitag, enfatiza que o nível pré-convencional indica o desconhecimento, por parte da criança, do caráter convencional da regra, de forma que, não tendo consciência da mesma, aceita-a como fato da natureza ou ordem de alguma autoridade. No nível convencional, a criança não só compreende como também respeita a regra em função de ter adquirido consciência de que a mesma é fruto de uma cooperação consensual de todos os membros. O terceiro e último nível, o pós-convencional, relacionado à fase do adolescente no plano ontogenético, remete à consideração de que a pessoa já tenha condições para abstrair do caráter consensual e convencional da norma, sendo capaz de orientar a mesma por princípios.

Com a introdução destes três níveis de moralidade, os estágios, conforme definidos por Kohlberg em 1959, serão agrupados por pares nos respectivos níveis, recebendo nova catalogação, dispostos na mesma ordem, assim representados: (i) heteronomia moral; (ii) individualismo instrumental; (iii) expectativas interpessoais mútuas e conformidade; (iv) consciência do sistema social; (v) contrato social ou utilidade e direitos individuais; (vi) princípios universais. (FREITAG, 1989: p. 33)

Dessa forma, Kohlberg desenvolve os seis estágios morais distribuídos nos três níveis designados, compreendendo para cada nível, dois estágios, sendo que a passagem de um estágio a outro, manifesta um processo evolutivo na capacidade do julgamento moral e na formação da consciência moral. (HABERMAS, 1989: p. 154) Os estágios inerentes a cada um dos níveis, refletem simultaneamente uma variante heterônoma e autônoma. Nas palavras de Bárbara Freitag, os estágios (i), (iii) e (v), exprimem "a percepção da regra ou convenção como imposta". Já os estágios (ii), (iv) e (vi), manifestam a "dimensão de independência do indivíduo face à norma ou regra estabelecida". (FREITAG, 1989: p. 33) Importa notar que, em cada nível vigora uma polaridade, nos seus respectivos estágios, entre heteronomia e autonomia, que representa a perspectiva imposta pelo grupo e a perspectiva subjetiva do indivíduo. Cabe ainda considerar, que a moralidade vai se desdobrando e se construindo na passagem da heteronomia para a autonomia de cada nível, num processo desempenhado ativamente pelo sujeito, em que refaz a cada nível, um patamar de consciência mais abrangente.

O desenvolvimento moral realizar-se-á na superação de um estágio ao outro e, conseqüentemente, na diferenciação das estruturas cognitivas. Isso significa dizer que o indivíduo encontra-se em evolução, quando na passagem de um estágio para o outro, consegue resolver melhor do que anteriormente a mesma espécie de problemas. "Ao fazer isso, a pessoa em crescimento compreende o seu próprio desenvolvimento moral como um processo de aprendizagem. Pois em cada estágio superior, o sujeito deve poder explicar até que ponto, estava insuficiente os juízos morais que considerava correto no estágio precedente". (HABERMAS, 1989: p. 155)

No nível pré-convencional, os estágios são primeiramente designados através do castigo e da obediência e, posteriormente, segundo o objetivo instrumental e a troca. No primeiro estágio, a criança possui uma obediência cega que a leva a obedecer às regras com o propósito de evitar o castigo e também o poder superior das autoridades. Nesse estágio, a ação é exclusivamente praticada em função de se evitar o castigo e maximizar o prazer. No segundo estágio, a criança age para a satisfação de interesses e necessidades que lhe são próprias, tornando-se consciente de que as outras pessoas também agem em vista de seus interesses próprios. Portanto, a ação praticada nesse estágio não ultrapassa os limites dos próprios interesses e necessidades, sendo a ação considerada justa sempre a partir de interpretações físico-pragmáticas.

O nível pré-convencional é basicamente caracterizado pela capacidade da criança interpretar a diferenciação das noções de bom e mau, justo e injusto, nos termos de conseqüências físicas ou hedonistas das ações. (HABERMAS, 1990: p. 60) Os dois estágios compreendidos nesse nível remetem, como vimos, a dois níveis de consciência moral, respectivamente orientado pela "punição-obediência" e pelo "hedonismo instrumental", os quais caracterizam na criança uma idéia de vida boa e justa que corresponde, no primeiro estágio, à maximização do prazer através da obediência e, no segundo, a maximização do prazer através da troca de equivalentes. (HABERMAS, 1990: p. 63) A estes dois estágios da pré-convencionalidade corresponde um modelo de sanção que remete à *penalidade* no sentido específico da diminuição das gratificações físicas; e a uma esfera de validade que compreende o próprio ambiente natural e social ainda não diferenciados pela criança. (HABERMAS, 1990: p. 63) No desenvolvimento preliminar desse nível, aspecto significativo é a constatação de conflitos de ações baseados continuamente na ótica de conseqüências produzidas pela ação. (HABERMAS, 1990: p. 136)

Atingindo o nível convencional, no terceiro estágio, já se passa a levar em consideração as expectativas interpessoais mútuas. As ações neste estágio são realizadas tendo em vista o que os outros esperam do agente. A pessoa age de maneira amável, manifestando, de certa forma, preocupação, lealdade e, também, confiança para com os outros, com o objetivo de ser boa aos olhos de terceiros e aos seus próprios. No quarto estágio, prevalece o objetivo de preservação do sistema social, pois aqui, a pessoa já possui consciência de seu dever na sociedade, agindo em benefício da ordem social e da manutenção do bem-estar do grupo. As ações praticadas neste estágio são decorrentes das obrigações instituídas, tendo em vista a manutenção do todo. (HABERMAS, 1989: p. 152-153)

Em suma, Habermas entende que, no nível convencional, há por parte do indivíduo disposição em conformar-se às expectativas morais, tendo, diante do contexto que gera a sua identidade, uma aptidão de lealdade que se exprime no sentido de manter, apoiar e justificar tal ordem. (HABERMAS, 1990: p. 60) Os dois estágios compreendidos nesse nível se referem à orientação do "bom moço" e a orientação da "lei e da ordem", caracterizadas pela idéia de vida boa e justa, considerando respectivamente no terceiro estágio, a *eticidade* concreta de interesses satisfatórios, e no quarto estágio, a *eticidade* concreta permeada pelo hábito a um sistema de normas. (HABERMAS, 1990: p. 63) O modelo de sanções que estes dois estágios compreendem, refere-se à *vergonha*, no sentido da diminuição do afeto e do reconhecimento social. Em se tratando da esfera de validade, o terceiro estágio compreende grupos de pessoas de referência primária, e o quarto estágio, abrange os integrantes do grupo político. (HABERMAS, 1990: p. 63) Nesse nível, os motivos da ação são avaliados independentemente das conseqüências concretas da ação, servindo como parâmetro de apreciação, a conformidade da ação a um determinado papel social ou sistema de normas. (HABERMAS, 1990: p. 136)

As decisões morais, no nível pós-convencional, são produzidas com base em princípios que visam à realização de práticas justas e leais para com todos os indivíduos. No quinto estágio, relacionado 'aos direitos originários e do contrato social ou da utilidade', a pessoa adquire consciência da variedade de valores e opiniões que diferem dos de seu grupo. Isto não conduz a um relativismo, uma vez que a mesma é consciente da existência de valores e direitos não-relativos, os quais devem ser tomados em consideração para qualquer sociedade. Neste estágio a ação é realizada em função dos direitos prescritos pelo contrato social, que privilegia o respeito ao direito dos outros e ao seu próprio. A passagem para o sexto e último estágio pressupõe que a pessoa esteja apta a orientar-se por princípios universais, os quais, considerados sob o ponto de vista da justiça universal, pressupõem a igualdade dos direitos humanos e o respeito pela dignidade humana. Toda lei ou acordo deve, antes, alcançar validade mediante estes princípios de validade universal. A ação realizada neste estágio está implicada no reconhecimento da validade destes princípios. (HABERMAS, 1989: p. 154)

A caracterização central do nível pós-convencional é alicerçada por princípios morais que possuem validade independentemente de autoridade, valores ou tradições circunscritas a determinado grupo ou cultura. (HABERMAS, 1990: p. 61) Os estágios aqui compreendidos remetem aos níveis de consciência moral que, no estágio quinto, é representado pelo "legalismo social-contratual", e no estágio sexto, pela orientação dos "princípios universais".

Ambos os estágios correspondem respectivamente à "liberdade civil e beneficência pública" e à "liberdade moral". No concernente ao modelo de sanção, o nível pós-convencional alicerça-se na *culpa*, espécie de sentimento interno provocado pelas reações da própria consciência moral. A esfera de validade do quinto e sexto estágio é compreendida respectivamente pela associação jurídica de indivíduos privados em geral. (HABERMAS, 1990: p. 63) Deve-se considerar, que, no nível pós-convencional, cuja base do sistema de validade de normas é desestruturada, ou seja, desligada da *eticidade*, a justificação passa a depender única e exclusivamente de pontos de vista universalistas, ou seja, de pressupostos lingüísticos garantidores da formação consensual da vontade e da opinião. (HABERMAS, 1990: p. 137)

No desenvolvimento desses níveis, a passagem de um estágio ao outro é alcançado mediante o aprendizado, equivalendo afirmar, que todo o desenvolvimento moral da pessoa é compreendido como um processo de aprendizagem, denominado por Kohlberg e Piaget, como "desempenho construtivo do aprendiz". (HABERMAS, 1989: p. 155)

Nesse aspecto vale ressaltar que o comportamento moral é resultado de um processo de aprendizagem, o que vale tanto para os indivíduos como para a sociedade e as instituições que compõem o estrato social, como é o caso das empresas. Victor Penedo afirma que: "O processo ético resulta do crescimento individual e da maturidade. Há uma relação direta entre a evolução das empresas, a evolução dos seres humanos, a evolução de valores e o surgimento da ética. [...] Pessoas imaturas não podem ser éticas. Empresas imaturas tampouco. Elas podem trabalhar no sentido de se tornarem éticas, mas não podem ser éticas sem amadurecer". (PENEDO, 2003: p. 2)

4. Maturidade Moral e Comportamento Corporativo.

Em sua abordagem crítica, Habermas questiona-se quanto à viabilidade da ação social, que em outras palavras se traduz na seguinte questão: como é possível a ordem social? (HABERMAS, 1989b: p. 479) Essa questão serve de mote para esclarecer como os participantes de uma interação são capazes de coordenar seus planos de ação, evitando conflitos e possíveis riscos de uma ruptura, quando atingem os estágios mais elevados de moralidade. (HABERMAS, 1989: p. 164) No conceito de ação comunicativa que Habermas se empenha em apresentar, está o pressuposto de que os atores da ação social, tomados como falantes e ouvintes, se referem a algo no mundo, seja ele objetivo, social ou subjetivo, levantando em relação a estes mundos, pretensões de validade que podem ser aceitas ou criticadas.[8] Toda pretensão de validade levantada por um falante é relativizada tendo em vista que a mesma pode ser posta em questão pelos outros atores. Isto significa que a pretensão de validade é reconhecida intersubjetivamente e reciprocamente por todos os atores e que, o entendimento alcançado entre eles funciona como mecanismo coordenador da ação, portanto, como elo de integração social. (HABERMAS, 1989b: p. 493)

Habermas, a esse respeito, distingue dois mecanismos de coordenação de ação, baseado nos conceitos de "acordo" e de "influencia", que, por conseguinte, geram duas atitudes de orientação das ações. A primeira corresponde à atitude de orientação ao entendimento e a segunda a atitude de orientação ao êxito. Partindo da compreensão de que a ação é a realização de um plano de ação, Habermas aponta que a concretização deste plano com o propósito de realização de um acordo, baseia-se no saber comum reconhecido intersubjetivamente e cuja pretensão de validade é suscetível de crítica. Portanto, para a obtenção de um acordo é preciso que haja convicções compartilhadas intersubjetivamente, de modo que os participantes possam daí extrair um saber válido que lhes permitam estabelecer vinculações correlatas em termos de reciprocidade. (HABERMAS, 1989b: p. 481) Na atitude de orientação ao entendimento, os participantes da interação estão na dependência recíproca de uns para com os outros, em relação à afirmação ou negação quanto às pretensões de validade levantadas pelos falantes. Isso significa dizer que o consenso não é alcançado senão no reconhecimento intersubjetivo das pretensões de validade. (HABERMAS, 1989b: p. 482)

Porém, em relação ao conceito de "influência", Habermas demonstra que os atores, em função da atitude de orientação ao êxito, agem tendo em vista ações estratégicas baseadas em cálculos egocêntricos. Qualquer cooperação ou estabilidade alcançada nesse modelo de ação é resultado dos interesses dos participantes e não de um acordo partilhado no reconhecimento

---

[8] Pensar os três mundos – objetivo, social e subjetivo – numa referência teórica que contemple os três simultaneamente, é uma tarefa não menos árdua para a qual a teoria da ação comunicativa empreende a contento. Bárbara Freitag comenta que: "Se aos três mundos correspondiam formas diferentes de ação (instrumental, normativa, reflexiva), uma nova visão teórica que integrasse os três mundos numa totalidade pressuporia uma forma de ação que não apresentasse as limitações de nenhuma das outras três. Somente a ação comunicativa é capaz de abarcar os três mundos, anteriormente isolados em esferas de ação estanques". (FREITAG, 1989: p. 35)

intersubjetivo das pretensões de validade. Da perspectiva dos participantes, "acordo" e "influência" são mecanismos de coordenação de ação que se excluem um ao outro, pois não é possível o estabelecimento de um acordo por meio de influências externas, que mencionem ameaças, gratificações e enganos, ou qualquer outro motivo fora dos limites das convicções comuns. A intenção de realizar um acordo mediante procedimentos externos, não pode ser contado subjetivamente como acordo, e menos ainda, como mecanismo de coordenação da ação, uma vez que se perde a eficácia do ponto de vista da reciprocidade.

Nesse sentido, a psicologia de Kohlberg possibilita demonstrar que o nível de desenvolvimento da consciência moral alcançado pelo indivíduo reflete significativamente no nível de maturidade do comportamento social e corporativo.

No nível pré-convencional, os estágios 1 (castigo e obediência) e 2 (troca instrumental) refletem significativamente o comportamento de muitas empresas. Há inúmeros exemplos estampados quase diariamente nos meios de comunicação de empresas que agem cegamente, realizando os seus propósitos numa visão estreita, limitada e unilateral, presas à obediência de preceitos sistêmicos impostos pela forma de reprodução do capital. Tais empresas, situadas no estágio 1, não conseguem ainda perceber o entorno social no qual estão inseridas. Acreditam que as suas ações estão ausentes de implicações ou conseqüências sociais. Agem de forma egoísta, visando à realização de fins que as beneficiam de forma privada.

No estágio 2, as empresas saltam de uma visão egocêntrica para uma perspectiva instrumental. Significa, ainda, que continuam agindo para a satisfação de seus interesses, porém, tornam-se conscientes que há outras empresas e corporações também agindo em vista de seus próprios interesses. Portanto, as ações praticadas no estágio 2, não ultrapassam os limites dos interesses privados da corporação, que age sempre numa perspectiva pragmática e hedonista. O modelo próprio de ação nesse estágio é exemplificado na seguinte fórmula: se se quer *b* deve-se fazer *a*. Além do hedonismo presente, as empresas nesse estágio, mensuram o valor de suas ações praticadas única e exclusivamente pela eficácia dos *meios* empregados para alcançar o *fim* (privado) que desejam. Não há a preocupação em saber se ação foi boa (ética) ou justa (moral).

As empresas situadas no nível pré-convencional manifestam a tendência de constatar os conflitos de ação sempre na ótica das conseqüências produzidas pela ação. O fato de não compreenderem a diferenciação do seu ambiente e o ambiente social no qual estão inseridas, impedem que percebam o teor moral das sanções sociais. Agem movidas pelo calculo instrumental custo-benefício. Se constatarem, por exemplo, que o custo-benefício de poluir um manancial, mesmo pagando as multas que lhes serão imputadas pela legislação ambiental é maior do que o investimento em tecnologia para a preservação, certamente estarão dispostas a poluir e acatar a penalidade. Nesse nível de consciência pré-moral não é possível esperar que as empresas produzam ações além da dimensão instrumental, hedonista e pragmática.

No nível convencional que contempla os estágios 3 (Conformidade interpessoal) e 4 (Lei e ordem), compreende-se a fase de consciência moral capaz de levar em consideração o reconhecimento da alteridade, ou seja, as ações são praticadas tendo em vista a expectativa que o outro deposita na ação do sujeito. No estágio 3, mesmo que a empresa ainda não queira abrir mão dos seus interesses privados, ela sabe que está inserida em uma rede de interações sociais e que a sua atividade empresarial, estampada na forma de produtos ou serviços, está em constante avaliação aos olhos do seu público consumidor. É a fase em que as empresas se dão conta da necessidade de investirem em *marketing* para transmitir aos seus clientes e colaboradores valores como lealdade e confiança. A empresa, nesse estágio, evolui da dimensão hedonista e pragmática para a dimensão ética. Ela está preocupada em ser boa aos olhos de terceiros, pois sabe que as suas ações, atitudes e comportamentos refletem positivamente ou negativamente no âmbito social. Entende, portanto, que as suas ações não estão deslocadas da sociedade.

No estágio 4, as empresas encontram-se num nível de consciência moral mais elevado, pois já perceberam que, além de estarem situadas socialmente, possuem também uma parcela de contribuição para com o desenvolvimento e bem-estar da comunidade. Dão conta de que a atividade produtiva ou de prestação de serviços de que dispõem estão integradas em benefício da sociedade. Ainda que parte das atividades empresariais continue sendo movida pela engrenagem do pragmatismo, quando atingem esse nível, tais empresas não conseguem mais dissociar as suas ações e tomadas de decisões do bem-estar coletivo que podem fornecer à sociedade.

No nível convencional, as empresas assimilam a eticidade concreta do grupo onde estão instaladas. Movem suas ações referendas pelas normas socialmente aceitas, buscando ampliar, cada vez mais, o reconhecimento social de suas marcas e produtos. Nesse nível, as empresas avaliam as tomadas de decisões não apenas em razão das conseqüências de suas ações, mas se as suas atividades estão de acordo com o sistema de normas que a sociedade, num determinado contexto cultural e valorativo, reconhece como válido. Portanto, no nível convencional, pode-se dizer que as empresas incorporam uma dimensão ética no agir e no decidir.

O nível pós-convencional integra os dois últimos estágios da escala de Kohlberg. Os estágios 5 (Direitos básicos e contrato social) e 6 (Princípios Universais) abordam, em linhas gerais, modelos de ações que estão desconectados de valores circunscritos à *eticidade*. O estágio 5 demonstra que o grau de consciência moral comporta a diversidade de valores éticos. Isso demonstra que não são mais os valores que determinam o propósito das ações empresariais, mas a dimensão própria do contrato social ao privilegiar e assegurar o direito das partes envolvidas.

> As razões para fazer o que é direito são em geral: sentir-se obrigado a obedecer à lei porque a gente faz um contrato social de fazer respeitar leis, para o bem de todos e para proteger seus próprios direitos e o direito dos outros. As obrigações de família, amizade, confiança e trabalho também são compromissos ou contratos assumidos livremente e implicam o respeito pelos direitos dos outros. Importa que as leis e deveres sejam baseados num cálculo racional de utilidade geral. "O maior bem para o maior número". (HABERMAS, 1989: p. 154)

O estágio 6 representa o mais alto grau de consciência moral e as empresas que conseguem alcançar esse nível tornam as suas ações e tomadas de decisões referendadas por princípios universais de justiça. Ampliam as conseqüências de suas ações para a esfera da responsabilidade social em nível global. Talvez, do ponto de vista empírico, não tenhamos visto, até o momento, uma empresa agindo nesse estágio, contudo, o mesmo serve de parâmetro ou idéia reguladora para sinalizar aonde é possível se chegar com a discussão da responsabilidade social e desenvolvimento sustentável. Nesse último estágio, a justificativa para uma tomada de decisão ou propósito de ação será sempre referendada pelo desempenho discursivo, com o objetivo de formar consensualmente à vontade e a opinião, sob a tutela de uma única coerção: a coerção do melhor argumento. Esse nível, ápice da consciência moral, é o patamar que Habermas coloca, do ponto de vista filosófico, a sua ética do discurso – modelo de normatividade próprio das sociedades modernas que atingiram o nível pós-convencional.

Como podemos notar, seguindo os passos do processo de desenvolvimento da consciência moral de Kohlberg aliado à ética do discurso habermasiana, as empresas e corporações, enquanto instituições sociais, podem alcançar o mais alto estágio de moralidade, desde que dispostas à aprendizagem. A constatação, ainda que parcial, é que as empresas têm muito a apreenderem com os dilemas e problemas gerados pela Modernidade, sobretudo, em nossa época, na esfera ambiental.

A urgência pela pretensão de validade ou justiça nas ações e comportamentos, cada vez mais publicizados na esfera pública mundial, exige das empresas um compromisso de confiança com seus colaboradores, fornecedores e consumidores, enfim, com a sociedade de modo geral. Não se trata mais daquele modelo de empresa que pautava o organograma de suas atividades na consecução única de maximizar o lucro a qualquer custo.

As empresas e organizações não deixam, certamente, de perseguir o lucro em suas atividades, aliás, essa é a estrutura fundamental que marca o DNA das atividades empresarias. A corporação que abrir mão do lucro, no modelo capitalista, simplesmente morre. No entanto, esse *telos* não constitui mais a essência caracterizadora do fim último a ser perseguido. É possível sinalizar, no mínimo, três aspectos fundamentais que tem movido as empresas em outra direção, muito mais próxima da responsabilidade social e de uma moral pós-convencional.

As empresas, hoje, devem, em primeiro lugar, dispor de capacidade para se articularem e se adequarem ao paradigma das sociedades democráticas que exige, cada vez mais, a participação autônoma das pessoas no âmbito público e privado. Isso expõe, com maior intensidade, a empresa, seus produtos e serviços diante do público consumidor e exige dela transparência e capacidade de diálogo franco. Em segundo lugar, as empresas alcançaram atualmente um patamar de poder econômico, em alguns casos, maior que o de muitos Estados nacionais, o que faz recair sobre as mesmas a responsabilidade pelos seus atos, já que dispõem do ponto de vista econômico, de condições reais para alterar significativamente a qualidade de vida e o bem-estar social das pessoas que dela dependem. Em terceiro lugar, é possível constatar que frente ao processo de conscientização da finitude dos recursos naturais e dos impactos ambientais na atividade produtiva, as empresas têm sido responsabilizadas e cada vez mais cobradas pela forma como interagem com o meio ambiente. Estão na linha de frente para responderem aos desafios do desenvolvimento sustentável.

5. Desenvolvimento sustentável e mudança de paradigma.

O desafio do desenvolvimento sustentável esbarra, sobremaneira, no modelo de normatividade que a Modernidade fez erigir. Como vimos, essa discussão perpassa a tematização dos modelos de ações pragmáticas, éticas e morais da razão prática.

A ética se prende, como destacado anteriormente, à dimensão valorativa, onde são partilhados comumente os valores, as tradições e os costumes; e a moral se atém aos princípios racionais que norteiam a prática argumentativa na resolução consensual de conflitos, do ponto de vista da justiça. A ética tem a ver com a resposta que construímos em relação à pergunta "O que devemos fazer?" quanto à construção do sentido de nossa existência. Ou seja, do ponto de vista ético "as escolhas que fazemos na vida visando realizar o bem, nós a realizamos com vistas a alcançar aquilo que seja bom para nossa auto-realização e autocompreensão existencial". (BANNWART JÚNIOR, 2007: p. 58) Quando a pergunta "O que devemos fazer?" leva em consideração a implicação da ação particular (subjetiva) em relação aos interesses dos outros e exige que os conflitos surgidos sejam regulados imparcialmente do ponto de vista cognitivo, então adentramos no terreno da moral propriamente dita.

O problema que atualmente se verifica refere-se ao conceito restrito de moral quanto aos dilemas impostos pelo meio ambiente. A moral restringe-se ao modelo antropocêntrico que prioriza a relação de reciprocidade entre seres racionais. E essa característica própria da moral secular moderna dificulta a possibilidade de respeito às questões de responsabilidade moral do homem pelo seu ambiente não humano. (HABERMAS, 1999b: p. 212) Porém, os dilemas ambientais apresentados à humanidade nesse início do Século XXI têm avivado sentimentos, juízos e condutas no sentido de deslocar a nossa a dimensão moral – própria da capacidade de linguagem e de ação de seres racionais – também para a esfera ambiental, até então desconsiderada de tematização racional.

A discussão atual, ao debruçar sobre questões ecológicas e de preservação da natureza, exige um debate que permita colocar a natureza em uma dimensão normativa, porém, sem exceder os limites de uma ética sem metafísica, ou seja, sem exceder os limites da moral pós-convencional.

As questões que se impõem hoje são de ordem normativa, como por exemplo, saber qual a especificidade de nossa obrigação, seja moral ou ética, para com o meio ambiente. A responsabilidade moral que é imputada para com a humanidade presente e futura estende-se também à preservação da natureza? Em suma: Quais as possibilidades de alargamento do âmbito de validade das nossas obrigações morais para além do circulo da humanidade, de modo a compreender todos os seres vivos que preenchem os mais variados ecossistemas? (HABERMAS, 1999b: p. 212)

Em relação a estas questões percebemos uma barreira muito nítida. A natureza, tal com nós a enxergamos, sempre objetivada em função de nossos interesses, impede que nós tenhamos em relação a ela uma atitude de reciprocidade fundamental, tal como determina o nosso comportamento moral para com os demais seres humanos. (HABERMAS, 1999b: p. 212) A moral pós-convencional, tal como é concebida, traz esse limitador: como integrar-se à natureza e a ela devotar uma relação de moralidade, se a própria natureza ou ambiente natural não pertence ao gênero daqueles que, disponibilizando capacidade de linguagem e de ação, podem entrar conosco numa relação de reciprocidade fundamental? (HABERMAS, 1999b: p. 213)

A questão pode ainda ser posta da seguinte forma: "Qual é, então, o estatuto dos deveres que nos impõem, enquanto destinatários de normas válidas, uma determinada responsabilidade social para com a natureza, se ela, por sua vez, não pertence, porém, ao círculo dos possíveis destinatários de normas?" (HABERMAS, 1999b: p. 213) A natureza não é, na verdade, destinatária de nossas normas ou leis morais. Ela é destinatária de outro complexo normativo, imposto, segundo a ciência moderna, pelas leis naturais.

Essa pretensa vinculação entre homem e natureza é bastante complexa, pois decorre saber se essa relação – como é sabida, edificada muito mais do ponto de vista epistemológico do que moral ou ético – assegura à natureza algum direito ao ser humano ou se o ser humano dispõe de deveres para com a natureza. (HABERMAS, 1999b: p. 213) Além da relação epistemológica entre homem e natureza fundada pelo paradigma técnico-científico, a possível dimensão normativa que se pretende assegurar a essa relação deve incluir a distinção entre ética e moral e verificar qual dos discursos normativos dariam conta de uma interação menos instrumental com o ambiente. Habermas a esse respeito chama atenção para um aspecto fundamental. "A exclusão das questões éticas do domínio das questões de justiça parece ser evidente, se atendermos ao fato de que a questão sobre o que é bom para mim e para nós, considerando todas as circunstâncias, já é formulada de maneira a conduzir uma resposta que comporta uma pretensão de validade relativa a projetos e formas de vida anteriores. Os valores e ideais que cunham uma identidade não nos podem *vincular incondicionalidade* de um dever categórico". (HABERMAS, 1999b: p. 214)

É nesse caso que surge a questão, a saber, se hoje, quando discutimos a possibilidade de uma ética ambiental ou ética do meio ambiente, não estamos, na verdade, criando uma relação deficitária de obrigações categóricas (incondicionais) para com a natureza? Pois a ética, como vimos, não exige incondicionalidade, portanto, não decreta a obrigatoriedade que a moral nos impõe.

Sendo possível perceber que tanto as questões éticas – ao tratar da condução pessoal e da forma de vida que escolhemos e desejamos – quanto às questões da ética do meio ambiente não podem receber tratamento no âmbito da discussão moral – com a exigibilidade de obrigações incondicionais –, resta, então, deslocá-las para a dimensão teleológica. Isso significa que passamos a olhar para natureza e condicionar a nossa ação em relação a ela baseados no *telos* que estabelecemos ou objetivamos. Os vários programas e metas estabelecidos por protocolos de intenções de âmbito internacional revelam bem isso: estamos tratando a natureza de um ponto de vista teleológico, em função da metas e objetivos estabelecidos que visem a ser alcançados com prazos pré-definidos.

O deslocamento da questão ambiental para a dimensão teleológica reside no fato de a natureza não pertencer "às partes do contrato sobre reciprocidade que serve de base à moral humana". (HABERMAS, 1999b: p. 215) No caso da ética do discurso de Habermas, o dever é oriundo da relação de participação estabelecida entre falantes e ouvintes, norteadas pelo reconhecimento fundamental que serve de pressuposto iniludível para a prática comunicativa. "As interações sociais mediadas pelo uso lingüístico orientado para a comunicação são constitutivas das formas de vida socioculturais". (HABERMAS, 1999b: p. 215) Isso demonstra que a moral pós-convencional é dependente das estruturas intrínsecas de interações linguisticamente mediadas e não pode se furtar desse condicionamento.

Cabe destacar que em relação à natureza não se pode imputar personalidade, pois é impossível falar ou comunicar algo com a natureza. Tratar a natureza de um ponto de vista ético é incluí-la em nossas interações, porém, em uma relação assimétrica. Ainda que haja esforço para esse fim, a verdade é que não podemos assumir uma atitude performativa para com a natureza. Se essa atitude pode ser mitigada em relação a determinados animais domésticos que são objetos de nossa empatia, não podemos dispensar a mesma atitude em relação à pedra ou a dureza mineral, os quais compõem também parte integrante da natureza. Por mais que nos esforcemos, a natureza ainda permanece a ser objeto de observação, passível de manipulação e instrumentalização, sobretudo, frente à dimensão técnica científica. (HABERMAS, 1999b: p. 216)

O que se busca ressaltar é que a responsabilidade social do homem para com o ambiente e para com a preservação das espécies e ecossistemas ameaçados, não pode, na sua totalidade, "ser fundamentada em termos de deveres interativos (participativos), isto é, do ponto de vista moral pós-convencional". (HABERMAS, 1999b: p. 218) Porém, ainda assim, é possível alegar boas razões éticas em favor da proteção do ambiente.

Se o ambiente entra na pauta da discussão ética, porém, uma ética ampliada universalmente que leve em consideração a espécie como um todo e não apenas os lastros valorativos de determinado povo ou cultura, então, cabe o debate e a tematização acerca de como queremos nos construir enquanto humanidade. Se, como vimos, não é possível estabelecer uma relação dialógica com a natureza, esta pode se realizar entre os sujeitos, partes integrantes da natureza. Tal relação deverá ter o seu exercício perene e presente no princípio de participação – norteador do direito ambiental – que assegura à humanidade a possibilidade de sua autocompreensão e realização existencial integrada ao meio ambiente. Eis o desafio do Século XXI: alterar a forma paradigmática de o homem se relacionar com natureza e fomentar o aprendizado normativo das empresas para que alcancem a possibilidade de equacionar produtividade e sustentabilidade no mais alto grau de consciência moral.

REFERÊNCIAS

ARAÚJO, Luiz Bernardo Leite (2006), *Religião e Modernidade em Habermas*. São Paulo: Loyola.

BANNWART JÚNIOR, Clodomiro José (2007), "As implicações da ação do profissional da saúde". *Maquinações*. Revista de Ciências da PROGRAD. Londrina/PR: Universidade Estadual de Londrina, 58-59.

DINIZ, Débora (2001), *Conflitos Morais e bioética*. Prefácio de Sérgio Paulo Rouanet. Brasília: Letras Livres.

FREITAG, Bárbara (1989), "A questão da moralidade: da razão prática de Kant à Ética discursiva de Habermas". *Tempo Social: Revista de Sociologia/USP*. São Paulo, 1 (2): pp. 7-44.

HABERMAS, Jürgen (1995) "Habermas: entrevista exclusiva". *Folha de S. Paulo*. São Paulo: 30/04, p. 5-7.

HABERMAS, Jürgen (1968), *Technik und Wissenschaft als 'Ideologie'*. Frankfurt am Main: Suhrkamp Verlag.

HABERMAS, Jürgen (1988) *La Lógica de las Ciencias Sociales*. Tradução de Manuel Jiménez Redondo. Madrid: Editorial Tecnos.

HABERMAS, Jürgen (1989) *Consciência Moral e Agir Comunicativo*. Tradução: Guido Antônio de Almeida. Rio de Janeiro: Tempo Brasileiro.

HABERMAS, Jürgen (1989b) "Observações sobre el concepto de acción comunicativa" In: *Teoria de la acción comunicativa: complementos y estúdios prévios*. Tradução: Manuel Jiménez Redondo, Madrid: Cátedra Teorema.

HABERMAS, Jürgen (1990) *Para a Reconstrução do Materialismo Histórico*. Tradução de Carlos Nelson Coutinho. São Paulo: Brasiliense.

HABERMAS, Jürgen (1997a) *Técnica e Ciência como 'Ideologia'*. Tradução de Artur Morão. Lisboa: Edições 70.

HABERMAS, Jürgen (1997b) *Direito e Democracia: entre facticidade e validade*. 2 volumes Tradução de Flávio Beno Siebeneichler. Rio de Janeiro: Tempo Brasileiro.

HABERMAS, Jürgen (1999a) *Teoria de la Acción Comunicativa. Racionalidad de la acción y racionalización social*. Tomo I. Madrid: Taurus Humanidades.

HABERMAS, Jürgen (199b) *Comentários à Ética do Discurso*. Tradução de Gilda Lopes Encarnação. Lisboa: Instituto Piaget.

HABERMAS, Jürgen (1999c) "Acerca do Uso Pragmático, Ético e Moral da Razão Prática". *in Comentários à Ética do Discurso*. Tradução de Gilda Lopes Encarnação. Lisboa: Instituto Piaget.

HABERMAS, Jürgen (2003) *Teoria de la Acción Comunicativa. Crítica de la razón funcionalista.* Versión castellana de Manuel Jiménez Redondo. 4ª edición. Tomo II. Madrid: Taurus Humanidades.

HELD, David e Mc GREW, Anthony (2001) *Pós e Contras da Globalização.* Tradução de Vera Ribeiro. Rio de Janeiro: Jorge Zahar Editor.

OLIVEIRA, M. Araújo. "A crise da racionalidade moderna: uma crise de esperança". *in Síntese Nova Fase.* Belo Horizonte: nº 45, p. 13-33.

PENEDO, Victor (2003) *Ética e Valores nas Empresas: em direção às corporações éticas.* Tradução de Alberto Bezerril e Martha Villac. São Paulo: Instituto Ethos, Reflexão, ano 4, n. 10, p. 1-20.

PIZZI, Jovino (1994) *Ética do discurso: A racionalidade ético-discursiva.* Porto alegre: Edipucrs.

REPA, Luiz (2000) *Habermas e a Reconstrução do conceito Hegeliano de Modernidade.* São Paulo: Dissertação de Mestrado/USP (in mimeo).

THE FUTURE
FOR CORPORATE SOCIAL RESPONSIBILITY

*David Crowther & Shahla Seifi**

Introduction

It seems to have become generally accepted by businesses and their managers, by governments and their agencies, and by the general public that there is considerable benefit in engaging in CSR. Consequently every organisation is increasingly going to have its CSR policy which will have been translated into activity. Despite the fact that many people remain cynical about the genuineness of such corporate activity, the evidence continues to mount that corporations are actually engaging in such socially responsible activity, not least because they recognise the benefits which accrue. It seems therefore that the battle is won and everyone accepts the need for CSR activity – all that remains for discussion is how exactly to engage in such activity and how to report upon that activity. Even this has been largely addressed through such vehicles as GRI and the forthcoming ISO26000.

There has also been considerable change in the emphasis of corporations reporting of their CSR activity which has taken place in recent years. This change is not just in terms of the extent of such reporting, which has become more or less ubiquitous throughout the world, but also in terms of style and content. When researching into corporate activity and the reporting of that activity in the 1990's it was necessary to acknowledge (Crowther 2002) that no measures of social or environmental performance existed which had gained universal acceptability. Good social or environmental performance was subjectively based upon the perspective of the evaluator and the mores of the temporal horizon of reporting. Consequently any reporting concerning such performance could not easily be made which would allow a comparative evaluation between corporations to be undertaken. This was regarded as helpful to the image creation activity of the corporate reporting as the authors of the script were therefore able to create an image which could not

---

* David Crowther is Professor of Corporate Social Responsibility, De Montfort University, UK. Shahla Seifi is doctoral researcher at Universiti Putra Malaysia, Malaysia.

be refuted through quantificatory comparative evaluation. Instead such images could be created through the use of linguistic and non-linguistic means. Thus each company was able to select measures which created the semiotic of social concern and environmental responsibility and of continual progress, through the selective use of measures which support these myths. As a consequence of the individual selection of measures to be reported upon, a spatial evaluation of performance, through a comparison of the performance with other companies, was not possible and a temporal evaluation was all that remained.

While this research was being undertaken steps were being taken to change this and to develop some kind of standards for reporting. Thus in 1999 the Institute of Social and Ethical Accountability[1] published the AA1000 Assurance Standard with the aim of fostering greater transparency in corporate reporting.

At the similar time the Global Reporting Initiative (GRI) produced its Sustainability Reporting Guidelines which have been developed through multi-stakeholder dialogue. The guidelines are claimed to be closely aligned to AA1000, but focus on a specific part of the social and environmental accounting and reporting process, namely reporting. The GRI aims to cover a full range of economic issues, although these are currently at different stages of development. The GRI is an initiative that develops and disseminates voluntary Sustainability Reporting Guidelines. These Guidelines are for voluntary use by organisations for reporting on the economic, environmental, and social dimensions of their activities, products, and services. Although originally started by an NGO, GRI has become accepted as a leading model for how social, environmental and economic reporting should take place. It aims to provide a framework that allows comparability between different companies' reports whilst being sufficiently flexible to reflect the different impacts of different business sectors.

The GRI aims to develop and disseminate globally applicable Sustainability Reporting Guidelines. These Guidelines are for voluntary use by organisations for reporting on the economic, environmental, and social dimensions of their activities, products, and services. The GRI incorporates the active participation of representatives from business, accountancy, investment,

---

[1] The Institute of Social and Ethical Accountability is probably better known as AccountAbility.

environmental, human rights, research and labour organisations from around the world. Started in 1997, GRI became independent in 2002, and is an official collaborating centre of the United Nations Environment Programme (UNEP) and works in cooperation with the Global Compact. The guidelines are under continual development and in January 2006 the draft version of its new Sustainability Reporting Guidelines, named the G3, was produced and made open for feedback. The GRI pursues its mission through the development and continuous improvement of a reporting framework that can be used by any organisation to report on its economic, environmental and social performance. The GRI has become the popular framework for reporting, on a voluntary basis, for several hundred organizations, mostly for-profit corporations. It claims to be the result of a permanent interaction with many people that supposedly represents a wide variety of stakeholders relative to the impact of the activity of business around the world.

GRI and AA1000 provide a set of tools to help organisations manage, measure and communicate their overall sustainability performance: social, environmental and economic. Together, they draw on a wide range of stakeholders and interests to increase the legitimacy of decision-making and improve performance. Individually, each initiative supports the application of the other – at least this is the claim of both organisations concerned; AA1000 provides a rigorous process of stakeholder engagement in support of sustainable development, while GRI provides globally applicable guidelines for reporting on sustainable development that stresses stakeholder engagement in both its development and content. Part of the purpose of this paper, however, is to question the need for these standards as all the evidence concerning standard setting here suggests that these standards are derived by consensual agreement rather than by the actions of a third party.

The EC approach

The European Union, through its Commission, has concentrated on the enaction of corporate social responsibility (CSR) as an expression of European cohesion. The Green Papers *Promoting a European framework for Corporate Social Responsibility* (EC, 2001) and *Corporate Social Responsibility: A business contribution to Sustainable Development* (EC, 2002) define the pressure from the European institutions for corporations to recognise and accomodate their responsibilities to their internal and external stakeholder community. The first document (EC, 2001: 8) described CSR as:

... a concept whereby companies integrate social and environmental concerns in their business operations and in their interaction with their stakeholders on a voluntary basis.

The essential point is that compliance is voluntary rather than mandatory and this voluntary approach to CSR expresses the reality of enterprises in beginning to take responsibility for their true social impact and recognises the existence of a larger pressure exercised by various stakeholder groupings in addition to the traditional ones of shareholders and investors.[2] Moreover it reflects the different traditions of business and differing stages of development throughout the Community. Nevertheless the need for social responsibility is by no means universally accepted but evidence shows that ethical and socially responsible behaviour is being engaged in successfully by a number of large corporations – and this number is increasing all the time. Additionally there is no evidence that corporations which engage in socially responsible behaviour perform, in terms of profitability and the creation of shareholder value, any worse than do any other corporations. Indeed there is a growing body of evidence[3] that socially responsible behaviour leads to increased economic performance – at least in the longer term – and consequentially greater welfare and wealth for all involved.

All of this means that a wide variety of activities have been classed as representing CSR, ranging from altruism to triple bottom line reporting, and different approaches have been adopted in different countries, in different industries and even in different but similar corporations.

Defining CSR

The broadest definition of corporate social responsibility (see Aras & Crowther 2009) is concerned with what is – or should be – the relationship between global corporations, governments of countries and individual citizens. More locally the definition is concerned with the relationship between a corporation and the local society in which it resides or operates. Another definition is concerned with the relationship between a corporation and its stakeholders. All of these definitions are pertinent and each represents

---

[2] We recognise however that an alterative interpretation that this voluntary approach can enable firms and governments to escape their responsibilities.

[3] See Crowther 2002 for detailed evidence.

a dimension of the issue. A parallel debate is taking place in the arena of ethics,[4] concerning whether corporations should be controlled through increased regulation or whether the ethical base of citizenship has been lost and needs replacing before socially responsible behaviour can ensue? However this debate is represented it seems that it is concerned with some sort of social contract between corporations and society.

This social contract implies some form of altruistic behaviour – the converse of selfishness (Crowther & Caliyurt 2004) – whereas the self-interest of Classical Liberalism connotes selfishness. Self-interest is central to the utilitarian perspective championed by such people as Bentham, Locke and J. S. Mill. The latter for example advocated as morally right the pursuit of the greatest happiness for the greatest number. Similarly Adam Smith's free-market economics, is predicated on competing self-interest – recognising what he regarded as inevitable despite his personal concern for ethical behaviour. These influential ideas put interest of the individual above interest of the collective. The central tenet of social responsibility however is the social contract between all the stakeholders to society, which is an essential requirement of civil society. This is alternatively described as citizenship but for either term it is important to remember that the social responsibility needs to extend beyond present members of society. Social responsibility also requires a responsibility towards the future and towards future members of society. Subsumed within this is of course a responsibility towards the environment because of implications for other members of society both now and in the future.

Regulation of standards

Much of the broader debate about corporate social responsibility can be interpreted however as an argument between two positions: greater corporate autonomy and the free market economic model versus greater societal intervention and government control of corporate action. There is clear evidence that the free market proponents are winning the argument. They point to the global spread of capitalism, arguing that this reflects recognition that social wellbeing is dependent on economic growth. Opponents concede this hegemony but see the balance shifting in their favour, through for example

---

[4] We acknowledge of course that ISO 26000 includes ethics as a part of social responsibility.

greater accountability and reporting. Some opponents however suspect that the corporate team is cheating on its obligations to both the ecological and social dimensions of behaviour, while others object fundamentally to the idea that a free market economy is beneficial to society.

Resolving these arguments seems intractable if not impossible because they assume divergent philosophical positions in the ethics v regulation debate as well as in more fundamental understandings of human nature. We don't propose to offer any definitive answers since any attempt to do so would itself involve making value judgements. We can however examine the debated territory. Moreover we can look for evidence of the relationship between economic growth, as manifest through corporate profitability, and socially responsible behaviour in an effort to resolve this seemingly dichotomous position. It has been argued elsewhere (eg Crowther & Jatana 2005) that the creation of shareholder value is often not through the operational activities of the firm but rather through the externalisation of costs, which are passed on to customers, employees and other stakeholders including society at large. Examples of this practice are evidenced elsewhere and it seems that companies adopt a philosophy that any stakeholder does not matter in isolation.

There is however a growing body of evidence (eg Crowther & Caliyurt 2004) which shows a link between corporate socially responsible behaviour and economic profitability which is reinforced by much of the research into socially responsible investment funds. This evidence however suggests that there is a positive relationship between the two if a longer term view of corporate performance is recognised.

Similarly there have been many claims (see Crowther 2000) that the quantification of environmental costs and the inclusion of such costs into business strategies can significantly reduce operating costs by firms; indeed this was one of the main themes of the 1996 Global Environmental Management Initiative Conference. Little evidence exists that this is the case but Pava and Krausz (1996) demonstrate empirically that companies which they define as 'socially responsible' perform in financial terms at least as well as companies which are not socially responsible. It is accepted however that different definitions of socially responsible organisations exist and that different definitions lead to different evaluations of performance between those deemed responsible and others. Similarly in other countries efforts are being made to provide a framework for certification of accountants who wish to be considered as environmental practitioners and auditors. For example the Canadian Institute of Chartered Accountants is heavily involved in the creation of such a national framework. Azzone, Manzini and Noel (1996) however suggest that despite the lack of any regulatory framework in this area a degree of standardisation, at least as far as reporting is concerned, is beginning to emerge at an international level, one of the central arguments of this paper.

Growth in the techniques offered for measuring social impact, and reporting thereon, has continued throughout the last twenty-five years, during which the concept of this form of accounting has existed. However the ability to discuss the fact that firms, through their actions, affect their external environment and that this should be accounted for has often exceeded within the discourse any practical suggestions for measuring such impact. At the same time as the technical implementation of social accounting and reporting has been developing, the philosophical basis for such accounting – predicated in the transparency and accountability principles – has also been developed. Thus some people consider the extent to which accountants should be involved in this accounting and argue that such accounting can be justified by means of the Social Contract as benefiting society at large. Others have argued that sustainability is the cornerstone of social and environmental accounting and that auditing should be given prominence.

An examination of the external reporting of organisations gives an indication of the extent of socially responsible activity. Such an examination does indeed demonstrate an increasing recognition of the need to include information about this and an increasing number of annual reports of companies include some information in this respect. This trend is gathering momentum as more organisations perceive the importance of providing such information to external stakeholders. It has been suggested however that the inclusion of such information does not demonstrate an increasing concern with the environment but rather some benefits – for example tax breaks – to the company itself. One trend which is also apparent in many parts of the world however is the tendency of companies to produce separate social and environmental reports. In this context such reports are generally termed CSR reports or Sustainability reports, depending upon the development of the corporation concerned. This trend is gathering momentum as more organisations realise that stakeholders are both demanding more information and are also demanding accountability for actions undertaken. Equally the more enlightened of these corporations are realising that socially responsible activity makes business sense and actually assists improved economic performance.

This realisation obviates any need for regulation and calls into question the standards suggested by such bodies as accountability. The more progressive corporations have made considerable progress in what they often describe as their journey towards being fully socially responsible. In doing so they have developed an understanding of the priorities for their own business – recognising that CSR has many facets and needs to be interpreted differently for each organisation – and made significant steps towards both appropriate activity and appropriate reporting of such activity. The steps towards CSR can be likened to increasing maturity as all organisations progress towards that maturity by passing through the same stages (see below), although at different paces. The most mature are indeed recognising that nature of globalisation by recognising that the organisational boundary is permeable (see Crowther & Duty 2002) and that they are accountable also for the behaviour of other organisations in their value chain.

Developing a typology of CSR activity

The preceding analysis makes possible the development of a typology of CSR maturity. It would be relatively easy to develop a typology of CSR activity based upon the treatment of the various stakeholders to an organisation but as Cooper et al (2001) show, all corporations are concerned with their important stakeholders and make efforts to satisfy their expectations. Thus a concern with employees and customers is apparent in all corporations, being merely a reflection of the power of those stakeholder groupings rather than any expression of social responsibility. Similarly in some organisations a concern for the environment is less a representation of social responsibility and more a concern for avoiding legislation or possibly a reflection of customer concern. Such factors also apply to some expressions of concern for local communities and society at large. It is therefore inappropriate to base any typology of CSR activity upon the treatment of stakeholders as this is often based upon power relationships rather than a concern for social responsibility and it is not realistic to distinguish the motivations.

A different typology is therefore proposed – one which is based upon the three principles of social responsibility outlined earlier. Moreover it shows the way in which CSR develops in organisations as they become more experienced and more convinced of the benefits of a commitment to this form of corporate activity. The development of this typology is based upon research and interviews with CSR directors and concerned managers in a considerable number of large corporations, many of which are committed to increasing social responsibility. It demonstrates stages of increasing maturity.

FIGURA 1: Stages of Maturity of CSR activity

Stage of development	Dominant feature	Typical activity	Examples
1	Window dressing	Redesigning corporate reporting	Changed wording and sections to reflect CSR language (see Crowther, 2004)
2	Cost containment	Re-engineering business processes	Energy efficiency programmes
3	Stakeholder engagement	Balanced scorecard development	Customer / employee satisfaction surveys (See Cooper et al, 2001)
4	Measurement and reporting	Sophisticated tailored measures	CSR reports
5	Sustainability	Defining sustainability: re-engineering processes	Sustainability reporting
6	Transparency	Concern for the supply chain: requiring CSR from suppliers	Human rights enforcement: eg child labour
7	Accountability	Reconfiguration of the value chain	Relocating high value added activity in developing countries

From Crowther 2008

This can be explained as stages of growth reflecting increased maturity. The stages can be elaborated as follows:

Stage 1 Window dressing

The initial engagement with CSR was to change corporate reporting to indicate a concern for CSR without any actual change in corporate behaviour. This is the stage which led to accusations of greenwashing. It is also the stage which most observers of corporate activity continue to see even though in reality probably every organisation has progressed to a stage of greater maturity.

Stage 2 Cost containment

Corporations are always of course looking at their processes and seeking to operate more efficiently, thereby reducing costs. Organisations have realised that some of these can be represented as CSR activity – with things like energy efficiency or water efficiency being obvious examples. So there is a double imperative for this kind of activity – to improve financial performance and also improve the social responsible image. Not surprisingly therefore corporations quickly moved from stage 1 to this stage – where action has been taken even though it is not necessarily motivated by a sense of social responsibility.

Much of this kind of activity is easy to undertake and requires very little in the way of capital investment. Naturally this activity has been undertaken first. Activity requiring capital investment has a longer payback period and tends to be undertaken more cautiously, with the threat of regulation often being needed to encourage such activity. All organisations have progressed through this stage also, although it must be recognised that the possible actions under this stage will probably never be completed by most organisations. Such cost containment there remains ongoing even when the easy targets have been addressed.

Stage 3 Stakeholder engagement

As stated earlier, all corporations are concerned with their important stakeholders and make efforts to satisfy their expectations. Thus a concern with employees and customers is apparent in all corporations, being merely a reflection of the power of those stakeholder groupings rather than any expression of social responsibility. Similarly in some organisations a concern for the environment is less a representation of social responsibility and more a concern for avoiding legislation or possibly a reflection of customer concern. Such factors also apply to some expressions of concern for local communities and society at large. For CSR though this concern has become formalised, often through the development of a balanced scorecard and such things as customer or employee satisfaction surveys. Most organisation have progressed through this stage also, with such activity being embedded into normal ongoing business practice.

Stage 4 Measurement and reporting

Some companies have been practicing social and environmental reporting for 15 years but for many it is more recent. Now most companies – certainly most large companies – provide this information in the form of a report. Over time these report have become more extensive and more detailed with a broader range of measures of social and environmental performance being included. So most organisations have reached this stage of maturity also. The problem with this stage though is that at the moment there are no standards of what to report and so organisations tend to report different things, thereby hindering comparability. Organisations such as AccountAbility, with its AA1000 standard, and the Global Compact have sought to redress this through the introduction of a standard but none have gained universal acceptance. Consequently it is probably true to state that this is the current stage of development for most organisations.

Stage 5 Sustainability

The discourse of sustainability has become as ubiquitous as the discourse of CSR and Aras & Crowther (2007a) report that every firm in the FTSE100, for example, mentions sustainability with 70% of them focusing upon this. Any analysis of these statements regarding sustainability however quickly reveals the uncertainty regarding what is meant by this sustainability. Clearly the vast majority do not mean sustainability as defined by Aras & Crowther 2007b), or as defined by the Brundtland Report. Often is appears to mean little more than that the corporation will continue to exist in the future. A full understanding of sustainability would imply radical changes to business practice and a significant amount of process re-engineering, and there is little evidence that this is happening. So we argue that most companies are only starting to reach this stage of maturity and to grapple with the issues involved.

Stage 6 Transparency

One of the biggest issues of the moment – certainly in Europe – is the question of firms accepting responsibility for what happens further along their supply chain. This is something that has been brought about largely because of customer pressure and has come about because of the revelations made about such things as child labour, slavery and other human rights abuses. So it is no longer acceptable for a firm to say that what happens in a supplying firm – or even the supplier of a supplier – is not their responsibility. Popular opinion says for companies and so we wait for them to become sufficiently mature to enter this stage.that the firm is responsible for ensuring socially responsible behaviour among their suppliers as well as in their own company. Thus there have been examples of some very large companies – such as Gap or Nike – acknowledging responsibility and taking appropriate action to ensure change.

This is an issue which is growing in importance and is being addressed by the more mature (in CSR terms) companies. Thus it is claimed that some companies are at this stage in their maturing, but still a minority of companies.

Stage 7 Accountability

The final stage represent our wishes rather than actuality – at least so far! It is based upon the fact the multinationals can decide where to locate there operations and that all high value added operations are located in developed countries. For many it would be relatively easy to transfer to less developed countries and if that happened then the company would be making a real contribution towards effecting change. And we argue that there is no real cost involved – just that corporations should seek to do this to benefit society rather than simply for cost minimisation.

Essentially the argument being made here is that CSR must be considered as a process of development for every organisation – a process which is still taking place. Furthermore every organisation goes through the same stages in the same chronological order[5]. Thus the leading exponents of CSR are only now beginning to address stage 6 and possibly consider stage 7. Less developed corporations are at lower stages of development. What is significant about this however is that our argument is that sustainability only starts to

---

[5] This can be likened to Erikson's stages of growth for human beings, of which (coincidentally) there are also 7.

be recognised once a company has reached stage 5 of its development. More significantly stages 6 and 7 are essential for true sustainability as it is only then that an organisation recognises – and acts upon the recognition – that it is an integral part of a value chain and that sustainability depends upon the actions of the complete value chain. In others words an organisation cannot be sustainable without its suppliers and customers. At the moment it is doubtful if organisations recognise this and whether any organisation is (yet) truly sustainable.

Sustainability

Sustainability is just a general term. A quick look at dictionary may lead us to a list of definitions as: ability to suffer (loss or injury); ability to be supported (emotionally or physically); ability to keep going for a long time (Business); ability to be kept going, ability of being sustainable; ability to survive without human interference, keep in existence (Botany). So on the whole one can get a clear understanding that sustainability relates to survival. Many a time we might have seen people who use sustainability as a synonym for sustainable development whereas sustainability is the target for sustainable development. Sustainable development as indicated in ISO/DIS 26000 is "development that meets the needs of the present without compromising the ability of future generations to meet their own needs". All that is done under the title, sustainable development, is only aiming at sustainability or the ability to survive.

Different theoreticians have different ideas on the relevance of sustainability and social responsibility. For example Crowther (2002) believes that sustainability in conjunction with accountability and transparency comprises the principles for social responsibility. ISO/DIS 26000 defines the principles of social responsibility as accountability, transparency, ethical behaviour, respect for stakeholder interests, respect for the rule of law, respect for international norms of behaviour and respect for human rights. Here we can see that sustainability is crossed out of the so called principles. On the other hand, the WBCSD has counted three pillars for sustainable development as follows: Economic growth, ecologic balance and social responsibility. It means that sustainable development is predicated in social responsibility.

Therefore, one may conclude that there is an interwoven relationship between sustainability and social responsibility. One group believes sustainability ensures social responsibility and the other group believe vice versa.

We believe in the precedence of social responsibility, as sustainability is a phenomenon which takes place in the long run, or we can say that sustainability is the offspring of social responsibility. One can also assume that sustainable development is a strategy, whereas social responsibility is a mission. A strategy cannot be achieved in the short run, instead it is a long term plan. This is what exactly pertains to sustainable development or its destination, sustainability, whereas social responsibility is the mission of any enterprise for its current state. Also, sustainable development is the aspiration of a nation so it is of a macrostructure, whereas social responsibility, comparatively, is of a microstructure, as it deals with the conditions of a single enterprise.

Current issues in CSR
There are a number of issues which are of current concern to businesses and to people. Broadly speaking they can be considered to be issues concerning the environmental, human rights protection and governance.

Global warming
The changes to the weather systems around the world is apparent to most people and is being manifest in such extreme weather as excessive rain or snow, droughts, heatwaves and hurricanes which have been affecting many parts of the world. Indeed most of us remember, for example, Hurricane Katrina which devastated New Orleans. Global warming and climate change, its most noticeable effect, is a subject of discussion all over the world and it is generally, although by no means universally, accepted that global warming is taking place and therefore that climate change will continue to happen. Opinion is divided however as to whether the climate change which has taken place can be reversed or not. Some think that it cannot be reversed. Thus according to Lovelock (2006) climate change is inevitable with its consequences upon the environment and therefore upon human life and economic activity.

Although there are many factors which are contributing to the global warming which is taking place it is clear that commercial and economic activity plays a significant part in this global warming. Indeed many people talk about 'greenhouse gases', with carbon dioxide being the main one, as a direct consequence of economic activity. Consequently many people see the reduction in the emission of such gases as being fundamental to any attempt to combat climate change. This of course requires a change in behaviour – of people and of organisations. Such a perceived need for change is one of the factors which has caused the current concern with sustainability.

Footprinting

Another factor which is occupying the minds of people in general is that of their ecological footprint – the amount of physical area of the earth needed to provide for each person. Ecological footprint analysis compares human demand on nature with the biosphere's ability to regenerate resources and provide services. It does this by assessing the biologically productive land and marine area required to produce the resources a population consumes and absorb the corresponding waste, using prevailing technology. This approach can also be applied to an activity such as the manufacturing of a product or driving of a car. A possibly more fashionable term at the moment however is that of carbon footprinting.

For an individual the definition of carbon footprint is the total amount of carbon dioxide attributable to the actions of that individual (mainly through their energy use) over a period of one year. This definition underlies the personal carbon calculators that are widely used. The term owes its origins to the idea that a footprint is what has been left behind as a result of the individual's activities. Carbon footprints can either consider only direct emissions (typically from energy used in the home and in transport, including travel by cars, aeroplanes, rail and other transport), or can also include indirect emissions (including carbon dioxide emissions as a result of goods and services consumed). Bottom-up calculations sum attributable such emissions from individual actions; top-down calculations take total emissions from a country (or other high-level entity) and divide these emissions among the residents (or other participants in that entity). A number of studies have calculated the carbon footprint of organisations and nations. One such UK (2007) study examined age-related carbon emissions based on expenditure and consumption. The study found that on average people aged 50-65 years have a higher carbon footprint than any other age group. Individuals aged 50-65 years old have a carbon footprint of approximately 13.5 tonnes/capita per year compared to the UK average of 12 tonnes.

It is commonly understood that the carbon dioxide emissions (and the emissions of other greenhouse gases) are almost exclusively associated with the conversion of energy carriers such as wood burning, natural gas, coal and oil. The carbon content released during the energy conversion process reaches the atmosphere and is deemed to be responsible for global warming, and therefore climate change.[6] Nevertheless general concern has been expressed worldwide and this has led to the Kyoto Protocol.[7] The Kyoto Protocol defines legally binding targets and timetables for cutting the greenhouse-gas emissions of industrialized countries that ratified the protocol.[8]

Although scientific opinion has more or less reached a consensus that global warming is taking place and therefore that climate change is happening, there are still a considerable number of sceptics and people who deny that it is happening.[9] There are others who argue that the human contribution to global warming is negligible: they argue therefore that it is useless or even harmful to concentrate on individual contributions.

Water

In many parts of the world water is becoming a serious problem. Irrigation has led to serious problems in such parts of the world as California while in Uzbekistan it has led to the shrinking of the Aral Sea to a fraction of its previous size. And many rivers, in all parts of the world, have so much water extracted from them that they no longer reach the sea. At the same time millions of people do not have access to safe drinking water. And countries are entering into disputes with each other for access to water that they share between them. Indeed access to water is forecast to become a major source of conflict in the 21st century.

Resource depletion

Obviously the resources of the planet are finite and this is a limiting factor to growth and development which we will consider to a considerable extent in this book. The depletion of the resources of the planet however is one of the actors which has helped create the current interest in sustainability. Of

---

[6] This is of course overly simplistic, if not completely wrong. Thus people (and animals) produce carbon dioxide when breathing, cows (and other ruminants) produce methane and the process by which vegetation produces, captures and subsequently releases carbon dioxide is complex and not fully understood (see Lomborg 2001).

[7] This was agreed in 1997 and came into effect in 2005.

[8] In late 2007 Australia ratified the protocol, leaving only one large developed country which has not done so. This country is however the USA, probably the largest producer of such greenhouse gases.

[9] The European consensus is by no means worldwide in this respect.

particular concern is the extractive industries and such things as aluminium are becoming in short supply. In the UK the mineral resources such as tin and lead have been fully extracted long ago and the thriving industries based around them are long gone. As other resources – such as coal – are extracted in total then the companies based upon them disappear, as do the jobs in those industries. This is an obvious source of concern for people.

Of particular concern is the extinguishing of supplies of oil, because much economic activity is only possible because of energy created by the use of oil. Indeed many would argue that the wars in the Middle East[10], particularly the problems in Iraq and Iran, are caused by oil shortages, actual or impending, and the problems thereby caused, rather than by any concern for political issues. Most people have now heard of Hubert's Peak and engaged with the debate as to whether or not it has been reached. Certainly it has in parts of the world such as the USA and the North Sea but it is less certain if it has been reached for the world as a whole. Nevertheless the whole crux of sustainability – and sustainable development – is based upon the need for energy and there are insufficient alternative sources of energy to compensate for the elimination of oil as a source of fuel. Consequently resource depletion, real or imagined, and particularly energy resources, is one of the most significant causes of the current interest in sustainability.

The supply chain

Another thing which has become prominent is a concern with the supply chain of a business; in other words with what is happening in other companies which that company does business with – their suppliers and the suppliers of their suppliers. In particular people are concerned with the exploitation of people in developing countries, especially the question of child labour but also such things as sweat shops.

So no longer is it acceptable for a company to say that the conditions under which their suppliers operate is outside of their control and so they are not responsible. Customers have said that this is not acceptable and have called companies to account. And there have recently been a number of high profile retail companies which have held their hands up to acknowledge problems and then taken very public steps to change this.

---

[10] And most probably any other parts of the world also – it would be instructive to correlate the presence of oil with conflicts.

Interestingly the popularity of companies increases after they have admitted problems and taken steps to correct these problems. In doing this they are thereby showing both that honesty is the best practice and also that customers are reasonable. The evidence suggests that individual customers are understanding and that they do not expect perfection but do expect honesty and transparency. Moreover they also expect companies to make efforts to change their behaviour and to try to solve their CSR problems.

Companies themselves have also changed. No longer are they concerned with greenwashing – the pretence of socially responsible behaviour through artful reporting. Now companies are taking CSR much more seriously not just because they understand that it is a key to business success and can give them a strategic advantage, but also because people in those organisations care about social responsibility.

So it would be reasonable to claim that the growing importance of CSR is being driven by individuals who care – but those individual are not just customers, they are also employees, managers, owners and investors of a company. So companies are partly reacting to external pressures and partly leading the development of responsible behaviour and reporting.

A crisis of governance

When we are thinking about alternatives we need to spend a short time considering governance. All systems of governance are concerned primarily with managing the governing of associations and therefore with political authority, institutions, and, ultimately, control. Governance in this particular sense denotes formal political institutions that aim to coordinate and control interdependent social relations and that have the ability to enforce decisions. Increasingly however, in a globalised world, the concept of governance is being used to describe the regulation of interdependent relations in the absence of overarching political authority, such as in the international system. Thus global governance can be considered as the management of global processes in the absence of form of global government. There are some international bodies which seek to address these issues and prominent among these are the United Nations and the World Trade Organisation. Each of these has met with mixed success in instituting some form of governance in international relations but are part of a recognition of the problem and an attempt to address worldwide problems that go beyond the capacity of individual states to solve.

Global governance is not of course the same thing as world government: indeed it can be argued that such a system would not actually be necessary if there was such a thing as a world government. Currently however the various state governments have a legitimate monopoly on the use of force – on the power of enforcement. Global governance therefore refers to the political interaction that is required to solve problems that affect more than one state or region when there is no power of enforcing compliance. Improved global problem-solving need not of course require the establishing of more powerful formal global institutions, but it would involve the creation of a consensus on norms and practices to be applied. Steps are of course underway to establish these norms and one example that is currently being established is the creation and improvement of global accountability mechanisms. In this respect, for example, the United Nations Global Compact[11] – described as the world's largest voluntary corporate responsibility initiative – brings together companies, national and international agencies, trades unions and other labour organisations and various organs of civil society in order to support universal environmental protection, human rights and social principles. Participation is entirely voluntary, and there is no enforcement of the principles by an outside regulatory body. Companies adhere to these practices both because they make economic sense, and because their stakeholders, including their shareholders (most individuals and institutional investors) are concerned with these issues and this provides a mechanism whereby they can monitor the compliance of companies easily. Mechanisms such as the Global Compact can improve the ability of individuals and local communities to hold companies accountable.

The role of companies is effecting change

As we have seen, there are a number of important issues which need to be addressed. Moreover these are being addressed as companies develop in their understanding and application of CSR. Sometimes companies take action because of the pressure exerted upon them and sometimes they take action because they are concerned. We use the following two cases to illustrate this. The first concerns the action of oil companies in the Niger delta and where action is being taken because of pressure being brought to bear on those oil companies by consumers. The second concerns cotton in Uzbekistan. The

---

[11] See www.unglobalcompact.org

problems here are not generally known about and so pressure from consumers is not being exerted. Nevertheless companies themselves are using their influence to make change.

Shell in the Niger Delta

Nigeria has a population of around 140 million, with 30 million located in the Niger delta region. This is a major oil containing part of the country but this is in conflict with the needs of the people who rely largely upon agriculture and fishing for their livelihood. This is one source of conflict in the region. Oil is very important to the Nigerian economy: the country supplies around 3% of the world's crude oil. Nigeria depends on the oil and gas industry for 95% of export earnings and 80% of government revenue. A joint venture is a major revenue generator for the country, contributing more than $25 billion to the government over the last three years. Joint venture partners are Nigerian National Petroleum Corporation (55%), Shell (30%), Total (10%) and Agip (5%). In 2007, Shell-operated ventures produced an average of almost 934,000 barrels of oil equivalent per day, half of the country's total oil and gas production.

A well known incident involved Kenule "Ken" Beeson Saro Wiwa (1941--1995) who was a Nigerian author, television producer and environmental activist. He led a nonviolent campaign against environmental degradation of the land and waters of Ogoniland by the operations of the oil companies, especially Shell. He was also an outspoken critic of the Nigerian government, which he viewed as reluctant to enforce environmental regulations on the foreign petroleum companies operating in the area. At the peak of his non-violent campaign, Saro-Wiwa was arrested, hastily tried by a special military tribunal, and hanged by the military government of General Sani Abacha, on charges widely viewed as entirely politically motivated and completely unfounded.

Shell as a company, is deeply unpopular among Nigerians due to its environmental records in the Ogoni area of the Niger Delta. In a landmark ruling in a Nigerian court, the company was ordered to pay about £2bn in compensation to the Ogoni people. However welcoming the news might have been at the time of the ruling, it seems unlikely to be achieved as the Nigerian press have cited corruption, injustice and brutality (by the government),as major barriers that may ultimately prevent this compensation from being actually paid. As the Niger Delta saga seems to continue without end (even after the death of Ken Saro-Wiwa), Shell is also unpopular in other areas of the globe eg Rossport, Ireland and British Columbia, Canada as well as a host of other areas.

The oil companies are largely castigated for their behaviour in the Niger Delta with Shell, as the largest operator, being particularly singled out. It is certainly true that the people of the delta have seen their environment degrade and little benefits from the oil revenue. If you ask the Ogoni people – who inhabit a part of the delta with major oil production – however they mainly blame the Nigerian government, one of the most corrupt in the world, for tribal preferences which prevent them from benefiting. Shell on the other and are quite open and most of this information can be found from their website. Such transparency, based upon full disclosure, is of course an essential feature of CSR.

Cotton from Uzbekistan

Uzbekistan is a largely arid country but the Soviets decided that it would be a good place to grow cotton. They therefore commenced large scale irrigation projects by diverting river water which previously flowed into the Aral Sea. Canals were built to use this water but built so inefficiently that between 30% and 75% of the water is wasted. This has had serious consequences for the Aral Sea which was once the 4th largest inland sea in the world but has been shrinking so steadily since the 1960s that it now consists of a couple of small lakes. This has devastated the fishing and other industries which were dependent on it. The northern lake is in Kazakhstan which has instituted conservation measures to attempt to restore the sea, which some success. The southern lake is in Uzbekistan, a much poorer country, which is dependent upon cotton for 20% of its exports – it is the second largest exporter of cotton in the world, exporting most of its production to Europe. No action has been taken about the sea or about increasing the efficiency of the irrigation.

There are much greater problems however with the production of Uzbek cotton. The first is related to its harvesting: most countries make use of machines to harvest cotton – Uzbekistan uses manual labour. Specifically child labour is used. Every autumn state officials shut down schools, and send students, together with their teachers, to the cotton fields. Also sent are university students and public officials. Many thousands of children, some as young as seven, are forced to undertake weeks of this labour – which is very arduous – for no financial reward. Cotton quotas teachers are made to ensure that students pick the required daily amount. Children who fail to pick their target of cotton are reportedly punished with detentions and told that their grades will suffer. Those who refuse to take part can face academic expulsion.

Uzbekistan's cotton farmers do not benefit from this system. Officially they receive the market price for their crops. In practice they are forced to sell their cotton to the state agency and receive less than one third of the world market price. Effectively they are barely receiving subsistence level returns for their hard work. The government however sells the cotton on commodity exchanges at the market price – thereby guaranteeing huge profits primarily for President Karimov and his associates. Uzbekistan is rated as one of the most corrupt countries in the world.

There are therefore serious environmental issues and serious human rights issues associated with the production of Uzbek cotton. Indeed the production methods make it clear that it is not sustainable as a crop. Nevertheless it is bought extensively by European cotton manufacturers who do not disclose the sources of their cotton in the goods manufactured from it and sold to domestic consumers. Nevertheless pressure has mounted on manufacturers who are gradually refusing to use Uzbek cotton, thereby exerting pressure for reform upon the Uzbek government, demonstrating the pressures towards socially responsible behaviour.

Conclusions

There are a number of issues which are apparent from our analysis. Firstly we must recognise that the future is going to be difficult. We have an economic recession to recover from while also dealing with such issues as climate change and resource depletion. No longer are people ready to accept injustice – and no longer can bad practice be hidden. Nowadays the web has meant that corporate activity is visible to the whole world – and people are watching. So there are a lot of problems which need to be managed. But these problems can be managed. Firstly financial and economic recovery is starting to take place. But not as a repeat of the past. This time a new economic model is emerging which will be different. Durability is part of this. Then we need to regard the new power and activities of stakeholders – their power and engagement – as an opportunity and not a threat. Then the issue of resources depletion can be dealt with through R&D, better design and increased efficiency in our activities. And at the same time climate change can be addressed through the minimisation of our footprint. So the future will not be as easy as the past. But it can be manageable.

As the financial and economic crisis continues to unfold and to roll on through recession and towards recovery, many issues have been brought to the fore and have been discussed extensively in the media. It is time therefore to focus on what we have learned from the crisis. It is certainly true that wealth is not created by speculation. The real issue is that we truly live in a global world or – as Marshall McLuhan said in 1968 – a global village. In this global village we are none of us immune from problems in other parts of the world and we must all take responsibility for what is, or has, happened in the world around us. This is the principal lesson from globalisation that we all need to learn – the good and bad effects – and there are always both – as shared equally by all of us. And we, as individuals, must also accept both collective and individual responsibility for what has happened and what will happen. One of our recurrent messages is that social responsibility starts with individual responsibility. Sadly this is a message that many people do not want to hear.

Given that we are all responsible for the problems of the world, it obviously follows that we all have a responsibility for developing solutions for these problems. It is important to understand how the crisis originated. It is equally unimportant to seek to apportion blame – we are all culpable. It is far more important to take action to make sure that the same sequence of events will not happen again in the future. This requires a radical rethinking of our economic system just as much as it requires a radical rethinking of our food production and distribution system. At the moment this does not appear to be happening and the danger is that the world will recover from these crises and continue as if nothing had happened – with similar future consequences. We must not let this happen. We must recognise and act upon the things that we have discussed.

REFERENCES

ARAS G & Crowther D (2007a); What level of trust is needed for sustainability?; *Social Responsibility Journal* 3 (3), 60-68

ARAS G & Crowther D (2007b); The Development of Corporate Social Responsibility; *Effective Executive*; Vol X No 9, September 2007 pp 18-21

ARAS G & Crowther D (2009); The Durable Corporation: strategies for sustainable development; Farnham; Gower

AZZONE G, Manzini R & Noel G (1996); Evolutionary trends in environmental reporting; *Business Strategy and Environment*, 5 (4), 219-230

COOPER S, Crowther D, Davies M & Davis E W (2001); *Shareholder or Stakeholder Value? The development of indicators for the control and measurement of performance*; London; CIMA

CROWTHER D (2000); *Social and Environmental Accounting*; London; Financial Times prentice Hall

CROWTHER D (2002); *A Social Critique of Corporate Reporting*; Aldershot; Ashgate

CROWTHER D & Caliyurt K T (2004); Corporate social responsibility improves profitability; in D Crowther & K T Caliyurt (eds), *Stakeholders and Social Responsibility*, Penang; Ansted University Press; pp 243-266

CROWTHER D & Duty D J (2002); Operational performance in post modern organisations – towards a framework for including time in the evaluation of performance; *Journal of Applied Finance*, May, 23-46

CROWTHER D & Jatana R (2005); Modern epics and corporate well being; in D Crowther & R Jatana (eds), *Representations of Social Responsibility*; Hyderabad; ICFAI University Press; pp 125-165

EUROPEAN COMMISSION (EC, 2001), *Green Paper – Promoting a European framework for Corporate Social Responsibility*, COM (2001) 366 final, Brussels: Official publications of the European Commission, July 18.

EUROPEAN COMMISSION (EC, 2002), *Corporate Social Responsibility: A business contribution to Sustainable Development*, COM (2002) 347 final, Brussels: Official publications of the European Commission, July 2.

LOMBORG B (2001); *The Skeptical Environmentalist*; Cambridge; Cambridge University Press

LOVELOCK J (2006); *The Revenge of Gaia*; Harmondsworth; Penguin

McLUHAN, M & Fiore, Q (1968). *War and Peace in the Global Village*. San Francisco: Hardwired.

PAVA M L & Krausz J (1996); The association between corporate social responsibility and financial performance: the paradox of social cost; *Journal of Business Ethics*, 15 (3), 321-357

LA RESPONSABILIDAD SOCIAL EMPRESARIAL (RSE) EN ESPAÑA: UN MOVIMIENTO INSUFICIENTE EN LA PRAXIS E INCOMPLETO EN SUS BASES TEÓRICAS

José Luis Fernández Fernández[*]

1. Marco Teórico y conceptual

El escenario en el que las empresas operan a comienzos del siglo XXI viene caracterizado, entre otras cosas, por los siguientes parámetros: en primer término, por la crisis del Estado de Bienestar, la emergencia de la denominada *sociedad red* (Castells, 1998) y por lo que se sugiere bajo la categoría de "globalización" (Beck, 2000) –deslocalización, desregulación, tecnología de la comunicación, homogeneización cultural...–, con sus luces y sus sombras; sus riesgos y sus oportunidades (Held et al., 1999; Held et al.,2002; Sklair, 2002). En segundo lugar, por el gran poder (Korten, 1996) –no sólo económico, son también político y cultural– que se acumula en algunas de las grandes corporaciones capaces de operar a nivel mundial. Al hilo de lo anterior, en tercer lugar, podríamos identificar una mayor sensibilización por parte de la opinión pública respecto a los impactos de las decisiones que las compañías toman (CSR Europe, 2000), así como una reacción preocupada ante la ola de escándalos de diversa índole –financieros, serían sólo los más llamativos: Enron, Parmalat, Worldcom, Madoff, Standford...– que hemos vivido en los pasados años (Lorsch et al., 2005). Una suerte de cambio axiológico, en cuarto lugar, vendría también a ser reconocible en aspectos tales como, por ejemplo, la preocupación por el respeto al medio ambiente – lucha contra la contaminación, utilización de energías renovables, reciclaje y ahorro energético...; decisiones de compra por parte de unos consumidores más maduros, que toman o debieran tomar en consideración otras variables (Klein, 2001), además de las obvias del precio o la calidad de los productos...; o de inversores que, sin despreciar retornos elevados (Margolis and Walsh, 2001; Ortlizky et al, 2003; Griffin and Mahon, 1997), miran no sólo al corto plazo, sino que aspiran a procesos sostenibles de creación de riqueza a largo (SIF, 2003; SIRI, 2003).

---

[*] Cátedra Javier Benjumea (Focus-Abengoa) de Ética Económica y Empresarial. Universidad Pontificia Comillas (ICAI-ICADE). Madrid

En este contexto las empresas van asumiendo, de diferentes maneras y con velocidades distintas, que, si quieren seguir ejerciendo su papel como empresas, si aspiran a seguir haciendo negocios, tienen que conseguir de parte de la sociedad la legitimación suficiente que les permita operar en unos mercados cada vez más abiertos, pero también cada vez más exigentes. En buena medida, el movimiento a favor de la RSE −al menos por lo que hace referencia al lado de la "oferta"− nace del modo como las empresas se posicionan, más o menos estratégicamente, ante este nuevo entorno complejo y dinámico.

Como es obvio, al hilo de estas nuevas realidades se ha generado un debate teórico (académico, mediático) y práctico (operativo, político) que, aunque no es nuevo (Friedman, 1962; Friedman, 1971; Freeman, 1984; Carroll, 1991), dista mucho aún de estar resuelto (Crook, 2005). Los elementos fundamentales del debate podríamos sintetizarlos de la siguiente manera, por referencia a una serie de cuestiones reiteradamente planteadas: La *esencia* del fenómeno −¿en qué consiste la RSE?, ¿hay distintas responsabilidades o se trata de una sola con varias facetas?, ¿cómo se diferencia y distingue de la acción social y la filantropía estratégica (Porter and Kramer, 2002)?, ¿en qué relación está la RSE con la Ética empresarial y los valores (Fernández, 2005)?−; la *denominación* −¿no es suficiente con la "responsabilidad económica"?, ¿procede hablar de responsabilidad "social" de la empresa o es mejor dejarlo simplemente en "responsabilidad corporativa"?−; la *credibilidad y el calado estratégico* −¿será una moda pasajera? (Abrahamson and Fairchild, 1999), ¿es una herramienta de marketing?, ¿son puras relaciones públicas?−; la *implementación* del proceso −¿ha de entenderse como algo que se debe dejar a la voluntariedad de las empresas o debería ser formalmente exigido por leyes más o menos rígidas? (Cuesta and Valor, 2004).

2. Diez años de movimiento en RSE

El año 1999 marcó un hito, no sólo en el cierre del siglo y del milenio, sino también en lo que significó el pistoletazo de salida de mucho de lo que a lo largo de la siguiente decena de años nos hubo de ocupar a muchos de nosotros que, desde un ángulo o desde otro, nos vemos envueltos en el discurso de la Responsabilidad Social de la Empresa: empresarios, directivos, ciudadanos corrientes, políticos o funcionarios de las administraciones públicas, académicos, representantes de los entes reguladores o de los organismos internacionales, sindicalistas, miembros y asociados a alguno de los múltiples movimientos sociales o a las ONG...

En otro lugar (Fernández Fernández, 2009), tratando de hacer un balance de lo vivido, decía que lo que aún no había cambiado suficientemente eran las guerras, la pobreza, el hambre en el mundo, el analfabetismo, la brecha digital, la falta de acceso al agua y a la electricidad por parte de millones de personas, las desigualdades y discriminaciones de muy diversa índole, la mentalidad "explotadora" de un entorno ecológico compartido...Y que lo que había cambiado, en el asunto que nos concierne era, sobre todo, el marco institucional de la RSE.

Pues, aunque haya quienes aún suscriban la tesis de Milton Friedman respecto a que la única responsabilidad social de la empresa sería la de ganar tanto dinero como fuera posible, maximizando el valor financiero para los dueños o accionistas, la evidencia indica que, en este capitalismo que nos toca vivir –un capitalismo en crisis, pero a la vez globalizado y mediatizado por las tecnologías de la información y las comunicaciones–, eso ya no va a resultar suficiente. Y no va a serlo, porque los consumidores –e incluso los inversores, tanto privados, cuanto institucionales– no lo van a permitir.

Por un lado, están mucho más y mejor informados acerca del *modus operandi* de las compañías; por otro, han ido cobrando mayor poder y, sobre todo, empiezan a plantear con fuerza nuevas demandas, que no pueden dejar de ser atendidas por parte de las empresas –tanto grandes como pequeñas–, so pena de poner en grave riesgo, a plazo medio, la propia viabilidad del negocio. En mi opinión, fruto de esta nueva sensibilidad son las propuestas e iniciativas que conforman lo que denomino en este epígrafe "el marco institucional de la RSE" y del que, entiendo, merece la pena dar breve cuenta.

Hay bastantes iniciativas a las que referirse. Unas son decisiones políticas tomadas en el ámbito de la Unión Europea que luego se han visto transpuestas a la legislación de los países miembros, tales, por ejemplo, el Plan Nacional de Asignación de Emisiones para responder a las exigencias del Protocolo de Kioto. Otras tienen el rasgo común de haber sido generadas en determinados organismos internacionales que cristalizaron en ciertas plataformas o alianzas. Tales serían, entre otras, Business for Social Responsibility, CSR Europe, Conference Board of the World Business Council for Sustainable Development, Enhanced Analityc Iniciative...

Digamos algo un poco más amplio de algunas de las iniciativas más señeras que configuran este marco institucional: Caux Round Table, Directrices de la OCDE, Global Reporting Initiative, Global Compact. Hagamos también referencia al modelo europeo de empresa y de gestión que ha venido configurándose a lo largo de estos casi diez años y veamos cómo ha sido aclimatado este movimiento en España.

Los Principios para los Negocios de la Caux Round Table

La Caux Round Table fue fundada en 1986 con el propósito de reducir las tensiones en el comercio internacional, desarrollar unas relaciones económicas y sociales constructivas entre los países miembros y asumir el papel que a las empresas les corresponde desempeñar en pro de la paz y la estabilidad internacionales.

Los grandes ejes axiológicos de Caux son dos valores, oriundos de dos tradiciones culturales distintas: el concepto de "kyosei" –término japonés que significa algo así como "vivir y trabajar juntos para el bien común" – y la apelación a la "dignidad" de la persona humana, de cariz cristiano occidental. Sobre ellos se articulan los Principios correspondientes: 1. La responsabilidad de las empresas: más allá de los accionistas, hacia todas las personas involucradas en los negocios. 2. El impacto social y económico de las empresas: hacia la innovación, la justicia y una comunidad mundial. 3. La conducta de las empresas: más allá de la letra de la ley, hacia un espíritu de confianza. 4. Respeto a la legalidad. 5. Apoyo al comercio multilateral. 6. Respeto al medio ambiente. 7. Prevención de operaciones ilícitas.

Estos principios se proponen como guías para que las empresas desarrollen, contrasten, pongan en funcionamiento y evalúen sus propios principios y traten de llevarlos a la práctica del día a día.

Directrices de la OCDE para las Empresas Multinacionales

Ya en 1976, la Organización para la Cooperación y el Desarrollo Económico –OCDE– había elaborado una primera versión de las directrices para las empresas multinacionales. Sin embargo, a tono con el calado que iban conociendo los procesos globalizadores de la economía, sus miembros hubieron de llevar a cabo en el año 2000 una revisión profunda, para ajustarlas a las circunstancias actuales, sentar bases más firmes y proponer valores seguros sobre los que articular las transacciones. Aunque no tienen el carácter coercitivo de la ley –ni, por supuesto, son sustitutivas de ordenamiento jurídico alguno–, las directrices constituyen un mensaje importante como recomendaciones que los treinta y tres gobiernos que conforman la OCDE envían a las empresas multinacionales.

Las directrices pueden ser resumidas en los siguientes términos: 1. Se trata de principios voluntarios y estándares de conducta empresarial responsable, compatibles en todo caso con los imperativos legales. 2. Las empresas deben someterse a la legalidad de los países en los que operan y tomar en consideración los intereses de los múltiples *stakeholders*. 3. Las empresas deben suministrar adecuada, regular y fielmente la información relevante respecto a sus operaciones, estructura, funcionamiento y situación financiera. 4. Las empresas deberán respetar los derechos de los trabajadores. 5. Deberán tomar en consideración la necesidad de proteger el medio ambiente, la salud pública y la seguridad, buscando un desarrollo sostenible. 6. Desterrarán de sus prácticas el soborno, en cualquiera de sus formas. 7. Velarán por los intereses de los consumidores. 8. Tratarán de llevar a cabo transferencia de tecnología y apostarán por la formación, la investigación y el desarrollo. 9. La competencia será leal y se evitarán prácticas restrictivas a la misma. 10. Contribuirán lealmente mediante el pago de los impuestos a que, en su caso, haya lugar.

La Global Reporting Initiative

La *Global Reporting Initiative* comenzó su existencia en 1997, de la mano de la *Coalition for Environmentally Responsible Economies* (CERES). Desde el año 2002 es un organismo independiente, colaborador oficial del *Programme Environment* de las Naciones Unidas (UNEP) y uno de los centros que cooperan dentro del marco del Pacto Global de las Naciones Unidas *(Global Compact)*, al que nos referiremos inmediatamente.

La *Global Reporting Initiative* se define a sí misma como "un proceso institucional *multi-stakeholder*" cuya misión consiste en desarrollar y distribuir directrices universalmente aplicables para llevar a efecto la información respecto a la "sostenibilidad". Dichas directrices tienen también carácter voluntario. Por ello, las empresas que quieran, pueden adoptarlas a la hora de suministrar a la opinión pública información sobre los aspectos económicos, sociales y medioambientales de sus actividades, productos y servicios. La *Global Reporting Initiative* incorpora la participación activa de representantes del mundo de la empresa y las finanzas, así como de representantes de organizaciones ecologistas, de lucha por los derechos humanos, de trabajadores y de centros de investigación de todo el mundo.

El Global Compact de las Naciones Unidas

La idea de establecer la red denominada *Global Compact* fue propuesta por el Secretario General de la ONU, Kofi Annan, en enero de 1999 y tomó definitiva forma en Nueva York el 26 de julio de 2000. Se trata de una iniciativa que establece una red entre empresas, gobiernos, sociedad civil y la propia ONU, aglutinados en torno a diez principios, de voluntaria observancia, agrupados en tres categorías: derechos humanos, relaciones laborales –libertad de asociación, eliminación de los trabajos forzados y del trabajo infantil, lucha contra la discriminación–, ecología –responsabilidad medioambiental– y lucha contra la corrupción. De lo que se trata, en definitiva, es de concienciar a las empresas para que, integrando los citados principios en sus estrategias y operaciones, actúen como agentes capaces de contribuir a solucionar los problemas y a enfrentarse con los retos que la globalización plantea, en el marco de una economía inclusiva y sostenible.

Una propuesta política de RSE en la Unión Europea

La Cumbre de Lisboa del año 2000 puso en la agenda de la Comisión un objetivo estratégico de hondo calado y amplia significación económica y social: *"convertir a la Unión Europea en 2010 en la economía del conocimiento más competitiva y dinámica del mundo, capaz de crecer económicamente de manera sostenible, con más y mejores empleos y con mayor cohesión social"*. Desde entonces a hoy, los hitos más representativos pueden reflejarse en el siguiente esquema:

Cumbre de Lisboa	2000	Estrategia de crecimiento, competitividad y cohesión social para el 2010 con un llamamiento especial a las empresas
Cumbre de Niza	2000	Agenda de Política Social: referencia a la importancia de la CSR para afrontar los desafíos de la nueva economía
Cumbre de Gotemburgo	2001	Estrategia de desarrollo sostenible
Publicación del Libro Verde	2001	Iniciación del debate europeo sobre la CSR Definición de conceptos básicos
Publicación "CSR: Una contribución empresarial al desarrollo sostenible"	2002	Resumen del debate generado por el Libro Verde Primera definición del curso de la estrategia de CSR: transparencia y convergencia
El Foro Europeo Multi-Stakeholder de CSR	2002 - 2004	Amplio debate entre todos los agentes Confirmación definitiva del principio de voluntariedad Rol de la UE, limitado a garantizar un "entorno favorable"
Relanzamiento de la estrategia de Lisboa	2005	Reorientación de la estrategia Concentración en "Crecimiento y empleo" Nueva referencia a las empresas
Asociación para el crecimiento y el empleo	2006	Convertir a Europa en un polo de excelencia en RSE

Al hilo de las políticas de RSE de la Unión Europa y los debates en torno a ellas se pueden destacar dos elementos claves que caracterizan el enfoque: las cuestiones de la regulación y la convergencia.

Respecto al primer punto cabe decir que la Comisión optó por el término medio de la autorregulación y el establecimiento de estructuras de incentivos. Sin perjuicio de que algunos de los Estados miembros decidieran adoptar medidas legislativas más explícitas, siempre orientadas a la consecución de los objetivos que parecen decantarse del movimiento en *pro* de la RSE: obligar, facilitar, colaborar y promocionar. Por lo demás, estas diferencias nacionales respecto a los modelos de políticas públicas representan el segundo gran aspecto clave del carácter de la RSE en Europa. Sin pretender llevar a efecto una taxonomía rigurosa, sí que cabe hablar de distintos enfoques y perspectivas, de diversos énfasis en aspectos que marcan las especificidades de los distintos países. En alguno de ellos se subraya sobre todo el aspecto de *partnership* (Dinamarca, Finlandia, Suecia, Países Bajos); en otros (Irlanda, Reino Unido) aparece con más fuerza la implicación de la empresa en la comunidad; los aspectos más en línea con la *Corporate Citizenship* y la búsqueda del desarrollo sostenible se ven más resaltados en Bélgica, Luxemburgo, Austria y Alemania. Finalmente, Italia, Grecia, Portugal y España están en estos momentos en pleno debate público *Multistakeholder* y en un proceso de desarrollo de las políticas de RSE.

3. Iniciativas de interés en España y los problemas de las PYME

Si hay algo que llama la atención por lo que respecta al movimiento de la RSE en España, es el éxito que conoce entre nuestras empresas el *Global Compact,* toda vez que incluso hubo momentos en los que España pasaba por ser el país con mayor número de empresas adheridas al mismo.

Para las voces más críticas y escépticas, ello es debido al escaso compromiso que parece derivarse de la suscripción del pacto. Con todo, conviene ser ponderado en la evaluación del fenómeno, toda vez que resulta ser bien significativo el hecho de esta masiva firma por parte de las empresas españolas.

Fue la empresa gallega Inditex la que dio el primer paso al frente en octubre de 2001, cuando anunció públicamente la ratificación del Pacto Mundial. Y no debe andar muy lejos de ser una de las empresas líderes en este tipo de preocupación, toda vez que aquel primer paso se vino a complementar al año siguiente con una "comunicación de hecho relevante" ante la Comisión Nacional del Mercado de Valores, en donde se daba cuenta de que el Consejo de Administración había acordado constituir el Consejo Social del Grupo

Inditex, como órgano asesor en materia de RSC, con la función de institucionalizar el diálogo con los interlocutores clave de la sociedad civil en la que el grupo lleva a efecto sus actividades, ya sean productivas, ya de distribución o de venta. El citado Consejo –compuesto por personas físicas e instituciones relevantes del Tercer Sector, de acreditado prestigio y experiencia– está concebido como órgano consultivo y asesor en el proceso de implantación del modelo de RSC y en la elaboración del Código Ético del grupo, así como de los planes de actuación del Departamento de Responsabilidad Social Corporativa, de los programas de sensibilización y de los proyectos de desarrollo social que en su caso se hayan de poner en funcionamiento.

Lo cierto es que el ejemplo de Inditex tuvo un innegable efecto arrastre, toda vez que en abril de 2002 se celebró en Madrid un acto, organizado por la Fundación Rafael del Pino, al que asistió el Secretario General de la ONU, durante el cual se le hizo entrega de una adhesión masiva de empresas españolas a los principios del pacto Mundial. Una parte muy significativa de las empresas firmantes, eran grandes empresas cotizadas; habiendo, a su vez, un buen número de PYME y otras organizaciones.

El desarrollo del Pacto Mundial de las Naciones Unidas siguió adelante con la creación, en marzo de 2003, de lo que se ha dado en denominar la Mesa Cuadrada, comité de seguimiento del programa en España. De dicha mesa –cuatro lados– forman parte, por un lado, una representación significativa de las empresas adheridas; en otro, organizaciones representativas de la sociedad civil; otro da cabida a sindicatos y partidos políticos, junto con otro tipo de organizaciones empresariales; finalmente, otro acoge una representación cualificada de instituciones académicas.

Una vez se crearon los instrumentos facilitadores para el mutuo aprendizaje y la implantación de los diez principios del Pacto en octubre de 2003 tuvo lugar en Madrid una Jornada dirigida a las empresas españolas adheridas al Pacto Mundial. El objetivo era el de informar a los Presidentes y Directores Generales acerca de la evolución que el pacto iba conociendo y de cuáles iban a ser los ulteriores proyectos. A efectos de tener una información actualizada de las actividades y proyectos del Global Compact en España hasta el presente año de 2010 remitimos a la citada página web: www.pactomundial.org

Aparte de lo ya señalado, existen en España otras iniciativas –unas procedentes del ámbito académico, *lato sensu;* otras, con orígenes más bien centrados en las propias empresas– en materia de RSE. Ello es indicio, una vez más, de la preocupación e interés con que se empieza a abordar el fenómeno y de la previsible importancia que el mismo habrá de cobrar de cara al inmediato futuro.

Entre las iniciativas originadas en el ámbito empresarial, merecen ser destacadas las siguientes: la Comisión de Investigación de AECA –Asociación Española de Contabilidad y Administración de Empresas– sobre Responsabilidad Social Corporativa; el Foro de Reputación Corporativa; el Foro Empresa y Desarrollo Sostenible; y el Club de Execelencia en Sostenibilidad.

Desde el año 2003, en que se constituyó, hasta la actualidad han ido teniendo lugar diversas reuniones de la Comisión de Investigación de AECA (www.aeca.es) sobre Responsabilidad Social Empresarial. En ella están representados miembros de los diferentes sectores implicados en el desarrollo del enfoque RSE, tratando de recoger los distintos puntos de vista existentes al respecto –representantes del mundo empresarial, académicos, consultores, asociaciones, fundaciones, ONG, medios de comunicación. Los trabajos de la comisión, han venido cristalizando en una interesante lista de documentos de trabajo y publicaciones –sobre Semántica de la RSE (AECA, 2006); sobre Gobierno Corporativo y RSE; sobre Inversión Socialmente Responsable, Taxonomía de la RSE, Información sobre sostenibilidad, etc.– que el lector interesado puede encontrar en la *web* de la asociación (www.aeca.es).

A finales de septiembre de 2002 se presentó en Madrid el Club de Excelencia en Sostenibilidad (www.clubsostenibilidad.org), formado en un primer momento por dieciséis grandes empresas y que buscaba ser un foro empresarial de referencia sobre el desarrollo sostenible en España. Busca compartir prácticas responsables para contribuir al progreso de la sociedad y al logro de la excelencia empresarial. Publicó una Guía metodológica de implantación del desarrollo sostenible en la empresa. Desde entonces, el Club ha ido organizando diversos actos de tipo divulgativo.

Durante el año 2002 se constituyó también el Foro de Reputación Corporativa –FRC– (www.reputacioncorporativa.org), cuyos socios fundadores eran cuatro grandes empresas españolas –Telefónica, Repsol YPF, BBVA y Grupo Agabar– a las que, a fines de 2003 se unieron algunas otras más. El objetivo era, una vez más, el compartir y difundir experiencias en el ámbito de la reputación corporativa, usando, entre otras herramientas un *website* en el que se informa de las prácticas más significativas de las empresas del foro. Se recopilan allí también artículos y estudios sobre ámbitos conexos con la reputación, tales como ética empresarial, gobierno corporativo, responsabilidad social, gestión de la identidad y la marca...

Se han identificado distintas áreas en las que, a juicio de los miembros del Foro, cabe detectar los posibles riesgos de gestión de la reputación corporativa –calidad del servicio, percepción de la marca, burocracia, coordinación, relaciones con la administración, con los medios, con los accionistas. Para cada una de ellas, la web del FRC ofrece recursos e indicadores de medición.

El Foro Empresa y Desarrollo Sostenible (www.foroempresasostenible. org) arrancó en 1999, por iniciativa del IESE, PriceWaterhouseCoopers y la Fundación Entorno. Pretendía dirigirse a los primeros ejecutivos de las distintas empresas , con el objetivo de elaborar un código de conducta para consejos de administración que incluye aspectos sociales y medioambientales. Desde su constitución hasta marzo de 2002, fecha en que se publicó el Código de Gobierno de la Empresa Sostenible –documento que pasa por constituir una de las más ambiciosas propuestas a nivel internacional sobre gobierno corporativo–, el Foro había venido trabajando en temas tales como "comunicación sostenible", "indicadores para el gobierno sostenible y "proceso de verificación".

Por lo demás, el Foro Empresa y Desarrollo Sostenible cuenta con representantes de más de cincuenta empresas, así como con representantes de diversas organizaciones y de las administraciones públicas. Con ello se pretende avanzar en la línea de lo sugerido en modelos tales como los previstos en el anteriormente citado Libro Verde. Esta experiencia de *partenariado*, esta explícita apuesta por el modelo *Multistakeholder*, constituyen una sugerente novedad, un cambio en el panorama empresarial español, tradicionalmente receloso y como a la defensiva frente a lo que consideraba injerencias extrañas a indeseadas.

Mención aparte merece también los trabajos del Grupo 27 en el marco del VI Congreso Nacional del Medio Ambiente, tenido en noviembre de 2002. En dicho contexto, un grupo de trabajo de cariz *Multistakeholder* presentó un documento titulado Sostenibilidad y empresas cotizadas, donde se proponían pistas para –en línea con los criterios seguidos por las principales agencias de *rating* RSC internacionales– integrar los criterios sociales y medioambientales en los trabajos de los consejos de administración. Dichas propuestas pudieron ser tenidas en cuenta en los trabajos de la Comisión Aldama, encargada de hacer propuestas para el buen gobierno corporativo de las empresas españolas cotizadas en la Bolsa de Valores. Concretamente, se proponía a la Administración española que apoyara las iniciativas que facilitaran la verificabilidad y la comparabilidad de la información de las empresas en estos aspectos; así como también se proponía la creación en los consejos de administración de comisiones de seguimiento y vigilancia en materia social y medioambiental.

Precisamente en línea con la búsqueda de la medición, la auditoría, la verificación y, en su caso, la certificación de los procesos de negocio y administrativos socialmente responsables, se constituyó Forética (www.foretica.es). Se trata de una asociación patrocinada por un grupo de empresas españolas, que aspira a sensibilizar, informar y a formar en estos temas a quienes se sientan interesados por ellos. Realiza diagnósticos y evaluaciones; y promueve la implantación de herramientas de gestión éticas y socialmente responsables, tales como códigos éticos y memorias sociales.

En España, merecen ser destacadas, además, otras dos iniciativas de interés: la subcomisión parlamentaria elaboradora de un interesante *Libro Blanco;* así como el denominado Foro de Expertos del Ministerio de Trabajo y Asuntos Sociales –según la denominación que dicho departamento ministerial tenía en la pasada legislatura.

El Informe sobre la Responsabilidad Social de las Empresas –Libro Blanco– en España es un informe elaborado por la Subcomisión Parlamentaria de Responsabilidad Social del Congreso de los Diputados para potenciar la RSE. El Libro Blanco recoge una serie de Constataciones y Directrices Generales basadas en el análisis de 59 comparecencias de expertos. Contiene, así mismo, 58 Recomendaciones destinadas a las Administraciones Públicas, empresas, consumidores, inversores y otros agentes de interés. Véase en Boletín Oficial de las Cortes Generales. Congreso de los Diputados. VIII Legislatura. Serie D: General. 4 de agosto de 2006. Nº 424. (La presentación oficial del Libro Blanco tuvo lugar el 13 de diciembre de 2006).

El Foro de Expertos sobre RSE fue constituido el 17 de marzo de 2005 por iniciativa del entonces denominado Ministerio de Trabajo y Asuntos Sociales –hoy, Ministerio de Trabajo e Inmigración– con la participación de representantes de varios Ministerios y de expertos provenientes de grupos empresariales, organizaciones de la sociedad civil y de la Universidad. El Foro de Expertos concluyó sus trabajos el 12 de julio de 2007 sesión en la que se acordó el documento *Las políticas públicas de fomento y desarrollo de la RSE en España.* Este documento se suma a otros tres anteriores, dando como resultado el Informe–conclusiones del Foro de Expertos sobre RSE. Puede consultarse en: http://www.mtin.es/empleo/economia–soc/cuerpo.htm

Los resultados de estos trabajos, naturalmente, han ido generalizando entre nosotros el discurso de la RSE y la pertinencia de avanzar en planteamientos prácticos al respecto. Tal, por ejemplo, la creación del Consejo Estatal de RSE que empezó a operar este mismo año de 2009.

Ahora bien, el hecho es que, por un lado, según datos del Directorio Central de Empresas (DIRCE) – www.ine.es–, la mayoría de las empresas españolas –en torno al 98% del tejido empresarial español; e incluso en un porcentaje mayor, si lo medidos a escala europea– son pequeñas y medianas; y por otro, los requerimientos de la RSE no sólo van orientados a las grandes y cotizadas en bolsa, sino que más bien, deben ser tomados en consideración por todo tipo de organizaciones y empresas.

Sin embargo, en las PYME españolas se dan algunas circunstancias y barreras que dificultan el desarrollo de la Responsabilidad Social. Entre ellas podríamos citar:

1. en primer lugar una denominación poco feliz –Responsabilidad Social "Corporativa"– que pareciera apuntar a un segmento institucional, no precisamente pequeño ni mediano... cuanto menos, micro;
2. en otro sentido cabe hacer referencia a la falta de recursos, debido a una dimensión inadecuada; al desconocimiento del tema, la falta de formación y capacitación en asuntos relacionados con la sostenibilidad; a la dificultad para encontrar la conexión entre RSE y rentabilidad económica; y, sobre todo, en tercer lugar;
3. a una falta de sensibilización por parte de los responsables que consideran que este tipo de preocupaciones tienen que ver más que nada con las grandes compañías...

Urge, pues, trabajar en este segmento, al objeto de paliar el déficit señalado; puesto que argumentos a favor de implantar mediadas de RSE no faltan: mejor alineamiento con las expectativas de la ciudadanía; mejora de la calidad y la productividad; mejora de las relaciones con los *stakeholders;* aprendizaje e innovación; posibilidad de desarrollar alianzas estratégicas –*strategic partnership*– con otros agentes...

Sensibilización, formación, ayuda, cooperación y aprendizaje, incentivos y reconocimientos, serían algunas de las medidas que todavía deben ser instrumentadas con mayor recurrencia, si de veras se quiere avanzar en lo que, hoy por hoy, constituye un movimiento aún insuficientemente desarrollado en España.ser llevadas a la práctica.

4. Balance de situación

Señalábamos más arriba cómo se han ido dando pasos a favor de la institucionalización del discurso y las preocupaciones respecto a la RSE a lo largo de estos últimos años. Decíamos también que, con todo y con eso, el resultado final debía ser entendido como escaso e insuficiente, aunque no sea más que por el ridículo número de compañías que han suscrito el Pacto Mundial de la ONU. Se podrá decir que las grandes lo han hecho y que el efecto arrastre vendrá detrás; se podrá argüir que hay otras muchas empresas que, sin tener escrito nada, se comportan con altas dosis de calidad ética y con gran responsabilidad en sus relaciones mercantiles... Y, sin duda, es cierto. Pero, en todo caso, no deja de ser llamativo el dato: Un porcentaje ridículo de las empresas del mundo, sólo una parte minúscula, ha optado formalmente por una apuesta decidida a favor de la sostenibilidad de los procesos, el enfoque a largo plazo, la preocupación por el respeto a los derechos humanos, laborales y medioambientales... Sólo unas pocas compañías en estos momentos de crisis parecen haber entendido que la RSE es algo netamente esencial en la dinámica del negocio. Más allá de la "tesis separatista" que ve al negocio ir por un lado y luego –si las vacas son gordas y las cosas se dan bien– se aplicarán algunos recursos, de manera extraordinaria y siempre "exterior" al quehacer del negocio, en acción social... En definitiva: El balance, en mi opinión, es pobre. No digo, en modo alguno, que sea negativo. Es, simplemente, escaso, insuficiente, ridículo, pobre.

Además, corre el peligro de convertirse en ideológico: en encubrir una realidad injusta con un discurso ficticio que canta las loas de lo bien que se está y las excelentes prácticas de los agentes más proactivos. Este aspecto es aún más peligroso que el primero, el de la insuficiencia.

No hay más antídoto que la capacidad crítica: no comulgar con ruedas de molino y no caer en recetas fáciles a golpe de péndulo. Tan insuficiente es el mercado, dejado a su libre funcionamiento; como indeseable es el Estado reglamentista y *encorsetador* en exceso. No vale jugar al juego de privatizar los beneficios y, cuando vienen mal dadas, llorar para que el Estado –todos, en suma.– arrimemos el hombro para sacar las castañas del fuego, socializando las pérdidas.

En este sentido, no deja de ser paradójico cuando se oye decir que hay que salir de la crisis reformando el capitalismo. Habría que ser muy lúcido para saber qué se está queriendo decir cuando se invoca tal fórmula. ¿Quiérese proponer más Estado, más control, más regulación, menos mercado, menor libertad e iniciativa privada?

Si somos serios habremos de reconocer las demasías de un *libertarismo* irresponsable, como el que, en buena medida ha estado detrás de los escándalos, la irresponsabilidad, la falta de prudencia que ha desembocado en la crisis que padecemos. Pero, a renglón seguido, habría que desconfiar de las instituciones, de los reguladores que no supieron o no quisieron hacer su trabajo

–leyes, reglamentos había bastantes, tanto en la CNMV, cuanto en la SEC para evitar que Madoff hiciera lo que hizo, por poner un ejemplo...–; ¿qué falló?

Fallaron demasiadas cosas: Tal vez un estado de opinión, todo un clima social, un modelo de persona, una concepción del éxito, a todas luces parcial; una forma cortoplacista de dirigir, unos valores–antivalores peligrosos... Falló el mercado, falló el Estado, fallaron las agencias de *rating*, falló un modelo cultural, falló la política en general y la política monetaria en particular. Habrá, sin duda, que cambiar las reglas, que imponer nuevas normas, leyes y reglamentaciones más severas. Habrá que estimular las buenas prácticas de parte de las empresas. Ni sólo leyes, ni exclusivamente autorregulación... sino una mezcla en adecuadas proporciones.

Ciertamente, lo que no hubo fueron aquellas condiciones de posibilidad que según Adam Smith hacen posible el buen funcionamiento del mercado y la puesta en marcha del mecanismo de la mano invisible. No hubo prudencia, ni justicia, ni respeto a la legalidad que favorece la libertad.

El debate hoy ya no sirve plantearlo en clave antigua. La cosa no se sustancia sólo entre una apuesta más socialdemócrata o más liberal. La dicotomía Friedman–Keynes está ya periclitada. El vino nuevo que hay que elaborar romperá los odres viejos. Se necesita imaginación. Algunos –pocos– principios –tal vez, entre ellos el de Subsidiariedad y el del Bien Común, como condición de posibilidad de la sostenibilidad y el progreso–; y énfasis en la educación, en la formación de las conciencias, en la apuesta por los valores, por la ética, por la sociabilidad natural del hombre que, más que átomo solipsista, sólo cumple su cabal aspiración de despliegue humano en el marco de la vida junto a los otros.

5. Conclusiones: *Misión* de la empresa y *telos* de la gestión

Podría afirmarse que está emergiendo un modelo nuevo de empresa y de gestión y que, de alguna manera, las instituciones docentes parecen estar tratando de conformar su propuesta formativa a esta nueva realidad. Por lo que a España respecta, hemos llevado a cabo hace unos meses un proyecto de investigación (Bajo Sanjuán y Fernández Fernández, 2009) que arroja interesantes resultados y consecuencias. En todo caso, el modelo de empresa que parece perfilarse en el horizonte es el de una organización que tiene que seguir estando dispuesta a crecer y a desarrollarse en busca de la excelencia; tiene que alcanzar los objetivos económico-financieros en un entorno cada vez más complejo y turbulento, cada día más dinámico, global y competitivo. Una empresa orientada estratégicamente en su búsqueda de generación de valor y creación de riqueza desde una perspectiva de gestión de largo plazo, en la búsqueda de un desarrollo sostenible. Una empresa, en suma, capaz de conectar con las nuevas sensibilidades sociales; que sepa gestionar adecuadamente unos activos no tangibles que, con toda probabilidad, son los que van a resultar cada vez más determinantes a la hora de obtener la siempre deseable buena reputación corporativa y la absolutamente imprescindible legitimación social.

En todo caso, las líneas generales, configuradoras del *modelo emergente de empresa,* podrían quedar abocetadas mediante los siguientes trazos:

- (1) concepción de la empresa de base ampliada, en la que los diversos *stakeholders* sean identificados, comprendidos y tratados con justicia;
- (2) cumplimiento de la ley y voluntad de ir más allá de las exigencias legales, asumiendo como innegociables unos mínimos éticos que, eventualmente, pudieran estar o no representados en lo legalmente exigible;
- (3) visión estratégica e integral de la Responsabilidad Social de la Empresa;
- (4) desde el diálogo abierto, franco y transparente con todos los interlocutores relevantes;
- (5) asumiendo como piedra de toque para valorar la *performance* –es decir: el funcionamiento de la empresa y su gestión– la más exigente perspectiva del *Triple Bottom Line,* que daría cuenta a los *stakeholders*, no sólo de los resultados económicos –cuentas anuales, estados financieros, memorias de gestión al uso–, sino también de los logros sociales y del impacto medioambiental del ejercicio.
- (5) búsqueda de la rentabilidad sostenible a lo largo del tiempo –frente a estrategias centradas de manera exclusiva en el corto plazo;
- (6) con exquisita atención al buen Gobierno Corporativo;
- (7) buscando como meta la "ciudadanía empresarial" que tiene como norte el Bien Común;
- (8) sólidamente asentada en la ética, en la dimensión moral de la empresa y en las obligaciones morales exigibles a una gestión excelente y, de veras, socialmente responsable;
- (9) situando en el eje central de su conciencia de sí a la persona humana y su dignidad.

Esta empresa *nueva* –por su propia complejidad y debido a las múltiples conexiones de tipo reticular que habrá de saber establecer y gestionar en el futuro–, para ganar la legitimidad social, resultar atractiva para clientes, inversores y empleados; en definitiva, para tener éxito y desarrollarse, va a requerir de personas capaces y con conocimientos técnicos; pero, sobre todo, va a requerir de ellas ciertas habilidades, determinados estilos de dirección y liderazgo, algunas características un tanto distintas de las que hasta el día de hoy han venido conformado el tradicional perfil de los directores y gerentes.

Entre estas nuevas competencias, no podrá faltar la sensibilización hacia *la dimensión ética* de los negocios, de la acción directiva y de la dinámica empresarial; así como tampoco habrán de ser inmunes quienes dirijan empresas y organizaciones a las exigencias que *el buen gobierno y la responsabilidad social* de la empresa conllevan. En tal sentido, cuando la empresa lleve a cabo sus planes, cuando haya de poner en marcha sus políticas y desarrollar sus proyectos, deberá hacerlo de forma que atienda los intereses legítimos y las expectativas de los distintos grupos de interés *–stakeholders–;* y de modo tal que –haciéndolo– desarrolle las capacidades y los recursos que le permitan aproximarse a la consecución de la auténtica misión organizativa. No otra cosa es el éxito.

Ahora bien: ¿qué habría que hacer para insertar en el plan de estudios de los que se forman en las facultades y escuelas de negocios la sensibilización hacia los elementos que acabamos de mencionar? Como cabe suponer, un buen punto de partida sería generalizar la docencia de la RSE y la ética empresarial –en cualquiera de sus variadas denominaciones, más o menos neutras y políticamente correctas: *Sostenibilidad, Empresa Sostenible, Empresa y Sociedad...–* y, como la evidencia empírica muestra (Bajo Sanjuán y Fernández Fernández, 2009) aún estamos lejos de él.

Habría que apostar, en definitiva, por un modelo humanista de la gestión empresarial (Argandoña, 2008); lo que, a su vez, implicaría que las instituciones docentes revisaran la imagen prerreflexiva de empresa que transmiten implícitamente en su curriculum y que, sin duda, configura una visión sesgada de la misma entre sus estudiantes. Como Ghoshal tiene dicho en un interesante trabajo de hace unos años (Ghoshal, 2005), con gran frecuencia configuran una *imagen amoral de la empresa y la dirección* que puede sugerir la idea de que los ejecutivos no tienen tampoco responsabilidad ética alguna. Y abundando, escribe: "*I suggest that by propagating ideologically inspired amoral theories, business schools have actively freed their students from any sense of moral responsibility*" (Ghoshal, 2005; 76).

Estoy firmemente persuadido de la certeza de tal diagnóstico. Y, por encima de todo, me sigue asaltando la inquietud de que, con todo, poco se habrá avanzado si no se es capaz de –en paralelo– ir al corazón de la teoría, embutir en la propia dinámica y la propia ciencia del *management,* en las concepciones de empresa, una visión más abierta y compleja respecto a lo que la empresa es y representa en nuestro mundo. Por ello, no importa tanto que se programe o deje de programar un curso adicional sobre RSE en las Facultades y en las *Business Schools*. Tampoco, es tan determinante que se le den más horas a los ya existentes. Nada sustancial se arregla con incluir un módulo de estas características... si las cosas se hacen a medias o de forma inconveniente.

Por eso, sin excluir lo anterior, la propuesta debe ser poner el foco en el mapa mental de empresa con que funcionamos y desde el que construimos el producto que –como alimento– ponemos en el bazar de nuestras Facultades y Escuelas. He aquí las preguntas fundamentales –nada obvias, por cierto– que cabría mantener abiertas desde la teoría, si de veras aspiramos a una praxis más eficiente, sostenible y responsable: ¿Qué es una empresa y para qué sirve? ¿Qué convierte en *buena* a una empresa? ¿Qué frutos son los que la hacen reconocible? ¿En qué consiste dirigir bien?

Sin ese enfoque *teleológico* previo y profundo, lo demás es epidermis, maquillaje, *flatus vocis*... poca sustancia, en suma: insuficiencia conceptual y operativa.

REFERENCIAS

ABRAHAMSON, E. and Fairchild, G. (1999), "Management Fashion: Lifecicles, Triggers and Collective Learning Processes", *Administrative Science Quarterly*, **44** (4), 708-740.

AECA (2006), *La semántica de la responsabilidad social corporativa*. Documentos AECA, Serie Responsabilidad Social Corporativa, Documento 3, Madrid: Asociación Española de Contabilidad y Administración de Empresas.

ARGANDOÑA, A. (2008), "How to Integrate Humanism, Ethics and CSR in Business Education", conference at the *15th International Symposium on Ethics, Business and Society* sobre *Business and Management: Towards More Human Models and Practices*, IESE, Barcelona, may 16th and 17th.

BAJO, Sanjuán A. y. Fernández Fernández, J. L (2009), *La Responsabilidad Social y la ética Empresarial en un paradigma de Empresa Sostenible. Reflexiones sobre Teoría de la Empresa a partir de un Observatorio Académico en España*, Madrid: Publicaciones de la Universidad Pontificia Comillas.

BECK, U. (2000), *What is Globalization?* Cambridge: Polity Press.

CARROLL, A. B. (1991), "The Pyramid of Corporate Social Responsibility: Toward the Moral Management of Organizational Stakeholders", *Business Horizons* **34**, 39-48.

Castells, M. (1998), *La era de la información*, 3 vols., Madrid: Alianza Editorial.

CSR Europe (2000), *The first ever European Survey on Consumers' Attitudes towards Corporate Social Responsibility* (CSR Europe, Bruxelles) www.csreurope.org

CROOK, C. (2005), "The Good Company. A Survey of Corporate Social Responsibility", *The Economist*, January 22nd.

CUESTA, C. de la and C. Valor (2004), "Fostering Corporate Social Responsibility Through Public Initiative: From the EU to the Spanish Case", *Journal of Business Ethics* **55,** 275-293.

EUROPEAN COMMISSION (2001), *Green Paper: Promoting an European Framework for Corporate Social Responsibility*. http://ec.europa.eu/employment_social/soc-dial/csr/csr_index.htm

EUROPEAN COMMISSION (2002), *Communication on Corporate Social Responsibility A business contribution to Sustainable Development*. http://ec.europa.eu/employment_social/soc-dial/csr/csr_index.htm

EUROPEAN COMMISSION (2004), *European Multi Stakeholder Forum on CSR. Final Forum Report*. http://ec.europa.eu/employment_social/soc-dial/csr/csr_index.htm

EUROPEAN COMMISSION (2006), *New Communication on Corporate Social Responsibility Implementing the Partnership for Growth and Jobs: Making Europe a pole of excellence on CSR*. http://ec.europa.eu/employment_social/soc-dial/csr/csr_index.htm

FERNÁNDEZ FERNÁNDEZ, J. L. (1999), "Ethics and the Board of Directors in Spain: The Olivenca Code of Good Governance", *Journal of Business Ethics* **22,** 233-247.

FERNÁNDEZ FERNÁNDEZ, J. L. (2005), "De la *tesis* de Milton Friedman y el contrapunto de Edgard Freeman, hacia un nuevo paradigma de empresa", in N. Villagra García (ed), *La Comunicación de la Responsabilidad Social Corporativa.*

FERNÁNDEZ FERNÁNDEZ, J. L. and D. Melé Carné (2005), "Spain: From a Paternalistic Past to Sustainable Companies" in A. Habish et al., *Corporate Social Responsibility Across Europe*, 289-302, (Springer, Heidelberg).

FREEMAN, R. E. (1984), *Strategic Management. A Stakeholder Approach* (Pitman, Boston)

FRIEDMAN, M. (1962), *Capitalism and Freedom* (University of Chicago Press, Chicago).

FRIEDMAN, M. (1970), "The Social Responsibility of Business is to Increase its Profits", *The New York Times Sunday Magazine,* 13 of September.

GHOSAL, G. (2005), "Bad Management Theories Are Destroying Good Management Practices", *Academy of Management Leraning & Education*, 4 (1): pp. 75-91.

GRIFFIN, J. J. and J. F. Mahon (1997), "The Corporate Social Performance and Corporate Financial Performance Debate: Twenty-five Years of Incomparable Research", *Business and Society* **36** (2), 5-31.

HELD, D., A. McGraw, D. Goldblatt and J. Perraton (1999), *Global Transformations. Politics, Economics and Culture,* Stanford: Stanford University Press.

HELD, D. and A. McGraw (2002), *Globalisation/Anti-globalisation,* Cambridge: Polity Press.

KLEIN, N. (2001), *No Logo,* London: Flamingo.

KORTEN, D.C. (1996), *When Corporations Rule the World,* London: Earthscan.

LORSCH, J. W., L. Berlowitz, and A. Zelleke *et al.* eds. (200)5, *Restoring Trust in American Business,* Cambridge: American Academy of Arts and Sciences: MIT Press.

MARGOLIS, J.D. and P. Walsch (2001), *People and Profits?: The Search for Link between a Company's Social and Financial Performance,* Mahwah, New Jersey: Lawrence Erlbaum Associates Publishers.

ORLITZKY, M., F. L. Schmidt and S. L. Rynes (2003), "Corporate Social and Financial Performance". *Organization Studies* **24** (3), 403-433.

PORTER, M. and M. R. Kramer (2002), "The Competitive Advantage of Corporate Philanthropy". *Harvard Business Review* **80** (12), 56-68.

SIF (2003), *Report on Socially Responsible Investing Trends in the United States 2003.* (Social Investment Forum, Washington, DC) www.socialinvest.org

SIRI (2003), *Green, Social and Ethical Funds in Europe 2003* (Sustainable Investment research International, Milan) www.sirigroup.org

SKLAIR, L. (2002), *Globalization. Capitalism and its Alternatives,* 3rd Edition Oxford: Oxford University Press.